Gerd Koenen

DER RUSSLAND-KOMPLEX

Gerd Koenen

DER RUSSLAND-KOMPLEX
Die Deutschen und der Osten
1900–1945

C. H. Beck

Mit 53 Abbildungen

*Für Lew Sinowjewitsch Kopelew,
geboren 1912, gestorben 1997
– den leidenschaftlichen Zeitgenossen
und mutigen Unzeitgemäßen*

© Verlag C. H. Beck oHG, München 2005
Satz: Fotosatz Janß, Pfungstadt
Druck und Bindung: Ebner & Spiegel, Ulm
Gedruckt auf säurefreiem, alterungsbeständigem Papier
(hergestellt aus chlorfrei gebleichtem Zellstoff)
Printed in Germany
ISBN 3 406 53512 7

www.beck.de

Inhalt

Rom oder Moskau. Einleitung 7

I. VORKRIEG UND WELTKRIEG
1. Sendling des Reiches 21
2. Die Deutschen als «Weltvolk» 37
3. Krieg gegen den Westen 51
4. Nach Osten! 63
5. Kollusionen und Konspirationen 76
6. Stockholmer Schattenspiele 98

II. WELTKRIEG UND REVOLUTION
1. Vom Weltkrieg zum Bürgerkrieg 111
2. Russland, ein Wintermärchen 135
3. Briefe aus Moskau 151
4. Zwei Kücken unter einer Schale 170
5. Spartakisten und «Beki» 188
6. Vom Geist der russischen Revolution 205
7. Augenzeugen, Emigranten, Interpreten 218

III. REVOLUTION UND NACHKRIEG
1. Mussolini manqué 233
2. Geheimnisse der Weisen von Zion 253
3. Zweifacher Revisionismus 277
4. Ein Indien im Nebel 301
5. Konservative Revolutionäre 323
6. Eine deutsche Dostojewtschina 348
7. Der russische Nexus 372

IV. KATASTROPHE UND NEUBEGINN
1. Vom Bündnis zum Lebensraum 387
2. Hitlers Russland 411
3. Der deutsche Russland-Komplex 436

Nachwort 459

ANHANG
Quellenverzeichnis 463
Anmerkungen 465
Abbildungsnachweis 518
Personenregister 520

Rom oder Moskau
Einleitung

«Rom oder Moskau» lautete eine beziehungsreiche Formel, die der Frankfurter Schriftsteller Alfons Paquet, einer der frühesten Beobachter des bolschewistischen Russland, 1920 in die politischen und weltanschaulichen Debatten der jungen Weimarer Republik warf. Angesprochen war damit nicht nur eine außenpolitische Entscheidung zwischen Ostorientierung oder Westbindung, sondern die Frage der kulturellen und geistigen Orientierung Deutschlands zwischen «altem» Westen und «neuem» Osten. Paquet selbst zögerte nicht, die Frage eindeutig zu beantworten: «Rom», das christliche Abendland, habe «der Welt keine geistige Botschaft mehr zu geben». Es habe mit seiner technischen Zivilisation den Weltkrieg heraufbeschworen. Die russische Revolution bilde dazu die geschichtliche Antithese: «Auf dem Fundament von Rom haben die europäischen Völker nationales Leben bis zur höchsten Zwietracht ausgestaltet, unter den geistigen Einwirkungen des erwachenden Ostens ... bildet sich neue Sittlichkeit.»[1]

Thomas Mann zitierte im Dezember 1921 seinerseits «die berühmte Formel von Paquet ‹Rom oder Moskau?›» sowie dessen Satz: «Die auf römisches Fundament gebauten Säulen der germanisch-romanischen Zivilisation kommen ins Wanken, der slawisch-germanische Aufbau schreitet fort». Emphatisch fügte er hinzu: «Es gibt nichts seelisch Wahreres.»[2] Mann berief sich dabei auf den Marburger Romanisten Ernst Robert Curtius, der Paquets Formel kurz zuvor in einem Aufsatz über «Deutsch-französische Kulturprobleme» aufgenommen hatte. Curtius konstatierte darin eine wachsende Gleichgültigkeit der deutschen Jugend gegenüber dem Westen, insbesondere Frankreich, die viel ernster sei als jede Feindschaft – und eine allgemeine geistige Hinwendung der deutschen Jugend nach Osten.[3]

Ein deutscher «Russlandkomplex»

Solche zeitgenössischen Stimmen widersprechen allerdings dem Bild, das man sich nach der mörderischen «Lebensraum»-Politik Hitlers und nach Jahrzehnten eines Kalten Kriegs von den deutsch-russischen Beziehungen gemacht hat. Nach beinahe allgemeiner Ansicht soll besonders die Zeit nach 1917 von heftigen Affekten und phobischen Reaktionen der deutschen bürgerlichen Öffentlichkeit gegen die gewaltsamen Umwälzungen in Russland und ihr Übergreifen auf Mitteleuropa geprägt gewesen sein.

Die gesamte deutsch-russische Beziehungsgeschichte erscheint in diesem Lichte stark verdunkelt. So hat einer der maßgeblichen Osteuropa-Historiker der alten Bundesrepublik, Dietrich Geyer, in einem Vortrag über «Ostpolitik und Geschichtsbewusstsein in Deutschland» 1986 noch einmal nachdrücklich die «Konsens stiftende Kraft der Russlandfeindschaft» betont, die gegenläufige Tendenzen deutlich überwogen habe. Zwar sei das kein deutsches Privileg gewesen, aber anders als in Frankreich oder England seien russophobe Tendenzen schon im Deutschland des 19. Jahrhunderts zu einem konstitutiven Element der bürgerlichen Klassenbildung und Nationsbildung geworden. Überkommene Vorstellungen einer Kulturmission im Osten hätten sich in den Zeiten des Wilhelminischen Reiches bereits zu hyperimperialen Ostraumplänen gesteigert, deren Maximalvariante dann im Friedensdiktat von Brest-Litowsk 1918 ins Visier genommen worden sei.

Die Weimarer Republik habe diese Kontinuitäten nur kurzfristig unterbrochen. Die Sonderpolitik von Rapallo, die sich vor allem gegen das von der Entente gestützte Polen und «Zwischeneuropa» richtete, sei bald schon von den alten Bedrohungskomplexen eingeholt worden, in denen die «russische Gefahr» mit der «roten Gefahr» kurzgeschlossen wurde. «Überflüssig zu sagen», so Dietrich Geyer weiter, «dass der Aufstieg des Nationalsozialismus ohne die Manipulierbarkeit dieser Ängste nicht zu denken wäre». Im Generalplan Ost von 1941/42 habe Hitler die Pläne der Ludendorffschen Ostraumpolitik von 1917/18 nur noch rassenideologisch zu steigern brauchen. So sei dieser «Russenkomplex» – ungeachtet zeitweiliger Konjunkturen einer «Bewunderung für die Ursprünglichkeit des russischen Natur- und Seelenmenschen» von Rilke bis Spengler – doch stets «ein Teil der deutschen Bewusstseinsgeschichte geblieben».[4]

Geyers Vortrag schloss an einen älteren Aufsatz Fritz T. Epsteins über den «Komplex ‹Die russische Gefahr›» an, in dem dieser das Postulat aufgestellt hatte, stärker als bisher psychologische Faktoren, insbesondere kollektive «Gefahrenkomplexe und Furchtkomplexe», in die politische und diplomatische Geschichte einzubeziehen. Epsteins Argumentation wurde von dem zentralen Gedanken bestimmt, dass der virulente «Anti-Bolschewismus» nach 1917 in vielem nur eine Verwandlungsform des europäischen, und vor allem des deutschen «Russland-Komplexes» des 19. Jahrhunderts gewesen sei. Dieser Begriff sollte eine spezifische Mischung aus Gefühlen kultureller Superiorität bei politischer Inferiorität bezeichnen, die sich stets von neuem zu einem Komplex aggressiver Ängste und Zwangsvorstellungen verdichteten, welche in paradoxer Umkehr Expansionsträume und Kolonisationsphantasien provozierten.[5]

Als Beschreibung einer politisch-neurotischen Grundspannung zwischen beiden Ländern war das sicherlich nicht falsch. Fraglich ist aber, ob sich dieser «Komplex» ausschließlich oder vorwiegend in eine «Geschichte der deutschen Russophobie» auflöst. Richtiger wäre es, diesen «Komplex» als ein weitläufiges Changieren zwischen Angst und Bewunderung, phobischer Abwehr und emphatischer Zuwendung zu beschreiben, und zwar von beiden Seiten und vielfach in engem Bezug aufeinander.

So wenig Sinn es macht, von Karl Marx als einem der fanatischsten Russophoben des 19. Jahrhunderts eine Linie der «Kontinuität» zu Adenauers Antipathie gegen «die Sowjets» zu ziehen, so wenig führte ein direkter Weg vom demokratischen Antizarismus der 48er Revolutionäre zur wilhelminischen Weltpolitik in der Ära Bülow oder Bethmann Hollweg. Zu sehr unterschieden sich die historischen Situationen und die Subjekte. Zu viele Brüche und Umbrüche lagen dazwischen. Und zu sehr widersprachen sich auch die politischen Konsequenzen.

Marx und Engels konnten, gerade weil sie den «halbasiatischen Despotismus» des Zarentums für eine dauernde existentielle Bedrohung Europas hielten, am Ende die hypothetische Möglichkeit ins Auge fassen, dass eine russische Bürger- und Bauernrevolution («ein russisches 1789») die Initialzündung und zugleich das ideale Hinterland einer sozialistischen Umwälzung in Deutschland abgeben könnte – und damit zum engsten Verbündeten des deutschen Proletariats würde. Bismarck dagegen soll, Epstein zufolge, ein unerschütterlicher Verfechter der Freundschaft mit dem Russischen Reich geblieben sein – und zwar gleichfalls aus Russophobie. Diese habe jedoch bereits einem «panslawischen, revolutionären, nihilistischen, aggressiven» Russland gegolten, das Bismarck seit der Bauernbefreiung von einer «roten Bürokratie» regiert sah. Eben deshalb sei er im Gegensatz zu den konjunkturellen Präventivkriegsplänen seiner Beamten und Militärs der Ansicht gewesen, man müsse «mit dieser elementaren Kraft, die wir nicht aus der Welt schaffen können», ein Bündnis eingehen, um sie einzudämmen.[6]

Schon aus diesen skizzenhaften Andeutungen ist zu erkennen, ein welch widersprüchliches und vielfach paradoxes Phänomen dieser deutsche «Russland-Komplex» jedenfalls gewesen ist. Beziehungen zwischen Staaten, Völkern und Kulturen sind ohnehin nichts Statisches und Starres, sondern bilden einen komplexen und beweglichen Zusammenhang – und das im Falle Deutschlands und Russlands über eine beispiellose Kette von Brüchen und Umbrüchen, Kollusionen und Konflagrationen hinweg.

Vom Kontinuum zum Nexus

Ideologiegeschichtliche Konstruktionen eines ehernen Kontinuums deutscher Russlandfeindschaft berücksichtigen solche Widersprüche meist viel zu wenig. So ging Hans-Erich Volkmann in der Einleitung des 1994 von ihm herausgegebenen Sammelbandes «Das Russlandbild im Dritten Reich» umstandslos davon aus, dass «die während der NS-Zeit im Schwange befindlichen Russlandbilder ... aus tradierten Versatzstücken bestanden, die in Anbetracht geplanter und konkreter Politiken der Lebensraumerweiterung und rassischer Vernichtung lediglich eine wirkungsvolle Überzeichnung erfuhren». Mehr noch: «Die Darstellung Russlands bzw. der Sowjetunion als eines asiatisch durchdrungenen und geprägten Landes» sei «über 1945 hinaus ... lebendig» geblieben. Lediglich die antisemitischen Komponenten habe man in Westdeutschland «aus dem überkommenen Bild von Russland und der Sowjetunion weitgehend eliminiert». Dagegen hätten aufgefrischte antirussische und antikommunistische Vorurteile, über Schulbücher und andere Medien tradiert, zu den Grundlagen des bundesdeutschen Selbstverständnisses gehört.[7]

Der von Volkmann herausgegebene Band war das Produkt eines in den Jahren der Perestrojka mit führenden Faschismus-Forschern der DDR vereinbarten Gemeinschaftsprojekts. Tatsächlich hatte sich im Grundmuster der historischen Interpretation zwischen den Forschern in Ost- und Westdeutschland bereits eine beachtliche Konvergenz ergeben. Aus kommunistischer Sicht war ohnehin immer klar gewesen, dass Faschisten und Nationalsozialisten nur die Stoßtrupps des «bürgerlichen Antikommunismus» gewesen seien, der der politischen und sozialen Reaktion als Schild und Schwert gedient habe. Dass dieser Antikommunismus zu den Verhängnissen oder – mit Thomas Mann – zu den «Grundtorheiten» der Epoche gehört habe, begann sich auch in der Bundesrepublik seit den siebziger Jahren als eine im akademischen und publizistischen Bereich weithin geteilte Auffassung durchzusetzen.

Mit dem sogenannten «Historikerstreit»[8] der späten achtziger Jahre erfuhr diese Sicht der Dinge allerdings eine überraschende und krasse Neuinterpretation. In seinem Buch «Der europäische Bürgerkrieg

1917–1945»[9] spitzte Ernst Nolte seine in früheren Arbeiten bereits formulierten, auf der Linken seinerzeit lebhaft akklamierten Thesen über den «Faschismus in seiner Epoche»[10] in der Weise zu, dass der Antibolschewismus des deutschen Bürgertums jene «ursprüngliche» (und, wie Nolte nun fand, im Kern legitime) «Grundemotion» gewesen sei, die die NS-Bewegung erst hervorgetrieben und daher ihre eigentliche historisch-genetische Wurzel gebildet habe. Entstehung und Aufstieg des Nationalsozialismus in Deutschland, und insbesondere die Durchsetzung des gegen die Juden gerichteten «Gegenvernichtungs»-Fanatismus Hitlers, wären demnach niemals möglich gewesen ohne die elementare Furcht des deutschen und europäischen Bürgertums vor dem blutigen Chaos und sozialen Exterminismus der bolschewistischen Revolution.

Diese These vom «kausalen Nexus» zwischen Bolschewismus und Nationalsozialismus hat im öffentlichen Meinungsstreit vor einem guten Jahrzehnt Skandal gemacht. Tatsächlich unterschied sie sich in ihren politischen Wertungen und spekulativen Schlussfolgerungen sehr weitgehend, in ihren historischen Vorraussetzungen und Annahmen aber nur minimal von dem, was man im großen und ganzen wohl die herrschende Auffassung der bundesdeutschen Historiographie nennen kann.

Widersprüche deutscher Russlandbilder

Die hier vorgelegte Arbeit ist der Versuch einer Überprüfung und zugleich Problematisierung dieser Hypothese, die mit im Zentrum des (selbst schon Historie gewordenen) bundesdeutschen «Historikerstreits» stand. Mit einer methodischen Kritik des spekulativen Geschichtsdenkens eines Ernst Nolte ist es allerdings so wenig getan wie mit der Anprangerung seiner apologetischen Tendenzen. Denn mit dem «Nexus» zwischen der Machteroberung der Bolschewiki im zerborstenen Russischen Reich und der Machtübernahme der Nationalsozialisten im Deutschen Reich hatte Nolte immerhin einen realen geschichtlichen Zusammenhang angesprochen. Nur stellte er ihn als eine bloße ideologiegeschichtliche Abstraktion vor statt als einen lebendigen, widersprüchlichen Konnex. Auf genau derselben schiefen Ebene stand allerdings auch die Mehrzahl seiner Kontrahenten.

Die deutschen Reaktionen auf die Umwälzungen im gestürzten Zarenreich waren aber nicht allein von einem Abstraktum namens «Bolschewismus» bestimmt. Man hatte es noch immer mit Russland zu tun, im Kriege wie im Frieden, in Brest-Litowsk und in Versailles, in Genua und in Rapallo – mit einem radikal erschütterten und verwandelten, aber noch stets existierenden riesigen Land, Volk, Reich und Staatswesen. Ein nicht geringer Teil des deutschen Schrifttums über den Bolschewismus kaprizierte sich geradezu auf den Nachweis, dass es sich dabei um eine spezifisch russische Weltanschauung, Politik oder Mentalität handele (mit allen geläufigen Ingredienzien von «Orthodoxie», «Nihilismus», «Karamasowtum» usw.), und dass die bolschewistische Losung der Weltrevolution nur eine verwandelte Form des «ewigen» russischen Imperialismus oder Messianismus sei.

So viele Autoren, so viele Interpretationen. Über den Bolschewismus als bloßes «System» oder reine «Ideologie» zu schreiben, blieb eine Spezialität deutscher Katheder-Marxisten und Sozialtheoretiker. Bis Ende der zwanziger oder Anfang der dreißiger Jahre sprach man allgemein noch immer von «Russland» – von «Räte-Russland» oder «Sowjet-Russland». Erst ein Jahrzehnt nach Gründung der «UdSSR» oder «Sowjetunion» begannen diese neuen Bezeichnungen sich im deutschen Sprachgebrauch durchzusetzen, endgültig vielleicht erst mit der Antikomintern-Propaganda der NS-Führung ab 1935/36.

Aber der Überfall auf die Sowjetunion 1941 war, jenseits der offiziellen Parole vom Kreuzzug gegen den (jüdischen) Bolschewismus, im Bewusstsein der Deutschen doch wieder ein «Russlandfeldzug»; und im Bewusstsein der Russen, auch jenseits der Stalinschen Losungen, ein «Großer Vaterländischer Krieg». Kurzum, über das Thema «Deutschland und der Bolschewismus» zu schreiben, ohne die vielfältigen Überlagerungen mit den althergebrachten oder neu formulierten Russlandbildern zu beachten, führt von vornherein in die Irre.

Im übrigen ist es sinnlos, das Verhältnis zwischen dem Deutschen Reich und dem neuen Sowjet-Russland rein bilateral zu betrachten. Das gemeinsame Dritte ihrer Beziehungen zueinander war stets der durch den Sieg im Weltkrieg global zur Vorherrschaft gelangte und im selben Prozess erstmals ideologisch definierte «Westen», der im mittelosteuropäischen Raum einen Cordon sanitaire neuer Staaten gegen das bolschewistische Russland wie das revisionistische Deutschland in Stellung gebracht hatte. Alle deutschen Einstellungen zu Sowjet-Russland waren immer auch eine Funktion der Haltung und Politik gegenüber den westlichen Siegermächten und den neuen östlichen Nachbarn.

Diejenigen, die nach 1918 «russische Zustände» in Deutschland fürchteten, taten das nicht zuletzt im Lichte von «Versailles», bis hin zu der Zwangsvorstellung, die Ententemächte beabsichtigten, Deutschland mit dem «Bazillus des Bolschewismus» zu infizieren, um es von innen heraus zu vernichten – genau so, wie es das Deutsche Kaiserreich mit dem Zarenreich kurz zuvor getan hatte. Aber gegen das «Versailler System» stand in rabiater Selbstbehauptung und globaler Frontstellung gerade dieses neue Sowjet-Russland. Schon wegen dieser Konstellation mussten alle Befürchtungen und Erwartungen, die sich in Deutschland an die Existenz dieses völlig neuartigen, auf Weltrevolution angelegten östlichen Machtkomplexes knüpften, eine komplizierte, widersprüchliche Mischung eingehen.

Dazu kam die Fixierung der Führer der Bolschewiki auf Deutschland, die sich sowohl in Versuchen einer gewaltsamen Revolutionierung wie in Akten einer außenpolitischen Solidarisierung gegen die Versailler Mächte niederschlug. Mehr noch: In der Bezeichnung der Weimarer Republik als einer «Industriekolonie» der westlichen Siegermächte, die brutal geknebelt und rücksichtslos ausgesaugt werde, trafen sich die Analysen und Parolen der Kommunistischen Internationale fast wortwörtlich mit denen der deutschen Nationalisten. Dem entsprach eine weit angelegte Bündnis- und Interessenpolitik der sowjetischen Führung gegenüber verschiedenen Segmenten der Weimarer Gesellschaft, bis hin zu deutschnationalen und völkischen Kreisen, der Reichswehr, den Freikorps usw. Hinzu kamen Bekundungen einer kulturellen Affinität, die zuweilen den Vorstellungen einer deutschen Kulturmission im Osten, wenigstens gesprächsweise, sehr weit entgegenkamen.

Umso uferloser waren die Erwartungen, die sich im Gegenzug an eine deutsche Vorrangstellung bei der «Wiederherstellung Russlands» knüpften. Weit über alle politischen Sympathien hinaus galt das sowjetische Russland jedenfalls als ein in lebhafter Entwicklung begriffener, dem Zugriff des kapitalistischen Westens entzogener Machtkomplex, der neben hypochondrischen Ängsten auch hypertrophe Erwartungen auf sich zog. Die innen- und außenpolitischen Konsequenzen standen wiederum auf einem anderen Blatt.

Politik und Kultur

Im übrigen waren die deutschen Einstellungen gegenüber Russland niemals nur politisch, ideologisch oder wirtschaftlich bestimmt. Zwischen beiden Ländern hatten über mehr als drei Jahrhunderte Beziehungen ganz eigener, stellenweise fast symbiotischer Art bestanden – künstlerische, philosophische, wissenschaftliche, wirtschaftliche, dynastische, familiäre. Weltkrieg, Revolution und Bürgerkrieg hatten diese Beziehungen zwar unterbrochen, aber nicht über Nacht gelöscht. So war die besondere Bitterkeit der zahlreichen deutschen Berichte über die revolutionären Wirren in Russland nach 1917 vielfach aus einer alten, tiefen, wenn auch selten völlig eindeutigen Affinität gespeist.

Die widersprüchlichen Empfindungen, die das Ereignis der russischen Revolution in seiner Verbindung mit den Umbrüchen in Deutschland selbst auslöste, produzierten nicht selten eine forcierte Bereitschaft, in diesem Meer von Plagen und Katastrophen einen Sinn zu suchen. Das tragisch gestimmte Selbstmitleid der Deutschen als einer von Hass und Missgunst der Mitwelt geschlagenen, aus monomanen Weltmachtträumen abgestürzten Nation gab dazu Anlass genug. Für solcherlei Sinnstiftung im Leiden bot die russische Literatur und Philosophie wie keine andere Halt und Trost. Eine ganze Zunft tat sich auf, die sich als berufene Kenner und Vermittler der russischen Literatur, Philosophie, Geistigkeit, Weltanschauung, Kultur und Seele zur Verfügung stellten – und damit eine Massenleserschaft fanden wie nie zuvor und seitdem. «Die Russen haben uns plötzlich ungemein viel zu sagen», schrieb Arthur Luther 1923 in einem «Sonderheft Russland» der Zeitschrift «Das deutsche Buch», in dem er konstatierte: «Noch nie ist der deutsche Büchermarkt so mit Übersetzungen aus dem Russischen überschwemmt gewesen wie heute.»[11]

Bei diesen Übersetzern, Herausgebern, Kritikern und Deutern handelte es sich fast durchweg um Russlanddeutsche, die bis 1914 oder 1917/18 im Zarenreich gelebt und gearbeitet hatten und nach dem Weltkrieg die Schicht der russophoben Baltendeutschen ablösten, die seit den achtziger Jahren des vergangenen Jahrhunderts ein weitgehendes Deutungs- und Vermittlungsmonopol in russischen Dingen innegehabt hatten. Das außerordentliche Leserinteresse, das sie bedienten, galt zunächst einmal jenem untergegangenen Russland, das man doch gerade begonnen hatte, unter die bedeutenden «Kulturnationen» zu zählen. Darin steckte kein bloß nostalgisches, sondern ein höchst aktuelles Bedürfnis. Man suchte in der russischen wie in keiner anderen Literatur nach einer Deutung für den Weltumsturz, der in Russland ja womöglich nur seinen ersten und krassesten Ausdruck gefunden hatte.

Wenn die hier vorgelegte Darstellung also den Akzent, statt auf die antibolschewistischen Reaktionen und russophoben Affekte, sehr viel stärker auf die ambivalenten Faszinationen und spekulativen Projektionen legt, die sich in der deutschen Öffentlichkeit damals auf das junge Sowjet-Russland richteten, dann nicht, um eine möglichst steile Gegenthese zu formulieren. Dass die Machtergreifung der Bolschewiki und ihr neuartiger «sozialer Terror» eine Welle phobischer und negativer Reaktionen auslöste, steht natürlich außer Frage. Parallel dazu gab es im besiegten Deutschland jedoch auch eine Welle positiver Affekte und unbestimmter Erwartungen, mit Intensitäten und identifikatorischen Vereinnahmungen, für die man so leicht keine historische Parallele findet. Jedenfalls hat das «neue Russland» als der Kern eines unbestimmten, erwachenden «Ostens» in diesen Jahren die Geister beschäftigt wie kaum etwas anderes, und das vor allem als Gegenpol und Antithese zu den Ländern der Entente und des neuen «Westens».

Es käme also darauf an, das eine mit dem anderen ins Verhältnis zu setzen. Es würde sich dann zeigen, dass einer immer engeren faktischen und materiellen «Westbindung» der Weimarer Republik eine höchst intensive, aber ambivalente geistig-politische «Ostorientierung» entsprach. In gewisser Weise war auch die aggressive Ost(raum)politik Hitlers und der Nationalsozialisten ein Teil und Reflex dieses Phänomens. Von einer schlichten Kontinuität überkommener Russlandfeindschaft, die sich mit einem virulenten bürgerlichen Antibolschewismus und einem notorischem deutschen Antisemitismus wie selbstverständlich kombiniert und lediglich eine weitere Steigerung und Radikalisierung erfahren hätte, kann jedenfalls keine Rede sein.

Selbstberufungen zweier Reichsvölker

Man könnte sogar so etwas wie eine «longue durée» der gegenseitigen Fixierungen und weltanschaulichen «Besetzungen» rekonstruieren, und zwar von beiden Seiten. Die alexandrinische Bibliothek, die der verstorbene Lew Kopelew mit seinem späten Lebensprojekt der «West-östlichen Spiegelungen» angestoßen und hinterlassen hat, liefert dazu ein reichhaltiges Material, wie es sonst für die Beziehungsgeschichte zweier Länder kaum zur Verfügung steht.*[12]

In seinem Essay «Die Erfindung Russlands» hat Boris Groys den Mechanismus beschrieben, mit dem Russland – das im Unterschied zu China oder Indien in Wirklichkeit (so Groys) keine andere kulturelle Tradition als die westliche besaß – sich immer wieder als das «Andere» des Westens selbst erfunden habe: nämlich «indem es oppositionelle, alternative Strömungen der westlichen Kultur ... übernimmt, aneignet, transformiert – und dann gegen den Westen als Ganzes richtet».[13] Kardinale Beispiele waren die Übernahme des byzantinischen als des

---

* Auch das hier vorgestellte Buch ist, wie man in freier Abwandlung eines Satzes über Nikolai Gogol und die jungen Schriftsteller des 19. Jahrhunderts sagen könnte, «aus der Tasche von Kopelews Mantel» geschlüpft, aus seinem Rotarmisten- und Lagermantel, der ihn unsichtbar immer umgab. Das Produkt unserer mehrjährigen Zusammenarbeit war der letzte, von ihm noch durchgesehene Band des Projekts. Vgl. *Gerd Koenen / Lew Kopelew (Hrsg.): Deutschland und die russische Revolution 1917–1924* (= West-östliche Spiegelungen, Reihe A, Band 5), München 1998.

wahren «römischen» Christentums, die Entstehung der Slawophilie aus dem Geiste des deutschen Idealismus sowie die Adaption des «Marxismus», der eine materialistische Geschichts- und Gesellschaftstheorie aus Deutschland war, bevor Plechanow und Lenin daraus eine «Ideologie» oder «Lehre» russischen Gepräges formten.

Groys hebt diese Tradition russischer Selbsterfindungen ausdrücklich von dem ab, was in der historischen Soziologie als «Selbsterfindung der Nationen» beschrieben worden ist. Die Russen seien eben keine Nation im modernen Sinne gewesen, sondern «ein Staatsvolk, das sich als kollektiver Untertan der durch den Staat repräsentierten universellen Idee definierte».[14] Umso mehr «haben russische Autoren im westlichen Denken nach den Ansätzen der radikalen Selbstkritik gesucht ..., um diese Selbstkritik dann in eine ‹russische Kritik› am Westen umzuwandeln».[15] Anders ausgedrückt, handelte es sich von Beginn an um die «Selbsterfindung» eines Reichsvolks mit universellen Berufungen, die alle westlichen Universalismen übertrumpfen sollten.

Deshalb war es kein kulturgeschichtlicher Zufall, dass sich Ideen und Theorien deutscher Provenienz für diese Operation stets als besonders geeignet herausstellten – und umgekehrt: dass diese «russische Kritik» am Westen gerade in Deutschland ihren nachhaltigsten Resonanzboden fand und zeitweise integrierender Bestandteil der «deutschen Idee» wurde. Auch die Deutschen sahen sich eben nicht als bloße (Staats-)Nation, sondern als ein Reichsvolk mit universellen Berufungen. Und dabei dienten ihnen neben eigenen geistigen Hervorbringungen seit dem späten 19. Jahrhundert in immer wachsendem Umfang und steigender Intensität auch die russische Literatur, Philosophie und Kunst als Material, nicht zuletzt als Kronzeugin gegen die aufsteigende westliche Zivilisation.

Mehr noch: Soviel Furcht Russland als ein gigantisches, «halbbarbarisches» und verhältnismäßig junges Großreich zu gewissen Zeiten bei einem Teil der deutschen Öffentlichkeit erzeugte, so sehr firmierte es für andere als das natürliche Objekt und Komplement eigener Größenphantasien. Deutschland schien als aufsteigende Weltmacht und als Weltreich nur vorstellbar, wenn es mit dem «russischen Komplex» (hier als Objektivum verstanden) in irgendeine Art «besonderer Beziehung» trat. Dann aber waren die Prospekte grenzenlos.

Aus dieser Disposition heraus stellt sich die Geschichte der geistigen und kulturellen Beziehungen beider Länder über weite Strecken als ein großangelegtes freund-feindliches Hinüber und Herüber dar. Diese gegenseitigen Projektionen und Beauftragungen waren aber nicht bloße ideelle Wolkenbildungen am blauen Ideen- und Kunsthimmel, sondern hatten immer auch mit der realen Daseinsweise beider Völker und ihrer jeweiligen geschichtlichen Lage zu tun. Die hier vor allem ins Auge gefasste Periode von 1900 bis 1933, und auf andere Weise bis 1945, erscheint als die Phase der höchsten Verdichtung dieser gegenseitigen Bezugnamen, und insofern – nach einem von Lew Kopelew vielfach verwendeten Begriff – als ein besonderes historisches «Chronotop».

«Fremdenbilder» und «Feindbilder»

Das Bild, das sich aus einer solchen erweiterten Perspektive ergibt, ist weder freundlicher noch unproblematischer als dasjenige, das man sich unter dem Eindruck der großen Kataklysmen des vergangenen Jahrhunderts im allgemeinen gemacht hat. Für die deutschen Russlandbilder trifft in besonderem Maße zu, was für projektive Fremdenbilder überhaupt gilt, nämlich dass kaum jemals eindeutig zu sagen ist, was als «positive» und was als «negative» Stereotypen zu bewerten wäre. So konnten freundlich-bewundernde Stellungnahmen gegenüber dem alten Russland wie der jungen Sowjetrepublik oder der späteren Sowjetunion mit äußerst abfälligen Urteilen über die Russen und die russische Kultur einhergehen. Die Bewunderung für die autokratischen Zivilisatoren Russlands – von Peter über Katharina bis Lenin und Stalin – beruhte fast stets auf einer sehr negativen Einschätzung der eigenständigen Entwicklungspotentiale der russischen Gesellschaft. Natürlich gab es auch das Umgekehrte: die Verherrlichung des wahren, alten, unverbildeten Russland und die Dämonisierung der ihm (mit Spengler zu sprechen) aufgezwungenen «Pseudomorphosen» der Gesellschafts- und Staatsbildung.

Dabei glichen sich «positive» und «negative» Stereotypen vielfach aufs Haar oder unterschieden sich nur um Nuancen. Und diese Nuancen lagen ausschließlich im Blick des Beobachters und Interpreten. Mal hatten die Russen den Nachteil ihrer Vorzüge und mal den Vorzug ihrer Nachteile. Wenn man sie (um einige scheinbar freundliche Klischees der Zeit zu zitieren) für «kindlich», «ursprünglich», «unverbildet», «träumerisch», «lernfähig» und «formbar» erklärte, für eine Spezies von Menschen, die dem Boden und der Natur wie den Urgründen der Seele oder des Unbewussten noch näher stünden und daher auf eine besondere Weise «seelenhaft» und «ursprünglich religiös» seien, so bleibt offen, ob das positive Zuschreibungen waren, oder ob sie nicht eher kultureller Herablassung und dem Wunsch nach imperialer Bevormundung entsprangen. Dasselbe galt allerdings umgekehrt für solche scheinbar negativen Epitheta wie «barbarisch», «grausam», «anarchisch», «fanatisch», «fatalistisch» oder «asiatisch», die ebenso gut als Ausweis von Stärke und potentieller Machtentfaltung gewertet werden konnten, welche je nach Standpunkt und Interessenlage mehr gefürchtet oder mehr bewundert wurden. Das alles entschied sich erst im Kontext des politischen oder ideologischen Weltbildes des jeweiligen Betrachters. Und diese Weltbilder konnten sich ändern, oft sogar sehr rasch, je nach Entwicklung der historischen Situation – wie gerade das Beispiel der NSDAP und ihrer führenden Ideologen besonders eindrucksvoll beweist.

Dagegen liefen die Traditionen einer forcierten «Freundschaft», wie sie innerhalb der kommunistischen Weltbewegung, etwa der KPD vor 1933 und der SBZ/DDR nach 1945, gang und gäbe waren, in Wirklichkeit auf eine teils fiktionale, teils selektive Wahrnehmung der russischen Geschichte, Kultur und Gesellschaft hinaus. Ein Panorama geschichtlicher Klassenkämpfe wurde retrospektiv ausgemalt und amtlich-wissenschaftlich kodifiziert, das zur realen Geschichte des Landes bestenfalls einen ephemeren Bezug hatte; während viele der bedeutendsten Kulturleistungen Russlands, große Teile seiner vergangenen und gegenwärtigen Literatur, Kunst und Philosophie, aber auch seiner wissenschaftlichen und technischen Errungenschaften oder seiner lebensweltlichen Zivilisation ausgeblendet und entwertet, unterdrückt und ausgelöscht wurden. Auf dem Höhepunkt dieser «Freundschaft» verschwand die gesamte neuere Geschichte Russlands im «Kurzen Lehrgang der Geschichte der KPdSU» wie in einem schwarzen Loch.

Ideologien des 20. Jahrhunderts

Im Rahmen der modernen Ideologien und totalitären Massenbewegungen des 20. Jahrhunderts erfuhren alle überkommenen Freund- und Feindbilder, Vorurteile, Stereotypen usw. eine entscheidende Verschärfung. Freilich haben diese modernen Ideologiekomplexe und Massenbewegungen sich nicht in einem leeren Raum der Historie entwickelt. Bei allen Ansprüchen auf universale Gültigkeit ihrer Lehren und Doktrinen blieben «Bolschewismus», «Faschismus» oder «Nationalsozialismus» (wie der «Maoismus») letztlich immer Produkte bestimmter Länder und Gesellschaften in bestimmten Zeitumständen, deren Ambitionen und Aspirationen sie in radikalisierter Form formulierten. Wo immer es ihnen gelang, jenseits der eigenen Grenzen Proselyten zu machen, handelte es sich binnen kurzem um Anverwandlungen und Neuschöpfungen – wie es prototypisch schon beim ersten Auftauchen doktrinärer «Marxisten» in Russland der Fall war.

Marx und Engels haben diesen Prozess noch zu Lebzeiten mit wachem Misstrauen und einiger Irritation begleitet.

Richtig ist gleichwohl, dass sich alle diese Bewegungen, Ideologiekomplexe und «Systeme» in einem engen historischen Bezug aufeinander entwickelt haben – nicht im naiven Sinne von «Vorbildern» oder «Schreckbildern» allerdings, sondern in einem komplexen Geflecht wechselseitiger Faszinationen und Phobien, Attraktionen und Repulsionen, Rivalitäten und Kollaborationen.

Für Otto-Ernst Schüddekopf war die Geschichte der modernen totalitären Bewegungen vor allem und zunächst die Geschichte von vier Ländern: von Frankreich, Italien, Russland und Deutschland. Dabei habe es sich jeweils um Versuche gehandelt, Nationalismus und Sozialismus auf eigentümliche Weise zu synthetisieren, um auf dem Boden der sich Bahn brechenden Moderne und akuter Krisengefühle einen «Aufstand gegen die Moderne» zu entfesseln und Modelle einer neuen, gebundenen, «integralen» Gesellschaft zu entwerfen.[16] Auf dieser Sichtachse ergibt sich eine – durchaus schlüssige – historische Reihenfolge. So war es anfangs das 1871 besiegte Frankreich, das nach einem Wort Ernst Troeltschs «das Experimentierfeld des europäischen Gedankens» wurde, sowohl was die Ausbildung eines «integralen Nationalismus» (nach Charles Maurras) mit den Komponenten von Antirationalismus und Vitalismus (Bergsons «élan vital»), Mythos der Gewalt (als «violence» im Sinne Sorels), «Kult der Erde und der Toten» (Barrès), charismatischem Führertum (im Geiste eines cäsaristisch gesteigerten Bonapartismus) betraf, wie auch, was die Entwicklung eines ideologisierten und aktivistischen Antisemitismus anging, speziell in der Periode des Dreyfus-Prozesses.

Am Ausgang des Weltkriegs, der Frankreich auf der Seite der Sieger sah, waren es dann vor allem das zusammengebrochene Russland, das «betrogene» Italien und das besiegte Deutschland, die auf jeweilige, spezifische Weise zu Horten totalitärer Massenbewegungen wurden, die sich in einem mehr oder weniger kurzen und gewaltsamen Prozess Staat und Gesellschaft ihres jeweiligen Landes unterwarfen und für ihre weiter greifenden Zwecke einsetzten. Dabei waren Lenins «Bolschewismus», Mussolinis «Faschismus» und Hitlers «Nationalsozialismus» an sich nur modernisierte und national angepasste Synthesen längst vorhandener Ideologeme, die ihre Durchschlagskraft denn auch weniger aus diesen Formeln und Losungen selbst als aus den radikal veränderten psychischen Dispositionen ihrer Akteure bezogen.

In diesem Buch geht es insbesondere darum, besser zu verstehen, warum sich gerade in Deutschland und in Russland Bewegungen und Ideologien entwickelt haben und zur Macht kamen, die schließlich auf jeweilige Weise ein «singuläres» Potential der Destruktion und Vernichtung nach innen und nach außen entfesselt haben. Beide Länder ragen nicht nur jedes für sich aus der Geschichte des Weltkriegszeitalters heraus. Sondern sie waren in diesem Prozess auch auf denkbar intensive und komplexe Weise aufeinander bezogen – durch ein «Verhältnis von Hassliebe, wie es vielleicht in der Geschichte einzig dasteht» – so Walter Laqueur[17] –, aber vor allem auch durch ein ganzes System gegenseitiger Entlehnungen und Übertrumpfungen; und fast immer im expliziten oder impliziten Bezug auf etwas Drittes: «den Westen».

Der Erste Weltkrieg war der primäre und entscheidende Generator all dieser Prozesse. Er totalisierte alle gesellschaftlichen Lösungsvorstellungen, mobilisierte zivile und bewaffnete Massen in ungeahnten Größenordnungen und beförderte fundamentalistische Selbstzuschreibungen und Selbstberufungen jeder Art. Er radikalisierte alle Feindschaften und Freundschaften, alle Phobien und Affinitäten, und zwang auch die Verfechter einer pluralen und demokratischen Gesellschaft, ihren Zielen eine ideologisch-propagandistische Form zu geben. Insofern kann man sagen, dass alle geschichtsmächtig gewordenen Ideologiekomplexe und Massenbewegungen des 20. Jahrhunderts – jedenfalls im europäischen Raum – im Kontext des Ersten Weltkriegs und der anschließenden revolutionären Erschütterungen und Umbrüche entstanden sind. Sowohl der Begriff des «Westens» wie der des «Ostens», in der politisch-weltanschaulichen Bedeutung, in der sie einen großen Teil des 20. Jahrhunderts geprägt haben, dürften sich erst in dieser Periode herausgebildet haben. George Kennans Formel vom Ersten Weltkrieg als «*the great seminal cathastrophy*»[18] – im Doppelsinne von «ursprünglich» und «schöpferisch» – umschreibt nicht zuletzt diese Tatsache, die mit der geläufigen Übersetzung als «Urkatastrophe» nur unzureichend erfasst wird.

Russland und Deutschland, kein Zweifel, haben bei alledem eine (fatale) Schlüsselrolle gespielt. Zugleich, inmitten aller Krisen und Katastrophen, haben sie allerdings auch eine Zeitperiode durchlebt, deren kultureller Ertrag weit herausragt. Das alles vollzog sich in einem vielfältigen und intensiven Bezug aufeinander, der heute kaum noch erinnert und fast nicht mehr nachvollziehbar ist. Wenn schon, muss es sich darum handeln, diesen «Komplex» oder «Nexus» zu rekonstruieren.

I. VORKRIEG UND WELTKRIEG

1. Sendling des Reiches

«Es war Winter. Ich reiste ... sofort nach Sibirien zurück. Bei Nacht, in tiefem Schnee und in bitterster Kälte, feierte ich mein Wiedersehen mit Tomsk. Hier blieb ich einige Monate wohnen, bis die Steppe zu blühen begann. Dann reiste ich den Strom hinauf, mietete Knechte und Pferde und stieg über das Altaigebirge. Ich war Odysseus in den Sandwüsten der Mongolei ..., ein Fremdling unter den Mongolen, dem ritterlichsten und armseligsten der Völker, und warf eine ungeheure Last von mir. Unter diesen Menschen lebte ich auf der Stufe eines früheren Jahrtausends, in diesen Wildnissen lernte ich, was Freiheit ist. Seht doch den Einzelnen ..., den Entdecker auf eigene Faust, mit der Handvoll Leute, die er um sich hat, sibirische Fuhrleute und mongolische Reiter ... Ihr Führer, losgelöst von der geistigen Masse, der er entstammt, schwebt in der Luft. Als ein armer Späher und Pilger überschaut er die Landschaften ... Doch ein Faden zieht sich hinter ihm her, durch das Labyrinth des Unerforschten, der das Gesehene nun in das Netz des Gekannten einmal für immer verknüpft.»[1]

Als Führer, Pilger und Entdecker muss der Fremdling seine Überlegenheit im Kampf mit Mensch und Natur bewähren. Davon handelt die Erzählung «Der Knecht», die der Herausgeber einer Anthologie später mit den Worten rühmte: «Prachtvoll ist in der Erzählung ‹Der Knecht› die Gestalt des Gelehrten herausgearbeitet, der – ein Herren- und Willensmensch – rücksichtslos seiner Sache dient und durch seine überlegene geistige Haltung den Widerstand des russischen Knechtes bricht.»[2]

Der Hass des russischen Knechtes hatte sich am Notizbuch seines Herrn entzündet. «Einen Gott hatte dieser Deutsche, der jede Gemeinsamkeit mit Wanja unmöglich machte: sein Notizbuch. Diesem kleinen Buch in seiner Tasche diente er morgens und abends. Gott allein mochte wissen, was es zu schreiben gab.»[3] Dieses Notizbuch – eine Reihe durchgeschwitzter und verfleckter Hefte – ist erhalten geblieben und gibt einen starken Eindruck von der psychologischen Verfassung seines Autors. «Das Land liegt vor mir wie eine Karte ... Macht des Willens: stärker als Tod und Krankheit», notierte er, noch auf der Hinfahrt nach Tomsk.[4] Für die Zeit nach der Rückkehr entwarf er den «Plan eines Gedichtes» oder «Epos» über Asien: «Das Soziologische, Motorische und Geistige von allem u. das Wirken des Europäismus, episch ausgedrückt ... Homerisch!»[5]

Die ungeheuren Lebensalternativen, die er vor sich sah, sind aus einer weiteren Notiz zu ersehen: «Frage, ob jetzt die Stufe zur Macht erklimmen, oder zurückkehren zum endgültigen Verzicht: zur Größe ohne Zeit ..., ein [Gelehrter u.] Dichter mit ungeheurem Erfolg werden, Politischer Denker (nicht Guerillaführer) ..., Religionsstifter vielleicht.»*[6]

In diesen wenigen entzifferbaren Satzfetzen hat man alle Ingredienzien beieinander, die die weitere Existenz unseres Protagonisten, wenn auch nur virtuell, bestimmen sollten: Dichter, Gelehrter, politischer Denker, Guerillaführer, Religionsstifter – an der «Stufe zur Macht» ... Der Zarathustra-Ton ist unüberhörbar. Man könnte das für ein bloßes Zeugnis individueller Exaltiertheit nehmen, das es auch war. Aber zugleich enthüllt sich darin etwas von den halluzinatorischen Weltgefühlen und der prometheischen Vermessenheit einer ganzen Generation.

Ein Westler im Osten

Über den reisenden Schriftsteller und Journalisten Alfons Paquet, von dem diese frühen Aufzeichnungen stammen, heißt es in Albert Soergels «Dichtung und Dichter der Zeit», deren Neue Folge «Im Banne des Expressionismus» 1925 erschien: «Lange, ehe Aller Augen östlich sich kehrten, war Paquet im Osten daheim, wusste er, der Mensch des Westens, dass doch ‹im Osten jede Frage schlummert, deren Antwort unser europäisches Schicksal heißt›.»[7]

Tatsächlich hatte Paquet der virulenten Zeitströmung einer geistig-literarischen Ostorientierung, über die Soergel wie über eine unbestreitbare Tatsache spricht («als Aller Augen sich östlich kehrten»), nicht nur einige zentrale Stichworte geliefert, sondern er verkörperte sie durch seine gesamte Biographie. Dabei lag sein größter Erfolg als Autor noch vor ihm: die 1924–26 von Erwin Piscator «in russischem Stil» inszenierten Revolutionsdramen «Fahnen» und «Sturmflut». Und noch war von Paquets Moskauer Tagebüchern aus dem Revolutionsjahr 1918, die man Jahrzehnte später «zu den klassischen Quellen dieses weltgeschichtlich so tief einschneidenden Ereignisses» zählen würde, nichts bekannt.[8]

Umso prominenter war Paquet durch seine «Briefe aus Moskau» geworden, seine Berichte als Korrespondent der «Frankfurter Zei-

---

* Eckige Klammern: Im Original durchgestrichene Worte. Orthographie wie im Original.

tung» aus dem belagerten Moskau 1918, und dann durch seine Vorträge über den «Geist der russischen Revolution», die er nach seiner Rückkehr 1919 vor großem Publikum hielt[9], sowie schließlich durch eine dichte Folge von Artikeln und Essays, die gerade mit ihrem Gestus geschichtlicher Weissagung seinen Ruf als berufener Kenner und Interpret all dessen begründet hatte, was sich hinter dem eisernen Vorhang mit der geheimnisvollen Aufschrift «Bolschewismus» an unklaren Hoffnungen und Drohungen verbarg.

Ihn selbst ließ dieses Thema nicht mehr los. So beteiligte er sich an Kampagnen zur Unterstützung des hungernden und um seine Existenz kämpfenden Sowjetrussland, und 1923 gehörte er zu den Gründungsmitgliedern der «Gesellschaft der Freunde des neuen Russland». In einer Serie von Artikeln und Essays («Rom oder Moskau»), in einem futuristischen Revolutionsroman («Prophezeiungen») und in seinen Revolutionsdramen («Fahnen» und «Sturmflut») kam er immer wieder auf seine russischen Erfahrungen und Inspirationen zurück.

Nimmt man Paquets frühe asiatische Reiseberichte und -notizen sowie seine übrigen literarischen und essayistischen Arbeiten hinzu, und schließlich seinen ungedruckten (auf bezeichnende Weise gescheiterten) Schlüsselroman «Von November bis November», den er Anfang der dreißiger Jahre auf Basis seiner Stockholmer und Moskauer Aufzeichnungen verfasste[10] – dann zeigt sich ein Kontinuum des Nachdenkens über Russland und «den Osten», das zeitlich und thematisch einer sehr viel breiteren Unterströmung in der deutschen Gesellschaft dieser Weltkriegsepoche entsprach.

Weltkind in der Mitten

Natürlich kann man fragen, ob dieser emphatische Weltbürger, religiöse Dissident, langjährige Freund Sowjetrusslands und standhafte Nazigegner geeignet ist, ein genaueres Bild der Einstellungen einer repräsentativen deutschen Öffentlichkeit gegenüber Russland in der fraglichen Periode von 1900 bis 1933 zu liefern. Anderseits trägt die Stilisierung Paquets zum humanistischen Außenseiter und weißen Raben[11] kaum der Tatsache Rechnung, dass sein Werdegang und seine Ansichten im großen und ganzen den Hauptlinien der deutschen Weltpolitik folgten, deren treibende Motive und wesentlichen Gehalte er auf seine eigentümliche Art und Weise formulierte und reflektierte.[12]

Der untersetzte junge Mann mit den großen, aufgerissenen Augen und Zügen eines deutschen Simplicius Simplicissimus, Sohn von «ehrsamen kleinbürgerlichen Geschäftsleuten», der es vom einfachen Lehrling zum Staatswissenschaftler, Forschungsreisenden, Schriftsteller und Dichter, Zeitungskorrespondenten und Botschaftsattaché mit besonderer Mission gebracht hat, repräsentierte mit seinem ganzen Lebensweg auch die ausgreifende Suche nach einem deutschen Standpunkt, der Weltgeltung und Weltmacht versprach. Wenn er sich von den Objekten seiner strategisch gewählten Zuwendungen, vor allem den Ländern und Kulturen des nahen und fernen «Ostens», immer wieder faszinieren ließ, wenn er im Fremden das Eigene und im Eigenen das Fremde suchte und es nie lassen konnte, daraus universale Menschheitsideen und nationale Schicksalslinien zu destillieren, dann war er darin keineswegs untypisch.

Umgekehrt könnte man sogar sagen, dass die Unbedingtheit des deutschen Willens zur Weltmacht in der romantisch-universalistischen Version, die Paquet vertrat, nur umso deutlicher zutage trat, da dieser forcierte Universalismus gerade ein Verweis auf die Totalität dieses Wollens war. Ein Eifer des Dazugehörens und Mittuns, gesteigert bis zum Gestaltenwollen im großen und allergrößten Maßstabe, gehörte zum ureigenen und zeittypischen Charaktertypus des Mannes. Davon zeugen bereits seine frühen, großen Reisen, auf denen er vorgreifend, vortastend, explorierend den Kraftlinien der deutschen Weltpolitik folgte. «Ich fühlte unermessliche Jugend im Stolz eines hohen Dienstes, empfand mich pflanzenhaft als einen Trieb am Wachstum eines freudigen Deutschland zwischen Geist und Natur in der Mitte.»[13]

Als Weltkind in der Mitten vereinte Paquet in seinen Texten Sachlichkeit mit Poesie, Geopolitik mit Religion, Philosophie mit Ökonomie. Er verkörperte geradezu in Reinkultur die hochgemute Selbstgewissheit, dass der Aufstieg des Reiches zur Großmacht der Welt etwas Wesentliches zu geben habe und dass Deutschland eine Mission unter den Völkern zu erfüllen habe. Das Weltbürgerliche war für ihn imperial, das Imperiale war weltbürgerlich gefärbt. Und beides wurzelte organisch im Nationalen wie im Lokalen.

Wenn er sich als «Franke» und zugleich als «Rheinländer» definierte, so war das nur die nähere Bestimmung seines Deutschseins und Europäertums. «Von Köln ab nordwestlich finde ich überall meinen eigenen, etwas viereckigen, blonden Typus wieder, Erinnerung eines germanischen und keltischen Zusammenhanges».[14] So, nach «Herkunft», «Physiognomik» und «Typus», beurteilte, beäugte und befragte Paquet voller Neugierde auch alle anderen Menschen, die er auf der weiten Welt traf. Jede solche Charakteristik galt ihm für bedeutsam. Physisches und Mentales, Historisches, Mythologisches und Soziales flossen darin fast naturhaft zusammen. Als «ein Mensch, dem die Raumbeziehungen der Völker und der kleinsten Menschengruppen in jeder Faser fühlbar geworden sind», widerstrebte es ihm, sich «ameri-

Alfons Paquet im mongolischen Uljassutai, 1908

kanisch einen Selfmademan zu nennen». Vielmehr: «Ich bin nichts als eine gradlinige Fortsetzung meiner Väter und Mütter, nichts als ein Stück Leben der europäischen Provinzen, aus denen ich stamme.»[15]

Das war weniger biedere Volkstümelei als schöpferischer Auftrag und höhere Bestimmung. So weigerte Paquet sich gerade als «Franke», die von den Römern errichtete, «verfluchte Grenze» zwischen Gallia und Germania anzuerkennen, da sie «mich von jenem Teil meiner größeren, tausendjährigen Heimat trennt, die aus den Falten des Taunus ... zu dem sonnigen Lothringen hinübergeht».[16] Seine Vorfahren, Handwerker, Bäcker, Schulmeister, Advokaten oder Soldaten, hatten auf beiden Seiten dieser Grenze gelebt. Das «Rheinische» seiner Herkunft wies für ihn weit voraus und enthielt im Keim schon das künftige Europa, dessen Kernprovinz einmal das Rheinland sein würde. Das war eine offensive Wendung der deutsch-nationalen Vorstellung vom «Rhein als deutschem Schicksalsfluss», die zur Idee eines europäischen Imperialismus überhöht wurde, dessen natürliches Zentrum Deutschland war. In den zwanziger Jahren würde er sich deshalb zu den «Rheinischen Dichtern» zählen. Gerade so kam er nach Osten.

Frühe Explorationen

Mit dem ersten selbstverdienten Geld fuhr der 22-jährige, dessen frühe Gedichte und Erzählungen eben gedruckt worden waren und der in Heidelberg ein Studium der Philosophie, Geographie und Volkswirtschaft aufgenommen hatte, im Sommer 1903, ohne ein Wort Russisch zu sprechen, nach Sibirien und in die Mandschurei. «Die Ostchinesische Bahn war eben fertig geworden, und ich fuhr hin, um sie als einer der ersten zu beschreiben.»[17]

In diesem Entschluss drückte sich ein gesteigertes Weltgefühl aus, ein Rausch der neuen globalen Kommunikationen, und vor allem der Eisenbahnen, die den eurasischen Kontinent zum ersten Mal durchgehend erschlossen.[18] Paquet nennt «diese schwarzen Ungeheuer» in einem seiner ersten Feuilletons liebevoll «Welteroberer».[19] Darüber hinaus war die Reise ein Akt persönlicher wie nationaler Selbstfindung, in dem der romantische Imperialismus des jungen Mannes Nahrung und Bestätigung suchte. Und tatsächlich, wohin er kam, vermochte er sich mit anderen Menschen zu verbinden und auszutauschen. Aber dieselbe Fähigkeit beobachtete er bei den Deutschen, die er in jeder noch so entlegenen Garnison oder Pioniersiedlung Sibiriens antraf. Überall schienen sie wohlhabend und tüchtig, und wirkten «unter der trägen Masse des russischen Volkes ... wie der Sauerteig unter den drei Scheffeln Mehl».[20]

Auf der Fahrt in den billigen Kurier- und Postzügen (die Strecke Berlin-Wladiwostok kostete ihn hin und zurück nicht mehr als 200 Mark) verfasste Paquet für Zeitungen daheim Korrespondenzen in einer Mischung aus launigen Kolonialanekdoten und ernsten global-strategischen Betrachtungen. Was ihn gerade nach Sibirien und an den Pazifik trieb, war die fixe Vorstellung, dass hier im fernsten Osten noch freier Entwicklungsraum sei, aber auch ein neuer Knoten der «Weltpolitik» sich schürzte. Es war der Vorabend des russisch-japanischen Krieges, und Paquet spürte die gewittrige Spannung über allem Leben und Treiben, das er beobachtete.

Dem Enthusiasmus seiner «geographischen Gedichte», in denen er die «Weltphysiognomik» zu erfassen suchte, tat das keinen Abbruch, im Gegenteil: «Jenseits der schwarzen Ackersteppen Russlands mit ihren bunten Windmühlen / Und ihren struppigen blonden Strohhütten, deren Fensterchen zur Sonne blitzen; (...) / Am jenseitigen Rande des größten Kontinents, einen Tag näher dem Sonnenaufgang / Werden unsere zukünftigen Städte auferbaut, / Starke Siedlungen, behütet von weitblickenden Hügeln, / Wo über den eingegrabenen Geschützen die Fahnen Europas sich bauschen: / (...) Ankergründe und Landeplätze der Kauffahrtschiffe vieler Staaten.» So eins seiner «homerischen» Poeme über «Die Stadt, genannt Die Ferne».*21

Zurück daheim, verfasste der 22-jährige Studiosus gleich eine Denkschrift zu Händen des Reichskanzlers.22 Deutschland, so hieß die allgegenwärtige Formel der Zeit, musste «Weltpolitik» treiben, und er wollte mit von der Partie sein. Aber ganz entsprechende Überlegungen wie für Russland stellte er zwei Jahre später auch für die Türkei und das Osmanische Reich an, nach einer neuen Reise, die ihn diesmal die Donau abwärts nach Konstantinopel und über die von Deutschland gebaute Anatolische Bahn nach Angora (Ankara) führte. Von dort ging es über die erste Teilstrecke der krisenumwitterten Bagdad-Bahn weiter bis nach Syrien.23

Paquets Berichte schwelgten in Visionen neuer weltwirtschaftlicher Verkehrslinien, die in heftiger Konkurrenz miteinander lagen. Die «Zukunftsbahn Hamburg-Basra», schrieb er, werde vielleicht bald schon dem Suez-Kanal den Rang ablaufen und in Britisch-Indien ihre besten Kunden finden. Auch einen Abzweig über Damaskus «in das von den Engländern bedrohte Mekka» oder nach Jerusalem sah er voraus.24 Aber die entscheidende Funktion der neuen Bahnlinie schien ihm in der Stabilisierung des Osmanischen Reiches zu liegen. Während Briten und Franzosen nur ein paar Stichbahnen gebaut hätten, um die Türkei «vom Mittelmeer aus anzubohren», sei die deutsche Anatolien-Bahn eine Gabel, auf die der Sultan das ganze Land aufspießen könne, und damit ein Rückgrat seines Reiches. «Eine Gabel von deutschem Eisen!»25

Darin enthüllte sich für Paquet der wesentliche Unterschied zwischen deutscher «Weltpolitik» und britischem oder französischem «Imperialismus». Wo die westlichen Rivalen mit Kapital und Waffen operierten, um zu erobern und auszubeuten, da die Deutschen mit Menschen und Technik, um zu entwickeln und aufzubauen. Was Deutschland zur Weltmacht prädestiniere, sei vor allem sein Reichtum

* Gemeint war das neu angelegte Dalni, von dem es später im Manuskript «Von November bis November» voll melancholischem Enthusiasmus heißen wird: «Eine Siedlung, bestimmt für Millionen Europäer, Chinesen, Japaner, Inder. Eine Handelsstadt für alle Großfirmen, alle Schiffahrtslinien der Welt. Ihre Boulevards, ihre Paläste sollten einmal die von Petersburg an Großartigkeit übertreffen, ihre rationale Anlage, ihre Weiträumigkeit versprach San Francisco zu überflügeln.» (Bl. 170)

an tüchtigen Menschen: Sechzig Millionen auf Heimatboden, zwanzig Millionen draußen in aller Welt. «Wohin mit dem Reichtum? Wir wissen es nicht.»[26]

Die USA hätten sich längst Südamerika als Einflusszone gesichert; Großbritannien, Russland und Japan betrieben die Neuverteilung Asiens. Frankreich baue sein nordafrikanisches Reich. «Wo bleiben die Deutschen?»[27] Sie müssten sich ihre eigenen Betätigungsfelder suchen, die, Paquet zufolge, nicht im verschlossenen Westen oder im tropischen Süden, sondern nur im weitläufigen Osten zu finden waren.

Strategien der Assimilation

Schon in seinem Türkei-Bericht wird der Umriss einer Strategie sichtbar, die er in den folgenden Jahren auf seinen Reisen nach Russland, China und die Mongolei weiter ausmalte. In beiden östlichen Reichen sah er die herrschende Staatsmacht und Staatsnation mit der Aufgabe der Entwicklung der materiellen Ressourcen und lebendigen Potentiale des eigenen Landes klar überfordert. Und wie in Russland, fand er auch in der Türkei entlang der Eisenbahn überall Deutsche am Werk, etwa einen von deutschen Landwirten geleiteten «Kulturdienst», der den anatolischen Bauern intensiven Ackerbau und Viehzucht beigebracht und auf der ganzen alten Hochebene «ein Aufblühen ohnegleichen» bewirkt habe.[28]

Als imperiale Strategie griff das weiter und umfasste mehr als eine Politik wirtschaftlicher Durchdringung. Man könnte es einen Imperialismus der wirtschaftlich-kulturellen Assimilation oder Substitution nennen. Statt auf die Eroberung «leerer» kolonialer Räume oder die Errichtung militärischer Stützpunkte in Afrika oder in Übersee sollte das Deutsche Reich sich darauf konzentrieren, alte, konservative Großstaaten wie das Habsburgische und das Osmanische, das Russische und womöglich das Chinesische Reich als Bundesgenossen zu gewinnen und ihren Körper mit neuem Leben und neuer Dynamik zu erfüllen.

Auf welche Höhen romantischer Selbstentwürfe und phantastischer Weltvisionen diese Vorstellungen den jungen Paquet trieben, zeigten seine beiden nächsten großen Reisen über Sibirien in die Mongolei und nach China. Von der halbjährigen Fahrt, die er im Februar 1908 gleich nach dem Abschluss seiner Dissertation[29] antrat und die offenkundig die Erfüllung eines lang aufgeschobenen Wunsches nach Rückkehr an die Schauplätze seiner früheren Erkundungen war, hat er noch zwei Jahrzehnte später, schon als linker Antiimperialist, jene eingangs zitierte, autobiographische Skizze im Zarathustra-Ton gezeichnet, worin er als ein jugendlicher «Odysseus in den Wüsten der Mongolei» seine künftigen Rollen als Dichter und Weltreisender, Gelehrter, politischer Denker, Guerillaführer oder gar Religionsstifter durchspielte – an der «Stufe zur Macht».

Asien gründlich verändert

Aus der Reise 1908 entstanden zwei Bücher: Eine «Politisch-Geographische Studie»[30] Sibiriens und der Mongolei und eine Sammlung seiner mit fliegender Feder verfassten Korrespondenzen unter dem Titel «Asiatische Reibungen»[31]. Darin erschienen die alten und neuen Mächte Asiens nicht länger als bloße Objekte, sondern als aufsteigende Subjekte und Mitspieler der Weltpolitik: «In Asien geschieht wieder wirkliche Geschichte ... Die Saaten Europas gehen auf ..., der Osten zahlt dem Westen seine Gierden heim! ... Europa schwelgt im Rausch seiner Luftfahrten, schwelgt im Glanz seiner Maschinen, aber es verzagt vor den Problemen ... seiner Menschenmassen. Der Osten aber handelt frei und menschlich ideenlos unter dem einzigen, alles beherrschenden, zeugungskräftigsten aller Gedanken: dem Machtgedanken des Vaterlandes und der Rasse ... Der Turmbau der gelehrten Literatur über jene Länder ist im Steigen, aber zugleich im Wanken: China im Erwachen wirft die Türme über den Haufen ... Amerika, die Karikatur Europas ..., liegt beiseite, da Asien warm wird; wir spüren einen Geruch von Schweiß und Blut und umgewendeter Erde, der von dorten kommt ...»[32]

Diese Beschwörung von Blut, Schweiß und Erde war eine kaum verhüllte Aufforderung an das Deutsche Reich, seinerseits «wirkliche Geschichte» zu machen. Bald schon könne die Mandschurei zum Schauplatz eines zweiten Waffengangs zwischen Russland und Japan werden, «des Endkampfes um das Gebiet zwischen Meer und Baikalsee», d. h. um ganz Russisch-Sibirien.[33] Für Deutschland kam es vorerst nicht darauf an, in diesen Konflikten Partei zu nehmen. Vielmehr: «Wir müssen Asien entdecken, wie Amerika begonnen hat, Europa zu entdecken.»[34]

Asien aber beginne schon in Sibirien. Es sei «das Fatum der Russen, dass sie durch ihren phantastischen Zug nach dem Osten, durch ihre Städtegründungen und Wegebauten in den bis dahin so gut wie menschenleeren Gegenden ... das chinesische Element magnetisch an sich gezogen» hätten, ohne es assimilieren zu können.[35] Diese chinesischen Arbeiter oder Verkäufer seien gewissenhaft, billig und lernten schnell russisch – für deutsche Kaufleute und Unternehmer die idealen Arbeitskräfte.[36] Die Deutschen aber erschienen Paquet mehr denn je als die prädestinierten Kolonisatoren Sibiriens: «Ich finde bei Deutschen mehr gute Kenner des Landes, wie mir scheint, als bei den Russen».[37]

Auf der Suche nach dem «Li»

Bei Paquets dritter Russland-Asien-Reise 1910 hatten sich die Kriegswolken im Fernen Osten wieder verzogen, und das Panorama der systematischen russischen Binnenkolonisation Sibiriens leuchtete in noch stärkeren Farben. Wie 1903, fuhr er die ganze Strecke von Berlin nach Wladiwostok und Harbin ab. Und zum ersten Mal kam ihm nun auch das eigentliche Russland in den Blick und gewann an sinnlicher Präsenz: «Es riecht wieder nach Juchten und alten Säcken, nach Pferden, nach lange getragenen Kleidern». Gleich hinter Wirballen, der lebhaften ostpreußisch-russischen Grenzstation, begann «ein Leben im großen Stil».[38] Die schwerfälligen Züge und breiten Wagen des Sibirien-Express erinnerten den Weltreisenden an verwitterte Ozeandampfer, die hinausfuhren «in das geographische Nirwana, Sibirien, den Stillen Ozean des Zaren».[39]

Der Eindruck der Langsamkeit und Trägheit täuschte allerdings. Denn überall entlang der Strecke sah Paquet Städte in amerikanischem Tempo aus dem Boden schießen. Tatsächlich seien vom Zuwachs der Weltbevölkerung «in den letzten fünfzehn Jahren allein auf das gesamte Russland nicht weniger als dreißig Millionen und von diesen auf Sibirien vielleicht fünf Millionen» entfallen.[40] Vor Wladiwostok registrierte er «mit Überraschung, wie dies Land seit wenigen Jahren russischen Charakter angenommen hat».[41]

Letztlich wurde aber auch diese Fahrt wieder eine Reise in das Reich der Mitte, dem noch immer das größere Interesse galt. In China wollte Paquet, wie er einem Petersburger Freund erklärte, «das Li suchen», welches der «wohlklingende Ausdruck für Anstand, Schönheit, Maß, innere Höflichkeit und Zeremonie» sei.[42] Und in den Ahnenkulten, den konfuzianischen Gesetzen, in Laotses Lehre vom Tao, vor allem aber in der zähen Selbstbehauptungskraft der chinesischen Gilden fand er, wonach er gesucht hatte: lebenskräftige Residuen jenes spirituellen Bandes, das, wie er glaubte, in der «altchinesischen» Gesellschaft einst die Träger der staatlichen Autorität und die verschiedenen Stände und Klassen, Generationen und Nationalitäten, und sogar die Lebenden und die Toten umgriffen habe – und vielleicht künftig auch wieder umgreifen könnte.

In dem vornehmen Beamten und Philosophen Ku Hung-Ming, dem Verfasser eines modernen konfuzianischen Katechismus, fand er prompt einen Kronzeugen seiner Ideen: «Und wie er mit Sorgen von England sprach, das durch seinen Vortritt auch Deutschland auf den harten Weg der Rüstungen dränge, war es mir von diesem fremden gelehrten Manne ein denkwürdiges Bekenntnis, dass er vom deutschen Geist noch am ehesten die große Synthese der Kulturen erwartete.»[43]

Und also entwarf Paquet, ganz «im Stolze eines hohen Dienstes», ein recht absurd anmutendes Programm der Umwandlung der deutschen Kolonie Tsingtau in einen «Ort der Selbstbesinnung, der geistigen Arbeit, des Denkens»[44] sowie eines «groß gedachten ... Chinadienstes durch das Auswärtige Amt». An die Spitze der Pekinger Botschaft gelte es unbedingt «einen Mann zu setzen, der China gründlich kennt, Staatsmann und Gelehrter zugleich».[45]

Diese Idealvorstellungen einer Weltmission kulminierten im Entwurf eines besonderen Instruments deutscher Politik: eines Weltordens von «Sendlingen» – deren Prototypus offenkundig er selbst war: «Das Kupee der Eisenbahn, die Kabine des Dampfers ... sei die Klosterzelle, und jede Reise über die Grenzen des Vaterlandes eine Sendung im Gehorsam gegen die innere Stimme. Unsere Weltflucht muß nach vorwärts, in die Einsamkeiten, in die Versuchungen und in die Größe des Weltbürgertums. Es wäre Zeit für einen neuen Orden von wandernden Schülern ..., eine Vergeistigung der Erde durch das deutsche Wesen.»[46]

Antiwestliche Affekte eines Westlers

Bei dieser «Vergeistigung der Erde durch das deutsche Wesen» war es Deutschland aufgegeben, die alten und neuen Ideen des Ostens aufzunehmen, um sie mit dem Erbe des Westens zu einer «großen Synthese der Kulturen» zu verschmelzen. Die politische und ideologische Gegnerschaft Paquets gegen die westlichen Staaten und Gesellschaften hatte ihre Ursache gerade in einer unmittelbaren Affinität und Rivalität. Darin unterschied er sich, zumindest auf den ersten Blick, von den Vertretern des zeitgenössischen deutschen Kulturpessimismus und Antimodernismus.

Paquet schien im Gegenteil ein Enthusiast nicht nur der modernen Industrien, grenzüberschreitenden Kommunikationen und großen weltwirtschaftlichen Erschließungen, sondern vor allem der Städte. «Ich fühlte mich immer wieder zu Städten hingezogen ... Alle Städte wollen irgendwie das Unmögliche. Sie sind tragisch ... Sie sind die unerschöpflichen, schwer zugänglichen Werke der Generationen wie ich selber ... Jede Stadt war einmal ein Wagnis ..., voll Mut selbst zum Bösen, voll Mut, jede einzelne Funktion des Menschen zu kategorisieren ... Mir sind Städte bleibender, wichtiger als Staaten. Ich selbst komme mir manchmal vor wie eine Stadt.»[47]

Passagen wie diese zeigen einen Autor und praktischen Anreger, der seiner Zeit in vielem voraus war. Aber es gab in dieser Weltläufigkeit immer auch einen Zug des Bodenständigen. Alles Allzu-Fremde, Nicht-Kommensurable wurde auf romantisch-bürgerliche oder romantisch-imperiale Weise sogleich «eingemeindet». So enthielten Paquets gigantische Erschließungs-Prospekte immer Reminiszenzen eines aufgeklärten Absolutismus oder faustisch-goethischen Natur- und Kultur-Idealismus. Seine Städtebilder hatten stets etwas von pfahlbürgerlichem Mittelalter mit einem Einschlag von Renaissance. Und seine nach dem Weltkrieg entwickelte, recht avantgardistisch anmutende Idee eines «Europa der Städte» war eher eine moderne Neuauflage der spätmittelalterlichen Städtebünde und schloss die eigentlichen Weltmetropolen tendenziell aus. Es mussten schon gewachsene, nicht über sich hinausgewachsene Städte sein, die eine historische «Individualität» im deutschen Sinne aufwiesen.

London war die erste Weltmetropole gewesen, in die er als 15-jähriger Lehrling im Tuchgeschäft eines Onkels an der Oxfordstreet geraten war und die zunächst sein lebhaftes Interesse geweckt hatte. «Ich ... verlor mich aber bald in die Dockhöfe, die Parks, die Museen der ungeheuren Stadt». Statt seinen Erkundungsradius zu erweitern, saß er «abends von sechs bis neun ... in der Guildhall-Bibliothek und las alte Bände der ‹Deutschen Rundschau› mit ihren krausen, seltsam erregenden Polemiken für und gegen Nietzsche».[48]

Im Jahr 1904 war Paquet als Student in Amerika gelandet, kein halbes Jahr nach seiner ersten großen Reise in den Fernen Osten. New York hatte ihn anfangs begeistert und dann immer mehr erschreckt. In einem seiner ersten großen Städtepoeme («Die atlantische Stadt») feierte er in Whitmanschen Versen «des Lebens Strom», der sich hier ungezügelt ergoss – und sah doch (wie später Bertolt Brecht) die große Stadt «unter einem Hauchstoß des Verderbens» liegen.[49]

Anschließend besuchte er die Weltausstellung in Saint Louis, die der eigentliche Anlass seiner Reise war. Von dort aus «durchstreifte ich die Staaten bis Denver, schrieb für Mississippi-Blätter und sammelte ein paar Kisten voll Bücher für die sozialen Institute Wilhelm Mertons in Frankfurt».[50] Über diese frühe Amerika-Fahrt hat Paquet, anders als über die Fahrten in die Länder des Ostens, keine Aufzeichnungen publiziert. Aber in seinem ersten und einzigen Roman «Kamerad Fleming», der deutlich autobiographische Züge trug, entschloss sich der deutsche Held zur Rückkehr aus Amerika. Das Angebot seines amerikanischen Chefs, ihm ein Studium zu finanzieren, «bot nichts für ihn», da alles Lernen dort drüben nur «hart und oberflächlich» geblieben wäre. Denn er fühlte «die Kraft und den Beruf in sich, statt Werkzeug irgendeines geldverdienenden Großbetriebes ein Erforscher der Erde zu werden».[51]

Also studierte sein Held Fleming (wie Paquet selbst) an deutschen Universitäten die «Staatswissenschaften» und folgte damit dem «Satz Napoleons: dass die Politik das Schicksal sei». In diesem Fach hoffte er «noch Entdeckungen zu machen und Grundzüge einer höheren Ordnung zu entwerfen». Und «zugleich gab es keine bessere Ausrüstung für den weiten Marsch, den er in seinen wachen Träumen vor sich sah».[52] Dabei geriet Fleming (wie Paquet) in die Gedankenwelt der «sozialpolitischen Schriften des Physikers Ernst Abbé, dessen Verhältnis zu den Arbeitern seiner berühmten optischen Werkstätten ihn geradewegs zu den Grundfragen des staatlichen Wesens führten».* Abends dagegen saß er in einem Zirkel, in dem «biedere Examenskandidaten mit fanatischen russischen Juden» stritten.[53] Und das war denn doch etwas ganz anderes, als die flache, harte, laute und gedankenlose Welt Amerikas.

Das untergehende Paris

Die eigentliche Handlung des Romans spielt allerdings in Paris, wohin Fleming auf den Spuren der Bildhauerin Berta geht, die seinetwegen Selbstmord begangen hat, da er sie nicht zu lieben und zu begehren vermochte. Dort gerät er in den Bannkreis des Professors Fraconnard, eines «kühnen, leidenschaftlichen, machiavellistischen Mannes», des Führers einer antiklerikal-antimilitaristischen Massenbewegung mit syndikalistischen Zügen, die die Losung des «sozialen Kriegs» ausgibt.

Auch diese Wendung des Romans war mehr oder weniger autobiographisch. Im Oktober 1909 war Paquet (auf den Spuren einer verstorbenen älteren Freundin, der Schriftstellerin Detta Zilcken) nach Paris gefahren und war dort mitten in die «Ferrer-Unruhen» geraten, die ganz Europa erschütterten, aber in Paris besonders gewaltsame Form annahmen. Die Figur des Professors Fraconnard war offenkundig gezeichnet nach der von Gustave Hervé, dem Herausgeber der Zeitung «Guerre Sociale».** Fraconnard «zählte aber vor

---

* Ernst Abbé, Physiker und Sozialreformer, Leiter der Zeiss-Werke und der Carl-Zeiss-Stiftung in Jena, in deren Besitz die Werke dann übergingen.

** Die europäischen Unruhen aus Protest gegen die Hinrichtung des Schul-

allem auf das menschliche Dynamit der Großstadt: das große Heer der Arbeitslosen, der Desperados, der Verbrecher». Er sammelte «Pariser Apachen, Flüchtlinge aus allen Ländern, russische Revolutionäre, spanische und italienische Anarchisten, armenische Fanatiker», um daraus eine Art «Fremdenlegion, ein vielleicht regelloses, aber doch furchtbares Heer zu bilden».[54] Am Ende wird Fleming, der mit der Aufstellung einer deutschen Abteilung beauftragt ist, als vermeintlicher agent provocateur und Polizeispitzel von seinen Genossen erschossen, als er eben nach Deutschland zurück fliehen will.

Diese Schüsse bilden das Signal eines phantasmagorischen Weltkonflikts. «Aus Frankreich, aus der ganzen Welt strömten die Unruhigen nach Paris ... Sie kamen, um an dem großen Feuerherd den Funken zu holen, der auch in anderen Ländern den Aufstand der Unterdrückten entzünden sollte.»[55] Frankreich drohte ein Krieg mit den Nachbarmächten, die seine hilflose Lage erkannten. Und gerade das war es auch, was Fraconnard wollte: «die Revolte im Augenblick der Mobilmachung». Dagegen erhob sich eine klerikal-militaristische Gegenbewegung, um «einen mächtigen Orden zu bilden im Namen der Jungfrau Johanna d'Arc, einen Orden zur Rettung Frankreichs». Rechte und Linke kämpften um die Seele der Massen, die «bleich, verkommen und hasserfüllt» in den Straßen wogten».[56]

Paris erschien in diesem 1910 verfassten Roman noch in klassischer Weise als die Hauptstadt der sozialen Revolution des 19. Jahrhunderts, die mittlerweile jedoch einer weitgehenden Depravation unterlegen war. Unter der Oberfläche ihrer Klassizität und ihres Bohème- und Künstlergeistes war diese Hauptstadt des Westens zur Brutstätte trüber Leidenschaften geworden, wie sie in der gerade ausgestandenen Dreyfus-Affäre (die ebenfalls den Hintergrund der Romanhandlung

---

reformers und Radikaldemokraten Francisco Ferrer durch die reaktionäre Regierung Spaniens im Oktober 1909 gehören zu den vergessenen Episoden der Vorkriegsgeschichte. Gustave Hervé führte mit seiner Zeitung «La Guerre Sociale» in täglichen Sonderausgaben die Proteste an. Als radikaler Antimilitarist und Syndikalist, der zur Fahnenflucht aufrief und den Klassenkrieg proklamierte, könnte man Hervé und den «Hervéisme» sogar als eine Parallelerscheinung zu Lenin und zum Leninismus sehen. Näher liegen allerdings die Verbindungen zu Sorel und Mussolini. Jedenfalls wurde Hervé bei Ausbruch des Weltkrieges, ähnlich wie Mussolini, zu einem fanatischen Chauvinisten, gründete eine proto-faschistische Partei und wurde in den vierziger Jahren eine Stütze des Regimes von Vichy. – Zur biographischen und historischen Entschlüsselung der Pariser Szenerien des Romans vgl. den instruktiven biographisch-historischen Essay von Oliver Marc Piecha im Anhang zur Neuausgabe von *Alfons Paquet, Kamerad Fleming – Ein Roman über die Ferrer-Unruhen, Frankfurt 2004*, S. 155–212.

bildete) nach oben gespült worden waren. Wo Amerika hart und oberflächlich erschien, da Frankreich grell und verkommen.

Kamerad Fleming begab sich in diesen Sumpf als reiner deutscher Tor (wie Thomas Manns Hans Castorp im «Zauberberg»), nur um dort einen Tod «nach russischem Muster» zu erleiden – ein Hinweis auf die französisch-russische Allianz gegen Deutschland, die sich als eine Verbindung innerlich zerrissener, dekadenter Imperialismen enthüllte. Und so war es auch der schwelende Klassen- und Bürgerkrieg, der zum Ausbruch eines Weltkrieges trieb – welcher, das war die prophetische Dimension des Romans, entweder die soziale Revolution oder eine noch unbekannte Reaktion in ihrem Schoße trug.

Ein europäisches «Reich der Mitte»

Ein positives Gegenbild dieser zerrissenen, dekadenten Welt des Westens und ihrer russisch-terroristischen Reflexe (für die wohl die «Partei der Sozialrevolutionäre» Boris Sawinkows und ihre Politik der Attentate das aktuelle Vorbild abgaben) zeichnete Paquet in seinem Anfang 1914 veröffentlichten Aufsatz «Der Kaisergedanke».[57] Darin zog er eine kühne Diagonale von Dantes «Vision des von Gott erfüllten Weltreiches» hinüber zum chinesischen Kaisergedanken, welcher in seiner tiefen, konfuzianischen Ausprägung «ein Vorbild noch mehr als erhabenes Abbild des europäischen» sei und Deutschland jedenfalls näher stehe als «das kolumbisch-republikanische Imperium Amerikas».[58] Für nicht ausgeschlossen hielt Paquet es daher, dass der in China eben zur Macht gekommene Republikanismus nur ein kurzes Zwischenspiel zur Begründung eines neuen, lebenskräftigeren Kaisertums darstelle – nach dem Vorbilde Japans, das seinerseits den chinesischen Kaisergedanken aufgenommen und «zu einer alles überragenden und beseelenden Größe gefestigt» habe.[59]

Und warum nicht auch in Europa?! Vielleicht gebe es ja für die einfachen Menschen aller Gesellschaften «ein tiefes Bedürfnis nach Vertrauen in die Weltordnung», dessen universeller Ausdruck «die Vorstellung von der Mütterlichkeit des Landes und von der Väterlichkeit des Kaisers» sei.[60] Erst das «Erlöschen der römischen Kaiserwürde» 1806 habe den rasenden Wettbewerb der europäischen Imperialismen entbunden, einen anarchischen, kostspieligen und «entsittigenden» Zustand, welcher «nur durch künftige Kriege oder auf dem Wege einer großen Flurbereinigung zu lösen sein wird».[61]

Dieses Bild einer erneuerten europäischen Universalmonarchie, das Paquet mit Seitenblick auf China und Japan entwarf, trug alle Züge einer modern-konservativen Utopie – und sollte für ihn, wie man vorgreifend einfügen kann, fünf Jahre später eine der Brücken zu den Ideen und Praktiken der bolschewistischen Revolution bilden. Ein erneuertes europäisches Kaisertum müsste sich, so Paquet, der «Gestaltung des übernationalen Rechts» ebenso annehmen wie der Aufgabe, «zwischen der Not der Armen und den Naturschätzen, die im Boden noch unzugänglicher Erdteile liegen, Wege zu schaffen». Seine Aufgabe wäre auch «eine Regelung des Wanderungs- und Siedlungswesens, die Unschädlichmachung des Monopols Einzelner am Boden und an den Produktionsmitteln» sowie die «Entpöbelung der Massen durch ein Erziehungswesen, das mit dem gewaltigen Wachstum der Volkszahl Schritt hält».[62] Und wie das chinesische Kaisertum «ein kommunistisch geordnetes Reich regierte», so hielten auch russische Denker wie Leontjew seit langem «ein Zusammengehen des Absolutismus mit dem Sozialismus für eher möglich als mit dem bürgerlichen Liberalismus».[63]

In einem solchen Rahmen könne sich dann eine neue Aristokratie bilden, aus einer Synthese zwischen dem hergebrachten Geburtsadel und einer «Aristokratie der tatsächlichen Volksführer». Aus ihrer Mitte wäre schließlich der platonische Monarch und Philosoph zu wählen – ein Amt, für welches der deutsche Kaiser der erste, allerdings nicht der einzig mögliche Kandidat wäre; zumal Wilhelm II., wie Paquet behutsam monierte, es «leider in vielem doch an der Verwirklichung des Kaisergedankens fehlen» lasse.[64] Die Regierungen wären dann nur noch Teilhaber der kaiserlichen Allmacht, Lehnsträger, Diener. Die Zahl der Beamten könnte gering sein, der Staat nach und nach absterben.

Deutschland aber war für Paquet das von der Natur und Geschichte bestimmte europäische «Reich der Mitte». Während seine Nachbarn nur durch die Vernichtung des Reichs ein geeintes Europa für realisierbar hielten, suche Deutschland «die Verwirklichung der europäischen Idee auf dem Wege des Einvernehmens mit den benachbarten Völkern des Slawentums und mit Frankreich». Der Weg zur Verwirklichung Europas führe daher über ein führendes – oder ein zertrümmertes Deutschland. «Der Preis eines deutschen Sieges aber wäre weltbedeutend: ein Bündnis mit England und Frankreich für alle Zeiten und die ersehnte Ausdehnung nach Osten. Eine slawische Staatengruppe unter einem habsburgischen Herrscher, der freie Weg nach Vorderasien: das wäre der Weg des größeren Reiches.»[65]

2. Die Deutschen als «Weltvolk»

Die eigentümliche Überspanntheit der Lebens- und Weltentwürfe des jungen Alfons Paquet spiegelte auf ihre Weise den Übergang von der «saturierten», auf Europa konzentrierten Gleichgewichtspolitik Bismarcks zur ausgreifenden «Weltpolitik» der Wilhelminischen Ära, die in der Flottenrüstung ihr sichtbares Symbol und vermeintliches Machtmittel fand.

Dieser deutsche Seetraum galt nicht nur fernen Eroberungszielen, sondern einer unerhörten, noch unbestimmten Metamorphose der deutschen Nation selbst – ihrer Umwandlung in ein «Weltvolk» par excellence. In der Erweckungslyrik Wilhelms II. war's «der Wellenschlag des Ozeans», der «mächtig ... an unseres Volkes Tore klopft und es zwingt, als ein großes Volk seinen Platz in der Welt zu behaupten, mit einem Wort: *zur Weltpolitik*».[1] Zur Chiffre des notwendigen Ausbruchs aus der «Enge» einer europäischen Zentralmacht wurde ein traumhaftes «Übersee». Paquets Leidenschaft für die transkontinentalen Eisenbahnen war die unmittelbare Ergänzung dieser maritimen Phantasien; etwa wenn er die breiten russischen Dampfzüge als eine Art Landschiffe sah, die hinausfuhren in den «Stillen Ozean des Zaren» – Sibirien.[2]

Diese deutschen Weltmachtträume erschienen nicht unbegründet. Die Proportionen, in denen sich die Gewichte zwischen den Hauptmächten der Zeit verschoben hatten, waren schwindelerregend – wenn auch trügerisch. So hatte das Deutsche Reich zwischen 1871 und 1914 eine explosive Steigerung seiner «Volkskraft» von 41 auf 68 Millionen (d. h. um 60 Prozent) zu verzeichnen, während die Bevölkerungen Englands wie Frankreichs vor dem Weltkrieg kaum die Marke von 40 Millionen überschritten. Gleichzeitig hatte sich das Nationaleinkommen Deutschlands in der kurzen Periode von 1896 bis 1912 annähernd verdoppelt. In der Kohleförderung, der Eisen- und Stahlverarbeitung, vor allem aber in den neuesten, technisch fortgeschrittensten Industriezweigen wie der Chemie- und Elektroindustrie oder dem Automobilbau hatten die Deutschen wie die Amerikaner den Briten und den Franzosen klar den Rang abgelaufen. Und obwohl die britische Handelsmarine noch immer ein Drittel der Welttonnage stellte, war der Anteil Britanniens am Welthandel auf 14 Prozent zurückgegangen und vom Deutschen Reich wie von den USA nahezu eingeholt worden.[3]

Allerdings war es unverändert die Londoner City, die über den Goldstandard und seine Bindung an das britische Pfund ein funktionierendes Weltwährungssystem herstellte und garantierte. Auch als Kreditgeber und Kapitalexporteur behauptete das Land eine überragende ökonomische Machtstellung, ähnlich wie Frankreich auch. Zugleich war die konjunkturelle und strukturelle Entwicklung aller Industriestaaten (mit Ausnahme der USA) vital von globalen Rohstoffzufuhren abhängig. Im Mittelpunkt dieser Warenströme aber stand noch immer Großbritannien.

Die enorme Beschleunigung des Prozesses der Globalisierung in dieser Periode, die sich nur mit der am Ende des 20. Jahrhunderts vergleichen lässt, ergab sich jedoch nicht nur aus der Vermehrung und Verdichtung der Produktion, des Handels und des Verkehrs. Hauptmotor des Wettlaufs um die «Erschließung» riesiger Weltzonen war die Konkurrenz der imperialen Staaten selbst. Die wichtigsten technischen Mittel dieses Wettlaufs waren eben die von Paquet so hymnisch besungenen Eisenbahnen und Schiffslinien, die zum Ausgangspunkt der Gründung neuer Bergbaureviere, Industriezentren und Handelsstädte wurden. Aber auch die neuen Medien der Massenkommunikation wie Telegraph und Telefon, Film und Fotografie ließen die globalen Distanzen physisch wie psychisch schrumpfen.

Insoweit war es kein bloßer Zwangsgedanke einer «militaristischen» Führungsschicht des Deutschen Reiches, dass seine industrielle und kommerzielle Expansion durch militärische Interventionen und politische Bündnisse gesichert werden müsse. Man war in eine Phase wirklicher «Weltpolitik» und «Weltwirtschaft» eingetreten, ohne dass es dafür schon irgendwelche Instrumente gegeben hätte, außer der überkommenen Vorstellung eines Gleichgewichts der Mächte nach dem Modell der europäischen Pentarchie des 18. und 19. Jahrhunderts. Sicherlich war auch damals «eine Struktur des Welthandels denkbar, bei der viele sich besserstehen und nur wenige verlieren würden ... Aber diese Alternative lag außerhalb des zeitgenössischen Bewusstseins.»[4]

So wurde die Dynamisierung der weltwirtschaftlichen Entwicklung in den Jahrzehnten vor dem Weltkrieg immer zugleich mit Projekten einer neo-merkantilistischen Abschließung beantwortet – das heißt mit der Errichtung machtmäßig geschützter, möglichst autarker und territorial arrondierter Großwirtschaftszonen, zu denen die Konkurrenten nur um den Preis politischer Zugeständnisse Zugang erhielten. Selbst ein Land mit solch gewaltigen inneren Ressourcen und Märkten wie die Vereinigten Staaten hielt es für notwendig, im Krieg mit der spanischen Kolonialmacht seine karibische und pazifische Machtsphäre militärisch zu sichern und zu erweitern. Der britische Kolonialminister Joseph Chamberlain drückte insofern nur eine allgemeine Ansicht aus, als er 1897 erklärte: «Mir scheint, dass die Richtung der Zeit dahin geht, alle Macht in den Händen der großen Reiche zu vereinigen.»[5]

England als Rivale und Vorbild

Vor allem England rückte, von Deutschland aus gesehen, nach der Jahrhundertwende ins Zentrum aller Rivalitäten und Vergleiche. Diese Nation, die nach Territorium, Ressourcen und Bevölkerungszahl weit hinter Deutschland zurückblieb, verstand es dennoch, ein erdumspannendes Empire aufrechtzuerhalten. Mehr noch: Das kleine Großbritannien war die erste und einzige «Weltmacht» der Geschichte, die diesem Begriff annähernd entsprach. Wenn die Ansprüche des Wilhelminischen Reiches im Nachhinein so ganz und gar vermessen wirken, ist immer zu bedenken, dass England von einer viel schmaleren Ausgangsbasis her eine Position realer (wenn auch relativer) globaler Hegemonie aufrechterhielt, die das eigentliche Vorbild abgab.

Eben diese anachronistisch gewordene Position eines Welt(markt)-Hegemons weckte Erbitterung – und das nicht nur im aufstrebenden wilhelminischen Reich. Das Stichwort vom «englischen Erbfolgekrieg», das Max Lenz in seiner programmatischen Betrachtung über «Die großen Mächte» im Jahr 1900 kreiert hatte, machte die Runde.[6] Hans Delbrück verglich die Bewegung gegen das britische Empire mit der Völkererhebung von 1813 gegen die napoleonische Hegemonie. Diese Überlegungen gingen mit den Strategien des Admirals Tirpitz zusammen, der meinte, dass es dem Deutschen Reich in einem Konflikt mit England niemals an Verbündeten fehlen werde, da es mit der Herausforderung der englischen Suprematie zur See die Sache aller nach Selbständigkeit strebenden Völker und Staaten verfechte.[7]

Überhaupt gefiel sich das Deutsche Reich mit seiner Forderung nach einem neuen Weltgleichgewicht, ungeachtet seiner eigenen kolonialen Ambitionen in Afrika und in der Südsee, in der Rolle eines Champions der Völkerfreiheit. Der Toast Wilhelms II. 1898 in Damaskus auf die «300 Millionen Mohammedaner», denen er versicherte, «dass zu allen Zeiten der deutsche Kaiser ihr Freund sein wird», enthielt jedenfalls die Vorstellung, das «junge» Reich könne im Wettlauf mit den «alten» Großmächten Großbritannien, Frankreich und Russland auf eine Welt von Freunden und Verbündeten rechnen.

Das miserable Abschneiden der für britische Verhältnisse beträchtlichen Truppenaufgebote gegen die Haufen «afrikaanischer» Buschkrieger im Burenkrieg (1899–1902) und die eklatanten Niederlagen der zaristischen Heeresaufgebote im Krieg gegen die ungleich kleineren, aber beweglicheren Armeen des «jungen» japanischen Kaiserreichs (1904/05) schienen tatsächlich auf eine grundlegende Verschiebung der alten Mächteordnung hinzudeuten. Auf dem Hintergrund dieser Mächtekonstellation glaubte man, in Form eines «trockenen Krieges» (Delbrück) – eines zivilen und militärischen Wettrüstens also, in dem Deutschland kraft seiner höheren Technik und Organisationskultur stetig an Macht zunehmen werde – England Zug um Zug aus seiner hegemonialen Position verdrängen und ein neu austariertes Weltstaatensystem durchsetzen zu können, das den «jungen» Mächten mehr Spielraum ließe, und dem Reich natürlich an vorderster Stelle.

Wechsel der Wegzeichen

Dieser veränderten weltpolitischen Situation entsprach eine Neuformierung der innenpolitischen Gruppierungen im Reich und ihrer außenpolitischen Orientierungen. Teile der bürgerlichen Nationalliberalen, des Freisinns oder der Naumannschen «Nationalsozialen» begannen, angesichts der verschärften imperialen Konkurrenz und des Flotten-Wettrüstens mit England, ihre traditionell anglophilen und antirussischen Einstellungen zu revidieren. So machte der jugendliche AEG-Erbe Walther Rathenau in Maximilian Hardens «Zukunft» vom Juli 1898 unter dem Titel «Transatlantische Warnsignale» auf die sich häufenden «anglo-amerikanischen Freundschaftsgrüße» aufmerksam: «Ein neuer Zweibund bereitet sich vor, ein Zweibund zur See; und was die Partie carrée vom Tische freilässt – das sind die Ecken.»

Diese beiden freien Ecken besetzten in Rathenaus Optik Deutschland und Russland, «Germanen» und «Slawen», die gemeinsam die «Romanen» (sprich Frankreich) beerbt hätten. Dem Russischen Reich schrieb Rathenau dabei fast noch mehr Attribute einer jugendlich aufstrebenden Macht zu als dem Preußisch-Deutschen Reich: «Inzwischen erhebt sich im Osten ein junger Riese, dessen Fuß die Hälfte von Asien und Europa bedeckt und dem das unüberwindliche Palladium eines orthodoxen Glaubens Brust und Haupt beschirmt. Wir alle wissen, dass der Kampf Russlands gegen England um die Hegemonie der Welt das große Schauspiel unserer und der kommenden Zeit bedeutet.» Um für Deutschland feierlich zu schließen: «Uns aber weisen alle Zeichen nach Osten und Aufgang.»[8]

Diese Position war nicht ohne weiteres repräsentativ; aber sie deutete eine Tendenz an und war von einiger Schlüssigkeit. Sie beschreibt ziemlich genau den Rahmen, in dem sich auch der junge Alfons Paquet mit seinen Reisen, Explorationen und Schriften bewegte. Von einer traditionellen Gleichgewichtspolitik Bismarckschen Zuschnitts war das bereits weit entfernt und stellte keinen Gegensatz, sondern eine hochgemute Ergänzung zur wilhelminischen Flottenpolitik mit ihrer Orientierung nach «Übersee» dar. Denn nur auf dem Kontinent und in einem unbestimmten nahen oder fernen Osten konnte das Reich die Basis finden, von der aus es einer sich abzeichnenden Koalition der westlichen Kolonial- und Seemächte würde entgegentreten können.

Dagegen waren die traditionell russlandfreundlichen preußischen Konservativen unter dem Banner der Getreideschutzzölle zur Speerspitze einer harten, konfliktbereiten Politik gegenüber Russland geworden – und hatten sich im Gegenzug bereit gezeigt, die ungeliebte Flottenrüstung in Maßen mitzutragen.[9] Zu ihren Wortführern schwangen sich eine Reihe baltendeutscher Ideologen auf, die seit den Russifizierungskampagnen der achtziger und neunziger Jahre nach Deutschland übersiedelt waren. Als die zentrale Figur dieser Neo-Russophobie firmierte der Historiker Theodor Schiemann, der im Rückblick zuweilen die überlebensgroße Statur eines Begründers der deutschen Osteuropakunde aus dem Geiste der Russlandfeindschaft gewinnt.[10]

Russophobe und Russophile

Tatsächlich war Schiemann 1902 auf direkte Empfehlung des Kaisers mit der Gründung des ersten ordentlichen Lehrstuhls für osteuropäische Geschichte und Landeskunde in Berlin betraut worden. Sein Hauptwirkungsgebiet blieben jedoch seine Vorlesungen an der Preußischen Kriegsakademie und seine regelmäßigen Kolumnen in der offiziösen «Kreuz-Zeitung». Er pflegte engen Verkehr mit führenden Beamten und Generälen und war immer wieder Gesprächspartner der wechselnden Reichskanzler, vor allem jedoch des Kaisers selbst. Seine wissenschaftliche Produktivität und Ausstrahlung als Hochschullehrer blieb demgegenüber eher blass.[11]

Die Russophobie Schiemanns verband Elemente eines typischen deutschbaltischen Kulturdünkels mit einer krassen Überzeichnung der Machtambitionen Russlands bei gleichzeitiger Unterschätzung seiner Entwicklungspotentiale. Der Expansionismus des Zarenreichs erschien vor allem als Kompensation seiner sozialen und nationalen Heterogenität im Inneren. Und da das Deutsche Kaiserreich sich dieser Expansion aus eigenem Selbsterhaltungsinteresse in den Weg stellte, indem es Österreich und die Türkei stützte, da es überdies durch seine wirtschaftliche und kulturelle Ausstrahlung auflösend auf die nichtrussischen Völker des Russischen Reiches wirkte, während die Tüchtigkeit der Balten und Russlanddeutschen (so Schiemann) als ewiger Stachel im Fleisch der weniger tüchtigen Russen saß, sei der Kampf gegen den «Pangermanismus» zum einhelligen Schlachtruf des Beamten- und Offizierskorps, des Grundbesitzes und Bürgertums im Zarenreich geworden, das dazu das Panier des «Panslawismus» wieder aufgenommen habe.

Die Stärke dieser projektiven Argumentation Schiemanns lag darin, dass sie einen realen Zusammenhang ansprach. Tatsächlich war für ein erhebliches Spektrum der russischen Gesellschaft das neue preußisch-deutsche Kaiserreich immer stärker in die Position des potentiellen Hauptfeindes gerückt, während der scheinbar unüberwindliche Gegensatz Russlands zu Großbritannien sich (spätestens nach dem verlorenen Krieg gegen Japan 1905) durch die Abgrenzung der Interessenzonen in Asien deutlich abgeschwächt hatte. Schiemanns wirkungsvollste publizistische Waffe waren denn auch Zitate aus der nationalistischen und liberalen Presse Russlands, in denen die Losung des «Entscheidungskampfs von Slawentum und Germanentum» lebhafte Urständ feierte.[12]

Die Schwäche seiner Position lag darin, dass der Versuch, die deutsche Politik auf eine offensive Konfrontation mit Russland festzulegen, realistischerweise in den Vorschlag eines Ausgleichs und Bündnisses mit England münden musste. Damit aber stand Schiemann gegen eine mächtige Strömung der deutschen Politik. Er war konsequent genug, nach Kriegsausbruch die Politik der Reichsleitung vehement zu kritisieren und coram publico eine deutsch-britische Verständigung zu verlangen. Das löste einen Skandal aus, und Schiemann wurde im Herbst 1914 als Leitartikler der halb regierungsoffiziellen «Kreuz-Zeitung» durch Otto Hoetzsch ersetzt, seinen früheren Schüler und mittlerweile schärfsten Kontrahenten. Schiemann hatte diese Position von 1901 bis 1914 bekleidet, Hoetzsch sollte sie von 1914 bis 1924 ausfüllen. Dieser Wechsel wurde zu Recht als eine sichtbare Zäsur in der Ausrichtung der deutschen Politik empfunden.[13]

«Gesellschaft zum Studium Osteuropas»

Otto Hoetzsch hatte es verstanden, das durch die revolutionären Erschütterungen des Jahres 1905 und die autoritären Reformen des «eisernen Kanzlers» Stolypin neu geweckte deutsche Interesse an Russland durch unermüdliche Aktivitäten aufzufangen. Die Herausgabe einer «Zeitschrift für osteuropäische Geschichte» ab 1911 und die ständige Mitarbeit russischer, ukrainischer, polnischer und tschechischer Forscher daran waren in erster Linie sein Werk.[14]

1912 hatte eine offizielle Studienreise 108 höhere deutsche Beamte und Wissenschaftler nach Kiew, Moskau und Petersburg geführt. Die Leitung lag in den Händen des Nationalökonomen Max Sering und des Agrarwissenschaftlers Otto Auhagen. Aus dem Unternehmen ging 1913 ein fundierter Sammelband «Russlands Kultur und Volkswirtschaft» hervor. Im selben Jahr übernahmen Sering, Auhagen und Hoetzsch die Initiative zur Gründung einer «Deutschen Gesellschaft zum Studium Russlands», deren Aufgabe es sein sollte, «unter Wahrung eines durchaus unpolitischen Charakters die Kenntnis Russlands in Deutschland zu fördern».[15]

Gerade im Vorkriegsjahr 1913 erschien eine ganze Serie weiterer gewichtiger Arbeiten über Russland. Dazu zählten etwa Thomas G. Masaryks zweibändiger Abriss der russischen Geistesgeschichte unter dem Titel «Russland und Europa»[16] oder Fridtjof Nansens enthusiastischer Reisebericht «Sibirien, ein Zukunftsland»[17], die beide zunächst in deutscher Sprache erschienen. Noch stärkeren Eindruck in der politischen Öffentlichkeit machte Otto Hoetzschs eigener, materialreicher Abriss «Russland. Eine Einführung auf Grund seiner Geschichte von 1905 bis 1912», der viel Kritik, aber auch viel Zuspruch erntete.

Hoetzsch hatte seine Darstellung bewusst ins historisch Grundsätzliche gewendet, als er sein Buch mit der Frage beendete: «Warum sollte nicht auch das russische Staatswesen ... sich die Kräfte des Kapitalismus, der konstitutionellen Idee und der westeuropäischen geistigen Kultur so assimilieren und aus ihnen neue Kraft schöpfen können, dass es ihm gelingt, jenes hier so oft betonte Missverhältnis zwischen den Ansprüchen eines Weltstaates und dem Reifegrad seiner Volkswirtschaft und Kultur glücksbringend zu überwinden?»[18]

Indem Hoetzsch als konservativer Etatist den zaristischen Staat zur zentralen Reforminstanz erhob, rückte er das unter der Ägide Stolypins reformierte Russland näher an Europa, und vor allem an das kaiserliche Deutschland. Und hatten die Niederlage gegen Japan und die Erschütterungen des Jahres 1905 nicht den Nimbus der Unbesiegbarkeit des Zarenreiches zertrümmert? Russland, so die Botschaft des Buches von Hoetzsch, war weder unverwundbar noch unreformierbar. Für das Deutsche Reich aber war es von allen Rivalen derjenige, mit dem man sich am ehesten würde verständigen können, wenn es darum ging, die Hegemonie Großbritanniens auf den Weltmärkten und zur See zu brechen und dem Deutschen Reich einen «Platz an der Sonne» zu erkämpfen.

Russlands Auftritt als junge «Kulturnation»

Alle diese Diskussionen und Entwicklungen vollzogen sich vor dem Hintergrund des späten, aber umso spektakuläreren Auftritts der russischen Literatur, Kunst und Musik auf der Bühne Europas. Allerdings bedurfte es auch des Hintergrundes der tiefgreifenden Veränderungen und dramatisch sich überstürzenden Entwicklungen in Russland, um das bereits geweckte Interesse an der russischen Literatur nochmals sprunghaft ansteigen zu lassen.

Dieses Interesse galt jetzt nicht mehr «nur» und nicht einmal in erster Linie ihrem künstlerischen Gehalt oder Unterhaltungswert, sondern der darin formulierten Lebensphilosophie und religiösen oder sozialen Prophetie. Hinter der homerischen Vaterfigur des Epikers und Aristokraten im Bauernkittel, Tolstoi, tauchte die modernere, düsterere, vieldeutigere und abgründigere Gestalt Dostojewskis auf, den viele in Deutschland Nietzsche posthum zur Seite stellten. Als dritter im Bunde kam der jugendlich-proletarische Autodidakt Gorki hinzu, der Anfang des Jahrhunderts mit seinen naturalistischen «Barfüßler»-Novellen und existenzialistischen Theaterstücken wie «Nachtasyl» Furore machte.[19]

Russland mit seiner reichen Literatur und großartigen Musik, seiner vielgestaltigen Malerei, seinen klassisch-modernen *ballets russes* oder avantgardistischen Theaterinszenierungen zeigte sich plötzlich als eine «Kulturnation» ersten Ranges, deren Seelenadel um so heller leuchtete, je schwerer sie von der zaristischen Bürokratie und Polizei gegängelt und unterdrückt wurde. Wie es ja überhaupt die Kehrseite aller so heftigen Invektiven gegen den «zaristischen Despotismus» bildete, dass sie die Welt der «Erniedrigten und Beleidigten», und erst recht die der Aufrührer und Kämpfer gegen die Despotie, in ein übertrieben großartiges moralisches Licht rückten.

Ein neuer Russland-Mythos nahm mit der Jahrhundertwende Gestalt an, worin das unverbildete, tiefgläubige, naturnahe, vielseitig begabte, aber grausam beleidigte, zwischen Verbrechen und Buße, Aufruhr und Vergebung schwankende russische Volk und seine großen Dichter und Künstler das eigentliche, «wahre Russland» repräsentierten, das seine Zukunft und Entfaltung erst noch vor sich hatte. Sozialdemokratische Kritiker sprachen zehn Jahre vor dem Weltkrieg bereits missbilligend von einem regelrechten «Russenkultus» in den deutschen Feuilletons.[20]

Rainer Maria Rilke, der mit Lou Andreas-Salomé dieses Traum-Russland bereist, es als das Land, «das an Gott grenzt», gepriesen und seine Menschen als «Künstler-Naturen» besungen hatte, war nur in

Schlussszene des 3. Aktes von Gorkis «Nachtasyl» in der Moskauer Uraufführung von 1903. Gorki übersandte die Aufnahmen an Max Reinhardt, der das Stück parallel in Berlin inszeniert hatte.

der Intensität dieser Identifikationen eine Einzelerscheinung.[21] Thomas Mann hatte in seinem «Tonio Kröger» 1905 erstmals von der «heiligen russischen Literatur» gesprochen. Ernst Barlach zeichnete in seinen Reiseskizzen 1906 den «russischen Menschen» mit einer von Leid und Entbehrung geadelten Archaik, die dem Urgrund des Seins ganz nahe war. Christian Morgenstern besang die russischen Gefangenen nach der Niederschlagung der Revolution als Vorkämpfer und Märtyrer einer künftigen Menschheit. Maler wie Max Beckmann oder Erich Heckel übersetzten die Karamasow-Szenerien Dostojewskis ins Deutsch-Expressionistische – wie man ja überhaupt sagte, dass die Wendung vom Naturalismus und Impressionismus zum Expressionismus in der deutschen Kunst und Literatur ab 1910 eine Wendung vom Westen zum Osten gewesen sei. Aber auch die Mehrzahl der übrigen deutschen Schriftsteller und Künstler der Vorkriegszeit hat bezeugt, dass für sie die Lektüre der russischen Literatur und namentlich die Begegnung mit Dostojewski, um Döblin zu zitieren, ein «epochales Ereignis» gewesen sei.[22]

Kulturpessimismus und Aufstiegshysterie

Das vordergründig so optimistisch-selbstsichere Bild des Deutschen Kaiserreichs in seiner nicht endenwollenden «Gründerzeit» stand tatsächlich in einem irritierendem Kontrast zu den Stimmungen eines zwar nicht exklusiven, aber doch sehr spezifischen deutschen «Kulturpessimismus».

Robert Musil hat in seinem «Mann ohne Eigenschaften» rückblickend die eigentümlichen Weltgefühle zu erfassen versucht, die dem zugrunde lagen: das Bewusstsein einer exponentiell wachsenden Komplexität, Abhängigkeit und Bedingtheit aller modernen Existenzformen bei gleichzeitiger Beschleunigung aller technischen und sozialökonomischen Prozesse. «Die Sache hat uns in der Hand. Man fährt Tag und Nacht in ihr ..., man ißt, man liebt, man liest Bücher, und das Unheimliche ist bloß, daß die Wände fahren, ohne daß man es merkt, und ... ohne daß man weiß wohin.»[23]

Der Held des Romans, Ulrich, der sich in der Spannung zwischen einer unbestimmten Universalität seines Wollens und dem Gefühl des passiven «Gelebtwerdens» als ein «Mann ohne Eigenschaften» fühlte, hatte so wie viele seiner Generation zunächst den Ausweg in «einer leidenschaftlichen Erinnerung an heroische Zustände des Herrentums, der Gewalt und des Stolzes» gesucht: «Er gab sich einem großartigen Pessimismus hin: es schien ihm, da der Soldatenberuf ein scharfes und glühendes Instrument ist, müsse man mit diesem Instrument die Welt zu ihrem Heil auch brennen und schneiden.»[24] Dann hatte er sich (wie Musil selbst) dem Ingenieurswesen und der Philosophie zugewandt. Aber alle diese Versuche, seine Zeit zu erfassen und mit ihr zu gehen, änderten nichts an seiner Unfähigkeit, sie «zu lieben; seit langem blieb ein Hauch von Abneigung über allem liegen, was er trieb und erlebte ..., eine universale Abneigung, zu der er die ergänzende Neigung nicht finden konnte».[25]

Gewiss, Musils Roman spielte im Fin de siècle der europäischen Kultur überhaupt und insbesondere seines untergehenden «Kakanien», eines Staates, in dem «es auch Tempo, aber nicht zuviel Tempo» gab, und der gerade keinen echten «Weltwirtschafts- und Weltmachtehrgeiz» entwickelt hatte.[26] Das Deutsche Reich war insofern das unmittelbare Gegenstück dieses «Kakanien», auf das es als nächster Nachbar und Verbündeter allerdings ausstrahlte (im Roman verkörpert durch die Figur des Arnheim alias Rathenau). Handelte es sich im Josephinischen K. u. K.-Reich also um die Spannung zwischen einer abstrakten Potentialität des modernen Lebens und einer alle Äußerungen des Lebens diskret kontrollierenden und bremsenden Bürokratie, so im Wilhelminischen Kaiserreich um eine sich überstürzende Dynamik realer Entwicklungen, die durch die preußisch-obrigkeitlichen Anachronismen zwar verzerrt, aber eher noch gesteigert als gedämpft wurde. Eben deshalb reagierten die Menschen der Jahrhundertwende in Deutschland noch stärker als in Österreich oder anderen Ländern Europas auf alle diese Umbrüche mit einem Reflex des abgründigen Pessimismus und jenes atavistischen «Unbehagens in der Kultur», von dem Freud später sprach.[27]

Vielleicht könnte man sagen, dass die gesamte kurze Geschichte des zweiten deutschen Kaiserreichs durch eine Art Aufstiegshysterie geprägt gewesen ist – so als hätte dieses prekäre politische Gebilde sich nur behaupten können, indem es stets ein überhöhtes Tempo industrieller, finanzieller, demographischer und militärischer Aufrüstung vorlegte. Das Phänomen des deutschen «Kulturpessimismus» ließe sich dann als ein Ausdruck der mit diesem rasanten Aufstieg einhergehenden kollektiven Hypochondrien und Schwindelgefühle beschreiben.[28]

Allerdings dürfen auch die materiellen Lebensunsicherheiten, sozialen Härten und kulturellen Verwerfungen, die der deutsche Aufstieg zur Weltmacht mit sich brachte, nicht unterschätzt werden. Die demographische Explosion, verbunden mit dem ersten Schub wirtschaftlicher Globalisierung und den damit einhergehenden Krisen und Einbrüchen, brachte für breite proletarische und kleinbürgerliche Schichten Not und Verelendung. Die rapide Verstädterung – die in Deutschland schneller, dichter und breiter als irgendwo sonst auf der ganzen Welt vor sich ging – bedeutete eine radikale Entwurzelung und Auflösung traditioneller Lebenszusammenhänge. Das gewaltsam aus heterogenen Teilen zusammengezimmerte Preußisch-Deutsche Kaiserreich beruhte in vieler Hinsicht auf einer Vergewaltigung des tief verwurzelten deutschen Regionalismus und Föderalismus, was Verbitterungen produzierte, von denen man sich im Nachhinein kaum noch eine Vorstellung machen kann. Dasselbe gilt für die konfessionellen Spaltungen und Diskriminierungen.

Andererseits war das junge Kaiserreich gerade durch die überkommenen Privilegien der Länder und Fürstenhäuser (gesichert durch den Bundesrat als zweite Kammer neben dem gewählten Reichstag) und durch den Dualismus der Staatsstrukturen des Reiches und Preußens in seinen gesamtstaatlichen Kompetenzen und steuerlichen Einkommensquellen entscheidend beschränkt und lebte permanent über seine Verhältnisse.[29] Dabei wurde es von einer militärisch-bürokratischen Adelskaste repräsentiert und zusammengehalten, die die politische und gesellschaftliche Emanzipation des Bürgertums als der sozialökonomisch tragenden Schicht nicht nur materiell behinderte und diskriminierte, sondern die es überdies noch verstand, den Abkömmlingen dieses Bürgertums einen tiefsitzenden Minderwertigkeitskomplex einzuimpfen – mit dem Resultat, dass die Bürgersöhne den aristokratischen Ehrenkodex bis zur Absurdität verinnerlichten und sich noch «militaristischer» als die Militärs gebärdeten.

Erwartungen und Visionen eines Weltkriegs

Beim Kriegsausbruch 1914 entlud sich diese ganze innere und äußere Verspannung in einem Gefühl der Erleichterung und Befreiung, das selbst denen, die ihm den beredtesten Ausdruck gaben, später unerklärlich und paradox erschien. Vieles spricht sogar dafür, dass die europäischen Regierungen, und ganz besonders die deutsche Reichsregierung, nach den ersten Ultimaten und Mobilisierungen «angesichts der hurrapatriotischen Massenszenen ... gar nicht anders konnten, als auf Konfrontationskurs zu gehen».[30]

Alle wohlbegründeten Zweifel am Mythos einer «allgemeinen Kriegsbegeisterung»[31] können die Authentizität der Berichte so unverdächtiger Zeugen wie Stefan Zweigs nicht tilgen, der noch 1940, bereits im Exil und angesichts eines neu entbrannten, zweiten Weltkriegs, bekannte, dass selbst für ihn als Pazifisten «in diesem ersten Aufbruch der Massen etwas Großartiges, Hinreißendes und sogar Verführerisches lag, dem man sich schwer entziehen konnte». Denn jeder Einzelne «erlebte eine Steigerung seines Ichs ..., er war eingetan in eine Masse, er war Volk, und seine Person, seine sonst unbeachtete Person, hatte einen Sinn bekommen».[32] Das war eine resignierte späte Erinnerung an die ungeheuren und latent schon revolutionären Veränderungswünsche und -energien, die in diesen ersten Weltkrieg mit eingeflossen waren und ihn genährt hatten.

Jahre vor dem Ausbruch waren die künstlerischen Zeugnisse ja schon Legion gewesen, in denen das kommende Völkergemetzel als eine Mischung aus endzeitlichem Schrecken und transzendentaler Erlösung beschrieben wurde, am bekanntesten in Georg Heyms Gedicht «Der Krieg» aus dem Jahre 1911: «Aufgestanden ist er, welcher lange schlief, / Aufgestanden unten aus Gewölben tief. (...) / Daß er mit dem Brande weit die Nacht verdorr, / Pech und Feuer träufet unten auf Gomorrh.»

Das war beileibe keine bloße einsame Vision. Gustav Sack, wie Heym einer der Freiwilligen der ersten Stunde, dessen kurzes Dichterleben kurz darauf schon im Trommelfeuer der Schützengräben enden sollte, hatte diesen großen Krieg geradezu hymnisch herbeige-

Ludwig Meidner: Apokalyptische Landschaft, 1912

wünscht. Was bei Heym als biblisches Strafgericht für eine von Gott abgefallene Welt («Gomorrh») erschien, das wurde bei Sack schon zur Erwartung einer kollektiven Läuterung und Selbststeigerung: «– – o gäbe es Krieg! (...) Volk gegen Volk, Land gegen Land – ein Stern nichts denn ein tobendes Gewitterfeld, eine Menschheitsdämmerung, ein jauchzendes Vernichten –! o, ob dann nicht ein Höheres –»

Beim verhinderten königlich-bayerischen Fahnenjunker Johannes R. Becher war der Weltkrieg fast schon ein Zweck an sich, als Flucht aus der Enge einer übervölkerten Gegenwart und gewaltsamer Durchstich in etwas unbekanntes Neues: «O daß doch ein Brand unsere Häupte bewölb! / Es rascheln gewitternd Horizonte fahlgelb. (...) / Wir horchen auf wilder Trompetdonner Stöße / und wünschten herbei einen großen Weltkrieg. (...) / Die Nerven gepeitscht! Die Welt wird zu enge. / Laßt schlagen uns durchs Gestrüpp und Gedränge!»[33]

Das expressivste künstlerische Zeugnis dieser Vorkriegsstimmungen sind jedoch Ludwig Meidners «Apokalyptische Landschaften», die er in immer neuen Schüben zwischen 1911 und 1913 gemalt hat und deren «divinatorische Kraft»[34] man mit Recht gerühmt hat. Meidners Bilder zeigen vor allem, wie das Bild der «großen Stadt» als Inbegriff einer babylonischen Moderne immer beherrschender in den Mittelpunkt aller projektiven Ängste und Erwartungen rückte. Die Stadt erschien auf diesen Bildern als ein Unwesen, ein Monstrum, das den Krieg, der es vernichten sollte, selbst im Leibe trug. Ihre elektrische Beleuchtung und Animation wirkte wie eine unheilvolle kosmische Energie: «Sie knistert schon auf meinem Leibe. Auf meiner Haut brennt ihr Gekicher. Ich höre ihre Eruptionen in meinem Hinterkopf echoen. Die Häuser nahen. Ihre Katastrophen explodieren aus den Fenstern hinaus. Treppenhäuser krachen lautlos zusammen. Menschen lachen unter den Trümmern.»[35]

Zeichnungen wie «Bombardement einer Stadt» oder «Wogende Menge», beide aus dem Jahr 1913, nahmen die Realität des kommenden Krieges und der Massenmobilisierungen mit bestürzender Konkretion vorweg. Aber zugleich verschmolz das Bild des Krieges auch schon mit dem der Revolution. Meidners Gemälde «Revolution (Barrikadenkampf)» von 1912 zitierte vordergründig Delacroix' «Die Freiheit führt das Volk an». Das Bild zeigt den Revolutionär (den Künstler selbst) jedoch nicht etwa als heroischen Befreier, sondern als christusgleichen Schmerzensmann, hinter dessen Rücken eine tumultuarische Schlacht tobte, die nur der Ausschnitt eines größeren Kriegspanoramas zu sein schien.[36]

Allerdings wäre die Annahme vollkommen abwegig, es habe sich bei den Bildern oder Versen um pazifistische Warnrufe oder, umgekehrt, um vorauseilende Ausbrüche patriotischer Kriegsbegeisterung gehandelt. Vielmehr kündeten sie von der unerträglich gewordenen Spannung zwischen einer Entwicklung, die völlig neue Horizonte eröffnete und die Menschen in radikal umgewandelte Lebensverhältnisse hineinriss, und dem Gefühl der Individuen, diesen Umwälzungen ausgeliefert und nicht gewachsen zu sein – oder wenn, dann nur als Glieder völlig neuartiger, im Feuer von Krieg und Revolution zusammengeschmiedeter nationaler und sozialer Kollektive.

3. Krieg gegen den Westen

Wenn der Erste Weltkrieg mit einer Kriegserklärung des Deutschen Reiches an das Zarenreich begann, dann nicht wegen einer besonderen deutschen «Russlandfeindschaft» oder wegen unlösbarer Konflikte beider Reiche, sondern auf Grund strategischer Kalküls, die die Konstellation der Großmächte im Ganzen betrafen. Allerdings konnte die kaiserliche Regierung ihren «Befreiungsschlag» nur führen, indem sie behauptete, einem Überfall Russlands zuvorgekommen zu sein, das von Frankreich und England gedeckt oder sogar angestachelt werde. Die Frontstellung gegen die angeblich maßlosen Expansionspläne des Zarenreichs war nicht nur der Hebel, um das von Zerfallsängsten geplagte Österreich-Ungarn an das Reich zu ketten. Sie war, wie man hoffte, auch ein wirksames Argument, um die alliierte Propaganda in der europäischen Öffentlichkeit zu konterkarieren. Dass Frankreich und Großbritannien als Mächte der Demokratie sich mit der «barbarischen Despotie» des Zarentums verbündet hatten, sollte die Heuchelei ihrer Ausfälle gegen den «Militarismus» und die «Autokratie» des wilhelminischen Kaiserreichs demonstrieren.

Entscheidend für die heftige antirussische Propaganda bei Kriegsausbruch war jedoch die innenpolitische Funktion. Für die seit den Wahlen von 1912 weit nach links verschobene neue Reichstagsmehrheit, und insbesondere für die SPD als mit Abstand stärkste Partei, war der «Verteidigungskrieg» gegen Russland die einzig mögliche legitimatorische Brücke, um den Kriegskrediten zuzustimmen und sich aktiv an der Kriegsanstrengung des Reiches zu beteiligen. Dabei schien die wortgewaltige Agitation der Sozialdemokraten gegen den Zarismus als «den blutigen Hort der europäischen Reaktion, den Feind allen Fortschritts und aller Kultur, den Todfeind aller Demokratie und aller Freiheit» nicht nur durch eine ehrwürdige Tradition von Marx und Engels bis Bebel gedeckt. Sie konnte sich auch auf die Resolutionen des Internationalen Sozialisten-Kongresses 1912 in Basel berufen. Darin war der Zarismus mit Blick auf den neuerlichen Balkan-Krieg noch einmal, ganz in der Rhetorik des 19. Jahrhunderts, als «die Hoffnung aller reaktionären Mächte Europas» und «der grimmigste Feind der Demokratie» gegeißelt worden, «dessen Untergang herbeizuführen die gesamte Internationale als eine ihrer vornehmsten Aufgaben ansehen muss».[1]

Nur unter Berufung auf diese vermeintlich einmütigen und eindeutigen Bekundungen der gesamteuropäischen, gerade auch der französischen und der russischen Sozialdemokratie konnten die SPD-Führer im August 1914 die Kriegserklärung des Reiches an die «Bundesgenossen des Zarismus», Frankreich und England, rechtfertigen. Dabei hatte ihre eigene Agitation gegen das «Moskowitertum» und den «zaristischen Despotismus» längst etwas Überkommenes und Doppeldeutiges, beinahe Heuchlerisches. Denn längst waren auch die Sozialdemokraten auf die Linie einer aktiven deutschen «Weltpolitik» eingeschwenkt. Immer weitere Kreise der Partei und der Gewerkschaften hatten sich das Argument zu eigen gemacht, «dass Arbeitsplätze und Wohlstand nur durch die Abwehr der ‹wirtschaftlichen Erdrosselung› und der ‹Abschnürung vom Weltmarkt› seitens der Entente gewährleistet werden könnten: durch Freihandel und ‹offene Tür› – oder durch den Besitz von Kolonien».[2] Diese schrittweise politische Wendung hatte in der vorsichtigen Zustimmung zur Kolonialpolitik und in der Unterstützung des stark gewachsenen Rüstungsetats 1913 ihren sichtbaren Ausdruck gefunden.

Entsprechend zweideutig waren die sozialdemokratischen Festlegungen der Kriegsziele. Nur wenn es gelinge, Frankreich und England daran «zu verhindern, die Niederwerfung des Zarismus aufzuhalten», könne der Weg freigemacht werden zu der von jeher angestrebten Verständigung der «drei großen Kulturnationen» England, Frankreich und Deutschland – so die offizielle Sprachregelung.[3] Im Klartext hieß das, dass die sozialdemokratische Parteiführung im Westen für einen Status-quo-Frieden eintrat, freilich, wie Scheidemann später klagte, «ohne jenseits des Kanals oder der Vogesen eine Hand zu finden, die bereit gewesen einzuschlagen».[4] Nach Osten dagegen eröffnete das proklamierte Ziel einer «Befreiung der Nationen ... vom Moskowitertum»[5] von vornherein Spielraum für politische Manöver und militärische Aktionen größten Stils.

Der Weltkrieg als Propagandakrieg

Der Erste Weltkrieg ist zu Recht als der erste moderne «Propagandakrieg» beschrieben worden. Die Formel greift allerdings viel zu kurz, wo es um die weltanschaulichen Entwicklungen im Innern geht. Tatsächlich wurden gerade in Deutschland sämtliche Propaganda-Aktivitäten der amtlichen Stellen binnen kurzem von einer Flut spontaner Hervorbringungen jeglichen Charakters und Niveaus überspielt. Von nachhaltigerer Wirkung als alle Ausbrüche spontaner oder organisierter Hasspropaganda und lyrischer Kriegsstimmungen waren dabei die ungezählten Artikel, Aufsätze und gedruckten Reden der Dichter und Denker, in denen es, mit Thomas Mann zu sprechen, um die «Ausdeutung, Verherrlichung, Vertiefung» des großen Völkerringens ging.[6]

Diesen Äußerungen war Authentizität nicht abzusprechen. Im Gegenteil, die «Sturm- und Springflut»[7] dieser deutschen Weltkriegsliteratur hatte etwas nur Allzu-Authentisches. Es handelte sich um eine originäre geistige Produktion, und jedenfalls eher um einen Strom von unten nach oben gerichteter Appelle und Postulate als einer gelenkten Propaganda von oben nach unten. Ihrem Tenor nach war diese Literatur auch weniger populär und agitatorisch als ernst und bekennerisch. Was darin formuliert wurde, war im strikten Sinne Ideologie, oder nach einem seit der Jahrhundertwende Gemeingut gewordenen Begriff: Weltanschauung. Der Weltkrieg erwies sich als ein gewaltiger Generator der Ausarbeitung einer «deutschen Weltanschauung», das heißt einer Feststellung des «deutschen Wesens» in seiner kategorischen Unvereinbarkeit und Differenz zur Weltanschauung und zum Wesen der Feinde.[8]

Kaum anders verhielt es sich allerdings auf Seiten der Kriegsgegner. Eine nähere Untersuchung würde wahrscheinlich ergeben, dass auch das Selbstbild vom «Westen» als einer politisch-kulturellen Einheit sich erst in der britischen, französischen und amerikanischen Weltkriegsliteratur dieser Jahre herausgebildet hat. Niemand hätte vor 1914 ohne weiteres behauptet, dass die Französische Republik, das Königreich Großbritannien und die Vereinigten Staaten von Amerika gemeinsame «westliche» Prinzipien und Werte verträten, die für die ganze übrige Welt gültig und übertragbar seien.

Das offizielle zarische Russland dagegen schien als ernsthafter ideologischer Gegner von Deutschland aus kaum in Betracht zu kommen, da es keine «Idee» vertrat, die universell übertragbar gewesen wäre. Umso mehr konnte man ein despotisch unterdrücktes russisches Volk als innern Antipoden des Zarentums herbeizitieren, das mit seinen großen Dichtern und Sehern eine «russische Idee» von allmenschlicher Bedeutung vertrat, die eine ebenso radikale Antithese zum Formalismus und Individualismus der Länder des Westens darstellte – und gegebenenfalls für die deutsche Mission positiv in Anspruch genommen werden konnte. Entsprechendes galt auch für die nicht-russischen Nationalitäten des «zaristischen Völkergefängnisses», denen gegenüber das Deutsche Reich als Befreier aufzutreten beanspruchte.

Eine derartige kategoriale Trennung von Volk und Regierung ließ sich für die westlichen Demokratien nicht vornehmen. So hat ein amerikanischer Autor – schon aus der Perspektive des Jahres 1933 – den Ersten Weltkrieg als einen tiefen und durchaus realen «Konflikt ...

zwischen zwei geistigen und kulturellen Welten» bewertet: zwischen Deutschland und dem Westen.⁹

Der «deutsche Beruf»

Einmal ausgebrochen, entfaltete der Weltkrieg seine eigene Suggestion. Die deutsche Regierungspropaganda, die das Reich als Opfer eines heimtückischen Überfalls seiner missgünstigen Nachbarn darstellte, bedeutete nur eine Steigerung des verbreiteten Bewusstseins, «eingekreist» zu sein und sich «gegen eine Welt von Feinden» behaupten zu müssen. Das traf in vieler Hinsicht auch zu. Deutschland war mit der britischen Kriegserklärung tatsächlich eingekreist, und die Kriegsziele seiner Hauptgegner waren bald schon auf nichts Geringeres als eine radikale Amputation seines Potentials und seiner Verbindungen, wenn nicht auf die Wiederauflösung des Reiches selbst, gerichtet.¹⁰

Damit war die Frage nach den tieferen Ursachen des Konflikts aufgeworfen. «Warum hassen uns die Völker?», fragte eine «kriegspsychologische Betrachtung» von Magnus Hirschfeld. Der Psychologe und Sexualforscher gab darauf eine erstaunlich schlichte Antwort: «Mißgunst, nichts sonst, ist dieses Krieges Wurzel.»¹¹ Auch Thomas Mann kreiste in seinen «Betrachtungen eines Unpolitischen» um das Problem «der deutschen Einsamkeit zwischen Ost und West, der Weltanstößigkeit Deutschlands, der Antipathie, des Hasses, den es zu tragen und dessen es sich zu erwehren hat».¹² Die Antwort fand er in Dostojewskis Charakterisierung Deutschlands als dem «protestierenden Reich», welches sich über 2000 Jahre hinweg niemals mit der von «Rom» beherrschten Welt Westeuropas habe abfinden und vereinigen wollen. Aber die Stunde werde kommen, so hatte Dostojewski im Jahr 1877 geschrieben, in welcher Deutschland, so wie Russland, der Welt «sein eigenes Wort» sagen werde, «sein scharf formuliertes eigenes Ideal, zum positiven Ersatz für die von ihm zerstörte altrömische Idee», um seinerseits «die Menschheit zu führen».¹³

Diese geschichtliche Stunde war für Thomas Mann mit dem Weltkrieg angebrochen. Er selbst fühlte sich aufgerufen zum «Gedankendienst mit der Waffe», um das gefährdete «deutsche Wesen» gegenüber allen Anwürfen seiner Gegner zu verteidigen und deutlicher herauszuarbeiten. Und wie er drängte sich fast alles, was in der deutschen Kultur und Wissenschaft Rang und Namen hatte, zu solch freiwilligem «Gedankendienst mit der Waffe». Unter der losen Patronage der zuständigen Behörden schloss man sich in kleinen Clubs und großen Vereinigungen wie der «Deutschen Gesellschaft von 1914» oder dem

«Bund deutscher Künstler und Gelehrten» zusammen, die keinen anderen Zweck hatten, als nationale Selbstbeschwörung zu treiben.

In seinen frühen Studien zur politischen Philosophie in Deutschland hat Hermann Lübbe diese «Deutschtumsmetaphysik» wie den Komplex der «Ideen von 1914» im Ganzen aller Lächerlichkeit entkleidet.[14] Immerhin waren viele der besten Köpfe involviert. Und das eigentlich Fatale waren eben nicht die plumpen chauvinistischen Entgleisungen, sondern die sophistischen menschheitlichen Selbstberufungen.[15]

Für Rudolf Eucken, Nobelpreisträger des Jahres 1908, der Prophet eines philosophischen Neo-Idealismus, der eine weltweite Gemeinde um sich gesammelt hatte, wurde der Krieg zur «Weltbewährungsprobe deutscher Innerlichkeit». Wenn es der Beruf der Deutschen war, inmitten der technischen Zivilisation die Kultur der Seele zu retten, dann waren die Deutschen «die Seele der Menschheit», und es war klar, «dass die Vernichtung der deutschen Art die Weltgeschichte ihres tiefsten Sinnes berauben würde».[16]

Der Philosoph Paul Natorp proklamierte den Weltkrieg als Verheißung eines nahen «Tags der Deutschen», der ein Tag «nicht bloß für Deutschland, sondern für die Menschheit sein werde».[17] Er beschwor seine Leser und Hörer, der diffamierenden Feindpropaganda nicht mit gleicher Münze zu antworten, und statt den Gegner zu erniedrigen sich selbst zu erhöhen.[18] Hauptadressat Natorps war die freideutsche Jugendbewegung, die sich 1913 auf dem Hohen Meißner zur Jahrhundertfeier der Völkerschlacht von Leipzig versammelt hatte. Hatte man dort noch den europäischen Frieden beschworen, so bedeutete der Krieg, da er nun einmal entfesselt worden war, den «Aufbruch der Jugend». Natorp (ein enger Freund und Geistesverwandter Paquets) konnte daher mit vollem Ernst auch nach dem Krieg noch verkünden: «So möchte der Deutsche allerdings gern die Welt erobern, doch nicht für sich, sondern für die Menschheit; nicht um etwas dadurch zu gewinnen, sondern um sich zu verschenken».[19]

Lübbe hat darauf hingewiesen, dass ein Gegnerschaftsverhältnis gerade dann seinen äußersten Grad erreiche, «wenn einer der Gegner seine eigene Position als die universelle gegen die partikuläre des anderen behauptet». Der Krieg weite sich dann «aus zum Beruf, das eigene Wesen geschichtlich oder weltgeschichtlich zu vollstrecken». Statt einer Moralisierung der Politik handele es sich in Wirklichkeit um eine Politisierung der Moral – und damit fielen «jene Schranken, jenseits derer die Politik einen totalen Charakter annimmt».[20]

Abkehr vom Westen

Alle diese menschheitlichen deutschen Selbstbeauftragungen wurden fast ausschließlich in der Auseinandersetzung mit den westlichen Kriegsgegnern und der von ihnen vertretenen Zivilisation und Demokratie entwickelt. Der pragmatische Universalismus der demokratischen Ideen, der in der Tat zersetzend auf die traditionell-hierarchischen Staats- und Gesellschaftsformen unterschiedlicher Länder wirkte, sollte durch einen deutschen Gegen-Universalismus überboten werden, der in idealistischer und essentialistischer Weise sich selbst als Pol und Maßstab nahm, und der ebenso bewahrend wie befreiend wirken sollte. Deutschland erfand sich in einem hypertroph bedeutungsvollen Sinne noch einmal selbst als das europäische «Reich der Mitte».

Diese narzisstische Selbstüberhebung war aber auch der entscheidende Grund, warum Deutschland, wie sich zeigte, auf eine wirksame Kriegspropaganda nach Innen wie nach Außen kaum vorbereitet und seinen Gegnern deutlich unterlegen war. Die Kriegsziele der westlichen Mächte, zumindest ihre offiziellen politisch-ideellen Ziele, waren leicht und eingängig zu formulieren: Demokratie und Konstitutionalismus; Rechts- und Chancengleichheit für alle, gleich welcher Klasse, Religion oder Nationalität; Freiheit der Presse und der Information; freier Welthandel und Freiheit der Meere sowie der übrigen Kommunikationen. Dagegen bot das Wilhelminische Reich mit dem «persönlichen Regiment» des Kaisers und dem protzenden Militarismus seiner «Sedanstage» reichlich Anhaltspunkte für eine Denunziation seines Strebens nach Weltmacht und seines absolutistischen Regimes, auch wenn das der politischen und sozialen Realität kaum entsprach. Zwar waren der Wirkung der alliierten Propaganda in Deutschland selbst enge Grenzen gesetzt – zumindest in den ersten Kriegsjahren –, anders verhielt es sich jedoch unter den nicht-deutschen Nationalitäten des Habsburger Reichs und in den neutralen Staaten.

Dagegen entfaltete die «deutsche Idee» von der Entfaltung der Potentiale einer jeweiligen Nation als Ausdruck ihres individuellen «Volksgeistes» eine werbende Wirkung nicht nur unter den nicht-russischen Völkerschaften des Zarenreiches, von Finnland über die Ukraine bis Georgien, sondern auch unter den von Großbritannien bedrückten oder bedrohten Völkern in der arabischen Welt und in Vorderasien (von Ägypten über Syrien, Iran, Afghanistan bis Indien). Auch Iren und Flamen sowie prominente Persönlichkeiten neutraler Länder wie der schwedische Forscher und Entdecker Sven Hedin (den Paquet als Vorbild verehrte[21]) machten sich die «deutsche Sache» im

Weltkrieg zu eigen. Ein Kapitel für sich war das Spiel der deutschen Politik und Propaganda mit dem «Judentum» und Zionismus in Polen und Russland wie in den USA.[22]

Alles in allem erwiesen sich die deutschen Erwartungen einer allgemeinen Völkererhebung und eines Zustroms inner- und außereuropäischer Verbündeter gegen die britische Welthegemonie und den zaristischen Despotismus aber als ungedeckt. Am Ende hatten 27 Staaten dem Deutschen Reich den Krieg erklärt, während seine Verbündeten einer nach dem anderen abfielen. In bitterer narzisstisch-dialektischer Verkehrung fasste Max Scheler 1917 diesen Sachverhalt in die Vermutung, im «Deutschenhass» habe sich die «Menschheit» zum ersten Mal als politisches Subjekt selbst erlebt. «Das erste Gesamterlebnis der Menschheit war das Erlebnis eines Gesamthasses» – gegen Deutschland.[23]

Tatsächlich war die alliierte Propaganda gegen den «preußischen Militarismus» und das «Barbarentum» des Wilhelminischen Reichs an Grobschlächtigkeit schwer zu übertreffen. Auch hier wirkte die Dialektik von Universalität und Totalität. Trug der in Frankreich proklamierte «Kampf der Zivilisation gegen die Barbarei» (Henri Bergson) noch defensive Züge einer spiegelbildlichen Replik auf die deutschen Gegenüberstellungen von «Kultur versus Zivilisation», so öffnete vor allem die britische Regierung die «Büchse der Pandora» des modernen, mit allen medialen Mitteln geführten offensiven Propagandakriegs, um die Deutschen als «Hunnen» zu brandmarken und außerhalb der Menschheit zu stellen.[24]

Diese Anklagen und Ansprüche trieben im Gegenzug die deutschen Selbstzuschreibungen zu immer neuen Höhen empor. Die Propaganda der Kriegsgegner galt nun gerade als das deutlichste Zeugnis ihrer moralischen Depravation und ihrer völligen Unfähigkeit, die Überlegenheit der deutschen Kultur auch nur zu erfassen. «Wir verstehen alle Völker; aber niemand versteht uns – und niemand kann uns verstehen»[25], verkündete Werner Sombart. Das war nicht einmal als Lamento gemeint, nur als ein Hinweis mehr, dass Deutschland seinen Gegnern geistig und kulturell unerreichbar über den Kopf gewachsen war.

Die «Ideen von 1914»

Die Entgegensetzung des «deutschen Wesens» und der «deutschen Weltanschauung» auf der einen, der Prinzipien und Ideen der westlichen Kriegsgegner auf der anderen Seite nahm im Komplex der «Ideen von 1914» schließlich eine hoch elaborierte Form an, die sich auf sämtliche Gebiete des gesellschaftlichen und staatlichen Lebens erstreckte.

Der Begriff der «Ideen von 1914» (eine Prägung des deutschfreundlichen schwedischen Völkerrechtlers Rudolf Kjellén[26]) war zunächst als direkte Antithese zu den «Ideen von 1789» angelegt. Den demokratisch-republikanischen Prinzipien der «Freiheit, Gleichheit, Brüderlichkeit» wurden die deutschen Ideen von «Pflicht, Ordnung, Gerechtigkeit» entgegengesetzt. Antithetische Begriffspaare dieser Art ließen sich von hier aus in dichter und immer systematischerer Häufung bilden. Wo sich das westliche Sozialvertrags-Denken in den Antinomien von «Staat» und «Gesellschaft» bewegte, da besaß das deutsche Denken den Begriff der «Gemeinschaft», der diesen Widerspruch angeblich aufhob – so Paul Natorp. Dem liberalen Konzept einer Herrschaft des «Gesetzes» stellten die Deutschen, mit Eucken, ihre verinnerlichte Auffassung der «Pflicht» gegenüber, die sich statt auf formales «Recht» auf lebendige «Sittlichkeit» gründe. Beharrte das westliche Denken auf dem Begriff des «Individuums», so wurde dem von deutscher Seite die «Persönlichkeit» gegenübergestellt – und damit das Bild einer Gesellschaft, worin «alle für einen und einer für alle und doch jeder ganz er selbst» sei. Wo die angelsächsischen Gesellschaften das «Glück» des Individuums als oberstes Leitziel proklamierten, in Wirklichkeit aber, so Werner Sombart, das platte «Komfortideal» – da sollte es dem deutschen Wesen entsprechen, «eine Sache um ihrer selbst willen zu tun». Dieser Richard Wagner zugeschriebene Spruch galt als tiefster Ausdruck des deutschen «Idealismus», im Gegensatz zum «Pragmatismus» und «Utilitarismus» der Angelsachsen.

Unter der plakativen Formel «Händler gegen Helden» dynamisierte Sombart diese Antithesen zur quasi-revolutionären Perspektive eines Befreiungskriegs gegen den weltbeherrschenden britischen Freihandelsimperialismus und seine Sozialideen. Deutschland sei der letzte Damm gegen die «Woge des Kommerzialismus», die von Britannien ausgehend die Welt zu überschwemmen drohe, weniger noch mit Kapital und Waren als mit dem alles zersetzenden Geist des Mammonismus. Als einziges Volk hätten die Deutschen sich die Tugenden des Heroismus und der Uneigennützigkeit bewahrt. Die «mächtige Pflugschar» des Krieges, die «das fruchtbare Erdreich aus den Tiefen» der Seele wieder nach oben befördere, erweise die Deutschen als ein «junges Volk». In diesem Sinne nahm Sombart die westliche Invektive des «Barbarentums» positiv auf, weil darin «instinktiv der tiefste Gegensatz richtig ausgesprochen» sei. In der Tat gelte es jetzt einen Entscheidungskampf zwischen (dekadenter) «westeuropäischer Zivilisation» und (gesundem) «deutschen Barbarentum» zu fechten.[27]

Dem entsprach die Gegenüberstellung westlicher «Zivilisation» und deutscher «Kultur», wie sie Thomas Mann (gleich vielen anderen) ins Zentrum seiner «Betrachtungen eines Unpolitischen» rückte. Auch für Thomas Mann waren der «Wille zur Macht und Erdengröße» sowie «das Soldatische» Attribute, die dem Begriff der deutschen «Kultur» unbedingt entsprachen, während «Deutschlands Feind im geistigsten, instinktmäßigsten, giftigsten, tödlichsten Sinn ... der ‹pazifistische›, ‹tugendhafte›, ‹republikanische› Rhetor-Bourgois› sei.[28]

Mit der Entgegensetzung des «Bourgeois» und des «Bürgers» taten sich gleich eine Reihe weiterer Antithesen auf. War der westliche Bourgeois international, so der Bürger laut Thomas Mann «kosmopolitisch, denn er ist deutsch, deutscher als Fürsten und ‹Volk›: dieser Mensch der geographischen, sozialen und seelischen ‹Mitte› war immer und bleibt der Träger deutscher Geistigkeit, Menschlichkeit und Anti-Politik».[29] Demnach vertrat das deutsche Bürgertum insgesamt eine Art Welt-Mittelstand. Während der «bourgeoise» Kapitalismus und Imperialismus des Westens die Welt und die einzelnen Völker in antagonistische Klassen, Mächte und Interessengruppen zerriss und hemmungslose Ausbeutung im Innern wie nach außen betrieb, war es die historische Aufgabe des «bürgerlichen» Deutschland, mit Hilfe seiner höheren Sozialgesinnung und organischen Wirtschaftsweise die Welt wieder ins Lot zu bringen und unter eine gerechte Verwaltung zu stellen.

Sozialismus als deutsche Zukunftsidee

Dieses idealisierte Bild einer gebundenen, gewachsenen Ordnung, die sich im Gegensatz zur formellen, gestaltlosen «Gleichheit» der westlichen Gesellschaft hierarchisch nach Rang und Wert der Persönlichkeit gliederte und statt auf die Anarchie der Interessen und Privatzwecke auf eine Gemeinschaft des sittlichen Wollens gründete, wurde immer durchgängiger in der deutschen Weltkriegsliteratur nun als «Sozialismus» bezeichnet. Natorp sagte von diesem Sozialismus, er liege «dem Deutschen nicht weniger im Blut als der Militarismus».[30] Die Begriffe der Nation und des Sozialismus kamen damit weitgehend zur Deckung.

Für den Nationalökonomen Johann Plenge bedeutete Sozialismus ein System organisierter und politisierter Gemeinwirtschaft. Die kapitalistischen Wirtschaftskräfte, die durch die Revolution von 1789 entfesselt worden waren, drängten selbst nach organisatorischer Zusammenfassung. Eben dies geschah Plenge zufolge mit der «deutschen Revolution von 1914», die sich damit in die Reihe der großen Menschheits-Revolutionen einreihte. Der Krieg entsprach selbst dem

Wesen dieser Revolution, die auf soldatischer Disziplin und gesamtgesellschaftlicher Organisation beruhte. Und nur der Krieg konnte schließlich den notwendigen Entfaltungsraum für die neuen, höheren Produktionsformen im Weltmaßstab schaffen. Er war die Entscheidungsschlacht zwischen deutschem Sozialismus und westlichem Kapitalismus.[31]

In Friedrich Naumanns Programmschrift «Mitteleuropa» nahmen alle diese Argumentationen bereits den Charakter einer objektiven, wissenschaftlich unbezweifelbaren Bestandsaufnahme an. Demnach hatte sich erstmals «in Nord- und Mitteldeutschland der Normaltyp des gebildeten Durchschnittsmenschen» historisch durchgesetzt, und mit ihm «die Grundform der zweiten Periode der kapitalistischen Menschheit: Arbeitsmechanismus auf Grund schulmäßig erzogener Masse». Dagegen sei, wie Sombart gezeigt habe, der «unternehmende Kapitalist» der ersten, frühkapitalistischen Periode in Italien, Frankreich, Holland und Großbritannien emporgekommen und habe «sich seine Welthauptstadt in London» geschaffen. Von dort aus, so Naumann, bedrohe der westliche Privatkapitalismus nun «den nach ihm kommenden Typ des Kapitalismus, die neue, mehr unpersönliche Massenform des ... Arbeitsmenschentums», als dessen Hort er neben New York vor allem Berlin ausgemacht habe. Wenn man sich frage, «warum wir Deutschen und insbesondere wir Reichsdeutschen in der übrigen Welt so unbeliebt sind», dann aus dem tieferen Grunde, «weil wir eine Arbeitsweise gefunden haben, die zunächst und auf längere Zeit hinaus kein anderes europäisches Volk uns so nachmachen kann». Diese neue Arbeitsweise eines organisierten Kapitalismus zweiter Stufe nannte Naumann den «deutschen Sozialismus».[32]

In dieser Feststellung stimmten fast alle Autoren der programmatischen deutschen Kriegsschriften mehr oder weniger überein, gleich ob sozialdemokratischer, liberaler oder konservativer Observanz. Jedenfalls waren die Übereinstimmungen bemerkenswerter als die Differenzen. Der linksliberale Sozialwissenschaftler und Reichstagsabgeordnete Schultze-Gävernitz zum Beispiel hielt es für erwiesen, dass der Krieg «einen mächtigen Anstoß in Richtung auf die Gemeinwirtschaft gegeben» habe. Edgar Jaffé, der Sozialreformer und Herausgeber des angesehenen «Archivs für Sozialwissenschaft und Sozialpolitik» (mit Werner Sombart und Max Weber), stellte fest, dass die «Militarisierung des Wirtschaftslebens» im kriegführenden Deutschland «unverkennbar staatssozialistisches Gepräge» trage und eine Rückkehr zur deutschen Tradition der «festen und planmäßigen Ordnung des Wirtschaftslebens» bedeute. Aber auch Erzkonservative wie der Münchner Staatswissenschaftler Georg von Mayr erkannten an, dass mit der «strammen Konsolidierung» der Volkswirtschaft im Kriege der «frei vom Staatseinfluss waltende private Individualismus» seine Berechtigung verloren habe.[33]

Das «System Rathenau»

Tatsächlich flossen in diese Vorstellungen eines «deutschen Sozialismus» eine Vielzahl theoretischer, politischer und gesellschaftlicher Traditionen ein: Fichtes «Geschlossener Handelsstaat», die Nationalwirtschaftsideen Friedrich Lists, die Sozialstaatsvorstellungen Bismarcks, der Korporatismus der «Christsozialen» Stoeckers und dessen Fortentwicklungen durch die «National-Sozialen» um Naumann, die Traditionen des «wissenschaftlichen Sozialismus» seit Marx und Engels, die Staatswirtschaftsideen der «Katheder-Sozialisten» wie Lujo Brentano und die im Kriege erneuerten Sozialisierungs-Forderungen der deutschen Sozialdemokratie. Dazu kamen die Ideen eines organisierten Kapitalismus, wie sie Walther Rathenau in seinen Vorkriegsschriften umrissen hatte und nun an führender Stelle in ein System der Kriegswirtschaft umsetzte.

Im übrigen löste sich das Deutsche Reich auch tatsächlich aus der von den westlichen Mächten bestimmten Weltordnung und Weltwirtschaft heraus. «Nach der Niederlage an der Marne musste die industrielle Mobilmachung für einen unabsehbar langen Krieg in Angriff genommen werden ... Was zunächst als Notmaßnahme für eine Übergangszeit gedacht war, wurde seit Anfang 1915 zum Maßstab aller Dinge.» Und im Zuge des Ausbaus einer organisierten Kriegswirtschaft konnte die industrielle Arbeiterschaft «ihre Verteilungsposition behaupten, ... teilweise sogar ausbauen, da die Beschaffung der Arbeiter nun zum entscheidenden Engpass für die Rüstungsindustrie wurde».[34]

Dank der von Walther Rathenau organisierten «Kriegsrohstoff-Abteilung» (KRA), die binnen kaum eines Jahres zu einer selbständigen Behörde mit weitreichenden Kompetenzen und in eigener Regie betriebenen «Kriegsgesellschaften» heranwuchs, gelang es dem Deutschen Reich, die Wirkung der alliierten Blockade entscheidend abzuschwächen; allerdings nur in militärischer Hinsicht, nicht was die zivile Versorgung anging. Die alliierte Presse machte sich angesichts der Kriegserfolge Deutschlands sogar weit übertriebene Vorstellungen von der Tragweite dieses «System Rathenau». So nannte eine amerikanische Zeitung im Oktober 1915 Rathenaus Kriegswirtschafts-Organisation «eine der größten Ideen der modernen Zeiten» und äußerte die Befürchtung, diese könne das Deutsche Reich nach dem Kriege in eine Position wirtschaftlicher Übermacht bringen.[35] Vom Einfluss dieses Modells auf Lenin und sein Konzept eines gewaltsam beschleunigten und direkten Übergangs vom staatlich organisierten «Kriegskapitalismus» in einen «Kriegskommunismus» ist oft gesprochen worden, und keineswegs zu Unrecht, trotz der ironischen Abgrenzungen Lenins gegenüber Rathenaus späteren Ansprüchen auf das Urheberrecht.[36]

Die Bedeutung, die Rathenau selbst seinem System beilegte, war auch nicht leicht zu überbieten – so wenn er im Dezember 1915 in einem Vortrag der «Deutschen Gesellschaft von 1914» vor einem Publikum von Wirtschaftsleuten, Militärs und Beamten sagte: «Über einen Abschnitt unserer wirtschaftlichen Kriegführung möchte ich Ihnen berichten, der ohne geschichtliches Vorbild ist, der auf den Verlauf und Erfolg des Krieges von hohem Einfluss sein wird, und der voraussichtlich hinüberwirken wird in fernere Zeiten. Es ist ein wirtschaftliches Geschehnis, das eng an die Methoden des Sozialismus und Kommunismus streift, und dennoch nicht in dem Sinne, wie radikale Theorien es vorausgesagt und gefordert haben.»[37] Vielmehr handele es sich um eine organische Kombination von «Staatssozialismus» und «Selbstverwaltung der Wirtschaft». Die von ihm, Rathenau, initiierte Rohstoff-Abteilung werde daher auch in Friedenszeiten «den Kern eines wirtschaftlichen Generalstabes bilden».[38]

Natürlich gab es Widerspruch von rechts wie von links. Aber wenn der Kathedersozialist Lujo Brentano gegen Kriegsende feststellte: «Das ist gar kein Sozialismus, sondern die Karikatur desselben, die nur den Kriegsgewinnlern dient»; oder wenn der Soziologe Emil Lederer statt einer «Durchstaatlichung der Wirtschaft» eine «Durchkapitalisierung des Staates» diagnostizierte – dann taten sie es doch immer noch als enttäuschte Kriegssozialisten.[39] Fasst man «Sozialismus» nicht als ein politisches Postulat im Sinne sozialer Gerechtigkeit, sondern als einen deskriptiven Begriff im Sinne «organisierter Gemeinwirtschaft», dann lässt sich kaum leugnen, dass das deutsche Modell der Kriegswirtschaft sehr viel integraler wirkte als das seiner westlichen Gegner.[40]*

---

* Zwar sprach man auch in Großbritannien gelegentlich von «war socialism», aber mehr im Sinne einer solidarischen Vereinigung der Kriegsanstrengungen und gerechten Verteilung der Kriegslasten, selten im Sinne eines überlegenen und zukunftsträchtigen Modells staatlich gelenkter und geplanter Wirtschaft.

4. Nach Osten!

Alfons Paquet zählte nicht zu denen, die diesen Weltkrieg gefordert oder ihn eilfertig begrüßt hatten, als er ausbrach. Noch im Februar 1914 hatte er einen mit hoch gesteckten Ambitionen verfassten Entwurf einer «Großen Ausstellung für Weltwirtschaft und Verkehr in Frankfurt am Main» vorgelegt, die dem «Weltgefühl des modernen Menschen» Ausdruck geben und «die Erde als Gegenstand der Forschung, als Gegenstand der Verwaltung durch den Menschen in den Mittelpunkt» rücken sollte. Ihr Zentrum hätte ein «Friedenspalast» oder «Palast des Völkerrechts» gebildet.[1]

Ein Leitartikel Paquets auf der Titelseite der «Frankfurter Zeitung» vom 9. August 1914 war denn auch düster fatalistisch gestimmt, nicht ohne Feierlichkeit. In Deutschland wie in den Feindländern strömten die Menschen jetzt in die Kirchen, «beginnt ihr erster Schritt in der eisernen Zeit mit dem Bekenntnis der Blindheit». Hier wie dort sängen sie unter dem Donner der Orgel: Herr erbarme dich! Und: «Gott wird antworten: das ist das Furchtbare und das Majestätische, das alle empfinden.»[2]

Diese Vorstellung eines nahe bevorstehenden Gottesurteils entsprang einer Interpretation des Krieges, die er in einer Serie von Aufsätzen weiter entfaltete. Danach habe «sich um uns Deutsche, den Kern Europas und den Kern der von einem neuen Willen erfüllten Weltvölker, der feste Ring des Hasses und der Waffen geschlossen».[3] Die Nachbarn hätten Deutschlands Kraftentfaltung von Anfang an missverstanden und es nun ruchlos überfallen. Der Krieg könne daher nur «in der Zertrümmerung oder mit der Führung Deutschlands» enden. Ein Kompromiss erschien kaum mehr möglich: «Wir sind bereit, mit dem blutroten Stift eine neue Weltkarte zu zeichnen».[4] Ein Sieg allerdings würde «unser Deutsches Reich der Mitte als die führende und ausgleichende Macht an die Spitze eines europäischen Bundes emporführen, dem slawische wie romanische Völker als Genossen angehören.»[5]

Dieses Europäische Reich deutscher Nation werde ein Beispiel liefern «zur Lösung der größten Frage, welche die Menschheit in diesem Zeitalter beunruhigt, nämlich der Frage einer möglichen unerhörten Fruchtbarmachung der Rassenunterschiede und der religiösen Grundsätze».[6] Deutschland trage bereits «einen neuen Menschen in seinem Schoß». Daraus ließ sich ein dialektischer Trost gewinnen: «Vielleicht ist der Gedanke von der Verwaltung der Erde dieser Gedanke und gibt dem Zeitalter der Weltwirtschaft, in das wir statt mit Freudenfesten und Verbrüderungen mit blutigen Kämpfen eingetreten sind, seinen kosmischen Sinn.»[7]

«Nach Osten!»

Gleich nach Kriegsausbruch stellte der 33jährige Alfons Paquet sich wie viele Journalisten und Schriftsteller für die amtliche Presse- und Propagandaarbeit zur Verfügung. Er wurde Mitarbeiter des Stellvertretenden Generalkommandos XVIII der Armee in Frankfurt. Die Abteilung IIIb, der er zugewiesen wurde, war die korrespondierende Einheit zur «Sektion Politik» in der Nachrichtenabteilung des Generalstabs, die unter der Leitung von Deutelmoser und Nadolny für geheime Informationen und Subversionen in den Feindländern zuständig war. Paquets Funktion war anfangs eher bescheiden: Sammlung und Auswertung der feindlichen Presse sowie Propaganda unter und mit französischen Kriegsgefangenen.[8]

An der Debatte über die Kriegsziele beteiligte Paquet sich insbesondere mit seiner Schrift «Nach Osten!» aus dem Jahr 1915[9], im Anschluss an eine Reihe von Kriegsreisen nach Polen und «Ober Ost», über die er vor allem in der Frankfurter Zeitung berichtete.[10] Der Titel war Programm. Im Osten Europas sei die Landkarte dabei, sich neu zu ordnen; Russland als Staat werde zerbrochen. «Russland ist der Steinbruch, aus dem einmal jene große Landbrücke gebaut werden wird, die das mittlere Europa mit dem Morgenland verbindet. Und aus dem Material dieses Steinbruchs muss zugleich die Scheidewand gebaut werden, die uns für immer von der moskowitischen Öde trennt.»[11]

Die beiden Pfeiler dieser avisierten Konstruktion waren das mittlere Europa, das sich in diesem Kriege als «das eigentliche Europa» herausgestellt habe, und ein von mystischem Licht umhülltes «Morgenland», worunter Paquet den Nahen und den Fernen Osten gleichermaßen verstand, das «weite mütterliche Asien mit seinen religiösen Landschaften», die «Wiege des menschlichen Geistes».[12] Diese Sicht erinnert noch einmal daran, dass Paquets frühere Russlandreisen nur en passant Land und Leuten gegolten hatten, und dass Petersburg und Moskau immer nur Zwischenstationen gewesen waren auf dem Weg nach Sibirien und ins «mütterliche Asien». Gewiss, das träge Russland hatte durch seine robusten, breit gebauten Eisenbahnen die Entfernungen nach Asien gewaltig verkürzt, wie es überhaupt vor dem Kriege in einem gewaltigen Wachstum seiner natürlichen Lebenskräfte begriffen war.

Aber dieses Bild Russlands schien ihm nun stärker zu differenzieren und härter zu konturieren. «Das russische Volk in seiner Gesamtheit», belehrte er seine Leser, setze sich «aus mehr als dreißig größeren und kleineren Nationen zusammen». Und unter diesen Völkerschaften des Reiches seien die Großrussen «mit ihrem konservativen Sinn, ihrer orientalischen Unterwürfigkeit und ihrer opferwilligen Hingabe an den Zaren und die Kirche ... die Hauptträger des absolutistischen Staatsgedankens und seiner militärischen Macht» gewesen.[13] Sie hätten sich «zum Bändiger aller nicht ursprünglich russischen Volksteile gemacht», die von lebhafterem Geiste, größerer wirtschaftlicher Aktivität und höherer Kultur als sie selbst seien, und seien schließlich zum Bannerträger eines geistig dürftigen Panslawismus geworden, der eine einzige Kriegserklärung an das westliche Europäertum darstelle, vor allem aber an Deutschland und an jene Deutschen, die «als aufopfernde Diener der russischen Staatsidee ... die uralte deutsche Kolonisationsarbeit im Osten fortgesetzt» hätten.[14]

Das war ein ziemlich langes Sündenregister. Zwar war Paquet sicher, dass das russische Volk selbst angesichts der Vergeblichkeit der zaristischen Eroberungspläne seine Regierung schließlich zur Rechenschaft ziehen werde, wie es das 1905 schon einmal getan hatte; und dass «die aufs tiefste aufgewühlten nationalen Kräfte Russlands» bald versuchen würden, «alte Ketten abzuschütteln und die Gestaltung ihres Schicksals selbst in die Hand zu nehmen».[15] Diese Perspektive einer Revolutionierung des Zarenreichs setzte in erster Linie jedoch wieder auf die nicht-russischen Nationalitäten.

Bei spekulativen Erwartungen blieb der Kriegsautor Paquet allerdings nicht stehen. Vielmehr fasste er, da das Zarentum den Krieg nun einmal eröffnet hatte, eine strategische Amputation des Russischen Reiches ins Auge, die den Forderungen Paul Rohrbachs, des Hauptverfechters einer nationalrevolutionären Zerlegung Russlands, oder auch denen des russisch-jüdisch-deutschen Sozialisten Parvus-Helphand weitgehend entsprach. Eine kulturelle Scheidelinie, so Paquet, die gleichzeitig die Achillesferse des Russischen Reiches darstelle, ziehe sich von Petersburg über Smolensk bis an den Rand des Schwarzmeerbeckens und von dort bis an den Fuß des Kaukasus. In diesen Gebieten lebten jene Völker, die sich der Russifizierung am stärksten widersetzt hätten: Finnen, Baltendeutsche, Polen, Ukrainer, Juden, Georgier und andere. Sobald aber «einmal durch den Sieg der deutschen Waffen das russische Joch gebrochen ist», zeichne sich für diesen riesigen Landstreifen die Möglichkeit eines völligen staatlichen Neubaus ab.

Für alle Völkerschaften dieser Gebiete, ob sie das wüssten oder nicht, bilde «Deutschland mit seinen wissenschaftlich-technischen, sozialen und rein geistigen Errungenschaften ... das Gelobte Land unmittelbar vor den Toren». Ein föderatives Zwischenreich nach dem Vorbild des Habsburger Staates und in direkter Anlehnung daran wäre daher die beste Lösung. Es würde in Deutschland einen Nachbarn und Beschützer finden, «der aus der erweiterten und belebten Verbindung mit dem Osten für sich selbst unschätzbare geistige und wirtschaftliche Bereicherung ... zu gewinnen vermöchte».[16]

Dieses Zwischenreich könnte ein Reich der Toleranz, mehr noch, der «Ökumene» werden, und damit zur Geburtsstätte eines «neuen Europäertums», während es gleichzeitig ein Bollwerk gegen den restlichen, durch eine strikte Zollschranke auf die eurasische Ebene zurückverwiesenen «Russenstaat» darstellte. Die zaristische Herrschaft habe alle gegen alle aufgehetzt: Finnen gegen Schweden, Baltendeutsche gegen Letten, Polen gegen Ruthenen und Ukrainer – und habe «nicht zuletzt durch die beispiellose Ächtung der Juden alle in diese Grenzländer eindringenden westländischen Einflüsse» bekämpft und draußen gehalten. Die Juden aber seien in dem Riesenghetto, in das der Zarismus sie eingesperrt habe, «trotz all ihrer Armseligkeit gleichsam freiwillige Vertreter der deutschen Kultur». Mehr noch: «In ihrem leidenschaftlichen Bildungseifer, in ihrer Zugänglichkeit für allen westlichen Fortschritt und nicht zuletzt auch durch ihre Sprache ist die jüdische Bevölkerung den Deutschen ein natürlicher Bundesgenosse.»[17]

Zionismus als deutsches Kriegsziel

Dieser Gedanke vom Judentum als dem natürlichen Bundesgenossen Deutschlands war, was Paquet angeht, keiner rein kriegstaktischen Überlegung entsprungen. Vielmehr hatte er sich schon vor dem Krieg zu einem der prononciertesten Befürworter der Anliegen des Zionismus und aller Formen einer jüdischen Emanzipation aufgeworfen. Am Ende seiner Fahrt auf der Anatolischen und der Bagdad-Bahn 1905 war er recht abenteuerlich auf Kamelen über den Taurus nach Syrien geritten, «um Jerusalem zu sehen ... – die mystische Stadt, das Gegen-London!»[18] Damals hatte ihn ein Fieber in Damaskus niedergeworfen. Aber 1913 hatte er die heilige Stadt endlich mit eigenen Augen gesehen und die jüdische Einwanderung in Palästina sowie die vielgestaltigen Formen des Judentums, aber auch eines schwärmerischen «christlichen Zionismus», die er dort auf engstem Raume zu sehen bekam, in einer Reihe von Zeitschriftenbeiträgen lebhaft ausgemalt.

1915 erschienen diese im hohen Tone intensiver Anteilnahme gehaltenen Reiseberichte noch einmal in einem Buch unter dem Titel «In

Palästina», ergänzt um Aufsätze, in denen Paquet sich mit den religionsphilosophischen Gedanken Martin Bubers über eine Wiedervereinigung von Christentum und Judentum auseinandersetzte. Die Bedeutung der Juden für alle Nicht-Juden sah er darin, «dass ein Volk gleichsam zur Funktion des Wartens der ganzen Menschheit auf eine Geistesoffenbarung, die noch bevorsteht, geworden ist».[19]

In Paquets Kriegsschriften wurde daraus die strategische Maxime, das Deutsche Reich müsse sich zum globalen Förderer und Schutzherrn des Zionismus machen. Denn mit der Eroberung Polens und Kurlands sei «etwas wie Verantwortung für das Schicksal eines großen Teiles der Judenheit dem deutschen Volk übertragen worden».[20] Nachdem von den Juden des Ostens das Joch des Zarismus genommen sei, der sie zugleich unterdrückt und ihnen die Flucht verboten habe, stellten sich viele nun auf die Auswanderung ein. Viele richteten ihren Blick auf die angelsächsische Welt, ohne «die Gefahr der englischen und amerikanischen Städte, ihre Ausbeutungssysteme, den Riss zwischen den Generationen, das fremdartige, materialisierende, oberflächliche Schulwesen» so recht zu ahnen. Das Judentum als das Volk des Buches werde sich dort verlieren, zumal das «Gespenst der Judenfeindschaft» sich auch im Westen erhebe.[21]

Die bessere Alternative sei deshalb die organisierte Auswanderung der Juden des östlichen Europa nach Palästina, welches «im weiten Sinne ... die ganze asiatische Türkei» umfasse. Das türkische Volk werde in den Juden die Orientalen erkennen, die als Europäer zugleich Träger eines praktischen Könnens seien. Die deutsche Verwaltung im Osten hindere deshalb die zionistische Propaganda auch nicht, für ihre Sache in den «drei Sprachen des jüdischen Volkes, Hebräisch, Jiddisch und Deutsch» zu werben.[22] Deutschland sollte aber noch mehr tun: Wenn es durch Einrichtung von Schulen nach deutschem Vorbilde, vielleicht auch die Gründung einer Hochschule, die Fähigkeiten der Juden Osteuropas entwickele, so würden «diese Knaben die Mannschaft eines neuen morgenländischen Wesens bilden», als Ingenieure, Ackerbauer oder Gelehrte. Sie könnten «in einer neuen Heimat ein neues Volk» werden.[23]

Das alles gehörte zu jener umfassenden «Weltpolitik», deren wichtigste Terrains Paquet mit seinen Reisen selbst abgesteckt hatte und die er als das legitime Hauptkriegsziel des Reiches sah: «Ein gesicherter Anteil an der künftigen Gestaltung der ganzen Erde ist die Vorbedingung für eine glückliche Zukunft der Deutschen. Unsere großen Arbeitsaufgaben umfassen die Länder des östlichen Europas so gut wie Vorderasien und den fernsten Osten.»[24]

Zeitgemäße Referenzen und Bezüge

Paquets Lebens- und Gedankenlinie mit all ihrem forcierten Idealismus stand in der politischen und intellektuellen Landschaft des Wilhelminischen Reiches keineswegs allein. Seit 1910 war er mehr oder weniger regelmäßiger Mitarbeiter der liberalen «Frankfurter Zeitung» sowie einer Reihe anderer Blätter und Zeitschriften; dazu zählen Delbrücks «Preußische Jahrbücher», die von Theodor Heuss redigierte Zeitschrift «März» oder «Die neue Rundschau» als Hauszeitschrift des S. Fischer-Verlags. Eine zentrale politisch-weltanschauliche Referenz bildeten die «nationalsozialen» Ideen, wie sie Friedrich Naumann in seiner Zeitschrift «Die Hilfe» vertrat. Auch den aus dem Naumann-Kreis stammenden Ernst Jäckh und Paul Rohrbach mit ihrer Zeitschrift «Deutsche Politik» stand er nicht fern.

Wie Paquet, hatte es auch Naumann, Jäckh und Rohrbach immer wieder in den Nahen und Fernen Osten gezogen, in ein imaginäres «Morgenland» oder «mütterliches Asien» als Wiege der Menschheit und der alten Menschheitsreligionen. Eine Übersicht über die deutsche Reiseliteratur dieser Zeit weist darauf hin, dass ein Gutteil des intellektuellen und künstlerischen Interesses dieser industriellen Aufbruchperiode vor und nach der Jahrhundertwende sich überhaupt auf den Orient und den Fernen Osten als Quellen spiritueller Erneuerung in einer «seelenlos» gewordenen technischen Zivilisation konzentrierte.[25] Etwas von Nietzsches «Zarathustra» war dabei im Spiel, aber auch von Kiplings «Kim» und einer heroisch-existenziellen «Jagd nach der Grenze». Zugleich handelte es sich um eine spezifisch deutsch-protestantische Weltmission, worin Jerusalem als imaginäre geistige Hauptstadt firmierte, die – halb in Kooperation und halb schon in Rivalität mit dem jüdischen Zionismus – zum nahöstlichen Missionszentrum ausgebaut wurde.[26] In diesem Sinne ließe sich sogar von einem eigenen christlichen Zionismus protestantischer Observanz sprechen, wie ihn die schwäbisch-pietistischen «Templer» des 19. Jahrhunderts, deren Kolonie Paquet in Palästina besuchte, vorgelebt hatten.[27]

Naumanns Ausgangsidee eines «nationalen Sozialismus auf christlicher Grundlage» konkretisierte sich letztendlich im Postulat eines «sozialen Kaisertums». Aber auch Fragen der «Bodenreform» oder einer allgemeinen «Lebensreform» gehörten mit zu diesem Komplex. Hier berührten sich die national-sozialen Doktrinen Naumanns mit den Lehren eines «Kathedersozialisten» wie Lujo Brentano, in dessen Münchner Seminar Paquet 1904/05 nach seiner Rückkehr aus Amerika saß. Demselben weltanschaulichen Feld war seine aktive Mitarbeit im «Deutschen Werkbund» zuzurechnen, dessen Mustersiedlung Hellerau bei Dresden ein «grüner Hügel der Moderne» in Konkurrenz zum Wagnerschen Bayreuth werden sollte. Eben in Hellerau ließ Paquet sich nach seiner Heirat mit der Malerin Henriette Steinhausen 1910 nieder. Seit 1912 beteiligte er sich auch an den Treffen der «Werkleute auf Haus Nyland», die auf eine schwärmerische «Synthese von Imperialismus und Kultur, Industrie und Kunst» abzielten.[28]

Das berührte sich wiederum mit jener «freideutschen» Jugendbewegung, die sich 1913 auf dem «Hohen Meißner» zu einem vieldeutigen Schwur versammelt hatte. Ihr wichtigster Mentor und Multiplikator war der Jenaer Verleger Eugen Diederichs, Herausgeber der Zeitschrift «Die Tat», aber auch der Werke Tolstois sowie der «Russischen Geistesgeschichte» Thomas G. Masaryks, die auf seine Anregung hin entstanden war. Im Diederichs Verlag würden 1919 auch Paquets «Briefe aus Moskau» erscheinen. Auch in diesem Kreis der ewig «Jugendbewegten» hegte man vage Vorstellungen einer «neuen Reformation» und eines «organischen Sozialismus, der das aristokratische Prinzip, das heißt, die Herrschaft der Besten kennt», wie Diederichs schrieb. Auch hier sprach man vom «Ganzmenschentum», das nur aus einer germanisch-slawischen Synthese erwachsen könne.[29]

Natürlich kann man alle diese schillernden Zwischengruppen und Strömungen in der Geschichte des wilhelminischen Deutschland zu Randphänomenen erklären, und ihre Texte für bloße pastorale, professorale oder literarische Ausschmückungen des baren deutschen «Willens zur Weltmacht» halten. Aber ihre Bedeutung lag in der Anschlussfähigkeit ihrer Positionen nach der Seite der Konservativen wie der Nationalliberalen, der Freisinnigen wie der Sozialdemokraten. So bildeten die «National-Sozialen» und «Kathedersozialisten», die «Bodenreformer», «Lebensreformer» und «Jugendbewegten» in der wilhelminischen Ära einen publizistischen Block, dessen Einfluss in der politischen Parteiengliederung des Reichs keine direkte Entsprechung hatte und dennoch unübersehbar war. Womöglich bilden sie sogar die ideelle Mitte oder den Fluchtpunkt der disparaten politischen und sozialen Kräfte und Tendenzen, die Bethmann Hollweg seit Beginn seiner Kanzlerschaft 1909 in einer stets neu improvisierten «Politik der Diagonale» zusammenzufassen versuchte.

«Mitteleuropa» als Ostwendung

Nachdem der Krieg sich zum Weltkrieg ausgeweitet hatte, setzte in Deutschland wie in anderen kriegführenden Ländern eine Dynamik der immer weiter gesteckten Kriegszielforderungen ein. Die zentralen weltpolitischen Ziele des Deutschen Reiches standen seit langem fest: direkte oder indirekte Hegemonie über «Mitteleuropa» und vermittels der verbündeten Türkei über Teile des «Mittleren Ostens», zuzüglich kolonialer Erweiterungen in «Mittelafrika» sowie im «Fernen Osten». Aber vor allem das «Mitteleuropa»-Projekt wurde jetzt aus einer vagen und eher defensiven Losung zu einer kriegsbedingten und kriegsentscheidenden materiellen Notwendigkeit erhoben, die offensiv verfolgt wurde. Seine tiefergreifende Bedeutung lag jedoch in einer kontinentalen Wendung des Deutschen Reiches nach Osten, die der immer radikaler ausgeprägten Frontstellung gegen den Westen entsprach.

In den Diskussionen, wie ein deutsches «Mitteleuropa» zwischen einem sich abzeichnenden anglo-amerikanischen Block und einem auf seine «natürlichen Grenzen» zurückgedrängten Russischen Reich formiert werden könnte, zeichneten sich inmitten aller Differenzen bald eine Reihe grundlegender Übereinstimmungen ab. So hielt man das deutsche föderale Prinzip für unendlich ausdehnungsfähig und war im übrigen überzeugt, dass die Möglichkeiten des deutschen «Kulturträgertums» nahezu unbegrenzt seien. «Mitteleuropa wird im Kern deutsch sein, wird von selbst die deutsche Welt- und Vermittlungssprache gebrauchen», glaubte etwa Friedrich Naumann. Deshalb verlangte er von den Deutschen, dass sie ihren einseitig auf den Westen gerichteten Blick stärker nach Osten richteten und sich mit den «werdenden kleineren Kulturen des Ostens» näher vertraut machten, «damit der Typ des mitteleuropäischen Menschen mit Aufnahme aller Bildungselemente und Kräfte herausgearbeitet werde, der Träger einer um das Deutschtum herum gewachsenen vielgliedrigen starken und inhaltsreichen Kultur».[30]

Das bedeutete eine Rückwendung von der See zum Land, zum Kontinent. So traten territoriale Annexionen und kontinentale Machtprospekte umso stärker in den Vordergrund, je länger und vollständiger die Abschnürung von «Übersee» dauerte – diesem Inbegriff von Weltmarkt und Weltwirtschaft, an den man sich in der Wilhelminischen Periode doch gerade erst gewöhnt hatte. Der deutsche «Seetraum» kam an sein Ende, bevor er begonnen hatte. Wenn man nicht Leviathan werden konnte, musste man umso mehr Behemoth sein. Die Flotte von Großkampfschiffen, um deren Bau sich ein so großer Teil der Vorkriegspolitik gedreht hatte, lag militärisch nutzlos und nach dem Schlagabtausch im Skagerrak vom Mai 1916 zu keiner entscheidenden Schlacht mehr fähig in den Häfen. Nur die rasch gebauten U-Boote kämpften draußen auf dem Atlantik ihren einsamen, mörderischen Kampf. Das Kaiserwort von Deutschlands Zukunft, die auf dem Wasser liege, klang längst wie Hohn – auch wenn man das nicht wahrhaben wollte.

Die kontinentale Ostwendung Deutschlands in diesem Krieg bedeutete auch eine politische, ökonomische und kulturelle Schwerpunktverlagerung. Entgegen manchen Hoffnungen hatte der Weltkrieg das spezifische Gewicht Preußens im Reichsverband nicht etwa geschwächt, sondern eher noch erhöht. Die militärische und wirtschaftliche Verbindung mit Österreich-Ungarn tat ein übriges. Aus dem «Osten» – unter Einschluss der Türkei – mussten die fehlenden kriegswichtigen Rohstoffe besorgt werden. Über Schweden und Finnland entwickelte sich ein vielfältiger Schleichhandel mit dem Kriegsgegner Russland, an den sich alsbald viel weitergehende Vorstellungen knüpften.

Eine «grundsätzliche Neuausrichtung»

So schlug Walther Rathenau im August 1915 in einem Memorandum an Ludendorff als Oberkommandierenden Ost (mit dem er in regelmäßige Korrespondenz trat) eine «grundsätzliche Neuausrichtung der deutschen Politik» vor, die zu einer völligen Umgruppierung der europäischen Mächte als dem «politischen Endwert» des Krieges führen müsse. Dabei ging Rathenau fest davon aus, dass sich mit Österreich ernste Konflikte vorbereiteten, d. h. die nominelle Parität der beiden Reiche auf Dauer nicht aufrecht zu erhalten sein werde. Noch gefährlicher aber sei es, dass England anstrebe, «uns zu gewinnen, am liebsten billig, notfalls teuer», etwa durch das Angebot eines Flottenabkommens, den Gewinn Belgiens oder selbst den Erwerb von Calais, d. h. von Teilen der französischen Kanalküste. Dieser Versuchung müsse Deutschland unter allen Umständen widerstehen. England bleibe eine ständige Bedrohung, und seine Interessen seien denen des Deutschen Reichs auf Dauer entgegengesetzt.

Ganz anders im Osten: «Russland braucht eine Finanzmacht, die Frankreich nicht mehr ist, England nicht werden darf; es braucht einen Schutz gegen England. Wir können Russland finanzieren ... Russland ist unser künftiges Absatzgebiet; der nähere Orient kann es uns trotz aller Behauptungen nicht ersetzen. Wir haben keine antirussischen Interessen; der Schutz unserer Ostfront gibt uns die militärische Suprematie des Kontinents und die Unabhängigkeit von Österreich.»[31] Allerdings werde der Zar keinem Separatfrieden zustimmen (können). Das Entscheidende sei deshalb der militärische Durchbruch im Westen und die Erzwingung eines Separatfriedens mit Frankreich.

Dann würden die deutschen Armeen in der Lage sein, nach Petersburg oder sogar nach Moskau zu marschieren und «einen größeren Teil des wirklichen Russland längere Zeit besetzt (zu) halten», nicht um es dauerhaft zu okkupieren, sondern um Russland zu einem langfristigen Bündnis zu zwingen. Eine Periode deutscher Besatzung werde machtmäßig wie moralisch dafür die Voraussetzungen schaffen, denn: «Russland hat nationale Leidenschaften, aber kein nationales Ehrgefühl ... Russland hat alle seine Eroberer geliebt, so wie die russische Bäuerin Schläge verlangt.» Der auf Siedehitze gebrachte offizielle Deutschenhass werde sich rasch legen: «Die Disziplin und Enthaltsamkeit des deutschen Soldaten, die Gerechtigkeit und Unbestechlichkeit der deutschen Verwaltung wird in kurzem legendär werden; Russland wird vorbereitet. Kommt dann ein erträglicher Frieden, so ist auch die Politik gewonnen ...»[32] Von dieser Basis aus werde Deutschland schließlich den Krieg mit England zu einem wenn nicht siegreichen, so doch befriedigenden Abschluss bringen können. «Der Frieden findet vollendete Tatsachen»: Deutschland in der Rolle des Finanziers, Hauptlieferanten und Protektors eines wiederhergestellten Russischen Reiches.[33]

Dieses ultraimperialistische, aber (was Russland betraf) keineswegs feindselige Raisonnement wäre freilich nicht zu verstehen ohne die Vorstellung eines atlantischen Gegenlagers, worin das absteigende britische Weltreich und das aufsteigende Amerika in ähnlicher Weise einander amalgamiert gedacht wurden (eben als «Zweibund zur See»), wie es Rathenau für Deutschland mit seiner Wendung zum Russischen Reich vorschwebte. Gerade weil Rathenau weder an den Nutzen noch an den Realismus territorialer Annexionen glaubte, zog er die Linien einer wirtschaftlich und kulturell bestimmten deutschen Hegemonialpolitik umso weiter.

Ging das Reich aber geschwächt oder besiegt aus dem Krieg hervor, während Russland im Lager der Sieger stand, dann waren die Perspektiven buchstäblich erdrückend. Entweder würde Russland durch den anglo-amerikanischen Block in einer Weise ökonomisch durchdrungen und dominiert werden, wie Rathenau das soeben von deutscher Seite her ins Auge fasste. Oder Russland selbst würde, wie er es zwanzig Jahre zuvor erwartet hatte, zum «neuen Amerika» des Ostens werden. Dann wäre die im 19. Jahrhundert so häufig ausgemalte dualistische Weltordnung zwischen Russland und Amerika zur Realität geworden, und Deutschland wie das gesamte, durch den Krieg verwüstete Europa von den Flanken her überflügelt und ins zweite Glied zurückgeworfen. Die eine Möglichkeit war so furchterregend wie die andere.

Im «Land Ober Ost»

Rathenaus Memoranden richteten sich nicht zufällig an Ludendorff, der gerade dabei war, sich in den eroberten Gebieten Polens, Litauens und Weißrusslands sein eigenes «Königreich» oder «Indien» zu schaffen, einen militärischen Musterstaat zur Demonstration «deutscher Kulturarbeit im Osten». Deutlicher als in den Gebieten Kernpolens, die als «Generalgouvernement Warschau» unter einen eigenen Militärgouverneur gestellt wurden, nahm dieses Konzept in dem Ende 1915 eingerichteten Verwaltungsgebiet des Oberbefehlshabers Ost («Ober Ost») Gestalt an, das die waldigen, dünn besiedelten und ethnisch gemischten Gebiete Ostpolens, Kurlands und Litauens umschloss.

Zu diesem ehrgeizigen Unternehmen gehörte eine eigene Presse- und Propaganda-Abteilung, welche unermüdlich am Bilde vom «Land Ober Ost»[34] als einem Herderschen Völkerpanorama pinselte: «Eine höhere Fügung hat das Geschick dieser Länder in die Hand der eigenen Völker gelegt, zum letzten Male vielleicht für lange, lange Zeiten. Die deutsche Verwaltung bezeichnet für das Gebiet Ober Ost den Beginn einer neuen Ära in seiner Geschichte ... Soll dem Land aus dem Schrecken des Krieges eine bessere, glücklichere Zukunft erblühen, eine Erlösung aus dem dumpfen Druck der Fremdherrschaft, so werden seine Völker bei aller Liebe zum eigenen Stamm einander verstehen und achten lernen müssen. Die Erkenntnis ihres größten, gemeinsamen Feindes wird die Gegensätze überbrücken helfen ... zum Besten ihrer selbst und des heute aus tausend Wunden blutenden Europas.»[35]

Nicht zufällig sammelte sich im Stab der Pressestelle Ober Ost schon unter der Ägide Hindenburgs und Ludendorffs, später dann des Generals Hoffmann ein illustrer Schwarm deutscher und jüdischer Literaten und Künstler, vorwiegend liberaler und linker Observanz. Dazu zählten etwa Arnold Zweig, Richard Dehmel und Herbert Eulenburg, der (noch namenlose) junge Philologe Victor Klemperer, der Zeichner Hermann Struck und der Maler Karl Schmitt-Rottluff. Den launigen Erinnerungen des Schriftstellers Sammy Gronemann («Hawdaloh und Zapfenstreich») zufolge war diese Presseabteilung Ober Ost «vielleicht die unmilitärischste Formation der ganzen Armee».[36]

Gronemann hat die recht konjunkturelle Sympathie des kaiserlichen Deutschland für die unterdrückten Juden des Ostens eindrucksvoll-ironisch geschildert: «In den ersten Kriegsjahren aber herrschte eitel Jubel und Begeisterung ob der Entdeckung der Ostjuden als der Wahrer deutscher Art und Sprache. Es entstanden begeisterte Lobgesänge auf ihre Treue, und eine Reihe deutscher Literaten, beileibe nicht nur Juden, bewiesen in tiefgründigen Abhandlungen, dass die Ostjuden eigentlich echte und rechte Deutsche seien, Träger deutscher Kultur, die in unerhörter Zähigkeit und Anhänglichkeit ihr germanisches Volkstum durch die Jahrhunderte slawischer Unterdrückung gewahrt hätten. Im kaiserlichen Hauptquartier wurde eine in Prachtband gefasste, wundervoll ausgestattete Denkschrift über die Materie huldvoll entgegengenommen. Kaiser Wilhelm wollte im ersten Impuls die sofortige Entlassung aller ostjüdischen Kriegsgefangenen verfügen, ein Entschluss, der noch glücklich verhindert wurde – er hätte Tausenden russisch-jüdischer Soldaten das Leben gekostet ... Kurz – es sah fast so aus, als ob Kaiser Wilhelm seinen Heerbann eigens zur Rettung seiner vielgeliebten Ostjuden aufgerufen hätte.»[37]

Der sarkastische Ton änderte nichts daran, dass Gronemann diesem Kapitel deutscher und jüdischer «Kulturmission» im Osten ein durchaus nostalgisches Denkmal setzte, etwa unter dem Abschnitt «Mein Hauptwerk». Gemeint war «jenes erstaunliche Lexikon, das unter dem Namen ‹Sieben-Sprachen-Wörterbuch› sich in gewissen Gelehrtenkreisen eine Art Berühmtheit als philologische Kuriosität erworben hat». Gronemann hatte es redigiert, «wenn auch auf dem Titelblatt als Herausgeber der Oberbefehlshaber Ost erscheint».[38]

Ebenso greifbar ist diese Nostalgie in Arnold Zweigs Ende der zwanziger und Mitte der dreißiger Jahre verfassten Romanen «Der Streit um den Sergeanten Grischa» und «Einsetzung eines Königs», die auf seine Erfahrungen in «Ober Ost» in den Zeiten der russischen Revolution und des Friedens von Brest-Litowsk zurückgreifen. Außer dem General Schlieffenzahn (alias Ludendorff) sowie einer Clique alldeutscher Beamter und Militärs gibt es darin fast nur gute Menschen jeder Nationalität, die zur Rettung des als Spion verdächtigten Sergeanten Grischa, eines in die Wälder geflüchteten Deserteurs der russischen Armee, eine Verschwörung der Gerechten bilden. Altpreußischer Sinn für Recht und Ordnung, jüdisch-humane Intellektualität und russisch-brüderlicher Sozialismus gehen in Zweigs Erzählung eine eigentümliche, ideale Symbiose ein.

Viele ältere, aber auch neuere Darstellungen wie zuletzt Vejas Gabriel Liulievicius' «Kriegsland im Osten» haben Ludendorffs Militärutopie «Ober Ost» als direkten Vorläufer und Vorschein der kolonialen Hitlerschen Ostraumpolitik des Zweiten Weltkriegs gezeichnet.[39] Die hybride Überzeugung, dass nur «deutsche Kulturarbeit» aus den angeblich unerschlossenen oder vernachlässigten Gebieten und ihrem «Völkergemisch», wie in vergangenen Jahrhunderten (der mittelalterlichen deutschen Ostkolonisation und der Herrschaft des «Deutschen Ordens»), etwas Nützliches und Vorbildliches machen könne, markierte sicherlich eine weltanschauliche und praktische Verbindungslinie. Dennoch ist festzuhalten, dass der geographische und demographische, linguistische und ethnologische Erfassungswahn der Militärverwaltung «Ober Ost» noch völlig andere Züge trug als die nationalsozialistische Versklavungs- und Ausrottungspolitik – die deshalb auf eine noch so verlogene und dennoch ernst gemeinte Kultivierungslyrik, wie sie von den Mitglieder der «Presseabteilung» für die Leser daheim und vor Ort produziert wurde, auch kaum angewiesen war.

Die vielfach angefeindete und dennoch unverzichtbare Rolle jüdischer Journalisten, Wissenschaftler, Schriftsteller und Künstler im «Land Ober Ost» war auch kein bloßer administrativer oder biographischer Zufall. Für die ihnen zugedachte Funktion als «Mittler» gab es in den Konzeptionen Hitlers oder Himmlers für den zu germanisierenden «Ostraum» von vornherein keinen Bedarf, und schon gar nicht für Juden. Hier wie in allem anderen war der eliminatorische Antisemitismus des NS-Regimes nur der zugespitzte Ausdruck einer umfassenden und totalitären Konzeption von Geschichte, Kultur und Gesellschaft. Davon war die deutsche Politik im Ersten Weltkrieg noch weit entfernt – auch im Sonnenstaat des Erich Ludendorff im «Land Ober Ost».

5. Kollusionen und Konspirationen

Die deutsche Revolutionierungspolitik gegenüber Russland, deren dynastische Rücksichtslosigkeit und Radikalität erst «die säkulare Sprengkraft des deutschen Machtanspruchs erkennen» ließ[1], griff über alle territorialen Annexionspläne weit hinaus. Bereits in den ersten Überlegungen der Reichsführung zur Kriegsstrategie, wie sie im «Septemberprogramm» Bethmann Hollwegs zusammengefasst wurden, hieß es, dass neben den militärischen Operationen der «Zersetzung des Feindlandes von innen» zentrale Bedeutung zukomme.[2]

Paquets Rolle in diesem Spiel war nicht ungewöhnlich. Fast alle Auslandskorrespondenten der deutschen Zeitungen – und gerade die der liberalen und demokratischen Blätter wie der «Frankfurter Zeitung» oder des «Berliner Tageblatts», die in den neutralen Ländern noch Kredit genossen – waren in der einen oder anderen Form für die Gesandtschaften oder für andere Stellen und Dienste als Mittler und Informanten eingespannt.[3] Dabei handelte es sich weniger um Zwangsverpflichtungen, als vielmehr um eine für natürlich gehaltene Überschneidung der Aufgaben und Interessen.

Allerdings darf die halb reale, halb imaginäre deutsche Weltrevolutionspolitik der Kriegszeit auch nicht überzeichnet werden. Zu einem Gutteil war sie aus der Not der Isolation geboren und trug eher Züge einer hastigen Improvisation als eines Masterplans für den «Griff nach der Weltmacht». Rudolf Nadolny, der nach Kriegsausbruch die «Sektion Politik» in der zuständigen Abteilung III b des Generalstabs leitete, hat mit dem zerstreuten Blick des späten Memoristen unter den «Unternehmungen im Ausland» für 1914/15 «die Freiheitsbewegungen in Finnland, in Irland, in Georgien und in Marokko, die Bewegung der Senussi [in Libyen, G. K.], die in Arabien und die Bedrohung Indiens» aufgeführt.[4] Die frühen Versuche zur Dekomposition Russlands hatte er glatt vergessen.

Den Löwenanteil der für subversive Aktionen aufgewendeten deutschen Gelder und Energien verschlangen anfangs tatsächlich die verschiedenen Unternehmen zur Insurgierung des Britischen Empire und der französischen Kolonien, während für die Revolutionierung des Russischen Reiches nur sehr viel beschränktere Mittel zur Verfügung standen.[5]*

---

* Der Spezialfonds für Propaganda und Sonderexpeditionen des Auswärtigen

Allerdings kamen die von dem Orientalisten Max von Oppenheim und seiner «Nachrichtenstelle für den Orient» eingefädelten Aktionen zur Aufwiegelung des nahöstlichen Raumes von Marokko über Ägypten, den Sudan und Äthiopien bis in den Irak, nach Persien, Afghanistan und Indien kaum je über illustre Einzelunternehmen hinaus. Wie Nadolny mit unüberbietbarem Lakonismus feststellte, «hatten wir mit der Verkündigung des Heiligen Krieges wenig Glück», denn «die islamischen Völker kehrten sich kaum daran, obwohl er von der Türkei, also vom Sultan, propagiert worden war».[6]

Manche dieser Aktionen, wie die Afghanistan-Expedition des Obersten Ritter von Niedermayer und seines intimen Rivalen von Hentig, die auf die Revolutionierung des indischen Subkontinents zielte, mochten das Zeug zu literarischen Epopöen haben. In ihrer praktischen Bedeutung blieben sie hinter den Gegenaktionen der Briten, etwa der Arabien-Mission des Obersten T. E. Lawrence, weit zurück.[7] Dasselbe galt für die Aktionen zur Rettung oder womöglich Erweiterung der Kolonien in «Deutsch-Ostafrika» und «Deutsch-Südwest» unter dem Major von Lettow-Vorbeck, die ebenso heroisch wie vergeblich blieben.[8]

Die Versuche zur Unterminierung des Zarenreiches waren bis zum Frühjahr 1917 allerdings kaum erfolgreicher, zumal sie immer wieder durch die Bemühungen um einen Sonderfrieden mit Petersburg konterkariert wurden. Am Ende setzte sich aber die Position des Unterstaatssekretärs und späteren Staatssekretärs des Äußeren Zimmermann durch, der bereits im Herbst 1914 in einem Memorandum darauf hingewiesen hatte, dass ein Sonderfrieden mit Russland kaum mehr als ein Waffenstillstand sein werde und auf Kosten der engsten Verbündeten erkauft werden müsse. Für einen «Krieg bis zum äußersten» gegen England, wie ihn das «Volksempfinden» eindeutig fordere, sei die Unterstützung Österreichs und der Türkei aber unverzichtbar. Da der Weltkrieg offenkundig nicht rasch entschieden werden könne, solle man sich im Westen (nach dem Rückschlag an der Marne) auf ein Halten der Front verlegen. Umso energischer müsse die Entscheidung im Osten forciert werden. Denn dort, so Zimmermann, könne eine kombinierte Politik von Krieg und Revolutionierung zu bedeutenden Erfolgen führen.[9]

Amtes hatte nach einer Abrechnung vom 30. Januar 1918 insgesamt 382 Mio. Mark aufgewendet. Für die Revolutionierung Russlands waren davon 40,5 Mio. aufgewendet worden, das heißt nur gut ein Zehntel der Gesamtaufwendungen, von denen 14 Mio. noch nicht abgerufen waren; sie wurden erst im Laufe der folgenden Monate verwendet.

Dass die kaiserliche deutsche Regierung bereit war, auch radikale Gegner des monarchischen Systems und jeder bürgerlichen Ordnung wie die Bolschewiki und andere revolutionäre Sozialisten für eine Strategie der «Dekomposition» des Zarenreiches zu unterstützen, war sicherlich ein Machiavellismus größten Zuschnitts. Allerdings war das Kalkulieren mit einer neuen russischen Revolution an sich nichts «Unerhörtes», fast im Gegenteil. Die Ereignisse des Jahres 1905/06 waren in frischer Erinnerung, gerade in ihrer Verknüpfung von äußerer Niederlage und inneren Unruhen.[10] Seitdem hatte das Gespenst einer zweiten, noch radikaleren russischen Revolution den Raum nie verlassen. In den besorgten Erörterungen des Zaren und seines Kabinetts über Krieg und Frieden hatte es ebenso eine Rolle gespielt, wie es umgekehrt in den Überlegungen der deutschen Reichsleitung vor dem Krieg als stille Rechengröße mit einkalkuliert war. So wenn Bethmann Hollweg im Jahr 1913 schrieb, man müsse, um in Kenntnis der militärischen Kräfteverhältnisse noch ruhig zu schlafen, «schon einen guten Teil Gottvertrauen haben, und auf die russische Revolution als Bundesgenossen rechnen».[11]

Bethmann und Riezler

Wie wenig das Projekt der Revolutionierung Russlands durch ideologische Freund- oder Feindbilder und kulturelle Zu- oder Abneigungen bestimmt wurde, ließe sich an der Person Bethmann Hollwegs wie der seines engsten Mitarbeiters und «Referenten für politische Kriegsführung» Kurt Riezler demonstrieren.

Für Bethmann war das Zarenreich ein halbzivilisierter Koloss von erdrückendem Gewicht, dem gegenüber er, ungeachtet seiner Bemühungen um eine modifizierte Wiederaufnahme Bismarckscher Gleichgewichtspolitiken, keine altpreußischen Affinitäten mehr hegte, sondern eher eine unfanatische Aversion. Wenn er im April 1913 vor dem Reichstag aus Anlass der eingebrachten Wehrvorlage feststellte: «Mit unserm russischen Nachbarn können wir überhaupt nicht wettrüsten», erst recht, seit die «erstaunliche Entwicklung der ökonomischen Verhältnisse dieses mit unerschöpflichen Naturschätzen ausgestatteten Riesenreichs» dessen militärische Mobilisierungsfähigkeiten nochmals sprunghaft erhöht habe – so klang das ähnlich zweideutig wie seine scheinbar beruhigende Feststellung: «Direkte Interessengegensätze zwischen uns und Russland kenne ich nicht. Deutschland und Russland können an ihrer wirtschaftlichen und kulturellen Verstärkung arbeiten, ohne sich gegenseitig ins Gehege zu kommen. Die slawisch-germanischen Gegensätze werden nicht zu einem Krieg führen.»[12]

Anders und doch ganz ähnlich verhielt es sich bei seinem jungen Adlatus Riezler, der Russland erstmals 1906 bereist hatte (angeregt womöglich durch Paquet, mit dem er im Winter zuvor im Seminar von Lujo Brentano in München gesessen hatte[13]). Riezler hatte sich von dem unermesslichen Land mit seinen unerschlossenen menschlichen und materiellen Potentialen auf Anhieb faszinieren lassen. Für seine politisch-philosophischen Ausarbeitungen mit dem bemerkenswerten Titel «Die Erforderlichkeit des Unmöglichen», in denen er eine grundlegende Absage an den westeuropäischen Staatsgedanken formulierte, hatte er sich ganz im Geist der Zeit von Dostojewski inspirieren lassen. Dessen integristische Volkstumsideologie hatte er in eine pseudo-religiöse Legitimation des modernen Imperialismus transponiert, so wenn er schrieb: «Der Idee nach ... will jedes Volk wachsen, sich ausdehnen, herrschen und unterwerfen ohne Ende, will immer fester sich zusammenfügen und immer Weiteres sich einordnen, immer höhere Ganzheit werden, bis das All unter seiner Herrschaft ein Organisches geworden ist.» Daher sei für jeden Einzelnen «sein Volk ein Weg zu Gott als zum All».[14]

Russland galt Riezler auf diesem Wege sowohl als Vorbild wie als Gegenstück Deutschlands. Dieses östliche Reich habe «mehr als alle Völker der Gegenwart Grund, an seine Ewigkeit zu glauben», schrieb er in seinem (unter Pseudonym veröffentlichten) Hauptwerk «Grundzüge der Weltpolitik in der Gegenwart», das unmittelbar vor Kriegsausbruch erschien.[15] Und noch 1917 war Riezler bereit, dem von revolutionären Konvulsionen erschütterten Koloss die Attribute der «Größe» und «Tiefe» zuzuschreiben, im Gegensatz zur «englisch-amerikanischen Phrasenwelt».[16] Für einen Remisfrieden und Schulterschluss mit Russland wäre er im Winter 1914/15 sogar bereit gewesen, Österreich und die Türkei als «Liquidationsmasse» in den Verhandlungstopf zu werfen. «Riezler sah – mit Hoetzsch gegen Schiemann – die russische Einheit, von einigen Randgebieten abgesehen, tief und fest in der Geschichte begründet».[17] Mehr noch: Für den Fall einer deutschen Niederlage hielt Riezler einen Anschluss an Russland für unvermeidlich; und selbst eine zeitweise Vasallenschaft Deutschlands schreckte ihn nicht, wenn das nur hülfe, sich der drohenden «Amerikanisierung Europas» zu entziehen.[18]

Eben aus dieser Position einer tiefen Bewunderung aber hatte er das Russische Reich (wie Bethmann) als einen auf Deutschland lastenden Alp gesehen und im Dezember 1914 begonnen, sich Gedanken zu machen, wie dieser Koloss, da er militärisch nicht zu besiegen war, von innen geschwächt und in einen moralischen Zusammenbruch getrieben werden könne.[19] «Unser Ungeschick, russische Revolution vor[zu]bereiten», notierte er sich unter dem 11. Januar 1915, unmittelbar vor der ersten Verhandlung mit Parvus-Helphand in Berlin.[20] Am 20. Januar trug er dem Reichskanzler eigene, recht zynisch klingende «Vorschläge wegen Organisation russischer Meutereien durch procentuale Beteiligung polnischer Juden» vor.[21]

Das Thema der Revolutionierung Russlands verließ ihn nicht mehr, ohne dass allerdings klar wäre, was Riezler «im Rahmen des ihm erteilten Auftrages in der Folgezeit eigentlich getan hat und wie weit seine Verantwortung reichte».[22] Unter dem 4. Juni heißt es wieder: «Arbeit an der russischen Revolution ... Einzige Möglichkeit eines wirklich guten Herauskommens Zusammenbruch Russlands.»[23] Aber noch immer stand auch die Gegenoption im Raum: «Liquidation Österreichs, gemeinsam mit Russland vorzunehmen». Dahinter steckte die akute Befürchtung, dass eine deutsche «Befreiungsgeste» gegenüber Polen einen «Volkskrieg» auslösen könnte, der «das größte Erlebnis Russlands» sein und «uns dem russischen Denken als Erbfeind einprägen» werde.[24]

Diese unstete Gedankenführung zeigt, wie alle Bemühungen um die Revolutionierung Russlands von der tiefen Furcht diktiert waren, das Zarenreich könne gerade im Weltkrieg zur vollen Entfaltung seiner menschlichen und materiellen Potentiale kommen, während die Frontstellung Deutschlands gegenüber den westlichen Kriegsgegnern sich immer weiter verhärtete. Damit wäre nicht nur jede Chance auf einen Sieg verbaut gewesen, sondern auch diejenige Konstellation, die, wie immer der Krieg ausging, als einzige für Riezler in Frage kam, um die «Amerikanisierung Europas» zu verhindern: die enge Verbindung mit Russland, möglichst natürlich zu deutschen Bedingungen.

Strategien der «Dekomposition»

Die deutsche Politik der «Revolutionierung» oder «Dekomposition» Russlands umfasste das zweifache Ziel einer Zerlegung des Vielvölkerreichs durch nationale Unabhängigkeitsbewegungen von Finnland über die Ukraine bis zum Kaukasus sowie einer Erschütterung der zentralen Machtapparate des Zarismus durch die radikalen sozialistischen Kriegsgegner in der Armee, den Industrierevieren und Hauptstädten. Die dafür angesetzten Maßnahmen waren Attentate und Sabotageakte, Guerilla-Aktionen und Sezessionen, Streiks und Demonstrationen, und ihre Hauptmittel waren Propagandaschriften und Flugblätter, Dynamitstangen und Revolver, Gelder und Waren.

Graf von Brockdorff-Rantzau, dessen Kopenhagener Gesandtschaft neben der Stockholmer unter Lucius von Stoedten, der Berner unter von Romberg und der Istanbuler unter von Wangenheim für die Kontakte mit den russischen Oppositionellen und Revolutionären in erster Linie verantwortlich war, skizzierte die zu verfolgende Politik gegenüber dem Zarenhaus in seiner Denkschrift vom 6. Dezember 1915 an den Reichskanzler – und damit an den Kaiser – mit einer wahrhaft revolutionär anmutenden dynastischen Rücksichtslosigkeit: «Dieser schwache und unaufrichtige Herrscher, dessen Thron schwankt …, hat eine furchtbare Schuld vor der Geschichte auf sich geladen und das Recht auf Schonung von unserer Seite verwirkt», schrieb Brockdorff. Da im Kampf mit dem von England geführten Lager der Feinde die bare Existenz Deutschlands auf dem Spiel stehe, seien die radikalsten Mittel gerechtfertigt. «Der Sieg und als Preis der erste Platz in der Welt ist aber unser, wenn es gelingt, Russland rechtzeitig zu revolutionieren und dadurch die Koalition zu sprengen.»[25]

Allerdings ergab sich diese «großräumige» deutsche Ostpolitik mit einer gewissen Zwangsläufigkeit auch aus der realen Situation des von zentrifugalen Tendenzen und inneren Umwälzungen erschütterten Russischen Reichs, gerade in seiner Verklammerung mit den beiden anderen, ähnlich obsoleten Vielvölkerreichen, dem Osmanischen und dem Habsburgischen. Tatsächlich waren die drei östlichen Reiche in eine unlösbare, beinahe intime feindliche Verstrickung miteinander geraten, in der sie dazu verurteilt waren, schon aus Gründen der Selbsterhaltung auflösend auf den jeweils anderen Reichsverband einzuwirken. Das war einer der Treibsätze dieses immer weiter ausufernden Weltkrieges.[26]

Dazu kam, dass die deutschen Vormärsche im Sommer 1915 und die Neuorganisation der besetzten Gebiete im Osten Fakten schufen, die eine Rückgabe an das Zarenreich tatsächlich unmöglich machten. So bildeten die Unabhängigkeitsbewegungen der Nationen und Nationalitäten Mittelosteuropas immer neue Fermente einer die Fronten überschreitenden Auflösung des russischen Reichsverbandes, auch ohne jede Förderung durch die deutschen Besatzungsbehörden, die diese Aktivitäten teilweise eher mit Misstrauen betrachteten oder zu unterdrücken versuchten, besonders in den zur «Germanisierung» bestimmten Gebieten Ostpolens und des Baltikums.[27]

Kaum gemäßigter, fast noch machiavellistischer als eine Politik der Revolutionierung Russlands wäre im übrigen auch die umgekehrte Option gewesen, die schon Bismarck gelegentlich erwogen hatte, um den Knoten der «bedrängten Lage» des Reiches zu durchhauen, und die ein beträchtliches Segment der deutschen Politiker, Beamten, Militärs, Industriellen und Publizisten (von Otto Hoetzsch über Walther Rathenau und Hugo Stinnes bis zum Admiral Tirpitz oder eben Riezler) auch jetzt noch bevorzugt hätte: der große Ausgleich mit Russland auf Kosten des Habsburger-Reiches und der Türkei. Im Falle eines solchen *renversement des alliances* wäre ein deutscher Sieg im Weltkrieg, zumindest der Zusammenbruch Frankreichs und der Anschluss Österreichs, fast sicher gewesen. Zugleich hätte auch das Russische Reich sich gründlich sanieren und seine imperiale Stellung weiter ausbauen können. Das wäre die Konstellation gewesen, die 1939 beim Abschluss des Hitler-Stalin-Pakts im Raum stand: ein deutsch-russisches Kondominium über das gesamte östliche Europa und den Nahen Osten sowie eine offene oder stille Kräftekombination beider Mächte gegen die Westalliierten. So «schlüssig» diese Option immer wieder erschien, so hypothetisch blieb sie zu jeder Zeit.

Das Spiel mit der jüdischen Karte

Neben den Polen (mit Einschränkungen) sowie den Finnen, Georgiern und Ukrainern, deren Befreiung vom Joch des Zarentums nicht erst seit den Schriften Paul Rohrbachs im Zentrum aller deutschen Oststrategien stand, kamen auch die Juden als Faktoren einer aktiven «Dekomposition» des Russischen Reiches in Betracht. In den ersten Überlegungen der Militärs und des Auswärtigen Amts vom August 1914 hatten sie noch kaum eine Rolle gespielt. Aber Max Bodenheimer, der Mitbegründer und langjährige Vorsitzende der Zionistischen Vereinigung in Deutschland, hatte sofort nach Kriegsbeginn ein «Deutsches Komitee zur Befreiung der russischen Juden» gegründet. Und schon in seinen ersten Eingaben hatte er mit Nachdruck den «Gleichlauf deutscher und jüdischer Interessen im Weltkrieg» betont.[28]

Im Auswärtigen Amt wurde diese Gründung nach den ersten Gesprächen mit vorsichtigem Enthusiasmus verzeichnet, wobei es scheint, als hätten der antisemitischen Dämonologie entlehnte Vorstellungen dabei eine erhebliche Rolle gespielt. So meldete der Legationssekretär Prittwitz: «In ihrer straffen Organisation sind die Zionisten dem Jesuitenorden vergleichbar ... In der Organisation des Zionismus wird uns daher für den Nachrichtendienst und unsere Agitationstätigkeit im Ausland ein Werkzeug von unabsehbarem Wert in die Hand gegeben. Dies gilt besonders für das Gebiet des russischen Reiches.»[29]

Von einem «Gleichlauf» der Interessen konnte allerdings nur bedingt die Rede sein. Die deutschen Militärs und Diplomaten hofften, die Juden Polens, Litauens und der Ukraine für eine nachrichtendienstliche Tätigkeit und für subversive Aktionen im Rücken der russischen Armeen einspannen zu können oder sie gar zum Aufstand zu bewegen: «Juden Russlands! Erhebt euch! Greift zu den Waffen! ....

Flugblatt der Obersten Heeresleitung vom Oktober 1914 an die Juden Russlands, in hebräischer und jiddischer Sprache. Auf der Vorderseite eine Verspottung des Zarenaufrufs «An meine lieben Juden»

Und schickt Männer Eures Vertrauens an die deutschen und österreichisch-ungarischen Befehlshaber!» So hieß es in einem ersten Flugblattentwurf des Generalstabs. Dagegen legte das Berliner Befreiungskomitee mit Erfolg Widerspruch ein, da von einer bewaffneten Aufstandsbewegung keine Rede sein könne, während blutige Pogrome und Repressalien die sichere Folge sein würden. In den Gegenentwürfen des Komitees wurde deshalb nur in allgemeiner Form zum Kampf gegen die «Regierung Russlands und sein verbrecherisches, feiges, brutales Beamtentum» aufgerufen, zugleich aber ein Katalog konkreter Rechte entwickelt, die den Juden im Falle eines deutschen Sieges zugestanden werden sollten, wie örtliche Selbstverwaltungen, Grundschulen in jiddischer Sprache, Niederlassungs- und Gewerbefreiheit sowie der Zugang zur höheren Bildung.[30]

Ende August 1914 wurde als Kompromiss schließlich ein von den Oberkommandos der deutschen und österreichischen Armeen unterzeichneter Aufruf in jiddischer Sprache verbreitet, in dem es hieß: «Unsere Fohnen brengen eich Recht un Freiheit, gleiche Bürgerrechte, Freiheit vorn Glauben, Freiheit zu arbeiten ungestert in alle Zweigen von ekonomischen und kulturellen Leben in euer Geist! ... Wie Freind kummen wir zu eich, die barbarische fremde Regierung is aus! ... Eier heiliger Chauw (Pflicht) is ajetzt, zusammen zu nehmen alle Kreften, mitzuarbeiten bei die Befreiung.»[31]

Der Text, der in jiddischer Sprache und hebräischer Schrift verbreitet wurde, machte unter seinen Adressaten durchaus Eindruck. Die Repressalien durch die russischen Militärbehörden in den Frontgebieten hatten bereits ein unerträgliches Ausmaß erreicht. Zwar hatte es auch unter den Juden Russlands zu Beginn des Krieges die (skeptische) Hoffnung gegeben, durch demonstrative Loyalität endlich die volle staatsbürgerliche Gleichstellung zu erwerben. Aber schon im November 1914 notierte Simon Dubnow: «Die patriotische Aufwallung der ersten Kriegstage ist verflogen und einer Verzweiflung gewichen, die fast an – Deutschfreundlichkeit grenzt.»[32]

Dem von deutschen und exilierten russischen Zionisten dominierten Berliner Komitee ging es darum, in den eroberten Gebieten einige ihrer Vorstellungen über eine «nationale Autonomie» zum ersten Mal exemplarisch umzusetzen und die jüdische Bevölkerung generell in die Rolle von «Mittlern» zwischen deutschen Besatzungsbehörden und den übrigen Nationalitäten zu bringen. Diese Vorstellungen einer offensiven deutsch-jüdischen Kulturmission kulminierten schließlich in Konzeptionen, wie sie Bodenheimer ausformulierte.

Für den Fall einer weiträumigen Zurückdrängung Russlands sah er die Errichtung eines «Nationalitätenstaates» zwischen Ostsee und

Schwarzem Meer vor, der 8 Millionen Polen, 6 Millionen Juden, 6 Millionen Ukrainer, 4 Millionen Weißrussen, 3 Millionen Litauer und Letten sowie 1,8 Millionen Deutsche zusammenfassen sollte. Dieses Staatswesen sollte von einem deutschen Fürsten als Monarchen regiert und von einer einheitlichen Verwaltung und Armee mit deutscher Kommandosprache zusammengehalten werden. Unterhalb dieses Daches sollte den einzelnen Völkerschaften dann «die freieste Entwicklung ihrer nationalen Selbständigkeit und Eigenart innerhalb der Grenzen ihres Volkstums gewährleistet» werden, etwa durch die «Bildung nationaler Kurien» innerhalb der kommunalen und administrativen Selbstverwaltungskörperschaften sowie die Einsetzung einer aus allen Nationalitäten zusammengesetzten Obersten Legislative.

Ein solcher mittelosteuropäischer «Nationalitätenstaat» (eine Art «Habsburg II») würde sich wegen seiner fortdauernden Gegnerschaft gegen Russland eng an das Deutsche Reich anlehnen und somit neben der Donaumonarchie den dritten Baustein eines weit nach Osten ausgreifenden Blocks der Zentralstaaten bilden, dessen dynamisches Kraftzentrum natürlich Deutschland wäre. Nicht nur wegen ihrer numerischen Stärke und ihrer Verteilung über das gesamte Siedlungsgebiet, sondern weil sie «ihrer Sprache und Kultur nach dem Deutschtum am nächsten stehen», würden die Juden dieser östlichen Gebiete, so Bodenheimer, die natürlichen Agenten und Stützen einer dauernden politischen, wirtschaftlichen und kulturellen Durchdringung abgeben.[33]

Dieser Vorschlag, dessen Spitze sich gegen die Bestrebungen zur Wiederherstellung eines eigenständigen polnischen Staates richtete, nahm als geographisch-kulturelle Ausgangsbasis stattdessen das jüdische «Ansiedlungsgebiet» im Russischen Reich. Dass diese Konzeption, wie sich bald herausstellte, in der freien Luft hing, änderte nichts daran, dass sie sich in die verschiedenen imperialistischen Großkonzeptionen der Zeit einreihte – so wie die zitierten Vorstellungen Alfons Paquets, die denen Bodenheimers weitgehend entsprachen.

Versuche feindlicher Übernahme

Als eine dritte Aktionslinie neben den Sondierungen für einen Sonderfrieden und den Projekten einer Revolutionierung des Russischen Reiches wurden diverse Pläne und Angebote ventiliert, sich mit Hilfe einflussreicher Persönlichkeiten oder bezahlter Agenten in die Presse der russischen Hauptstädte einzukaufen und darüber Kreise des Hof- und Hochadels sowie Teile der konservativen und bürgerlichen Opposition für einen Allianzwechsel zu gewinnen – mit oder gegen den amtierenden Zaren.

Diese Kontakte liefen vornehmlich über die skandinavischen Länder, die für die Durchbrechung der alliierten Wirtschafts- und Informationsblockade eine zentrale Rolle spielten. Da alle deutschen Botschaften in den feindlichen Hauptstädten mit Kriegsausbruch geschlossen und ausgewiesen worden waren, wurden in den neutralen Ländern Europas unter verschiedenen Deckmänteln Presse- und Telegraphenagenturen gegründet, teils um die internationale Presse mit deutschen Meldungen und Meinungen zu füttern, teils um Informationen aus aller Welt für die deutsche Regierung und Presse zu beschaffen.

So vertrat Fritz Max Cahén, der Kollege Paquets in Kopenhagen, nicht nur die «Frankfurter Zeitung», sondern auch ein Nachrichtenunternehmen namens «Europapress», das von der Schweiz und Holland aus operierte. Gleichzeitig stand er «in Verbindung mit der Agentur ‹Transozean›, die für die Regierung den Funkdienst nach Übersee versah», vor allem nach Amerika. Eine wichtige Rolle spielten auch die Kontakte zur sozialdemokratischen Presse der neutralen Länder, die ihre Verbindungen zu den Parteien in allen kriegführenden Ländern wahrte und sich gerade in Dänemark mithilfe deutscher Sozialdemokraten zuweilen für weitergehende Zwecke einspannen ließ.[34]

Versuche, sich über Strohmänner in die hauptstädtische Presse einzukaufen, waren auch in Frankreich im Gange. Und vor allem in den USA ließen deutsche Stellen (nicht ganz erfolglos) finanzielle oder verwandtschaftliche Verbindungen spielen, um die liberale Ostküstenpresse zu sich hinüberzuziehen, vor allem die «New York Times». Die im Archiv des AA verwahrten Geheimakten («betreffend: Die russische Presse») deuten allerdings auf eine Dichte einschlägiger Kontakte, wie es sie in den westlichen Ländern wohl niemals gab. Paquets spätere Stockholmer und Moskauer Aventüren spielen zum Gutteil in dieser Grauzone.

Die Namen, die in den einschlägigen Schriftstücken auftauchen, sind entweder russisch-baltisch-deutsche Adelsnamen, die in das Feld der dynastischen und aristokratischen Beziehungen zwischen beiden Ländern gehören, oder sie stammen von deutsch-russischen Industriellen und Bankiers, die noch immer in Russland tätig waren oder ihre persönlichen oder kommerziellen Kontakte dorthin gewahrt hatten. Eine weitere Verbindungslinie wird schließlich durch die Namen jüdischer Geschäftsleute, Politiker oder Journalisten markiert, die ebenfalls als ein tendenziell prodeutsches Element firmierten.

So heißt es etwa am 31. Juli 1915 in einer Aktennotiz des Auswärtigen Amtes, ein Herr von Bühren habe im Namen seiner Petersburger Freunde den Vorschlag unterbreitet, bei der Umwandlung der größten

Tageszeitung des Landes «Russkoje Slowo» in eine Aktiengesellschaft für anderthalb Millionen Rubel die Hälfte der Anteile aufzukaufen und die Hauptredaktion einem Mann mit deutschfreundlicher Tendenz anzuvertrauen.[35] In einer Notiz vom 16. Januar 1916 wird die Aufmerksamkeit darauf gerichtet, dass «die Aktien der großen russischen Zeitung ‹Nowoje Wremja› in die Hände eines jüdischen Konsortiums übergegangen» seien, an dessen Spitze der Bankier Dmitri Rubinstein stehe. «Rubinstein, ein höchst intelligenter Mensch, bis zu einem gewissen Grade skrupellos», sei der Vermögensverwalter einer Reihe von Mitgliedern des Hochadels und unterhalte enge Beziehungen zum Generaladjutanten des Zaren. «Rubinstein hat durch Vertrauensleute in Stockholm sondieren lassen, ob nicht Deutschland nunmehr ein Interesse habe, Einfluss auf die russische Presse zu gewinnen», und damit der Ententepresse zuvorzukommen.[36]

Am 24. Januar 1916 schlägt Botschafter Lucius in einem Schreiben an Reichskanzler Bethmann Hollweg vor, endlich einen entschiedenen Vorstoß zu unternehmen, um «die russische Presse zu bestimmen». Über den in Stockholm lebenden, früher in Petersburg tätigen Bankier Bockelmann solle versucht werden, «an den schnell sehr reich gewordenen Rubinstein heranzukommen, der ... einen großen Teil der Anteilscheine der Nowoje Wremja erworben hat». Einen anderen Teil besitze die Russisch-Asiatische Bank.* Beide Gruppen seien sich «vorläufig nur soweit einig, dass die Angriffe auf die Juden eingestellt werden müssten». Damit könne «ein Zeitungstrust gebildet werden, zu dem als Hauptzeitungen Nowoje Wremja und Russkoje Slowo gehören werden». Es sei zu erwarten, «dass die Tendenz dieses Trustes friedensfreundlich sein wird».[37]

Parallel zu den Bemühungen des Auswärtigen Amtes liefen die Versuche einer Gruppe deutscher Schwerindustrieller um Hugo Stinnes, gedeckt von der Marineführung um Admiral Tirpitz, mit Hilfe des in Stockholm lebenden Sekretärs des ehemaligen russischen Ministerpräsidenten Witte, Josef von Kolyschko, die Möglichkeiten eines Sonderfriedens auszuloten und sich ihrerseits in die russische Presse einzukaufen. Ziel der Sondierungen des «Knaben Stinnes» war es einer

---

* Über die Russisch-Asiatische Bank wurde ein Teil der Transaktionen zwischen dem Kopenhagener Import-Export-Kontor von Parvus-Helphand, Lenins Vertrautem Hanecki-Fürstenberg und dem OHL-Agenten Georg Sklarz mit ihren Petersburger Kontaktleuten und Geschäftspartnern abgewickelt. Im Vorstand der Russisch-Asiatischen Bank saß während des Krieges der Altbolschewik und Siemens-Ingenieur Leonid Krassin, der möglicherweise eine der Schlüsselfiguren der deutsch-bolschewistischen Kontakte in der Kriegszeit gewesen ist. (Siehe Fußnote S. 97)

warnenden Notiz des Staatssekretärs von Jagow zufolge, «á tout prix ein Bündnis mit Russland» herbeizuführen, um aus eigennützigen industriellen Expansionsinteressen das Reich «in einen unüberbrückbaren Gegensatz zu England zu bringen (Belgien)» und auf diese Weise «ein finis Britanniae herbeizuführen».[38]

Im Dezember 1916 meldete Kolyschko, der zuständige Minister in der neuen Regierung Stürmer sei ein Intimfreund von ihm. Die «Bearbeitung» des Gründers der «Russkoje Slowo», des Pressezaren Iwan Sytin, wolle er nun persönlich übernehmen. Von der unmittelbar benötigten halben Million sei bereits die Hälfte nach Russland transferiert. Bemerkenswert an dieser Aufzeichnung ist, wie antisemitische Ressentiments beider Seiten sich im Hass auf die liberalen, westlich orientierten Dumakreise trafen – so wenn Stinnes berichtete, alle seine russischen Kontaktleute seien sich einig, «dass der Zar beim ersten Anlass die Schmach, die ihm der Jude Miljukow angetan hat, rächen werde».* Kolyschko seinerseits nahm an, dass die Freundschaft der «kriegslustiger gewordenen Militärpartei mit dem kriegswütigen Judentum – den Kadetten» – demnächst «in einem ungeheuren Judenpogrom enden werde».[39] Phantasien dieser Art, ob als Besorgnis oder als Wunsch, durchziehen viele Texte der Kriegszeit, und das nicht erst (wie später bei Paquet) im Revolutionsjahr 1917.

Das Helphand-Projekt

Die intime Dichte und der spekulative Charakter dieser, auf hoher und höchster Gesellschaftsebene spielenden Projekte sollten diejenigen, die sich mit den Namen Parvus-Helphands und führender Parteigänger Lenins verknüpfen, in ein etwas weniger exotisches und abenteuerliches Licht rücken, zumal sie sozial und kulturell vielfach auf ganz einer ähnlichen Ebene spielten und sich teilweise auch überschnitten. Diese Aktionslinie erwies sich in der Doppelrevolution des Jahres 1917 schließlich als entscheidend.

Insbesondere die Figur des Revolutionärs und Millionärs Alexander Helphand mit seinen Unternehmen zur Förderung und Finanzierung der Revolution in Russland umgibt bis heute eine Aura des Exzentrischen und Exotischen – völlig zu Unrecht. Parvus war nie ein

---

* Pawel Miljukow war der Führer der russischen Liberalen (Kadetten) und hatte in einer Debatte der Duma nach der Einsetzung der Regierung Stürmer erklärt, dass der Landesverrat in der unmittelbaren Nähe des Zarenhauses niste, was als Anspielung auf die «deutsche» Herkunft Stürmers wie der Zarin verstanden wurde. Miljukow war im übrigen nicht Jude. Stinnes Bemerkung zeigt nur, wie selbstverständlich Judentum und Liberalismus gleichgesetzt wurden.

Alexander Helphand alias Parvus, 38 Jahre alt, im Jahr der ersten russischen Revolution 1905

«Agent» der deutschen Regierung, so wenig wie er ein bloßer Geschäftemacher war. Er sah sich mit gleicher Emphase als Mitglied und Theoretiker der deutschen wie der russischen Sozialdemokratie und als einer der Führer des Petrograder Arbeiter- und Soldatenrats von 1905/06. Schon damals hatte er eine Zeitung, die «Russkaja Gaseta», gekauft und binnen kurzem in eine revolutionäre sozialistische Massenzeitung verwandelt.[40]

Seine Positionen im Weltkrieg hatte Parvus 1914 in einer Serie öffentlicher Auftritte und schriftlicher Beiträge offensiv vertreten. Mittels der 1915 aus eigenem Vermögen und amtlichen Zuschüssen finanzierten Zeitschrift «Die Glocke»* und gestützt auf den von ihm gegründeten «Verlag für Sozialwissenschaften», versuchte er seine Strategeme propagandistisch weiterzutragen und theoretisch zu vertiefen. Damit war er zum Initiator eines eigenen, mit prominenten Politikern und Publizisten wie Konrad Haenisch, Paul Lensch, Eduard David, Ernst Heilmann oder Heinrich Cunow besetzten Flügels der deut-

---

* Der Titel mit seinem offensichtlichen Bezug auf Alexander Herzens «Kolokol» (Die Glocke) wies ebenso wie die von Parvus verfassten Einführungsartikel auf die Bestimmung der Zeitschrift als Organ einer gemeinsamen Strategie zur Umwälzung des mittel- und osteuropäischen Raumes von Deutschland bis Russland hin.

schen Sozialdemokratie geworden, meist ehemaligen Linken, die nun wie Parvus die Ziele des deutschen Imperialismus als Medium und Werkzeug einer antikapitalistischen «Weltrevolution» propagierten.[41]

Dasselbe plante Parvus auch auf Seiten der russischen Sozialdemokratie. Für das von ihm ins Leben gerufene und finanzierte Kopenhagener «Institut zur Erforschung der sozialen Folgen des Krieges» versuchte er einen Mitarbeiterstab aus prominenten russischen und skandinavischen Sozialisten zu engagieren. Auch seine hartnäckigen Bemühungen, mit den Anhängern der verschiedenen Zwischenfraktionen der russischen Sozialdemokratie wie den Petrograder «Meshraionzy», Trotzkis Pariser Gruppe um die Zeitschrift «Nasche Slowo», unzufriedenen Menschewiki wie Uritzki und Surabow oder Jungtürken der Lenin-Fraktion wie Bucharin, Pjatnitzki oder Rakowski ins politische Geschäft zu kommen, lassen sich als illusionärer Versuch verstehen, eine um ihn selbst gescharte russische Parteigruppierung zu bilden oder sich in die Position eines Mittlers zwischen den Hauptfraktionen zu bringen.[42]

Helphands Denkschrift an die Reichsregierung vom 9. März 1915 war denn auch im Stil eines selbstbewussten Bündnisangebots gehalten. Er präsentierte sich darin als einer der historischen Führer der russischen Revolution von 1905/06 und als Verbindungsmann zu den Sozialdemokratischen Parteien Mittel- und Osteuropas, der keineswegs den Interessen der deutschen Kriegsführung, sondern dem ideellem Gesamtinteresse der Sozialdemokratie verpflichtet war. Sein Szenario enthielt den Plan einer weltrevolutionären Aktion, in deren Zentrum die Zertrümmerung der «Hochburg der politischen Reaktion in Europa» stand, des Zarismus, und zwar durch den «Zweibund von preußischen Bajonetten und russischen Proletarierfäusten».[43]

Als die entscheidende Figur der revolutionären Antikriegsbewegung in Russland deutete Parvus sogleich den enigmatischen Führer der Bolschewiki, Wladimir I. Lenin, aus, dessen unversöhnliche Politik er durch interfraktionelle Verhandlungen «auf einer mittleren Linie im Sinne ... einer energischen Aktion gegen den Absolutismus» hoffe einbinden zu können. Ein «Kongress der sozialdemokratischen Führer Russlands in der Schweiz oder in einem anderen neutralen Land» könne die neue Einheit der gesamtrussischen Sozialdemokratie schließlich besiegeln und allein dadurch schon «eine große Wirkung auf die öffentliche Meinung in Frankreich und England ausüben».

Nichts an diesem Projekt Helphands war angesichts der Erfahrungen der wenige Jahre zurückliegenden revolutionären Erschütterung des Zarenreichs reine Phantasterei: weder die Erwartung eines politischen Massenstreiks unter der Losung «Freiheit und Frieden» für das

Frühjahr 1916; noch die Gründung von Fabrik- und Streikkomitees und lokalen Sowjets in den Zentren der Rüstungsindustrie in Petrograd, Odessa und Nikolajew, in den Erz- und Kohlegruben des Donezbeckens oder auf den Petroleumfeldern von Baku; noch die Vorbereitung von Sabotageaktionen wie die Sprengung von Eisenbahnbrücken oder die Inbrandsetzung der Ölfelder (nach dem Muster von 1905). Als entscheidende Entwicklungen sah er voraus, dass die zaristische Armee, wenn sie nicht siegen könne, nach einem weiteren Kriegsjahr in Zersetzung übergehen werde; dass die chauvinistische Kriegsstimmung in Erbitterung gegen die Regierung umschlagen werde; dass Unruhen in den Hauptstädten und Industriezentren beachtliche Teile der Armee binden und potentiell infizieren würden; dass eine neue Bauernbewegung entstehen werde, die sich wie 1905 das Land der Gutsherren mit Gewalt nehmen werde; und dass diese Bewegungen sich besonders in der Ukraine mit der Unabhängigkeitsfrage verbinden dürften, wie überhaupt die nichtrussischen Nationalitäten mit Macht weg von Moskau streben würden; wobei Parvus darauf bestand, dass in Finnland und in Georgien die Führung unbedingt bei den dortigen Sozialdemokraten und nicht bei den bürgerlichen Unabhängigkeitsparteien liegen müsse.

Zur besonderen Förderung empfahl er die Bewegung in Finnland, der die Aufgabe zukomme, «den Verkehr der russischen Bewegung mit Petersburg» zu garantieren, einen «Nachrichten- und Transportdienst» zu errichten und Depots mit Waffen und Sprengstoff anzulegen. Eine ähnliche Rolle sollten die Sozialisten Bulgariens und Rumäniens (zu denen er gute Kontakte unterhielt) für die Revolutionierung der Ukraine und Südrusslands spielen. Die jüdischen Revolutionäre – und zwar die Sozialisten vom «Bund», nicht die Zionisten, von denen «nichts zu erwarten» sei, – könnten wichtige Hilfe für die Agitation in Nordamerika leisten, in brüderlicher Verbindung mit den slawischen und deutschen Emigranten dort. Und überhaupt müsse in den neutralen Ländern eine großangelegte Pressekampagne in Gang gesetzt werden, wobei besonders die sozialistischen Zeitungen und Verlage sowie die der russischen Emigranten gefördert werden sollten.[44]

Nimmt man die Ereignisse des Jahres 1917 in den Blick, die ihr Vorspiel in den aufflackernden Streiks und Unruhen von 1916 hatten, dann zeugen Helphands Prognosen von einigem, kühnem Realismus. Unrealistisch war allein seine Erwartung, diese Prozesse in irgendeiner Weise lenken und organisieren zu können und sich selbst als den Demiurgen zu sehen, der alle diese Fäden und Figuren verknüpfen könne.

Deutsch-bolschewistische Kontakte

Die Aufmerksamkeit der deutschen Behörden war nicht erst durch Parvus-Helphand auf die Bolschewiki gelenkt worden. Auch ein estnischer Sozialist namens Alexander Kesküla hatte im Herbst 1914 einen Kontakt zum Berner Gesandten von Romberg hergestellt und mit Nachdruck die zentrale Bedeutung Lenins und seiner Fraktion hervorgehoben.

Kesküla lässt sich ebenso wenig als «zwielichtige» Figur abtun wie Helphand. Der britische Historiker Michael Futrell hat ihn Anfang der sechziger Jahre noch auffinden und sprechen können, wahrscheinlich in den USA.[45] Wie «Parvus», war Kesküla ein Aktivist der Revolutionsjahre von 1905/06 und hatte unter dem Decknamen «Kiwi» für den bolschewistischen Untergrund in Estland gearbeitet. 1908 war er emigriert und hatte in Berlin und Leipzig studiert, bevor er 1910 in die Schweiz übersiedelte.

Im September 1914 hatte er sich beim Gesandten von Romberg (der selbst aus dem Baltikum stammte und Russisch sprach) als ein emigrierter estnischer Sozialist vorgestellt, der «mit Revolutionären in Russland Beziehungen» habe, und gefragt, ob Deutschland bereit sei, die «Aussichten einer Revolution» in Russland zu prüfen. Romberg hielt die Verbindung aufrecht und konnte Kesküla im Frühjahr 1915 mit einem deutschen Pass auf den Namen «Alexander Stein» sowie mit ersten Subventionen versorgen, um über Skandinavien ein Kontaktnetz nach Russland aufzubauen. Kesküla war zu dieser Zeit kein Bolschewik mehr, sondern operierte mit eigenen taktischen Hintergedanken. «(Sein) Ziel war die Unabhängigkeit Estlands und der Ausschluss Russlands aus Europa ... Erst nach einer militärischen Niederlage und Besetzung der Grenzgebiete würde es zu einer russischen Revolution kommen – und Lenin wäre der Mann, der sie machen könnte.»[46]

Im März 1915 reichte Kesküla dem Berliner Auswärtigen Amt eine Denkschrift ein, die an den Reichskanzler weitergeleitet wurde. Darin berichtete er von einer Konferenz russischer Revolutionäre «unter der Leitung des bekannten Lenin, die sich alle bis auf einen für die Niederlage Russlands ausgesprochen hätten».* Diese Nachricht werde unter den Revolutionären in Russland wie in der Emigration, besonders Frankreich, «einen starken Eindruck hervorrufen». Im übrigen riet er, «man solle noch mehr versuchen, die Judenschaft gegen Russland mo-

---

* Gemeint war die Konferenz der Auslandssektionen der SDAPR, die vom 27. Februar bis 4. März 1915 in Bern stattfand und auf der es Lenin gelang, die Partei auf seine Linie in der Frage von Krieg und Frieden einzuschwören.

bil zu machen ... Das werde schärfere Maßnahmen der russischen Regierung gegen die Juden und damit wiederum Proteste der Judenschaft in Frankreich, England und Amerika hervorrufen.»[47]

Diese reichlich zynischen Vorschläge zeigen Kesküla als einen unabhängig kalkulierenden Politiker mit weitem, wenn auch illusionärem Radius. Anfang Mai 1915 wurde er nach Berlin gebeten, und Nadolny setzte mit ihm eine neue Denkschrift auf, die fast ausschließlich der Figur Lenins galt. Kesküla erklärte unter anderem: «Lenins starke Seite ist die organisatorische Fähigkeit. Straffe Zentralisation. Relativ beste unter den russischen Organisationen. Hat merkwürdigerweise immer Geld.» Die Persönlichkeit des Führers der Bolschewiki beurteilte er im ironisch-überlegenen und zugleich bewundernden Ton des aufgeklärten Europäers: «Lenin verfügt über die brutalste und rücksichtsloseste Energie. Seine gewissenlose und rücksichtslose Draufgängerei ist ein Seitenstück zur Orient-Diplomatie Russlands. Lenin ist ein echter Moskowiter ...» Seine Parteifraktion habe sich «zur radikalsten Opposition von allen national-russischen Revolutionsorganisationen» entwickelt und sei nun «auf dem Standpunkt angelangt, dass die Niederlage Russlands die geringste, der Sieg Russlands über Deutschland das größte Übel wäre».[48]

Futrell gegenüber bezeichnete Kesküla (mit gemischtem Stolz) Lenin als «meinen Protégé», den «ich erst lanciert» habe.[49] Das war natürlich Unsinn. Aber auch spätere Historiker haben Kesküla eine ausschlaggebende Rolle bei der Ausrichtung der deutschen Revolutionierungspolitik auf die Lenin-Fraktion zugeschrieben und dies vor allem darauf zurückgeführt, dass er die deutsche Seite eindringlich vor Kontakten mit den Menschewiki gewarnt habe, da diese «ihre Hauptaufgabe darin sehen, die deutschen Sozialdemokraten zu spalten und für den Frieden zu gewinnen, so dass sie indirekt die Geschäfte der russischen Regierung besorgen».[50]

Damit wird das Grundgerüst der deutsch-bolschewistischen Beziehungen sichtbar. Für eine auf «Dekomposition» des Zarenreichs angelegte deutsche Kriegspolitik waren die Bolschewiki letztlich der weniger riskante Partner, da die Position Lenins – trotz ihres kompromisslosen Radikalismus – in der deutschen Innenpolitik eher die Position der «kaiserlichen» Mehrheitssozialdemokraten stärkte als die der linken Unabhängigen, die ab 1915 wie die russischen Menschewiki für einen allgemeinen demokratischen Frieden ohne Annexionen und Kontributionen einzutreten begannen. Gegen nichts polemisierte Lenin erbitterter als gegen diese «Pfaffenlosung», die zum Erkennungszeichen «der niederträchtigsten Opportunisten» geworden sei, «mit Kautsky an der Spitze».[51]

Natürlich klangen Lenins Parolen der Verwandlung des Weltkriegs in einen «europäischen Bürgerkrieg» und der Überführung «aller Einzelstaaten Europas in republikanische Vereinigte Staaten» viel gefährlicher: dafür waren sie aber auch viel abstrakter. Konkret und praktisch war seine unzweideutige Feststellung, «dass vom Standpunkt der Arbeiterklasse und der werktätigen Massen aller Völker Russlands die Niederlage der Zarenmonarchie, der reaktionärsten und barbarischsten Regierung, ... das kleinere Übel wäre».[52] Bei diesem Wort konnte man ihn nehmen.

So hart im übrigen seine Verurteilung des deutschen Imperialismus ausfiel, der sich heuchlerisch «auf den Schutz der Heimat, den Kampf gegen den Zarismus, die Verteidigung der freien kulturellen und nationalen Entwicklung» berufe – so viel härter klang seine Verdammung der französischen Bourgeois und ihrer Rechtfertigung für den Krieg: «denn in Wirklichkeit verteidigen sie die Länder, die in der kapitalistischen Technik rückständiger sind und sich langsamer entwickeln, und sie haben für ihre Milliarden die Schwarzhunderterbanden des russischen Zarismus zum Angriffskrieg, d. h. zum Raub österreichischer und deutscher Gebiete, gedungen».[53] Und wenn Lenin die deutschen Bourgeois und preußischen Junker beschuldigte, «stets der treueste Bundesgenosse des Zarismus» gewesen zu sein, der auch in Zukunft bemüht sein werde, «die Zarenmonarchie gegen die Revolution in Russland zu unterstützen»[54], dann lieferte das nur einen zusätzlichen Paravent für jedes mögliche Zusammenspiel mit den deutschen Behörden.

Gespräche und Arrangements

Im September 1915 hatte Kesküla endlich eine direkte Aussprache mit Lenin, die dazu dienen sollte, «die Bedingungen in Erfahrung zu bringen, unter denen die russischen Revolutionäre im Falle eines Sieges der Revolution bereit wären, mit uns Frieden zu schließen». Lenin stellte namens seiner imaginären Revolutionsregierung ein «Friedensangebot ohne Rücksicht auf Frankreich» in Aussicht, falls Deutschland auf Annexionen und Kontributionen gegenüber Russland verzichte – was, wie Kesküla als Este (mit Blick auf das von Lenin verfochtene Selbstbestimmungsrecht der nicht-russischen Völker) hinzufügte, «die Lostrennung nationaler Staaten, die als Pufferstaaten dienen würden», keineswegs ausschließen müsse. Auch habe Lenin den Verzicht auf alle russischen Ansprüche gegen die Türkei sowie seine Absicht erklärt, in Indien einzufallen (was eine verballhornte Wiedergabe der Bemerkung Lenins war, dass eine russische Revolution unweigerlich Aufstände im britischen Empire, und vor allem in Indien, auslösen werde, die sie aktiv unterstützen werde).[55]

Dieses Programm Lenins erschien mit der deutschen Kriegsplanung zumindest außenpolitisch weitgehend kompatibel. Ob Lenin gewusst hat, dass sein Ex-Parteigenosse Kesküla namens der deutschen Regierung anfragte oder diese informieren würde, kann dahingestellt bleiben. Er hätte gute Gründe gehabt, es sich zu denken. Auch um Kesküla, seine vielen Reisen und sein Leben im großen Stil, rankten sich eindeutige Gerüchte.[56] Lenin musste es aber nicht wissen wollen – und das dürfte seine Grundhaltung in all diesen Fragen gewesen sein.

Die Rolle des Verbindungsmannes spielte im übrigen ein junger estnischer Bolschewik, Arthur Siefeldt, der im Hause Lenins ein- und ausging und den Kontakt mit Kesküla hergestellt hatte – oder vice versa. Heraus kam ein Arrangement, das für alle Seiten nützlich war. Kesküla spendete die Gelder, die er von deutschen Stellen bekam (bis 1917 rund eine Viertelmillion Goldmark[57]), entweder an Siefeldt für die Parteigruppen in der Schweiz oder an den Sekretär der Stockholmer bolschewistischen Organisation, Bogrowski (der allerdings einen Teil davon unterschlug). Einen Teil des Geldes mögen auch andere russisch-sozialistische Kriegsgegner erhalten haben. Finanziert wurden mit diesen «Spenden» neben Parteidruckereien und Publikationen vor allem das aufwendige Kuriersystem nach Russland, das über Finnland lief.[58]

Mit den finnischen Untergrundgruppen, die von den deutschen Diensten ohnehin massiv unterstützt wurden, hielten sowohl Kesküla als estnischer Sozialist wie auch die in Skandinavien operierenden Bolschewiki Kontakt. Noch hatte sich die finnische Unabhängigkeitsbewegung nicht in Rot und Weiß gespalten. Der Stockholmer «Pelikan-Klub», in dem auch Alfons Paquet verkehrte, «eine im Anfang des Krieges gegründete Kameradschaft von Finnen, Schweden und Deutschen», fungierte noch immer als eine Art Clearingstelle.* Dafür

---

* Paquets nachgelassenem Romanfragment «Von November bis November» zufolge vereinte der Stockholmer «Pelikan-Klub» finnische Unabhängigkeitskämpfer, die im Bürgerkrieg 1918 den Kern der «Weißen» abgaben, mit finnischen Sozialisten, die später zum Kern der «Roten» gehören würden, sowie schwedische «Aktivisten», die an der Seite Deutschlands in den Krieg gegen Russland eintreten wollten, um ein romantisches Nordisches Reich zu schaffen – unter Einschluss Finnlands und der baltischen Länder. Darüber hinaus gab es in diesem Umfeld baltische Unabhängigkeitskämpfer, Bürgerliche oder Sozialisten (wie Kesküla), die ihre Länder vom Zarenreich losreißen wollten. Und eben die deutschen Diplomaten, Korrespondenten und Agenten, die für die «Dekomposition» des Russischen Reiches arbeiteten. Die russische Revolution, vor allem

konnte Kesküla die aus Russland gelangenden Berichte zur inneren Lage und zu den geplanten Aktionen der revolutionären Untergrundgruppen in Erfahrung bringen – und an die deutschen Stellen weitergeben.[59]

Die wichtigeren Verbindungslinien zwischen den deutschen Behörden und der Lenin-Gruppe liefen allerdings über Parvus-Helphand sowie eine Reihe anderer Personen, die sorgfältig voneinander getrennt gehalten wurden. Auffällig sind jedoch zeitliche und personelle Koinzidenzen. So erfolgte die direkte Kontaktaufnahme von Parvus mit Lenin im September 1915, kurz vor dem Gespräch mit Kesküla. Auch Parvus traf Lenin in der Gesellschaft von Siefeldt, der das Treffen womöglich arrangiert und zumindest abgeschirmt hatte. Lenin begrüßte seinen alten Mitstreiter äußerlich überrascht, aber keineswegs abweisend und zog mit ihm in seine Wohnung. Ob er Parvus wirklich schon nach kurzem Disput «mit dem Schwanz zwischen den Beinen» fortgeschickt hat, ist nur durch einen Bericht Siefeldts aus sowjetischer Zeit überliefert, der Lenin zitiert; er selbst war nicht dabei.[60]

Dass das Treffen kontrovers verlief, ist auch Parvus' eigener Darstellung zu entnehmen – mit dem Vorbehalt, dass dieser 1918 seinerseits gute Gründe einer Camouflage hatte.[61] Und mit wem stritt sich Lenin nicht? Ohnehin war ja beiden klar, dass jede direkte Subventionierung und jeder offene Kontakt kontraproduktiv waren. Viel zu sehr war Parvus in der westlichen und russischen Presse bereits als «deutscher Agent» verschrien. Und als solchen attackierte auch Lenin zwei Monate nach ihrem Treffen prompt den «Herrn Parvus» und seine «Glocke», dieses «Organ des Renegatentums und des schmutzigen Lakaientums».[62]

Aber im Monat dazwischen, im Oktober 1915, gleich nach dem Gespräch mit Lenin in Zürich, hatte Parvus mit dem Agenten des Berliner Generalstabs, dem Kaufmann Georg Sklarz, sein Kopenhagener Handelskontor für Import-Export-Geschäfte mit Russland unter Umgehung der alliierten Blockade gegründet – unter direkter Mitwirkung von Lenins engem Vertrauten und Majordomus Jakub Fürstenberg-Hanecki, der dafür aus der Schweiz nach Kopenhagen übersiedelt war und als Geschäftsführer die operativen Geschäfte übernahm.[63] Im Oktober 1915 wurde durch einen angesehenen Kopenhagener Notar die Gründungsurkunde einer «Handels- og Exportkompaniet A/S» aufgesetzt. Anwesend waren: Dr. phil. Alexander Helphand, wohnhaft in Kopenhagen, Direktor Georg Sklarz, wohn-

---

die Machtergreifung der Bolschewiki, führte dann schlagartig zum Zerfall dieses heterogenen Zusammenschlusses. (Vgl. Von November bis November, S. 75 ff.)

haft in Berlin, sowie der Kaufmann Jacob Fürstenberg, wohnhaft in Kopenhagen. Das Gründungskapital von je 40 000 Kronen zeichneten Helphand und Sklarz; die beiden Herren verpflichteten sich, je 10 000 Kronen ihrer Anteile zu verkaufen, «falls Herr Fürstenberg wünschte, diese Actien zu übernehmen». Der Aufsichtsrat der Firma bestand aus Helphand, Sklarz und Fürstenberg. Der erstere fungierte als Vorsitzender, der letztere als Geschäftsführer.

Über die weitgespannten und äußerst lukrativen Transaktionen dieses Handelskontors – und nicht über direkte Geldtransfers aus den Reptilienfonds der deutschen Reichsregierung – dürfte das Gros der konspirativen Verbindungen und Finanzierungen der Leninisten bis zur Machtergreifung im Oktober/November 1917 gelaufen sein.

6. Stockholmer Schattenspiele

Im Herbst 1916 ging Alfons Paquet, mittlerweile 35 Jahre alt, als Korrespondent der «Frankfurter Zeitung» nach Stockholm, das in diesen Jahren «der wichtigste Beobachtungs- und Horchposten für die Verhältnisse in Russland» war.[1] In einem Ende 1917 geschriebenen Feuilleton stilisierte er seine dortige Arbeit – mit Blick auf die revolutionären Erschütterungen im Russischen Reich – zu einer weltbedeutenden Tätigkeit. 150 Millionen Leser in ganz Mitteleuropa warteten tagtäglich auf seine Nachrichten und Berichte. Unbestritten sei er (Paquet) «für russische Nachrichten der zuverlässigste ... Meistens auch der schnellste, obwohl ich arbeite wie ein Philologe». Die zehn russischen Zeitungen, die er jeden Tag lese, bringe er aber nicht übers Herz wegzuwerfen, denn: «In diesen finstern Ballen Papier, in diesen Palimpsesten ... ist das Schicksal eines ungeheuren Landes» aufgehoben – vor dem er wie vor einer Milchglasscheibe stehe, «wissend, intuitiv und unglücklich».

Von Zeit zu Zeit lade ihn der Botschafter zum Frühstück, um nach neuen Verbindungen zu tasten. Vergeblich: «Ich habe keine.» Den Schwätzern, die sich mit ihren angeblichen Aufträgen brüsteten, und den Gerüchtemachern, die «kleine Sensationen, wie Meutereien oder Aufstände», erfinden, gehe er grundsätzlich aus dem Wege. Wem das aber zu wenig sei, der möge nur warten, «bis zu dem Augenblick, wo ich es mir einfallen lasse, die zu den heimlichen Zusammenkünften bevollmächtigten Gesandten in meine nach Stiefelwichse stinkende Bude einzuladen.»[2]

Das war eine leise triumphierende Andeutung auf jene geheimen Treffen, die soeben im Dezember 1917 in seiner Stockholmer Wohnung stattgefunden hatten. Dort hatten die Vertreter des gerade zur Macht gekommenen bolschewistischen Regimes, Waclaw Worowski und Karl Radek, erstmals mit dem Bevollmächtigten der deutschen Regierung, Kurt Riezler, über die Modalitäten eines Waffenstillstandes verhandelt.

Mit Radek und Worowski hatte Paquet schon lange zuvor Kontakt aufgenommen. Am Himmelfahrtstag (dem 17. Mai) 1917 hatte er – offenkundig unter dem Eindruck der sich beschleunigenden Ereignisse in Russland – angefangen, ein «Politisches Tagebuch» zu führen. Und dieses Tagebuch begann mit einem Rückblick auf Gespräche, die er

Anfang Mai in Kopenhagen und Stockholm mit dem «Jungsozialisten Karl Sobelsohn Radek» geführt hatte, der nach der Durchschleusung der Lenin-Gruppe von der Schweiz über Deutschland und Skandinavien nach Petrograd als Platzhalter zurückgelassen worden war.[3]

Radek dürfte ihm aus den Vorkriegsjahren bekannt gewesen sein, etwa als Redakteur der «Bremer Bürgerzeitung» und als einer der umstrittensten Wortführer des linken Flügels der SPD. Auch hatte Radek in der SPD-Zeitschrift «Neue Zeit» 1909 die Reiseberichte Paquets aus Sibirien und China rezensiert.[4] So diskutierten sie bei ihrem zweiten Treffen an diesem Himmelfahrtstag 1917 in Stockholm gleich über das «Li», das Paquet in China gesucht und gefunden zu haben glaubte, und über die Wahrscheinlichkeit oder Unwahrscheinlichkeit einer Revolution in Deutschland.

Man gewinnt eine Ahnung vom Stil freundlich-gespannter Rivalität, in dem sie ihre Diskussionen geführt haben, wenn Paquet in sein neu eröffnetes Tagebuch notierte, er habe diesem Sobelsohn Radek erklärt, «aus Gründen einer aristokratischen geistigen Arbeit überzeugter Bourgeois zu sein, mit einem Einschlag von europäischem Imperialismus».[5] Das war der Beginn einer langen und etwas wundersamen Fast-Freundschaft.

«Juden! Überall Juden!»

Im Frühsommer 1917 sammelten sich in Stockholm die Delegierten eines internationalen Sozialistenkongresses, der die Möglichkeiten eines Friedensschlusses «von unten» hätte sondieren sollen, aber am Ende nicht zustande kam. Währenddessen verschärften sich in Petrograd die Widersprüche zwischen der Provisorischen Regierung und dem Arbeiter- und Soldatenrat. Aus all diesen Ereignissen trat für Paquet – folgt man seinem Tagebuch – ein Phänomen ganz in den Vordergrund, mit dem er sich den Krieg hindurch immer wieder beschäftigt hat: die «jüdische Frage».

Am 19. Juni stellte er nach Lektüre der reaktionären russischen Presse (die sich flugs das Mäntelchen des Liberalismus umgehängt habe) fest, dass sie immer schärfer «gegen Deutsche, Juden, andere Fremdstämmige» hetze. Vor allem aber betreibe sie «einen Feldzug gegen die Bolschewiki, der auf einen Feldzug gegen die Juden, die im russischen Sozialismus eine erstaunliche Rolle spielen, hinausläuft u. nichts geringeres als einen Welt-Pogrom ankündigt».[6] Die Pseudonyme der führenden Figuren im Arbeiter- und Soldatenrat und in den sozialistischen Parteien notierte Paquet sich denn auch selbst in einer langen Liste, zusammen mit ihren wirklichen, jüdischen Familiennamen.

Beim Gründungskongress der Schwedischen Linkssozialisten im Mai 1917, im Vorfeld des Internationalen Sozialistenkongresses in Stockholm. Von links nach rechts: Jakub Fürstenberg (Hanecki) und Karl Radek; die bulgarischen Sozialisten Kolarow und Kirkow in der vorderen Reihe, hinter ihnen die schwedischen Parteigründer Lindhagen und Höglund.

Für die Aussichten der Konferenz, mit deren Delegierten er täglich Gespräche führte, sah Paquet bei aller distanzierten Sympathie schwarz – schon weil es «eine fast rein jüdische Versammlung geben» werde. Nicht nur unter den Delegierten selbst, auch unter den Mitläufern, Amateuren und Journalisten, die den Tross bildeten, seien «die meisten Juden». So kam auch in den Gesprächen mit den USPD-Delegierten Haase, Bernstein und Kautsky oder mit seinen Kollegen Samuel Sänger («Neue Rundschau») und Arthur Holitscher («Berliner Tageblatt») das Gespräch sofort auf «die kompromittierend große Beteiligung der Juden an den europäischen Friedensfragen».[7]

Auf das Argument Holitschers, angesichts der Verhetzung der Völker Europas bleibe vielleicht gar nichts anderes übrig «als die bewusste Internationalisierung des Judentums», erwiderte Paquet, diese sei in

Gestalt des Zionismus und mit der Errichtung eines «jüdischen Vatikan» in Jerusalem doch wohl abgedeckt. Ein politisch gesteigerter jüdischer Internationalismus dagegen werde die assimilierten Juden Europas bedrohen, die man womöglich wieder unter Fremdenrecht stellen werde. «Die Nationen, auch England, werden die Ansprüche einer weitverzweigten, internationalen Gruppe, deren Verbindungen und Machtmittel ungeheure sind, zurückweisen.»[8]

Paquet schien von dieser Frage für eine Weile geradezu obsediert. Auch beim Blick in die neuesten Kunst- und Kulturzeitschriften aus Deutschland konstatierte er: «Juden, überall Juden!» Aus ganz Europa träfen bereits alarmierende Nachrichten ein: Ausschreitungen in Leeds, antijüdische Stimmungen in Frankreich, in Deutschland die Hetze gegen das (angeblich von jüdischen Lieferanten beherrschte) Kriegsamt, das die Hungerrationen verteilte, und die «Judenzählung» in der Armee – alles Anzeichen, wie er befürchtete, dass die Wut der Völker Europas über den Krieg sich eines Tages gegen die Juden richten werde. Er selbst schien davon nicht unbeeindruckt und protokollierte seine zwiespältigen Empfindungen: Der Typus, den er am meisten verachte, wie der, mit dem er am meisten anfangen könne – seien beides Juden.[9]

Paquet blieb jedoch bei seinem Standpunkt, dass das Judentum «den Deutschen ein natürlicher Bundesgenosse» sein werde.[10] Bis ins Frühjahr 1918 führte er in Stockholm und Kopenhagen vertrauliche Gespräche mit Vertretern jüdischer Organisationen, sowohl über Palästina, das im Dezember 1917 von den Briten erobert worden war, als auch über eine unabhängige Ukraine als künftige «Heimat für Juden». Hauptgesprächspartner war der Stockholmer Oberrabbiner Dr. Marcus Ehrenpreis, mit dem er sich befreundete und der, wie Paquet vermutete, «mehr eine Art heimlicher Minister seiner jüdischen Nation in deren weitverzweigten politischen Geschäften als Rabbiner» sei.[11]*

Verschärfter Krieg gegen den Westen

Während die Perspektive einer «zweiten Revolution» in Russland durch die Radikalisierung der Arbeiter-und-Soldaten-Räte und die Bewegung für Land und Frieden deutlichere Gestalt annahm, verschärfte sich der Widerspruch gegen die westlichen Kriegsgegner noch einmal außerordentlich.

---

* Ehrenpreis spielte später in den Weltverschwörungsvorstellungen der Antisemiten eine prominente Rolle. Vgl. Die *Zionistischen Protokolle. Das Programm der internationalen Geheimregierung. Mit einem Vor- und Nachwort von Theodor Fritsch*, (13. Aufl.) Leipzig 1933, S. 3.

Paquet sah den Kriegseintritt Amerikas und dessen intensive Werbungen um die Provisorische Regierung in Petersburg bereits von der Angst vor einer künftigen «Kombination Deutschland-Russland-Japan» diktiert.[12] Nachrichten über die Auswirkungen der alliierten Blockade auf das Leben daheim trieben ihn zu Ausbrüchen bitterster Ressentiments: «Ein unbegreiflicher, sinnloser, schweinischer Hass gegen uns» diktiere das Handeln der Kriegsgegner. Und deshalb: «Lieber sterben, als auch nur einen Fußbreit des Elsass an die Franzosen. Lieber die Ermordung Frankreichs.»[13]

Ohnehin sei der angebliche «Krieg der Demokratie gegen die Autokratie» des Wilhelminischen Reiches, den die Gegner führten, nichts als Heuchelei. Präsident Wilson oder Premier Lloyd George hätten «mehr persönliche, aristokratische Macht als selbst der Kaiser von Russland».[14] Dementsprechend stellte Paquet sich darauf ein, «dass der Krieg noch mehrere Jahre dauern wird». Dafür spreche «der bisherige Sieg der Mittelmächte», auch wenn sie noch nicht in der Lage seien, den Weltkrieg rasch für sich zu entscheiden. Die Entfremdung zwischen den Völkern wachse, allenthalben habe man sich an den Kriegszustand fast gewöhnt, und die damit verbundenen Apparate wucherten unaufhaltsam weiter.[15]

Das war bei aller patriotischen Militanz auch eine Kritik der Entwicklungen in Deutschland, wo nach dem Sturz Bethmann Hollwegs die Militärs um Ludendorff weitgehend die Macht übernommen hatten. Eine wochenlange «körperliche und seelische Verstimmung» machte Paquet in diesem vierten Kriegssommer 1917 zu schaffen. Er sehnte sich nach dem Augenblick, wo er «jeden Gedanken an Politik, die ja nur der mit viel zu vielen und viel zu schwachen Kräften unternommene Versuch ist, den Gott seiner selbst und der Mitmenschen zu spielen», endlich von sich tun könne «wie eine zerschlissene Hose».[16]

Der bolschewistische Umsturz in Russland richtete ihn wieder auf. Unter dem Datum des 31. Oktober, des Reformationstages, notierte er das feierliche Läuten der Glocken über der Stadt, die das «Herz mit Bewegung und Ruhe füllen», Meldungen über die Niederlage Italiens und Äußerungen aus England, dass der Krieg noch ein weiteres Jahr dauern werde, kommentierte er trocken: «Soll er.»[17] Denn im Osten bahnte sich eine entscheidende Wende an. Und er durfte mit Goethe sagen, er war dabei gewesen.

Geheimverhandlungen auf der Bude

Unter dem gleichen Datum findet sich in Paquets Stockholmer Tagebuch eine (offensichtlich nachgetragene) summarische Notiz: «Zeit des Bolschewik-Aufstands in Petersburg. Viele Besprechungen mit Radek, Gutmann, Olberg* u. anderen Bolschewiks-Menschewiks. Meldungen an Riezler und eingehende mündliche Berichte an ihn, auf deren Grund er nach Berlin berichtet. – Verabredet: ein Zusammentreffen R mit R [Radek mit Riezler] am Donnerstag, 8. November in meiner Wohnung. Kommt aber nicht zustande.»[18]

Diese Besprechungen hätten dem Tagebuch zufolge also bereits vor dem bolschewistischen Aufstand vom 7. November mitteleuropäischer Zeitrechnung stattgefunden. Wenn keine nachträgliche Verwechslung der Daten vorliegt, wäre Alfons Paquet über die Vorbereitungen der Bolschewiki zur Machtübernahme mindestens informell auf dem Laufenden gewesen; und über ihn sicher auch Kurt Riezler, der Anfang Oktober 1917 zur Leitung und Intensivierung der Russland betreffenden Tätigkeit der deutschen Gesandtschaft nach Stockholm abgeordnet worden war.[19]

Die Fragen der russischen Revolution und die Möglichkeiten eines einseitigen Friedensschlusses überragten jetzt alles andere. «Viele Verhandlungen mit Bolschewiks u. wegen der Bolschewiks», notierte Paquet unter dem 27. November. Riezler sei sehr darauf erpicht, mit Worowski als dem vorläufigen Gesandten der neuen Sowjetregierung baldmöglichst auch persönliche Beziehungen herzustellen. Vierzehn Tage später war es so weit. Paquet nahm das Ereignis als Chronist seiner eigenen weltgeschichtlichen Vermittlerrolle feierlich zu Protokoll:

«8. Dezember 1917. Samstagabend. – Heute hat in meiner Wohnung die erste Begegnung zu einer Aussprache über den Modus der Friedensverhandlungen usw. zwischen je einem Vertreter der deutschen und russischen Regierung stattgefunden: Wirkl. Legationsrat Dr. Kurt Riezler und der seit gestern als Kommissar des Rates der russ. Volksbeauftragten für die skandinavischen Länder bevollmächtigte Bolschewik u. Ingenieur W. Worowski. Das Gespräch ... dauerte von sieben bis 3/4 neun Uhr. W[orowski] blieb, nachdem sich R[iez-

---

* Der Menschewik Paul Olberg war Mitglied einer im März 1917 gegründeten, interfraktionellen Vertretung des Petrograder Arbeiter- und Soldatenrats in Stockholm, die mit der Vorbereitung der Sozialistischen Konferenzen befasst war und danach fraktionell zerfiel. Gutmann war einer der Mitarbeiter des Auslandsbüros der Bolschewiki.

ler] verabschiedet hatte, noch eine halbe Stunde. Gegenseitig persönlich sehr guter Eindruck. Möge nun alles weiter einen raschen, guten Gang gehen. Amen, amen.»[20]

Dass Worowski noch blieb, nachdem Riezler gegangen war, belegt das Vertrauensverhältnis, das Paquet aufgebaut hatte. Und die Art und Weise, wie er sich das Ereignis notierte, zeigt ein Engagement, das über das rein Politisch-Diplomatische deutlich hinauswies. Anders verhielt es sich bei Riezler, dem Paquet nun für ein ganzes Jahr mehr oder weniger formell bei- und untergeordnet blieb. Zwar empfand auch Riezler, wie er in seinem (viel sporadischer geführten) Tagebuch vermerkte, die Tatsache, dass «Lenin zur Herrschaft» kam, als «ein weiteres Wunder zu unserer Rettung».[21] Seine Verhandlungspartner nannte er einmal sogar «reizende Kerle», wobei er Radek für den «rührigsten und begabtesten» hielt, «vollkommen skrupellos, aber überaus geschickt, von großer schriftstellerischer Begabung», während Worowski, der bis vor kurzem als Ingenieur für deutsche Elektrofirmen tätig gewesen sei, «einen ehrlichen und vernünftigen Eindruck» auf ihn machte.[22]*

Aber gleichzeitig hatte Riezler Berlin vor «allen öffentlichen Kundgebungen freundlicher Verständigung mit Russland» gewarnt.[23] Und als intellektueller Machiavellist, als der er sich in seinen amtlichen Äußerungen vorzugsweise gab (um die depressiven und defaitistischen Stimmungen, die seine Tagebücher durchziehen, zu überspielen), warnte er in einer Denkschrift vom 26. November davor, das Schicksal der deutsch-russischen Beziehungen an die zweifelhafte Fortüne der neuen Machthaber zu binden. Zwar müssten diese vorerst gestützt werden, da ihr fragiles Regime auf einen raschen Friedensschluss angewiesen sei, der auch im deutschen Interesse liege. Die weitere Ausgestaltung der Beziehungen solle man aber besser schon mit einer neuen Regierung in Angriff nehmen.[24]

Von diesem Doppelspiel blieben auch die weiteren Kontakte geprägt. Am 10. Dezember fand bereits das nächste Treffen in Paquets

---

* Waclaw Worowski, ein polnisch-jüdischer Sozialist und Mitglied der Lenin-Fraktion, war wie Leonid Krassin vor dem Krieg Ingenieur bei Siemens-Schuckert in Berlin, dann in Petersburg. Als rechte Hand Krassins arbeitete er während des Krieges für die nationalisierten russischen Siemenswerke, während er gleichzeitig für den bolschewistischen Untergrund aktiv war und mit Hanecki in Kopenhagen und Lenin in Zürich Kontakt hielt. Zusammen mit Krassin war er wahrscheinlich eine der Schlüsselfiguren des Leninschen Untergrundapparats in der Kriegszeit. Nach der Machteroberung der Bolschewiki 1917 blieb Worowski eine der zentralen Figuren der Außenpolitik Sowjetrusslands. 1923 fiel er in Lausanne dem Attentat eines Emigranten zum Opfer.

Wohnung statt; ein drittes am 14. Dezember, das sich im wesentlichen um die Frage drehte: «Stockholm als Ort der Verhandlungen, oder Brest?»[25] In Wirklichkeit hatte die Reichsregierung sich längst auf die Frontstadt Brest-Litowsk festgelegt. Schritt für Schritt begann man, den Bolschewiki, die man für bloße Glücksritter der eigenen deutschen Subversionspolitik hielt, die Daumenschrauben anzulegen.

Allerdings wurden die Subventionen an ihre Partei noch einmal kräftig gesteigert.[26] Und die Kredit- und Hilfsangebote, die die deutsche Regierung über Riezler nach Petrograd übermitteln ließ, gingen darüber weit hinaus. Tatsächlich verwiesen sie schon auf die viel weitergehenden wirtschaftlichen Übernahme- und Ausbeutungspläne, wie sie nach dem Friedensdiktat von Brest-Litowsk dann in Kraft treten sollten.[27]

Diese Hilfsangebote vom November/Dezember 1917 entsprangen nicht zuletzt dem Bemühen, die Petrograder Räteregierung auf förmliche Verhandlungen mit der Reichsregierung festzulegen und alle direkten Kontakte zwischen den Vertretern der Bolschewiki und der deutschen Sozialdemokraten bzw. der Reichstagsmehrheit zu blockieren. Und gerade Riezler war es, der, bereits von düsteren Visionen eines möglichen Überspringens der Revolution nach Mitteleuropa getrieben, sämtliche derartigen Kontaktversuche energisch sabotierte.

Die akuteste Gefährdung in dieser Richtung ging ausgerechnet von Alexander Helphand aus. Jedenfalls versuchte er in diesen Wochen auf eigene Faust, in seiner Doppelrolle als einflussreiches Mitglied der deutschen Sozialdemokratie und Verbindungsmann zu den russischen Revolutionären persönliche Kontakte zwischen beiden Parteien herzustellen. So war es ihm gelungen, die Führer der Mehrheits-SPD zum Austausch förmlicher Solidaritätstelegramme mit der Petrograder Räteregierung zu bewegen und Philipp Scheidemann im Dezember zu einer Reise nach Stockholm zu überreden, um dort mit den Vertretern der Bolschewiki Gespräche zu führen. Hauptziel sollte ein erneuter Anlauf zur Einberufung einer sozialistischen Friedenskonferenz sein.

Parvus hatte sich in diesen ersten Wochen euphorischer Machtgefühle der bolschewistischen Auslandsvertretung in Stockholm weitgehend zur Verfügung gestellt und agierte neben Radek, Worowski und Hanecki fast wie ein viertes Mitglied des Kollegiums. Was niemand wusste: Über Radek, der Ende November nach Petrograd gefahren war, hatte er ein persönliches Gesuch an Lenin gerichtet, nach Russland zurückkehren zu können. Aber als Paquet am 15. Dezember mit Parvus, Scheidemann und dem (in das Netz der Geheimkontakte eingespannten) deutsch-schwedischen Gewerkschafter Wilhelm Jansson zu einem Frühstück bei Riezler ging, hatte dieser die bolschewistischsozialdemokratischen Anbahnungen in aller Stille bereits durchkreuzt. Scheidemann ließ sich weder für das Projekt einer neuen sozialistischen Friedenskonferenz noch für die Verlegung der Verhandlungen von Brest nach Stockholm gewinnen.

Eine revolutionäre Parallelaktion

Parvus-Helphands politisch-strategische Großraumpläne – deren letztendliche Ziele ihm selbst womöglich nicht klar waren – reichten mittlerweile über alle Vorstellungen der Bolschewiki wie der deutschen Sozialdemokraten oder der Reichsregierung hinaus. In aller ihm eigenen Vermessenheit war er dabei, eine eigene supranationale Organisation zu schaffen, die politischen wie publizistischen, nachrichtendienstlichen wie kommerziellen Charakter tragen sollte. Ihre Aufgabe wäre es gewesen, als Instrument einer, wie Parvus glaubte, von den Gesetzmäßigkeiten der sozialökonomischen Entwicklung und geopolitischen Bedingungen getragenen deutsch-russischen Weltrevolution zu dienen.

In diesem Kontext war es zu sehen, dass Parvus bei dem Treffen am 15. Dezember Paquet nach seinen Zukunftsplänen fragte, und als der den Wunsch äußerte, baldmöglichst in das bolschewistisch beherrschte Petrograd zu reisen, ihn sofort fragte, ob er nicht darüber ein Buch schreiben wolle.* Dass die Verlage, die Parvus betrieb, exzellente Honorare zahlten, war bekannt. Paquet zeigte sich interessiert.[28] Bei einem weiteren Treffen am 12. Januar enthüllte ihm Parvus in Umrissen dann seinen dahinter stehenden Plan, nämlich die «Gründung eines gr[oßen] west-östl[ichen] Telegraphenbüros». Statt nach Petrograd, sollte Paquet zunächst nach Kiew und Odessa gehen, um von dort Berichte zu liefern.[29]

In einer Aufzeichnung Brockdorff-Rantzaus von Ende Dezember 1917 war dieses Unternehmen Helphands als eine «Presseorganisation im großen Stil» beschrieben, welche sowohl innerhalb wie außerhalb Russlands arbeiten sollte: «Er [Parvus] möchte für dieses ‹Allgemeine Pressebureau› das Zentrum in Berlin schaffen und ferner in Stockholm

---

* In der späteren Romanfassung geht das erste Angebot von «Walfisch» (Parvus) bereits mit dem Vorschlag einher, «Jörgum» (Paquet) nach Petrograd zu schicken, um dort «eine neue Nachrichtenagentur zu errichten». Dann heißt es: «Jörgum errötete ... Er hörte sein Herz klopfen. Es war ihm, als ahne er Pläne, die das Hirn des Mannes ihm gegenüber beschäftigten: gewaltige Pläne, die ihn aus der Rolle des stillen Beobachters hinausreissen wollten in ungeahnte schöpferische Aufgaben.» (*Von November bis November*, Ms., Bl. 115).

wie auch in Kopenhagen Zweigstellen errichten. Als notwendige Summe hat er vier Millionen Mark verlangt, er erklärt, mit dieser Summe in der Lage zu sein, aus ganz Russland bis zum Stillen Ozean authentische Nachrichten zu beschaffen, die er, um den tendenziösen Meldungen der Entente entgegenzuarbeiten, über die ganze Welt verbreiten will.»[30]

Diese Organisation sollte nach Parvus' Plänen aber vor allem in Russland selbst tätig werden. Den Anfang machte die im Dezember aus dem Boden gestampfte Zeitschrift «Iswnje» («Von Draußen»), deren erste Nummern ausschließlich Beiträge von ihm selbst enthielten und die, wie er Riezler erklärte, den Zweck hatte, «sich trotz Lenin und Trotzki und eventuell gegen sie mit Hilfe der ‹Unteroffiziere› eine starke Stellung in Russland zu schaffen». Riezler unterstützte dieses Projekt entschieden, da es seinen eigenen Überlegungen entgegenkam. Es könne schließlich sein, «dass wir binnen kurzem das Interesse haben, unsere Stellung in Russland auf etwas breitere Kreise als auf die Leninschen zu stützen». Und dafür brauche man Parvus (zu dem Riezler sonst skeptische Distanz hielt) «unbedingt».[31] Die geforderten vier Millionen Mark wurden von der Reichsregierung binnen weniger Tage bewilligt.

Für diese rasche und großzügige Dotierung spielte es sicherlich eine Rolle, dass Parvus' Haltung zur bolschewistischen Regierung, wie er dem Auswärtigen Amt und Brockdorff erklärte, inzwischen eine Wendung zum Negativen genommen hatte. Was er verschwieg, war der persönliche Hintergrund: die glatte Ablehnung seines Rückkehrantrags, die ihm Radek überbracht hatte. Die Partei der Bolschewiki könne nicht zulassen, hatte Lenin ausrichten lassen, dass die «Sache der Revolution mit schmutzigen Händen» angefasst werde.*[32]

Die kränkende Formulierung war schwerlich Zufall: Lenin hatte innerparteilich noch immer mit der Kritik an seinem Vertrauten Fürs-

---

* Bekannt ist die Geschichte dieses abgelehnten Repatriierungs-Antrags allerdings nur aus einem Nachruf Radeks zum Tod Helphands in der «Prawda» vom 14. Dezember 1924. Helphand selbst hat in seinen Memoiren darüber kein Wort verlauten lassen. Die Version Radeks ist aber glaubwürdig, da er Parvus posthum sogar zubilligte, er habe sich nach dem Sieg der bolschewistischen Revolution aus dem «Sumpf» seines früheren Lebens retten und ein neues Leben beginnen wollen. – Paquet notierte nach einem Gespräch mit Parvus dessen anekdotische Erzählung: «Radek begrüßte ihn [Parvus] auf dem Bahnhof mit den Worten: Du könntest jetzt in Russland Finanzminister sein.» (Stockholmer Tagebuch II, Eintrag vom 18. Januar 1918) Dem zeitlichen und sachlichen Kontext nach dürfte die Szene sich bei der Rückkehr Radeks aus Petrograd am 17. Dezember abgespielt haben. Der Satz Radeks wäre dann sinngemäß zu ergänzen: «Du könntest jetzt in Russland Finanzminister sein – wenn du nicht so laut und öffentlich auf die Karte des deutschen Imperialismus gesetzt hättest.»

tenberg-Hanecki und dessen Verstrickungen mit Parvus zu kämpfen – wie überhaupt der Vorwurf an die Bolschewiki, «im Dienste des deutschen Imperialismus» zu stehen, nicht nur unter ihren Gegnern, sondern auch in den Reihen ihrer Verbündeten, der linken Sozialrevolutionäre, immer lauter wurde. Abgesehen davon dürfte Lenin klar gewesen sein, dass Parvus nicht als Privatmann und loyales Parteimitglied zurückzukehren gedachte, sondern als ein Mit- und Gegenspieler von Format, der mit all seinen Mitteln, Verbindungen und Begabungen zum Sammelpunkt einer neuen demokratisch-sozialistischen Opposition werden konnte.

Enttäuschungen und Entfremdungen

Eine momentane Wendung zum Negativen hatte auch die Einstellung Paquets gegenüber dem bolschewistischen Regime und seinen Vertretern genommen. Bei einer langen Diskussion mit Riezler, Worowski und Radek (nach dessen Rückkehr aus Petrograd) am 20. Dezember hatte er festgestellt: «Die Leute leben in einem förmlichen Machtrausch». Radek habe ganz offen ein «Schreckensregiment mit Guillotine» angekündigt und neben einer halben Million bewaffneter Arbeiter, auf die die Räteregierung sich stützen könne, mit einer halben Million revolutionierter deutscher, österreichischer, ungarischer und anderer Kriegsgefangener geprahlt, die in ganz Russland dabei seien, Komitees zu bilden und auf die Seite der Bolschewiki überzugehen. Auch die industrielle Produktion, hatte Radek behauptet, beginne sich auf einfache Weise wieder zu regulieren, indem die Fabrikkomitees in direkte Beziehungen miteinander träten und die staatlichen Volkswirtschaftsräte «als eine Art Produktenbörse» nutzten. Im übrigen habe sich erwiesen, dass die sozialrevolutionären Impulse in Finnland und der Ukraine die nationalen Bestrebungen weit überwögen. Das Wichtigste sei jetzt ein rascher «Separatfrieden» (so hat Paquet es jedenfalls als Zitat Radeks überliefert, obwohl der Begriff in der Sprachregelung der Bolschewiki verpönt war). Die Räteregierung werde die Verhandlungen in Brest «klar, scharf, sachlich führen».[33] Paquet notierte das alles mit unverhohlener Skepsis.

Im Januar sprach er mit den ersten Flüchtlingen aus Sowjetrussland, die «Seltsames ... über das Elend der Gebildeten u. der Offiziere» berichteten.[34] Und das provokante Auftreten der bolschewistischen Vertreter in Brest-Litowsk weckte noch einmal seine nationalen Selbstbehauptungsinstinkte. Nicht nur das Vaterland, auch das Abendland sah er jetzt in Gefahr. Bei der berühmten Konfrontation Trotzkis mit dem General Hoffmann waren seine Sympathien jedenfalls wieder klar verteilt: «Brest zeigt es, wir müssen uns schützen gegen den großen Ansturm aus dem Osten, gegen seine weltbefreienden anarchischen Ideen. Dieser Sozialismus ist fruchtlos u. trägt den baren Nihilismus im Schosse. Russland ist heute ein asiatischer Elefant, geritten von zwei Zürcher Privatdozenten, Lenin u. Trotzki. Der Ansturm dieser Ideen in Brest gleicht aber dem ... der Hunnen, die in Europa einfielen – ein General muss ihnen antworten. Nur ein Otto der Große kann da Europa verteidigen – all unseren köstlichen alten Reiz, unsere aus den Steinen des Bodens geschaffenen Dome, unsere Museen, unsere Bücher, unsere kunstvollen Städte ...» Der Bolschewismus sei offenbar nichts anderes als der auf Links gewendete «russische rechtgläubige fanatische Imperialismus», welcher «im Leninschen Anspruch auf die von Deutschland eroberten Gebiete» wiederauferstehe.[35]

Diese These vertrat Paquet Tage später auch bei einer Diskussion mit Worowski, der seinerseits auf die immer offenkundigeren Pläne von deutscher Seite verwies, die gesamten westlichen Gebiete des alten Russischen Reiches unter ihre Kontrolle zu bringen. Aus dieser Anklage wurde jedoch plötzlich ein Vorschlag, der auf eine erstaunliche Identifikation mit der von Paquet reklamierten kulturellen Mission Deutschlands verwies – ein Motiv, das nicht nur bei Worowski immer wiederkehrte. Statt zu annektieren und sich Feinde zu machen, solle das Deutsche Reich doch seinen überlegenen wirtschaftlichen und zivilisatorischen Einfluss im Osten geltend machen, so wie es die Engländer in Südafrika gegenüber den Buren machten.[36]

Bei einem Treffen Paquets mit Helphand am 18. Januar ging es kaum noch um das bestellte Buch, sondern um dessen weitergehende Pläne, die den eigenen Vorstellungen Paquets nun ganz entsprachen. Seine Zeitschrift, erläuterte ihm Parvus, sei ein Instrument, «womit er an die Leute hinter den Bolschewiks sich wenden will, Industrialisierung Russlands fördern, Banken vor überstürzten Maßnahmen der Kommissare retten». Das letztendliche Ziel seiner Arbeit sei die «Zusammenarbeit Russland, Deutschland und Türkei auf der Basis der Sozialisierung».[37]

Dagegen gaben sich Paquet und Riezler bei einem Frühstück Ende Januar eher düsteren Visionen hin. Vielleicht seien die gegenwärtigen Ereignisse nur der Anfang eines gesamteuropäischen Zusammenbruchs nach dreieinhalb Jahren Krieg, und es werde nun auch Deutschland durch das kaudinische Joch der Revolution hindurch müssen. Große Massen politischer Menschen würden sich darin sinnlos verbrauchen, denn auch die Revolution werde keinen dauerhaften Frieden bringen. Auf dem Gegenpol stehe der übergroße Einfluss der Industrie und des Militärs. Ludendorff könne «wohl Deutschland den

Krieg gewinnen», sei aber im Begriff, ihn «politisch zu verlieren». Die Vaterlandspartei habe ungeheuren Zulauf, wie umgekehrt die Umsturzparteien auch. Und sie, die Intellektuellen, sähen sich aufgerieben in der Mitte: «Wann werden wir wieder unsere Bücher schreiben?»[38] Grimmige Erheiterung boten ihnen zumindest die Bilder aus Brest: Hier die steifen kaiserlichen Offiziere und Diplomaten – und dort «eine Gruppe schwarzbärtiger listiger jüdischer Herren in dicken Pelzen als Vertreter Russlands, des einst großen und heiligen».[39]

Mit besonderer Genugtuung registrierten sie neueste Enthüllungen im «Petit Parisien» über die deutschen Geldzahlungen an die Bolschewiki. Während Riezler (über den ein Gutteil dieser Gelder geflossen sein dürfte) meinte, «ein kühles Dementi» werde wohl ausreichen, übertrumpfte ihn Paquet mit dem Vorschlag, diese Pariser Meldungen «‹wegen Unvollständigkeit› als wertlos zu bezeichnen.»[40]

II. WELTKRIEG UND REVOLUTION

1. Vom Weltkrieg zum Bürgerkrieg

Als die so oft beschworene russische Revolution im Februar/März 1917 tatsächlich ausbrach, konnte man sich auf deutscher Seite bald schon nicht darüber hinwegtäuschen, dass es nicht die war, auf die man hingearbeitet hatte – fast im Gegenteil. Wohl ließ sich der Aufruhr in den russischen Städten als ein Triumph der deutschen Waffen darstellen. Und auf derartige innere Zusammenbrüche der Gegnerstaaten, mehr als auf einen Zusammenbruch ihrer Fronten, war der «Abnutzungskrieg» auf beiden Seiten ja längst berechnet. Dass das Zarenreich als erstes zu kollabieren begann, passte natürlich ins Bild.

Doch gab die Bildung einer Provisorischen Regierung aus jenen bürgerlich-liberalen Kräften und Parteien, die längst zum Zentrum der Kriegsanstrengungen Russlands geworden waren, nur zu geringem Optimismus Anlass – erst recht vor dem Hintergrund des sich abzeichnenden Kriegseintritts der USA. Auch Russland war nun eine Republik und reihte sich damit in eine Front der Demokratien gegen die «Autokratie» des wilhelminischen Reiches ein. «Deutschlands Prestige in Russland zusammengebrochen», «Russland wird neue Waffen schmieden» – so oder ähnlich lauteten die erwartungsvollen Schlagzeilen in London, Paris oder New York. Der «Vorwärts» stellte am 16. April enttäuscht fest, dass in Russland die «Überpatrioten» der bürgerlichen Opposition die Macht ergriffen und die Hungerunruhen ausgenutzt hätten, um den Krieg verstärkt fortzuführen. Und die konservative «Kreuz-Zeitung» erklärte, dass man im Grunde «von einer englischen Revolution auf russischem Boden sprechen» müsse.[1]

Umso erwartungsvoller wurden die Meldungen über die anhaltende Radikalisierung der Massenbewegung in Russland registriert, die sich bald in den von 1905 her bekannten «Sowjets» der Arbeiter- und Soldatendeputierten ihre eigenen Organe schuf. Das «Berliner Tageblatt» zitierte voller Genugtuung englische Korrespondentenberichte, wonach rote Fahnen die Straßen Petrograds beherrschten und Forderungen nach Todesstrafe für die Zarenregierung, Landverteilung an die Bauern und Einleitung sofortiger Friedensverhandlungen allgemein verbreitet seien.[2]

Mit Aufmerksamkeit wurde auch die Rückkehr der verschiedenen Gruppen russischer Sozialisten aus ihrem jeweiligen Exil verfolgt.

Karikatur im sozialdemokratischen Satireblatt «Der wahre Jakob», Mai 1917: Ein treuherzig-freundliches Bild des mit deutscher Waffenhilfe befreiten Russenvolks.

Und ohne dass die deutsche Öffentlichkeit über die Umstände der Reise Lenins im «plombierten Waggon» Genaueres erfahren hätte, waren alarmierte Schlagzeilen wie die des Pariser «Matin» über die «Sendboten des Kaisers» frühzeitig angetan, die Aufmerksamkeit auf das bis dahin marginale Lager der Bolschewiki zu lenken. Vor allem ihre Agitation in der russischen Armee wurde mit Beifall verfolgt, und die erzbürgerlichen «Münchener Neuesten Nachrichten» stellten mit unverhohlener Sympathie fest, dass «die Leute um Lenin die Wirklichkeit zu erkennen [vermögen] und wissen, dass Freiheit und sozialer Fortschritt in Russland ohne einen sofortigen Friedensschluss nicht einziehen können».[3]

Dieser Ton des Wohlwollens war Teil eines amtlichen Optimismus, der über das Kriegspresseamt vorgegeben wurde. Drinnen im Zentrum der Macht sah es etwas anders aus. Die Tagebücher Kurt Riezlers geben einen starken Eindruck von der ungeheuren Spannung zwischen Furcht und Erwartung, mit der im Kanzleramt die krisenhaften Entwicklungen verfolgt wurden, die, so schien es, in diesem Frühjahr 1917 dabei waren, von Russland über Frankreich (wo die Regierung Briand gestürzt war und Meutereien in der Armee ausbrachen) womöglich auch auf Deutschland selbst überzuspringen:

«Situation im Innern ungeheuer prekär. Hunger, Unruhe, daher die Soz[ial] Dem[okraten] im Innern fordernd – leider nicht ohne Unterton der Erpressung und [mit dem] Finger nach Russland zeigend ... Dazu auf der anderen Seite Wutgeheul aller konservativen Militairs ... Wenn der Hunger kommt und nicht zum mindesten gleichzeitig der Friede, dann bekommen wir Zustände, die zur Revolution führen müssen, wenn sie dauern.» (28. März) – «Das freie Russland wird die große Gefahr der Zukunft – es bekommt nach zwei Jahrzehnten eine schreckliche Kraft.» (1. April) – «Armes deutsches Volk ... Dauert der Krieg bis zum Herbst, so endet die erstaunlichste Anstrengung der Weltgeschichte mit einer Katastrophe, tragischer, unverdienter, entsetzlicher als alles, was Völker erlitten ... Gelingt es bis zum Herbst, einen leidlichen Frieden zu schaffen, so wird es der größte Sieg eines Volkes über ein anderes wie über sich selbst!» (10. April) – «Wenn wir jetzt noch Atem hätten, um Russland niederzuwerfen! Wir könnten uns auf ein Jahrhundert sichern!» (16. April) – «Die Berichte von der russischen Armee lauten so, dass man sich schwer vorstellen soll, wie diese Armee dem Angebot eines Waffenstillstands sollte standhalten können. Ich hoffe, es geschieht.» (25. April)*

---

* Gerade wenn man in Kurt Riezler den strategischen Kopf hinter Bethmann Hollweg sieht, wie es etwa Immanuel Geiss als Mitstreiter Fritz Fischers seiner-

Tatsächlich war die Regierungs- und Verfassungskrise, die im Juli 1917 mit dem Sturz Bethmann Hollwegs endete, das Resultat der objektiven Dilemmata der deutschen Kriegspolitik und einer steten Verschiebung im Gewicht der politischen Kräfte und Institutionen, aber zugleich auch Ausdruck eines untergründigen Anwachsens defaitistischer Stimmungen, sozialer Forderungen und demokratischer Ansprüche in der breiten Bevölkerung. Der Steckrübenwinter 1916/17 hatte das Vertrauen nachhaltig erschüttert, während der unbeschränkte U-Boot-Krieg und der Kriegseintritt der USA den Weltkrieg nochmals eskalieren ließen, der immer unmenschlichere Verluste forderte, ohne dass ein Ende absehbar war.

Zunächst mündete die Krise jedoch in ein labiles neues Gleichgewicht zwischen einer noch schwächer gewordenen Regierung und einer Reichstagsmehrheit, die sich, statt eine wirkliche Machtprobe zu wagen und die Parlamentarisierung zu erzwingen, mit dem «Interfraktionellen Ausschuss» ein eigenes Organ schuf. Dessen spöttische Bezeichnung als «Inter-Sowjet» zeigte freilich, wie weit man von russischen Verhältnissen in Wirklichkeit entfernt war. Die von der Mehrheits-Sozialdemokratie abgespaltenen, in der USPD zusammengefassten Kräfte waren zu einer Initiative revolutionären Charakters nicht entfernt in der Lage – was sich gerade in ihren beinahe naiven Bezugnahmen auf die Entwicklungen in Russland spiegelte.[4]

Spontaner und organisierter Defaitismus

In den Flugblättern, die im Frühjahr 1917 zum Streik aufriefen, waren solche Verweise auf das russische Beispiel jedenfalls weit verbreitet – so in einem Flugblatt in Leipzig, in dem es hieß: «Leuchtend ist die russische Arbeiterschaft Euch vorangegangen. Gehet hin und tuet desglei-

---

zeit getan hat *(Ders., Kurt Riezler und der Erste Weltkrieg. In: I. Geiss / B. J. Wendt, Deutschland in der Weltpolitik des 20. Jahrhunderts, Düsseldorf 1973, S. 398–418)* – dann versteht man besser die schneidende Ironie eines Harry Graf Kessler, der im März 1919 über Riezler (zu der Zeit Leiter des Präsidialamtes von Ebert) schrieb: «Allmählich verstehe ich die verhängnisvolle Unfruchtbarkeit der Bethmannschen Politik, deren Hauptvertreter Riezler war ... Für Riezler ist die Idee immer nur ein Vorwand, um etwas nicht zu tun ... Sein ganzes Denken mündet von Natur in organisiertes Nichthandeln, organisierte Impotenz, die irisierend und verführerisch sich als höhere Weisheit ausgibt. Dass Bethmann dieses Gaukelspiel jahrelang ertragen hat, beweist auch seine mangelnde Begabung. Bismarck oder Napoleon hätten Riezler nach dem ersten Vortrag zum Teufel gejagt.» *(Harry Graf Kessler, Tagebücher 1918–1937, Frankfurt/ M. 1961, S. 165).*

chen. Schreitet aus preußisch-deutscher Dunkelheit zur strahlenden Freiheit des Volkes.» Ein Flugblatt beim Aprilstreik in Berlin verlangte unter Verweis auf die Proklamationen des Petrograder Arbeiter- und Soldatenrates eine entsprechende Erklärung der deutschen Regierung «zur sofortigen Friedensbereitschaft unter Verzicht auf jede offene und versteckte Annexion». Inmitten eines Katalogs politischer Forderungen war auch die Aufforderung an die Betriebe und Berufsgruppen enthalten, «Vertreter zu entsenden, um einen Arbeiterrat zu bilden». Der Berliner «Börsen-Courier» vom 20. April 1917 kommentierte das mit dem empörten Ausruf: «Man will uns also russisch kommen!»[5]

Noch stärker wurden die Fronten im Osten von den Ereignissen in Russland erschüttert. Unter dem Datum 13. April heißt es in einem Bericht aus dem Kriegsministerium: «Eine östliche Division meldet: Nach der Ansicht des Vertrauensmannes wird für sofortigen Friedensschluss im Anschluss an die russische Revolution Propaganda gemacht. Es sollen bereits Flugblätter in der Division zirkulieren, die darin gipfeln, nicht mehr auf die Russen zu schießen und keine Kriegsanleihen zu zeichnen.»[6]

In den, vor allem von DDR-Historikern gesammelten Erinnerungsberichten ist daraus eine ganze Epopöe deutsch-russischer Verbrüderungen geworden. Solche Fraternisierungen hat es im Frühjahr 1917 an vielen Punkten der Ostfront auch tatsächlich gegeben; und spätestens im Herbst, vor und nach der Machtergreifung der Bolschewiki, wurde daraus eine weitgehende Auflösung der Frontlinien selbst. Allerdings täuschen die zu Ikonen gewordenen Photographien der Soldaten, die auf dem Eis tanzen, ein wenig. Denn so spontan und authentisch viele Kontaktaufnahmen über die Fronten hinweg waren, sie standen noch immer unter dem Gesetz des Krieges – oder schon des Bürgerkriegs.

Tatsächlich waren die deutschen Militärbehörden ihrerseits lebhaft bemüht, die Kriegsmüdigkeit der russischen Soldaten durch eine aktive Propaganda zu schüren und informelle Waffenstillstände zu vereinbaren. Darin kam ihnen die Schützengraben-Propaganda der Bolschewiki direkt entgegen – auch wenn sie sich hier und dort an die deutschen und österreichischen Soldaten wandte. Ein Zusammenspiel der deutschen und russisch-revolutionären Propaganda gab es im übrigen schon in den Kriegsgefangenenlagern in Deutschland, wo man 1915 begonnen hatte, die Gefangenen nach Nationalitäten zu trennen und mit Hilfe von Exilgruppen – darunter auch der Bolschewiki – zu bearbeiten.[7]*

---

* Ende 1917 befanden sich in deutschen Gefangenenlagern ca. 1,3 Millionen Gefangene, darunter 11 Tausend Offiziere. In Österreich waren es noch einmal

Von der Revolution zur Involution

Vor den Ansprüchen der Frontsoldaten, wenn sie als Verlierer aus dem Feld zurückkehren sollten, haben sich die Regierungen aller am Weltkrieg beteiligten Mächte gefürchtet. Zu Recht: Lenins Parole von der Verwandlung des Weltkriegs in den Bürgerkrieg, die eben noch als sektiererisch gegolten hatte, wurde in Russland 1917 mit oder ohne Zutun der Bolschewiki zur sozialen und politischen Realität. Der nach innen gewendete Revanchismus entfaltete seine volle Wucht allerdings erst in dem Vakuum, das der Sturz des Zarentums in der Staatsgesellschaft des Russischen Reichs bedeutete. In diesem Sinne habe ich an anderer Stelle die umstürzenden Ereignisse des Sommers und Herbst 1917 in Russland als einen Prozess der «Involution» bezeichnet.[8]

Die Bolschewiki waren die einzigen, die bereit waren, die «sozialen Elementargewalten» (von denen Lenin häufig sprach) wie einen Tiger zu reiten, also diesen Prozess gleichzeitig zu schüren und zu steuern. Mit der Festlegung auf einen Kurs bedingungsloser Opposition und Verweigerung gegenüber den neuen Organen der demokratischen Republik, wie sie Lenin bereits in seinen «Briefen aus der Ferne» und dann in seinen «Aprilthesen» entwickelte, überschritt er mit dem Tag seiner Ankunft auf dem Finnischen Bahnhof den Rubikon zu einer völlig anderen Revolution als der, von welcher bis dahin auch unter radikalen Sozialisten jemals die Rede gewesen war.

Die theoretischen Fundamente dieses Perspektivwechsels hatte Lenin in seiner «Imperialismus»-Schrift gelegt, die bei seiner Ankunft in Petrograd allerdings noch niemandem bekannt war. In einer Fülle weiterer Schriften und Artikel vertiefte Lenin von Frühjahr bis Herbst 1917 den radikalen Perspektivwechsel, den er vorschlug. Demnach

---

1 Million Gefangene. Bereits 1915 erschien die russisch-sprachige Gefangenenzeitung «Russkij Vestnik» (Russischer Bote), wenig später der ukrainisch-sprachige «Vistnik sojuza visvolenija Ukrainy», hrsg. vom «Bund zur Befreiung der Ukraine». Ab 1916 erschienen auch Gefangenenzeitungen mit sozialistisch-internationalistischer Orientierung, so die Zeitungen «Na Čušbine» (In der Fremde) und «Tovariš» (Genosse) sowie die Broschüre «International i vojny» (Die Internationale und der Krieg). – Auch die Bolschewiki fanden reguläre Wege, ihre Zeitungen in die deutschen Gefangenenlager zu bringen. So konnte Lenin die längste Zeit des Krieges hindurch mit dem früheren Sprecher der bolschewistischen Dumafraktion Malinowski, der 1914 in deutsche Gefangenschaft geraten war, Briefe austauschen, in denen er ihn dazu anhielt, seine «Arbeit» aufzunehmen und «Untersuchungen» anzustellen. Tatsächlich konnte Malinowski bereits 1916 in deutschen Gefangenenlagern Vorträge halten und erhielt – wie andere bolschewistische Gefangene – revolutionäre Literatur zugeschickt.

hatte gerade der imperialistische «Kriegskapitalismus» auch die materiellen Voraussetzungen für einen «Kriegssozialismus» geschaffen, der es ermöglichen würde, die Phase einer entwickelten bürgerlichen Gesellschaft historisch zu überspringen und in einer (natürlich riskanten) Volte direkt zur Diktatur des Proletariats überzugehen. Russland als das «schwächste Kettenglied» des imperialistischen Weltsystems war prädestiniert, an die Spitze aller vom Imperialismus bedrückten Nationen zu treten, wenn es ihm gelang, die Mittel und Methoden einer staatlich organisierten Kriegswirtschaft mit dem revolutionären Demokratismus der proletarischen Massen zu kombinieren.[9]

Eine weitere, aus seinen philosophischen Notizen nur ex post rekonstruierbare Änderung der marxistischen Erkenntnistheorie lief auf eine Art hegelianische Verschärfung hinaus und kulminierte in dem Satz: «Folglich hat nach einem halben Jahrhundert nicht ein Marxist Marx begriffen!!» Jetzt erst verschrieb Lenin sich ganz der Auffassung, «dass die ‹Praxis› die einzig wahre Probe darauf darstellt, ob eine Politik richtig oder falsch sei». So Robert Service, dem zufolge Lenin damit «eine Begründung für jenes risikofreudige, exploratorische Herangehen an die Politik gefunden» hatte, das ihn auszeichnete.[10]

Vom Weltkrieg zum Bürgerkrieg

Im Kern bestand Lenins Strategie – die er allerdings nur Schritt für Schritt durchsetzen konnte – darin, auch und gerade gegenüber der jungen demokratischen Republik eine Politik des «revolutionären Defaitismus» und Bürgerkriegs fortzuführen. Die Forderung nach sofortigem «Frieden» war insofern kaum weniger demagogisch und taktisch als die nach «Brot» und nach «Land» (das den eigenen programmatischen Überzeugungen nach gerade nicht den Bauern gehören sollte, sondern dem Staat).

Ungleich blutiger als beim Sturz des Zarismus im Februar/März 1917 nahm die bolschewistische Losung von der «Umkehrung der Bajonette» in den Offiziersmorden vom April/Mai 1917 praktische Gestalt an; so wie auch der «Kampf für die eigene Niederlage» sich erst in den katastrophischen Rückzügen und Zusammenbrüchen der Kerenski-Offensive im Juni/Juli vollendete. Die von den roten Matrosen und Soldaten zu Hunderten Erschossenen, Ersäuften oder Gelynchten waren längst keine zaristischen Offiziere adeliger Herkunft mehr, sondern junge bürgerliche Nachrücker ins republikanische Offizierskorps oder frisch ernannte Armeekommissare, die sich die Trikolore der Republik angesteckt hatten und ihre Truppen (oft unter roten Fahnen) in ein «letztes Gefecht» für einen gerechten Frieden hatten führen wollen.

Die Konzeption eines revolutionären Verteidigungskriegs, die Alexander Kerenski und die Kommissare der Arbeiter- und Soldatenräte verfochten, war ja durchaus schlüssig, nachdem es auf das russische Friedensangebot vom April 1917 keine adäquate deutsche Antwort gegeben hatte. Einen «revolutionären Verteidigungskrieg» hatte auch Lenin für den Fall eines Sieges der eigenen Partei selbstverständlich vorgesehen, und der Bürgerkrieg von 1918–1920 wurde von ihm sogar unter die Losung eines «vaterländischen Kriegs» gegen die alliierte Intervention gestellt. Auch war die Politik der Provisorischen Regierung (jedenfalls nach dem Sturz des liberalen Außenministers Miljukow wegen dessen erneuerten Ansprüchen auf Konstantinopel) von chauvinistischen Eroberungszielen weit entfernt und folgte eher einer illusionär internationalistischen Strategie. Nach dem Vorbild der französischen Jakobiner sollte die Revolution mit dem Bajonett gegen die Invasoren verteidigt und sollten alle besetzten Länder und Völker befreit werden, um schließlich die revolutionäre Gärung in Deutschland durch eine begrenzte Niederlage zu steigern – stets verbunden mit dem Angebot eines Friedens ohne Annexionen und Kontributionen. Klar war natürlich, dass es zugleich auch um die Wiederherstellung einer «revolutionären Disziplin» in der Armee und einer demokratischen Staatsautorität in Russland ging.

Die leninistische Propaganda denunzierte diese Politik der revolutionären Offensive – Hand in Hand mit der deutschen Frontpropaganda – als einen fortgesetzten Eroberungskrieg im Solde des Entente-Kapitals und damit als Landesverrat, was allerdings auch eine direkte Replik auf die Anklagen der Kerenski-Regierung war, die Lenin und Genossen ihrerseits als «deutsche Agenten» brandmarkte.

Wenn die in Schützengräben und Garnisonen gepferchte Millionenarmee sich nach den ersten Rückschlägen der Offensive wie in einem Naturprozess auflöste bzw. in einen Zustand offener oder latenter Meuterei überging, dann hatte das allerdings andere, handfestere Ursachen, die von der bolschewistischen Propaganda weidlich genutzt, aber keineswegs erzeugt wurden: Die wilden Landnahmen der Bauern in den Dörfern und auf den Gütern, der beginnende Zusammenbruch des inneren Warenaustauschs, die Blockade der Verkehrs- und Kommunikationsmittel des Landes und schließlich die Welle der nationalen Sezessionen des Sommers 1917 – alle diese Faktoren zusammen führten zum Verfall jeder staatlichen Autorität und Ordnung und zur unaufhaltsamen «Involution» des Russischen Reiches.

Revolutionäre Betriebsmittel

Dass die bolschewistische Propagandaoffensive im Sommer 1917 mit erheblichen deutschen Geldern finanziert war, war allerdings mehr als nur ein Gerücht. Bereits am 1. April 1917 hatte das Auswärtige Amt weitere fünf Millionen Mark «für politische Propaganda in Russland» beantragt, die umgehend angewiesen wurden und im wesentlichen an die Bolschewiki geflossen sein dürften.[11]

Tatsache ist jedenfalls, dass die Partei der Bolschewiki, die im März 1917 kaum noch 20 Tausend aktive Mitglieder gezählt hatte, in den Wochen und Monaten danach einen Organisations- und Publikationsapparat ins Feld stellte, der mit dem Zustrom neuer Aktivisten aus den Garnisonen und Fabriken mehr als nur Schritt hielt und aus eigenem Spendenaufkommen kaum zu erklären war. Schon im Februar war die Partei im Besitz einer für eine Viertelmillion Rubel erworbenen neuen Druckerei.[12] Mitte Mai wurde in Petrograd die moderne Druckerei «Trud» hinzu erworben.[13] Die «Prawda» als Zentralorgan steigerte ihre Auflage auf Hunderttausend Exemplare täglich. Wichtiger noch waren die «Soldatskaja Prawda» für die Garnisonstruppen, die «Golos Prawdy» für die Matrosen und die «Okopnaja Prawda» für die Frontsoldaten, die jeweils in mehreren Zehntausend Exemplaren gedruckt und verschickt wurden, so dass (theoretisch) jede Kompanie der Armee Exemplare erhielt. Alles in allem sollen die Pressen der Partei im Juli 1917 bereits 41 Zeitungen in mehreren Sprachen mit einer täglichen Gesamtauflage von 320 Tausend Exemplaren gedruckt haben, dazu Massen von Broschüren, Flugblättern und Plakaten für den jeweiligen aktuellen Bedarf.[14] Keine andere russische Partei dürfte über einen derart schlagkräftigen Propagandaapparat verfügt haben. Gerade wenn man der bolschewistischen Agitation eine die spontanen Massenstimmungen verstärkende und legitimierende Wirkung zuschreibt, dürfte das publizistisch kompakte Auftreten der Partei für ihren Sieg im Oktober/November von mitentscheidender Bedeutung gewesen sein.

Zwar leugneten die Bolschewiki hartnäckig, zu einem «Separatfrieden» mit den Mittelmächten bereit zu sein. Aber ihre Losung der Überführung des Weltkriegs in eine sozialistische Weltrevolution war zunächst rein deklamatorisch – und fand am ehesten noch in den blutig erstickten französischen Meutereien des Sommers 1917 ein wirksames Echo. Real waren dagegen die gewaltigen Landnahmen der deutschen Armeen im Osten, die von einer Zersetzung noch weit entfernt waren und sich gerade nach dem Zusammenbruch der Kerenski-Offensive im Juli 1917 wieder festigten und auf neue, entscheidende Of-

Dokument aus den Geheimen Akten des Auswärtigen Amtes, betreffend das Verhältnis zu Russland, September 1917: Der Kaiserliche Legationssekretär beim Außenamt Lersner versichert in einem Memorandum an die Oberste Heeresleitung, dass die erfolgreichen militärischen Operationen an der Ostfront «durch eine intensive Minierarbeit sekundiert worden» seien. «Die Bolschewiki-Bewegung hätte ohne unsere stetige weitgehende Unterstützung nie den Umfang annehmen und sich den Einfluß erringen können, den sie heute besitzt. Alle Anzeichen sprechen für ihre weitere Ausdehnung.»

fensiven an den Fronten im Süden und im Westen Europas vorbereiteten. Es war daher klar, dass die Bolschewiki im fortdauernden Weltkrieg würden optieren müssen, sobald sie einmal die Macht ergriffen, die nach dem gescheiterten Putsch des Generals Kornilow im Oktober in der Tat auf der Straße lag.[15]

Dementis und Ehrenerklärungen

Bemerkenswert an den Auseinandersetzungen des Jahres 1917 ist, dass Lenin und seine Gefolgsleute die Anklage der Provisorischen Regierung, «deutsches Geld» zu erhalten und «Agenten der deutschen Regierung» zu sein (was schon zwei verschiedene Dinge waren), empört zurückwiesen. Und indem sie das gegen sie angestrengte Ermittlungsverfahren mit dem «Beilis-Prozess» von 1913 verglichen oder als «Dreyfusiade» brandmarkten, setzten sie ihre sozialistischen und jüdisch-bundistischen Ankläger in den Ruch, Werkzeuge eines antisemitischen «Schwarzhunderter»-Komplotts zu sein, wovon überhaupt keine Rede sein konnte. In der Sache selbst dagegen begnügten sie sich mit schlichten Gegenbehauptungen und kühlen, manchmal halben Dementis.

Als die Provisorische Regierung im Juli gegen die Partei der Bolschewiki formell Anklage erhob und Lenin sich nach Finnland absetzte, wurde in einem kurzen Moment der Panik Material für eine Verteidigung in einem Hochverratsprozess gesammelt. Der in Fragmenten erhaltene Telegrammverkehr zwischen Stockholm, Kopenhagen und Berlin zeigt, mit welcher persönlichen Vertrautheit alle Beteiligten (unter Einschluss des Parvus-Kompagnons und OHL-Agenten Georg Sklarz) sich gegenseitig sekundierten. In einer Radek zugeschriebenen, aber wohl mit Hanecki gemeinsam verfassten Stellungnahme in der von ihnen herausgegebenen deutschsprachigen Stockholmer «Korrespondenz Prawda» war im übrigen bereits Ende Juli in äußerst doppeldeutiger Weise zu den Vorwürfen Stellung bezogen worden.

Demnach sei die Partei über das Renegatentum und den Sozialchauvinismus Parvus-Helphands «einer Meinung» gewesen. Alle Bolschewiki hätten die Mitarbeit in dessen Kopenhagener Forschungsinstitut daher abgelehnt. Als Hanecki nach Kopenhagen gekommen sei, habe er Parvus' Angebot, in seinem Handelsunternehmen mitzuarbeiten, nur deshalb angenommen, weil er «1. Parvus für einen persönlich ehrlichen Menschen hielt (und bis heute hält), 2. weil er dadurch in die Lage versetzt war, nicht nur seine Familie zu erhalten, sondern auch der polnischen Parteiorganisation in Russisch-Polen kräftig unter die

Arme zu greifen». Faktisch habe er damit «der Politik von Parvus entgegen» gearbeitet. Was die Bolschewiki als Partei betreffe, so habe keiner «auch nur einen Groschen für irgendwelche politischen Zwecke bekommen». Und Parvus «hat ihnen auch niemals derartige Angebote gemacht».

Damit nicht genug, bescheinigte der Beitrag Helphand, niemals ein Agent des deutschen oder österreichischen Imperialismus gewesen zu sein. Lenin habe den Grund für die chauvinistische Kriegspolitik des früheren Genossen in dessen Geschäftstüchtigkeit gesehen. Hanecki dagegen sei der Meinung, dass Parvus' Politik in einer falschen Theorie des Sozialismus gewurzelt habe. Erst die Geschichte werde zeigen, «wer im Urteil über den Menschen Parvus im Recht war: Lenin oder Hanecki».[16] Das war nicht nur eine halbe Ehrenerklärung für Parvus. Sondern in verblüffend kaltblütiger Weise deutete dieser Text an, dass die «persönliche» Position von Parvus mit der der Bolschewiki auf jeden Fall kompatibler war als die der regierenden «Sozialchauvinisten», also der Sozialrevolutionäre Kerenskis und der Menschewiki.

Parvus revanchierte sich umgehend mit einer in mehreren Sprachen und hoher Auflage verbreiteten Verteidigungsbroschüre «Meine Antwort an Kerenski und Co.», die auf eine demonstrative Unterstützung der Politik der Bolschewiki hinauslief. Diese sähen sich mit haltlosen Vorwürfen außerhalb des Gesetzes gestellt, während «das englische, französische, amerikanische Geld den Staat korrumpiert, das Reich wirtschaftlich knechtet, politisch unterjocht». Gerade Lenin habe es stets abgelehnt, von «mir zur Verfügung stehenden Mitteln ..., sei es als Geschenk oder als Darlehen», irgendetwas anzunehmen. Der «Geldverkehr mit Fürstenberg» dagegen «war ein rein kommerzieller und fand in Kopenhagen statt, offen vor aller Augen».[17]

Parallel-Verbindungen

Tatsächlich dürfte das Beziehungsgefüge, das zwischen deutschen Stellen und Vertretern der Bolschewiki während des Krieges entstand, noch weit komplexer und vielgleisiger gewesen sein als bisher beschrieben.

Eine eigenständige, wichtige Rolle dürfte zum Beispiel Gustav Mayer gespielt haben, der als «unabhängiger Beobachter» im Auftrag des AA (für das er zuvor im besetzten Belgien tätig gewesen war) im Juni 1917 nach Stockholm geschickt wurde. Mayer, ein jüdisch-patriotischer Sozialliberaler und früherer Redakteur der «Frankfurter Zeitung», war insbesondere durch seine Arbeit an einer Biographie Friedrich Engels' in den Vorkriegsjahren mit führenden Köpfen der deutschen und internationalen Sozialdemokratie in Kontakt gekommen. Rekrutiert wurde Mayer durch einen Bekannten namens Nasse, der Mitarbeiter Rombergs an der Schweizer Gesandtschaft war. Aus Stockholm schickte Mayer regelmäßige Berichte und stellte seine «absolut unverdächtige Adresse» zur Verfügung: «Briefe, Manuskripte, gelegentlich auch Geldsendungen sollten mir von Zeit zu Zeit durch die Post oder auch durch Boten, vorwiegend weibliche, zugehen und ungeöffnet aufgehoben werden, bis entweder er (Nasse) selbst oder ein von ihm legitimierter Bote sie abholte.»[18]

Bald hatte Mayer mit Radek, den er von früher kannte, einen lebhaften Gesprächskontakt hergestellt. Als bei der fehlgeschlagenen Stockholmer Friedenskonferenz ein deutscher Gewerkschafter Radek vor Mayer warnte, weil der mit dem Berliner Außenamt in Verbindung stehe, habe jener kühl geantwortet: «Mayer wird sicherlich dem Auswärtigen Amt nur das schreiben, wovon er selbst wünscht, dass man dort davon Kenntnis nimmt.»[19] So berichtete es Radek selbst nachher Mayer. Das war sein typischer, ebenso sorgloser wie geschickter Stil: Durchblicken zu lassen, dass er um die geheimen Missionen und Beziehungen seiner Gesprächspartner Bescheid wusste, und gerade durch diese Offenheit eine Art von Intimität herzustellen.

Tatsächlich gelang es Radek, Mayer in ganz ähnlicher Weise in seinen Bann zu ziehen wie zur gleichen Zeit Paquet. In Briefen an seine Frau rühmte Mayer Radek als «die stärkste geistige Persönlichkeit, der ich hier bisher begegnet bin». Auch sein schwärmerischer Tonfall ähnelte dem Paquets: «Wie sich ihm [Radek] die Personen, die eigene inbegriffen, ganz den großen Zeitströmungen unterordnen ... – das liegt heute nur noch Ostjuden und Russen. Sie allein tragen noch weite Flächen unbestellten Brachlandes in der Seele, dort, wo seit Generationen bei uns jedes Grundstück bebaut, jeder Garten bestellt ist ... – sie aber, die Neuen, die Jungen, ihnen ist die heutige Welt, an der sie keinen Teil haben, dem Untergang geweiht. Aus Krieg und Revolution sehen sie die Umrisse einer neuen Welt auftauchen».[20]

Im Juli wurde Mayer vom Berliner AA eine erweiterte, «wirklich selbständige und großzügige Mission» übertragen, deren Gegenstand die «weltgeschichtlichen Ereignisse, die sich im Osten vorbereiteten», waren. Gleich nach seiner Rückkehr waren er und seine Frau «zum Tee die Gäste der Familien Radek und Hanetzki-Fürstenberg in Neglingen». In diesem mondänen Vorort von Stockholm hatte Fürstenberg im Frühjahr (mit Hilfe des schwedischen Genossenschaftsbankiers Olof Aschberg*, der auch dort wohnte) eine Villa gemietet. «Hinterher begleiteten Radek und Frau uns bis an das nahe Parktor der Villa, die Doktor Fritz Warburg, bei dem wir an diesem Abend speisen sollten, sich für den Sommer gemietet hatte. An dem warmen Augusttag stand das Ehepaar Warburg mit seinen Kindern ... in der Nähe der Eingangspforte, und so fehlte nicht viel dazu, dass die ‹kommunistische› Internationale uns der ‹kapitalistischen› direkt übergeben hätte. So wenigstens beurteilten die spaßhafte Situation ... Herr und Frau Radek.»[21]

Gut möglich, dass in dieser launigen Anekdote, aufgeschrieben dreißig Jahre und einen Weltkrieg später, ein diskreter Hinweis lag. Jedenfalls war Fritz Warburg nicht nur als Mitglied der bekannten Hamburger Bankiersfamilie, sondern auch als Mitarbeiter der deutschen Gesandtschaft wohl derjenige, der für die «geschäftlichen» Operationen während des Krieges in und über Skandinavien zuständig war. Andererseits war die Villa in Neglingen, die die Familien Hanecki und Radek als Auslands-Repräsentanten der Bolschewiki bewohnten, im Sommer 1917 noch immer zugleich die Stockholmer Adresse des Export-Import-Kontors, in dessen Auftrag der aus Kopenhagen ausgewiesene Hanecki oder seine Frau Gisa als Chefbuchhalterin Dutzende (von der Provisorischen Regierung abgefangene) Telegramme und Überweisungen nach Petrograd schickten. Und noch immer bestand ihr Geschäft zum wesentlichen Teil in einem illegalen Handel mit deutschen Waren, der die fortbestehenden Blockaden und Restriktionen unterlief.[22]

Der Moor und seine Schuldigkeit

Gleich nach seiner Ankunft im Mai war Mayer von Nasse auch mit Karl Moor bekannt gemacht worden – und hatte aus dem Ton, in dem die beiden miteinander sprachen, geschlossen, «dass sie schon früher zusammen gearbeitet haben müssten».[23] Mittlerweile steht fest, dass

---

* Olof Aschberg ist eine weitere interessante Figur im Gesamttableau der bolschewistisch-deutschen Weltkriegskontakte. Seine genossenschaftliche «Nya-Bank» war die Hausbank für Helphands und Haneckis Kopenhagener Handelskontor. Sie unterhielt wiederum enge Geschäftskontakte mit der «Russisch-Asiatischen Bank» Krassins. Nach der Machtergreifung der Bolschewiki wurde Olof Aschberg zum externen Hauptbankier des unter alliierter Blockade stehenden sowjetischen Außenhandels, was ihm in der zeitgenössischen Presse Bezeichnungen wie «Bankier Lenins» oder «Bankier der russischen Revolution» eintrug.

der vermögende Schweizer Sozialdemokrat Karl Moor, der Lenin seit 1913 persönlich kannte und ihm bei seiner Übersiedlung 1914 mehrfach behilflich war (indem er vor den Behörden für ihn bürgte, ihm mit einer Kaution aushalf oder seiner Vertrauten Inessa Armand eine Wohnung besorgte), unter dem Decknamen «Baier» eine eigene und sehr vielfältige Rolle im deutsch-bolschewistischen Beziehungsgefüge der Jahre 1917/18 und über das Kriegsende hinaus gespielt hat.

Geboren 1852 als uneheliches Kind eines adeligen deutsch-österreichischen Offiziers und einer Schweizerin, war Moor ein Sozialist eigener Prägung mit starken, gegen die bürgerlich-kapitalistischen Mächte des Westens gerichteten Affekten. Sein Bericht von der Stockholmer Konferenz im Frühsommer 1917 an die Wiener Hofbürokratie, mit der er ebenso in Verbindung stand wie mit dem Berliner Außenamt, ist nachgerade tragikomisch in seinem leidenschaftlichen Plädoyer für eine Verbrüderung der Arbeiter, die «von den imperialistischen Regierungen und Kreisen Englands und Frankreichs zu vereiteln gesucht wird». Dahinter stehe «die *blasse Angst* der imperialistischen Kriegshetzer in Frankreich und England, das internationale Proletariat, das heute zerklüftet und gespalten ist, das sich heute zu Nutz und Frommen des Götzen Kapitalismus noch immer abschlachtet, könne sich wieder verständigen».[24]

Im August 1917 bot Moor – angeblich aus einer privaten Erbschaft – der Stockholmer «Auslandsvertretung» der Bolschewiki über Nikolai Semaschko (den späteren Kommissar für Gesundheitswesen) eine Summe von 230 Tausend Mark zur Unterstützung ihrer internationalen Propaganda an. Lenin schrieb aus seinem konspirativen Quartier in Finnland, in das er sich wegen der Anklage der Provisorischen Regierung zurückgezogen hatte, betont streng zurück: «Ist vollständig und absolut erwiesen, dass er ehrlich ist? Dass er niemals direkt oder indirekt mit den deutschen Sozialimperialisten angebändelt hat oder das jetzt tut? Wenn es stimmt, dass Moor sich in Stockholm aufhält, und wenn Sie mit ihm bekannt sind, dann würde ich Sie sehr, sehr bitten, inständig bitten, eindringlich bitten, alle Maßnahmen zu ergreifen, um das strengstens und an Hand von Dokumenten zu prüfen.»[25]

Tatsächlich war das nur als dringende Mahnung zu verstehen, sicherzustellen, dass keine kompromittierenden «Dokumente» bei der Transaktion entstanden. Jedenfalls ist nach mittlerweile publizierten Akten des Zentralkomitees der KPdSU diese knappe Viertelmillion im Spätsommer 1917 den Bolschewiki zugeflossen und dürfte zur Finanzierung der in Stockholm produzierten Publikationen wie der «Korrespondenz-Prawda» und dem Bulletin «Bote der Russischen Revolution», gedient haben.²⁶ Allerdings scheint bei dieser Großsubvention tatsächlich privates Vermögen Moors mit eingeflossen zu sein. Moor hat jedenfalls später als Pensionär in Moskau seine persönlichen Unterstützungsleistungen an die Bolschewiki genau datiert, beziffert und zurückgefordert.²⁷

Fest steht auch, dass Moor alias «Baier» derjenige war, der am 15. November, nur Tage nach der Machtergreifung der Bolschewiki, einen Hilferuf Worowskis an Romberg in Bern weiterleitete: «Bitte dringend Versprechen einlösen, engagiert uns darauf hin, da große Anforderungen gestellt wurden.»²⁸ Einen Tag später telegrafierte Romberg: «Auf sicherem Wege gehen von hier inzwischen die erbetenen Hilfsmittel nach oben ab.» Um am 28. November noch einmal aus Berlin zu hören, dass die «Regierung in Petersburg mit großen finanziellen Schwierigkeiten zu kämpfen» habe: «Es ist daher sehr erwünscht, ihr Geld zuzuführen.»²⁹ Anfang Dezember sind dann (über Riezler) jene 15 Millionen an frischen Hilfsgeldern angeboten und offenbar auch angenommen worden, mit denen der Weg zum Waffenstillstand in Brest geebnet wurde.

Deutsche Zersetzungspropaganda

Die parallele Wirkung der bolschewistischen und der deutschen Schützengrabenpropaganda lässt sich im übrigen sehr plastisch aus den täglichen Berichten der Politischen Abteilung III b des Oberkommandos Ost über die Situation an den verschiedenen Frontabschnitten im Spätsommer und Herbst 1917 rekonstruieren.

Darin ergibt sich das Bild eines vielseitigen, beinahe intimen Verkehrs der beiden Rumpfarmeen über die Schützengräben hinweg. Mal waren es die «Soldaten und Bürger der freien russisch-revolutionären Armee», die sich bei Baranowitschi brieflich an die «Kameraden des monarchischen Heeres» richteten und sie «in zuvorkommender Form auf die Schrecken des Krieges und auf die Schuld der Monarchen» hinwiesen, mit der Bitte, «für eine alsbaldige Beendigung des Krieges zu sorgen».³⁰ Häufiger waren es aber die deutschen Propagandaoffiziere, die die Gegenseite bearbeiteten und feststellten: «Unsere Zeitungen werden dankbarst angenommen»³¹ – schon wegen des steten Mangels an Information und Unterhaltung in den russischen Schützengräben. Gruppen von Soldaten und Unteroffizieren kamen trotz Verbots in die deutschen Gräben und erklärten bereitwillig, dass sie alle Schießbefehle verweigert hätten, nicht selten unter physischer Bedrohung oder Ausschaltung der eigenen Offiziere und kampfbereiter Einheiten. Das materielle Band zwischen den Fronten war der Handel mit

Vom Weltkrieg zum Bürgerkrieg 127

Deutsches Pressephoto vom Dezember 1917 / Januar 1918

Rasierzeug, Seife, Präservativen, Uhren oder Lebensmitteln, der von den deutschen Stellen bewusst gefördert wurde und – zumal dann in der Zeit des Waffenstillstands – ein beachtliches Volumen annahm.

In den Berichten vom 9. November 1917, dem Tag nach dem bolschewistischen Umsturz in Petrograd, heißt es: «Soweit bisher erkennbar, wissen die russischen Truppen an der Front ... noch nichts über die Vorgänge im Inneren. Unsere Propaganda hat befehlsgemäß eingesetzt.» Am 11. November wird befriedigt festgestellt: «Kampf Kerenski – Lenin ist im Gang. Armeekomitees und höhere Führer sind zum großen Teil *für* die Provisorische Regierung. Den Truppen werden Unterhaltungen stellenweise verschärft verboten; in den meisten Fällen haben sie durch unsere Propaganda den Umsturz erfahren und ihn mit Jubel begrüßt in der sicheren Erwartung des Friedens.» [32]

Die Waffenstillstandsverhandlungen, die Ende November an den einzelnen Frontabschnitten begannen, schufen rasch vollendete Tatsachen. Sie trugen über weite Strecken das Gepräge einer einseitigen Kapitulation. In der «Illustrierten Kriegs-Chronik für das Daheim» las sich das etwa so: «Es war gegen 11 Uhr vormittags, als der Telephonist aus seinem Bau gestürzt kam und uns zurief: ‹Friede! Gefechtsmeldung: auf dem russischen Brückenkopf drei weiße Fahnen. Russische

Kapelle spielt auf der Brustwehr, russische Offiziere sind zu unserem Brückenkopf hinübergestiegen, wollen wegen Waffenstillstand verhandeln!› ... Es war Tatsache: sämtliche Stützpunkte zeigten weiße Fahnen; auf der gesprengten Brücke verhandelten deutsche und russische Offiziere ... ‹Friede! Friede!› Aus den Unterständen dringt freudiger Gesang. Dazwischen aber laut und lauter, ein Lied, wildtrotzig, als seien die Augusttage 1914 wiedergekehrt: ‹Frankreich, ach Frankreich, wie wird's dir ergehen ...›.»[33]

Diese Wendung des – natürlich der Durchhaltemoral verpflichteten – Berichts ließ immerhin etwas von der Doppeldeutigkeit der Situation ahnen.

Lenin als Hoffnungsträger

Nicht nur die deutschen Frontberichte waren gegenüber der Machtergreifung der Bolschewiki eindeutig positiv gestimmt und noch kaum von Besorgnissen getrübt. Kaum anders sah es in der allgemeinen Öffentlichkeit aus. Die offiziöse «Norddeutsche Allgemeine Zeitung» schien sich geradezu in der Sprache eines neuen Zeitalters üben zu wollen, wenn sie unter der Schlagzeile «Chaos in Petersburg» meldete: «Das Ziel, für das das Volk kämpfte, nämlich Vorschlag eines sofortigen demokratischen Friedens, Aufhebung des Rechtes der Grundeigentümer, Land zu besitzen, Aufsicht der Arbeiter über die Erzeugung und Bildung einer Regierung des Arbeiter- und Soldatenrates, ist gesichert.»[34]

Der «Vorwärts» stellte die Errichtung des Rats der Volkskommissare in Russland den Schritten zu einer parlamentarisch gestützten Regierung in Deutschland gleichberechtigt an die Seite und schrieb: «Der 8. November hat Deutschland die erste parlamentarische und Russland die erste proletarische Regierung gebracht. Die neue deutsche Regierung ist nicht denkbar ohne die deutsche sozialdemokratische Taktik, so wie die neue russische den bolschewistischen Methoden ihre Entstehung verdankt. Hier ein schrittweises Vordringen, dort der kühne Taumelsprung in die Stühle der Macht.» Die taktischen Differenzen zwischen russischer und deutscher Sozialdemokratie seien offenkundig «auf entwicklungsgeschichtliche Notwendigkeiten zurückzuführen».[35] Mit anderen Worten: Für Russland mochte nach Lage der Dinge eine Diktatur der «Maximalisten» durchaus das Richtige sein. «Die maximalistische Regierung schafft Ordnung», meldete der «Vorwärts» am 5. Dezember. Und wenige Tage später wurde Lenin den Lesern in einer biographischen Skizze näher vorgestellt, die mit den Worten endete: «Einen solchen Charakter braucht jetzt die russische Arbeiterklasse, wenn sie ihre historischen Forderungen erfüllt sehen will.»[36]

Eine weitere, häufig angeführte Legitimation des Machtumsturzes durch die Bolschewiki findet sich in der Flugschrift «Russland, der kranke Mann» des Nationalökonomen und «Kathedersozialisten» Lujo Brentano systematisch entwickelt.[37] Darin erschien die Oktoberrevolution vor allem als nationale Auflehnung gegen den Ausverkauf Russlands an das anglo-amerikanische Kapital, welches zur Zeit der Provisorischen Regierung zum Ausgleich für die russischen Schulden Gebiete, die «etwa die Größe des europäischen Russland» einnähmen, als Konzession erhalten habe.[38] Die Dekrete der Bolschewiki hätten «mit einem Schlage alle die Pfänder ihres Wertes entkleidet, welche die Erpresser-Freunde des russischen Volkes diesem in seiner Not abgerungen hatten».[39] Dies bedeute «einen sozialen Umsturz, der an Gründlichkeit alle Umwälzungen, von denen die Geschichte berichtet, weit hinter sich lässt».[40] Zwar werde das den Ruin der eigenen russischen Volkswirtschaft mit sich bringen. Dennoch werde auch nach dem Sturz der «Maximalisten» (den Brentano, wie viele, nur für eine Frage von Tagen oder Wochen hielt) keine Regierung künftig «wagen können, dem russischen Volk wieder die Fesseln anzulegen, welche ihm das fremde Kapital, indem es sich seiner Naturschätze bemächtigte, auferlegt» hatte.[41]

Waffenstillstand als verpasste Chance

Dass schon die Einleitung von Waffenstillstandsverhandlungen – nachdem der allgemeine Friedensaufruf der Petrograder Räteregierung ungehört verhallt war – dem Deutschen Reich in dem auf Messers Schneide stehenden Weltkonflikt einen enormen Vorteil verschaffte, war den Führern der Bolschewiki selbstverständlich klar. Sie nahmen das nicht nur in Kauf, sondern verschärften diese Situation durch die einseitige Kündigung aller Bündnisverträge mit den Alliierten, die Kassierung der Kriegs- und Vorkriegsschulden Russlands sowie die Veröffentlichung der «Geheimabkommen» über die alliierten Kriegsziele, was den deutschen Darstellungen über die Ursachen des Weltkriegs stark entgegenkam.

Darin lag ein weitreichendes Angebot. Die Bolschewiki hätten sich offenkundig nicht gescheut, es im Gegenteil sogar vorgezogen, ihre prekäre innere Machtstellung im Rahmen eines großzügigen, notfalls auch provisorischen Arrangements mit dem Deutschen Reich zu festigen. Sinowjew sagte jedenfalls Mitte Februar 1918 in einer internen Debatte im Zentralkomitee: «Rückblickend muss man sagen, dass wir den Frieden im November hätten schließen sollen ... Wir ließen uns viel zu sehr von den Streiks in Wien und Berlin [im Januar 1918] hinreißen und verpassten den Moment.»[42]

Parvus-Helphand, der gegenüber dem republikanischen Russland Kerenskis noch im Sommer 1917 eine rein militärische Lösung und großflächige deutsche Okkupationen nicht ausgeschlossen hatte, plädierte in einer neuen Denkschrift vom 18. November (in der Zeit seiner engen Verbindung mit der Stockholmer Auslandsvertretung der Bolschewiki) entschieden für die Annahme des Friedensangebots der bolschewistischen Volkskommissare. Dies werde die sichere «Sprengung der Entente» durch den Zusammenbruch der französischen und italienischen Kriegsbereitschaft nach sich ziehen und nach einem Teilfrieden zu einer engen Wirtschaftskooperation mit Räterussland führen. Diese Kooperation wiederum werde die Zentralmächte stark genug machen, «um England und Amerika, auch eventuell im wirtschaftlichen Krieg, standzuhalten».[43]

Die deutsche Regierung und die immer selbstherrlicher agierende Militärführung waren jedoch unfähig, die Gunst der Stunde zu erfassen. Ludendorff erklärte jedem, der es hören wollte: «Die russische Revolution ist kein Glücksfall für uns gewesen, sondern die natürliche und notwendige Folge unserer Kriegsführung.» Kaum weniger borniert und selbstzufrieden äußerte sich der neue Staatssekretär des Äußeren Kühlmann in seiner (schriftlich fixierten) Niederschrift zum Vortrag beim Kaiser am 3. Dezember, die sich wie eine kurze Rekapitulation der gesamten deutschen Revolutionierungspolitik im Osten liest:

«Die Sprengung der Entente und in der Folge die Bildung neuer, uns genehmer politischer Combinationen ist das wichtigste diplomatische Kriegsziel. Als schwächstes Glied in der feindlichen Kette erschien der russische Ring; es galt daher, ihn allmählich zu lockern und wenn möglich herauszulösen. Diesem Zweck diente die destruktive Arbeit, die wir hinter der Front in Russland vornehmen ließen, in erster Linie die Förderung der separatistischen Tendenzen und die Unterstützung der Bolschewiki. Erst die Mittel, die den Bolschewiki auf verschiedenen Kanälen und unter wechselnder Etikette von unserer Seite dauernd zuflossen, haben es ihnen ermöglicht, die ‹Prawda›, ihr Hauptorgan auszugestalten und die anfangs schmale Basis ihrer Partei stark zu verbreitern. Die Bolschewiki sind nun zur Herrschaft gelangt; wie lange sie sich an der Macht halten können, ist noch nicht zu übersehen. Sie brauchen zur Befestigung ihrer eigenen Stellung den Frieden; und auf der anderen Seite haben wir alles Interesse daran, ihre vielleicht nur kurze Regierungszeit auszunutzen, um zunächst zu einem Waffenstillstand, sodann wenn möglich auch zum Frieden zu gelangen. Der Abschluss eines Separatfriedens würde die Verwirklichung des erstrebten Kriegszieles, den Bruch Russlands mit seinen Verbündeten, bedeuten. Die Stärke der aus diesem Bruch notwendigerweise sich ergebenden Spannung wird die Intensität des Anlehnungsbedürfnisses Russlands an Deutschland und seine künftigen Beziehungen zu uns bestimmen.»

Kühlmann war sich also sicher, dass gerade das transitorische Regime der Bolschewiki bei Deutschland Anlehnung suchen müsse. Man solle der russischen Räteregierung «durch Gewährung einer größeren Anleihe» gegen entsprechende «Vorschüsse auf Getreide, Rohstoffe usw.» weiter entgegenkommen und insbesondere «bei der Ordnung und der Wiederherstellung der Eisenbahnbetriebe» behilflich sein, allerdings durch eine gemischte, «von uns geleitete Kommission», die den gesamten Warenaustausch zu überwachen hätte. Die Regierung in Wien müsse bei alledem tunlichst ausgeschaltet werden.[44]

Der Vortrag war im übrigen nur die ressortmäßige Antwort auf eine kaiserliche Direktive vom 29. November, die allen Ernstes forderte, «falls es in absehbarer Zeit mit Russland zu Friedensverhandlungen komme, doch zu versuchen, ob wir mit Russland nicht in eine Art Bündnis- oder Freundschaftsverhältnis kommen könnten».[45] Ein Bündnis mit Sowjetrussland also, auf Vorschlag des Kaisers!

«Klarheit» im Osten, Krieg im Westen

Die Crux war, dass alle diese Pläne und Projekte keiner selbständigen Zielvorstellung folgten, sondern lediglich eine Funktion der Kriegführung im Westen waren. Ludendorff hatte gleich nach der Oktoberrevolution den strategischen Entschluss gefasst, im Frühjahr 1918 durch eine Großoffensive in Frankreich die Entscheidung zu erzwingen, noch bevor die amerikanischen Verstärkungen eintrafen. Dafür verlangte er im Osten «klare Verhältnisse ... und schnelles Handeln».[46] Lange Friedensverhandlungen mit der Räteregierung lehnte er ab. Er wollte eine sofortige Okkupation der baltischen Gebiete und die Annexion des «polnischen Grenzstreifens», separate Verhandlungen mit den Ukrainern und ein klares Diktat gegenüber den Bolschewiki, die er als bezahlte Marionetten für eine kurze Übergangsperiode ansah.

In Ludendorffs späteren Betrachtungen über «Kriegführung und Politik» wird deutlich, dass dieser Entschluss bereits von bedrängenden inneren und äußeren Zwangslagen diktiert war. Demnach musste die deutsche Reichsleitung alles auf eine Karte setzen, weil nur noch die Aussicht auf einen raschen Sieg das wackelige Bündnis zusammenhalten, den «niedergedrückten Volksgeist» in der Heimat wiederaufrichten und die «Abnahme der kriegerischen Tugenden» im deutschen Heer durchkreuzen konnte. Auch die dramatische Wirtschaftslage habe eine «abwartende Kriegführung» nicht mehr zugelassen. Nach Lage der Dinge konnte die «fehlende Verpflegung ... nur aus der Ukraine genommen werden». Für eine vollständige «Besetzung Russlands», die zu wünschen gewesen wäre, fehlte aber leider «eine starke Verwaltung aus zaristischen Elementen». So die lakonische Beschreibung der Entscheidungssituation im Winter 1917/18 aus Sicht des verhinderten Diktators.[47]

Man sieht, wie die Versuche, alle widerstrebenden Ziele unter einen Hut zu bringen, der Quadratur des Kreises ähnelten. Einerseits sollten Truppen im Osten freigemacht und zur Entscheidungsschlacht an die Westfront geworfen werden. Andererseits mussten dafür Nahrungs- und Rohstoffreserven erschlossen werden, die nur im Osten zu holen waren und weiträumige militärische Okkupationen erforderlich machten. Einerseits sollte die Machtergreifung der Bolschewiki für einen Separatfrieden und die Zerteilung des Russischen Reiches «ausgenutzt» werden, während sie andererseits durch zuverlässige «zaristische Elemente» ersetzt werden sollten, die es aber kaum noch gab.

Dieses uferlose Spiel widersprüchlicher Optionen wurde durch die Tatsache, dass im militärgeschichtlichen Rückblick die Situation der Mittelmächte im Winter 1917/18 erstaunlich günstig war, nur noch weiter angeheizt. Immerhin standen die deutschen Truppen tief auf französischem und (nach den Herbstschlachten) auf italienischem Territorium, rückten auf dem Balkan, in Galizien und im Baltikum weiter vor und fügten durch den entfesselten U-Boot-Krieg der britischen und US-Flotte schwere Verluste zu. Niall Ferguson, der den deutschen Truppen nach Kriterien nackter «militärischer Effektivität» wie «Tötungsraten» usw. beste Zeugnisse ausstellt, bringt die Situation auf den paradoxen Nenner, «dass die Deutschen den Krieg genau deshalb verloren, weil sie ihn bereits beinahe gewonnen» hatten.[48]

Nur aus dieser Spannung von Potentialität und Realität ist wohl auch zu erklären, warum es gerade vor und neben der Aufnahme der Brester Verhandlungen in der engsten Führungsspitze des Reiches zu derart erregten Auseinandersetzungen und hysterischen Szenen kam.*

---

* Ludendorff ließ sich gegenüber dem Kaiser, der zwischen Oberster Heeresleitung und Reichsregierung (die reguläre Friedensverhandlungen und keine einseitigen Annexionen anstrebte) vermitteln wollte, zu «Entgleisungen» verleiten, bei denen er «lebhaft tobte» und mit Hindenburg seinen Rücktritt androhte. Als der Kaiser ihnen das Recht dazu bestritt, erklärte Ludendorff sogar: «Das deut-

Winfried Baumgart meinte sogar, dass die ganze «Uneinheitlichkeit und Halbheit in der deutschen Ostpolitik des Jahres 1918 ... in der Führungskrise im Januar ihren Ursprung» hatte.[49] Aber diese Führungskrise hatte ihren Ursprung in der völligen Überspannung der Situation, die militärisch noch immer günstig genug erschien, um von einem «Endsieg» zu träumen (durch den baldigen Zusammenbruch der französischen Front), aber durch die Machteroberung der Bolschewiki politisch keineswegs leichter, sondern eher noch komplizierter geworden war. Die Perspektiven und Horizonte der deutschen «Weltpolitik» blähten sich im Laufe des Jahres 1918 immer mehr auf, während die realen Handlungsmöglichkeiten immer enger wurden. Vor allem die hypertrophen «Ostraumpläne» waren ein unmittelbares Produkt der Blockierungen und Selbstblockierungen im Westen.

Deutsche und alliierte Hysterien

Die schwankenden und überspannten Selbsteinschätzungen der deutschen Politiker und Militärs fanden ihr genaues Pendant in den von Panik geprägten Lageeinschätzungen und Ausblicken der Alliierten, die fest davon überzeugt waren, dass die Machteroberung der Bolschewiki eine «deutsche Revolution auf russischem Boden» gewesen sei. Der britische Generalstabschef Robertson etwa hielt es für sicher, dass ein deutsch-bolschewistischer Separatfrieden die Aussichten auf einen alliierten Sieg im Jahre 1918 – trotz der frischen amerikanischen Truppen – zunichte machen werde.[50] Eine Denkschrift des Marschalls Foch vom Dezember 1917 malte in grotesker Weise die Gefahr einer deutschen Durchdringung Sibiriens und des Fernen Ostens aus.[51] Der im Januar 1918 aus Petrograd ausgewiesene britische Botschafter George Buchanan hielt es geradezu für eine Frage von Leben und Tod («a matter of life and death»), den drohenden Brester Separatfrieden zu verhindern, denn «eine russisch-deutsche Allianz nach dem Krieg würde eine ständige Bedrohung Europas und ganz besonders Englands bedeuten».[52] Eine Denkschrift des französischen Außenministeriums vom Februar 1918 konstatierte ebenfalls, dass eine Organisierung Russlands durch Deutschland für die Zukunft eine noch furchtbarere Bedrohung darstelle als für den gegenwärtigen Moment. Die japanische Regierung war sogar davon überzeugt, Deutschland werde nach

---

sche Volk steht mir höher als die Person des Kaisers.» Nur der neue, reaktionäre Kabinettschef von Berg war in der Lage, dem Kaiser den Gedanken auszureden, nun seinerseits abzudanken. (Szenen und Zitate samt Quellenverweisen bei *Winfried Baumgart, Deutsche Ostpolitik 1918*, Wien-München 1966, S. 18 ff.).

Russland auch China, die Mongolei und die Mandschurei kolonial durchdringen; und Außenminister Goto sah eine bipolare Welt voraus, in der die Vereinigten Staaten als atlantisch-pazifische Seemacht und Deutschland als eurasische Kontinentalmacht sich gegenüberstehen würden.[53]

Im Januar, nachdem die Verhandlungen in Brest in ihre erste Krise geraten waren, während die Bolschewiki die gegen sie stehende demokratische Mehrheit der im Dezember gewählten Nationalversammlung auseinandergejagt und ihre einseitige Machtusurpation befestigt hatten, versuchten Vertreter der Alliierten in Petrograd – wie der amerikanische Gesandte Francis oder die britischen Nachrichtenoffiziere Sidney Reilly und Bruce Lockhart –, doch noch mit der Räteregierung ins Geschäft zu kommen und den drohenden Separatfrieden durch eigene Gegenvorstellungen zu verhindern. Auch die Verkündung der «Vierzehn Punkte» durch Woodrow Wilson am 8. Januar 1918 war wesentlich von dem Bemühen diktiert, einen deutsch-russischen Friedensschluss durch das Versprechen demokratischer Selbstbestimmung und eines von Amerika geförderten Wiederaufbaus zu torpedieren.

Dabei kam ihnen Trotzki als Außenkommissar zumindest verbal entgegen. Zeitweise sondierte er sogar Möglichkeiten einer erneuten militärischen Kooperation Sowjetrusslands mit den Westalliierten für den Fall einer von Deutschland gestützten Konterrevolution, freilich in der deutlichen Absicht, diese Eventualität als Drohkulisse aufzubauen und so die eigene Verhandlungsposition in Brest aufzubessern. Letztlich war klar, dass die westlichen Regierungen zu einer formellen Anerkennung der bolschewistischen Machtusurpation auf keinen Fall bereit waren. Im Gegenteil: Auf britischer und französischer Seite wurden noch im Dezember 1917 vollkommen anachronistische, geheimvertraglich fixierte Pläne ausgearbeitet, um die Zeit der Wirren und des Weltkriegs für die Aufteilung ganz Russlands in halb-koloniale Interessensphären zu nutzen, eben weil die Mittelmächte Entsprechendes zu planen schienen.

Die deutsche Seite zeigte sich von diesen diplomatischen Zwischenspielen ohnehin unbeeindruckt und wurde durch sie in ihren eigenen «Ostraumplänen» eher noch beflügelt. Wenn sie schon um ihre eigenen Zwangslagen nicht genau wusste, so doch um die ihrer Partner, der Bolschewiki.

2. Russland, ein Wintermärchen

Für ein tieferes Verständnis der Triebkräfte und Motive des Umbruchs in Russland war unter den Bedingungen des andauernden Weltkriegs wenig Raum. Dafür wurden unter der Fahne der Kriegsziel-Diskussionen noch einmal eine Reihe älterer wissenschaftlicher Streitfragen über das Verständnis Russlands und der russischen Geschichte ausgetragen. Der in der Vorkriegszeit bereits entbrannte Kampf der «Schulen» war schon in den ersten Kriegsschriften mit immer schärferen polemischen Überspitzungen weitergeführt worden und kulminierte in der Interpretation der russischen Revolutionen des Jahres 1917 sowie in den Schlussfolgerungen für eine deutsche Ostpolitik.

Den Gegnern eines friedlichen Ausgleichs mit Gesamtrussland, die von Paul Rohrbach und Theodor Schiemann angeführt wurden, trat der Tübinger Mediävist Johannes Haller zur Seite, auch er baltendeutscher Herkunft. Ausgangspunkt war die von Schiemann entwickelte und von Haller nun weiter ausgeführte These, dass das Russische Reich insgesamt eine künstliche Schöpfung und daher bestimmt sei, in seine «natürlichen historischen und ethnischen Bestandteile» (so Rohrbach) auseinander zu fallen – oder eben zerlegt zu werden.[1] Die Charakterisierung des Zarenreichs als Völkergefängnis verband sich darin mit einem entschieden negativen Urteil über die Großrussen und «Moskowiter» als Träger dieses Staatswesens. Alles, was in der Geschichte Russlands zukunftsweisend und aufbauend gewesen sei, verdanke sich germanisch-deutschen Einflüssen, und dies bis in die jüngste Gegenwart hinein.

Alle drei Autoren waren keineswegs dem äußersten reaktionären Spektrum des Wilhelminischen Reiches zuzuordnen. Mit den Vertretern «alldeutscher» Weltmachtpolitik lagen sie in teilweise heftiger Fehde. Dagegen berührten ihre Auffassungen sich mit den national- oder sozialliberalen Mitteleuropa-Konzeptionen eines Walther Rathenau oder Friedrich Naumann, wie sie auch der Kriegspropaganda der deutschen Sozialdemokratie entgegenkamen, solange es um den Kampf gegen den «zaristischen Despotismus» ging.

Kriegsziele und Lehrmeinungen

Die Ereignisse des Frühjahrs 1917 schienen die Thesen dieser Autoren über das innerlich morsche Zarenreich glänzend zu bestätigen. Tatsächlich seien doch, wie Paul Rohrbach genüsslich feststellte, «all die Leute bei uns, die man in Russland spöttisch die deutschen Neo-Russophilen, die neuen Russenfreunde nannte ..., beim Ausbruch und bisherigen Verlauf der Revolution mit Pauken und Trompeten durch ihr russisches Examen gefallen».[2]

Gemeint waren weniger die linken Kritiker imperialer Ostraumpläne als vielmehr der konservative Exponent des akademischen und publizistischen Gegenlagers, Otto Hoetzsch. Dessen Prognosen einer evolutionären Fortentwicklung und Modernisierung des Zarenreiches schienen durch die umstürzenden Ereignisse tatsächlich deutlich dementiert. Allerdings hatte Hoetzsch in seinem Russlandbuch von 1913 diese Aussichten ausdrücklich an die Bedingung geknüpft, dass «eine längere Zeit des äußeren Friedens ... Russland dazu beschieden sein» müsse.[3] Anfang 1917 erschien daher eine überarbeitete und ergänzte Neuausgabe. Hoetzsch bekräftigte noch einmal seine grundlegende Auffassung des Russischen Reiches als eines «Kompositstaates», der in seiner wesentlichen kulturellen Substanz dem europäischen Kulturkreis zuzurechnen sei und der selbst gegenüber seinen russischen wie nicht-russischen Untertanen die Funktion der Europäisierung wahrgenommen habe. Durch vorsichtige Korrekturen seiner allzu etatistisch-zentralistischen Sicht der Entwicklungen nach 1905 versuchte Hoetzsch, die Einwände zu entkräften und seine evolutionären Zukunftserwartungen für die Zeit nach dem Weltkrieg auf sicherere Füße zu stellen.

Hoetzsch' politisch-publizistische Position war während des Krieges, wie bemerkt, keineswegs schwächer als die seiner Kontrahenten. Abgesehen von seiner Stellung als außenpolitischer Hauptkommentator der «Kreuz-Zeitung» war er Mitarbeiter im Kriegspresseamt, was ihm, nicht anders als seinen baltischen Gegenspielern, Zugang zu hohen und höchsten Stellen in Politik, Wirtschaft und Militär verschaffte.[4] Trotz der Bündnistreue der Provisorischen Regierung gegenüber den Alliierten hielt er auch nach dem Ausbruch der Februarrevolution an seiner russisch-zentralistischen Orientierung fest. Die Unterstützung der ukrainischen, baltischen und kaukasischen Unabhängigkeitsbewegungen, für Haller und Rohrbach das Wichtigste überhaupt, war für ihn eine kurzsichtige und schädliche Sache. Umso aufmerksamer verfolgte er den Dualismus, der sich zwischen der Provisorischen Regierung und dem Petrograder Arbeiter-und-Soldaten-Rat entwickelte, und sagte voraus, dass die Masse der Bauern Russlands nicht den bürgerlichen Liberalen und Sozialpatrioten, sondern den radikalen, friedensbereiten Sozialisten folgen werde.

So kam die Machteroberung der Bolschewiki im Oktober/November, «der neue Staatsstreich, mit dem die zweite Hauptphase der russischen Revolution beginnt», für Hoetzsch weniger unerwartet als für seine Konkurrenten. Zwar schien ihm das bolschewistische Programm «eines schon in den Anarchismus übergehenden extremen Sozialismus» kaum aussichtsreich, geschweige sympathisch, erst recht nicht in einem so agrarisch und patriarchal geprägten Land wie Russland. Dennoch riet er der deutschen Reichsleitung, die von der Räteregierung angebotenen Verhandlungen über einen Sonderfrieden möglichst großzügig zu führen. Auch wenn das Regime Lenins ein Übergangsphänomen bleibe und Russland sich über kurz oder lang in eine «Bauern-Republik oder -Monarchie» umwandeln werde, müsse man einen Friedensschluss so weitsichtig anlegen, «als wenn wir ihn schon mit den Nachfolgern der Bolschewiki ... schlössen». Es bestehe die historische Chance, eine «Verständigung mit Russland über das ganze Osteuropa und einen großen Teil von Asien» zu erzielen, die auch «die Brücke zur japanischen Macht schlagen» könnte.[5] Vorstellungen wie diese, die den Alpträumen der westlichen Politiker und Generalstäbe ziemlich nahe kamen, machen noch einmal den imperialen Horizont der (scheinbar gemäßigteren) Position von Hoetzsch und anderen Verfechtern einer großangelegten deutsch-russischen Verständigung deutlich.

Die Reichspolitik in ihrer jeweiligen, akuten Widersprüchlichkeit folgte letztlich weder den Empfehlungen Hoetzschs noch denen Rohrbachs, sondern versuchte, die eine mit der anderen Option zu kombinieren. Das Brester Friedensdiktat gegenüber Sowjet-Russland und der Parallelvertrag mit der halb fiktiven Regierung einer unabhängigen Ukraine entsprachen äußerlich den Vorstellungen Rohrbachs, der allerdings Wert auf eine tatsächliche nationale Unabhängigkeit und Entwicklung der nicht-russischen Minderheiten legte. Kiew in der Zeit der deutschen Okkupation und des weißen Hetman Skoropadski erschien ihm bei einem Besuch im Sommer 1918 als Karikatur all dessen, was er vorgeschlagen hatte, und erfüllte ihn mit bitter-defaitistischen Stimmungen.[6] Das beharrliche Festhalten der Reichsregierung an vertraglichen Beziehungen mit der bolschewistischen Regierung entsprach dagegen mehr der von Otto Hoetzsch verfolgten Linie. Gerade diese Kombination zweier (oder mehrerer) widersprüchlicher Politiken machte die heillose Überspannung der deutschen Ostpolitik in der letzten Kriegsphase aus.

Russland, ein Wintermärchen

Jenseits aller Debatten um Kriegsziele, aller Hasspropaganda und allen Kulturdünkels hatten gerade die Jahre des Weltkriegs aber auch eine neue, intensive Hinwendung zu jenem «geistigen Russland» gebracht, das man seit der Jahrhundertwende erst richtig entdeckt hatte.

So eröffnete Herman Kranold im Mai 1917 einen Überblick über die vorhandene Russlandliteratur mit der Klage, die Ereignisse des Krieges und der Revolution hätten «auch dem Skeptiker dargetan, dass unsere deutsche Unkenntnis von den russischen Angelegenheiten noch viel katastrophaler ist, als man bisher geglaubt hat», um seinen Durchgang durch die an sich ganz beachtliche Literaturliste mit der Bemerkung zu schließen: «Wenn er (der Laie) dann tiefer eindringen will und sich vollsaugen mit der eigenartigen Schönheit des russischen Lebens und russischen Ringens, dann lasse er all die gelehrten Bücher beiseite, dann sperre er all die Scharteken in einen feuersicheren Schrank und gehe hin und lese die großen russischen Dichter, von Puschkin und Gogol über Dostojewski und Tolstoi bis zu dem Giganten Turgenjew».[7]

In dieser Formel steckten eine Vielzahl fixer Assoziationen: dass man Russland mit dem Verstande nicht fassen könne, sondern mit der Seele suchen müsse; dass alles Wissen über Politik, Ökonomie oder Soziales nur eine Oberfläche sei, unter der das eigentliche, religiöse, ursprüngliche, allein von seinen Dichtern beschriebene Russland lebte und weste; und dass man nur durch Vermittlung seiner großen Geister mit diesem Land und Volk in eine lebendige, bereichernde Beziehung treten könne.

Thomas Mann entwarf in seinen «Betrachtungen eines Unpolitischen» das Breitwandpanorama einer deutsch-russischen «Wahlverwandtschaft», die gerade im Krieg erst ihre eigentliche zukunftsweisende Bedeutung entfalte: «Welche Verwandtschaft in dem Verhältnis der beiden nationalen Seelen zu ‹Europa›, zum ‹Westen›, zur ‹Zivilisation›, zur Politik, zur Demokratie!»[8] Er schloss daraus unmittelbar auf die Notwendigkeit eines politischen Zusammengehens: «Nein! Wenn Seelisches, Geistiges überhaupt als Grundlage und Rechtfertigung machtpolitischer Bündnisse dienen soll und kann, so gehören Russland und Deutschland zusammen: ihre Verständigung für jetzt, ihre Verbindung für die Zukunft ist seit den Anfängen des Krieges der Wunsch und Traum meines Herzens, und mehr als eine Wünschbarkeit: eine weltpolitische Notwendigkeit wird diese Verständigung und Verbindung sein, falls ... der Zusammenschluss des Angelsachsentums sich als dauerhaft erweisen sollte.»[9]

Leo Tolstoi. Schabkunstblatt von Ulrich Weber, 1910

Dass dieser Weltkrieg die existenziellste aller Prüfungen sei, worin das «unpolitische» Wesen Deutschlands sich gegen seine endgültige Vernichtung durch die triumphierende Demokratie, Literatur, Zivilisation und Politik des Westens zur Wehr setze, davon handelten die «Betrachtungen» ja insgesamt. Thomas Mann beendete das Buch am Tag des Waffenstillstands mit der bolschewistischen Räteregierung. Er schloss mit dem Schlachtruf: «Friede mit Russland! Friede zuerst mit ihm! Und der Krieg, wenn er weitergeht, wird weitergehen gegen den Westen allein, gegen die ‹trois pays libres›, gegen die ‹Zivilisation›, die ‹Literatur›, die Politik, den rhetorischen Bourgeois.»[10]

Die Repräsentativität dieser Vorstellungen lag weniger in der konkreten Bündnisperspektive, die da politisch-unpolitisch beschworen wurde, als vielmehr im Tenor des Textes insgesamt. Über keinen anderen Kriegsgegner, außer über Russland und die Russen, wäre es überhaupt denkbar und erlaubt gewesen, so zu sprechen – weniger aus Gründen der Kriegszensur (die es natürlich auch gab), als im Sinne einer gesellschaftlichen Konvention. Dabei ging es nicht um bloße Sympathien, sondern um Identifikationen und Einvernahmen, für die man in der Literatur anderer Länder und Zeiten kaum Parallelen findet.

«Ist nicht der Russe der menschlichste Mensch? Ist seine Literatur nicht die menschlichste von allen – heilig vor Menschlichkeit?»[11] So wie Thomas Mann im Jahre 1917 über die Russen sprach, hätte sein feindlich-familiäres Alter Ego, der «Zivilisationsliterat» und «demokratisch-republikanische Brandrhetor» Heinrich Mann, über die Franzosen weder sprechen können noch wollen oder auch dürfen. Dessen 1915 erschienener «Zola»-Essay hielt sich eher im metaphorisch Allgemeinen, für Eingeweihte deutlich genug, aber unter weitgehendem Verzicht auf explizite geistig-politische Geständnisse und Proklamationen. Die Ausfälle Thomas Manns galten denn auch weniger dem Text als dem Subtext, worin Bruder Heinrich sich als Agent des Feindes zu erkennen gebe. Nachdem die «militärische Invasion der Zivilisationstruppen missglückte», sei Deutschland Objekt einer geistigen Invasion und Subversion, «die möglicherweise bei weitem stärkste und überwältigendste *politische* Invasion des Westens, die je deutsches Schicksal geworden ist».[12] Russland, auch und gerade das bolschewistische Russland, erschien demgegenüber nicht nur als ein potentieller politischer Verbündeter, sondern als ein weiter geistiger Raum, in dem das deutsche Wesen sich mit unverbrauchter, spiritueller Kraft und konservativ-revolutionärem Elan aufladen und bereichern konnte.

Bolschewismus und russischer Geist

Auch ein Gutteil der frühen Interpretationen des Bolschewismus stand im Zeichen des zur deutschen Weltkriegsideologie gehörenden Versuchs, das «geistige Russland» für das wahre Russland zu nehmen und in den Werken Tolstois oder Dostojewskis den Schlüssel zu den Ereignissen der Gegenwart zu finden.

Einer der ersten und agilsten in der Zunft der deutschen «Russlandkenner» war der aus dem Zarenreich übergesiedelte Karl Nötzel, der, einem Rezensenten zufolge, dort «nicht nur in den Salons der Gesellschaft, sondern in den Hütten der ärmsten Bauern vollkommen zu Hause» gewesen sei. Deshalb dürfe Nötzel «mit Recht den Anspruch erheben, wertvoller und gründlicher in seinen Darbietungen zu sein als jeder andere Westeuropäer».[13] Und in einer Rezension von Nötzels 1916 erschienenem Buch «Vom einfachen russischen Volke»[14] war zu lesen: «(Es) zeigt uns das Leben eines Volkes auf seiner Erde und belehrt uns über seine tiefe Fremdheit, die uns auch dort eher erschreckt als hinreißt, wo wir sie bewundern, wo wir sie verehren müssen.»[15]

Darin war das Erfolgsgeheimnis Nötzels wie vieler «Russlandkenner» seines Schlages ausgesprochen: das einer zeitgemäßen, höchst artifiziellen Verrätselung. Nötzel brachte in schneller Folge eine Reihe voluminöser Bücher heraus, die sich mit den «Grundlagen des geistigen Russlands» (so der Titel seines bekanntesten Werkes) befassten.[16] Seine 1918 erschienene Arbeit «Tolstojs Meisterjahre. Einführung in das heutige Russland» hatte er laut Vorwort schon vor Ausbruch des Krieges abgeschlossen und angeblich ohne inhaltliche Änderung in den Druck gegeben. «Nichts von dem, was sich inzwischen ereignete, einschließlich der russischen Revolution», stehe im Widerspruch zu dem, was er darin «an Deutungsversuchen des russischen Wesens und russischer Kulturverhältnisse» bereits unternommen habe. Im Schicksal und Charakter Tolstois «als dem Vorleber, dem Vollender russischen Wesens» seien die «Kulturgeschicke» Russlands gültig vorgezeichnet gewesen.[17]

In späteren Büchern hat Nötzel diesen Gedankengang in immer neuen Variationen auch auf das Phänomen des Bolschewismus angewandt. Der Grundgedanke war ebenso schlicht wie vertrackt. Und zwar werde «die soziale Bewegung in Russland seit zwei Jahrhunderten von einer geistig einheitlichen, zwischenständischen Schicht, der sogenannten Intelligenz, geführt». Diese habe in den langen Zeiten ihrer politischen Einflusslosigkeit «die russische Gesellschaftslehre» geschaffen, die sich durch mythische Denkhaltung und eschatologische Heilserwartung auszeichne. Das verbinde sie aber in organischer Weise mit der «Denkart und Seelenrichtung» des ganzen russischen Volkes. Der Bolschewismus sei im Grunde nichts als «die Zusammenfassung und das notwendige Ergebnis der gesamten russischen Gesellschaftslehre», die die Form des offenen «ideologischen Despotismus» angenommen habe, so wie es der «russischen Wesensart» entspreche. Mit dem Experiment des Bolschewismus komme die «Berufung der russischen Intelligenz» zu ihrem tragischen Kulminationspunkt, ihrem Golgatha. Ihre Mission sei es nämlich, so Nötzel (frei nach Dostojewski), «die Kulturmenschheit über diesen Falschweg aufzuklären – indem sie ihn bis aufs letzte selber ausgeht».[18]

Ähnlich, aber geradliniger argumentierte der gleichfalls aus Russland stammende Elias Hurwicz. In seiner Einleitung der 1918 unter dem Titel «Russlands politische Seele» herausgegebenen Aufsatzsammlung, die in Russland bereits 1909 unter dem Titel «Vechi» («Wegzeichen») erschienen war, erklärte er den Zweck dieser nachträglichen Edition so: «Die politische Intelligenz ... ist die politische Seele Russlands. Sie hat, wie Bulgakow mit Recht sagt, der russischen Revolution ‹den ganzen Vorrat an Ideen, die ganze geistige Ausrüstung, alle Vorposten und Scharfschützen, Agitatoren und Propagandisten geliefert».»

Daher, so Hurwicz, biete die Lektüre dieser Selbstkritik der russischen Intelligenz den Schlüssel zum Verständnis der revolutionären Entwicklungen in Russland. Die Autoren hätten nicht nur die Diagnose des krankhaft übersteigerten Radikalismus der Intelligenz geliefert, sondern auch das Mittel der Heilung: «die Notwendigkeit der Berufsauffassung des Lebens, der Selbstzucht, der Geduld und Mäßigung, ... Eigenschaften, die, wie unsere Autoren mit Recht betonen, dem westeuropäischen Menschen alltäglich eigen sind. Ganz besonders sind das Eigenschaften der deutschen Menschen ...» In der Vermittlung dieser Werte habe Deutschland eine kulturelle Mission gegenüber Russland zu erfüllen. Allerdings könne es auch selbst vom russischen Aktivismus und Todesmut lernen, als Gegenmittel nämlich gegen den «Mangel an Zivilmut und oppositioneller Tatkraft», der die Deutschen leider von jeher auszeichne und sie bei der Überwindung «veralteter politischer Lebensformen» behindere.[19]

Eine dritte Interpretation des russischen «Kulturschicksals» lieferte schließlich Arthur Luther, ebenfalls aus Russland stammend, der in den zwanziger Jahren einer der wichtigsten Vermittler und Übersetzer russischer Literatur in Deutschland werden sollte. Seinen Vortrag «Die geistige und politische Vorstellungswelt der Bolschewiki» hatte Luther im Juni 1918 auf der Hauptversammlung der von Hoetzsch und anderen 1913 gegründeten «Deutschen Gesellschaft zum Studium Osteuropas» gehalten, die nach dem Brester Frieden ihre Arbeit wieder aufnahm. Luther stellte die gängige Auffassung in Frage, dass die Herrschaft der Bolschewiki eine kurzlebige Affäre bleiben werde, weil ihre Führer in der Mehrzahl «keine Nationalrussen» seien. In dieser, oft antisemitisch gefärbten Sicht der Dinge lag Luther zufolge ein tiefer Irrtum: «Die Trotzki, Kamenew usw. sind trotz ihrer nicht-russischen Abstammung in ihrer Weltanschauung und ihren Bestrebungen doch rechte Russen, sie sind es auch in ihrem Internationalismus.» Man verkenne in Deutschland nämlich «die suggestive Macht des russischen Geistes ..., der aber gerade auf die feinfühligsten Fremden oft unwiderstehlich wirkt». Schließlich erscheine «unser ganzes westeuropäisches Leben ... eng und klein gegenüber dem uferlosen russischen Idealismus».[20]

Schon Thomas Masaryk habe festgestellt, dass der Marxismus für die Russen keine Doktrin oder Lehre, sondern «schlechterdings Religion, Gegenstand des Glaubens», sei.[21] Wie Tschernyschewski oder Bakunin, «redete auch Tolstoi immer zu allen Menschen aller Völker»; und Gorkis Zeitung habe schon 1905 den Beginn der Weltrevolution verkündet. Die Bolschewiki, so Luther, führten diese Tradition eines russischen Messianismus nur fort – mitsamt seiner despotischen Implikation, «dass jede abweichende Anschauung vom russischen Standpunkt aus als böser Wille, Heuchelei und nur im günstigsten Falle als mangelnde Einsicht angesehen wird».[22]

Allerdings befinde sich Sowjetrussland ökonomisch und sozial in einer Sackgasse. Man glaube «schon im Jahre 2000 zu leben, während man tatsächlich noch nicht einmal bei 1789 angelangt ist», sondern «mitten drin steckt in den Tagen Thomas Müntzers und Jans van Leyden» – eines mittelalterlichen Bauernkrieges und Ketzerwesens also.[23]

Hinter der Milchglasscheibe

Auch Alfons Paquet setzte sich im Frühjahr 1918 für sein von Helphand bestelltes «Buch über Russland» vertieft mit der Geschichte und Kultur des Landes auseinander. Eine erste Gedankenskizze im Tagebuch trug den Arbeitstitel: «Hinter der Milchglasscheibe». Es enthielt in sieben Kapiteln eine Reihe weiträumiger historisch-philosophischer Hypothesen über Russland und die russische Revolution. Demnach hätten sich Absolutismus und Nihilismus in der russischen Geschichte von jeher bedingt. Die jetzige Revolution: «Größter, wildester Sklavenaufstand der Weltgeschichte.» Der Typus des russischen Revolutionärs von Bakunin über Kerenski bis Lenin sei von Verfolgung und Willkür geprägt. «Das Utopische. In den Gefängnissen geboren.» Die Gefängniszelle habe ihnen gewissermaßen als Klosterzelle gedient. Dazu der Einfluss des jüdischen Ghetto-Denkens und die schweren Schicksale der Intelligenz: «Bauern, Arbeiter, Juden: eigentümlichstes aller Bündnisse.» Das Ergebnis seien revolutionäre «Männerbünde», allerdings unter einer bis dato einzigartigen «Beimischung des mannweiblichen Typus».

Hinzu komme die «Vorliebe der Russen für das Eschatologische». So sollte das letzte Kapitel des geplanten Buches «Apokalypse» betitelt werden. In den religionsphilosophischen Schriften Solowjows, Tolstois und Mereschkowskis sei bereits alles vorausgeahnt: «Das Tier», das 42 Monate lang herrschen werde (just solange, wie der Weltkrieg gerade dauerte!). Unter der Herrschaft des «Tieres», des Antichristen, werde sich der Sohn gegen den Vater erheben. Nur: «Wer ist der Antichrist? Wilhelm? Rasputin? Lenin?» Am Ende aller Finsternisse und Prüfungen werde es jedoch heißen: «Neuer Himmel, neue Erde.» Das sei der «‹Himmel auf Erden› der Bolschewiks».[24]

Es wäre sinnlos, die sprunghaft-assoziativen Verknüpfungen dieser handschriftlichen Notizen im einzelnen nachvollziehen zu wollen.

Die Motive werden in Paquets späteren Russlandschriften allesamt wiederkehren. Deutlich sind jedenfalls die Mischung aus Faszination und Schrecken sowie der zentrale Gedanke, dass die russische Revolution ein Paroxysmus des Weltkriegs sei, in dem eine weltgeschichtliche Entscheidung sich ankündige. Das «Licht aus dem Osten» kam in diesem Entwurf nicht mehr als milde Erleuchtung oder als gemessenes «Li», sondern als ein eschatologisches Wetterleuchten.

Die mit Radek verabredete Erkundungsreise nach Petrograd wurde Paquet allerdings vom Auswärtigen Amt nicht genehmigt. Die Konflikte bei den Verhandlungen in Brest spitzten sich zu; die deutschen Armeen rückten auf eigene Faust in der Ukraine und im Baltikum vor. In Finnland war ein Bürgerkrieg zwischen Roten und Weißen ausgebrochen, der alle noch bestehenden Verbindungen weitgehend zum Erliegen brachte. So bot Riezler ihm ersatzhalber eine Kriegsreise nach Finnland an, eventuell «mit gr[oßem] Betrag» – also nicht nur in journalistischer, sondern in politischer Mission. Paquet bekam von der neuen, «weißen» finnischen Regierung das Visum Nr. 0001 – das erste, das überhaupt ausgestellt worden war, wie er stolz vermerkte.

Kriegsreise nach Finnland

Riezlers Auftrag kam nicht von ungefähr. Paquet hatte in Stockholm über den «Pelikan-Club» enge Kontakte mit den Köpfen der finnischen Emigration gepflegt und sich aktiv für die Sache eines unabhängigen Finnland eingesetzt.[25] Das entsprach der Politik des Reiches, das frühzeitig begonnen hatte, in geheimen Militärlagern finnische Legionäre auszubilden und eine nationale Untergrundorganisation aufziehen zu helfen. Über Finnland liefen aber auch alle konspirativen Verbindungen nach Russland, die durch den Bürgerkrieg nun unterbrochen waren.

Das authentische Tagebuch der zehntägigen «Kriegsreise nach Finnland»[26] im Februar/März 1918 und die Berichte Paquets in der «Frankfurter Zeitung»[27] bleiben allerdings hinter der hochdramatischen Schilderung, die Paquet seinen Erlebnissen im nachgelassenen Romanfragment «Von November bis November» später beigelegt hat, deutlich zurück. Die Weißen, vornehmlich Studenten, Bürgersöhne und junge Bauern, erscheinen gut organisiert und sehen mit ihren uneinheitlichen Uniformierungen eher «sportsmäßig» aus. Paquet steht zunächst auf ihrer Seite, denn es ist «wirklich ein Befreiungskampf». Überall beobachtet er, wie die russischen Insignien gelöscht werden, die kaiserlichen ebenso wie die bolschewistischen, ist doch die «soziale rote Fahne der letzte Fetzen, der die russische Herrschsucht verbirgt».

Überall laufen die sportsmäßigen Weißen mit erbeuteten russischen Säbeln und Uniformmützen herum, während jener Nikolai II., dessen Name noch darauf steht, bereits als Gefangener in Sibirien sitzt. «Ein solches Sterben einer Großmacht ist noch nicht dagewesen.»[28]

Aber eine Szene geht ihm nicht aus dem Kopf: der Anblick von achtzig gefangenen Rotgardisten, die erschossen werden sollen, und später der einer großen Gruppe von russischen Soldaten, deren Schicksal ebenfalls ungewiss ist. Es sind Proletarier, Bauern, Hintersassen, Alte und Junge, Bärtige und Knaben, darunter «alle Rassen Russlands». Der Anblick dieses brütenden Unglücks greift ihm ans Herz. Im Roman lässt Paquet seinen Helden einen siegreichen Kampf um die Schonung des Lebens dieser Unglücklichen führen.[29] Im Tagebuch findet sich nichts dergleichen, wohl aber der mitleidig versponnene Satz: «Diesen armen Teufeln möchte ich mehr als den tapfern und selbstbewußten Siegern ... erzählen von den künftigen Zeiten, wo die Flugzeuge mit Hahnenfedern geschmückt wie Fasanen durch die Lüfte fliegen.»[30] Das verweist auf das Leitmotiv des naiven «proletarischen» Utopismus, das auch bei seiner russischen Revolutionsreise später immer mitschwingen wird – und im übrigen auf seine gespaltene Loyalität.

Die große Politik war natürlich etwas anderes. Beim Gespräch mit dem weißen Kommandeur Oberst Ignatius wurde Paquet mit der Frage konfrontiert, warum die deutschen Truppen, wenn sie schon auf Kiew marschierten, nicht gleich auch nach Petersburg durchstießen. Sie könnten sich dort die russische Flotte «billig einverleiben» und ganz Finnland ihrem Machtbereich anschließen. Paquet versprach, diese «Anregungen» nach Berlin weiterzugeben.[31]

Die Schatten des Brester Friedens

Der unter deutschem Diktat schließlich unterzeichnete «Machtfriede» von Brest-Litowsk rief bei Paquet gleichwohl nur «gedrückte Freude» hervor. Einem langen Eintrag vom 9. März zufolge schwindelte ihm vor den Perspektiven, die sich auftaten: «Wir sind vollkommen die Sieger, diktieren die schweren Bedingungen des Siegers u. gehen nun mit Konsequenz alle die weiteren Schritte, die Russland zerstücken und den gliederlosen Rumpf dem Druck der neuen Großstaaten ... u. Gnade ihres Protektors, d[es] deutschen Reiches im Westen, u. Japan im Osten, preisgeben.»

Die Konsequenzen seien ungeheuer: Finnland werde sich eng an Deutschland anschließen. Der englisch-amerikanische Eismeerhandel mit Russland werde dadurch unterbunden. Im Süden werde Russland durch die neue Ukraine und Rumänien vom Schwarzen Meer abgetrennt. Deutschland statt Russland werde also freie Fahrt durch die Dardanellen bekommen. Ein halb türkischer, halb deutscher Schutzstaat werde im Transkaukasus entstehen und die Wege nach Persien und Afghanistan bis hin nach Indien öffnen und sichern. In Litauen, Finnland und wer weiß wo überall würden Hohenzollern-Throne begründet werden. Und so weiter, und so weiter ...

War's nicht genau das, was er sich als romantischer Imperialist immer vorgestellt hatte? Jetzt schien es ihn kaum zu begeistern, im Gegenteil. Als erstes beunruhigte ihn die Frage: «Und wir? Wir ‹Intellektuellen› ...» Alle hätten sie «den Rausch der Macht» gespürt. Und: «Wer einmal von dem Strom der Macht getrunken hat, den Unseligen dürstet immer danach.» Überhaupt sei klar, dass die Zeiten ruhiger Arbeit und schöner Dinge für immer vorbei seien, dass in der Kunst die Zeiten des Rauschs, des Theaterdonners, der Brutalitäten folgen würden, dass man sich unlöslich in Machtkämpfe und politische Ökonomie verstrickt habe. «Das alte Deutschland ist am Ende, so wie einst Merry old England.» Kein Wunder, dass es immer weniger Männer gebe, die noch Zeit und Kraft hätten, Romane, Gedichte oder Dramen zu schreiben. Das sei nur noch «Frauen u. Juden /u. ein paar Industriellen/* vorbehalten».

Der Krieg werde sich zu einem Kampf der Kontinente ausweiten. Und werde Deutschland «in so ausgesprochenem, vorher nie geahntem Maße die Vormacht in Europa, – dann gewinnt ja der Krieg Amerikas an Kraft und Ziel gegen uns». Umso weniger werde man auf «die Früchte des erwarteten Sieges im Westen» verzichten können: auf ein neu gestaltetes Belgien, die lothringischen Eisenerzgruben, die Stützpunkte in Französisch-Westafrika. Und dies einmal erreicht, könne sich niemand mehr «der ungeheuren Aufgabe entziehen, die dann der neue Weltfriede diesem mächtigen Deutschland stellen wird». Die neu erworbenen Provinzen, die Schutzgebiete und verbündeten Staaten würden enorme Kräfte binden. Und wo sei dann noch ein Ende absehbar? «Wo die Grenzen unsrer Pläne, ganze Völker, große Teile des Zarentums u. des nördlichen Germaniens dem neuen deutschen Körper schlechthin einzuverleiben?»

«Oder werden wir verbraucht werden, untergehen in den Kämpfen furchtbarer kommender Revolutionen?» Vielleicht, so hoffte Paquet, werde Deutschland sich ja als dasjenige Land erweisen, welches mit seiner Sozialpolitik, mochte sie auch phantasielos sein, das Gegengift gegen alle Revolutionen bereits erzeugt hatte. Und vielleicht könnten

* Im Original durchgestrichen

die Wirkungen der anhaltenden englisch-amerikanischen Blockade durch die Erschließung der Ukraine und Rumäniens gebrochen werden. Ja, es scheine, als «können wir noch lange Krieg führen ... bis zu den ganz großen, für England furchtbarsten Entscheidungen.» Aber eine Verheißung lag für ihn darin nicht: «Wir sehen heute nur das eine: die Dinge gehen, ohne [die] Menschen zu fragen, blind wie die Nemesis ihren Weg.»[32]

Diese Verzweiflung war nicht aus Defaitismus geboren, sondern gerade umgekehrt aus einer plötzlichen Furcht vor den Folgen eines Sieges, von dem Paquet im Frühjahr 1918 offenbar annahm, dass er dem Deutschen Reich nicht mehr zu nehmen sein werde. Nur dass dieser Sieg immer fortzeugend neue Kriege in sich tragen und eine Lawine von Ansprüchen und Folgelasten mit sich bringen würde, die das Land und seine Menschen völlig überfordern und ihr Leben radikal verändern müssten – und nicht zum Besseren.

Mit Riezler war sich Paquet im übrigen einig, dass Deutschland zunächst seine Siegesstellung im Osten ausbauen müsse, statt eine rasche Entscheidung im Westen zu suchen. Vielleicht wäre es überhaupt besser, nur Gewehr bei Fuß zu stehen, ältere Jahrgänge aus der Armee zu entlassen, das wirtschaftliche Leben in Deutschland wieder anzukurbeln, den «Brotkrieg» in der Ukraine zu verstärken und «genügend Menschen für die Aufgaben in Russland auszusortieren». Und der Entente ansonsten zu sagen: Wir haben Zeit![33]

Stattdessen trafen Meldungen über immer neue Offensiven in Frankreich ein, mit immer monströseren Verlusten. Beide sahen Ludendorff und den «wildesten Militärgeist» am Werke. Gegen den Block aus Industrie, Militär und Übermacht-Ideologen komme keine Kritik mehr an. Weder in der Presse noch bei der Sozialdemokratie gebe es eine Opposition, die sich traue zu fragen: «Wer soll das alles verwalten?» Ganz Deutschland müsse nach dem Sieg ja den Gendarmen spielen.[34]

Aber auch Paquets Wut gegen die Kriegsgegner stieg noch einmal. Ein neuer Siebenjähriger Krieg drohe – nur weil die Kriegsgegner ihre Niederlage nicht anerkennen könnten! Dieser Krieg nehme immer mehr Züge eines Religionskrieges an.[35] Oder vielmehr sei es ein «Krieg der Freimaurerei» – worunter Paquet (gut deutsch-konservativ) eine «Verbindung von Kapitalismus u[nd] Demokratie» verstand, die gegen Deutschland als Kulturstaat gerichtet sei.[36]

Mit dreifachem Auftrag nach Russland

Mit einiger Frustration musste Paquet feststellen, dass Parvus-Helphand, den er Ende März wieder traf, das Interesse an dem vereinbarten Buch bereits verloren hatte und stattdessen von ihm einen «Reisebericht aus Sibirien oder dem Kaukasus» haben wollte, der offensichtlich eher nachrichtendienstlicher Art sein sollte. Die bolschewistischen Führer würden bereits uninteressant. Unter dem Boden ihres Regimes, das sich nach Moskau zurückgezogen habe, entstehe das neue, zukünftige Russland. Kurzum, Paquet sollte die von den Bolschewiki nicht mehr oder noch nicht beherrschten Gebiete im Süden und Osten bereisen und ihm nur sagen, «wie viel Kapital» er für diese Mission brauche.[37]

Als sich Paquet Mitte Mai, nach einem Heimaturlaub, wieder bei Parvus meldete, war höheren Orts jedoch entschieden worden, dass er als Korrespondent der «Frankfurter Zeitung» und zugleich als Presseattaché der neu eingerichteten Deutschen Gesandtschaft nach Moskau gehen sollte. Parvus war auch das recht, wenn es nicht ohnehin Teil seines Planes war. Paquet erhielt von ihm einen «Check auf 3000 Kr[onen] als Vorschuss».[38] Tatsächlich ging es längst um etwas ganz anderes als um bloße Berichte. Aus Parvus' Projekt eines «Pressebureaus» war das einer politisch-informationellen Übernahme Sowjetrusslands von innen heraus geworden.

Paquets Vorbereitungen auf seine Fahrt nach Russland gingen denn auch über alle rein journalistischen Zwecke weit hinaus. Die Notizen, die er sich vor Fahrtantritt bei einem längeren Urlaub zuhause in Frankfurt machte[39], enthielten eine Reihe spekulativer Ausführungen über den russischen Charakter und dessen beherrschenden Zug, den «Infantilismus». Als wesentliche soziologische Ursache machte er das Phänomen der «frühen Heiraten» aus, die von der ursprünglich-kommunistischen Dorfverfassung (dem «Mir») ebenso wie von der feudalen Leibeigenschaft begünstigt worden seien. Die Menschen träten unausgereift in die Ehe und ins Leben; und so blieben die Russen als Volk zwar «frisch und hochbegabt, aber Phantasten». Seit jeher betrachteten sie daher die Deutschen als ihre «Schulmeister» – und Paquet schien daran nichts Falsches zu finden.

In merkwürdiger Weise verbanden sich diese Vorstellungen über den «Infantilismus» der Russen mit misogynen Behauptungen der Art, dass im sowjetischen Russland der «Typus der politisierenden Frauen zur Macht gelangt» sei. Diese übertünchten ihre weiblichen Schwächen mit einem maskulinen «Übermaß an Intelligenz und Willen». Als Beispiele fielen ihm Kerenskis Frauenbataillone sowie die weiblichen

Kommissare ein. «Wehe dem Volk, das von solchen Typen regiert wird.» In einem Atemzug damit erörterte Paquet das angebliche Phänomen einer von den lokalen Räten in Russland betriebenen «Sozialisierung der Frauen».* «Gibt es größere Gefahr, schwereres Unglück für ein Volk, für einen Staat, als in Polygamie zurückzusinken?»[40]

Alle diese Erwägungen fanden schließlich Eingang in ein skizzenhaftes Projekt Paquets «Zur Reform Russlands», das ganz den imperialen Erschließungsprojekten seiner sibirisch-asiatischen Reiseberichte entsprach. Auf ominöse Weise geistert durch diese Aufzeichnungen der Name «Ostermann» – offenbar ein (nicht ausbuchstabierter) Verweis auf die historische Rolle des Bochumer Pastorensohnes Heinrich Ostermann, der es als Offizier und Diplomat Peters des Großen einst zum Vizekanzler gebracht hatte und nach dem Tod des Zaren für einige Jahre der faktische Regent des Reiches geworden war, gemeinsam mit dem Feldmarschall Burchart Münnich, der eine ganz parallele Karriere gemacht hatte. Beide waren nicht nur Militärs und Politiker, sondern Erbauer von Kanälen, Gründer von Schulen und Akademien, Reformatoren der Staatsverwaltung und anderes mehr gewesen.**

Paquets Plan «Zur Reform Russlands» trug denn auch gerade dieses «Ostermannsche» Gepräge eines aufgeklärten Absolutismus, allerdings mit futuristischem Einschlag. Die Hauptpunkte waren:

A. Trockenlegung der Lokitus-Sümpfe in Weißrussland. 2 Millionen Menschen könnten dort angesiedelt werden – Deutsche vor allem, die als «Keil zur Sprengung der Slawenwelt» dienen könnten.***[41]
B. Bau eines Ostsee-Schwarzmeer-Kanals, der Russland auf den alten Waräger-Routen durchgängig für den Schiffsverkehr erschließe.
C. Ablenkung der Golfströme in die Ostsee, eventuell auch das Weißmeer. Entsprechendes am Pazifischen Ozean. Gewinnung warmer Kolonisationsgebiete und eisfreier Überseehäfen.

---

* Dieses (von Marx schon sarkastisch zitierte) Gerücht über den Kommunismus ging 1918/19 in Form eines angeblichen Erlasses des Arbeiterrates von Saratow um die Welt. Auch Karl Kautsky geriet in der ersten Fassung seiner polemischen Grundsatzschrift «Terrorismus und Kommunismus» auf dieses Glatteis. Vgl. *Karl Kautsky, Terrorismus und Kommunismus. Ein Beitrag zur Naturgeschichte der Revolution, Berlin 1921, S. 7 f.*

** Der Roman *«Von November zu November»* hätte eventuell auch «Ostermanns Krieg» heißen sollen. (Notiz Paquets zu Titel-Alternativen auf dem Vorblatt des Konvoluts.)

*** Das lag auf der Linie der Siedlungspläne, die Max Sering 1915/16 im Rahmen der Kriegsziel-Diskussionen über den sog. «Grenzstreifen» ins Spiel gebracht hatte.

D. Gesellschafts- und Kirchen-Reformen. Als wichtigstes Element eine große Schulreform nach deutschem Muster.
E. Heraufsetzung des Heiratsalters
F. Gesetz gegen Ungeziefer und Maßnahmen seiner völligen Ausrottung
G. Festigung des Eigentums-Begriffs in Russland durch eine Agrar-Politik, die die kollektivistische Dorfgemeinschaft aufhebt.[42]

Parallel zu diesen Entwürfen machte Paquet sich Notizen über «die Aufteilung der Bodenschätze Russlands»[43], offenkundig im Zusammenhang mit den Verhandlungen über die Zusatz- und Ausführungsverträge zum Brester Frieden, die zwischen den Vertretern der russischen Räteregierung und deutschen Reichsregierung in jenen Tagen geführt wurden.

Der Weltkrieg musste über kurz oder lang zur Entscheidung gebracht werden; und dafür würden die russischen Ressourcen ausschlaggebend sein. Und ganz gleich, ob der Krieg sich noch weiter hinziehen oder bald gewonnen würde – Deutschland würde die Aufgabe der «Reform Russlands» zufallen. Die Bolschewiki blieben offenkundig in Anarchie stecken, obwohl sie, wie Paquet befand, mit ihrer Politik einer weitgreifenden Verstaatlichung auf dem richtigen Wege waren. Nur fehlte ihnen für einen entwickelten Staatssozialismus das menschliche und organisatorische Substrat. Das besaß Deutschland.

3. Briefe aus Moskau

Dass Alfons Paquet die Möglichkeit erhielt, «als erster Korrespondent deutscher Zeitungen» im Frühsommer 1918 nach Moskau zu gehen, war offenkundig eine Auszeichnung für die guten Dienste, die er in Stockholm geleistet hatte – und in der Hauptstadt Sowjetrusslands offenbar weiter leisten sollte. Sein Rivale Hans Vorst, der für das «Berliner Tageblatt» berichtete und wenig später als zweiter deutscher Korrespondent in Moskau auftauchte, schrieb in seinen Erinnerungen, nach Brest-Litowsk habe sich ein dichter Schleier über die russischen Ereignisse gesenkt: «Es herrschte zwischen Deutschland und Russland ein ‹Friedenszustand›, bei dem nur einzelne auserlesene, meist beamtete Personen die Grenze überschreiten konnten und jede Postverbindung ... fehlte ... Man fürchtete wohl die ‹Ansteckung› und war zufrieden, wenn möglichst wenig über Russland geschrieben wurde».[1]

Umso häufiger wurden die Berichte, die Paquet als Korrespondent der «Frankfurter Zeitung» aus dem belagerten Räterussland schickte, nachgedruckt und quer durch alle politischen Lager zitiert. Monate nach seiner Rückkehr veröffentlichte er sie unter dem Titel «Im kommunistischen Russland. Briefe aus Moskau» noch einmal in Buchform – mit einem Prolog und einem Epilog, die es in sich hatten.[2]

Am 24. Juni war es so weit. Der Zug fuhr von Berlin in langsamer, aber pünktlicher Fahrt durch die okkupierten Gebiete des «Landes Ober Ost» zur Demarkationslinie bei Orscha (hinter Minsk), dem einzigen legalen Übergang ins bolschewistische Russland. Beim Hineinfahren in dieses historische Niemandsland überkam Paquet eine feierliche Neugier. Wie er im Vorwort seines Buches später schrieb, fühlte er «sich gleichsam als ein Auserwählter auf dem inneren Schlachtfeld Russlands».[3]

Dem entsprach der Ton, den er gleich im ersten Kapitel «Annäherung» anschlug, das seinen Notizen von der Hinfahrt folgte – als bewege er sich im Handlungsfluss eines Geschichtsromans von tragischer Fantastik, der sich unter seinen Augen ereignete. Etwa, wenn er inmitten des Gewühls demobilisierter Soldaten und rückkehrender Kriegsgefangener auf dem Grenzbahnhof die ersten Vertreter der neuen, roten Macht erblickte: «Männer wie Motorradfahrer, von Kopf bis Fuß in schwarzes Leder gekleidet, lederne Mütze, lederne Jacke, lederne Hosen und Gamaschen. Es sind die leibhaftigen Menschen des

Original-Buchumschlag 1919, mit einem Holzschnitt von W. Faworski

Thomas Morus ... Soldaten Trotzkis, und diese tragen auf der Brust oder auch an der Mütze einen fünfzackigen Stern aus roter Emaille, der in roher Arbeit einen Pflug und ein Beil als Emblem aufweist.»⁴

Die Nachkriegslandschaft mit ihren verwilderten Feldern, endlos dahinwandernden Menschenscharen und stillstehenden Fabriken, durch die der Zug langsam fuhr, gewann unter dem staunenden Blick Paquets «etwas Eichendorffisches», beinahe Transzendentes. «Wir dachten einmal, dass Europa erst in fünfhundert Jahren, wenn die Menschen sich mit Pillen nähren und in Federkleidern unter dem Himmel fliegen, diesen ein wenig sich selbst überlassenen Eindruck machen werde.»⁵

Dieser Oberton einer unbestimmten «futuristischen» Verzauberung legte sich wie ein kontrapunktisches Gegenmotiv über viele seiner veröffentlichten Texte und privaten Notizen. Vor allem die Tagebuchaufzeichnungen, die Paquet in Moskau fast täglich machte und die ihm nicht nur als Grundlage seiner Zeitungskorrespondenzen dienten, sondern auch das Material künftiger Romane oder Erzählungen abgeben sollten, verdeutlichen seine innere Spaltung eindrucksvoll. Eine – ihm selbst unerklärliche – literarische Hochgestimmtheit stand im Konflikt nicht nur mit seinem politischen Urteil, sondern auch mit den Erfahrungen des Terrors und Schreckens, die er in seiner nächsten Umgebung, bei seinen bürgerlichen Gastgebern und Bekannten, zu spüren bekam.

Terror, Schocks und Attentate

Schon der erste Eindruck von Moskau war nach den bukolischen Eindrücken der Fahrt der blanke Schock. Es herrschte Belagerungszustand. In den frühen Morgenstunden, aber auch mitten am Tag, waren Schüsse, Gewehrsalven und Maschinengewehrfeuer zu hören – ohne dass die Menschen nur den Kopf hoben. Die alte Hauptstadt, die nach Paquets elegischen Reiseerinnerungen «einmal die Stadt der appetitlichsten Bäckereien, Delikatessengeschäfte, Tee- und Kaffeeläden, der köstlichsten Schokoladenhandlungen» war, hatte kaum noch offene Lokale und Geschäfte. «Das Bürgertum ist in einem kläglichen Zustand», stellte er fest. Allenthalben wurden Möbel, Spiegel, Betten requiriert und davongeschleppt. «In den raschen Automobilen aber fahren junge Rotgardisten in Sportmützen und tief ausgeschnittenen Matrosenblusen, strotzend vor Lebensfreude.»[6]

Die Mitarbeiter der gerade erst eröffneten Botschaft waren durchweg der Meinung, dass ein Stoß von außen das ungeliebte Regime schnell stürzen werde. Wer immer als Befreier komme, werde willkommen sein. Paquet schien das nicht so sicher. In seinem Notizbuch notierte er Befürchtungen, die seine Artikel einstweilen verschwiegen: «Mag sein, dass das eines Tages wie ein roter Spuk vergeht, aber der Löwe hat Blut geleckt. Das wird wiederkommen. Wie aber, wenn diese Feuer nicht gelöscht werden können und auf das westliche Europa übergreifen?»[7] Mehr noch als das Treiben der Machthaber beunruhigte ihn «die Durchsäuerung der Masse mit nationalistischem und sozialistischem Agitationsstoff ohnegleichen». Auch er fühlte massive konterrevolutionäre Impulse: Entweder steige das Unglück bis zu einem Grade, dass auch der einfachste Mensch sehe, «dass er unter dieser Lehre verloren ist – oder man kann nicht früh genug dieses furchtbare Chaos niederschlagen».[8]

Zwei Tage später, am 6. Juli, folgte das Attentat der linken Sozialrevolutionäre auf den deutschen Gesandten Graf Mirbach, mit dem Paquet sich Stunden vorher erst bekannt gemacht hatte. Kurt Riezler, der mit Mirbach gekommen war und als zweiter Mann und graue Eminenz der Gesandtschaft fungierte, war den Attentätern nur knapp entkommen. Gewiss, die gesamte Führung der Bolschewiki eilte herbei, Lenin persönlich, Trotzki, Tschitscherin sowie die alten Stockholmer Bekannten Worowski und Radek – der letztere «mit einer Kiste Handgranaten im Automobil». Sie versprachen die alsbaldige Ergreifung und sofortige Erschießung der Täter sowie jegliche Satisfaktion. Aber Paquet, in patriotischer Rage, vermutete, dass sie ein doppeltes Spiel spielten.

Er selbst formulierte mit Riezler den Text eines Telegramms nach Berlin, in dem gefordert wurde, das Attentat entschlossen zu nutzen, um die Räteregierung ultimativ zu einem offenen Kriegsbündnis gegen die Entente zu zwingen. Wenn nicht, dann müsse man auf irgendeine Weise, notfalls mit bewaffneten Kriegsgefangenen oder regulären Truppen, dem roten Spuk ein Ende setzen.[9] Dazu entwarf er eigene kleine Putschszenarien: «Wir müssen zunächst eine zuverlässige Gesandtschaftswache haben, sie muss in der Nähe der Mission einquartiert werden ... Eventuelle Handstreiche (unter russischer Firma), Besetzung des Tel[egraphen]amts, – später der Banken.»[10]

In die Vielzahl konspirativer Gespräche, die Riezler wie die Militärs der Botschaft mit Vertretern bürgerlicher und monarchistischer Gruppen und Parteien führten, dürfte Paquet kaum in vollem Umfang eingeweiht gewesen sein. Was er umso deutlicher mitbekam, war die Verworrenheit der deutschen Politik, die auf der einen Seite das Regime der Bolschewiki mit erheblichen finanziellen Zuwendungen stützte und in weitreichende Verhandlungen über wirtschaftliche und politische «Zusatzverträge» sowie militärische Absprachen eintrat, während sie zur selben Zeit die besetzten Gebiete im Baltikum, in der Ukraine und Südrussland zu Stützpunkten einer «weißen» Gegenrevolution ausbaute und dazu mit sehr heterogenen antibolschewistischen Kräften Verbindung aufnahm.

Dabei ging der Dissens über die einzuschlagende Politik gegenüber Russland und den Bolschewiki quer durch alle Instanzen des Reiches. Am schwankendsten erwiesen sich die obersten Entscheidungsträger, der Kaiser und (entgegen vielen Legenden) auch Ludendorff. Im Tagebuch Riezlers, der erst Wochen nach dem Mirbach-Mord wieder dazu kam, Aufzeichnungen zu machen, fasste sich das erbitterte Hin und Her zwischen den Botschaftsangehörigen in Moskau und dem Auswärtigen Amt in Berlin in dem matten Resultat zusammen: «Noch unter Mirbach Drängen nach konkreterer Verständigung mit bürgerlichen [Kräften], Augenblick gekommen, Bolschewiki aufzugeben, um sich mit kommendem Russland verständigen zu können. Antwort, Bolschewiki weiter stützen und lediglich ‹Fühlungnahme› mit den anderen.»[11]

Gefühle der eigenen physischen Bedrohung (man rechnete mit weiteren Attentaten) trugen zur Nervosität bei. Riezler notierte: «Stimmung in der Gesandtschaft bei allen Majoren etc. ... wie erlöst, als ich mitteilte, ich würde die Ermächtigung zur Abreise erbitten.»[12] Unmittelbar nach der Ankunft des neuen Gesandten Helfferich kam es dann am 6. August tatsächlich zur Abreise eines Großteils des Botschaftspersonals, zuerst nach Petersburg, dann nach Pskow in unmittelbarer Nähe der deutschen Frontlinien. Auch Riezler reiste Ende August ab und gab das Spiel vorerst auf.

Paquet dagegen zählte zu denen, die blieben. Und das war mehr als eine pragmatische Entscheidung. Ob mit oder ohne Bolschewiki, entschied sich für ihn in Russland das Schicksal Deutschlands.

Parvus' letzter «Großer Plan»

In den letzten Juli- und ersten Augusttagen 1918 führte Paquet die entscheidenden Gespräche über das Projekt der Parvusschen transkontinentalen Nachrichten-Organisation, das auf den illusionären Versuch einer politisch-informationellen Übernahme Russlands von innen hinauslief.

Für die phantastische Summe von 200 Millionen Mark, die Helphand Anfang Juni 1918 in Berlin beantragte, wollte er «das gesamte russische Zeitungswesen unter unsere Kontrolle bringen». Zu diesem Zweck sollten nicht weniger als 200 Tageszeitungen in ganz Russland neu- oder wiedergegründet werden, verbunden durch einen Nachrichten- und Telegrafendienst, der mit «etwa 1000 Agenturen» über Mitteleuropa und das frühere Russische Reich bis nach China, Japan, Afghanistan und Persien tätig werden sollte. Gesteuert werden sollte dieses kontinentale Presseimperium, das «weit über das von Lord Northcliff und anderen Erreichte hinausgehen wird», von einer «Zentrale in Berlin» aus.[13]

Nach einer Seite hin knüpften diese Pressepläne des Jahres 1918 personell und materiell an die früheren Übernahmeprojekte von 1916/17 an. Parvus' Projekt war allerdings anders angelegt. Als erster Schritt sollte ein Verkaufs- und Verteilernetz für den Absatz von einer Million russischer Hauskalender geschaffen werden, «das Stück für 3 Rbl., zur Aufklärung der Arbeiter u. Bauern», wie Parvus schon in Stockholm Paquet erklärt hatte. Auch Schulbücher und Schreibhefte sollten in großem Stil geliefert werden.[14] Dieses Projekt kann man als eine späte Kopie der Verlagskarriere Iwan Sytins sehen, der sich vor und nach der Jahrhundertwende von einem Verkäufer volkstümlicher Bilderbogen (Luboks) und Hauskalender zu einem der bedeutendsten Verleger Russlands entwickelt hatte und neben seinen Buch- und Kalenderverlagen mit der «Russkoje Slowo» auch die größte Tageszeitung des Landes geschaffen hatte – eben die, die die deutschen Aufkäufer schon 1916 hatten übernehmen wollen.[15]*

Der Name Sytins (fälschlich Sytkin) taucht jedenfalls im Moskauer Notizbuch Paquets als Inhaber der Zeitung auf, mit dem Vermerk: «Gut vor einem Monat noch 3 Mill. Rubel …» (das anschließende Wort ist unleserlich).[16] In seiner Denkschrift an das Auswärtige Amt ging Parvus von einem Bedarf von mehreren Millionen Exemplaren aus: «Wir müssen in die Lücke treten und die Kalender liefern … Denn für den russischen Bauern folgt der Hauskalender unmittelbar hinter der Bibel.» In diesen Hauskalendern mit Texten und Bildern werde man «ausgiebigste Propaganda treiben» können, insbesondere gegen England und für ein deutsch-russisches Zusammenwirken. Über den Verkauf der Kalender – das war Clou – könne gefahrlos eine landesweite Verlags- und Vertriebsorganisation aufgebaut werden, die «einen parteilosen Charakter trägt». Darüber hinaus werde es ohne Probleme gelingen, aus dem Heer der brotlos gewordenen Journalisten «die Cadres für den projektierten Aufbau der Presse» zu bilden. Parvus rechnete großzügig mit tausend festangestellten Redakteuren, Übersetzern usw. sowie einem Gesamtpersonal von zehntausend Kolporteuren, Kommissionären, Agenten usw. Wenn eine Million Kalender à vier Mark von deutscher Seite vorfinanziert würden, könnten die weiteren Auslagen durch den Verkauf «ganz oder zum größten Teil» gedeckt werden.[17] Im Zuge dessen wollte Helphand seinen Berliner «Verlag für Sozialwissenschaften», dessen Leitung sein Kopenhagener Kompagnon Georg Sklarz übernommen hatte, zu einem großen «Verlagshaus für Russland und den Orient» ausbauen. Seine geplante russische Firma hatte er bereits auf den Namen «Russagen» getauft.

Das gigantische Projekt endete als Farce, und deshalb wird es in den Geschichtsbüchern auch nur als Fußnote behandelt.[18] Aber es verrät

---

* Der Vertrieb von Hauskalendern und Bilderbogen (Luboks) war ein der Akademie der Wissenschaften empfohlenes Mittel der elementaren Volksaufklärung im Russland des 19. Jahrhunderts gewesen. Sytins Verlag hatte in den siebziger und achtziger Jahren begonnen, Luboks und Hauskalender in moderner Form und billiger Massenauflage herzustellen. Auch die von Majakowski und anderen Künstlern im Auftrag der Räteregierung aufgezogene ROSTA-Agentur mit ihren Plakaten, Handzetteln und Wandzeitungen folgte in Stil und Sprache diesen traditionellen volkstümlichen Bilderbogen.

eine Menge über die Vorstellungen nicht nur Parvus-Helphands, sondern auch der deutschen Politik gegenüber Russland im Sommer 1918. Es führt in den Bereich jenes Schattengefechts von gegenseitiger Subversion bei gleichzeitiger Kollaboration, das die Beziehungen zwischen der deutschen Reichsregierung und der bolschewistischen Räteregierung insgesamt kennzeichnete. Während die Bolschewiki (zu Recht) davon ausgingen, dass die kaiserliche Regierung über kurz oder lang stürzen und den Weg für eine revolutionäre Neugestaltung Deutschlands und Mitteleuropas freimachen werde, ging die deutsche Seite im Sommer 1918 (zu Unrecht) davon aus, dass die Bolschewiki in Kürze abtreten würden und das Deutsche Reich in der Lage sein würde, das rapide zerfallende Russische Reich wieder unter seine Kontrolle zu bekommen. Und in ganz erstaunlichem Maße war es beiden Seiten dabei möglich, auf dem Terrain der jeweils anderen Seite halb legal, halb illegal zu operieren. Die lebhaften Umtriebe der sowjet-russischen Botschaft unter Adolf Joffe in Berlin und die der kaiserlich-deutschen Gesandtschaft in Moskau dürften einander wenig nachgestanden haben. Und sie waren im einen wie im anderen Falle ja nur die Spitze eines Eisberges.

Das Projekt der «Russagen»

Die Schilderung, die Alfons Paquet in seinem unvollendeten Roman «Von November bis November» über die Konstituierung der «Russagen» (alias «Wossap») im Juli 1918 in Moskau gegeben hat, deutet die Spannbreite der Aktivitäten an, in die Paquet in Moskau verstrickt war. Im Roman heißt es (im Stil eines authentischen Dokuments):

«Vor dem Unterzeichneten erschien heute der Direktor der Gesellschaft ‹Wossap›, Herr C. F. Pimenow zum Zwecke der Besprechung eines Vertrages mit der Deutschen Telegraphen-Agentur ...»
«Nach dem vorliegenden Statut der Gesellschaft ‹Wossap› beträgt das Kapital der Gesellschaft 20 Millionen Rubel, wovon 5 Millionen bereits eingetragen sind. Zweck der Gesellschaft ist Nachrichtenübermittlung, Bau und Betrieb von eigenen Telegraphen- und Telefonlinien, Herausgabe und Vertrieb von Zeitungen, Inseratenagentur, sowie Betrieb aller möglichen, mit diesen Zwecken im Zusammenhang stehenden industriellen Unternehmungen. Die Grundlage des Unternehmens ist eine von der russischen Regierung des Fürsten Lwow am 6. Juni 1917 erteilte Konzession für den Bau und Betrieb eigener Telegrafen- und Telefonlinien.»
«Das ganze Unternehmen scheint in großem Stile angelegt, es befindet sich aber noch im Stadium der Organisation. Zu den technischen Mitarbeitern gehören die besten russischen Fachleute der Schwachstromtechnik. ‹Wossap› verfügt über das gesamte Personal der alten Petersburger T. A. [Telegraphen-Agentur].

Zu der Presse hat ‹Wossap› intime Beziehungen. Pimenow selbst, früherer Chefredakteur einer Tageszeitung, ist jetzt Direktor des Pressedienstes ... Die Gesellschaft verfügt über einen großen Stab von Provinz-Korrespondenten. Angeblich verfügt die Gruppe über 50 % des Kapitals der Zeitung ‹Russkoje Slowo›, ferner über 55 % des Kapitals der ‹Neuen Börsennachrichten›.»

«Gegenwärtig erscheinen in Petersburg noch vier Zeitungen, und sieben in der Provinz, welche durch ihre Verträge mit der ‹Wossap› genötigt wären, deren Agenturtelegramme zu veröffentlichen, sodass in diesen Blättern die Nachrichten der deutschen T. A. [Telegraphen-Agentur] erscheinen würden, sobald sie ihnen übermittelt werden.»

«Um den Betrieb der ‹Wossap› aufzunehmen, bedarf es nach Aussage von Pimenow der von ihr erstrebten internationalen Abmachungen. Der Vertrag mit der deutschen T. A. sei die notwendige Grundlage aller späteren Verträge. Die Möglichkeit, deutsche Pressemitteilungen über Petersburg zu verbreiten, sei auch für die Beeinflussung der öffentlichen Meinung in den besetzten Gebieten von größter Wichtigkeit. Vor einigen Tagen sei die Tochtergesellschaft der ‹Wossap› in der Ukraine, ‹Ukap› ..., die Konzession erteilt worden. Im Don-Gebiet besteht unter dem Namen ‹Donap› ebenfalls eine Tochtergesellschaft.»[19]

Im Moskauer Tagebuch Paquets lauteten die entsprechenden Einträge folgendermaßen: «Sonntag, 28. Juli (...) Abends 8 Uhr im Elite das grandiöse Gespräch über die Pläne, Rechte etc. der Gesellschaft ‹Russagen› mit dem Direktor Friedlieb (einem jüdischen Langbein). Wichtiges über die Organisation eines internationalen Nachrichtenwesens dieser privilegierten und sehr einflussreichen Gesellschaft, die über Redakteure, den Stab der alten PTA, Zeitungen, Papierfabriken, Ingenieure und 20 Millionen Kapital verfügt. [...] Abkommen (mit WTB und Transozean)* wichtig, besonders im Hinblick auf die besetzten Gebiete und Nachrichtenverbreitung in unserem Sinne in Russland.»[20]

Revolution / Konterrevolution

Es war nicht bloße dichterische Verfremdung, wenn in Paquets Tagebüchern revolutionäre und gegenrevolutionäre Perspektiven zunehmend ineinander verschwammen: «Die Sachlage ist ganz *futuristisch* ... Die Perspektive Friedliebs, die ein Netz von Telegraphen- und Telefondrähten, berichtenden Agenten darstellt ... – und die Perspektive Radeks von einem Westeuropa ohne jene tragische Binnengrenze, die seit einem Jahrtausend Gallien und Germanien scheidet. Vermit-

---

* WTB war das Wolffsche Telegraphen-Büro, das das deutsche Monopol in diesem Sektor besaß. «Transozean» war die bereits erwähnte, von Cahén und andern über die neutralen Länder aufgezogene Telegraphenagentur in Kriegszeiten.

telnder Faktor: die niederrheinische 8 Millionenstadt, die vielleicht die Weltstadt Europas wird.»[21]

In Wirklichkeit waren das Paquets eigene «Perspektiven» gewesen, wie er sie drei Tage zuvor erst in einem Gespräch mit Radek entwickelt hatte. Dieses Gespräch hatte (ausweislich des Notizbuchs) von der Bedeutung Friedrich Lists für die Entwicklung des Sozialismus gehandelt, und vor allem vom «Kampf zwischen Kontinent u. England». Durch ein geeintes Mitteleuropa könne die europäische Kleinstaaterei überwunden und der Niederrhein zum Herz Europas werden: «Die Achtmillionenstadt, ungeachtet der holländischen und belgischen Grenzen, die wegfallen. Ebenso die Grenze zwischen dem deutsch-französischen Lotharingien! Das wird das Ende Englands sein.»[22] Wie es schien, hatte ihm Radek darin so weit zugestimmt, dass Paquet ihm drei Tage später diese Perspektive nun selbst in den Mund legte. Aber auch er hatte sich seinem Partner angenähert. So notierte er etwa: «Europa [braucht] entweder Ruhe u. völlige Erschöpfung, oder die Gemeinsamkeit des Sozialismus ... Die enormen Perspektiven des befreiten Europa sind vielleicht den Preis des Sozialismus wert.»[23]

Zu Radek, der im Stil eines revolutionären Bohemiens im früheren Luxushotel «Metropol» zwischen Kreml und Lubjanka hauste, ging Paquet jetzt immer öfter und bald nahezu täglich, mal zum Tee, mal zum Abendbrot, und stets auf einen mehr oder weniger langen Disput. Paquet verglich sich direkt mit ihm: «Merkwürdig: R[iezler], P[aquet], Radek, Vorovskij – vier politische Schriftsteller.»[24] Allerdings schien Radek hier in Moskau über seine frühere Rolle weit hinausgewachsen. Jetzt sah Paquet ihn bereits als eine Figur ganz anderen Kalibers: ein «proletarischer jüdischer Napoleon»[25], der durchaus zum Führer einer mitteleuropäischen Revolution, eines von Anglo-Amerika «befreiten Europa», werden könnte. Das verhieß eine kontinentale Perspektive, die offen nach Asien war. «Radek meint, wir [die Deutschen] wollten über den Kaukasus nach Indien ... Wir sollten es offen sagen, uns aussprechen.»[26] Alles schien verhandelbar, alles lag weit offen. «Radek verspricht dem deutschen Kapital riesige Beteiligung in Turkestan, bei Bewässerungsprojekten dort.» Es war die Zeit der Berliner Verhandlungen im Juli/August 1918 über eine umfassende wirtschaftliche Zusammenarbeit – und selbst eine militärische Kooperation erschien nicht ausgeschlossen: «Radek meint, dass das imperialistische Deutschland und das sozialistische Russland sehr gut nebeneinander existieren können.»[27]

Auch das Attribut des «Jüdischen» war dafür von weitergehender Bedeutung. Wie in den Stockholmer, finden sich in den Moskauer Aufzeichnungen Paquets Passagen über die historische Rolle und

Funktion der Juden, die nicht in die gedruckte Fassung des Tagebuchs übernommen worden sind – etwa eine philosophisch-religiöse Betrachtung zur «Mystik des Weltkrieges», die in die Bemerkung mündet: «Die eigentümliche Rolle (Triumph, Scheitern, Untergang) des Judentums: seine Sünde, seine Bestrafung; in Russland ihre Herrschaft». Und gleich darauf: «Ich erkundige mich bei A. A. [Paquets Moskauer Gastgeber, G. K.] über ein Buch. Es soll vor Jahren erschienen sein & heißt: ‹An der Pforte› von Nilus.» Es gehe darin um das «Baseler Zionist. Programm», wonach die Juden mit Hilfe der Freimaurer «gezielt Krieg & Revolution in allen Ländern hervorgerufen & dann eine starke Weltmonarchie zu errichten» bestrebt seien.*[28]

Auf Paquet wirkte diese Vorstellung einer jüdischen Weltherrschaft anscheinend nicht abschreckend, im Gegenteil, sie gehörte mit zur Faszination des bolschewistischen Führungszirkels, in dessen Bannkreis er immer stärker eintauchte. Radek nahm ihn immer häufiger nun im Auto zu Rätekongressen oder öffentlichen Veranstaltungen mit, auf denen Lenin, Trotzki oder Radek selbst sprachen. Und wusste Paquet seinerseits Interessantes zu berichten, griff Radek in seinem Beisein zum Hörer, um es gleich Lenin im Kreml mitzuteilen. Am 22. August schrieb Paquet seiner Frau, er gehöre jetzt in Moskau «durch meine Beziehungen usw. zu den mächtigen Leuten»; seine Artikel würden gelesen und zitiert, und man komme fast täglich mit Bittgesuchen und Anliegen zu ihm.[29]

Moskauer Metamorphosen

Die Metamorphosen, die der «romantische europäische Imperialist» Alfons Paquet in diesem Sommer 1918 gedanklich und psychologisch durchlief, waren paradox, aber durchaus nachvollziehbar. Im Westen hatten die deutschen Armeen am 8. August ihren «schwarzen Tag» er-

---

* Gemeint ist die russische Ausgabe der «Protokolle der Weisen von Zion», die 1911 als Teil der apokalyptisch-theologischen Abhandlungen des Priesters Sergej Nilus unter dem Titel «Bliz grjaduščij antichrist i carstvo diavola na zemle» [Die nahe Herankunft des Antichrist und der Herrschaft des Teufels auf Erden] in einer Auflage von zehntausend Exemplaren veröffentlicht worden war. Im Januar 1917 erschien eine «überarbeitete und durch jüngste Untersuchungen und Beobachtungen bedeutend ergänzte» Neuauflage unter dem von Paquet zitierten Titel: «Bliz est' pri derevech» [Er steht nah vor der Pforte], in 5000 Exemplaren. Dies waren die meist verbreiteten und – mitsamt den Deutungen von Nilus – maßgeblichen russischen Ausgaben der «Protokolle». Insgesamt scheint es von 1903 bis 1917 rund ein Dutzend Ausgaben gegeben zu haben. – Zu dem ganzen Komplex siehe auch das spätere Kapitel «Geheimnisse der Weisen von Zion».

litten. Der Einbruch englischer Tankverbände in ihre Linien, der zu einem fluchtartigen Rückzug führte, hatte die Aussichten auf einen Sieg im Weltkrieg mit einem Schlag begraben. Umso mehr köderte Radek ihn mit Vorstellungen einer deutsch-russischen Allianz, die weit über die bei den laufenden Berliner Verhandlungen erörterten Fragen einer engeren Zusammenarbeit hinausgriffen.

Bei einem seiner Gegenbesuche bei Paquet am 18. August verkündete Radek sogar, während sie die «letzte Flasche guten alten Chateau Badette» leerten: «[Würde] man ihn [Radek] nach Berlin senden ..., würde er eine andere Politik treiben als der ‹meschuggene Jud› Ioffe; er würde mit der Deutschen Kriegspartei (er hat für das deutsche Militär eine ungeheure Hochachtung) arbeiten (so wie jetzt mit Obost* im kleinen), ihnen Kriegsbedarf liefern, klare Reden führen. Er glaubt an Englands Niedergang (geistig und politisch), an zwei aufsteigende Mächte: *Deutschland* (seine Kriegspartei, sein Militarismus nur der Ausdruck seiner in den Dienst des politischen Aufstiegs gestellten Wissenschaftlichkeit) und Amerika. Würde, wenn er nicht auf der Seite des internationalen Proletariats stände, für die deutsche Sache kämpfen.»[30]

Ob Radek dieses erstaunliche Bekenntnis, das beinahe den Kernthesen der «Ideen von 1914» entsprach, wirklich so abgelegt hat, ist nicht sicher, aber auch nicht ausgeschlossen. Jedenfalls hatte Paquet es so gehört und aufgezeichnet. Noch gaben seine Moskauer Korrespondenzen die osmotischen Austauschprozesse, die zwischen ihnen stattfanden, nur in feinen Dosen preis. Sie schilderten, zuweilen drastisch, den sozialen und wirtschaftlichen Zerfall und den sich immer weiter verschärfenden Bürgerkrieg und Terror. Und da die «Frankfurter Zeitung» als «Blatt der Börsianer» (laut Lenin) in der Moskauer Führung besonders aufmerksam gelesen wurde, trug Radek mit Paquet auch eine regelrechte kleine Pressefehde aus.

Paquet vermerkte am 27. August im Tagebuch, Radek habe in der «Iswestija» unter dem Titel «Die Nase im Wind» einen Artikel gegen ihn geschrieben, «worin er mich als nahen Freund Riezlers, bürgerlichen Offiziösen und talentvollen Schriftsteller bezeichnet, der aber von Russland nichts verstehe». Trotzdem, fügte er hinzu, «gehen wir zusammen ins Café; mir ist's völlig erwünscht». Der geschmeichelte Unterton war nicht zu überhören. Denn schließlich «kann Radek von mir nicht erwarten, dass ich zum Apologeten der Sowjetrepublik werde, noch mehr als ich es bereits bin, indem ich das Bestreben bekunde, die Dinge ungefärbt, nicht regierungsoffiziell ... darzustellen.»[31]

---

* Gemein ist «Ober Ost», mit dem die Sowjetregierung einen lebhaften und, wie Radek mehrfach betonte, vorbildlichen «kleinen Grenzverkehr» pflegte.

In einem wenig später verfassten Artikel «Die Gewissensfrage» machte sich Paquet die Argumente Radeks gegen die Widersprüchlichkeiten der deutschen Politik großteils selbst zu eigen, wenn auch in der vorsichtigen Form eines Referats. Einesteils verhandle Berlin mit den Vertretern der Räteregierung über Zusatzabkommen zum Brester Vertrag – Abkommen, die, «auch nach der Auslegung der Sowjetregierung, die Grundlage für eine künftige tätige Mitarbeit des deutschen Unternehmungsgeistes am wirtschaftlichen Aufbau Russlands in sich tragen». Zugleich aber verhandle man auch mit den Vertretern der «weißen» Kosakenrepubliken am Don und Kuban und entfalte gegenüber Russland im Ganzen nachgerade einen Hyper-Imperialismus. Im Endergebnis verstricke das Deutsche Reich sich immer tiefer in den Krieg, statt den Knoten zu lösen. Umso eher könne es dahin kommen, dass «die elementaren historischen Vorgänge, die sich gegenwärtig in Russland abspielen», auf Deutschland übergriffen und der Krieg sich gemäß Lenins Vorhersage in einen europäischen Bürgerkrieg verwandle. – Es verwundert nicht, dass dies der einzige Artikel Paquets war, der von der Zensur gerade in diesen Passagen gekürzt wurde.[32]

Die widersprüchliche Identifikation mit den bolschewistischen Führern erfuhr eine abermalige Steigerung mit dem Attentat auf Lenin und der gleichzeitigen Ermordung des Tscheka-Chefs Urizki in Petrograd Ende August. Paquet eilte sofort zu Radek, der bereits mit dem verwundeten Lenin gesprochen hat. Dieser sei «bei Bewusstsein, sehr ruhig» und «eher nach Scherz gestimmt» gewesen. So habe er (Radek) ihn gefragt, ob seine Attentäterin wenigstens hübsch gewesen sei. Lenin habe geantwortet, darauf achte man in einem solchen Moment leider nicht. Anschließend wandte sich das Gespräch zwischen Radek und Paquet den Problemen der Übertragung von Goethes Achilleis und seinen Hexametern ins Russische zu. Und spät nachts sinnierten beide einträchtig, was aus der russischen Revolution ohne Lenin würde. Auch Urizki, so berichtete Radek, sei ein feiner, gebildeter junger Mensch gewesen. Paquet kam in exaltierter Stimmung nach Hause und notierte sich: «Alles kann man über die russische Revolution sagen, nur nicht, dass sie monoton wäre. Alles kann man über die Russen sagen, nur nicht, dass sie Philister seien. Ein tolles Volk!»[33]

Terror als Katharsis

Die Entfesselung des «roten Terrors», der nach dem Attentat losbrach, warf Paquets Stimmung für einen Moment noch einmal ins andere Extrem. Die Repressalien richteten sich erklärtermaßen gegen «die Bourgeoisie als Klasse». Und kein anderer als Radek war es, der in einem

Leitartikel verkündete, dass man den Bürgern nicht nur Geld und Schmuck, sondern auch Pelze, Kleider und Brennholz für den nächsten Winter wegnehmen werde. Berichte über sadistische Hinrichtungen machten die Runde. In Paquets Moskauer Bekanntenkreis gab es willkürliche Verhaftungen. Er selbst wurde angefleht, sich für das Leben der Geiseln einzusetzen. «Zustand ekelt mich derart, dass ich's der ‹Frankfurter Zeitung› schreibe.»[34]

Der Artikel «Terror», der erst drei Wochen später gedruckt wurde, begann mit den gemessenen Sätzen: «Wäre die Welt nicht so zerrissen, dass keiner ihrer Teile mehr Gewicht in seinen Worten hat, so wäre es jetzt an der Zeit, feierlichen Protest einzulegen ... Der Augenblick wäre gekommen, die Menschheit aufzurufen gegen das Grässliche, das jetzt in allen Städten Russlands vor sich geht: die planmäßige Vernichtung einer ganzen Gesellschaftsklasse, die Zerstörung unzähliger Menschenleben ...»[35]

Der Konjunktiv der Sätze war allerdings kein Zufall. Denn die «Menschheit», die es aufzurufen gälte, war eben jetzt zerrissen und existierte nicht. So endete Paquets Protestartikel «Terror» nur mit der recht unbestimmten Forderung: «Um den Namen Deutschlands vor der übrigen Welt rein zu halten, ist es unumgänglich, nicht nur gegen den leichtsinnigen Gebrauch der Worte ‹Frieden und Freundschaft› in bezug auf das gegenwärtige Russland Einspruch zu erheben, sondern eines Tages im Namen der Menschlichkeit auch das deutliche und kurze Wort ‹Genug!› auszusprechen.»[36]

Noch am selben Abend des 10. September, an dem er diesen Artikel signierte und abschickte, fand er sich wieder bei Radek ein. Von feierlichem Protest war keine Rede. Radek riss stattdessen auf Kosten des gerade anwesenden Admirals Altfater Witze über die Juden, die nun auch noch die Flotte in Gang setzen sollten. Paquet notierte sich: «Radek will die Juden ausrotten, nach dem Heineschen Wort ist ihm das Judentum eine Krankheit. Aber seine ganze Umgebung, er selbst ist Jude.» Bei der Verabschiedung sagte ihm Radek, als kenne er den eben abgeschickten Artikel schon: «Danken Sie Gott, dass Sie kein Russe sind. Ich würde Sie sonst wegen Ihrer Artikel erschießen lassen. Todsicher.»[37] Ob das im Tone eines kameradschaftlichen Scherzes oder als ernste Warnung am Rande aufzufassen war, blieb offen. Es gehörte zum Stil und zur Wirkung Radeks, mit dem Entsetzen Scherz zu treiben.

Paquets widersprüchliche Empfindungen und Eindrücke trieben in diesem September einem kathartischen Höhepunkt zu. In einem Brief an seine Frau vom 15. September äußerte er die dringende Hoffnung auf einen baldigen großen Frieden: «Es sieht schon bolschewistisch genug in der Welt aus und darf nicht noch schlimmer werden. Und wie gehetzt die Menschen, die Familien unserer Klasse jetzt in Russland leben, ihres Lebens nicht mehr sicher, teilweise schon ihres Eigentums beraubt und gewärtig, durch Banden bewaffneter Arbeiter auf die Straße geworfen zu werden, das ist in der menschlichen Geschichte ohne Beispiel.»[38]

Aber alle diese Meldungen nach Hause, die Briefe an seine Frau ebenso wie die Artikel, hatten etwas von Camouflage. Mitte August hatte Paquet nach einem Gespräch mit Riezler über die Schwierigkeiten, sich zu orientieren, die kryptischen Sätze notiert: «... unwillkürlich stehen die *Eindrücke* im Vordergrund, die Berichte wenden sich innerlich gegen den Zustand. Der Verstand folgt erst langsamer der historischen Bedeutung des hier vorgefundenen Prozesses ...»[39]

Die tiefsten Eindrücke empfing er, als er am 20. September nach Petrograd fuhr, um sich als Botschaftsangehöriger um inhaftierte «deutsche Schutzgenossen» zu kümmern. Dank seiner Beziehungen durfte er sie als «einer der ersten, der die Peter-Pauls-Festung nicht als Gefangener betrat», besuchen. Das Bild, das sich ihm im Innern dieses legendären, hoffnungslos überfüllten Gefängnisses bot, schien eines Dante würdig: «Aus jeder Luke ein schräger, armseliger Kopf herausgestreckt, kranke Hände reichen Zettel ... Jetzt in der Zelle, wo 10–20 Mann liegen, kauern, sitzen ... überall Klosettgestank ... Rechte S. R., Engländer, Franzosen, Juden-Spekulanten; Unschuldige; Balten, deutsche Schutzgenossen, Ukrainer, Polen, die mir Zettel reichen. Vieles schreibe ich auf ... Tiefer Eindruck des Elends selbst auf die Rotgardisten, die nicht recht wissen, was sie aus uns machen sollen.»[40]

Paquet kam mit Fieber aus Petersburg zurück und legte sich für einige Tage ins Bett. Ein Punkt erschöpfter Ruhe, den er aber nicht mit einer Reflexion der eben gemachten Erfahrungen füllte, sondern mit der Lektüre einiger Marx-Schriften sowie der Berichte seiner Moskauer Fellows Morgan Price und Arthur Ransome, die sich als Korrespondenten großer britischer Zeitungen zu Parteigängern und Propagandisten der Bolschewiki entwickelt hatten und in einer Reihe von Broschüren als Augenzeugen der revolutionären Erweckung Russlands und Kronzeugen gegen den Entente-Imperialismus auftraten. Kaum genesen, eilte Paquet zum «Thee bei Radek», der sich «erfreut über mein Wiedererscheinen, beinahe freundschaftlich» zeigte und mit den jüngsten Nachrichten über den Eintritt der Sozialdemokraten in die Reichsregierung aufwartete.

Dann steht, ohne Übergang, im Tagebuch diese Passage: «Ich denke langsam, erhalte die sinnlichen Eindrücke, fülle sie erst nachträglich mit dem sickernden Blut der Gedanken, die schließlich in der Gestaltung wieder Leben geben. Mir scheint, ich bin in diesen Tagen der Krankheit und der Ruhe dem Grunde näher gekommen und im Begriffe, Sozialdemokrat zu werden. Dann wäre manches klar vor mir, einerlei, ob schwer oder leicht. Ich denke an die goldene Spitze des Reichstagsgebäudes.»[41]

Es wäre zu einfach, daraus ein klassisches Damaskuserlebnis zu lesen. Der Prozess, worin sich «die sinnlichen Eindrücke ... erst nachträglich mit dem sickernden Blut des Gedankens» füllten, setzte sich noch für einige Zeit fort. Auch hieß «Sozialdemokrat» nicht «Bolschewik». Paquet definierte sich in deutschen Kategorien, und wenn er an «die goldene Spitze des Reichstagsgebäudes» dachte, dann weil dort jetzt die Würfel für eine neue Regierung und eine neue Politik nach Innen und Außen fielen.

Front gegen Anglo-Amerika

Tage später, als ihm Radek die neuesten Telegramme aus Berlin zu lesen gab, registrierte Paquet bei sich selbst: «Große Versuchung, hervorzutreten ... Fühle Schmerz über das Schicksal des Landes, aber zugleich wie Befreiung, dass endlich der Stein ins Rollen kommt.» Aber wohin rollte der Stein? «Radek meinte heute, er sehe schon, wie einst die deutschen und russischen Arbeiter zusammen eine Front gegen den Angloamerikanischen Imperialismus bilden werden. Er legt es auf Zusammengehen mit uns an.»[42]

Am folgenden Tag, «da ich Radek einen Zettel herein schicke», durfte Paquet an einer Sitzung des formell höchsten Staatsgremiums der Sowjetrepublik, des Zentralen Exekutivkomitees, teilnehmen. Immer wieder, immer öfter zog es ihn in das Zentrum dieser sich formierenden Gegenmacht. Er saß neben Price, mit dem er sich befreundet hatte, und hörte einen optimistischen Bericht Trotzkis über die militärische Lage. Der erste «Orden der roten Fahne» (man hatte wieder Orden und Achselstücke eingeführt) wurde dem Genossen Blücher verliehen, dem späteren Marschall der Sowjetunion. Und Paquet hatte abermals eine jähe Eingebung mit weitem assoziativem Horizont: «Merkwürdig: wieder ein unrussischer Name: Bljucher [Blücher], Smilga, Vacetis, Trockij ff. ... die *neuen Waräger* in Russland.»[43]

Trotz der Hiobsbotschaften von allen Fronten des Krieges geriet er in eine unbestimmte Hochstimmung. Die Dinge schienen sich endlich in solch gewaltigen Zügen und Linien zu entwickeln, wie er das in seinen Kriegs- und Vorkriegs-Essays (wenn auch anders) vorausgedacht hatte. «Und in diesem Augenblick, wo in Russland der Weg nach allen Seiten zur Politik frei ist – bis nach Japan hin – aber auch zum ernsthaften Gespräch mit den Bolschewiki – fehlt hier ein verantwortlicher Gesandter, überhaupt ein politischer Mensch.»[44] Er selbst schien tatsächlich bereit, sich diese Konsulntoga anzulegen: «Merkwürdig, ich bin gefasst, wie unberührt; voll heiliger Spannung und einem tiefen Vertrauen, dass nun die Wende kommt ... Es ist gut und vorbestimmt, dass ich jetzt, und gerade jetzt, heim reise. Werde noch einmal wiederkommen. Dann nochmals vielleicht hinausgeschickt werden ... Und endlich wieder Ruhe, Arbeit, Heimat.»[*][45]

Ausgerechnet in diesem kritischem Moment erging er sich in grandioseren Prospekten denn je: «Deutschland fängt jetzt mitten im äußeren Zusammenbruch erst an, moralisch zu siegen, – sich alles zurückzuerobern, was es durch feindliche Propaganda verloren hat im Ansehen der Welt.» Über diesen Gedanken führte Paquet am 1. Oktober ein längeres Gespräch mit Radek und Tschitscherin, in dessen Aufzeichnung vollends verschwimmt, wer von ihnen was sagte oder meinte. Tschitscherin jedenfalls habe gesagt, wenn «Deutschland ein paar Monate Stand halten und bei sich Anfang mache» (mit der Revolution), werde Frankreich sich anschließen, und das werde «die große Einigung contra Amerika bringen». Deutschland aber sei «*schon längst auf dem Gebiet der Technik und Organisation das revolutionäre Volk*». Und daher sei «*Deutschland einst berufen, das führende, revolutionärste, Ordnung schaffende Volk zu sein*». Gewaltige Perspektiven taten sich auf, und die Führung kam zunächst den Warägern der Revolution zu: «Möglich, dass Radek in den nächsten Tagen nach Berlin fährt, – *nicht um zu agitieren, sondern um von Regierung zu Regierung* zu verhandeln.»[46]

Die Linie des künftigen Bündnisses sah Paquet jetzt klar vorgezeichnet: «Die Sowjetrepublik unsere Wacht im Osten, wir deren Wacht im Westen ... Gegenseitige Unterstützung mit Perspektive des Anschlusses der romanischen Länder.» Nur entschlossenen revolutionären Willen brauche es dazu: «Wir müssen jetzt radikal an die Spitze der freien Völker treten, und werden die Massen Frankreichs, Rumäniens, Österreichs, (der) slawischen Länder gewinnen. Größte Eroberungen – ohne Annexionen!»[47]

---

[*] Das war eine direkte Paraphrase dessen, was ihm seine Moskauer Wahrsagerin Lydia Petrowna bei einem Besuch am Vortag gesagt hatte: dass man ihm nach seiner Rückkehr einen «politischen Posten» anbieten werde. Paquet sah in ihr die nordische «Seherin»: «Ihr Gesicht ... zeigt beinahe Ausdruck der sagenhaften Nixe der schwedischen Erzählung.» Leider hat Baumgart in der gedruckten Fassung des Tagebuchs auch alle diesbezüglichen Passagen herausgelassen. (Maschinenschriftl. Fassung, V, S. 417) Möglicherweise lieferte jene Lydia Petrowna das *eine* Vorbild seiner Romanheldin Rune Lewenclau in *Prophezeiungen* (1923) und *Sturmflut* (1925).

Das freilich ähnelte verblüffend den Prospekten, die er in seinen Kriegsschriften 1914/15 entwickelt hatte. Er selbst scheute diesen Rückbezug keineswegs, im Gegenteil, er sucht alle deutschen «Ideen von 1914» noch zu übertrumpfen: «Kein ‹Mitteleuropa› wird entstehen, aber dennoch ein auf Deutschland gestütztes Europa – vom Kanal bis zum Ural, vom Nordkap bis Sizilien ...»[48]

Revolutionäre Mobilmachung

Paquet fühlte sich jetzt beflügelt von den Plänen und Losungen einer revolutionären Mobilmachung, die die führenden Bolschewiki angesichts des sich abzeichnenden Sieges der Entente im Westen ausgegeben hatten. So hörte er am 3. Oktober im Büro Radeks von einer «historischen» nächtlichen Sitzung des Gesamtrussischen Zentralexekutiv-Komitees und der Räte der Hauptstadt. Dort sei ein Brief Lenins verlesen worden, in dem dieser – noch vom Krankenbett aus – die Kommunisten Russlands aufgerufen habe, bis zum Frühjahr eine Rote Armee von drei Millionen Mann aufzustellen sowie Lebensmittelreserven anzulegen: «1) um verstärkten Angriff der Entente gegen Russland abzuwehren, 2) um bereit zu sein, der deutschen Arbeiter-Revolution zu Hilfe zu eilen, falls sie vom anglo-amerikanischen Imperialismus bedroht werden sollte ...» In seiner Mobilmachungsordre habe Lenin schließlich gesagt: «Die reichen Hilfsquellen und Menschenmengen Russlands und das organisatorische Talent der deutschen Arbeiterklasse werden die aus den Angeln gehobene Welt wieder einrenken.»[49]

Wieder erscheint fraglich, ob Lenin das wirklich so gesagt hat. In der späteren, redigierten und gedruckten Fassung seiner Rede taucht diese Formulierung nicht auf; hier ist nur von der Vorbereitung auf brüderliche Hilfe die Rede, falls die deutschen Arbeiter «bei ihrem Kampf für die Befreiung von den imperialistischen Bestien und Ungeheuern in eine schwierige Lage geraten»[50]. Aber offenbar hatte Radek ihm die Rede Lenins so referiert. Und Paquet nahm das, jenseits aller diplomatischen Vorsicht, für bare Münze und ließ die angebliche Botschaft Lenins sofort nach Berlin kabeln: «Werden Forderungen des deutschen Proletariats erfüllt, so ist Russland bereit, sich mit Deutschland gemeinsam gegen Amerika, England und Frankreich zu stellen.»[51]

In dieser agitierten Stimmung fuhr Paquet Anfang Oktober nach Deutschland. Umso niederschmetternder waren die Eindrücke, die er erhielt. In Berlin fand er eine «Stimmung des Zusammenbruchs». Bei einem Gespräch im Militäramt erklärte ihm von Herwarth, der völlig aufgelöst und pessimistisch wirkte: «lever en masse? Haben wir seit 1914 ...»[52] Die Vorschläge einer letzten Generalmobilmachung zur Erzwingung eines maßvollen Friedens, die der kurzzeitige Reichskanzler Prinz Max von Baden, aber auch Walther Rathenau und andere in diesen Tagen öffentlich vorgetragen hatten und die Paquet mit seinen Moskauer Erfahrungen unterstützen wollte, stießen ins Leere.

Daheim in Frankfurt entwickelte Paquet am 12. Oktober vor der Redaktionskonferenz der «Frankfurter Zeitung» noch einmal seine Vorstellungen über eine gemeinsame revolutionäre Politik mit Russland. «Verlese Lenins Brief. Schildere Haltung der Sowjetregierung, trage meine Alternative vor. Heiße Stimmung.»[53] Diese politische «Alternative» war jetzt fast nationalbolschewistisch gefärbt: «Wenn wir nicht – zusammen mit den Russen – das revolutionärste Volk der Erde werden und ganz Europa sozialisieren, bis in die Südspitze Apuliens und bis zu den Lappen am Nordkap –, dann wird aus uns nichts werden. Dazu bedarf es im deutschen Volk eines gewaltigen Umbildungsprozesses.»[54] Den allerdings sah er mit grimmigem Zweifel dahingestellt: «Entwickele. *Wir stehen schon in der Revolution*; der Deutsche ist aber nicht revolutionär, auch der deutsche Arbeiter nicht ... (Woher sollen wir's auch sein: hatten zwar Marx und Lassalle, aber nur einen Herwegh; die Russen aber eine ganze revolutionäre Literatur mit Dostojewski und Tolstoi und Mereschkowski ... Russen haben immer ihr Leben hergegeben, sind vor Kugeln und Galgen nicht erschrocken. Wo ist solcher Mut bei uns?)»[55]

In seinen privaten Aufzeichnungen ließ Paquet sich mit immer größerer Rage über das vormals vergötterte deutsche Volk aus, «das es nicht besser verdient hat, als jetzt am Ende eines mit wahnsinnigen Opfern geführten Krieges als ein Bettler dazustehen; denn es war dumm, beschränkt, schlimmer als führerlos ... Unaufrichtiges, schielendes Gesindel! Sklavenmasse! Dickköpfe! ... Und unsere ‹Helden› wollen einen Krieg gegen die ganze Welt gewinnen ohne Genie, nur mit roher Kraft. Hol sie der Teufel. Ich kann dies öde, tragische Feldgrau, diese müden, erschütterten Männergesichter nicht mehr sehen.»[56]

Zurück in Berlin, steigerte die «Bankrott-Stimmung», die er überall antraf, seine Wut und kalte Verachtung, die sich nun auch gegen die Insignien der preußisch-deutschen Reichsherrlichkeit richtete.[57] Alles lief verkehrt. So hörte er, «dass eine ‹Front von Westarp bis Scheidemann› gegen den Bolschewismus in Bildung sei». Er konnte es kaum fassen: «Das fehlte noch! Einige sprechen davon, Joffe auszuquartieren ... Verbohrtheit, Verworrenheit, Hilflosigkeit! Nirgends ein klarer Blick und fester Wille.»[58] Alles wirkte wie ein furchtbares Dementi seiner früheren Weltordnungsprospekte: «Das alte deutsche Kaisertum geht jetzt wirklich unter: das preußische wie das österreichische. Jetzt erst erfüllt sich 1806 ... Abenddämmerung über dem westlichen Europa. Neue Völker im Osten und im fernen Osten, wie im fernen Westen. Pax americana.»[59]

4. Zwei Kücken unter einer Schale

Radeks sirenenhafte Werbungen gegenüber Paquet und seine Andeutungen über ein mögliches «Bündnis» waren keine private Episode, sondern gehörten in den Kontext einer kühn ausgreifenden Politik der offensiven «Umarmung» und materiellen Verflechtung gegenüber Deutschland, wie sie die Räteregierung unter direkter Führung Lenins seit dem Brester Friedensschluss betrieb.

Da Außenminister Tschitscherin und Botschafter Joffe die Verhandlungen über die vereinbarten Zusatzverträge nicht «geschäftsmäßig» genug angingen, beorderte Lenin im Juni 1918 seinen Vertrauten Hanecki, mittlerweile Chef der Nationalbank, und Leonid Krassin als prominenten Mann der Wirtschaft nach Berlin. Der ehemalige Ingenieur deutscher Elektrofirmen wurde «vom alten Siemens selbst und einem ganzen Regiment von Direktoren seiner Firma empfangen». Und in Begleitung des AEG-Direktors Felix Deutsch fuhr er zu Ludendorff an die Westfront, der in Aussicht stellte, bei großzügiger Belieferung mit kriegswichtigen Rohstoffen die deutschen Armeen aus Teilen Südrusslands zurückzuziehen.[1]

Krassin führte die Verhandlungen seinerseits in «großem Stil». Hatte sich das eilig formierte «Russland-Syndikat» der deutschen Industrie das Ziel gesetzt, «eine Beteiligung an Bergwerks-, Industrie- und Baumwollunternehmen» im bolschewistischen Russland zu erwerben und vermittels der aus deutschen Mitteln wiederhergestellten Verkehrswege «die wirtschaftliche Durchdringung der Rohstoffgebiete» voranzutreiben, so bildeten gerade diese Pläne die Folie, auf der Lenin seinerseits die enge, zentral kontrollierte Verflechtung beider Länder und Volkswirtschaften vorantreiben wollte. Die sechs Milliarden in Gold und Rubeln, die die bolschewistische Regierung als Entschädigung für enteignete deutsche Firmen in Aussicht stellte, hätten ein machtvolles Instrument des deutschen Einstiegs in die russische Industrie und vor allem in das darniederliegende Verkehrswesen sein können. Krassin jedenfalls nährte solche Vorstellungen, wenn er in langen Gesprächen mit Stresemann, der auf deutscher Seite die Federführung übernommen hatte, darlegte, «dass der Staatssozialismus in Russland ... sich auch praktisch schließlich nur in einer stärkeren Betonung der Arbeiterinteressen von dem Staatssozialismus in Deutschland unterscheide». Stresemann fasste seine Gespräche schließlich in dem Eindruck zusammen, dass «der Gedanke einer deutsch-russischen Verständigung in der Luft zu liegen» scheine.²

Zwei Kücken unter einer Schale

Krassins Äußerungen waren natürlich für die Ohren seiner deutschen Verhandlungspartner bestimmt, lagen aber auch ganz auf der Linie dessen, was Lenin seinem bolschewistischen Machtkader eins ums andere Mal eingehämmert hatte. Schon im März, gleich im Anschluss an den Brester Frieden, hatte er der bürgerlich-patriotischen Weltkriegslosung vom «Hass gegen die Deutschen» als bolschewistisch-proletarische Losung entgegengestellt: «Lerne beim Deutschen!» Denn dieser vertrete nicht nur «den bestialischen Imperialismus, sondern auch das Prinzip der Disziplin, der Organisation, des harmonischen Zusammenwirkens auf dem Boden der modernsten maschinellen Industrie, der strengsten Rechnungsführung und Kontrolle». Genau das sei es, was die junge Sowjetrepublik brauche. Die Aufgabe der Bolschewiki sei es, «vom Staatskapitalismus der Deutschen zu lernen, ihn *mit aller Kraft* zu übernehmen, keine *diktatorischen* Methoden zu scheuen, um diese Übernahme noch stärker zu beschleunigen, als Peter die Übernahme der westlichen Kultur durch das barbarische Russland beschleunigte, ohne dabei vor barbarischen Methoden des Kampfes gegen die Barbarei zurückzuschrecken».

Diese Generallinie spitzte Lenin schließlich auf ein suggestives Bild zu, das es in sich hatte: Deutschland und Russland repräsentierten im Jahr 1918 «zwei getrennte Hälften des Sozialismus ..., eine neben der anderen, wie zwei Kücken unter der einen Schale des Imperialismus». Und als solche, das war dieser Naturmetapher überdeutlich zu entnehmen, waren diese beiden «Kücken» auch dazu bestimmt, gemeinsam die Schale des Imperialismus zu zerbrechen.³

Der Einbruch der deutschen Fronten im August führte keineswegs zum Abbruch dieser Politik, im Gegenteil, Lenin steigerte den Einsatz noch einmal. Noch am 27. August ließ er die Berliner «Zusatzverträge» – gegen schwere Bedenken und Widerstände seiner eigenen Verhandlungsführer, wie schon beim Brester Frieden – unterzeichnen. Und er flankierte diese wirtschaftlichen Abmachungen mit dem Deutschen Reich noch durch Angebote einer direkten militärischen Zusammenarbeit beim Kampf gegen die Truppen der Alliierten in Murmansk und Archangelsk im Norden und auf den Ölfeldern von Baku im Süden – wozu es dann allerdings nicht mehr kam.⁴

Das war mehr als eine Eingebung des Augenblicks. Tatsächlich hatte Lenin schon Ende Juli festgestellt, dass «jetzt der englisch-französische

Imperialismus, der nun schon seit vier Jahren um der Weltherrschaft willen die ganze Erde mit Strömen von Blut überschwemmt ..., unmittelbar an Russland herangerückt» sei. Russland stehe wieder «im Krieg», diesmal gegen die Mächte der Entente, und «der Ausgang der Revolution hängt jetzt völlig davon ab, wer in diesem Krieg siegen wird».[5] Ende August hatte er diese Frontstellung in einem «Aufruf zum letzten, entscheidenden Kampf» noch einmal erweitert, als er feststellte, dass die Sowjetrepublik sich einem konzertierten Angriff des englisch-französischen und japanisch-amerikanischen Imperialismus gegenübersehe. «Dieser Feind geht gegen das friedliche Russland mit der gleichen Brutalität und Raubgier vor, wie die Deutschen im Februar vorgegangen sind» – mit dem Unterschied, dass die Alliierten «auch die Sowjetmacht stürzen» wollten, anders als die Deutschen. Nach einem vorbereiteten Plan breite sich «eine Welle von Kulakenaufständen ... über Russland aus». Die Kulaken aber seien «die letzte und zahlreichste Ausbeuterklasse unseres Landes». Deshalb sei der Kampf gegen die Kulaken der letzte, entscheidende Kampf: «Tod den Kulaken! Hass und Verachtung den Parteien, die sie verteidigen: den rechten Sozialrevolutionären, den Menschewiki und den heutigen linken Sozialrevolutionären!»[6]

In diesen Aufrufen wie in den parallelen, betont blutrünstigen Befehlen Lenins an seine Truppen, in den widerständigen ländlichen Gebieten Geiseln zu nehmen und von Ort zu Ort jeweils «nicht weniger als hundert notorische Kulaken, Reiche, Blutsäufer aufzuhängen», oder «*alle* Vorbereitungen zu treffen, um Baku vollständig *niederzubrennen*»[7], bevor britische oder türkische Truppen sich dessen bemächtigten, verschränkten sich die Perspektiven der Totalisierung des Bürgerkriegs unmittelbar mit denen der Ausweitung des Weltkriegs. Daraus ergab sich, wie Lenin Worowski einpaukte (der ihn beschwor, das «systematische Doppelspiel» der deutschen Seite nicht zu übersehen[8]), eine direkte «Übereinstimmung der Interessen» mit dem Deutschen Reich. «Wir wären Idioten, das nicht auszunützen.»[9]

Die Schlacht am Rhein

Die Avancen einer gemeinsamen Front gegen die pax americana, die Radek und Tschitscherin Paquet Anfang Oktober für seine Reise nach Berlin mit auf den Weg gaben, entsprachen diesen internen Direktiven und knüpften zugleich an den deutschen Diskussionen über eine «levée en masse» an, die davon ausgingen, dass das Reich in einer letzten Anstrengung den Ansturm seiner Feinde zurückschlagen müsse, um einem einseitigen Friedensdiktat und zugleich dem Revanchismus der eigenen, demobilisierten Soldaten zu entgehen.

Deutschland, so betonten die Führer der Bolschewiki jetzt eins ums andere Mal, gehe einem alliierten Diktat entgegen, das noch weitaus drückender und brutaler sein werde, als es der «Brester Friede» für Russland war. Dem in Moskau verbliebenen Generalkonsul Hauschild erklärte Radek, dass Deutschland «den Krieg insoweit verloren [habe], als es jetzt für den status quo ante kämpfen müsse, wobei er jedoch [ein] militärisch kraftvolles Deutschland auch jetzt noch keineswegs gering einschätze». Die einzige Lösung seien nun «Diktatur und Belagerungszustand», so wie die Bolschewiki sie bereits praktizierten. Eine europäische Revolution könne «je nach nationalem Charakter» natürlich andere Formen annehmen als in Russland. «Er (Radek) hatte gestern wieder zweistündige Konferenz mit Lenin ... Auch dieser sieht ... die Vorbereitung des bolschewistischen Blocks, der sich einheitlich gegen amerikanischen Kapitalismus richten wird.» Hauschild ging mit dem Eindruck fort, dass der «Gedanke deutsch-russischer Interessengemeinschaft starke Stütze findet».[10]

Natürlich war bei diesen Vorstößen und Angeboten eine weitreichende politische Umwälzung in Deutschland und Österreich-Ungarn vorausgesetzt. Aber welcher Art sie unter den jeweiligen «nationalen Bedingungen» sein musste, blieb offen. Und unbestreitbar ist, dass sich diese Politik von Lenins Linie eines «revolutionären Defaitismus» im Weltkrieg markant unterschied. Sie zielte ganz im Gegenteil auf eine sozial- wie nationalrevolutionäre Mobilisierung in einem bedrohten Deutschland, das sich gemeinsam mit Sowjetrussland den westlichen Alliierten am Rhein wie am Ural entgegenstellen sollte. Die Impulse nationaler Selbstbehauptung würden der sozialen Umwälzung in Deutschland, und erst recht im zerfallenden Habsburger Reich, vollends Momentum verleihen, während umgekehrt die soziale Umwälzung erst die notwendige Basis der nationalen Selbstbehauptung gegen eine «Pax Americana» abgeben würde.

Es war genau diese Perspektive, die Alfons Paquet in den Herbsttagen 1918 so elektrisierte, als verschwimmendes Echo seiner Diskussionen mit Radek und Tschitscherin: «Wenn Deutschland noch ein paar Monate Stand halte und bei sich Anfang mache – (*keine englische* Revolution!! Gottseidank, sondern *die* europäische, die die große Einigung contra Amerika bringen wird), dann werde es auch in Frankreich losgehen ... Die Sowjetrepublik unsere Wacht im Osten, wir deren Wacht im Westen.»[11] Ein reines Missverständnis war das jedenfalls nicht. In einem Artikel Radeks in der «Iswestija» vom 5. Oktober hieß es: «Die Arbeiter Deutschlands sollen dessen sicher sein, dass ihnen im Osten ein zuverlässiger Wächter entstehen wird ... Mit unserem Leibe werden wir dem Entente-Imperialismus den Weg nach dem roten Berlin versperren, und nicht nur an der Wolga, nicht nur am Dnjepr, nein auch am Rhein werden die jungen Regimenter unserer Roten Armee ... für die deutsche Revolution und gegen das Kapital kämpfen.»[12]

Gegen die «Pax americana»

Mit dem erklärten Ziel, «den Gedanken an ein Bündnis (zu) bewegen», strebte Paquet Ende Oktober nach Moskau zurück.[13] Von der Botschaft Sowjetrusslands Unter den Linden aus führte er ein telegraphisches Gespräch mit Radek, der ihn offen über militärische Interna ausfragte «Stimmt Nachricht von deutscher Offensive? ... Wer hält die Dardanellen, Deutsche oder Türken?» Dann, schon ganz im Stile einer ideellen Waffenbrüderschaft: «Wann sind Sie wieder in Moskau? – Am 30. – Kommen Sie bald wieder: am 5. XI. beginnt der große allrussische Rätekongress. Bringen Sie einen nicht zu dummen Vertreter mit. – Ich arbeite dafür: werde einen mitbringen. Do Swidanija.»[14]

Zurück in Moskau, fuhr Paquet, «wie ich da bin, im Auto zu Radek, der sich freut». Dort fand er auch «Dr. Marchlewskij, der als Sowjetgesandter nach Warschau bestimmt ist». Es war die Zeit frappanter Geständnisse. Marchlewski, der wie Radek oder Luxemburg Mitglied der polnischen und der deutschen Sozialdemokratie gewesen war, sagte ihm, «wenn er nicht Bolschewist wäre, wünschte er sich am liebsten preußischer Offizier zu sein. Er könne sich nicht denken, dass (der) preußische Offiziersstand sich mit einem Frieden, wie er jetzt in Aussicht stehe, zufrieden geben könne. Der Krieg werde weiterdauern.»[15]

Genau umgekehrte Erwartungen traf Paquet freilich unter seinen Bekannten im Moskauer Bürgertum: Hier hoffte man auf einen baldigen Friedensschluss im Westen «wegen gemeinsamem Vorgehen (der Deutschen) gegen die Bolschewiki mit der Entente». Diese Gedanken, die er selbst keine drei Monate zuvor noch gehegt hatte, schienen ihm jetzt unendlich fern und weltfremd: «Man erwartet hier immer noch die Deutschen!»[16]

Alles floss in einem Katarakt von Eindrücken und Empfindungen zusammen. Die ganze Stadt rüstete sich zum ersten Revolutionsfeiertag, während aus Berlin, Wien und Budapest immer dramatischere Meldungen eintrafen. Zwischendrin erfuhr Paquet von Wosnessenski, einem Mitglied des Rats der Volkskommissare, dass sein «Terror»-Artikel in der Ententepresse nachgedruckt worden sei, «mit dem Zusatz, der berühmte Korrespondent der ‹Frankfurter Zeitung› Paquet, ein Freund der Bolschewiki, schreibt dieses». Paquet rechtfertigte sich recht lahm damit, «dass ich es für meine Menschenpflicht gehalten habe zu protestieren, zumal viele Unschuldige mitgelitten haben».[17]

Eben an diesem Tage begann Paquet einen von der «Frankfurter Zeitung» seit langem bestellten Artikel über die Tscheka – zunächst «ohne den rechten Auftrieb», wie er vermerkte. Die Ereignisse und Eindrücke stürzten auf ihn ein. «Treffe Radek in eleganterer Kleidung als je, während ich seit 3 Monaten meine Haare nicht mehr habe schneiden lassen –; wissen Sie das Neueste: in Budapest die sozialistische Republik, in Wien Soldatenräte ..., der Kaiser aus Wien ... geflohen ... In Berlin Run auf die Banken, Panik ... Radek telefoniert an Wladimir Iljitsch in den Kreml ... *Die Welt dröhnt* ... Gewaltige heroische Stimmung in diesem Zusammenbruch der alten Welt.»[18]

Spät nachts, nun doch mit dem rechten Auftrieb, beendete Paquet seinen Tscheka-Artikel «Die Außerordentliche». Die Aura des Schreckens, die um diese Organisation und ihr Hauptquartier, die Lubjanka, lag, schien bereits ins Mythische entrückt. Im Zentrum des Artikels stand ein Portrait Dzierżyńskis, wie es Radek ihm zwei Monate zuvor einmal gezeichnet hatte.[19] Dzierżyński, aus litauischem Kleinadel, sei ein Revolutionär «von Beruf und Erfahrung ..., ein Fanatiker wie Saint-Just ...; ein Mann, der, was viel sagen will, in Russland höchstwahrscheinlich mehr Todesurteile unterzeichnet hat, vor Flüchen und Tränen unerbittlicher geblieben ist als irgendein Sterblicher vor ihm; ... ehemaliger politischer Sträfling, durch die Jahre der Einsamkeit in der Zelle in Weltbeglückungsideen von typisch slawischem Mystizismus ... eingesponnen; und der geborene Polizeichef, kaltblütig, wachsam und listig, ein Spezialist in der Kunst, eine Großstadt wie Moskau durch seine Strategie der Häuser und Stadtviertel ..., durch eine geschickte Verwendung seiner Häscher und Lauscher, durch Verbreitung angsterregender Gerüchte dauernd in Respekt zu halten und diese Stadt auch faktisch zu beherrschen».

Natürlich wisse «die Räteregierung den Wert dieses scharfen und raschen Instruments in ihren Händen sehr zu schätzen», da «jede Regierung in Russland ... noch auf lange Zeit hinaus eine despotische sein» werde: «Der Charakter der russischen Massen zwingt sie dazu.» Allerdings habe man dem unkontrollierten Wüten von Dzierżyńskis Organisation mittlerweile Zügel angelegt und «eine straffere Organisation dieser eigentümlichen, in schwarzen Lederanzügen auftretenden Inquisitionstruppe» durchgesetzt.[20]

Der Eindruck dieser schwarzen Ledermonturen durchzog Paquets Moskauer Texte und Aufzeichnungen wie ein Leitmotiv – seit er beim Überschreiten der Grenze die «Menschen des Thomas Morus» zum ersten Mal in dieser Kluft erblickt hatte. Jetzt lieferte sie ihm den spezifischen «Juchtengeruch» der Revolution, den er tief einatmete. Er registrierte, dass immer mehr seiner Moskauer Bekannten in Lederkluft

Lenin mit Jakow Swerdlow, dem nominellen Staatsoberhaupt Sowjetrusslands, an der Kreml-Mauer bei den Feierlichkeiten zum ersten Jahrestag der Oktoberrevolution am 7. November 1918

daherkamen, und nahm dies als Zeichen der revolutionären Mobilmachung. Unter den jungen Leuten, die sich im Außenkommissariat drängten und in alle Himmelsrichtungen ausschwärmten, «um zu schüren», hatte er Tage später eine lebhafte romantisch-erotische Vision: «Eine junge deutsche Dame, reisefertig, mit neuer braun-gelblederner Umhängetasche ... Giebt ihren Vornamen für den Pass: Irmentraut Petrow ... Rosig wie ein Borsdorfer Apfel, echt deutsch. Fährt nach Deutschland ... Sie trägt, eine Art Gudrun, unter dem Reisemantel das schwarze Lederkostüm der Außerordentlichen Kommission, dunkel mit roter Rosette geschmückt.» Gut möglich, dass Irmentraut Gellrich-Petrow* (neben der «nordischen Seherin» Lydia Petrowna) das andere

---

* Irmentraut (Irma) Gellrich stammte aus Breslau und war ursprünglich Mitglied der USPD, laut Baumgart eine «Freundin Liebknechts». Sie hatte zunächst in Petrograd, dann in Moskau unter Anleitung Karl Radeks und in enger Koope-

Der Machtorden der Revolutionäre – Lenin mit seinen Mitarbeitern bei den Feiern zum 1. Mai 1919 vor dem Kreml

Vorbild für die Fantasy-Revolutionärin Rune Lewenclau in Paquets utopischem Revolutionsroman «Prophezeiungen» (1923) und noch einmal in seinem Revolutionsdrama «Sturmflut» (1926) abgegeben hat – eine

ration mit Ernst Reuter (der dann als Kommissar an die Wolga entsendet wurde) sowie mit Béla Kun in einem «Kriegsgefangenenbüro» gearbeitet, das ab April 1918 als «Exekutivkomitee der ausländischen Arbeiter und Bauern» firmierte und sich mit der Propaganda und Rekrutierung unter den deutschen, österreich-ungarischen und anderen Kriegsgefangenen in Russland befasste. Irma Gellrichs Hauptaufgabe war die Redaktion der Zeitschrift «Völkerfriede», die im April in «Welt-Revolution» umgetauft wurde und von der «Deutschen Gruppe in der KP Russlands (Bolschewiki)» herausgegeben wurde. Unter dem Datum des 14. November 1918 findet sich der Antrag an das Deutsche Konsulat in Moskau, nun vertreten durch den das Gebäude besetzenden «Arbeiter- und Soldatenrat», Irmentraut Gellrich «einen amtlichen Pass auszustellen». (*RZChIDNI, Fonds 549, op. 4, d. 2, Bl. 93*) Ob Irma Gellrich damals tatsächlich nach Deutschland gegangen ist, bleibt unklar. Verheiratet war sie mit dem bolschewistischen Revolutionär Peter Petrow, der 1917 aus dem englischen Exil zurückgekehrt war. 1924 tauchen ‹Irma und Peter Petrow› als Mitarbeiter der Russischen Handelsmission in Berlin auf. 1933 müssen sie fliehen. In London erschien 1934 ihr Buch «The Secrets of Hitlers Victory», das auch eine harsche Kritik der stalinistischen Innen- und Außenpolitik enthielt.

schwedische Adelstochter, die als Amazone in Soldatenkleidern nach Russland zieht und im Fernen Osten eine revolutionäre Warägerrepublik errichtet, um sie schließlich mit der ursozialistischen «Nordkommune» des Matrosen Granka Umnitsch im freien Liebesbund zu vereinen.

Im Machtorden der Revolutionäre

Paquets Bindung an Russland war nicht zuletzt eine Bindung an den verschworenen («warägischen») Machtorden der Bolschewiki, in dem er sich vorwiegend bewegte. «Ich habe Angst um die Revolution hier ... Warum dieses Interesse? Bin ich nicht Bourgeois und bin es immer gewesen? Stamme ich aber in Wirklichkeit nicht doch von Handwerkern, kleinen Leuten, aus dem Arbeitervolk und bilde mir nur ein, dass es anders sei! ... Gehöre ich nicht selbst zu den Zurückgestoßenen und Beleidigten? ... Warum mitschuldig werden? Warum nicht lieber leiden, als nicht die Wahrheit bekennen?»[21]

Die «Wahrheit bekennen» hieß dem ganzen Kontext nach, Zeugnis abzulegen vom «Geist der russischen Revolution» und dafür notfalls mit dem eigenen Milieu zu brechen. «Die Schmückung der Stadt macht Fortschritte. Es war schwer, heute bei Tisch mit den biederen Landsleuten nicht in Zank auszubrechen über die Frage, ob das alles schön oder scheußlich sei ... Sie ... hacken auf mir muffig herum, weil ich wage, es weder sinnlos noch hässlich zu finden, sondern schön, witzig, talentvoll, amüsant im höchsten Maße.»[22]

Mitten in die tagelangen Aufmärsche und Festlichkeiten hinein, die von den Nachrichten über die Revolution in Wien und Budapest und von Streiks, Demonstrationen und Soldatenmeutereien in Berlin und ganz Deutschland triumphal befeuert wurden, platzte die Nachricht vom Abbruch der diplomatischen Beziehungen und von der Ausweisung Joffes und seines gesamten Personals aus Berlin. Radek erklärte daraufhin, das deutsche Botschaftspersonal werde das Land nicht eher und «nicht lebend verlassen», solange Joffe nicht in Sicherheit sei. Das Gebäude wurde umstellt; dem Generalkonsul Hauschild drohte Radek mit Tscheka-Haft. Paquet, der zu vermitteln suchte, war durch einen Passierschein Radeks von diesen Restriktionen ausgenommen und konnte sich frei bewegen.

Er nützte dieses Privileg weidlich aus: Bei den tagelangen Revolutionsaufmärschen und Militärparaden saß er auf der Tribüne der Ehrenbesucher. Er ließ sich zu den Sitzungen des Rätekongresses, den permanenten Denkmalsenthüllungen, Banketts, Theateraufführungen mitschleppen und vom Triumphalismus dieser Veranstaltungen und ihrer Teilnehmer mit- und davontragen. Er hörte und sah Lenin zweimal reden und trieb physiognomische Studien über den Mann, der so «ruhig, sicher, gut ausgeruht» sprach, als käme er eben aus Marienbad, während er den Ausbruch der Weltrevolution verkündete. Und er wohnte (an der Seite Fürstenberg-Haneckis, mit dem er «kinematographiert» wurde) einer Parade und Vereidigung von Offiziersschülern durch Trotzki bei, bei der grauhaarige Obersten mit gesenktem Degen, das Georgskreuz an der Brust, mit ihren Truppen vor dem jüdischen Kriegskommissar im Zeremonialmarsch vorbeidefilierten. Trotzki selbst stand, in langem, erdbraunem Soldatenmantel, mit schwarzer Ledermütze und hohen Stiefeln, aufrecht und gebietend da, wie ein General – hinter ihm die roten Fahnen.[23]

In seinem Artikel «Die Rote Armee» in der «Frankfurter Zeitung» berichtete Paquet, wie Trotzki unter großem Jubel erklärt habe: «Während die deutsche Armee täglich schlechter wird, wird die Rote Armee ... täglich besser.» Diese Rote Armee, «die Hoffnung der von der Entente Unterdrückten», werde nicht zögern, den revolutionären Kräften außerhalb Russlands zu Hilfe zu kommen «und endlich am Rhein oder auch am Ärmelkanal, in den Alpen oder auch am Mittelmeer, mit den von einer kosakischen Diktatur des Proletariats überzogenen Ländern hinter sich, den Heeren des Weltkapitalismus die Zähne zeigen.»[24] Wieder fragt man sich, ob das wirklich der Wortlaut der Rede Trotzkis war. Jedenfalls war es der Tenor, den Paquet herausgehört hatte.

Als es am 10. November so aussah, als habe auch in Deutschland die Räterevolution gesiegt, bat er Radek (nachdem der Konsul Hauschild den Raum verlassen hatte), nach Berlin «mitzuteilen, dass ich mich dem deutschen Arbeiter-und-Soldaten-Rat zur Verfügung stelle». Daraufhin gab es «Glückwünsche von allen Seiten» (die Szene spielte in Radeks Büro). Und gemeinsam fuhren die Insassen des «Metropol» zu einer weiteren Denkmalsenthüllung mit Truppenparade und Festbankett.[25]

Die Besetzung der Moskauer Botschaft durch ehemalige deutsche Kriegsgefangene und «Internationalisten» stürzte Paquet allerdings in ernste Loyalitätskonflikte, zumal angesichts ihrer vandalischen Form und der Durchsuchung der Botschaftsakten durch Geheimpolizisten. «Von nahem besehen und am eigenen Leibe erfahren nimmt sich die Revolution doch garstig aus ... Im Nu ist das ganze Haus, ich weiß nicht wie, proletarisiert ... – Errege mich ziemlich über die Einmischung der Fremden in die inneren deutschen Sachen.»[26]

Mehrfach trat Paquet scharf gegen die Botschaftsbesetzer auf, zumal sich die Lage in Berlin schnell klärte. Die neue Regierung dort war «keine bolschewistische», und somit war eine «Palastrevolution» in der Moskauer Botschaft «einfach grober Unsinn». Es kam zu einigen heftigen Zusammenstößen, namentlich mit dem jungen Ernst Reuter*[27], «der mich als Intellektuellen für einen prädestinierten Konterrevolutionär erklärt». Das alles war für Paquet kein Grund, seine Parteinahme zu ändern, im Gegenteil: «Trotz der Heftigkeit der Auseinandersetzungen und der gegenseitigen Angriffe fühle ich über den heutigen Abend große Freude. Es ist ein Erwachen, ein Zu-sich-kommen! ... Wann – selten – habe ich mit Bürgerlichen solche Auseinandersetzungen gehabt, die witterten stets in mir den Revolutionär, – und diese nun das Gegenteil.»[28]

In Moskau herrschte Aufbruchstimmung: «Radek fordert mich auf, morgen früh mit ihm nach Berlin zu fahren. Lehne ab, da ich nicht ‹als Kombattant› fahren will.»[29] Immerhin, so nahe war man sich gekommen. Paquet hatte sich mit der künftigen Rolle Radeks schon länger beschäftigt: «Radek möchte nach Berlin. Wer weiß, ob er nicht noch einmal (eine) Rolle bei uns spielen wird.»[30]

Allerdings reiste Radek auch diesmal noch nicht ab, da in Deutschland die Dinge anders gingen wie gedacht. Nach einem Gespräch mit dem Unabhängigen Haase als Mitglied des neuen Rates der Volksbeauftragten, der sich vorerst nicht bereit zeigte, die Ausweisung Joffes zu widerrufen, erging er sich in dunklen Drohungen und Andeutungen. Die Rote Armee werde auf eigene Faust in die nach dem Brester Frieden besetzten Gebiete einmarschieren. Die Deutschen sollten sich hüten: Jeden Augenblick könne eine Bartholomäusnacht gegen die Offiziere losgehen. Man habe schon Tausende von Agitatoren losgeschickt. «Gedanken von dämonischer Unglücksbedeutung», wie Paquet jetzt empfand.

Augenzeugenberichte aus dem russischen Bürgerkrieg, die er bekam, passten in dieses verdüsterte Bild. Man hörte von «Volksgerich-

---

* Ernst Reuter hatte sich als Kriegsgefangener 1917 den Bolschewiki angeschlossen und mit Irma Gellrich, Béla Kun und andern das «Kriegsgefangenenkomitee» gegründet. Im April 1918 war er als bevollmächtigter Kommissar zur Gründung einer autonomen Sowjetrepublik der Wolgadeutschen nach Saratow gegangen, um Ende Oktober als Delegierter zum allgemeinen Sowjetkongress nach Moskau zurückzukehren. Die führende Rolle, die er bei der Besetzung des Moskauer Generalkonsulats spielte, erklärte sich offensichtlich bereits daraus, dass Reuter (der im Folgenden unter dem Parteinamen «Friesland» auftrat) designiert war, gemeinsam mit Karl Radek die Bolschewiki auf dem bevorstehenden Rätekongress in Berlin zu vertreten und selbst in einer deutschen Räteregierung und zu gründenden Kommunistischen Partei eine wichtige Rolle zu spielen. Als «Ernst Friesland» wurde Reuter später für kurze Zeit Vorsitzender der KPD, bevor er mit der Partei und zugleich mit den Bolschewiki brach.

ten» auf dem Land, die vor sich gingen «wie die Gerichte der mittelalterlichen Fehme, mit Hexenverbrennungen». Auch dass die pompösen Revolutionsfeiern die antibolschewistische Stimmung unter der Mehrzahl der Moskauer nur übertüncht hatten, entging ihm nicht: «Gehobene Stimmung in der Stadt über die Nähe der Franzosen und Engländer ... Man erwartet sie in 3, 4 Wochen.»[31] Aber immer wieder verstand er es, alle diese widersprüchlichen Eindrücke ins Literarische zu entrücken: «Das Leben hier in Moskau ist ein Balzacscher Wälzer ... ein Dickformat-Roman, wo ein Kapitel das andere übertrumpft ... Der Osten in seiner Wildheit, die Schönheit an der Gurgel gepackt, ihr Gewand abgerissen.»[32]

Hier schloss sich der Kreis zur Faszination, die vom «napoleonischen» Aktivismus der Weltrevolutionäre ausging, in deren Zirkeln er sich für einige Wochen und Monate bewegt hatte. Ein letztes Mal stand er mit Radek vor der Karte, um «die schlimme Lage der deutschen Truppen in der Ukraine» oder die Gefahr einer britischen Truppenlandung an der baltischen Küste zu erörtern. Radek gab Paquet eine Reihe konkreter Forderungen mit auf den Weg, deren Erfüllung die Sowjetregierung von der neuen deutschen Regierung mindestens erwarte. Er übergab ihm auch «an Liebknecht eine Karte» sowie 3000 Zarenrubel für seinen Sohn Witold in Zürich. Ein letztes Mal rauchten sie eine gute Zigarre miteinander und schwelgten in großen Perspektiven: «Passen Sie auf, in Berlin wird einmal der (europäische) Zentralsowjet sein. – Berühre meine Idee des ‹europäischen Amts›, der Synthese aller übrigen ‹auswärtigen Ämter›.» Radek prahlte im Scherz (oder im Ernst?), wenn Paquet nach 8 Tagen Zugfahrt in Berlin ankäme, solle er sich umschauen: «Vielleicht werde er uns dort begrüßen: via Petersburg mit einem U-Boot könne er in 2/3 Tagen dort sein».[33]

Dann brachte Radek ihn im Wagen zum Bahnhof, von dem die Karawane der Botschaftsangehörigen sich mit 40 Waggons in Bewegung setzte. Die Eindrücke ähnelten denen der Hinfahrt, ohne die «Eichendorffische» Heiterkeit allerdings: «Stationen mit Mobilmachung. Heulende Bauernweiber. Gefangene Bauern. Abgesperrte Bahnhöfe.» Und auf der anderen Seite der Demarkationslinie, wo sich deutsche Truppen in voller Demobilisierung befanden, dasselbe Bild: «Kampierende Flüchtlinge. Wandernde Kriegsgefangene ... in Scharen, wie in Heringsschwärmen».

Nach fünf Tagen Fahrt endlich: Berlin. Und ernüchtertes Erwachen: «Dienstag, 26. November. Das soll Revolution sein: Die Stadt zeigt das gewohnte ordentliche Bild, wenig rote Fahnen ... Von innen betrachtet, sieht Berlin doch toll aus. Und ich fürchte, es wird in einem halben Jahre hier nicht anders zugehen und aussehen wie in Petersburg.»[34]

Apotheose der verwilderten Stadt

In Berlin oder schon auf der Fahrt zurück hatte Paquet für seine «Briefe aus Moskau» einen Epilog unter dem eigentümlichen Titel «Die gefesselte Stadt» verfasst – eine Apotheose des revolutionär verwilderten Moskau. Man könnte ihn einen Grundtext aller vieldeutigen deutschen Faszinationen an der bolschewistischen Revolution nennen:

«Einige zehntausend Fensterputzer und Glaser, Tischler und Gärtner wären wohl nötig, um jenes alte Moskau wiederherzustellen, das wir vor dem Kriege kannten, Stadt mit leicht gebogenen hügeligen Straßen voll von Waren hinter glänzenden Scheiben, Plätze mit wuchtigen Denkmälern, Parks in eisernen Zäunen. Zehntausend Schneider, Schuster und Friseure hätten wohl alle Hände voll zu tun, um dem Volk dieser Stadt jenes wohllebige Aussehen wiederzugeben, das es einst mit den Bewohnern aller Städte des guten, alten Europa gemein hatte. [...]
  Jetzt sind diese Straßen ein wenig öde geworden trotz ihrer vielen Fußgänger auf den Bürgersteigen. Hoftore stehen offen und zeigen verwilderte Gärten. [...] Mit Arabesken überhangene Paläste, scharfkantige neue Steingebäude, fünf Stockwerke hoch, sind pockennarbig geworden von den Spuren der Straßenkämpfe. [...] Noch hängen die Firmentafeln an den Läden; sie zeigen gemalte Zuckerhüte, Käse und Geflügel, aber die Gewölbe sind mit Brettern zugemacht. Verhärmte Frauen verkaufen Zeitungen, klägliche Männer Gurken und Äpfel an der Straßenecke. [...] In den Wohnungen isst man das mit Sand und Stroh vermischte Brot der Armut, dünne Kartoffelsuppen und rohe Rüben. [...]
  Oft aber jagen Reiter mit dem Säbel an der Seite und Flinte auf dem Rücken mit stiebenden Hufen über das harte Pflaster; Motorräder stürmen unbekümmert daher, und in rasender Fahrt die Automobile der Revolution; Kraftwagen des Feldheeres oder enteignete Fahrzeuge geflüchteter Millionäre, auch Lastautomobile, hochbeladen mit requirierten Mehlsäcken oder Kohlköpfen, oder ledernen Stiefeln, Soldaten obendrauf, deren Gewehre wie aus einem Nadelkissen herausragen. [...]
  Aber ist Moskau jemals so schön gewesen wie in dieser Verwilderung? Es ist, als kehre alles zum Naturzustand zurück, als sei mit einem Male eine ungeheure Ebbe jenes anmaßenden menschlichen Verstandes eingetreten, der einst den Dingen ihren Rang anwies. [...]
  Jetzt lagern unter festlich strahlenden Kronleuchtern in einstigen Adelshäuser, vor kostbaren Bildern [...], mitten in der drückenden Pracht schwergetäfelter Billardzimmer proletarische Lebensmittelkomitees und schreiben hieroglyphische Befehle. In vermauerten, aufgebrochenen Kellern ergötzen sich ungetreue Hausverwalter, wildgewordene, einst mohammedanische Kaukasier, närrische Rotgardisten mit Handgranaten im Gürtel, an schwerflüssigem uraltem Benediktiner, an Mouton Rothschild, an gelbem Burgunder, an rosinfarbenem Sekt, der einst der Stolz auf den Tischen zarischer Minister war. Noch arbeiten in den modernen Miethäusern die mechanischen Aufzüge, aber in den höchsten Stockwerken [...] hausen Soldaten. Der Minenwerfer steht auf dem Balkon gleich ne-

ben der zierlichen Teemaschine [...] Der Kamerad, die braune Sportsmütze auf dem Kopf, schreitet da unten über die grasbewachsenen Ruinen der alten Zivilisation, mit der Flinte auf dem Rücken wie der Jäger, der seine Nahrung sucht. [...]
  Diese gefesselte Stadt, die keinen Handel mehr treibt, die müßig geht und sich entvölkert, hat kaum noch anderes zu sein als eine Sonnenuhr der Jahreszeiten. Sie ist schön im Sommer mit seiner frühen starken Morgensonne, mit seinen tiefgoldenen Abenden, mit dem Dschungel aus Laub und ungemähtem Grase vor den Mauern des Kreml. [...] Vor dir, nicht fern, auf sanften Hügel hingebaut, leuchten bunte Spielzeugpaläste mit dem weißen, breiten, gekrönten Schloss in der Mitte. [...]
  In diesem stolzen Schloss liegt *Lenin* auf dem Krankenbett, aus dem Tumult des Fabrikhofes hierhergetragen. Du sahest ihn oft auf dichtbevölkerter Bühne, den kleingewachsenen Mann mit dem lächelnd nüchternen, beredten Munde, die Hände in den Hosentaschen, die listigen Augen in die Ferne gerichtet, den Tamerlan des neuen Weltgerichts. Seine Getreuen hausen um ihn her in den Wohnungen der einstigen Kavaliere und der Hofbeamten; sie sitzen vielleicht in diesem Augenblick, schmutzig, übernächtig, in ihren schwarzen Lederkleidern, mit Pistolen im Gürtel, in heißer Beratung an den silbernen Tischen, vor kristallenen Spiegeln. Es wird Nacht, draußen um das Schloss beginnen die Bogenlampen zu knistern und aufzustrahlen. Dekrete werden fertig, die am nächsten Morgen in den Zeitungen stehen und mit einem Schlage diese sommerliche Stadt noch stiller machen. [...]
  Mit einem Male gehen die Menschen durch herbe Morgennebel, in dicken Mänteln und ausgetretenen Galoschen, schwerfälliger. Aber die Stadt feiert nun, mit gründlicher Ironie gegen den grauen Himmel, das *Jahresfest der Revolution*. Großen Leinwänden sind liegende Gestalten aufgemalt in rubensscher Fülle, mit Fruchtzweigen überschattet, mit Ähre, Sichel und Hammer in der muskeligen Hand. [...] Allegorien von grünlicher Zersetztheit sind futuristisch in Säulenhallen aufgehängt. [...] Häuserwände sind freimaurerisch mit neuen, uralten Symbolen, mit Schwarz, mit Dunkelblau, mit Siebengestirnen, mit aufgehenden Sonnen verhangen [...] Von allen Fenstersimsen hängt in ewiger Wiederholung das unheraldische Wappen der wildesten Republik: die von der Sichel gefasste Ähre auf runden, mennigroten, karmesinfarbenen und weißen Skythenschildern. [...]
  Und am siebenten November, dem Hochzeitstag der Idee und des Chaos, marschieren die Massen auf den historischen Roten Platz vor dem Kreml. Sie kommen aus allen Gegenden der Stadt in roher Ordnung [...] mit gestickten Bannern aus dunkelrotem Sammet, mit hölzernen Tafeln, mit papierenen Emblemen. [...] Frauenvereine und Fabrikpersonale marschieren, dazwischen Truppen mit ihren erdbraunen Mänteln, mit zottigen Pudelmützen und blinkenden Bajonetten. Panzerautos [...] in braungrüner Kriegsbemalung, violette Maschinengewehre. Singend strömen die Massen zusammen; der immerwährende Posaunenton der Musikkapellen von allen Seiten klebt in die Ohren die Melodie der Internationale, feierlicher Liebesgesang [...] Ozeanisches Murmeln der Zehntausende, die sich zum Hunderttausend vereinen. [...] Masse, über der plötzlich mit rauschenden Motoren weiße Flugzeuge erscheinen, die tief herniedertauchen und jäh in das türkisfarbene Blau zurückstreben. [...] In schmalem Zuge kom-

men Matrosen daher in schwarzen Uniformen, mit goldenen Namen verlorener Schiffe auf der Mütze, kommen die Mannschaften und die Weiber der gefürchteten Außerordentlichen Kommission in neuen Paradeanzügen aus schwarzglänzendem Leder, begleitet von Automobilen, die zu Booten umgebaut und mit buntem Musikantenvolk besetzt sind. [...] Zu Füßen der Mauer liegt, von Stacheldrähten eingefasst, ein schmales Rasenbeet, das Massengrab der Revolutionsopfer vor einem Jahr. [...]

Man hat die steinernen Throne vor dem Kreml [...] von ihren ehern sitzenden Zaren leergemacht. Aber eine Schar von Genien und Verbrechern hat diese Stadt erobert; ihr plötzliches Dasein durchzittert die Atmosphäre. Die hagere Greisengestalt Tolstois erhebt sich über den herbstlichen Gärten, das durchfurchte Antlitz Dostojewskis [...], das kalkweiße Zwillingsdenkmal von Marx und Engels. Robbespierre [...] steht dozierend zwischen Bäumen vor den alten Wehrmauern des Kreml. [...] Bürger machen feindselige Umwege um die vom Triumph der Plebejer erfüllten Straßen. [...]

In diesen Nächten sind die Theater freigegeben. Sie spielen dem Volk phantastische Aufruhrszenen Verhaerenscher Gedichte, spielen, jäh aus dem Dunkel mit hysterischen Schreien und wildem Tücherschwenken gespenstischer Amouretten ins grelle Licht gezaubert, [...] Momente der französischen Revolution. Barfußtänzerinnen, zwischen Kübelpalmen hervorhuschend, gaukeln einem Parkett von proletarisch in wollenes Wams und Lederjacke gekleideten Männern ihre magere slawische Grazie vor zu den Tönen Chopinscher Musik, zu Wiener Walzerklängen.

Stiller Heimgang durch die Straßen der tiefen Nacht, durch den Park, wo Dohlenschwärme laut krächzend vor dir her von Wipfel zu Wipfel flüchten. [...] Vielleicht beginnt der große, erste Karneval der Weltgeschichte, vielleicht der letzte. [...] Aus sausenden Automobilen grüßen Hände gen Himmel: auch der alte Herr da oben ist Bolschewik geworden. [...]

Du nimmst Abschied an einem Abend, wo der erste schwere Schnee diese Stadt mit weißem Pelz bedeckt. Die Fahrt zum Bahnhof wirst du nicht vergessen, den Händedruck eines jener Männer, die dort im Osten bleich lächelnd wie Mondsüchtige den Kampf Europas um sich selbst entfesselt haben, diesen Händedruck des Mannes, der derb und warm ist wie der Händedruck seines Kameraden, des Chauffeurs. Der Zug steht noch ohne Maschine in dem vom feuchten Nachtwind durchheulten Bahnhof; er gleitet erst am nächsten Morgen durch graue Landschaften, die von Schüssen widerhallen. Er kommt auf halb verlassene Stationen und wagt nicht zu halten, aus Angst, von den bei ihren Feuern im kalten Winterwetter lagernden Männern gestürmt zu werden. Es sind einstige Soldaten, die gewohnt sind, in Erdhöhlen zu leben, Männer, die [...] unter starken Generalen in Reih und Glied einst auszogen und nun in Schwärmen Tag und Nacht zu dieser Stadt hinstreben in endloser, sehnsüchtiger Wanderung.»[35]

Metamorphosen eines romantischen Imperialisten

Aus der Geschichte Paquets in Moskau lassen sich einige zentrale Motive herauspräparieren, die von allgemeinerer Bedeutung sind.

Am offenkundigsten ist der Zusammenhang mit dem Verlauf des Weltkriegs. Paquets Attachement an das bolschewistische Russland wuchs in dem Maße, in dem der Stern der deutschen Armeen im Westen sank. Über alle militärisch-politischen Kalküls hinaus ging es um eine neue Weltteilung, in der die «alten» bürgerlich-kapitalistischen Mächte des Westens einem Block «junger» Mächte gegenüberstehen würden. Natürlich fanden sich viele Motive seiner früheren Kriegsschriften in dieser neuen Perspektive wieder – aber doch in spezifischer Verwandlung. Denn es war klar, dass der Krieg, wenn dann mit ganz neuartigen, eben revolutionären Methoden weitergeführt werden musste; und dass gerade nach einer militärischen Niederlage neue Wege der «ideologischen» und politischen Unterminierung gefunden werden mussten. Darin lag auch die eigentliche Suggestion der in Lederkluft gekleideten «Agitatoren», die in aller Herren Länder ausschwärmen, «um zu schüren»; und von denen Radek wiederholt prahlte, dass ein Dutzend von ihnen eine ganze Armee aufwiegen könne.

Zugleich war Paquet sich aufgrund vieler vertraulicher, aber auch öffentlicher Äußerungen der bolschewistischen Führer sicher, dass ihre Fixierung auf die deutsche Revolution mehr war als ein aktuelles Kalkül; dass sich darin vielmehr eine tiefer gehende historisch-kulturelle Orientierung auf Deutschland ausdrückte. Alle seine früheren kulturimperialen Vorstellungen über die Befruchtung des weiten Ostens mit deutschem Organisations-, Ingenieurs- und Pioniergeist fanden darin ihre vermeintliche Bestätigung. Das wies über den Tellerrand der Gegenwart weit hinaus. Hier wuchs unter Blut, Schweiß und Tränen zusammen, was zusammen gehörte.

Dazu passte Paquets Vorstellung von den Bolschewiki als den «neuen Warägern», einem verschworenen politisch-militärischen Machtorden mit Zügen einer neuen Aristokratie, der einen Staat neuen Typs auf einem immensen Territorium mit heterogener Bevölkerung gründete, aber auch überall sonst auf der Welt zu operieren vermochte. Hatte er in seinen Vorkriegsschriften von einem «Sendlingswesen großen Stils» als Medium deutscher Weltpolitik geträumt, einem «deutschen Weltorden», der «nach den alten Regeln des Gehorsams, der Armut und Reinheit» leben sollte[36], so schien dieser Weltorden in Gestalt der Bolschewiki und ihrer neuen Internationale Tat zu werden.

Mit neidloser Bewunderung (wenn auch nicht ohne Eifersucht) verfolgte Paquet das Wirken der jüdischen Revolutionäre als «proletarische Napoleons». Insoweit trat sein Attachement an die Bolschewiki in die Fußstapfen seiner früheren Parteinahmen für den Zionismus und die Stützung deutscher Ostpläne auf das jüdische Element. Allerdings hatte Paquet ein ausgeprägtes Sensorium für die heftigen antisemitischen Affekte, die sich in der letzten Kriegs- und Revolutionsphase an der prominenten Rolle jüdischer Revolutionäre und Politiker, aber auch Intellektueller und Industrieller entzündeten – und ihm selbst nicht völlig fremd waren.

So finden sich unter dem Datum der deutschen Revolution, dem 8. November 1918, im Tagebuch skizzenhafte «Gedanken zum jüdischen Problem». Darin heißt es: «Die Juden sind Kriegsgewinnler 1) im materiellen Sinne … 2) im ideellen Sinne (Radek).» Im globalen Überblick stellte er fest: «Herrschende Stellung im russ. Kommunismus. Neue starke Etappe in Rumänien, Türkei, Österreich, Ungarn, Polen, Scheidung in kapitalistisch mächtig gewordene neue Gruppen und nationalisierte Gruppen in Deutschland.» Aber auch die Zionisten stünden nun im «Zwielicht», da sie nur «teilweise nationale Festlegung des Judentums» betrieben, mithin (so wäre zu extrapolieren) ebenfalls globale Ambitionen hegten. Beispiele der «Herrschaft jüdischer Elemente» gebe es darüber hinaus auch in Frankreich, England, Holland und den skandinavischen Ländern. Und natürlich in «Amerika – klar was das bedeutet: Wohin führt es? Zum Pogrom? Das Nili[u]s-Buch in Rußland.» Die Heftigkeit dieser antisemitischen Affekte und Argumente erinnerte ihn allerdings auch an den «schweinischen Hass», den die Deutschen im Weltkrieg auf sich gezogen hatten. Und so fügte sich für ihn alles wieder zum Bild einer deutsch-jüdischen Wahlverwandtschaft: «Beide Nationalitäten sind *Individualitäten*.»[37]

Dagegen veränderten sich Paquets Vorstellungen von den Russen als multipler Gesamtnation unter dem Eindruck der revolutionären Umwälzungen deutlich. Erschienen die «Großrussen» in seinen Kriegsschriften noch als konservativ, unbeweglich und als passive Träger einer überkommenen Despotie, so wirkten sie im Lichte der Revolution nun ganz anders: «Man kann Russland und den Russen viel Gutes und viel Böses nachsagen, nur Philister sind sie nicht. Der Deutsche aber ist selbst heute noch in erster Linie Philister.»[38] Kurzum, im Vergleich zu den Nicht-Russen und selbst zu den Deutschen erschienen die Russen ihm jetzt als das ungleich leidenschaftlichere, aktivistischere Volk, das sich über alle spießerhaften Eigeninteressen zu erheben vermochte, wo es um Menschheitsfragen ging.

Die Abschiedsszene vom roten Moskau in seiner «Schönheit der

Verwilderung» berührte ein weiteres Motiv: das der *tabula rasa*, der Rückkehr zum «Naturzustand», des radikalen Neuanfangs: «Jubel des Unterganges [...], anarchische Geburt des neuen Wesens. [...] Aber das Leben, fragwürdig in jedem Schritt, ist wieder ein Dasein geworden! Das verhasste Zeitalter der Geschäfte ist wahrhaftig hingemordet, das alte feige Philisterium [...]. Roh und gespenstig bauen sich größte Entwürfe, unsichtbare Türme eines entfesselten idealen Willens in das geräumige Nichts.»[39] Geschrieben war das auf der Rückfahrt in ein besiegtes Land. Die Niederlage erschien als Weltende, das hypertrophe Zukunftsträume gebar.

Blieb der Terror, der Paquet in seinen Moskauer Tagen immer wieder zu einem «feierlichen Protest» genötigt hatte, den er auch in seinen nachfolgenden Schriften stets mit Würde verwarf. Überhaupt galt der Paquet der Weimarer Jahre ja als «Pazifist», der an Friedenskundgebungen teilnahm und sich religiös zum Quäkertum bekannte. Aber der Protest gegen den Terror war das eine; die Anziehungskraft derer, die ihn ausübten, etwas anderes. Deutete nicht die Unbedingtheit, mit der diese kultivierten, gebildeten Leute ihre Pläne verfolgten, und die Bereitschaft, dafür ihre Hände notfalls in Blut zu tauchen, auf die Größe ihrer Ziele und die Stärke ihrer Motivationen hin? War der Terror nicht sogar ein Ausweis moralischer Überlegenheit und Größe? Heiligten nicht womöglich gerade die Mittel den Zweck?

Man wird bei Paquet keine expliziten Äußerungen dieser Art finden, anders als wenig später bei einigen der Reisenden ins «neue Russland», etwa Arthur Holitscher und Alfons Goldschmidt, oder bei Autoren wie Maxim Gorki, Romain Rolland und Thomas Mann, die die Bolschewiki, und vor allem Lenin und Dzierżyński, als eine Art Märtyrer der eigenen Grausamkeit zu salvieren bereit waren. Aber ein Unterton der Bewunderung war auch in Paquets Beschwörungen der «Tragik» der russischen Revolution stets spürbar. An den Deutschen sei es, so seine Botschaft, diese noch ganz rohe, ungestüme, aber tiefgründige historische Bewegung aufzunehmen, sie zu vergeistigen und damit auch zu mildern. Was wieder ein Stück neuer deutscher Weltmission war – fast im Sinne des früheren «Kaisergedankens».

5. Spartakisten und «Beki»

Eine trennscharfe Gegenperspektive zur bolschewistischen Politik gegenüber dem Deutschen Reich im letzten Kriegsjahr 1918 ergibt sich, wenn man sie mit den Positionen der deutschen Emigranten in der Schweiz vergleicht, die sich um die Berner «Freie Tribüne» scharten. Hier wurde in reinster Form jene Politik des «revolutionären Defaitismus» und der Niederlage des eigenen Imperialismus vertreten, die doch der ursprünglichen Politik Lenins genau entsprach. Überzeugt von der deutschen Kriegsschuld und der Notwendigkeit, den «preußischen Militarismus» mit den Waffen ihrer Gegner zu zerschlagen, waren diese linkssozialistischen und pazifistischen deutschen Emigranten in einen immer schärferen Widerspruch zur leninistisch beeinflussten «Zimmerwalder Linken» geraten, erst recht natürlich 1917/18 angesichts des direkten oder indirekten Zusammenspiels der bolschewistischen Führer mit dem preußisch-deutschen Imperialismus.

Deutscher Defaitismus: Der junge Bloch

Die schärfste literarische Klinge in der «Freien Tribüne» führte, unter verschiedenen Pseudonymen, der junge Ernst Bloch. Im Artikel «Was schadet und was nützt Deutschland ein feindlicher Sieg» vom 31. Oktober 1917 wandte er sich kategorisch gegen die Gleichsetzung der demokratischen Länder des Westens mit dem deutschen Kaiserreich: «Preußen ist schlechthin der Untergang, Unterdrückung jeder Demokratie ..., während die Entente mindestens das kleinere Übel ... ist, wie sich denn überhaupt der ganze Marx'sche Gesellschaftsbegriff englisch-liberaler darstellt, als es gemäß der Verschleierung durch den allerdings in Preußens Geist denkbaren sogenannten Staatssozialismus den Anschein hat.» Unter diesen Umständen, so Bloch, «wäre es eine Torheit, die Hilfe von dorther zu verschmähen». Es bedeute *keinen Verrat* am Sozialismus und noch weniger *an der deutschen Nation*, auch den *Sieg der Entente*, diese Kehrseite preußischer Niederlage zu *wünschen*, der unter allen Umständen dem Sieg des geliebten Deutschland, des Reichs der Tiefe, näher steht als der Triumph Preußens, und der, wie die Dinge liegen, die unerlässliche Voraussetzung zu einer *Reformatio Germaniae in capite et membris* bildet».[1]

Da der Friede von Brest-Litowsk «die giftigsten Blütenträume der

Alldeutschen» erfüllt hatte, wurde Blochs Urteil über das Regime der Bolschewiki immer schroffer. Die «Zusatzverträge» über wirtschaftliche und militärische Zusammenarbeit zwischen Reichs- und Sowjetregierung, der von Lenin proklamierte «vaterländische Krieg» gegen die alliierte Intervention und der zunehmende politische und soziale Terror der Tscheka weckten (nicht nur bei ihm) Entsetzen. Im August 1918 stellte er fest, dass Lenins «Atempause», die ohnehin «von Preußens Gnaden» gewesen sei, zu Ende gehe. Im Fallen schlüge sein Regime immer wilder um sich: «Lenin lässt einsperren und schickt drohende Noten an Englands und Amerikas Adresse, weil einige Kontingente in Archangelsk und Wladiwostok gegen die dortigen deutschen Umtriebe gelandet sind.» Der Sowjetführer sehe «in den ententophilen Sozialisten überall nur Sozialpatrioten: als ob die ganze Welt nicht allmählich etwas anderes als das ‹Vaterland› geworden wäre ... Dagegen die Deutschen wurden nicht behelligt. Man tauscht mit den Erwürgern Russlands Besuche; und je toller sie es trieben ..., desto demütiger und freundschaftlicher gaben sich die Bolschewiki. Der Unterschied ist zu auffällig, um nicht kurz vor dem Abgang der Maximalisten ... dem ganzen bolschewistischen Abenteuer den letzten Anschein prinzipieller Neutralität zu entziehen.»[2]

Anfang November vertiefte Bloch (erstmals unter eigenem Namen) seine Kritik durch eine theoretische Erwägung, die wie eine direkte Replik auf Lenins Lob des deutschen Staatskapitalismus klang. Bloch nannte es eine Tatsache, dass «das junkerlich-militärische Zwangs- und Obrigkeitswesen auch im marxistischen, totalen Fabriksystem weiter bestehen bleibt», um pointiert zu schließen: «Sozialismus ohne weitgehende Auflockerung der Verbände, ohne weitestgehende Demokratie auch des Einzellebens ist lediglich ein Preußentum anderer Ordnung.» Die mit dem Zusammenbruch des kaiserlich-preußischen Staates «neu zu gewinnende Freiheit, Freiheit vom Wirtschaftlichen, wird die großen Ideale der *bürgerlichen* Demokratie begeistert bewahren, wird sie nicht brechen, bespeien und in bolschewistischer Sozialdiktatur untergehen lassen».[3]

Freilich hatte Bloch den «Geist der Utopie» (in seinem ersten, gleichnamigen Hauptwerk, das 1918 gedruckt vorlag) vor diesen Ausflügen in die Publizistik nicht im Westen, sondern in einem weiten, unbestimmten Osten und Orient gesucht, und vor allem wieder in «russischer Wärme und Erwartung». Dieses heilsgeschichtliche «Indien im Nebel», das ihm vorschwebte, umfasste «das ganze maßlose Russland». Von hier, wo sich «der Geist des Nordens ... mit dem beschwörerischen Asien wohl verbunden» habe und «um Zions willen» zur ganzen Welt spreche, könne sich der «leere westliche Mensch von neuem» auf den Weg «ins Tiefere dahinter» machen, heim in einen «mütterlichen Orient», auf der Suche nach «neuem Jerusalem statt altem Rom».[4]

Wenn Bloch also Tage nach der deutschen Novemberrevolution in seinem Aufsatz «Erkrankter Sozialismus» die Grenze zum bolschewistischen Regime mit einer (so schien es) letzten Schärfe zog, dann gerade aus einer Position eschatologischer Erbitterung. Denn: «Russland in erster Reihe hat eine Stimme, so unermeßlich gütig, warm, tief, christushaft, dass man nicht verstehen kann, wie der Bolschewismus ... so grauenvoll unmenschlich und gottlos bereits seit einem Jahr den Liebessatz, Erkenntnissatz Rainer Maria Rilkes schändet: ‹Die anderen Staaten grenzen an Berge, Meere, Flüsse, Russland aber grenzt an Gott.›» Um noch schroffer fortzufahren: «Niemals hätte man es als Sozialist, bei aller Verehrung Wilson gegenüber, für möglich gehalten, dass die Sonne Washingtons derart die einst erwartete Sonne Moskaus übersteigt; dass aus dem kapitalistischen Amerika die Freiheit und Reinheit, aus dem Russland der sozialistischen Revolution nichts als Gestank, Verrottung, neuer Dschingis-Khan mit den Gebärden des Völkerbefreiers ... kommt.»[5]

Später, als Bloch sich von den Idealen der bürgerlichen Demokratie und der «Sonne Washingtons» enttäuscht wieder abwandte und mit mehr als zehnjähriger Verspätung gerade in der Sozialdiktatur Stalins und unter der «Sonne Moskaus» sein Jerusalem suchte und fand, wollte er den demokratischen und revolutionären Defaitismus seiner Schweizer Kriegspublizistik aus seinen Werken und aus seinem Leben am liebsten gestrichen sehen.[6]

Rosa Luxemburg und die «Beki»

Als Rosa Luxemburg im Frühjahr 1917 in ihrer Festungshaft vom Ausbruch der Februarrevolution erfuhr, hatte sie davon geträumt, nach Russland zu gehen. Im Sturz des Zarentums und in der Wiederkehr der Kampf- und Verbrüderungsszenen von 1905 sah sie eine wahre «Heilsbotschaft» und schärfte ihren Genossen ein, «dass es unsere eigene Sache ist, die dort siegt». Sie war überzeugt: «das wird auf die ganze Welt erlösend wirken, das muss ausstrahlen nach ganz Europa».[7] Im Sommer 1917 schien sich im Rahmen eines Gefangenenaustauschs tatsächlich eine Möglichkeit der Rückkehr aufzutun. Wie Julian Marchlewski, der noch russischer Staatsbürger war, beantragte sie, repatriiert zu werden – was sich jedoch, anders als bei Marchlewski, der im Juli 1918 nach Sowjetrussland ausreisen konnte, als aussichtslos erwies.

Die konspirative Tätigkeit des «Spartakusbundes», dessen Mitgliederbestand durch Einberufungen und Verhaftungen auf ein paar Dutzend Aktive geschmolzen war, wurde seit Mitte 1916 (nach der Verhaftung Liebknechts, dann Ernst Meyers) von Luxemburgs altem Freund und Gefährten Leo Jogiches geleitet, der diese Aufgabe klaglos übernommen hatte, obwohl er bis dahin nie in die Debatten und Aktivitäten der deutschen Arbeiterbewegung involviert gewesen war. Selbst von seiner illegalen Existenz als russisch-polnischer Emigrant, der unter falschem Namen in Berlin lebte, «wusste kein deutscher Sozialdemokrat» – so Mathilde Jacob, die jetzt ihm (wie früher Rosa Luxemburg) zuarbeitete.[8]

Dass sich kein einheimischer Genosse als Organisator der Untergrundagitation von «Spartakus» fand, sprach allein schon Bände. Entsprechend «vernichtend» fiel Jogiches Urteil «über die deutschen Parteigenossen, die ihm helfen sollten», aus. Über Mathilde Jacob gelang es ihm immerhin, Kontakt mit der inhaftierten Rosa Luxemburg aufzunehmen. Ihren Antrag auf Rückkehr nach Russland verurteilte er scharf, weil «man entweder Deutsche oder Russin ist, nicht je nachdem». Die Lage in Russland und die putschistische Politik der Bolschewiki gegenüber der Kerenski-Regierung fanden Jogiches wie Luxemburg bereits im Sommer 1917 höchst «besorgniserregend, besonders die Leninschen Idiotismen, die populär sind und m. E. geeignet, die Bewegung zu kompromittieren ... und Deutschland aus der Patsche zu helfen».[9]

Ihre beständige Sorge, dass die Bolschewiki durch einen Separatfrieden dem Kaiserreich «aus der Patsche helfen» oder ihm gar noch den Sieg im Weltkrieg verschaffen könnten, nahm angesichts des Waffenstillstands und Friedens von Brest-Litowsk vollends akute Form an und verband sich mit einer spontanen Abscheu vor dem Terror, in dessen Zentrum nun ihr gemeinsamer früherer Freund Józef Dzierżyński stand. In ihren Briefen aus dem Gefängnis sprach Rosa Luxemburg von den Bolschewiki nur noch in literarisch verfremdeter Form als den «Beki», was sicherlich mehr Gefühlen der Fremdheit Ausdruck gab, als dass es irgendeiner (leicht durchschaubaren) Regel der Konspiration folgte.

«Man möchte die Beki mächtig beschimpfen», schrieb sie im August 1918 an Marchlewski nach Moskau, «aber natürlich die Rücksichten erlauben das nicht». (Nicht nur, aber vielleicht auch, weil ihre Briefe über die Berliner Botschaft der RSFSR expediert wurden.) Immerhin äußerte sie ihre Hauptsorge klar genug: «Das Gespenst einer ‹Allianz› mit dem ‹Reich der Mitte› scheint immer drohender zu werden, und das wäre schon die letzte Sauerei, [dann schon] wirklich besser den Strick um den Hals.»[10] (Das war vielleicht gerade auch für die unbefugten Mitleser und Zwischenträger bestimmt.)

In einem Brief an einen anderen polnischen Freund in Moskau sah sie die bolschewistische Regierung «im allgemeinen Strom [schwimmen], den andere lenken, aber eigentlich lenkt – das Fatum nach der einmal in Brest eingeschlagenen Richtung». Leider müsse man «ständig auf die fatale Lage der ganzen Geschichte bei ihnen da Rücksicht nehmen, und das beeinträchtigt die Kritik s[ehr]. Doch wie Sie sicherlich in Kürze selbst sehen werden, ganz zu schweigen ist unmöglich.»[11] Darin steckte bereits die Ankündigung ihrer Arbeit über «Die russische Revolution», die sie im Frühherbst 1918 im Gefängnis schrieb.

In einem letzten Brief an Marchlewski von Ende September wurde Luxemburg noch deutlicher. Dass der Sozialismus und die Diktatur des Proletariats in einem imperialistisch umklammerten Sowjetrussland nur «eine Karikatur beider» sein konnte, schien ihr «klar». Drohungen, wie Radek sie nach dem Attentat auf Lenin ausgestoßen hatte, «die Bourgeoisie abzuschlachten», nannte sie «eine Idiotie summo grado». Aber «ein regelrechter Skandal» waren für sie die Erklärungen zum Berliner «Ergänzungsvertrag», die nur zeigten, «in welch schiefe Lage die Regierung der Beki seit Brest gedrängt wurde». Diese «grenzenlose Willfährigkeit gegenüber den Scheußlichkeiten der einen Seite und das große Geschrei wegen der Fatzkereien der andern Seite – untergräbt jegliche moralische Autorität der Politik und macht aus ihr nolens volens ein Werkzeug eines der beiden Lager», des preußisch-deutschen nämlich. Sie verkenne die «komplette militärische Hilflosigkeit» der «bekischen» Regierung nicht. Aber «wenn man sich schon unbedingt für eine Seite entscheiden muss, dann wenigstens nicht für die falsche!»[12] Damit stand sie Bloch jedenfalls näher als Lenin.

Furcht und Faszination des Bolschewismus

Rosa Luxemburgs kritische Betrachtung der russischen Revolution, oder vielmehr des Leninschen Bolschewismus, die erst Jahre nach ihrem Tod vom abtrünnigen KPD-Führer Paul Levi publiziert wurde, war ihren Voraussetzungen entsprechend kaum mehr als eine doktrinäre Fernanalyse, die zwischen historischer Emphase, Beschwörung mythischer Massen und einer stets wachen Angst vor dem Untergang in Barbarei schwankte. Danach hatten Lenins Bolschewiki durch ihre alten Fehler – vor allem die Unterschätzung der «revolutionären Spontaneität» des Proletariats – der Reaktion in die Hände gespielt und «die Diktatur Deutschlands» über das östliche Europa befördert, und mussten daher «dem internationalen Proletariat als warnendes Exempel dienen».[13]

Luxemburg entwickelte durchaus Ansätze einer grundsätzlicheren Kritik der Vorstellungen Lenins und Trotzkis, wenn sie vom «Erdrücken des politischen Lebens» in Sowjetrussland sprach, oder von der «Diktatur einer Handvoll Politiker», von «Cliquenwirtschaft» und einer pogromhaften «Verwilderung des öffentlichen Lebens».[14] Ihre Schlussreflexion kam jedoch wieder auf das eine, nämliche Thema zurück: Dass «alles, was in Russland vorgeht, ... eine unvermeidliche Kette von Ursachen und Wirkungen [ist], deren Ausgangspunkte und Schlusssteine: das Versagen des deutschen Proletariats und die Okkupation Russlands durch den deutschen Imperialismus [sind]». Wenn die deutschen Regierungssozialisten schrieen, dass der russische Bolschewismus ein Zerrbild des Sozialismus sei, dann nur, weil die bolschewistische Parteidiktatur «ein Produkt der Haltung des deutschen Proletariats war».

Lenin und seine Genossen durften unter diesen Umständen zumindest das historische Verdienst für sich in Anspruch nehmen, die Fragen einer praktischen Verwirklichung des Sozialismus auf die Tagesordnung gesetzt zu haben. Aber: «In Russland konnte das Problem nur gestellt werden. Es konnte nicht in Russland gelöst werden.» Das eigentlich Gefährliche der Situation liege deshalb darin, dass die Bolschewiki «ihre von diesen fatalen Bedingungen aufgezwungene Taktik nunmehr theoretisch in allen Stücken fixieren und dem internationalen Proletariat ... zur Nachahmung empfehlen». [15]

In diesem Urteil verbarg sich der prinzipielle Vorrang einer deutschen Revolution gegenüber der russischen, allerdings in der aporetischen Figur eines historischen Versagens des deutschen Proletariats, das den Bolschewismus als «Zerrbild des Sozialismus» erst ermöglicht habe. Umso verzweifelter beschwor Luxemburg in ihrer Programmrede auf dem Gründungsparteitag der KPD (Spartakus) den künftigen Sozialismus als einzige Rettungsperspektive der Menschheit. Sie forderte, den Kampf dorthin zurückzutragen, wo die Proletarier «an die Kette des Kapitals geschmiedet» seien: in die Produktionsstätten und Fabriken, und weiter in die Sphäre einer die Massen schulenden und aufrüttelnden demokratischen Öffentlichkeit. Es gelte, «Schritt um Schritt, Brust an Brust zu kämpfen, in jedem Staat, in jeder Stadt, in jedem Dorf, in jeder Gemeinde, um alle Machtmittel des Staates, die der Bourgeoisie Stück um Stück entrissen werden müssen, den Arbeiter- und Soldatenräten zu übertragen».[16]

So idealistisch-überschwänglich das klang, war es doch ein Versuch, die noch kaum existierende Partei, die auf dem ersten Allgemeinen Rätekongress Deutschlands praktisch nicht vertreten gewesen war und in der «die putschistische Strömung ... erschreckend in Erscheinung» trat, wie Mathilde Jacob beobachtete[17], auf einen langwierigen Weg einzuschwören, der sich von dem der Bolschewiki deutlich unterschied. An eine offene Distanzierung war in diesen ersten Revolutionswochen nicht zu denken – zumal auch die Moskauer Menschewiki-Internationalisten um Martow (denen Luxemburg in vieler Hinsicht nahe stand) allen Repressionen zum Trotz vom Ausbruch der deutschen Revolution noch immer eine demokratische Evolution des Bolschewismus und die Verlagerung des Schwerpunkts von Moskau nach Berlin erhofften.[18]

Dennoch: Wer hören und lesen wollte, konnte die implizite Polemik des von Rosa Luxemburg verfassten Programms des Spartakusbundes kaum übersehen, in dem es hieß: «Die proletarische Revolution bedarf für ihre Ziele keines Terrors, sie hasst und verabscheut den Menschenmord ... Sie ist kein verzweifelter Versuch einer Minderheit, die Welt mit Gewalt nach ihrem Ideal zu modeln, sondern die Aktion der großen Millionenmasse des Volkes, die berufen ist, die geschichtliche Mission zu erfüllen und die geschichtliche Notwendigkeit in Wirklichkeit umzusetzen.»

Dem Determinismus dieses Denkens in geschichtlichen Missionen und Notwendigkeiten entsprach es allerdings auch, dass der finale Kampf um die Alternative «Sozialismus oder Barbarei» als «der gewaltigste Bürgerkrieg» gezeichnet wurde, entfesselt natürlich von der Bourgeoisie, weshalb es imperativ notwendig war, dass das Proletariat «sich für diesen Bürgerkrieg das nötige Rüstzeug bereiten» und lernen musste, «es zu gebrauchen».[19] Auch eine Humanistin wie Rosa Luxemburg konnte sich der Tatsache nicht verschließen, dass die Revolution in Wirklichkeit eben nicht das Produkt einer sozialen Umwälzung, sondern eines Weltkrieges war. «In *diesem* Sinne» – nämlich dass in den «entscheidenden Endkämpfen» nach dem imperialistischen Zusammenbruch «der Wille zur Macht des Sozialismus» gefordert sein werde, – «gehört die Zukunft überall dem ‹Bolschewismus›».[20]

Dieser Schluss ihrer Schrift zur Russischen Revolution kann allerdings auch wie eine (beinahe resignierte) Anerkennung der Tatsache gelesen werden, dass die deutsche und die russische Revolution in einem unentrinnbaren Zwangszusammenhang standen: dem von Niederlage und Zusammenbruch.

Bolschewismus als Globalmedizin

Die Haltung der Moskauer Führung zur deutschen Revolution schwankte zwischen Triumph und Apokalypse. Wurden die ersten Meldungen über den Sturz der Monarchen und die Bildung von Arbeiterräten in Wien, Budapest und Berlin unvermittelt als Beginn einer Revolution nach bolschewistischem Vorbild begrüßt, so wurden die sofortigen Waffenstillstandsverhandlungen mit den Westalliierten mit unverhohlener Enttäuschung und schärfstem Misstrauen verfolgt.

Die Ausweisung des sowjetischen Gesandten Joffe am 6. November (mit Zustimmung der mitregierenden Sozialdemokraten) hatte in Lenins Interpretation einen klaren Sinn: «Deutschland kapituliert vor der Entente und bietet ihr seine Dienste im Kampf gegen die russische Revolution an. Das ist des Rätsels Lösung.» Damit habe sich die Situation für Sowjetrussland nochmals «völlig verändert». Jetzt gebe es nur noch die «Siegergruppe» der westlichen Mächte, die «ihre Hauptaufgabe darin (sieht), den Weltbolschewismus zu erwürgen». Den im Baltikum und in der Ukraine stehenden deutschen Truppen sei offenkundig die Aufgabe zugedacht, die Welt «wie durch eine Quarantäne vor der Pest, vor dem Bolschewismus zu schützen». Vergeblich, wie Lenin höhnte: «Der Bazillus des Bolschewismus (wird) auch durch diese Mauer hindurchdringen und die Arbeiter aller Länder anstecken».[21]

Das war kein reines Hirngespinst: Tatsächlich wollten auf deutscher Seite maßgebliche Kräfte, und gerade auch die Führer der Mehrheitssozialdemokratie, durch das Schüren der Furcht vor einem Übergreifen des Bolschewismus nach Mitteleuropa und das Angebot aktiver Abwehr eine Milderung der alliierten Waffenstillstandsbedingungen erreichen. Die Hoffnungen auf eine bolschewistische Revolution in Deutschland erhielten nach der Euphorie des 9. November denn auch einen ersten, schweren Dämpfer, als die Unabhängigen im Berliner «Rat der Volksbeauftragten» sich keineswegs für eine umgehende Wiederaufnahme der diplomatischen Beziehungen und ein Bündnis mit Sowjetrussland aussprachen, sondern eine abwartende Haltung einnahmen.

Ein langes telegraphisches Gespräch am 14. November zwischen Cohn und Haase am einen Ende, Radek und Tschitscherin am andern Ende der Leitung machte den Letztern die Lage bereits «völlig klar». Bizarrer Weise war es vor allem Haases Ablehnung des Angebots der Bolschewiki, «Brot zu senden», die Radek bewies, dass in Berlin die Dinge falsch liefen.

Dieser Vorschlag war, wie Haase zu Recht annahm, keineswegs philanthropisch, sondern sehr realpolitisch gedacht. Er knüpfte (das war das Bizarre) unmittelbar an die Verhandlungen mit der kaiserlichen Regierung und der OHL im Rahmen der «Zusatzverträge» und geheimen Militärabkommen vom August an, als die bolschewistische Führung immer wieder vorgeschlagen hatte, in einer konzertierten Aktion von Roter Armee und deutsch-österreichischen Besatzungstruppen das frisch geerntete Getreide in der Ukraine und im Dongebiet zu requirieren und sich die Beute zu teilen. Es war die deutsche Seite, die den Versicherungen, es gebe dort «genug Brot für alle», nicht getraut und diese Vorschläge abgewiesen hatte.[22]

Jetzt sollte die Sache revolutionär gewendet werden: Deutsche, österreichische und ungarische Truppen im Osten, die allenthalben Garnisonsräte bildeten, würden gemeinsam mit roten Einheiten unter Niederschlagung der rebellierenden «Kulaken» und Kosaken die Ernte für die hungernde Revolution in Russland wie in Mitteleuropa beschlagnahmen. Im Zuge dessen konnten sie sich in Abteilungen einer vereinigten deutsch-österreich-ungarischen und russischen Revolutionsarmee verwandeln, die gegebenenfalls dann auch gegen die Truppen der Entente «am Rhein oder am Ural» eingesetzt werden konnten – so wie die aus den Kriegsgefangenen der Mittelmächte rekrutierten Verbände von «Internationalisten» gegen die Weißen und Interventen in Russland selbst. So hatte Radek den Plan Paquet und anderen erläutert.[23]

Haases Vorschlag, «das Brot, das Sie der deutschen Revolution opfern wollen», doch lieber «den Hungernden in Russland zukommen zu lassen», erwies natürlich nur die wahre Klassennatur der Berliner Volksbeauftragten. «Judas Ischariot hat ein zweites Mal nach dem 4. August Verrat geübt», rief Radek noch Jahre später in seinen Erinnerungen aus.[24] Nicht nur die Terminologie des «Judas» war bezeichnend, sondern auch die Parallele zum August 1914. Die Welt begann sich in Lenins Perspektive erneut in zwei große Lager zu teilen, die nur noch zwei Wege der Entwicklung offen ließen: «*Entweder* siegt in allen fortgeschrittenen Ländern der Welt die Sowjetmacht, *oder* es siegt der reaktionärste, der brutalste englisch-amerikanische Imperialismus, der alle kleinen und schwachen Völker erdrosselt, in der ganzen Welt die Reaktion wiederherstellt und der ausgezeichnet gelernt hat, die Form der demokratischen Republik auszunutzen.»[25] Somit war der russische «zum *Welt*bolschewismus geworden».[26]

«Bekisch»-Spartakistische Differenzen

Lenins These vom Bolschewismus als universellem Modell führte dazu, dass die Entwicklungen in Deutschland und Mitteleuropa in Moskau weitgehend nach russischen Maßstäben gemessen wurden – was an sich programmwidrig war, da doch axiomatisch feststand, dass mit der Ausbreitung der sozialistischen Revolution sich auch das Zentrum des «Weltbolschewismus» verlagern müsse – in erster Linie (so die fixe Vorstellung) nach Berlin. Aber wenn die globale Situation sich auf die Alternative «Sowjetmacht» oder «Reaktion» zuspitzte, dann lieferte die Machtergreifung der Bolschewiki in Russland mit ihren verschiedenen Etappen ein universelles Modell. Lenin fasste die verbliebene Differenz in die nun stets wiederholte Formel, dass die sozialistische Revolution in Russland es leichter hatte, die politische Macht zu ergreifen, aber schwerer habe, sich sozialökonomisch durchzusetzen – während sie es in Deutschland und den Demokratien des Westens schwerer haben werde, die Macht zu erobern, aber leichter, sich völlig durchzusetzen. So wurden nach der deutschen Novemberrevolution und dem «Verrat» der Sozialdemokratie die Uhren einfach wieder von «Oktober» auf «Februar» zurückgestellt. In einer Kette schlichter Analogien war die Rede von einer «deutschen Doppelherrschaft», wurde Ebert zum «deutschen Kerenski» und Liebknecht zum «deutschen Lenin», während Noske zum «deutschen Koltschak» mutierte.[27]

Als Karl Radek am 19. Dezember – mit den falschen Papieren und in der Uniform eines österreichischen Soldaten – in Berlin eintraf, begegneten ihm Rosa Luxemburg und Leo Jogiches «mit einer gewissen Spannung», wie es in den literarisch geglätteten Erinnerungen Radeks heißt. «Seit der Spaltung in der polnischen Sozialdemokratie im Jahr 1912 hatten wir nicht mehr miteinander gesprochen.» Das war ein starker Euphemismus: Tatsächlich hatten Luxemburg und Jogiches damals ihren Schüler Radek nach einem Disziplinarverfahren voll ehrenrühriger Anschuldigungen aus der polnischen Partei hinausgesäubert und ihn auch in der deutschen Partei in das randständige Eckchen der «Bremer Linksradikalen» verwiesen. Danach schien er in beiden Ländern «erledigt».

Nun betrat gerade dieser Radek als bolschewistischer Kommissar und mit dem klaren Anspruch, die informelle Führung der deutschen Revolution zu übernehmen, wieder die Bühne. Rosa Luxemburg reagierte mit heftiger, fast allergischer Abwehr. Nach dem Zeugnis Paul Levis habe er intervenieren müssen, um «wenigstens einen ‹korrekten› Empfang zu ermöglichen». Dabei habe sie gesagt: «Wir brauchen keinen Kommissar für Bolschewismus, die Bolschewiki mögen mit ihrer Taktik zu Hause bleiben».[28] Tatsächlich ging es auch nicht um bloße Statuskämpfe, sondern um die einzuschlagende Politik. Die Differenzen lagen klar zutage.

Radek hatte noch vor seinem Auftauchen in der Bremer Zeitung «Kommunist» in einer Serie programmatischer Artikel «Die Entwicklung des Sozialismus von der Wissenschaft zur Tat» und «Die Lehren der russischen Revolution» dargelegt und parallel als Broschüren verbreiten lassen. Diese Ausführungen waren in vieler Hinsicht eine Antithese zu dem, was Rosa Luxemburg soeben in ihrem Programmtext «Was will der Spartakusbund?» verkündet hatte. Hieß es dort: «Der Spartakusbund wird nie anders die Regierungsgewalt übernehmen als durch den klaren, unzweideutigen Willen der großen Mehrheit der proletarischen Masse in Deutschland», so hatte Radek umgekehrt erklärt, dass die Revolution nie und nirgends «als Tat der Mehrheit der Bevölkerung beginnen» werde. Und er hatte darüber hinaus postuliert, dass die Diktatur des Proletariats generell die Diktatur einer Minderheit bedeute; wäre es anders, müsste sie nach Kautskys Lehre in Russland schädlich und in Deutschland unnötig sein.[29]

Der Hinweis auf Kautsky – den Lenin soeben in einer Broschüre als Renegaten abgefertigt hatte – zielte auf das Gros der Unabhängigen Sozialdemokraten, von denen sich der «Spartakusbund» noch immer nicht organisatorisch getrennt hatte. Radek machte die Stellung zum russischen Bolschewismus zur Gretchenfrage der sozialistischen Revolution überhaupt: «Die sozialistische Arbeiterrevolution Russlands zeigt dem europäischen Proletariat den Weg, der zur Macht führt», so «wie sie uns überhaupt die typischen Züge der Arbeiterrevolution zeigt». Um hinzuzufügen: «Wen dieses Gesicht erschreckt, wer sich davon abwendet wie von einem Medusenhaupte, der wird sich von der proletarischen Revolution überhaupt, der wird sich vom Sozialismus abwenden.»[30]

In seinen weichgezeichneten späteren Erinnerungen lesen sich diese Differenzen so: «Der Streit ging in erster Linie um den Terror. Rosa tat es weh, dass Dzierżyński das Haupt der Tscheka war. Man hat uns doch mit Terror nicht kleingekriegt. Wie kann man auf den Terror setzen?» Er (Radek) habe ihr daraufhin erklärt, dass Terror durchaus nütze, wenn es darum gehe, «einige Jahre Zeit» für die Weltrevolution zu gewinnen. Im übrigen sei die Bourgeoisie nun einmal «von der Geschichte zum Tode verurteilt» und ihr Widerstand mit Gewalt viel wirksamer zu brechen als der des aufsteigenden Proletariats. «Liebknecht unterstützte mich warm. Rosa sagte: ‹Vielleicht haben Sie recht. Aber wie kann Józef [Dzierżyński] so grausam sein?› Tyszka [Jogiches] lachte und sagte: ‹Wenn es nötig ist, kannst auch du es sein.›»[31]

Radeks Referat ist jedenfalls bezeichnend für die posthum zugewiesene Position der drei Märtyrer der deutschen Revolution. Rosa Luxemburg wurde zur etwas lebensfremden Säulenheiligen entrückt. Jogiches-Tyszka, «wie immer streng konspirativ», war der Praktiker, mit dem man durchaus hätte arbeiten können, hätte er überlebt. Karl

Liebknecht dagegen erwies sich als der lernfähige Führer der deutschen Revolution, als welcher er in der Moskauer «Prawda» Mitte November bereits proklamiert worden war.

Liebknecht, der «deutsche Lenin»

Zeitweise schien Liebknecht durchaus bereit, sich von der ihm zugeschriebenen historischen Rolle eines «deutschen Lenin» davontragen zu lassen. Dabei war diese Bezeichnung ideologisch wie charakterologisch völlig absurd. Liebknecht war ein entschiedener Anti-Materialist, der seine Gefängniszeit mit «Studien über die Bewegungsgesetze menschlicher Entwicklung» verbracht hatte, die auf nicht weniger als eine Widerlegung der geschichtsphilosophischen und politökonomischen Grundannahmen des Marxismus hinausliefen. In Marxschen Kategorien gesprochen, war Liebknecht, für den die Höherentwicklung des Menschengeschlechts im «Greifen nach dem Unmöglichen» lag, ein «utopischer Sozialist» par excellence, mehr proletarischer Erweckungsprediger als revolutionärer Machtpolitiker.[32] Gerade das gehörte aber wohl zu seiner charismatischen Wirkung auf die kriegsmüden und verbitterten «Massen» – obwohl oder gerade weil er in den theoretischen und politischen Debatten der deutschen Sozialdemokratie vor dem Krieg nie eine prominente Rolle gespielt und selbst als Sohn Wilhelm Liebknechts, einer historischen Gründerfigur, stets ein Außenseiter und Einzelgänger in der Partei geblieben war.

Wie Rosa Luxemburg, die in ihrer Gefängniszeit die russischen Klassiker wieder gelesen und (in einem Vorwort zu Korolenkos «Geschichte meines Zeitgenossen») «weitherzigste Menschenliebe und tiefstes Verantwortungsgefühl für soziales Unrecht» als «die Eigenart und künstlerische Größe der russischen Literatur» und Vorform «der nahenden revolutionären Sturmflut» gerühmt hatte[33], war Liebknecht ein schwärmerischer Russophiler – und ebenso wütender Prussophober. In der Vorkriegszeit hatte er als Verteidiger russischer Emigranten wie als Präzeptor der antimilitaristischen deutschen Jugend unermüdlich und bis zur fixen Idee die angebliche Komplizenschaft des russischen Zarentums und des preußischen Kaisertums angeprangert. Noch immer war für ihn Frankreich das Mutterland der Revolution; aber auch Amerika hatte ihn fasziniert. Gerade diese Weltoffenheit und sein entschiedenes Republikanertum hatten es ihm 1914 ermöglicht, sich als erster aus dem Bann der sozialdemokratischen Legitimationsideologie vom «Kampf gegen die zaristische Autokratie» zu lösen.

Die Nachrichten von der Errichtung der russischen Räterepublik – erzählte er den Delegierten des KPD-Gründungsparteitags – hatte er in seiner Zuchthauszelle empfangen, «als ob eine Fülle von Licht in meine Zelle drang». Und es war ihm «wie eine Erlösung zu hören, wie dieses zurückgebliebenste Volk der Welt diese gewaltige Tat verrichten könnte».[34] Das entsprach seinem halbreligiösen Bild vom Proletariat überhaupt: Die Letzten würden die ersten sein. Das Licht kam nun aus dem Osten. Und es würde die Aufgabe des deutschen Proletariats sein, dieses prometheische Feuer weiter nach Westen zu tragen. An seine Frau Sophie hatte er im Juli 1918 geschrieben: «Die welthistorische Größe der auf allen Gebieten begonnenen Aufräumungs- und Neuschöpfungsarbeiten [der Sowjetregierung, G. K.] erkennt und bewundert niemand mehr als ich, wenn mir auch bisher nur ihre schattenhaften Umrisse gezeigt wurden.»[35]

Zwar war er gegenüber der Brester Sonderfriedenspolitik der Bolschewiki kaum weniger kritisch gestimmt als Luxemburg oder Jogiches, da dieser Frieden «zu einer rettenden Tat für den deutschen Imperialismus» geworden schien, wenngleich (wie er glaubte) «ganz gegen den Willen der russischen Freunde».[36] Aber anders als Luxemburg hatte sich Liebknecht jeder Andeutung einer öffentlichen Kritik an den Bolschewiki enthalten, von deren tatsächlichem Handeln er eben nur die «schattenhaften Umrisse» sah – und wohl auch nur sehen wollte. Brest-Litowsk rangierte für ihn unter den zahllosen «Sünden, die Deutschland ..., die das deutsche Proletariat auf sich geladen hat», Sünden, die allein durch die befreiende «Tat» getilgt werden konnten: den Sturz des preußisch-deutschen Militarismus und die Errichtung einer «sozialen Republik».[37]

Die Sollbruchstelle zur Realpolitik der Bolschewiki war aber gerade diese wütende, zuweilen manische Opposition gegen den «preußischen Militarismus», die auch die Stellung zur nationalen und internationalen Situation prägen musste. Zwar hatte Liebknecht in seinen sechs Bedingungen für einen Regierungseintritt im November die Errichtung einer umfassenden «legislativen, exekutiven und jurisdiktionellen» Rätemacht genannt, die für die MSPD unakzeptabel war. Aber immerhin: er hatte verhandelt. Und es bedurfte noch etlicher dramatischer Enttäuschungen und Zuspitzungen – vor allem in der «Blutweihnacht» 1918, bei den Kämpfen um den Marstall und die besetzten Zeitungsredaktionen in Berlin –, damit die Führer des Spartakusbundes und die Delegierten der zu einer «Reichskonferenz» eingeladenen USPD-Dissidenten sich am Jahresende 1918 über Nacht zur Gründung einer «Kommunistischen Partei Deutschlands» entschlossen. Das war freilich von vornherein das klare Ziel der Berliner Mission Karl Radeks gewesen.[38]

Weltrevolutionskriegs-Szenarien

Dass Radek den «Spartakusbund» und dessen unbolschewistische Theoreme und Führergestalten zum Ausgangspunkt der Gründung einer Kommunistischen Partei in Deutschland nahm, und nicht seine bewährten Bremer Linksradikalen, die sich bereits als «Internationale Kommunisten Deutschlands» konstituiert hatten und als die wahren Parteigänger der russischen Bolschewiki präsentierten, war realpolitischer Opportunismus. Aber es entsprach auch dem beweglichen Geist Radeks, der in Berlin auf eigene Rechnung agieren musste und sofort begriff, dass der akute, gewaltbereite Straßenradikalismus kaum mehr war als der unspezifische Ausdruck einer tiefen Verbitterung über den Ausgang eines erfolglosen und sinnlosen Weltkriegs. Was in Russland auf Basis der rasenden Involution des Jahres 1917 und des Vakuums, das der Zarismus hinterlassen hatte, möglich war, würde in Deutschland mit seiner viel dichter gefügten, konsolidierteren Gesellschaft und seinen im Kern noch immer intakten staatlichen Institutionen und industriellen Potentialen nicht gleichermaßen im Handstreich durchgehen.

Noch im Oktober 1918 hatte Radek geglaubt, «mit mathematischer Präzision voraussagen» zu können, dass auch in Deutschland eine sozialistische Revolution bevorstehe, in der «Millionen und Abermillionen Liebknecht folgen werden». Hunderttausende Soldaten verlangten, zu ihren Familien zurückzukehren – und würden die Massenarbeitslosigkeit ins Unerträgliche steigern. Somit habe Deutschland nur die Wahl zwischen einem Aufstand der Soldaten oder einem der Arbeitslosen. «Es gibt keinen dritten Ausweg.» Wahrscheinlich würden Frankreich und Italien sich anschließen. Dann würden die angelsächsischen Siegermächte versuchen, die deutsche Revolution zu ersticken und die alte Ordnung in Europa wiederherzustellen. In einer solchen Situation werde es die Pflicht der russischen Arbeiter sein, «jedes Risiko, selbst das Risiko einer zeitweisen Unterdrückung der russischen Revolution, auf sich zu nehmen, um ihren Brüdern am Rhein und an der Seine zu Hilfe zu eilen. Denn Russland alleine werde den Sozialismus nicht aufbauen und die Folgen des Krieges nicht überwinden können. «Die deutschen Arbeiter, die Arbeiter Europas werden uns helfen, unsere Arbeit zu vollenden. Ohne sie können wir nicht triumphieren, mit ihnen können wir triumphieren. Und unsere Pflicht wird es sein, ihnen siegen zu helfen.»[39]

Das klang fast schon nach einer programmatischen Verlagerung der bolschewistischen Hauptkräfte und des revolutionären Kampftheaters nach Mitteleuropa. Dem Botschafter Dänemarks gegenüber brüstete sich Radek: «Ich habe 400 Agitatoren in Berlin, und in zwei Monaten wird die Stadt uns gehören.»[40] Dieses Zitat wie auch die Reden, die er mit Paquet vor der großen Weltkarte im Oktober/November führte, machen deutlich, dass Radek sich tatsächlich als kommender Führer einer deutschen und mitteleuropäischen Revolution und als einer der «Napoleons des Sozialismus» fühlte.

Schon auf der Fahrt nach Berlin Mitte Dezember, bei den ersten Kontakten mit dem Soldatenrat in Dünaburg, der der Sowjetdelegation (die neben Radek aus Bucharin, Joffe, Rakowski und Ignatow bestand) den Weg zum Kongress der Arbeiter-und-Soldaten-Räte Deutschlands versperrte, war ihm aber klar geworden, dass es nicht so glatt gehen würde mit der deutschen Revolution. Lenin hatte ihn vor seiner Abreise instruiert (so jedenfalls referierte Radek es Jahre später), dass nun «ein ernster Augenblick» beginne: «Deutschland ist zerschlagen. Der Weg der Entente nach Russland ist frei ... Denken Sie daran, dass Sie im Rücken des Feindes arbeiten. Die Intervention ist unausbleiblich, und vieles wird von der Lage in Deutschland abhängen.» Radeks Aufgabe in Berlin sei es daher nicht, «die Ereignisse (zu) forcieren», sondern «sich nach den inneren Gesetzen der deutschen Revolution entwickeln» zu lassen.[41]

Radeks berühmt gewordene Rede auf dem Gründungsparteitag der KPD war denn auch eine Gratwanderung, die er meisterhaft absolvierte. Einerseits musste er auf den doktrinären «Antimilitarismus» seiner deutschen Genossen Rücksicht nehmen. Aber in einer Reihe verklausulierter Wendungen, in denen er geschickt an die Solidaritätsgefühle der deutschen Genossen gegenüber den «russischen Arbeitern» appellierte, versuchte er, sie auf die Aufgaben auszurichten, die sich aus der internationalen Situation und vor allem dem erwarteten Friedensdiktat der Alliierten ergeben würden.

So erklärte er ihnen die tiefe Überzeugung (und Hoffnung) der Bolschewiki, «dass der Weg, den ihr geht, ... nicht die Wehrlosmachung des deutschen Volkes, sondern die Wehrhaftmachung des deutschen Volkes bedeutet». Der von Moskau angebotene «Waffenbund» beider Länder sollte allerdings für die Ebert und Scheidemann nicht mehr gelten, da sie «für uns nicht bündnisfähig» sind. «Euch aber brauchen wir kein Bündnis anzubieten. Wir stehen im Bündnis seit den ersten Tagen des Krieges, seit dem Tage, wo Liebknecht sein ‹Ich klage an!› von der Tribüne des deutschen Reichstages in die Welt geschleudert hat.»

Die Schlacht am Rhein

Das alles waren jedoch nur Präliminarien für die eigentliche Botschaft, deren berühmte Formulierung lautete: «In dem Moment aber, wo ihr zur Macht kommt, wird sich der Ring schließen, in dem Moment werden die deutschen und die russischen Arbeiter Arm in Arm kämpfen. Nichts ruft einen solchen Enthusiasmus bei den russischen Arbeitern hervor, als wenn wir ihnen sagen, es kann die Zeit kommen, wo die deutschen Arbeiter euch zu Hilfe rufen und wo ihr zusammen mit ihnen am Rhein kämpfen müsst, wie sie an unserer Seite am Ural kämpfen werden.»

Auch wenn niemand das Tempo der Entwicklung berechnen könne, gingen die Bolschewiki fest davon aus, «dass die Weltrevolution im Eilschritt gehen wird ..., dass der internationale Bürgerkrieg uns befreien wird vom Kampfe der Völker». An dieser festen, gemeinsamen Kampffront würden auch «die Pläne des Entertekapitalismus, die deutsche und die russische Revolution zu erdrosseln», unfehlbar scheitern. «Aber solange das nicht der Fall ist, seid sicher, wir stehen mit den Gewehren in der Hand und werden den Boden, den wir erobert haben, uns nicht entreißen lassen. Und wir sind überzeugt, dass ihr inzwischen die Wacht der deutschen Revolution bildet. Und dass wir zusammen den Tag erleben werden, wo hier in Berlin der internationale Arbeiterrat tagen wird ...» – Berlin als der prädestinierte Ort, so war in erster Andeutung zu hören, an dem sich eine neue, kommunistische «Dritte Internationale» konstituieren werde.[42]

Liebknechts ebenso überschwängliche wie unverbindliche Replik, wonach er leider Gottes der Auffassung sei, «dass das deutsche Proletariat bis zum heutigen Tage noch nicht bündnisfähig ist für das russische Proletariat», und dass auch die neue Partei «noch nicht bündnisfähig» sei, weshalb erst ein in sozialistischer Umgestaltung begriffenes Deutschland «Bündnisfähigkeit bekommen» werde[43], dürfte Radek vollends bewiesen haben, dass er es mit einer Führung zu tun hatte, die von den wirklichen politischen Aufgaben und Gefahren noch wenig begriffen hatte. «Ich fühlte nicht, dass hier schon eine Partei vor mir war.»[44]

In der Tat. Nur wenige Tage später hatte Liebknecht durch den ebenso eigenmächtigen wie dilettantischen Versuch, sich nach bewaffneten Demonstrationen gegen die Absetzung des linken Polizeipräsidenten Eichhorn an die Spitze eines dreiköpfigen «Revolutionsausschusses» zu setzen, die Lage über alle Maß- und Kräfteverhältnisse hinaus zugespitzt. Per Flugblatt hatte dieser fiktive «Revolutionsausschuss» am 6. Januar die Regierung Ebert-Scheidemann «für abgesetzt» erklärt und «die Regierungsgeschäfte vorläufig übernommen». Radeks Versuch, die Führer dieses desperaten Unternehmens durch brieflichen Appell zum Rückzug zu bewegen, da sie nach Lage der Dinge nichts zu gewinnen und alles zu verlieren hatten, blieb vergeblich. Rosa Luxemburg, die Liebknechts Vorpreschen ebenfalls scharf missbilligt hatte, ließ Radek durch Levi ausrichten, sie könne es nicht auf sich nehmen, die in den Kampf getretenen Massen zum Rückzug zu rufen. So blieben die Spartakus-Führer Gefangene ihrer spontaneistischen Doktrinen – und wurden kurz darauf Opfer einer Konterrevolution, deren Mordbereitschaft sich aus sehr heterogenen Motiven speiste.

Radek hatte sich (schon um seiner Ausweisung zu entgehen) seit dem Auftritt auf dem Gründungsparteitag verborgen gehalten. Mit Hilfe bolschewistischer Kader vor Ort und ehemaliger Kriegsgefangener hatte er versucht, einen eigenen «Nachrichtendienst» zu organisieren, um den Aufmarsch des Militärs zu verfolgen. Lenins erfahrener Verbindungsmann Sachs-Gladnew war mittlerweile nach Berlin gekommen, ebenso Marchlewski, der im Ruhrgebiet tätig werden sollte. Die Führung der KPD-Spartakus fiel nach dem Tod von Liebknecht und Luxemburg zurück an Leo Jogiches, bevor er im März ebenfalls gefangen genommen und ermordet wurde. Somit waren es führende Aktivisten der alten Polnisch-Litauischen Sozialdemokratie und des informellen Leninschen Weltkriegskaders, die in diesen scheinbar entscheidenden Wochen an der Spitze der zum Scheitern verurteilten deutschen Revolution standen. So lächerlich alle daran geknüpften Spekulationen waren und sind, so interessant ist diese kultursoziologische Feststellung als solche.

6. Vom Geist der russischen Revolution

Gleich nach seiner Ankunft in Berlin am 27. November wurde Paquet in der Reichskanzlei empfangen und sprach mit dem Volksbeauftragten Philipp Scheidemann. Das Gespräch drehte sich um die «einzige ernsthafte Frage des Augenblicks: wer hat die Waffen».[1] Ob sich das auf einen spartakistischen Aufstand oder monarchistischen Gegenputsch bezog oder auf beides zugleich, bleibt unklar. Paquets eigene Impulse trieben ihn zunächst immer weiter nach links. Unter dem Datum des 26. Dezember notierte er: «Was in Deutschland geschieht, ist noch keine Revolution, sondern eine Panik. Noch immer gehen Leute fett und frech, in Zylinderhüten und sorgfältig ausgebürsteten schwarzen Überziehern mit Samtkragen über die Straße ... Die guten Alten jammern noch immer: O Schande der Niederlage, o unsre alten stolzen Preußenfahnen; o unser Kaiser.»

Seine eigenen Gefühle waren dem vollkommen entgegensetzt: «Fluch diesem Hochverräter, Landesverräter, diesen Teufeln, die Deutschland stückweis verkaufen», rief er dem Kaiser und seiner Entourage hinterher. Auch der katholische Kaplan im Dom und der evangelische Pastor in der Lukaskirche, die die Revolution verleumdeten, ekelten ihn an: «Lügner, Schwindler sondergleichen! Eure Religion hat freilich recht viel mit der Konterrevolution zu tun! Nun wollt ihr das Volk irremachen und im Stich lassen!»[2]

Die «Diktatur der Vernünftigen»

Bei einer Diskussion der neu gegründeten «Gesellschaft von 1918» am 30. Dezember (parallel zum Gründungsparteitag der KPD-Spartakus) ging es um den Begriff der demokratischen Mehrheit als Souverän. Paquet präsentierte sich als aristokratischer Provokateur und intellektueller Bolschewist: «Ich lehne alles Diskutieren über Mehrheit und Wahlmodus ab und bezeichne alle Charakteristika der Mehrheit als unfreiwillige Argumente für die Diktatur. Diktatur der Vernünftigen nur durch die Diktatur des Proletariats.»[3]

Am 23. Januar 1919 schließlich erreichte ihn ein Telegramm Helphands aus dessen Schweizer Exil, in dem es um Paquets Eintritt in das künftige Auswärtige Amt ging.[4] Parvus' Rolle in diesen Verhandlungen bleibt unklar, so wie seine Position in den Bürgerkriegswirren des Winter 1918/19 überhaupt.* Bekannt ist, dass er nach wie vor mit den Führern der Mehrheits-Sozialdemokratie, vor allem mit Philipp Scheidemann, in engem Kontakt stand. Und offenkundig pflegte er auch seine Verbindungen mit Brockdorff-Rantzau weiter. Am 29. Januar spricht Paquet jedenfalls in seinem Tagebuch von einem Brief Cahéns, «der mich aufforderte, zu Rantzau zu kommen, der mit mir die Frage der Reorganisation besprechen will». Offenbar handelte es sich um die Reorganisation des Auswärtigen Amts, an dessen Spitze Brockdorff-Rantzau, assistiert von Cahén, gerade berufen worden war. Paquet stellte jedoch fest, dass ihm für die von seiner Moskauer Wahrsagerin vorhergesagte «Rolle» oder «Position» der rechte Ehrgeiz fehlte, zumal «die Verhältnisse nicht so radikale Änderungen erfahren, dass ich gerufen werden muss».[5]

Am Rande der in Weimar tagenden Nationalversammlung kam es schließlich zum Treffen mit Brockdorff, der ihm anbot, «mit dem Range eines Vortragenden Rates ins Auswärtige Amt einzutreten». Möglicherweise empfand Paquet das Angebot als enttäuschend. Jedenfalls zeigte er sich kaum geneigt, nach Berlin überzusiedeln und für den Minister die Pressearbeit zu machen. Er wollte lieber Gesandter werden: «[Ich] spreche von Prag, Jerusalem.» Das Gespräch endete ohne konkrete Vereinbarung. Immerhin, Rantzau «rechnet auf mich».[6]

* Ende November 1918 war Parvus – nach dem Scheitern aller seiner Pläne – in sein luxuriöses Schweizer Exil zurückgekehrt, von wo er «Briefe an die deutschen Arbeiter» schickte, die als direkte Replik auf Lenins Briefe «An die Schweizer Arbeiter» (Frühjahr 1917), «An die amerikanischen Arbeiter» (Sommer 1918) und «An die Arbeiter Europas und Amerikas» (Januar 1919) betrachtet werden können. Parvus warnte jetzt vor einem von den Bolschewiki autokratisch beherrschten und militärisch erneuerten Russland, erklärte die Sowjets oder Arbeiterräte (deren Idee er selbst 1905 als erster formuliert habe) zu reinen Hilfsorganen, die die reiche parlamentarische und organisatorische Tradition der deutschen Arbeiterbewegung keinesfalls ersetzen könnten. «Hat sich Europa in seiner Kultur bis zum elektrischen Licht durchgearbeitet, um am Ende moskowitische Talglichter zu fressen?» (*Parvus: Der Arbeitersozialismus und die Weltrevolution. Briefe an die deutschen Arbeiter, Berlin 1919*)

Ob Parvus sogar an der Niederschlagung des «Spartakusaufstands» im Januar 1919 mitgewirkt hat, muss offen bleiben. Tatsache ist, dass einige seiner engeren Weggefährten wie David, Haenisch und Heilmann bei der militärischen Gegenmobilisierung eine wichtige Rolle gespielt haben. Und sein Kompagnon Georg Sklarz, immer noch Geschäftsführer des «Sozialwissenschaftlichen Verlags», wurde im Prozess um die Ermordung von Liebknecht und Luxemburg mit Dokumenten (und durch das Zeugnis Noskes, der sich eine Zeitlang in seiner Villa aufgehalten hatte) als Finanzier des «Regiment Reichstag» und anderer, von der Regierung aufgestellter Freikorps bezeichnet.

Umso heftiger ließ er seinen Ressentiments gegen die Weimarer Verfassungsgeber freien Lauf: «Die Nationalversammlung enthält allein 87 Parteisekretäre. Sie ist ganz Vertretung des den Stimmzettel schwingenden Deutschlands. Interessenvertretung. Ein Kongress von Flachköpfen und Interessenjägern. Die Reden ohne Schwung, ohne neuen Zug. Ein Kongress von Gas- und Wasserfachleuten wäre mir lieber.» Fast amüsiert registrierte er die Schutzvorkehrungen: «Um die Nationalversammlung zu töten, braucht es aber nicht der Handgranaten und Sturmtrupps von Spartakus, es würde genügen, einen Satyriker nach Weimar zu schicken, der mit ein paar Strichen blutigen Hohnes das alles zeichnet.»[7]

Zwar war Paquet als Moskau-Rückkehrer ein gefragter Gesprächspartner für Scheidemann und Ebert, Riezler und Rauscher, Simons und Schlesinger. Und mitten im Gewühl erblickte er zur «frohen Überraschung: Price aus Moskau».[8] Die neue deutsche Republik war aber so ziemlich das Gegenteil jener «Diktatur der Vernünftigen», die ihm vorschwebte: «Merkwürdig, dass jetzt das deutsche Reich von einer Gruppe Volksschulabsolventen regiert wird. So sehe ich also nun Ebert, Scheidemann, Baacke, David, die Männer von Stockholm, Frühjahr 1917 wieder.»[9] Als Cahén ihm «den Entwurf zu Rantzaus großer Rede» vor der Nationalversammlung vorlas, verwies Paquet «auf die Bedeutung der jetzigen internationalen Sozialistenkonferenz in Bern, die mir wichtiger scheint als die Nationalversammlung».[10] Mit dieser ebenso illusionären wie arroganten Einschätzung verabschiedete er sich von der Weimarer Bühne.

Für fast drei Wochen ging Paquet auf eine Vortragstournee, um vom «Geist der russischen Revolution» zu künden. Seinen Auftritt in Stuttgart nannte das Stuttgarter Tageblatt «ein Ereignis», während die «alldeutsche Süddeutsche Zeitung ... mich als von der Krankheit des Bolschewismus angesteckt» bezeichnete.[11] Er selbst sah «in dem ganzen Komplex meiner Erlebnisse in der großen kriegerischen und revolutionären Auslandszeit ... etwas wie göttliche Vorsicht» am Werk. «Ich habe mich in der Tat sehr in meiner Meinung geändert, sagen wir eher: vertieft, viel gelernt. Es war eine Epoche für sich.»[12]

Weiter im Banne Radeks

Eingestreut in diese Tagebuch-Aufzeichnungen finden sich fast intime Reflexionen und romanhaft verfremdete Entwürfe zur Person Karl Radeks, seines Moskauer Mit- und Gegenspielers, der ihn anhaltend beschäftigte und in dem er unverändert einen kommenden Mann der deutschen und internationalen Revolution sah.

Gleich nach der Ankunft in Frankfurt hatte er zusammen mit seiner Frau, die die Handschrift Radeks graphologisch beurteilte, «Psychologisches über Radek» notiert: «Einer der besten Kenner des deutschen Parteilebens. Sentimental und brutal in einem. Voller Widerspruch. Machträusche. Sprunghaftigkeit. Verspricht, hält es nicht, aber nicht aus bösem Willen, sondern weil ihm Wichtigeres die Gefälligkeit verdrängt. Nicht der geringste ästhetische Sinn, keinen für Form, für Vasen, für Bilder. Für homerische und goethische Verse dagegen. Keine soliden Kenntnisse der Nationalökonomie, dafür stark, klare politische Instinkte: politisch fernsichtige Augen ...» Radek nehme «große Dinge klein, kleine Dinge groß» wahr. Aber immer schwimme er «mit dem Strom der Ereignisse». Heute begründe er die eine Politik, und wenn morgen eine andere gemacht werde, verteidige er die auch.[13]

Am Neujahrstag 1919 notierte Paquet sich Stichworte für eine Folge von Erzählungen, die er schreiben wollte, darunter eine «Stockholmer Novelle» sowie ein «Petersburger Politischer Roman (Die Männer vom schwarzen Leder)».[14] Wochen später spürte er nach einem Theaterbesuch den heftigen Wunsch, ein kurzes Stück von «hackender Sprache zu schreiben», das er gleich skizzierte: «Drei Akte: Stockholm, Moskau, Berlin. Radek und ich. Als Journalisten, Literaten, Politiker, dasselbe zu bedeutsamster Aktualität gesteigert; zuletzt als Gegner – mit Maschinengewehren – und im tiefsten: Freunde. R. wird erschlagen. W. greift die Fahne auf.» Geschrieben war das Ende Januar 1919 unter dem Eindruck der Morde an Liebknecht und Luxemburg, während allenthalben nach Radek gefahndet wurde, der sich versteckt hielt. Wer «W.» ist in dieser Skizze, geht aus dem Kontext nicht hervor. Dass es kaum Worowski sein sollte, sondern eher ein literarisches Alter Ego des Autors, geht aus der Skizze selbst wie der abschließenden Inhaltsangabe hervor: «Das Wachsen eines Menschen, der im Anfang schwer zu erkennen war, aber echt ist.»[15]

Am 19. Februar, nach einem Wiederholungsvortrag in Stuttgart, wurde Paquet von zwei ehemaligen Führern des deutschen Soldatenrats in Minsk angesprochen. Es ging um «Radek, der seit dem 15. Februar in Moabit gefangen sitzt». Beide «fürchten, er werde erschossen werden – was ich kaum glauben kann». Man war sich einig «über das Bedeutende, Tüchtige, wenn auch Verzerrte, Sprunghafte und Gewaltsame in seinem Charakter» und verabredete, «etwas für ihn zu tun».[16]

Ob und was Paquet für den inhaftierten Radek getan hat, ist nicht ganz klar. In Cahéns Erinnerungen findet sich eine Passage, die die Sache auf eine höhere Ebene verweist. Danach habe Rantzau ihn (Cahén) Ende Februar rufen lassen, da der verhaftete Radek sich an das

Auswärtige Amt gewandt hatte. «Es war selbstverständlich ausgeschlossen, dass ich ihn im Gefängnis aufsuchte ... Andererseits empfahl es sich, jemanden mit ihm sprechen zu lassen, dem er einiges Vertrauen entgegenbringen würde. Ich schlug also vor, Paquet, der ... durch seine Russlandreise vom dortigen Regime akzeptiert schien, nach Berlin kommen zu lassen.»[17] Parallel dazu hatte Radek am 11. März einen langen Brief aus der Haft an Paquet geschrieben, den dieser am 24. März mit einem Begleitschreiben an Außenminister Brockdorff-Rantzau weiterreichte. Nach seinen Moskauer Eindrücken, schrieb Paquet, halte er Radek «für einen zwar sanguinischen, sprunghaften und rücksichtslosen Menschen, aber auch für eine Persönlichkeit von ungewöhnlicher politischer Kraft und einem bestimmten europäischen Ziel». Er sei einer der Männer, «die England in den Weg treten» und dem deutschen Arbeiter und Auswanderer eine breite Bresche nach Russland schlagen könnten. Sollte aber durch die alliierte «Hungerblockade» und die Versailler Friedensbedingungen in Zukunft eine Massenauswanderung proletarisierter Deutscher nach Amerika erzwungen werden, dann sei Radek womöglich auch der richtige Mann, um «jene Bewegung im Westen zu stärken, die gegen Oligarchie in ihrer für die Freiheit der Alten Welt gefährlichen Form gerichtet ist».[18] Das war ein überzogener Versuch, den zwischen Revolutionsfurcht und Widerstandswillen schwankenden Außenminister, der Radek aus seiner Kopenhagener Zeit schließlich selbst gut kannte, genau für jene Art von deutsch-russischem Zusammenschluss zu gewinnen, für die Radek seinerseits aus der Haftzelle heraus die deutsche Öffentlichkeit gewinnen wollte.

«Der Geist der russischen Revolution»

Mit seiner Vortragssammlung «Der Geist der russischen Revolution», die im April 1919 als Buch erschien, lieferte Paquet der deutschen Öffentlichkeit ein Deutungsmuster, das gerade mit seiner Attitüde geschichtlicher Weissagung diesem Projekt Radeks direkt entgegenkam.[19]

Gleich eingangs präsentierte Paquet sich als ein Bekehrter und Belehrter: «Es ist mir, ehe der Weltkrieg kam, nicht eingefallen, meine Ideen über die Zukunft ausschließlich von den Ideen bestimmen zu lassen, die heute auf die Fahnen des internationalen Proletariats geschrieben sind.» Doch sei ihm in Russland klar geworden, «dass also die Revolution und nicht der Friede an die Stelle des Krieges treten werde».[20] Es sei eine Tatsache, dass die menschheitlichen Ideen in den Völkern wüchsen: «Die Idee des Völkerbundes, der Rätegedanke, der

Sinn des Sozialismus beschäftigen die Herzen, und da die westlichen Formulierungen so schwach sind, fragt man ernsthaft nach den östlichen.»[21] Noch sei diese geschichtliche Bewegung leider die Sache einer Minderheit. Noch komme «alles auf die wenigen an, welche die Bürde ihrer Zeit zu tragen haben» – wie jener Mann, der ihn unlängst erst auf dem Bahnhof in Moskau mit festem Händedruck nach Deutschland entließ und der nun im Gefängnis in Moabit sitze, wo man ihn zu Unrecht für den Januarputsch der Spartakisten verantwortlich mache. Hier zitierte Paquet feierlich aus dem Brief, den er von Radek aus Moabit erhalten hatte und den er dem Buch wie ein Beglaubigungsschreiben voranstellte.

Radek erinnerte Paquet daran, «wie recht ich hatte, als ich Ihnen in Moskau immer wiederholte: der Bürgerkrieg wird in Deutschland viel, viel erbitterter, zerstörender sein, als in Russland». Aber keine Macht der Erde werde den Sieg der Revolution verhindern. Dann könnten sich die deutsche und die russische Arbeiterklasse endlich zusammenfinden: «Nicht zum gemeinsamen Krieg gegen die Entente, wie ich es noch im Oktober annahm, denn die Entente kann schon keinen Krieg mehr führen, und die Revolution braucht ihn nicht.» Der Zusammenschluss zwischen Sowjetrussland und Sowjetdeutschland werde vielmehr hauptsächlich wirtschaftlicher Natur sein. Dann könne «nach allem blutig Grausigen, das wir erleben, die Zeit des schöpferischen Schaffens» anbrechen.[22]

Paquet gab Radek grundsätzlich recht, hielt jedoch dafür, dass die russische Revolution auch eine grelle Warnung sei vor «dem Unvermögen beider revolutionären Lager, des proletarischen und des intellektuellen, die Wege zueinander offen zu halten». Denn jede Revolution müsse eine «wesentlich geistige» sein, wenn alles Blutvergießen nicht vergeblich sein solle. Umso mehr hielt Paquet eine Annäherung Deutschlands an das sowjetische Russland für ein Gebot der Zeit. «Um die gemeinsame neue Grundlage der Zusammenarbeit zweier so repräsentativer Nationen wie der deutschen und der russischen zu finden, halte ich die Annäherung in den entworfenen kommunistischen Formen für aller Mühe wert. Denn nur sie sind auf das Gefühl der Allheit gegründet, sie erscheinen als die einzigen, die das Misstrauen gegen sozialen Verrat und gegen den Rückfall in die älteren kapitalistisch-imperialistischen Formen ausschließen.»[23]

Eine solche Annäherung müsse ihren Ausgang allerdings von den ewigen religiösen Grundlagen der deutschen und der slawischen Kultur nehmen. Der Materialismus und Machiavellismus der bolschewistischen Führer stand dem nicht entgegen. Ihr Werk hatte sich bereits transzendiert: «Denn die russische Revolution erscheint mir, trotz des

Medusenantlitzes, das sie uns entgegenhebt, als das Urbild der Revolution. Sie greift an das Wesen der Dinge. Sie erscheint mir, trotz des Meeres von Tränen, Blut und Trümmern, das ihren Weg besudelt, als eines der gewaltigsten Geschehnisse der menschlichen Geschichte, gewaltig wie der Zusammenbruch der alten europäischen Zivilisation im Weltkriege, dessen Rückschlag sie darstellt.»[24]

Verfassung des Tausendjährigen Reichs

Mit solch wuchtigen Thesenanschlägen hatte Paquet seinen ersten Vortrag über den «Geist der russischen Revolution» begonnen, den er am 13. Januar 1919 im Frankfurter Volksbildungsheim hielt, noch während in Berlin die Gefechte zwischen Spartakisten und Regierungstruppen tobten. Zwar handele es sich einstweilen um «Bolschewismus plus Russland», sprich, um den «Geist eines staatlichen, sozialen Utopismus, verbunden mit dem Geist einer orientalischen, rasenden Rachsucht». Noch immer habe Russland zu kämpfen mit den «sozialen Folgeerscheinungen des Weltkrieges, die einen Bolschewismus von oben notwendig gemacht hätten, wenn er nicht von unten gekommen wäre».

Aber der russische Bolschewismus sei bereits die Eröffnung eines allgemeinen Kriegs gegen Mammonismus und Imperialismus, und in erster Linie gegen den englischen Hyperimperialismus, gegen den der «nachahmende» deutsche Imperialismus 1914 vergeblich angetreten sei: «Als Kampf gegen den außerordentlich mächtigen und selbstsicheren Imperialismus und Kapitalismus der Ententeländer war er (der Weltkrieg) also ein Kampf mit untauglichen Mitteln. Als die wuchtigere Waffe, die diesen Baum einst fällen wird, ist der Geist des Kommunistischen Manifestes übriggeblieben ...»[25]

Die bolschewistische Weltrevolution erschien Paquet somit auch im April 1919 noch als die Fortführung des Weltkriegs mit neuen und tauglicheren Mitteln, die zugleich jedoch eine uralte, menschheitliche Bedeutung hatten. Räte oder Sowjets seien ja durchaus keine Erfindung der Bolschewiki, sondern in frühen geschichtlichen Bewegungen immer wieder von selbst erwachsen, wenn es darum ging, die öffentlichen Angelegenheiten kollektiv in die Hand zu nehmen. Gab es nicht auch in den bürgerlichen Revolutionen Kollegien, Stadträte, Aufsichtsräte? Der Petersburger Arbeiterrat sei «alles auf einmal und noch viel mehr».

Gewiss, fürs erste handele es sich um eine harte, unversöhnliche Diktatur. Die «Deklaration der Rechte des werktätigen und ausgebeuteten Volkes», die die Bolschewiki verkündet hatten, sei noch voller

Posaunentöne des Klassenkriegs und weise «mit drohend erhobener Faust ... in das Gesicht der ganzen bisherigen abendländischen Zivilisation».²⁶ Ganz anders klinge aber schon der Verfassungstext der Russischen Sozialistischen Föderativen Sowjetrepublik, «entstanden aus der Beratung von Experten des Marxismus: des weitblickenden und odysseisch verschlagenen Lenin, des praktischen Rykow, des kultivierten Bontsch-Brujewitsch, des Juristen Reisner, des Historikers Pokrowski». Dieser Text entwerfe ein elastisches und anpassungsfähiges System, «das so, wie es hier entworfen ist, über alle Welt gedacht ist, bis zu den Menschen Amerikas und Indiens». Ja, dies sei in ersten Umrissen bereits «die Verfassung des Tausendjährigen Reiches»: «Sie ist wie dazu geschaffen, eines Tages aus den dumpfen Formen der Massen- und Sklavendiktatur hinüberzuführen zu den Formen einer mit einem Minimum von Apparat arbeitenden Diktatur der Vernünftigen.»²⁷

In dieser «Diktatur der Vernünftigen» verknüpften sich die Zukunftsprospekte Paquets mit seinen Moskauer Erfahrungen im Kreise jener faszinierenden Machtmenschen weltrevolutionärem Zuschnitts, die als Intellektuelle (vielfach jüdischer Herkunft) gleich «proletarischen Napoleons» oder «neuen Warägern» zu den Begründern eines Großstaats eigenen Typs geworden waren. In ihnen lag der Geist der russischen Revolution beschlossen: «Nicht die Individuen über Mitläufer sind typisch, sondern die Führer, die Männer der Idee».²⁸ Ihre Niederlage wäre gleichbedeutend mit einer fortgesetzten Weltherrschaft des westlichen Kapitalismus und Imperialismus. Ein Frieden wie der, der sich in Versailles abzeichnete, werde, so Paquet, zur Verallgemeinerung der Revolution führen, so wie der Gewaltfrieden von Brest-Litowsk letztlich zur Ausbreitung der Revolution nach Mitteleuropa geführt hatte. Ihn schreckte das nicht, auch wenn in den Straßen der deutschen Städte gekämpft wurde: «Mag es denn so kommen! ... Umso früher sehen wir, vielleicht in Monaten schon, die Arbeiter von diesseits und jenseits des Rheins wieder vereinigt, unsere Grenzen im Osten wie im Süden wiederhergestellt.»²⁹

Dann werde Deutschland an der Seite Russlands die Spitze einer Weltrevolution gegen Versailles bilden. Und das werde zu einer Renaissance des Geistes von 1914 in revolutionär verwandelter Gestalt führen: «Der Geist der Augusttage von 1914 war nicht nur der wüste Machtrausch eines zur Weltherrschaft drängenden Volkes. In ihm ergriff uns noch mehr die Ahnung eines geistigen deutschen Schicksals, einer Bestimmung. Uns Deutschen ist die ungeheure Aufgabe zugewiesen – ich werde nüchterne Worte gebrauchen –, ... zu tun, was der Mensch der russischen Revolution will und gewollt hat und was dieser wegen der Unzulänglichkeit und Plumpheit der Mittel vielleicht in den gewaltigen Anläufen seiner jetzigen Revolution noch nicht wird vollbringen können. Er setzte auf die Weltrevolution seine Hoffnung, roh und kosakisch. Auch wir setzen unsere Hoffnung, unsere einzige, große Hoffnung auf die Revolution der ganzen Menschheit, jene Revolution, die in Völkern und Kontinenten denkt wie die Verfassung der Räterepublik ...»[30]

Ein erneuertes «deutsches Weltbürgertum» könne aber nur entstehen durch den Untergang des alten Bürgertums, das historisch versagt habe, und durch eine geistig-moralische Befruchtung mit dem «Geist der russischen Revolution». Denn: «Das Problem des Kampfes gegen den Kapitalismus in seinen Formen des privaten und staatlichen Eigennutzes *unbedingt* und mit eherner Härte aufgestellt zu haben, das ist das unvergängliche Primat der russischen Revolution, das ist das Verdienst des geschmähten Bolschewismus, das ist sein Utopismus der Tat.»[31]

Weltkrieg mit andern Mitteln

Paquet hielt es durchaus für möglich, dass eine solche revolutionäre Wendung, wenn sie nicht auch bei den Völkern der Entente zum Durchbruch komme, in eine neue globale Konfrontation münden könnte, in der dann «ein Bund mächtiger, bewaffneter, satter und hochmütiger Nationen einer Gruppe von verarmten Staaten» gegenüber stünde, zu denen auch Deutschland gehöre: «Dann in der Tat ist das Problem des Weltkrieges, den die Russen auf ihre rohe Art in die Weltrevolution zu verwandeln trachten, aufs neue aufgeworfen ... Aber dann dürfen wir voller Ruhe abwarten und sagen: wir wissen noch nicht, wer der Sieger im Weltkriege ist.»[32]

Deutschlands Schicksal werde auf jeden Fall von seiner Verbindung mit Russland abhängen. Denn selbst im Fall, dass die Bolschewiki gestürzt würden, würden «wir in Zukunft ein ganz anderes Russland vor uns haben, ein sehr wenig naives, ein sehr unternehmendes, ein mit Ideen beschäftigtes, national und menschheitlich hell erwachtes Russland». Diesem Land gegenüber habe Deutschland eine Verpflichtung, die auch seine größte Chance sei: «Der englische Imperialismus kam nach Russland nur mit seinem Golde, mit den Tennisschlägern und der politischen Arbeit seiner Logen; der deutsche aber mit Menschen, mit seinen Werkmeistern, seinen Aktienbesitzern, seiner mittleren, kaufmännisch tüchtigen Intelligenz und mit dem Flottenverein.» Diese gute Tradition gelte es jetzt, nach Weltkrieg und Revolution, erst recht fortzusetzen: «Das jetzige, herabgewirtschaftete Russland braucht intelligente Arbeitskräfte. Es hat Helfer, Werkmeister, Ingenieure in Menge nötig, um durch wirtschaftlichen Wiederaufbau das zu retten, was es durch seine Revolution erworben und zugleich aufs Spiel gesetzt hat ...»[33]

An Deutschland aber sei es, sich selbst zu reformieren. Dabei könne es auf das reiche Erbe der «Kaiseridee» zurückgreifen – von der Paquet sich so fasziniert zeigte wie am ersten Tag. Das alte römische Reich deutscher Nation sei «ein wunderbarer Bau von kleinen Kreisen» gewesen, «die durch selbstgewählte Führer vertreten waren, die wieder höheren Führern dienten, mit dem Gipfel des Kaisers, dessen Kraft im freien Volke wurzelte». Diese alten Gestaltungsprinzipien in die moderne Form einer Föderation von Räten und Kommunen zu überführen, begründe für die geschlagene Nation eine neue weltgeschichtliche Aufgabe: «Nur ein Deutschland, das solche Formen schafft, höhere soziale Formen, als sie Russland auszubilden vermochte, wird allen Eingriffen Trotz bieten. Ein solches Deutschland wird eine neue Bedeutung für die Welt gewinnen.»[34]

Im Vorwort zur zweiten Auflage seines Buches vom Januar 1920 zeigte sich Paquet im übrigen überzeugter denn je, dass der russische Bolschewismus kein transitorisches Phänomen bleiben werde: «Die Revolution in Russland hat ihren Aufbau behauptet, ihr Gesicht ist klarer geworden. Noch ist es nicht das Gesicht der Freiheit und der Freude; wie könnte es das sein? Es ist ein Gesicht von puritanischer Strenge und Nüchternheit ...: gereinigt in einer Leidenszeit sondergleichen, aber auch belebt von Gedanken, von organisatorischen und militärischen Triumphen, die letzten Endes Triumphe der Seelenkräfte sind ...»[35] In Wahrheit sei «die russische Krisis ... nur ein Teil der europäischen, die russischen Fanatismen sind dieselben, die im übrigen Europa erwachen». Mittlerweile gebe es «in der ganzen Welt viele Formen und Farben des Bolschewismus ..., von dem weißen Bolschewismus der Quäker, der Pflanzenesser und Friedensfreunde bis zu dem schwarzen und rachsüchtigen Bolschewismus derer, die gewohnt waren, Uniform zu tragen».[36]

Hier müssten seine Leser gestockt haben. Denn unter dem «schwarzen Bolschewismus» der demobilisierten Uniformträger konnte Paquet Anfang 1920 kaum etwas anderes verstehen als die Freikorps und Bürgerwehren, die sich wenig später am Kapp-Putsch beteiligen sollten; oder auch die faschistischen Schwarzhemden in Italien, die wiederum Reminiszenzen an die früheren, stets zitierten «Schwarzhunderter» in Russland weckten. Selbst diesen «schwarzen Bolschewismus» zählte Paquet nun also zu jenen Fanatismen, die Jakob Burckhard zufolge «als echte Zeichen des Lebens zu betrachten» seien – als Protest gegen eine «alte Welt», die durch «eine schrankenlose, von Agiotage zerwühlte, nirgends mehr körperschaftlich zusammengeschlossene, der transozeanischen Raubgier ausgelieferte Wirtschaft» sowie eine zerrissene, «in verantwortungsloser Subjektivität vegetierende Gesellschaft» gekennzeichnet sei.[37]

Hans Vorsts Moskauer Korrespondenzen

Einen Kontrapunkt zu diesen Weissagungen vom «Geist der russischen Revolution» bildeten die Berichte und Betrachtungen des Korrespondenten des «Berliner Tageblatt», Hans Vorst, die dieser unter dem Titel «Das bolschewistische Russland» Anfang 1919 ebenfalls in Buchform herausbrachte.[38] Vorst (mit richtigem Namen Karl Johann von Voss) hatte wie Paquet von Stockholm aus die Entwicklung in Russland verfolgt und war Mitte Juli 1918 (sehr zu Paquets Ärger) in Moskau aufgetaucht, ohne sich ähnlich eng an das Pressebüro der Botschaft anzuschließen. Als Baltendeutscher sprach Vorst Russisch als zweite Muttersprache, was ihm größere Bewegungsfreiheit verlieh.

In Vorsts Berichten war von vornherein das Bestreben spürbar, sich eine möglichst nüchterne Auffassung von den Entwicklungen zu verschaffen. Dabei war auch er nicht unempfänglich für die Suggestion eines revolutionär erweckten Volks. Und die Russen schienen ihm dafür wie geschaffen. Zwar wirke ihre «orientalische Geduld», ihre «Liebenswürdigkeit und Vertraulichkeit im Verkehr» und ihre «natürliche Höflichkeit und weitgehende Hilfsbereitschaft jedem Mitreisenden, jedem Mitmenschen gegenüber» auf den ersten Blick recht unrevolutionär. «Aber sobald man näher hinhorcht, so dringt einem von unten her die tiefe Grundüberzeugung von der Gleichheit der Menschenrechte entgegen, die im russischen Volke liegt.»[39]

Im täglichen Kontakt mit Kaufleuten, Arbeitern, Intellektuellen und selbst Sowjetfunktionären erfuhr Vorst jedoch schnell genug, «dass die soziale Basis der Sowjetregierung schon in bedrohlicher Weise zusammengeschrumpft ist». Er selbst war bereit, den Bolschewiki jede Gerechtigkeit widerfahren zu lassen: «Bei objektiver Würdigung kann man nicht verkennen, dass die Regierung auf vielen Gebieten eine gewaltige organisatorische Arbeit leistet.»[40] Aber die negativen Eindrücke überwogen bei weitem. Vorst stellte fest, dass alle noch so energischen Organisationsbemühungen immer wieder konterkariert wurden durch den beständigen, destruktiven Kampf gegen die «burshuis», während sich schon eine neue Kluft auftat zwischen denen, die zur bewaffneten Aristokratie der Sowjets gehörten, und allen übrigen, die nicht dazugehörten. Er registrierte auch die nationale

Demütigung, die der Brester Frieden für breite Kreise Russlands bedeutete, und die Enttäuschung und Erbitterung darüber, dass der Frieden nur um den Preis eines Bürgerkriegs im Inneren hergestellt worden sei. Die Ermordung des Zaren und seiner Familie (die Vorst gutgläubig einer Kurzschlusshandlung der lokalen Behörden zuschrieb) bewies ihm jedenfalls die wachsende Nervosität der Sowjetkreise. Und wenn der Zar für die Massen des russischen Volkes auch längst tot gewesen sei, so habe die Nachricht seiner Ermordung die Menschen doch bewegt. «Denn das russische Volk hat ein Herz und ein sehr empfindliches Gerechtigkeitsgefühl.»[41]

Vorst fasste seine Einschätzungen schließlich in dem paradoxen Befund zusammen, dass die objektive Lage der Bolschewiki – durch die wirtschaftliche Zerrüttung, den Verfall der industriellen Produktion, den Ruin des Handels und die unüberbrückbare Kluft zwischen Stadt und Land – aussichtslos geworden sei, dass jedoch keine Kraft erkennbar sei, die sie stürzen und ersetzen könne. Der ungeheuerliche Massenterror sei womöglich nur eine Inszenierung, um den eigenen, aktiven Kern in permanenter Kriegsstimmung zu halten und unter den verlumpten Massen eine Pogromstimmung gegen die vormals Besitzenden zu entfachen. Das Ende des Bolschewismus, glaubte Vorst, werde ebenso unerwartet und plötzlich kommen wie das des Zarismus. Eine tröstliche Perspektive war das nicht. «Wenn von außen keine Einmischung erfolgt und das russische Bürgertum sich nicht aufrafft», dann sei «eine völlige anarchische Auflösung, ein trauriger, rettungsloser Niedergang Russlands unvermeidlich».[42]

In einer Schlussbetrachtung ging Vorst noch einmal auf die gegen seine Korrespondentenberichte erhobenen Einwände ein. Verweise auf den kulturell produktiven Charakter des bolschewistischen Regimes beantwortete er mit der Frage: «Ist es möglich, die Kulturtaten eines Systems zu rühmen, das den Massenmord in einem solchen Grade zum regulären Mittel der inneren Politik erhoben hat? ... Die Kraft des Bolschewismus liegt im Negativen ... Und gerade darauf beruht die suggestive Gewalt, die er zeitweilig auf die Massen ... auszuüben vermag.»[43]

Am Ende bemühte er (fast schon wie einen Gemeinplatz) den großen «Menschenkünder und Herzensdeuter» Dostojewski, der ein für allemal festgestellt habe: «Die russische Seele ist ein Rätsel». Im gleichen Sinne habe der orthodoxe Patriarch Tichon ihm einmal gesagt, «der Bolschewismus habe in Russland den Sieg davontragen können, weil er in gewissem Grade im russischen Nationalcharakter liege». Der russischen Seele sei «ein Hang zur Maßlosigkeit eigen». Und auch «in der theoretischen Spekulation neige der Russe dazu, rücksichtslos bis zum Äußersten zu gehen». Gerade in diesem Sinne sei Lenin ein echter Russe.[44] Dostojewski habe aber auch den Ausweg aus diesen Wirren angedeutet, als er sagte, «mit derselben Kraft, mit demselben Ungestüm», mit dem der russische Mensch sich an den Rand des Verderbens bringe, rette er sich am Ende doch, «wenn er bis an die äußerste Grenze gegangen ist, das heißt, wenn darüber hinauszugehen schon kein Raum mehr blieb». Diese «äußerste Grenze», glaubte Vorst, werde bald erreicht sein. Ein Neuaufbau Russlands nach dem Sturz der Bolschewiki werde deshalb keine bloße Restauration sein. «Vielleicht wird dann ... aus der Saat, die der Bolschewismus gestreut hat, das ewig schöpferische Leben noch gute Keime sprießen lassen. Der Bolschewismus ist ein zerstörender Protest gegen die soziale Ungerechtigkeit der alten Welt und gegen den blutigen Wahnsinn des Weltkrieges. Dieser Protest ... wird nicht wirkungslos verhallen.»[45]

7. Augenzeugen, Emigranten, Interpreten

Berichte über die russische Revolution und den Bürgerkrieg, in denen die Authentizität eines Augenzeugen sich mit der Haltung eines sachlichen und empathischen Beobachters verbunden hätte, gab es außer den Korrespondenzen von Paquet und Vorst kaum. Stattdessen gab es eine Fülle von Erlebnisberichten unfreiwilliger Augenzeugen, vor allem ehemaliger Kriegsgefangener und Zivilinternierter oder alteingesessener Russlanddeutscher und Baltendeutscher, die sich den Turbulenzen des Bürgerkriegs hatten entziehen können. Alles in allem waren es Hunderttausende, die in diesen Jahren, trotz der unterbrochenen Verkehrsverbindungen, aus dem riesigen russischen Raum «heim ins Reich» kehrten – manche nach einer kurzen, wirren Odyssee, die sie bis ins tiefe Sibirien und an die Ufer des Pazifik geführt hatte. Andere sahen sich herausgerissen aus bürgerlichen Verhältnissen oder bäuerlichen Siedlungen, in denen sie und ihre Familien über Jahrzehnte oder Jahrhunderte gelebt hatten und die sie nun schweren oder leichten Herzens aufgaben. So viele Schicksale, so viele Geschichten. Dass diese Rückkehrer einen starken Mitteilungsdrang hatten, verstand sich von selbst. Ihre – natürlich subjektiven und «einseitigen» – Berichte füllten über drei, vier Jahre zu einem guten Teil die Lücke, die durch den Ausfall aller regulären Nachrichten und Presseberichte entstanden war.

Dazu kamen in wachsendem Umfang Augenzeugenberichte und Memoiren der direkten Gegner oder Opfer der Bolschewiki, die aus den Zonen des Terrors und Bürgerkriegs nach Deutschland flüchteten. Viele dieser Emigranten wollten nicht nur anklagen, sondern wie jede frühere Opposition ihren Kampf aus dem Exil weiterführen. Andere wollten vor allem die russische Kultur in der Emigration bewahren und entwickeln. Sie gründeten Verlage, Zeitungen und kulturelle Einrichtungen der verschiedensten Art, die sich binnen weniger Jahre zu einem «Russischen Berlin» als einer Stadt in der Stadt agglomerierten.[1] Die ganzen zwanziger Jahre hindurch wurden Berichte und Memoiren aus der russischen Revolution verfasst und gelesen. Alle authentischen Erlebnisse und Erfahrungen wurden darin jedoch immer zunehmend historisch-politisch interpretiert – oder romanhaft überformt. Erst dann erreichten sie ein Massenpublikum.*

Rückwanderer aus Russland

Nur wenige verstanden es, im Strudel der Ereignisse einen halbwegs klaren und interessierten Blick zu bewahren. Viele Zeitungsartikel, Bücher und Broschüren der ersten Stunde waren ohnehin noch als letztes, trübes Aufgebot einer Kampf- und Propagandaliteratur entstanden, die sich seit 1914 von mehr oder weniger authentischen Erlebnisberichten über die Greuel, Brutalität und Primitivität der Kriegsgegner genährt hatte. Aber auch nach dem Ende des Weltkriegs und Bürgerkriegs gab es eine umfangreiche, aus Kolportagen und Trivialromanen bestehende Literatur, die das Sujet der «Russengreuel» zu ihrer Spezialität gemacht hatte und nun in Form der «Bolschewistengreuel» fortführte.

Es wäre allerdings falsch, diese Anklage- und Enthüllungsliteratur pauschal abzutun. Es gab darin auch Schilderungen von großem Ernst und unbestreitbarer Wahrhaftigkeit, die gelegentlich eine intuitive Scharfsicht für die Ereignisse und handelnden Charaktere an den Tag legten. Vielfach waren sie mehr von Trauer als von Hass bestimmt. So oder so wird man sie als einen authentischen Teil der historischen Quellen dieser Jahre gelten lassen müssen. Die persönlichen Erlebnisse, die die Grundlage bildeten, und die oft tragischen Schicksale, die dahinter standen, die aufgewühlten Emotionen, die sich darin Luft machten, waren nun einmal ein untrennbarer und legitimer Teil dieser Geschichte. Und die Schlussfolgerungen, die daraus gezogen wurden, waren durchaus unterschiedlicher Art.

Die in einer Broschüre «Deutsche Rückwanderer über Russland und den Bolschewismus» gesammelten Berichte zum Beispiel waren in der Zeit der Brester Verhandlungen im Frühjahr 1918 nach einem einheitlichem Muster erhoben worden.[2] Das Titelblatt zierte die primitive Zeichnung eines Kosaken mit Jakobinermütze und Lumpen-

---

* Mit den literarischen Verarbeitungen der Revolution und des Bürgerkriegs verhielt es sich insoweit nicht anders als mit denen des Weltkriegs: Sie alle bedurften eines gewissen zeitlichen Abstandes. Man kann Erich Maria Remarques Weltkriegsroman *Im Westen nichts Neues* und Edwin Erich Dwingers Revolutionsepopöe *Zwischen Weiß und Rot* insoweit durchaus nebeneinander stellen. Andere populäre Adaptionen russischer Revolutionserlebnisse waren die Romane des Kosaken-Generals Petr Krasnow, vor allem *Vom Zarenadler zur roten Fahne*, oder die Trilogie der (fiktiven) *Tagebücher* Alexandra Rachmanowas, von denen *Studenten, Liebe, Tscheka, Tod* wohl am bekanntesten wurde. Alle diese Bestseller traten ihre Weltkarriere Ende der zwanziger, Anfang der dreißiger Jahre von deutschem Boden aus an.

Rote Garden in der Provinz. Plünderung und Zerstörung des Gutshofs Jakimow im Sommer 1918 durch die Bauern der benachbarten Dörfer

fahne vor einer brennenden Kirche. Die Einleitung war im Ton eines ostentativen Mitleids mit Russland gehalten, die Tendenz schwankte zwischen Warnung und Triumph. Die Rückwanderer, durchweg Reichsangehörige, die während des Krieges interniert und verschickt worden waren, hätten trotz der Unterschiede ihrer Berufe «alle übereinstimmend dasselbe vernichtende Urteil über den Bolschewismus gefällt». Der Bolschewismus sei wie «eine plötzlich ausbrechende Epidemie» über das Moskowiterreich gekommen, welches nur noch ein «riesenhaftes Trümmerfeld» darstelle. Nie könne daraus wieder entstehen, was man vor dem Krieg unter Russland verstanden habe: «den größten und vielleicht nach außen hin mächtigsten Großstaat Europas, dessen viele Millionen Einwohner im Frieden trotz der übertriebenen Klagen über Bedrückung und Knutenherrschaft des Zarentums mit einer gewissen stumpfen Behaglichkeit dahinlebten, dessen latente Kraft bei ruhiger und steter Entwicklung eine gewaltige wirtschaftliche Konkurrenz für die älteren Kulturvölker Europas voraussagte, dessen Riesenheere im Kriege für Russlands Nachbarn stets eine Bedrohung waren!»[3]

Auch in den feuilletonistischen Aufzeichnungen des ehemaligen Redakteurs der Petersburger Zeitung, Oskar Grosberg, die dieser im Herbst 1917 in Riga nach der Einnahme durch deutsche Truppen niedergeschrieben hatte und 1918 unter dem Titel «Russische Schattenbilder aus Krieg und Revolution»[4] veröffentlichte, erschien die Revolution als eine Orgie plebejischer Zügellosigkeit, als «Zwingherrschaft des Pöbels», zumal wenn er Soldatenrock trug. Die primäre Ursache

Federzeichnungen von Igor von Jakimow als Illustrationen zum Buch seiner Frau Annemarie Kruse-von Jakimow «Erlebnisse einer deutschen Frau in Russland», erschienen nach der Flucht nach Deutschland, Berlin 1919

dieser Entfesselung niedriger Masseninstinkte sah Grosberg aber beim alten Regime und dem von ihm angezettelten Krieg gegen Deutschland. Die Führer des Arbeiter- und Soldatenrats in Riga, jüngere Männer «vorzugsweise jüdischer Nationalität, die im Zivilverhältnis Juristen gewesen waren»[5], erschienen in seinem Bericht eher als Getriebene denn als brutale Antreiber und seien im Zweifelsfalle bemüht gewesen, die tobende Meute im Zaume zu halten. Darin lag der Keim einer Hoffnung.

Augenzeugen des roten Terrors

Vor allem die Ereignisse im Baltikum, wo sich nach dem Abzug der deutschen Truppen zwischen November 1918 und Februar 1919 erneut bolschewistische Regimes für kurze Zeit etablierten, trugen erheblich zur Unruhe in der bürgerlichen Öffentlichkeit Deutschlands bei. Die «Berichte, Erlebnisse, Bilder aus den Tagen der Räteregierung im Baltikum», die Erich Koehrer im Frühjahr 1919 in zwei Broschüren mit den Titeln «Unter der Herrschaft des Bolschewismus»[6] und «Das wahre Gesicht des Bolschewismus!»[7] lieferte, konnten einige Authentizität beanspruchen.

Der Autor, ein Mitarbeiter des Reichskommissars für Ostfragen, des Sozialdemokraten August Winnig, war nach dem Abzug der roten Truppen im Februar 1919 an der provisorischen deutschen Gesandtschaft in Lettland und Estland tätig gewesen. In dieser Zeit, berichtete Koehrer, habe er zahllose Berichte und Photographien erhalten, die auf das vorhergegangene, im November 1918 errichtete Regime der Bolschewiki ein grelles Licht geworfen hätten. «Ich habe aus der Fülle dieses Materials eine ganz bescheidene Auslese getroffen und den Berichten glaubwürdiger Persönlichkeiten, die unter der bolschewistischen Herrschaft Wochen und Monate verlebt haben, eine Zusammenfassung meiner eigenen Eindrücke hinzugefügt, die ich in Riga gewonnen habe.»[8] Koehrer sagte von sich, er habe «die idealen Grundlagen der bolschewistischen Ideen nie verkannt und verkenne sie auch heute nicht». Umso mehr sei es nach allem Erfahrenen und Gesehenen seine Pflicht, «diese Eindrücke in die Welt hinauszurufen, um die noch lebende Heimat vor gleichem Geschick bewahren zu helfen».[9]

Beide Broschüren erschienen in rechtssozialdemokratischen Verlagen, die eine in Parvus' «Verlag für Sozialwissenschaft», die andere im «Firn-Verlag». Ihr dokumentarisches Gewicht erhielten sie durch Photos, die nach der Vertreibung der roten Truppen aufgenommen worden waren: teils an den geöffneten Massengräbern von Wesenberg, in denen 300 ermordete Geiseln lagen, teils in den Erschießungsstätten der Tscheka in Mitau, Dorpat und Riga, die Schlachthäusern glichen. Das Publikum in Deutschland sei zu Recht misstrauisch gegen ungeprüfte Behauptungen, wie Koehrer einräumte. «Aber wenn ein deutscher Sozialdemokrat und Journalist ... mit seiner Person und mit seinem Namen für einen aus amtlichen Quellen geschöpften Bericht eintritt», dürfe er wohl erwarten, «dass hier auch nicht einen Augenblick lang der Gedanke an ein Frisieren der Tatsachen, an eine Fälschung oder Entstellung auftauchen kann».[10]

Koehrer kam es vor allem darauf an herauszustellen, dass der rote Terror sich keineswegs nur gegen die «baltischen Barone» gerichtet habe; vielmehr seien ihm «Angehörige aller nichtbolschewistischen Kreise bis weit hinein in die sozialdemokratischen Reihen zum Opfer gefallen».[11] Weil der Bolschewismus nur zerstöre und nicht aufbaue, weil er die Sache einer Minderheit bleibe, schwemme er den verbrecherischen Untergrund der Gesellschaft nach oben. Der Ursprung dieser politischen Seuche aber liege wohl jenseits von Russland: «Wie einst die Cholera aus Asien kam, so trägt die bolschewistische Pest, die sich drohend gen Westen wendet, durchaus asiatische Züge, und es ist gewiss kein Zufall, dass unter den Truppen, die die Sowjetregierung auf Europa loslässt, Tausende von Tataren und Chinesen sich befinden.»[12] Deutlich genug war es der Sinn dieser «Tatarenmeldung», das vom Bolschewismus getrübte Bild Russlands selbst zu retten.

Geiseln für Radek

Mit die größte Verbreitung unter den Texten dieses Genres fand der Bericht eines Franz Cleinow über seine «Erlebnisse im sterbenden Russland».[13] Der Verlag «Die Einheitsfront», in dem das Bändchen 1920 erschien, erklärte, für die «Versöhnung aller staatserhaltenden Volkskreise» einzutreten und «den politischen Radikalismus», die «Verhetzung in jeder Form» sowie «den Terror in jeder Gestalt» zu bekämpfen. Ein solcher Republikanismus der nationalen Mitte entsprach auch der Position des Autors.

Cleinow, 1915 als junger Offizier in russische Gefangenschaft geraten, war 1918 frei gekommen und während der deutsch-österreichischen Okkupation der Ukraine als Wirtschaftsfachmann beim Oberkommando in Kiew tätig. Als die deutschen Truppen im Januar 1919 aus Kiew abzogen, blieb er mit einer Reihe anderer deutscher Amtspersonen, «um die Liquidation verschiedener staatlicher bzw. privater Institutionen durchzuführen».[14] Anfang Februar wurde die Stadt zum zweiten Mal von der Roten Armee eingenommen. Als im Juli in Berlin der Prozess gegen Radek beginnen sollte, wurden alle noch vorgefundenen Deutschen, soweit sie sich nicht dem deutschen Soldatenrat zur Verfügung gestellt hatten, als Geiseln verhaftet, darunter auch Cleinow.

Die weiße Armee Denikins war im Anmarsch, und in der Stadt raste der rote Terror. Hunderte ehemaliger Aristokraten, Bürger, Intellektueller und etwaiger Opponenten waren ebenfalls als Geiseln genommen worden. Nacht für Nacht wurden Opfer aus den Zellen gerufen und zu einem «Verhör» ohne Wiederkehr, tatsächlich (wie allen klar war) zur Hinrichtung geschleppt. Obwohl Cleinow alle kolportagehaften Übertreibungen vermied, machte seine Darstellung deutlich, dass dieser Terror die Zwecke einer «Niederschlagung der Konterrevolution» weit überschritt und Züge einer Vernichtungsaktion trug.

Als die Stadt geräumt werden musste, wurden alle noch lebenden 250 Insassen des Gefängnisses durch eine Kommission selektiert. «Die Kommission arbeitete nach dem Alphabet und ... so dauerte das ganze Verfahren etwa 10 Stunden, qualvolle Stunden.»[15] Etwa hundert Gefangene erhielten den Vermerk «S» (Swoboda) und wurden freigelassen. Dreißig (unter ihnen die deutschen Geiseln) wurden mit «M» (Moskwa) für die Mitführung als Geiseln vorgesehen. Die übrigen 120 Gefangenen erhielten den Vermerk «R» (für «Rastrelj») und wurden noch in derselben Nacht umgebracht. Wie das vor sich ging, wussten alle im Gefängnis: «Sie wurden zu 7 herausgerufen, mussten sich ausziehen, auf den Leib legen und erhielten jeder einen Revolverschuss in den Hinterkopf.»[16] Da niemand erfuhr, welches Urteil die Kommission über ihn gefällt hatte, erlebte das ganze Gefängnis eine Nacht unbeschreiblichen Terrors.

In Moskau wurden die Haftbedingungen dann allmählich leichter. Radek führte in Berlin-Moabit längst seinen berühmten «Salon» und stand nur noch unter loser Schutzhaft. Der Austausch erfolgte jedoch erst im Januar 1920. Cleinow konnte sich am Ende halbwegs frei bewegen und nutzte die Zeit, um Beobachtungen zu machen und sich über das Phänomen des Bolschewismus im Klaren zu werden. Sicher gebe es unter den Bolschewiki «Menschen von hohem idealem Schwung, die zu jeder Selbstaufopferung fähig sind». Viel zahlreicher seien aber die bloß Unzufriedenen und die Opportunisten, die «immer bereit sind, zu der Partei überzugehen, die gerade zur Herrschaft gelangt». Andererseits müsse man erklären, «warum man heute in allen hervorragenden Stellen der Revolution alle anderen Fremdvölker, aber nur wenig Russen findet». Die Hauptrolle spielten Juden, Letten, Polen und andere. Cleinow nahm an, dass dies mit der bevorzugten Stellung der Großrussen unter dem alten Regime zu tun habe. Sie hätten «gewissermaßen als die Herrenklasse unter den anderen Völkern Russlands» gelebt und seien «unter solchen Verhältnissen immer unfähiger zu wirklicher Arbeit» geworden.[17]

Dass die Bolschewiki sich überhaupt halten konnten, erklärte Cleinow damit, dass die «große Masse der nicht bolschewistisch gesinnten Bewohner Russlands» von der Entente enttäuscht sei oder sogar glaube, «dass sie absichtlich Russland in diesem Zustande des Marasmus lässt, um es später gänzlich vernichtet in die Hände zu bekommen».[18] Jetzt sei Deutschland, so paradox das klinge, «der Hoffnungsstern eines großen Teiles des russischen Volkes». Ein deutscher Einmarsch, der die Einberufung einer gesamtrussischen Nationalversammlung, allgemeines Wahlrecht, Wiederherstellung des Besitzes mit Ausnahme des Großgrundbesitzes, freien Handel und soziale Reformen auf seine Fahnen schriebe, würde «den Bolschewismus heute im Handumdrehen fortfegen».[19] Im Jahr 1920 war das eine reichlich anachronistische Überlegung.

Immerhin glaubte Cleinow, im Fehlexperiment des Bolschewismus einen verborgenen dialektischen Sinn zu erkennen. Denn vielleicht stelle er jene mephistophelische Kraft dar, «der vom Schicksal die Rolle zugewiesen zu sein scheint, alles zu zertrümmern, was der großen Idee des ‹wirtschaftlich vereinten Europa› entgegensteht».[20]

Interpretationen der Revolution

Erste Versuche, mit fliegender Feder eine «Geschichte der großen russischen Revolution» zu schreiben, hatte es bereits im heißen Revolutionssommer 1917 gegeben.[21] Die Ermordung der Zarenfamilie im Jahr darauf lieferte dann den nächsten Anstoß, über den «Umsturz des russischen Kaiserreichs» zu schreiben.[22] Allerdings handelte es sich um rasch kompilierte Historiengemälde ohne besonderen Informationswert und Erkenntnisgehalt. Interessant war allerdings, dass die Revolution in Russland – ungeachtet des politischen Standpunkts der Autoren – als Nemesis des alten Regimes behandelt wurde. Im Vergleich zu Kerenski als «Verräter» an den Friedenszielen der Revolution erschienen die Gestalten Lenins und Trotzkis ungleich bedeutender, auch wenn sie in das düsterste Zwielicht getaucht wurden.

Am erstaunlichsten war jedoch, dass die Ermordung der Zarenfamilie im Juli 1918 bei aller konventionellen Entrüstung mit einem deutlichen Unterton der Genugtuung registriert wurde. Ja, die «Grausamkeit» und «Ruchlosigkeit» der bolschewistischen Exekutoren erschien als charakteristisches Produkt des Zarismus selbst: «Der heiße Drang nach Rache für die erbärmlichen Ungerechtigkeiten, die die russischen Behörden an den ‹Politischen› verübten, für die Grausamkeit der Justiz, die vor keinem Mittel zurückschreckte, für die Nichtachtung des Lebens und die Unterdrückung der geistigen Regsamkeit, hat sich nach Jahrzehnten todesmutiger Kämpfe endlich erfüllt ... Nikolaus II., der letzte ‹Zar›, der über Leben und Tod in seinem Reiche herrschte, der eine große Armee von Beamten zum Schutze seines eigenen Lebens unterhielt, fiel, jeden Schutzes beraubt, verlassen von allen bezahlten Knechten der Treue, mit seiner ganzen Familie der Wut seines Volkes zum Opfer.»[23] Die biblische Legende von Belsazar und der «Schrift an der Wand» lieferte, zumal in Heines populären Versen, die fertige Folie.

Den ersten seriöseren Versuch einer Gesamtdarstellung der russischen Revolution unternahm 1919 Axel von Freytagh-Loringhoven.[24] Der Breslauer Historiker war nach der deutschen Novemberrevolution durch eine Reihe antibolschewistischer Vorträge für die neue Deutschnationale Volkspartei (DNVP) aufgetreten, worin er vor einem «deutschen Bolschewismus» gewarnt hatte.[25] Schließlich befasste er sich eingehender mit der jüngsten Geschichte Russlands. Seine «Geschichte der russischen Revolution. Erster Teil» endete mit dem Sieg der Bolschewiki. Ein zweiter Teil ist nie erschienen – und konnte nicht folgen, da das Regime der Bolschewiki andauerte und sich in keine irgendwie abschließende historische Betrachtung bringen ließ.

In diese Sackgasse hatte sich Freytagh-Loringhoven selbst manövriert. Denn trotz einer eingehenden Darstellung des Verlaufs und der treibenden Motive der Revolution des Jahres 1917 endete das Buch in einer massenpsychologisch überspitzten Aporie: «Immer deutlicher musste die Masse empfinden, dass Recht und Gesetz nicht mehr galten, dass keine feste Hand mehr über dem Lande waltete, dass die Entscheidung nun bei ihr selbst lag. Und da brach sie los. – Aber Lenin und Trotzki waren nicht ihre Führer, nicht ihre Beherrscher. Sie waren nur ihre Sprecher und ihres Willens Vollstrecker. Nicht Lenin und Trotzki kamen zur Herrschaft, sondern die Massen selbst, deren Seele stets von anarchischen Instinkten erfüllt gewesen ... Und nicht Männer waren es, nicht Helden und Führer, die das Banner der Revolution trugen, sondern Götzen, die die Menge sich nach ihrem Bilde geschaffen hatte.»[26]

Von einem kaum weniger konservativen Standpunkt als Freytagh-Loringhoven kam Harald von Hoerschelmann in seiner Studie «Person und Gemeinschaft – Die Grundprobleme des Bolschewismus»[27] zu einer völlig anderen, positiveren Bewertung. Offenbar handele es sich um mehr als eine bloße politische Bewegung, nämlich «um eine Umwälzung des innersten Wollens und Glaubens der Menschen, um eine Umpflügung jenes den klaren Worten unzugänglichen Gefühlsbodens der menschlichen Seele», und somit um nichts anderes als die Vollendung der von Nietzsche verkündeten «Umwertung aller Werte». Wenn diese Umwertung zunächst rein negativ und zerstörerisch geschehe, so wäre es doch «ohne Beispiel in der Weltgeschichte, wenn eine Bewegung, die nicht im letzten Grunde von einer ethischen Idee getragen ist, solche Stoßkraft entwickeln und zu so gewaltigen Ausmaßen anwachsen könnte».[28]

Die dem Bolschewismus eigentlich zugrunde liegende «ethische Idee» fand Hoerschelmann im russischen Streben nach «Allheit», welches die stärkste Äußerung eines menschheitlichen «Urphänomens» sei: des «Gemeinschaftswillens». Daraus ergäben sich Parallelen zwischen der bolschewistischen Räteverfassung und einer christlich-korporativen Gesellschaftsverfassung. Denn die Räteidee laufe im Grunde auf den Aufbau einer neuen «Hierarchie von unten» hinaus. «Zur ‹Demokratie› steht dies alles freilich in unversöhnlichem Gegensatz, mit dem altkonservativen Ideal sind dagegen, wie wir sahen, seltsame Berührungspunkte vorhanden». Vieles entspreche «uraltem germanischem Empfinden». Nicht zufällig habe ja die aus konservativem Geiste geborene Sozialgesetzgebung in Deutschland, wo die «Klasse» immer noch «Stand» geblieben sei, den besonderen Hass der westlich-kapitalistischen Welt auf sich gezogen.

Nun, da es den Siegermächten gelungen sei, Deutschland als Bollwerk alten Gemeinsinns zu zerbrechen und der Kapitalismus scheinbar «letzte Triumphe» feiere – eben da entstehe zwischen dem geschlagenen Deutschland und dem niedergebrochenen Russland ein neuer genossenschaftlicher Gedanke, der sich der Herrschaft des ungezügelten Liberalismus entgegenstelle. «Und es ist vielleicht nicht ganz zufällig, und nicht *nur* parteitaktisch bedingt, dass heute die Radikalsten mit den Konservativsten sich auf der Bank der Opposition so oft zusammenfinden, dass bei den Wahlen die Anhänger des Spartakusbundes manchen Orts geschlossen für die Deutschnationale Partei stimmten ... Eine gewisse Verwandtschaft des Lebensgefühls ... ist vorhanden, trotz der anscheinend so unüberbrückbaren Kluft.» Und Hoerschelmann fügte als politische Nutzanwendung hinzu: «Es wäre nur zu wünschen, dass dies von beiden, namentlich von der rechten Seite, erkannt würde.»[29]

Der Autor, der sich in den folgenden Jahren als Übersetzer und Herausgeber der russischen Slawophilen von Kirejewski über Dostojewski bis Mereschkowski einen Namen machte, befand sich damit in einer breiten geistesgeschichtlichen Strömung, die in der «russischen Idee», gleich welcher Ausprägung, das Antidotum für die westlich-liberale Kontamination Deutschlands sahen. Sie wird uns in der Darstellung dieses Buches immer wieder begegnen.

Händler und Heroen

Skeptischer zeigte sich zunächst der Sozialhistoriker Werner Sombart, der Anfang 1919 in die «siebente, durchgesehene und vermehrte Auflage» seines grundlegenden Werkes «Sozialismus und soziale Bewegung» ein Kapitel über den Bolschewismus einfügte.[30] Sombart zufolge waren die Bolschewiki «die echten Kinder des kapitalistischen Zeitalters», da dieses doch «das Streben um des Strebens, den Kampf um des Kampfes, das Neue um des Neuen willen zu Werten erhoben hat». Dies aber sei der reine Geist der Negation, und die Bolschewisten seien dessen konsequenteste Vertreter: «Der Bolschewist sagt zu allem, was Menschengeist bis daher geboren hat, nein: er ist der Gegner schlechthin, der Anti-Mensch.» Die Bolschewiken seien nicht bloß antikapitalistisch, sondern auch antireligiös, antiaristokratisch, antiliberal, antiparlamentarisch, antinational, antipazifistisch, antimoralisch usw. «Was sie bejahen ... ist die absolute Negation; was sie lieben, ist die Idee der Zerstörung; wofür sie sich opfern, ist ‹die Revolution›, eben das Nicht-so-sein, der ewige ‹Fortschritt› zu neuen Formen ...»[31]

Auch die bolschewistische Revolution unterliege jedoch dem Grundgesetz jeder radikalen Umwälzung: «Mit ergreifender Deutlichkeit hat die revolutionäre Bewegung der Bolschewiki wieder einmal offenbart, was die Revolution vermag, aber auch wo die Grenzen ihrer Macht liegen. Niemals, das zeigen die Vorgänge in Russland auch dem Blindesten, wird die Revolution, sei sie so groß wie sie will und die russische Revolution hat an Ausdehnung und innerer Kraft die große französische Revolution sicher übertroffen, ... imstande sein, ein neues Wirtschaftssystem zu schaffen oder auch nur in seiner Ausbreitung wesentlich zu fördern. Wie das Handwerk, wie der Kapitalismus unabhängig von jeder politischen Revolution ihre Bahnen gewandelt sind, so wird es auch der Sozialismus als Wirtschaftssystem tun: er wird wie jene organisch wachsen, der Pflanze gleich, und keine äußere Macht wird vermögen, seine Wachstums- und Reifezeit auch nur um Monate abzukürzen.»[32]

Über die subjektiven Faktoren der Revolution urteilte Sombart allerdings viel wohlwollender. Denn jedenfalls habe der Bolschewismus «die Sache des Sozialismus ganz wesentlich gefördert ..., wie es der Leidenschaftlichkeit, der Maßlosigkeit und dem Überschwang der russischen Seele entspricht». Erst durch ihre «Propaganda der Tat» hätten die Bolschewiki den Sozialismus «zum Kernproblem der europäischen Kulturmenschheit» gemacht. Auch sei ihnen zu danken, dass nach ihren fehlgeschlagenen Wirtschaftsexperimenten «wir in vielen Fragen der Sozialisierungstechnik klarer sehen, als wir es auf Grund rein theoretischer Erwägungen je vermocht hätten». Ja, die Bolschewiki hätten die Ideenwelt des Sozialismus «geläutert», indem sie ihn «zum entschlossenen Antikapitalismus» umprägten und «die Sowjet-Verfassung ... als einen Damm in die anschwellende Flut des mechanistischen Demokratismus und Parlamentarismus, dieser Ausdrucksformen des amerikanisierten Bürgertums hineinbauten».[33]

Mehr noch: Durch den Bolschewismus sei «die drohende Trennung zwischen Sozialismus und Heroismus vermieden» und der Sozialismus davor bewahrt worden, «zu einem miserabilistischen Suppenküchen- und Volksheim-Idealismus» zu verflachen. «Vielleicht äußert sich hier, wie es manche wollen, die Eigenart der russischen Seele, die das Opfer um des Opfers willen ersehnt.» Sombart schien durchaus geneigt, dem beizustimmen. Mochte in der bolschewistischen Unbedingtheit auch «die Unvollständigkeit der heutigen sozialistischen Ideenwelt voll zutage» treten[34], so waren die Bolschewiki, in Sombarts Weltkriegsjargon, jedenfalls keine Händler, sondern Helden – wenn auch vorerst nur als Heroen einer Sozialordnung, die noch nicht herangereift war.

Intellektuelle und Bolschewismus

In welchem Grade das intellektuelle Leben im besiegten Deutschland positiv wie negativ vom Bolschewismus okkupiert war, belegt schließlich ein Dokument, das einige Repräsentativität beanspruchen kann. Unter dem Briefkopf des verblichenen «Bundes deutscher Gelehrter und Künstler» hatte Heinrich von Gleichen im Januar 1919 eine Umfrage bei einem repräsentativen Kreis deutscher Intellektueller über ihre Meinungen zum Bolschewismus angestellt. Unter dem Titel «Der Bolschewismus und die deutschen Intellektuellen» erschien Anfang 1920 eine kommentierte Zusammenstellung der Antworten, ergänzt um weitere Zitate aus Büchern und Artikeln der Befragten.[35]

Die Fragen im Rundschreiben von Gleichens waren betont neutral gehalten, was sich im Januar 1919 angesichts des «Spartakusaufstands» und seiner blutigen Niederschlagung nicht von selbst verstand.[36] Noch bemerkenswerter war die Zusammenstellung und Kommentierung der eingegangenen Antworten durch die Herausgeber selbst. Vorangestellt wurde dem Band – wie ein Leitmotiv – eine Äußerung Paquets, wonach «die Art, wie wir die russische Revolution verstehen, ein Prüfstein für uns selber ist». Denn «was wir jetzt erleben», sei «die Geburt der Idee einer neuen Menschheitsepoche».[37]

Natürlich ergaben die zitierten Meinungen in ihrer Gesamtheit eine Kakophonie von Stimmen. Dabei ging die Marge von Ablehnung und Zustimmung quer durch alle politischen Lager. Sozialdemokraten erhoben feierlichen Protest gegen die Bolschewiki als «Marodeure der Revolution» (Julius Kaliski)[38], die «den Gedanken von der Diktatur des Proletariats russisch und barbarisch» auslegten (Gustav Mayer)[39] und einen «Sozialismus asiaticus» (Eugen Großmann)[40] eingeführt hätten. Formulierungen wie diese konnten sich mit Stimmen aus dem völkischen oder großdeutschen Lager berühren, die einen epochalen Durchbruch der Gesetzlosigkeit und Pöbelherrschaft diagnostizierten (wie Paul Rohrbach)[41] oder den Bolschewismus als Herrschaft des Verbrechens und «geschworenen Feind der arischen Kultur» brandmarkten, wogegen «nur Maschinengewehre, Kartätschen und ähnliche Vernunftmittel» noch helfen könnten (so Hans Bucherer)[42].

Alles in allem machten diese letzteren Stimmen jedoch eine deutliche Minderheit der Zitierten aus; wie der Verweis auf die «Feinde der arischen Kultur» die einzige Andeutung einer antisemitischen Interpretation des Bolschewismus blieb, jedenfalls in der Auswahl der Zitate. Die Mehrzahl der Befragten zeigte sich ablehnend, was die Methoden, und skeptisch, was die Zukunftsaussichten des Bolschewismus anging. Vor allem wurde die Anwendbarkeit seiner Ideen auf

Deutschland bestritten. Aber der Versuch als solcher, am Ausgang des Weltkriegs und im Widerspruch zum beherrschenden Kapitalismus des Westens eine proletarisch-sozialistische Ordnung zu errichten, wurde in erstaunlichem Maße gewürdigt. Und wäre es nur wie der Kritiker Alfred Kerr, der feststellte: «Der Bolschewismus ist ein Irrtum. Doch dieser Irrtum war der einzige geniale Gedanke des versumpften Zeitalters.»[43]

Im übrigen sahen sich die «Choleriker der Gewalt», einer militärischen Konterrevolution also, seitens der Herausgeber ironisch mit den «Realpolitikern» und «Liberal-Optimisten» in eine Linie gestellt: Allesamt betrachteten diese den Bolschewismus «als Produkt eines Ausnahmezustandes», den die einen «durch die Peitsche von Gewaltmethoden», die anderen «durch die sanften Überredungen ihrer Tugendmusik» wieder ins Lot zu bringen hofften. Die einen wie die anderen übersähen aber, «dass diese Forderungen sich an das Herzinnerste der Menschheit richten».[44]

Denn: «Der Bolschewismus glaubt, die Befreiung von allem Mechanischen, Unlebendigen zu bringen; der Intellektuelle sucht dasselbe.»[45] Dieses Zitat stammte von Alfons Goldschmidt, dem Herausgeber der USPD-nahen «Rätezeitung».[46] Die Initiatoren der Umfrage rechneten Goldschmidt zu jener «vierten und letzten Gruppe», die sie selbst offenkundig favorisierten. Die Namen, die man dieser Position zuordnen könnte, bildeten allerdings eine höchst erstaunliche Mixtur. Goldschmidt fuhr fort: «Was ihn (den Intellektuellen) am Bolschewismus auch anzieht, ist, wie schon an anderer Stelle bemerkt, das Aristokratische, Führerhafte am Bolschewismus.»[47] Damit zitierte der linke Rätesozialist zustimmend den Jungkonservativen Adolf Grabowsky, der die «riesige Agitationskraft» des Bolschewismus vornehmlich in der Bloßstellung des «kleinbürgerlich-kapitalistischen» Wesens der alten Sozialdemokratie sah. Aber, so Grabowsky, indem der Bolschewismus «dieses aktivistische und aristokratische, dieses antidemokratische Element hineinbringt, ist er auch nicht optimistisch, sondern er ist eigentlich, möchte ich sagen, konservativ-pessimistisch. Der Konservative ... will die Massen geführt haben, weil er nicht glaubt, dass die Massen von sich heraus eben alles Gute und Schöne selbst produzieren. Genau so denkt auch der Bolschewismus.» Kurzum, der Bolschewismus erweise sich als «durchaus führerhaft, aktivistisch, aristokratisch».[48]

Als die beiden wichtigsten Kronzeugen, deren Stellungnahmen sich wie ein roter Faden durch das Buch ziehen, firmierten jedoch Alfons Paquet als Künder des «Geistes der russischen Revolution» und Eduard Stadtler, der als Führer einer kurzlebigen «Antibolschewistischen

Liga» doch scheinbar auf dem radikalen Gegenpol stand. Paquet appellierte an die «Geistigen» in Deutschland, die Revolution, anders als die Mehrzahl der russischen Intellektuellen, nicht im Stich zu lassen, sondern positiv zu gestalten: «Nur ein Deutschland, das solche Formen schafft, höhere soziale Formen, als sie Russland auszubilden vermochte, wird allen Eingriffen Trotz bieten. Ein solches Deutschland wird eine neue Bedeutung für die Welt gewinnen.»[49]

Stadtler wies den Bolschewismus als Ausdruck der «Anarchie des 19. Jahrhunderts» feierlich zurück.[50] Zugleich betonte er, dass sich in dieser historischen Bewegung ein tieferes Streben verberge, weshalb ihr nur «eine positiv gerichtete Kraft» werde entgegentreten können, «die fähig wäre, den Bolschewismus mit Idealen niederzuringen». Solche Ideale ließen sich aber weder allein aus dem entleerten nationalen Gedanken noch aus dem Sozialismus als bloßer Parteibewegung beziehen, und schon gar nicht aus der formalen Demokratie, «wie sie jetzt … in der Form des Enterteimperialismus siegt».[51] Sondern, so die verblüffende Konsequenz des Führers der deutschen Antibolschewisten: «Wir kommen am Bolschewismus nur vorbei mit einem deutschen Bolschewismus, oder nennen Sie es deutschen Sozialismus.»[52]

III. REVOLUTION UND NACHKRIEG

1. Mussolini manqué

Die Gedanken- und Lebenswege des – heute weitgehend vergessenen – katholischen Publizisten Eduard Stadtler stehen stellvertretend für jene Gruppen und Personen, die im Revolutionsjahr 1918/19 als Vorkämpfer eines aktivistischen deutschen «Antibolschewismus» auftraten. Ihre Ideen und Parolen standen zur Politik der Rechts-, der Links- wie der Mittel-Parteien der jungen Republik eher quer, und auch sonst konnten sie sich von keiner breiten Strömung der deutschen Politik getragen fühlen. Mit den Führern der Bolschewiki verband sie eine intime Mischung aus Furcht und Bewunderung. So repräsentierten sie vielleicht in reinster Form jene Mischung aus Anziehung und Abstoßung, die das bolschewistische Russland auf das politische und intellektuelle Deutschland damals ausübte – wie sich gerade am Fall des Eduard Stadtler als eines deutschen Mussolini *manqué* exemplarisch demonstrieren lässt.[1]

Der Kriegsausbruch 1914 hatte der aufstrebenden Karriere des jungen Dr. phil. als Sekretär des Windthorst-Bundes, der Jugendorganisation der katholischen Zentrumspartei, ein jähes Ende gesetzt. Die demütigenden Erfahrungen, die Stadtler als Elsässer nach seiner Einberufung machte (von der Westfront wurde er wegen Verdachts der Unzuverlässigkeit abgezogen und konnte nicht Offizier werden), stand er dank einer überschwänglich preußisch-deutschen Staatsgesinnung durch. Schon in seiner ersten, rasch verfassten Tornisterschrift mit dem Titel «Das deutsche Nationalbewusstsein und der Weltkrieg» hatte er sich an die Vorstellung geklammert, dass die Kriegsmobilisierung zum Gemeinschaftserlebnis der Deutschen und damit zur Geburt eines «in seinen Stämmen» geeinten Reiches führen werde. In diesem welthistorischen Ringen werde das «französische Dogma von der alleinseligmachenden Kraft der Demokratie ... als fremde staatliche Irrlehre aus dem deutschen Volksbewusstsein verschwinden».[2]

Vom russischen Zarenreich wusste Stadtler wenig und es beschäftigte ihn auch kaum, außer als Rivalen des Deutschen Reiches beim Kampf um einen «Platz an der Sonne» im Nahen Orient. Dorthin, an die türkische Front, hatte er zunächst gewollt – schon mit dem Gestus des «politischen Soldaten», der als «eifriger Leser der von Rohrbach und Jäckh herausgegebenen periodischen Schriften» die Weltpolitik verfolgt habe.³ Stattdessen kam er mit seinem elsässischen Landsturm nach langem, stumpfsinnigem Garnisonsdienst an die galizische Ostfront. Gleich beim ersten Fronteinsatz im Sommer 1916 wurde seine Kompanie umzingelt und wanderte in Kriegsgefangenschaft.

Als politischer Soldat

Stadtlers Bericht in seinen 1935 veröffentlichten Memoiren «Als politischer Soldat 1914–1918»⁴ über seine Erlebnisse in Russland war sicherlich dem Geist der neuen Zeit angepasst. Umso glaubwürdiger dürften seine Erinnerungen sein, wo sie sich von den nationalsozialistischen Rassendoktrinen deutlich abheben. Natürlich gehörte ein deutscher Kulturdünkel zur mentalen Grundausstattung. So wenn er berichtete, die Russen hätten trotz der Erfolge ihrer Offensive 1916 und obwohl es ihnen «damals noch recht gut» gegangen sei, einen Mangel an Siegeszuversicht gezeigt. «Ihr inneres Verhältnis zu uns Reichsdeutschen war ganz deutlich von Minderwertigkeitsgefühlen beherrscht.»⁵ In einem jungen Wachmann, der ihn auf dem Transport in die Gefangenschaft begleitete, glaubte er prompt «einen typischen Russen kennengelernt» zu haben, «von jener urwüchsig gesunden, unverdorbenen Art, wie sie bei Naturvölkern oft anzutreffen ist: primitive Liebe, primitiver Hass und Ehrfurcht vor jedem ‹höheren› Wesen».⁶

Immerhin gab es bei Stadtler einen Zug neugierigen Interesses. Er begann im Gefangenenlager, Russisch zu lernen, und las Tolstoi im Original. Und mit dem Ausbruch der Februarrevolution 1917, die ihm als ein «wahrer Frühlingssturm der Begeisterung» erschien, stürzte er sich in den Strom der Ereignisse. Zwar brachten ihn seine antifranzösischen Ressentiments bald wieder in skeptische Distanz: «‹Freiheit! Gleichheit! Brüderlichkeit!› leuchteten wie Sonnengötter in die Seelen der primitiven Russen hinein ... Umzüge, Konzerte, Festlichkeiten aller Art. Ich lächelte ... Und den großen Phraseologen Kerenski durchschaute ich als feminine Reflexerscheinung der russischen Revolutionsdynamik vom ersten Tage seiner Staatskunst ab.»⁷ Aber diese «russische Revolutionsdynamik» selbst begann ihn mehr und mehr in ihren Bann zu ziehen.

In seinem Kriegstagebuch findet Stadtler im August 1917 erstmals den Begriff der «Weltkriegsrevolution», der in seiner späteren antibolschewistischen Agitation eine zentrale Rolle spielen sollte. Der Begriff bezeichnete negativ die Entbindung der durch den Krieg gebündelten sozialen und nationalen Energien in Militärmeutereien und Streiks, die zur Auflösung aller staatlichen und gesellschaftlichen Ordnung führen konnten. Gleichzeitig begannen ihn jedoch auch die Möglichkeiten einer radikalen Neugestaltung zu interessieren, die er mit «der zweckmäßigen Organisierung der schaffenden Kräfte der Gesellschaft und des Staates unter einem einzigen Zweckgesetz organischen Wachstums» bezeichnete. Das aber sei nicht Demokratie, sondern Sozialismus, und zwar «militärischer Sozialismus, Sozialismus der deutschen Zukunft».[8]

Besondere Faszination übten auf ihn die «Sowjets» der Arbeiter- und Soldatendeputierten aus, sowie der Versuch, die «Generalstände» des Reiches jenseits der Parteien einzuberufen: «Die Moskauer Reichsversammlung vom 12./15. August 1917 regte mich so an, dass ich ihr 30 Seiten meines Tagebuches widmete. Das Packendste daran schien mir, dass die russische Revolutionsregierung damals den Versuch machte, ... in einer vollkommen neuen Form die organischen Kräfte eines ständisch gesehenen Russlands zur Mitarbeit heranzuziehen. Die Idee war gut. Die Ausführung mittelmäßig und verhängnisvoll.»[9] Wieder war es Kerenski, der die Sache verdarb: «Kerenski ist das Weib, die Revolution der Mann. Kerenski ist ganz passiv, zurückhaltend, scheu, verliebt. Die Revolution aber ist Aktivität, draufgängerisch, rücksichtslos, gebieterisch.»[10]

Die Bolschewiki, die als wahre Männer – «draufgängerisch, rücksichtslos, gebieterisch» – jetzt die Bühne betraten und Zug um Zug die Macht an sich rissen, waren da schon ein anderes Kaliber. Stadtler stand ihnen keineswegs feindselig gegenüber, schon weil ihre Machtergreifung die Aussicht auf einen Friedensschluss im Osten bedeutete. Was ihn allerdings beunruhigte, war, dass sie unter seinen Kameraden eine lebhafte Werbung zum Eintritt in die Rote Armee betrieben, mit dem erklärten Ziel der «Bildung einer internationalen Roten Armee» – und nicht ohne Resonanz: «Der bolschewistische Redner sprach perfekt Deutsch und fanatisierte die Menge mit seinen marxistisch-revolutionären Deutungen des Weltkrieges ... Es fehlte nicht an Beifall. Ich war entsetzt.»[11]

Botschaftsmitarbeiter in Moskau 1918

Als Stadtler nach dem Brester Frieden hörte, dass in Moskau wieder eine Deutsche Botschaft eröffnet worden war, schlug er sich Ende Mai 1918 auf eigene Faust dahin durch und bot sich als Kenner der russischen Verhältnisse an. Unter Kurt Riezler und Alfons Paquet arbeitete er über einige Wochen hinweg in der «Pressestelle» der Botschaft, die zugleich als nachrichtendienstliches Aufklärungsorgan fungierte. Das Attentat auf Graf Mirbach versetzte ihn wie alle Botschaftsangehörigen in eine grimmig-entschlossene Stimmung des Interventionismus. Unter dem Datum des 8. Juli 1918 schrieb er seiner Frau: «In mir hat ... das Attentat eine ähnliche Stimmung ausgelöst wie seinerzeit das Attentat von Sarejewo (sic): ein Gefühl der Erlösung aus einer jeden Tag drückender empfundenen Lage. Seit Anfang meiner hiesigen Arbeit habe ich nämlich den Standpunkt vertreten, dass der ‹Brest-Litowsker Friede› kein ‹Friede› sei ... Wir müssen nicht Randstaaten gegen ein moskowitisches Russland bilden, sondern ganz Russland reorganisieren und bis zum Ural hin wiederherstellen helfen.»[12]

Er erging sich in großräumigen Prospekten, die ähnlich wie bei Paquet mit dem *genius loci* des Moskau dieser Revolutionsjahre verbunden waren: «Aber eins ist wohl sicher, dass ich in dieser oder jener Weise mit Russland verwachsen werde. Als Politiker. Dafür hat Deutschland zu wenig Kräfte, die sich hier in diesem Chaos zurechtfinden, die russische Sprache kennen, die russische Politik erfassen ... Und im übrigen reizt mich die Aufgabe, Deutschland bei der Weltaufgabe der Reorganisierung Russlands zu helfen. Denn wer soll dieser Aufgabe gewachsen sein, wenn nicht Deutschland, das Land der Organisation! Jeder Russe sagt das offen heraus ... Der Russe ist kein Revancheheld! Um Gottes willen! ... Er fällt uns um den Hals, wenn wir ihm nur helfen.»[13]

In Absprache mit Paquet, zu dem er nach eigenem Bekunden «engere Beziehungen gewonnen hatte», kehrte er Mitte August nach Berlin zurück, um bei einer letzten Mobilmachung aller Kräfte für den Krieg und gegen den «Defaitismus» dabei zu sein. Seine ungestümen Vorstellungen bei den zuständigen Referenten des Auswärtigen Amtes erregten indes nur mildes Befremden. Ein Geheimrat, offenbar Nadolny, habe ihm unverblümt gesagt, «auf Grund meiner russischen Erlebnisse hätte ich offenbar einen Bolschewismusfimmel».[14] Diese Diagnose war nicht ganz falsch, wie Stadtler in seinen Erinnerungen freimütig einräumte: «Das bolschewistische Gespenst obsedierte mich.»[15]

Aktivismus contra Defaitismus

Ende September traf Stadtler bei Heinrich von Gleichen erstmals mit einem Kreis von Personen verschiedener politischer Orientierung zusammen, die «den Defaitismus bekämpfen» wollten. «Wir trugen uns auch schon mit dem Gedanken, eine neue aktivistische Volksbewegung zu entzünden, eine Bewegung nationaler und sozialer Prägung, um dem Auseinanderfallen der Nation in Bürgertum und Proletariat vorzubeugen.»[16]

Am 17. Oktober schien es so weit. Auf einer Vortragsreise durch Süddeutschland erhielt Stadtler ein Telegramm von Gleichens, der ihn dringend bat, nach Berlin zu kommen. Seiner Frau schrieb er: «Ich fahre auf einige Tage nach Berlin. Um zu revolutionieren! ... Ich fühle in mir den Beruf und die Kraft, dem ganzen deutschen Volke in dieser Stunde mit gebietender Geste den Weg zu weisen ... Die revolutionäre Gärung, in der wir leben, empfinde ich als treibende Kraft.»[17] In einem «mit Bleistift gekritzelten Brief auf der Nachtfahrt III. Klasse von Frankfurt a. M. nach Berlin», wieder an seine Frau (offenbar der einzigen Vertrauten seiner privaten Machtphantasien), sah Stadtler sich schon in seiner Traumrolle eines (gegen-)revolutionären Diktators: «Mir kommt es darauf an, aus dieser Sitzung eine politisch-revolutionäre Brandbewegung gegen Regierung und Reichstag zu entwickeln. Vielleicht ein ‹Nebenparlament›. Nenne es ‹Konvent›! Aufs Wort kommt es nicht an. Diese Bewegung soll sich von der französisch-revolutionären und der russisch-revolutionären dadurch unterscheiden, dass Konservative und Sozialisten, Liberale und Zentrumsleute darin als nationalbewusste Deutsche mitmachen. Und die Losung heißt: Nationale Verteidigung! Kampf gegen den Bolschewismus! Schaffung eines deutschen Volksrats! Radikale Reformen im Heer, im Ernährungswesen, in der Sozialpolitik! Deutscher Sozialismus!»[18]

Auf der angekündigten Sitzung fand sich allerdings «nur ein kleiner Kreis von 12 bis 13 Herren, die sich für meine Idee erwärmten». Zwar sollen Helfferich, formell noch immer deutscher Gesandter in Moskau, und der christliche Gewerkschaftsführer Adam Stegerwald ihre Sympathie erklärt haben, und Major Würtz vom Kriegspresseamt war ebenfalls für «die nationale Erhebung, die levée en masse». Aber das Hauptquartier, das diese nationale Erhebung hätte ausrufen sollen, schwieg, seit «Ludendorff, das eigentliche Willensfeuer», erloschen war.[19] So blieb nichts übrig, als es mit einer Sammlung der «Jungen» zu versuchen, eben jenem Dutzend Herren, die sich jetzt täglich bei von Gleichen einfanden und sich als «Vereinigung für nationale und soziale Solidarität», kurz «Solidarier» genannt, konstituierten.

Wie undeutlich dabei revolutionäre und anti-revolutionäre Impulse ineinander flossen, ist einem Tagebucheintrag Paquets zu entnehmen, der sich vor seiner Rückkehr nach Moskau am 23. Oktober in Berlin mit Stadtler traf. Paquet hatte seinerseits ja den Gedanken einer letzten politisch-militärischen *levée en masse* zu forcieren versucht, allerdings im Zeichen einer «anti-imperialistischen» Kampfgemeinschaft mit dem bolschewistischen Russland und fast schon nach seinem Vorbilde. Beide schienen darin freilich keinen entscheidenden Widerspruch zu sehen. Paquet notierte sich: «Morgens besucht mich Stadtler, der über seine Tätigkeit als Agitator, Pläne zur Gründung von Sowjets erzählt: im sozialistischen und Zentrumslager ... Ich sage ihm, dass ich das alles sehr schön finde, daran sei nur verdächtig, dass die Idee vom Zentrum angenommen sei.»[20] Noch bemerkenswerter ist eine Notiz vom 19. Oktober über eine Sitzung in der «Deutschen Gesellschaft von 1914», in der ein bunt gemischtes Publikum über die Thesen des Soziologen Franz Oppenheimer diskutierte, darunter «agents provocateurs ... wie Stadtler, der Bildung von Arbeiter- und Soldatenräten verlangt».[21] Die gereizte Bezeichnung galt offenkundig nicht der Forderung selbst, sondern der Inkonsequenz Stadtlers, der eine Revolution und Gegenrevolution zugleich verlangte.

Erster Auftritt als Antibolschewist

Am 1. November, als Streiks und Meutereien bereits um sich griffen und die ersten Arbeiter- und Soldatenräte aus dem Boden schossen, trat die «Vereinigung für nationale und soziale Solidarität» in Berlin erstmals an die Öffentlichkeit. Der Titel der Veranstaltung in der Philharmonie lautete: «Der Bolschewismus und seine Überwindung»[22]. Als Redner wurde angekündigt «Dr. Eduard Stadtler, nach zweijähriger russischer Kriegsgefangenschaft». Es war der Beginn seiner kurzen Karriere als professioneller Antibolschewist.

Der Ton der Rede verriet freilich viel von der sympathetischen Wirkung der russischen Revolution und gerade der Figur Lenins auf ihren Widersacher: «Der 7. November (1917) war ein großes Ereignis, nicht nur für Russland, sondern für die ganze Welt: Zum ersten Mal ... riss eine sozialdemokratische Partei als solche allein die Macht im Staate an sich ... Hauptaufgabe des Moments war der Friede. Endziel war nicht der Friede, sondern die Weltrevolution. Die methodisch-taktische Verbindung dieser beiden Ziele herzustellen, schien ein Ding der Unmöglichkeit, zum mindesten ein Werk höchster politischer Genialität. Und Lenin meisterte die unmenschliche Aufgabe.»

Natürlich war die neidvolle Preisung des Genies Lenins – die sich auch durch alle späteren Schriften und Reden Stadtlers zieht – als Warnung zu verstehen: «Lenin hat uns den Brest-Litowsker Frieden aufgedrungen, nicht wir ihm. Es war ein politisches Meisterwerk, als er im März 1917, da der Bolschewismus als Regierungsfaktor nur noch an einem Faden hing, diesen Frieden ‹mit verbundenen Augen› unterschrieb, nur zu dem Zwecke, die sozialistische Brandzentrale, den Revolutionsherd für die Zukunft, vor der Vernichtung zu schützen.»[23] Jetzt sei es für eine Löschaktion in Russland selbst zu spät. Lenin habe gesiegt. Und der Funke der Weltrevolution sei dabei, auf Deutschland und Mitteleuropa überzuspringen, ja, der Bolschewismus sei bei der Liquidierung des Weltkriegs bereits «der entscheidende Faktor geworden».[24] Und dabei komme Deutschland die Schlüsselrolle zu, denn: «Letzten Endes schwebt Lenin ein Bündnis des kommenden deutschen Bolschewismus mit dem russischen Bolschewismus vor, damit dann aus dem Bündnis ... der proletarische Revolutions- und Rachekrieg gegen die siegreichen imperialistischen Staaten aufsteige.»[25]

Das aber wäre, wie Stadtler gegen alle nationalbolschewistischen Versuchungen erklärte, für Deutschland der verhängnisvollste Weg. Man müsse stattdessen der Lage eine kühne konstruktive Wendung geben: «Es kann keine Rede mehr davon sein, in die leere Luft hinein kriegslüsterne Opposition zu treiben, oder das Rad der Weltgeschichte, das selbst zur Auflösung des Krieges treibt, noch umzudrehen. Sondern es gilt, angesichts des Geschehen, nämlich der Niederlage, und angesichts der natürlichen Folge, nämlich der politisch-sozialen Revolution, des seelischen Zusammenbruchs und der wirtschaftlichen Katastrophe ..., die weltgeschichtlichen Ideen, welche im bolschewistischen Experiment wirken, ohne die höchst relativen russischen Methoden im deutschnationalen Interesse aufzufangen, um zu retten, was zu retten ist.»[26]

Damit war die Grundidee seiner Politik eines deutschen Antibolschewismus formuliert. Ein korporativ abgewandeltes Rätewesen sollte eine tragende Säule der künftigen politischen und sozialen Verfassung des Deutschen Reiches werden. Auf dieser Grundlage könne man auch «die Überwindung des Kapitals geordnet und organisch vornehmen».[27] Das sei aber keine rein nationale Frage mehr: «Zwar siegt vorerst der Ententekapitalismus. Aber das ist ein Pyrrhussieg. Denn auch der Ententekapitalismus wird von der sozialen Weltrevolution, als die sich der Weltkrieg erweist, erschüttert und geschichtlich überwunden werden.»[28]

Indem Deutschland, so die Pointe, das Übergreifen der bolschewistischen Weltrevolution verhindere und den anarchischen Kommunismus russischer Prägung durch einen organischen Sozialismus überbiete, könne es sich aus der Asche des Krieges zu neuer historischer Geltung erheben. «Wir sind das am meisten zur Vergesellschaftung und zum organischen Solidarismus disponierte Volk ... Noch ist Deutschland nicht verloren. Es wird die soziale Weltrevolution in die nationale Hand nehmen und den deutschen Volksstaat, den Gesellschaftsstaat, den die Bolschewiki erträumt, aber nicht verwirklicht haben ..., verwirklichen.»[29] Und dann werde weder Lenin noch Wilson zum «Messias der neuen Weltordnung» werden, sondern das deutsche Volk.

Die Anfänge des «Generalsekretariats»

Der Ausbruch der Revolution, Tage nach diesem Auftritt, «kam wie ein Naturereignis. Wolkenbruchartig.»[30] Stadtler wurde davon im Elsaß überrascht, wo er versucht hatte, in letzter Stunde noch «eine Volksaktion in der Richtung der Neutralität» ins Leben zu rufen. Die «Franzosenstimmung», die er vorfand, erschien ihm «genau wie der ‹Bolschewismus› im Deutschen Reich nur eine Ausdrucksform pazifistisch-defaitistischer Massentriebe»[31], die durch die Losung der «Autonomie» vielleicht noch umgelenkt werden konnte. Vergeblich.

So eilte er nach Berlin zurück, mit dem festen Plan, wie er Helfferich darlegte, «dass ich selbst, und zwar sofort, eine antibolschewistische Bewegung entfesseln wolle».[32] Helfferich habe das begrüßt, jedoch erklärt, «sich selbst nicht sichtbar herausstellen» zu können, und habe ihn stattdessen an den Führer der Demokraten, Friedrich Naumann, weiterverwiesen. In dessen Wohnung fand dann die entscheidende Besprechung statt. Stadtler schlug vor, «zunächst unter dem tarnenden Titel ‹Generalsekretariat zum Studium und zur Bekämpfung des Bolschewismus› eine antibolschewistische Zentrale» zu gründen, und erklärte sich «bereit, diese Arbeitsstelle selbst praktisch ins Leben zu rufen und zu leiten».[33]

Mit Geldmitteln, die Naumann und Helfferich aus ihren Parteifonds und von der Deutschen Bank beschafften, wurde das Generalsekretariat Anfang Dezember 1918 eingerichtet. Weitere Unterstützung kam vom Vorsitzenden des Berliner Bürgerrats, dem Bankier Simon Marx, von einigen Industriellen und dem christlichen Gewerkschaftsführer Adam Stegerwald. Das «Generalsekretariat» sollte in drei Richtungen arbeiten:

– Eine «Propagandaabteilung» unter Siegfried Dörschlag, einem deutschbaltischen Journalisten, den Stadtler in der Gefangenschaft kennen gelernt hatte, begann mit der Herausgabe von Flugschriften sowie der Produktion von Flugblättern und Plakaten.

– Eine «Presseabteilung» unter Heinz Fenner, einem ehemaligen Redakteur der «Petersburger Zeitung», sammelte die internationalen Tagesnachrichten über die Bolschewiki und deutschen Spartakisten und begann mit der Herausgabe einer «Antibolschewistischen Correspondenz (A. B. C.)», die unentgeltlich die deutsche Presse mit Nachrichten versorgen sollte.

– Eine «Wissenschaftliche Abteilung» unter Cäsar von Schilling, auch er ein Journalist deutschbaltischer Herkunft, sollte für das aufzubauende Archiv alles zugängliche Grundlagenmaterial über

den russischen Bolschewismus sammeln und mit der Herausgabe einer Broschürenreihe «Revolutionäre Streitfragen» beginnen, in der die offensive Auseinandersetzung mit Theorie und Praxis des Bolschewismus aufgenommen wurde.
Tatsächlich konnte die in rascher Folge veröffentlichte Literatur des «Generalsekretariats» aus einem beträchtlichen Fundus an Kenntnissen und Erfahrungen schöpfen und enthielt sich großteils jeder chauvinistischen Propaganda. So erschien als zweites Heft der «Revolutionären Streitfragen» die Broschüre «Massenelend. Russische Erfahrungen und deutsche Besorgnisse» von Paul Schiemann, einem Juristen aus Riga, der als Offizier der russischen Armee unter den Bolschewiki weitergedient hatte, bevor er emigriert war. Sein Bericht war im Geist eines demokratischen Sozialismus russischer Prägung abgefasst und erfüllt von einer tiefen Bindung an das Land, dem er im Frieden wie im Krieg gedient hatte.[34]

Stadtler als Gegen-Revolutionsführer

Stadtler selbst sah sich als direkter Gegenspieler der führenden Köpfe des Spartakismus und Bolschewismus in Deutschland, die er als «echte Führernaturen» anerkannte – Karl Liebknecht, der «als berühmter Sohn eines großen Vaters» wirkte; aber stärker noch die betriebsame und energische Rosa Luxemburg: «Sie war Tag und Nacht unterwegs, oft auch im Flugzeug, ein wahrer Dämon, und ihre Popularität wuchs von Tag zu Tag.»[35]
Als Weihnachten 1918 die Volksmarine-Division in Berlin meuterte und die bewaffneten Zusammenstöße sich häuften, sah Stadtler schließlich jemanden am Werk, den er bestens zu kennen glaubte: «Radek war mit einer russischen Delegation in Berlin eingetroffen, um die deutsche Revolution vom sogenannten ‹Kerenski-Stadium› des Mehrheitssozialismus in das sogenannte ‹Lenin-Stadium› des Kommunismus überzuführen. Ich kannte Radek von Moskau her. Ein genialischer Kerl. Sicher einer der größten Revolutionäre aller Zeiten ... Beherrschte ein Dutzend lebender Sprachen. Ungewöhnlich begabter Journalist. Großer Rednerdemagoge. Zugleich Aktivist-Draufgänger. Ein Dämon im Schafspelz literarischer Kultiviertheit.»[36]
Aber ein begabter Journalist, großer Redner-Demagoge, Aktivist-Draufgänger und Revolutionär – das wollte er, Stadtler, eben auch sein. «Ich fühlte in allen Fasern meines Wesens, dass ich der eigentliche Gegenpartner des revolutionären russischen Schachspielers Radek sein müsste ..., (der) sich erdreistete, in der deutschen Hauptstadt die Führung der deutschen Revolution zu übernehmen ... Ich beschloss,

sofort in Berlin eine große öffentliche Volksversammlung anzusetzen. Als Antwort auf die Radek-Provokation ein Stadtler-Vortrag!»[37] Für den 7. Januar, mitten im Spartakus-Aufstand, wurde an allen Litfasssäulen in Groß-Berlin eine Veranstaltung im Rheingold angekündigt, auf der er zum Thema «Der kommende Krieg! Bolschewistische Weltrevolutionspläne!» sprechen wollte. Stadtler behauptet, er habe Liebknecht per Einschreiben zur Diskussion herausgefordert. In der Nähe wurde geschossen. Und das Publikum im überfüllten Saal war selbst ein Aufgebot des schwelenden Bürgerkriegs: «Einwohnerwehr, Rotgardisten, Saalschutzleute – fast alles in Feldgrau, die meisten auch bewaffnet».[38]

In seiner Rede setzte Stadtler sich abermals mit der «genialen Außenpolitik» Lenins auseinander, dessen Pläne «in Bezug auf Krieg und Frieden viel weitsichtiger, viel hochfahrender und kühner sind ..., als das deutsche Volk im allgemeinen, vor allem auch als die Entente drüben im Westen es annimmt». Und als den jüngsten und genialsten Schachzug zitierte Stadtler jenen Satz Radeks, den dieser auf der Gründungskonferenz der KPD (Spartakusbund) wenige Tage zuvor gesagt hatte und der seither in aller Munde war: «Wenn Radek als sein Ziel hier proklamiert ..., die deutschen Truppen vorwärts zu führen mit den bolschewistisch-russischen, um einen neuen Krieg am Rhein zu beginnen, damit in Berlin der bolschewistische Weltfriede geschlossen werden könne, dann ist das eine zwar, vom russischen Standpunkt aus gesehen, geniale Politik; aber für uns Deutsche ist es heller Wahnsinn.»[39]

Deutschland werde bei einer solchen Entwicklung in mehrere Teile zerfallen, die untereinander in einen mörderischen Bürgerkrieg geraten würden. «Wir Deutschen aber wollen diese Entwicklung nicht. Wir ... wollen Gesundung der inneren Verhältnisse, wir wollen auch eine Neuerstarkung des deutschen Volkes. Nicht aber wollen wir die sklavischen Träger der russischen Weltpolitik und die Opfer des Weltbolschewismus sein.»[40] «Anhaltendes lebhaftes Bravo und Händeklatschen» verzeichnet das Stenogramm der als Broschüre verbreiteten Rede – ein Applaus, der noch einmal anschwoll, als Stadtler in schroff gegenläufiger Wendung fortfuhr: «Wir wollen auch keine Sklaven der Entente sein.» Auch die Ententemächte wollten die Deutschen missbrauchen, nämlich «als die bezahlten Prätorianertruppen für ihre großimperialistische Politik», diesmal gegen Russland. Dafür werde man sich auf keinen Fall hergeben.[41]

Der Ausweg konnte, Stadtler zufolge, nur in einer «kühnen Auslandspolitik» Deutschlands liegen. Eine «starke Führung» müsse Lenin erklären: «Wir sind nicht deine Trabanten, und unsere deutsche

Revolution ist etwas ganz anderes, als was du daraus machen möchtest.» Der Entente aber, die Deutschland einen «Vernichtungsfrieden» auferlegen wolle, müsse sie sagen: «Du magst den Mund noch so voll nehmen; der Weg, den du betrittst, das ist der Weg der Bolschewisierung Deutschlands, und die Bolschewisierung Deutschlands bedeutet für dich das Unterliegen, weil du gegen einen Block des deutschen und des russischen Bolschewismus ... unbedingt unterliegen musst, weil du deine Völker nicht dazu bringst, gegen diesen Dreihundertmillionenblock deine kriegsmüden Truppen noch einmal vorzuschicken.»[42]

So stand das eben noch rhetorisch verbannte Gespenst eines deutsch-russischen Revolutionsbündnisses unversehens als Drohung gegen die Entente wieder im Raum. Entscheidend sei aber, so Stadtler, dass Deutschland seiner Revolution eine positive Wendung gebe: «Wir müssen all das, was Deutschland in der Vergangenheit groß gemacht hat – und davon steckt auch viel im alten konservativen Preußen –, verbinden mit dem, was das Lebendigste ist an der russischen und an der deutschen Revolution: das ist der sozialistische Gedanke, damit ... die deutsche Revolution etwas Eigenartiges und Selbständiges nach dem Osten und nach dem Westen hin darstelle.»[43]

Schildererhebung zum Liga-Führer

Das Gebot der Stunde schien allerdings die militärische Niederschlagung des Spartakus-Aufstandes: «Am 9. Januar, vormittags 10 Uhr, fand im Auditorium Maximum der Berliner Universität eine antibolschewistische Kundgebung der Studentenschaft statt. Überfüllter Saal. Über 1000 Studenten. Viele ... in feldgrauer Soldatenuniform. Ich hielt eine fulminante Rede gegen Spartakus und rief die Studenten zu den Waffen auf. Alles meldete sich zu den Freikorps.»[44]

Gleich im Anschluss eilte Stadtler zum eben ernannten Oberkommandierenden, dem Sozialdemokraten Gustav Noske, um ihn zu beschwören, den Aufstand mit auswärtigen Truppen im Keim zu ersticken. Dabei dürfe er aber nicht stehen bleiben: «Die ‹Säuberung› Berlins von Spartakus sollte als erste entscheidende Tat in den Mittelpunkt einer großzügigen deutschsozialistischen Reformpolitik gerückt werden ... Er (Noske) müsse ... sofort nach der Eroberung Berlins feierlichst von seiner eigenen Partei sich lossagen und die nationale und soziale Solidarität des deutschen Volkes in einer unabhängigen diktatorischen Staatsführung realisieren. Gegen seine eigene Partei und gegen das ganze Parteiwesen!»[45] Noske, so Stadtler in seinen Memoiren, habe seinen Ausführungen ruhig zugehört und gesagt:

«Das ist eine große Aufgabe, die Sie mir zuweisen, ich werde sehen.» Tatsächlich wurde Noske in diesen Tagen von verschiedenen Seiten – vergeblich – aufgefordert, sich zum Diktator aufzuwerfen. Immerhin: «Am Tag darauf, am 10. Januar, bekamen die Truppen in Dahlem von Noske den Befehl zum Einmarsch.»[46]

Stadtler fühlte sich weit empor getragen. Denn an diesem 10. Januar war er als Vortragender bei einer von Helfferich und Direktor Mankiewicz von der Deutschen Bank zusammengetrommelten Sitzung der Spitzen von Industrie, Banken und Handel geladen, auf der er noch einmal über den «Bolschewismus als Weltgefahr» sprach. Erschienen waren etwa fünfzig Herren, darunter so ziemlich alles, was in der deutschen Wirtschaft Rang und Namen hatte: Hugo Stinnes, Ernst Borsig, Albert Vögeler, Felix Deutsch, Carl Friedrich von Siemens u. a. m. Stadtler malte ihnen das Gespenst des Bolschewismus in drastischen Umrissen an die Wand, während er seine Ideen eines korporativen Sozialismus in die vom Krieg her geläufige, kommensurablere Form einer «Arbeitsgemeinschaft» zwischen Industrie und Arbeiterschaft verpackte.

Seine Forderung «sofortigen und großzügigsten Handelns» wurde verstanden. Aus der Ecke hinter ihm habe sich ein kleiner Mann erhoben: «Auf der kurzen, gedrängten Gestalt saß ein energischer, mächtiger Kopf, darinnen wundervolle, ja seltsam dunkle Augen glänzten ... Es war Hugo Stinnes. In die geheimnisvolle Stille des Saales hinein sagte er mit einem Minimum an rednerischem Aufwand, aber mit einer sehr klaren und bestimmten Stimme: ‹Ich bin der Meinung, dass nach diesem Vortrag jede Diskussion überflüssig ist ... Wenn deutsche Industrie-, Handels- und Bankwelt nicht willens und in der Lage sind, gegen die hier aufgezeigte Gefahr eine Versicherungsprämie von 500 Millionen Mark aufzubringen, dann sind sie nicht wert, deutsche Wirtschaft genannt zu werden. Ich beantrage Schluss der Sitzung und bitte die Herren Mankiewicz, Borsig, Siemens, Deutsch usw. usw. (er nannte etwa acht Namen), sich mit mir in ein Nebenzimmer zu begeben, damit wir sofort über den Modus der Umlage klarwerden können.›»[47]

Stadtler fasste dies, nicht zu Unrecht, als eine Schilderhebung auf. Die Gelder waren zwar keineswegs zu seiner alleinigen Verfügung, sondern flossen auch anderen Organisationen zu, wie der konkurrierenden «Vereinigung zur Bekämpfung des Bolschewismus», den «Bürgerräten» mit ihren «Einwohnerschutzwehren» sowie den Werbebüros für die Freikorps. Doch als Leiter des «Generalsekretariats», das im Untertitel nun als «Büro Dr. Stadtler» firmierte, war er in einer unbestrittenen Schlüsselposition. Gleich im Anschluss an die Sitzung,

Antiparlamentarisches Wahlplakat der KPD-Spartakus zur Reichstagswahl im Juni 1920. Die Figur im Vordergrund ist offenkundig eine Karikatur des Schwerindustriellen Hugo Stinnes.

vor dem Hintergrund der eskalierenden Kämpfe in Berlin und anderen Städten, publizierte er denn auch einen Aufruf zur Bildung einer «Antibolschewistischen Liga»: «Wir rufen deshalb auf zur Gründung einer Liga, welche alle bestehenden Parteiorganisationen, ständischen Gruppen und auch allen bereits entstandenen antibolschewistischen Vereinigungen ihre volle Selbständigkeit lässt, sie aber insgesamt so zusammenfasst, dass eine ersprießliche Zusammenarbeit erzielt wird.»[48]

Seiner Frau vertraute er in einem Brief vom selben Abend in aller heroischen Bescheidenheit an: «Ich möchte selbst die Regierung ergreifen, um zu retten, was zu retten ist.»[49] Denn natürlich sah er voraus, dass «Noske in dem von mir geforderten Sinne als Künstler-Staatsmann versagte». Das erschien ihm umso gefährlicher, als «auf der spartakistischen Gegenseite Persönlichkeiten von großem politischem Format agierten, Kraft- und Künstlernaturen, vor allem Rosa Luxemburg und Karl Radek». Und Stadtler vergaß in seinen Erinnerungen von 1935 nicht, sich eines (angeblichen oder tatsächlichen) Gesprächs mit dem Major Pabst im Hotel Eden zu rühmen, in dessen Verlauf er dem Freikorpsführer gesagt haben will: «Wenn auf unserer

Seite vorerst keine Führer zu sehen seien, dann dürfte wenigstens die Gegenseite auch keine haben.» Radek sei eine eminente Gefahr, Liebknecht weniger, «aber Rosa Luxemburg sei im höchsten Maße gefährlich, sie sei ein wirklicher Mann». Pabsts Augen hätten geleuchtet, und er habe ihm mit einem Händedruck versichert, dass er sich auf ihn verlassen könne. Tage später seien «Rosa Luxemburg und Karl Liebknecht als politische Gefahrenzentren beseitigt» gewesen.[50]

Bolschewismus als Drohkulisse

Die «Führerfrage» war damit jedoch keineswegs gelöst, weder auf der einen noch der anderen Seite. Sie stand daher im Zentrum des nächsten Stadtler-Auftritts am 23. Januar 1919 unter dem Titel «Ist Spartacus besiegt?» Nach einigen Krokodilstränen darüber, dass die Niederwerfung des Aufstands «durch die Ermordung Liebknechts und Luxemburgs befleckt» worden sei, die Opfer einer «Selbstjustiz ... nach bestialischer Volksart» geworden seien, wandte Stadtler sich vehement gegen eine allzu «optimistische Stimmung», die sich der bürgerlichen Öffentlichkeit bemächtigt habe. Während die Nationalversammlung durch ihr feiges Ausweichen nach Weimar «Berlin der Rätediktatur ausgeliefert» habe und die Regierung der Volksbeauftragten nicht den Mut aufbringe, «der chaotischen Bewegung und der revolutionären Anarchie mit diktatorischen Methoden Herr zu werden», sei der Kopf der spartakistischen Umtriebe aktiver denn je: «Es scheint, als ob Radek augenblicklich außerhalb Berlins besonders stark tätig ist, und wenn er nach Berlin kommt, so ist es für einen Tag, für zwei Tage. In der Hauptsache rast er im Lande umher, zettelt hier in Braunschweig, dort in Halle, heute in Hamburg, morgen in Essen, übermorgen in Hamborn, einmal im Westen, das andere Mal im Osten, heute in Düsseldorf, morgen im oberschlesischen Gebiet, politische Bewegungen und Putsche an, die den Boden für einen neuen gesamtdeutschen spartakistisch-bolschewistischen Aufstand vorbereiten sollen.»[51]

Bemerkenswert ist immerhin, dass Stadtler in diesem phantastischneiderfüllten Portrait seines eingebildeten Gegenspielers wie in allen anderen Äußerungen darauf verzichtete, sich antisemitischer Argumente zu bedienen. Selbst in seinen Erinnerungen von 1935 finden sich keine nennenswerten Andeutungen dieser Art. Das war keine Frage persönlicher Neigungen oder Aversionen, so wenig wie bloßer taktischer Rücksichtnahme (etwa auf einige der jüdischen Finanziers der Liga). Es hatte vielmehr damit zu tun, dass in seiner Sicht das antisemitische Argument gegen den Bolschewismus tatsächlich in die Irre ging. So hoch Stadtler die Fragen des «Führertums» ansetzte, so klar war ihm, dass das zu bekämpfende Phänomen «viel breiter» sei. Die Psyche der Massen selbst sei «haltlos, entwurzelt», und ein ungezügeltes Racheempfinden «gegen Schuldige und vermeintlich Schuldige am Kriege» habe sich aufgestaut. Hinzu komme das drohende Diktat der Entente, das die Menschen zur Abkehr vom Westen und Hinwendung zum Osten treibe: «Das deutsche Proletariat ... hat einen instinktiven Hang und Drang zu einer Versöhnung, zu einem Zusammengehen, zu einer Verbrüderung mit dem Proletarierstaat des Ostens ... Aber auch die deutschen Intellektuellen haben in gewissem Sinne einen Hang, der bolschewistischen Revolutionsideologie zu unterliegen.»[52]

Eben deshalb wandte er sich mit staatsmännischer Geste an die Führer der Entente, um ihnen vorzuhalten, ihre Politik sei «eine ebenso egoistische und kurzsichtige, wie unsere Politik beim Brest-Litowsker Friedensvertrag es war».[53] Offenbar glaubten sie, Deutschland durch Infektion mit dem bolschewistischen Bazillus ein für allemal schwächen zu können, so wie die deutsche Reichsleitung einmal irrtümlich gemeint habe, mittels des Bolschewismus das Russische Reich ausschalten zu können. Diese Politik werde aber zu einem Resultat führen, von dem die Führer der Entente noch keine Ahnung hätten – einem deutschen Nationalbolschewismus, gegen den jeder frühere *furor teutonicus* ein Kinderspiel gewesen sei: «Nicht nur das deutsche Bürgertum, nein, die ganze Welt wird staunen, welches Maß an Energie das deutsche Proletariat, wenn es die Macht ergreift, auf diese bolschewistisch-revolutionäre Auslandspolitik verlegen wird.»[54]

Schriller noch als in den Reden Stadtlers nahmen diese Warnungen in den Leitkommentaren der «Antibolschewistischen Correspondenz» (ABC)[55] das Gepräge einer offenen Drohung an. Frankreich fürchte zu Recht, hieß es etwa, «dass aus den Trümmern des 9. November ein neues Deutsches Reich ersteht und ... dass der deutsche Bolschewismus der Kitt sein könnte», der es zusammenschweiße. Fast klang das schon wie eine Feststellung: «Ein zweites Moskau bereitet sich vor, und man kann es dem ehrgeizigen Lenin nachempfinden, dass er den nationalen Triumph des Bolschewismus in Deutschland, den Rückmarsch der Entente erleben möchte ... Denn der Bolschewismus ist im Grunde genommen nichts anderes, als die nationale Revancheidee in ihrer gewaltsamsten und zugleich furchtbarsten Form.»[56]

Zwar wurde die Reichsregierung zum «rücksichtslosesten Kampfe» gegen die Spartakisten aufgerufen, und als Radek Mitte Februar verhaftet wurde, forderte die A. B. C. von den Behörden «Ganze Arbeit».[57] Aber nur Tage später folgten im Editorial «Hie Spartakist – hie Antibolschewist!» wieder mehr oder weniger direkte Avancen an den

Todfeind: «Im Grunde wollen wir doch dasselbe wie die Spartakisten: die Hungerblockade durchbrechen, nur wollen wir als Deutsche das allein besorgen, ohne die Bolschewiki in Russland ... Ich bin überzeugt, die Spartakisten und die Antibolschewisten ... werden bald recht gute Freunde sein.»[58] Die ABC vom 24. Februar verurteilte deshalb auch die Ermordung des Ministerpräsidenten der bayerischen Räterepublik Kurt Eisner als einen «Brudermord», um in den Appell zu münden: «Die Sklavenhalter der Welt, die anglo-amerikanischen Börsenkapitäne, sie freuen sich, wenn die Sozialdemokraten aller Richtungen den Mordstahl gegeneinander zücken ... Laßt uns Freunde sein! Deutsche unter Deutschen!»[59]

Von der «Bekämpfung» zum «Studium»

Es war demnach kein Zufall, dass die «Antibolschewistische Liga» sich bereits im Februar 1919 in «Liga zum Schutz der deutschen Kultur» umbenannte, was in der Öffentlichkeit allerdings erst mit Verzögerung wahrgenommen wurde. Der neue Aufruf wurde von prominenten Sozialliberalen wie Ernst Troeltsch und Friedrich Naumann unterzeichnet. Sinn der Umbenennung war es, Stadtler zufolge, klarzustellen, «dass unser ‹Antibolschewismus› unter keinen Umständen nur negativ sei oder gar eine Spitze gegen die Arbeiterschaft enthalte».*[60] In einem Brief an den Generalsekretär der Zentrumspartei Maximilian Pfeifer vom 11. März 1919 betonte Stadtler, dass die Namensänderung auch eine Distanzierung von der konkurrierenden «Vereinigung zur Bekämpfung des Bolschewismus» bezwecke, «die die auffallenden Hetzplakate auf der Straße herausbringt», mit denen Kopfprämien auf Radek und andere Spartakus-Führer ausgesetzt wurden. Mit dieser Vereinigung «hat unsere Liga keine Verbindung und ist auch nicht in der Lage, diese Propaganda zu verhindern, obwohl wir sie verurteilen».[61]

---

* Troeltsch kann nur mit einiger Skepsis unterschrieben haben. In seinem «Spectator-Brief» vom 20. Februar 1919 unter dem Titel «Links und Rechts» findet sich eine ironische Betrachtung über die radikalen Stimmungen in Teilen der Intelligenz: «Durch den Kommunismus ... hindurch zum Übermenschentum *aller* Menschen, zur Vernichtung der bürgerlichen Moral: das ist die Losung.» In diesem Zusammenhang steht Troeltschs luzide Bemerkung: «Und auch die Kämpfer gegen den Bolschewismus, an ihrer Spitze ein jetzt viel genannter Dr. Stadtler, Elsässer, Katholik ..., erklären den Bolschewismus für eine Geistesmacht ersten Ranges, die neun Zehntel unseres Volkes beherrsche und der nur eine ganz neue Lehre, ein ganz antibürgerlicher ‹Aktivismus› erfolgreich begegnen könne!» (*Ernst Troeltsch, Spectatorbriefe, Frankfurt/M. 1994, S. 24*)

Noch bezeichnender war die Umbenennung des «Generalsekretariats» selbst. Schon Mitte März 1919 war von der «Bekämpfung des Bolschewismus» keine Rede mehr. Stattdessen hieß es jetzt: «Generalsekretariat zum Studium des Bolschewismus». Die «Antibolschewistische Correspondenz» erschien nur noch unter dem apokryphen Kürzel «ABC», ohne weiteren Hinweis, was das bedeutete. Diese Umbenennungen und Reorganisationen dürften auch mit den wachsenden Differenzen zwischen Stadtler und den Geldgebern des «Antibolschewistenfonds» zusammengehangen haben. Seiner Frau schrieb er am 11. März: «Bin mit den Finanziers der Bewegung unzufrieden. Und sie mit mir. Mein wenn auch konservativer und nationaler Sozialismus erscheint ihnen gefährlich.» Und in einem weiteren Brief zwei Tage später: «Meine Bewegung halten sie nur, weil es ein Eisen im Feuer ist. Das andere Eisen, das sie lieber handhaben, ist die Gewaltpolitik ... Meine Verständigungsstrategie gefällt den Herren nicht.»[62]

Tatsächlich entzündeten sich die Differenzen daran, dass Stadtler in seinen Reden immer heftiger gegen die Kapitalisten wetterte, «denen ihr durch Geldentwertung, Schiebung und Börsenspekulation angeschwollener Geldsack höher steht als die deutsche Wirtschaft»[63], während er vor Arbeitern der Borsig-Werke erklärt hatte, «dass die ‹Arbeiterratsidee› etwas Gesundes in sich berge» und «der liberalistische Herr-im-Haus-Standpunkt des 19. Jahrhunderts endgültig erledigt sei».[64] Stadtler ging so weit, den Bolschewismus im Verhältnis zur bürgerlichen Demokratie als eine überlegene und zukunftsträchtigere Form des Staats- und Gesellschaftsdenkens zu verteidigen – so in seiner Broschüre «Die Revolution und das alte Parteiwesen» vom März 1919: «Echt ist zweifellos die im Bolschewismus zum Ausdruck kommende Erkenntnis, dass in diesem Weltkriege und in der Weltrevolution die Demokratie des 19. Jahrhunderts in ihrer alten Form zusammenbricht. Echt ist dann auch die Tendenz, an Stelle der Formaldemokratie des 19. Jahrhunderts ein Neues zu setzen, nämlich die politische Macht der gegliederten Gesellschaft.»[65]

Bei einer Besprechung mit führenden Industriellen empfing ihn Geheimrat Deutsch mit den Worten: «Wir haben gehört, dass Sie als Führer der Antibolschewistischen Liga den Rätegedanken propagieren, statt ihn zu bekämpfen.» In seinen Memoiren brüstete sich Stadtler, er habe daraufhin «eine drohende Haltung» eingenommen und den Herren klargemacht, wen sie eigentlich vor sich hatten. Stinnes habe begütigend eingegriffen und ihn gebeten, seine Vorstellungen über «die Eingliederung der Arbeiterräte in eine gesunde Wirtschaftsordnung» noch einmal zu erläutern, um am Ende zu erklären, er habe ihn überzeugt.[66] Die Mehrzahl der Geldgeber schien allerdings anderer Ansicht. Man eröffnete Stadtler, dass «der überparteiliche Charakter der Organisation» gewahrt bleiben müsse und die Liga nicht «als Trägerin einer Sonderpolitik auftreten» könne. Stadtler erklärte, dass er es seinerseits ablehne, «an der Spitze der Liga zu bleiben, wenn sie nach den Weisungen der Geldgeber auf reine ‹Antipropaganda› beschränkt bleiben solle» – und er daher zurücktrete.[67]

Die Antibolschewisten im Abseits

Insgesamt wurden die innen- und außenpolitischen Standpunkte in der Literatur des «Generalsekretariats» und der «Kulturliga» immer disparater. Ihre ausgedehnte publizistische Tätigkeit stand im übrigen in umgekehrtem Verhältnis zur politischen Wirkung. Ein Liga-Kongress Mitte Mai 1919 in Berlin, der «die Leiter der im Reiche verstreuten Ortsgruppen» und andere Persönlichkeiten zusammenbringen sollte, zeigte alles andere als das Bild einer dynamischen Massenbewegung. Stadtler forderte noch einmal «den Zusammenschluss aller Kräfte von rechts bis links zum Gemeinschaftsleben».[68]

Er selbst hatte sein Hauptwirkungsfeld bereits verlegt. Im April und Mai 1919 war er fieberhaft bemüht, im Widerspruch zur Weimarer Verfassung eine «Vereinigung für parteifreie Politik» aus dem Boden zu stampfen. Als programmatische Basis sollte ein von ihm entwickeltes «Aktionsprogramm zur Überwindung der Anarchie in Deutschland» dienen, das er unter den erstaunlichen Obertitel «Die Diktatur der sozialen Revolution» gestellt hatte. Verfasst unter dem Eindruck des Berliner Generalstreiks und der Radikalisierung und Zerschlagung der Münchner Räterepublik, war der Text nicht zuletzt ein Dokument galoppierenden Größenwahns, das sich Stadtler mit dem Gestus eines deutschen Anti-Lenin selbst auf den Leib geschrieben hatte: «Im Folgenden mache ich einen Versuch, dem deutschen Volke in letzter Stunde den Weg der Rettung zu zeigen ... Noch ist Deutschland nicht verloren ... Millionen deutscher Männer und Frauen von der kommunistischen Partei bis zur deutschnationalen Volkspartei harren des erlösenden Programms, der befreienden Worte und der großen Taten.»

In diesem – nur an einen Kreis «einflussreicher Persönlichkeiten» verschickten – Aktionsprogramm forderte Stadtler «die Diktatur eines parteifreien, starken Mannes, welcher mit einem Ministerium von starken, parteifreien Politikern den Zusammenschluss der Parteien in der Nationalversammlung erzwingen würde, und auf Grund des politischen Machtwillens der in Ständen, Erwerbsgruppen und Kulturorganisationen gegliederten Volksgemeinschaft im Namen der Ideen der sozialen Weltrevolution ... mit einem großzügigen, parteifreien sozialistischen Reformprogramm die Anarchie ... rücksichtslos niederhielte.»[69] Als erster Akt sollte eine «sozialorganisatorische Verfassung» oktroyiert werden, auf Grund derer ein «ständisches Räteparlament» neben das «alte Parteiparlament» gestellt würde. Gleichzeitig müsse der Rätegedanke in der Wirtschaft verankert werden. Boden und Bodenschätze sollten in den Besitz der Allgemeinheit, des Staates also, überführt werden. Nötigenfalls müssten auch Zinseinkünfte sowie Schlösser, Villen und leerstehende Wohnungen beschlagnahmt werden.[70]

Außenpolitisch solle Deutschland sich das Ziel setzen, «vom Völkerbund der Entente zur Revolution des Ostens eine lebendige Brücke zu schlagen» und für die Errichtung eines echten Völkerbundes zu kämpfen. Das schließe die «Befreiung Russlands von der bolschewistisch-terroristischen Anarchie», die «Rettung Deutschlands» vor dieser Gefahr sowie den «Schutz und die Rettung der Entente und der neutralen Staaten vor den revolutionär-anarchischen ... Zersetzungsfolgen des Weltkrieges» ein. Die Entente und vor allem Amerika müssten veranlasst werden, ein groß angelegtes Programm der Lieferung von Lebensmitteln und Rohstoffen aufzulegen. Dies könne der Beginn einer «real-sozialen» Weltwirtschaftspolitik sein, die die globalen Ressourcen, Transportmittel usw. gerecht aufteile und organisiere. Um eine solche Wendung zu erzwingen, müsse die deutsche Regierung es notfalls aber darauf ankommen lassen, «durch einen taktischen, aber zugleich taktvollen Abbruch der Verhandlungen ... die Ententevölker zur Besinnung zu bringen».[71]

Front gegen Versailles

Diese letzteren Überlegungen entsprachen in vieler Hinsicht denen, die der neue Außenminister und Verhandlungsführer Graf Brockdorff-Rantzau sich im April 1919 gemacht hatte. In Beratungen Stadtlers mit Brockdorffs Vertrautem, dem früheren Berner Gesandten von Romberg, nahm der Plan Gestalt an, durch die demonstrative Nichtunterzeichnung des drohenden Friedensdiktats eine Teilbesetzung Deutschlands zu riskieren, um bessere Bedingungen zu erreichen – wozu das Gespenst der bolschewistischen Weltgefahr gute Dienste hätte leisten sollen.[72] Mit seinem Vorschlag, Stadtler in die deutsche Delegation nach Paris mit aufzunehmen, drang Brockdorff allerdings nicht durch. Kurz darauf trat er selbst zurück. Das Konzept einer offensiven Verweigerungspolitik war nicht durchzuhalten. Hermann Müller, der amtierende sozialdemokratische Außenminister, und Johannes Bell, der Kolonialminister des Zentrums, übernahmen es, im

Auftrag der Mehrheit der Nationalversammlung in Versailles zu unterzeichnen.

Hektische Bemühungen Stadtlers, in letzter Stunde noch eine außerparlamentarische Ablehnungsfront zu errichten, blieben so erfolglos wie alles übrige. Mit seiner «Vereinigung für parteifreie Politik» hatte er sich bereits eine Reihe herber Absagen eingehandelt, vor allem von Friedrich Naumann, um den er besonders geworben hatte. Einige Prominente wie Otto Hoetzsch als Mitglied der neuen Deutschnationalen Volkspartei (DNVP), Adolf Grabowsky als Mitglied von Naumanns Deutscher Demokratischer Partei (DDP) und Max Cohen-Reuß als Flügelmann der Mehrheits-SPD traten zwar bei. Aber der auf einer Sitzung «parteifreier Persönlichkeiten» proklamierte, von Stadtler präsidierte «Bund für politische Erneuerung» blieb ein totgeborenes Kind. Auch konspirative Verhandlungen mit Vertretern der Berliner Bürgerräte, Großindustriellen wie Stinnes, Gewerkschaftsführern wie Stegerwald und Militärs wie Major Pabst, um im Augenblick der Übergabe der Versailler Friedensbedingungen einen «nationalen Widerstand» zu proklamieren, gingen ins Leere. Eine Kundgebung am 16. Mai vor dem Reichstag verlief so enttäuschend wie alles übrige.

Was Stadtler blieb, waren seine «Solidarier», die sich nun wieder täglich beim Freiherrn von Gleichen trafen und berieten, «ob und wo ein Einsatz noch möglich sei». Stadtler selbst kam zu der schmerzlichen Einsicht, «dass der Kampf ganz von vorn begonnen werden müsste. Ganz von vorn.»[73] Das war die Geburtsstunde des «Juni-Klubs» und der Beginn der (später so genannten) «Konservativen Revolution», die allerdings statt des illusionären Aktivismus des verhinderten Duce Stadtler dem esoterischen Elitismus des Pseudo-Aristokraten Arthur Moeller van den Bruck huldigte.

2. Geheimnisse der Weisen von Zion

Angesichts des Einbruchs der Fronten und sich abzeichnenden Sturzes der monarchischen Ordnung beschloss der Geschäftsführende Ausschuss des Alldeutschen Verbandes im September 1918 einen «Judenausschuss» einzuführen, mit der erstaunlich offen erklärten Absicht, «die Juden als Blitzableiter für alles Unrecht zu benutzen». Der Verbandsvorsitzende Class verkündete, dass man «vor keinem Mittel zurückschrecken» und den Ausspruch Kleists über die französischen Invasoren beherzigen solle: «Schlagt sie tot, das Weltgericht fragt Euch nach den Gründen nicht!»[1]
Verbale Exzesse dieser Art machen es begreiflich, dass die Zeitschrift des Jüdischen Centralvereins im Dezember 1918 feststellte, es wehe «Pogromluft auch in Deutschland». «Auch» hieß: so wie in weiten Teilen Ost- und Südosteuropas, vor allem Ostpolen und den Bürgerkriegsgebieten der Ukraine, von wo Berichte über Pogrome und Massaker immer schrecklicheren Ausmaßes kamen und Tausende von Flüchtlingen nach Deutschland strömten. Allerdings konnte in Deutschland oder Österreich von Pogromen nicht die Rede sein. Weder der revolutionäre Umbruch im November noch die Niederschlagung des «Spartakusaufstands» und der anschließenden Unruhen im Frühjahr 1919 waren von nennenswerten antisemitischen Ausschreitungen begleitet.
Das gilt selbst für die Münchener Räterepublik, in der das gegenrevolutionäre und antisemitische Moment dicht nebeneinander lagen. Unter dem Datum des 16. November 1918 notierte Thomas Mann: «Der eigentliche Proletarier-Terrorismus droht ... Andererseits Pogrom-Stimmung in München, Widersetzlichkeit gegen das Judenregiment.»[2] Tatsächlich gingen beide Affekte durch ihn selbst hindurch. Er verabscheute das «jüdisch-schwabingerisch-radikalistische» Element, das er für das Chaos der Revolutionszeit verantwortlich machte, und ihm graute vor dem «Typus des russischen Juden, des Führers der Weltbewegung, dieser sprengstoffhaften Mischung aus jüdischem Radikal-Intellektualismus und slawischer Christus-Schwärmerei», dem «das bürgerlich-kulturelle Deutschland», dem er selbst sich zurechnete, «mit aller aufbietbaren Energie und standrechtlichen Kürze» entgegentreten müsse.[3]
Diese klar auf eine Wiederherstellung der bürgerlichen Ordnung

gerichteten «Privatwünsche» Thomas Manns änderten jedoch nichts an der Faszination, die die «russisch-chiliastisch-kommunistischen» Fragen auf ihn ausübten und die er genau in den Tagen der Münchner Räterepublik in den «Zauberberg» einzubeziehen beschloss, wo sie in der vieldeutigen Figur des jüdisch-kommunistischen Jesuiten Naphta plastischen Ausdruck fanden. Auch seine außen- und bündnispolitische Position, die einem deutschen Nationalbolschewismus sehr nahe kam, blieb unverändert. Die Bekanntgabe der alliierten Friedensbedingungen im März ließ ihn bereits eine «neue nationale Erhebung» wünschen, «in Form des Kommunismus denn meinetwegen».[4] Und der Anschluss an Russland blieb ihm Zeit seines Lebens ein Herzensanliegen.[5]

In den Lynchmorden der Soldateska an Rosa Luxemburg, Leo Jogiches oder Gustav Landauer und in den Schnellgerichten gegen einen Führer der Münchner Räterepublik wie Eugen Leviné spielten antisemitische Affekte mit Sicherheit eine Rolle. Aber nicht weniger mörderisch war schließlich der Hass gegen Karl Liebknecht oder den roten Matrosen Karl Eglhofer.

Sprecher der Massen

Je höher man die antisemitischen Affekte ansetzt, umso schwieriger wird es im übrigen zu erklären, wie gerade in dieser Umbruchphase Politiker, Intellektuelle, Funktionäre und Aktivisten jüdischer Herkunft eine so prominente Rolle spielen konnten. In der Gründungsperiode der Weimarer Republik standen zum ersten und einzigen Male in der deutschen Geschichte eine Anzahl Juden in der vordersten Frontlinie des politischen Geschehens, im liberalen und reformistischen Regierungslager genauso wie im Lager ihrer Herausforderer von der radikalen Linken – und selbst im Lager der deutschnationalen Gegenrevolution.

Zum sechsköpfigen Rat der «Volksbeauftragten» gehörten Hugo Haase und Oskar Landsberg. Als Vater der Weimarer Verfassung galt der Staatsrechtler Hugo Preuß, der in der ersten Regierung Scheidemann Minister des Inneren wurde. Der Liberale Eugen Schiffer übernahm das Reichsschatzamt und wurde im April 1919 durch Bernhard Dernburg ersetzt. Oskar Cohn wurde Unterstaatssekretär der Justiz. Emanuel Wurm leitete das wichtige Kriegsernährungsamt. An der Spitze von drei der vier großen Bundesstaaten standen jüdische Politiker: Paul Hirsch in Preußen, Georg Gradnauer in Sachsen, Kurt Eisner in Bayern. Ludwig Haas war Innenminister der vorläufigen Regierung Badens. In der Leitung des Zentralrats der Arbeiter- und

Soldatenräte war Max Cohen-Reuß eines der prominentesten Mitglieder. Und besonders sichtbar waren jüdische Sozialisten auf der revolutionären Linken: Rosa Luxemburg, Leo Jogiches, Eugen Leviné, Kurt Eisner, Gustav Landauer, Ernst Toller, Erich Mühsam – von Karl Radek zu schweigen. Kurzum, es war eine unübersehbare Tatsache, dass mit dem politischen Umbruch Juden «in ganz ungewöhnlichem Maße zu politischer Führerschaft und Prominenz aufgestiegen sind».[6]

Einer der «Spectator»-Briefe Ernst Troeltschs vom Oktober 1919 behandelte unter der Überschrift «Vorherrschaft des Judentums?» die daraus entstandenen Spannungen. Troeltsch stellte fest, «dass das Judentum, bisher in dem amtlichen und offiziellen Deutschland aufs schärfste unterdrückt, mit der Revolution ganz ungeheuer emporgeschnellt ist», und zwar in den parlamentarischen Vertretungen wie in den öffentlichen Ämtern, bis hinunter zu den Landräten. Auch in «den Kreisen des reinen Pazifismus, der neuen Internationale und der deutschen Schuldbekenntnisse spielt das Judentum eine sehr große, wenn auch keineswegs ausschließliche Rolle». Noch ausgeprägter sei das in der Literatur und Presse. «Das Judentum regiert zu einem guten Teile, es macht die öffentliche Meinung und bestimmt dasjenige, was man die ästhetische Kultur Deutschlands nennen kann, ganz überwiegend. Die geschäftliche Rolle des Judentums ist dabei noch gar nicht erwähnt ...»

Diesem Phänomen gegenüber sammele sich ein national-konservatives Lager, das sich des «Antisemitismus aller Schattierungen» bediene, um seinem Kampf gegen die Republik «populäre Instinkte und Leidenschaften zuzuführen» und «die Schuld an Revolution und Niederlage dem Judentum und der Sozialdemokratie» aufzubürden. Troeltsch wies seine Leser darauf hin, dass gerade «das deutsche, ... durch den Zuzug von Osten immer neu gemischte Judentum» alles andere als einheitlich sei. «Der ganze Gedanke einer bewusst herbeigeführten Herrschaft des ‹Judentums› ist ein Märchen, das nur politische Kinder, wie die Deutschen, glauben.» Vielmehr handele es sich um ein «soziologisches Minoritätsproblem», vergleichbar der calvinistischen oder katholischen Diaspora in verschiedenen Ländern, das «nun mit der Revolution auch in das politische und Verfassungsleben, in die Parteibildungen und in die großen Reformen eingeströmt» sei.

Troeltsch sagte voraus, dass die «wirkliche Vorherrschaft des Judentums» (von der er demnach ausging) «vermutlich nur eine vorübergehende Erscheinung» sein werde, die nicht zuletzt darin begründet sei, «dass die sog. nationale Intelligenz rein negierend beiseite steht und sich selber ausschaltet». Dabei seien die jüdischen Intellektuellen, wie man schon bei Nietzsche habe nachlesen können, «ein belebender Zusatz zu deutscher Schwerfälligkeit und Philisterei». Für den Aufbau einer neuen, nationalen Kultur sei von ihrer momentanen Dominanz nichts zu befürchten. Aber die Probleme und Reibungen sollten «in aller Ruhe und Achtung» als solche bezeichnet werden können, ohne dass «schon die Bezeichnung einer Sache als ‹jüdisch› für antisemitisch gilt».[7]

Nimmt man die angesprochene «Sache», nämlich die herausragende und durchaus massenwirksame Rolle jüdischer Intellektueller, Politiker und Aktivisten in der Umbruchzeit am Ausgang des Ersten Weltkriegs, sozial- und kulturhistorisch ernst, bieten sich drei Erklärungen an:

Erstens dürfte das jüdische Bevölkerungssegment in besonderem Maße diejenige soziologische Struktur aufgewiesen haben, die beim Übergang von der alten «guten Gesellschaft» mit ihrem Honoratioren- und Kastenwesen und ihren ständisch geprägten Institutionen zu republikanischen Parteien, Verbänden und Institutionen besonders gefragt und gefordert war, insbesondere in Gestalt der «freien Berufe».

Zweitens repräsentierten die deutschen Juden mehrheitlich jene Koalition von Liberalismus und Sozialismus, die für den Durchbruch moderner gesellschaftlicher Tendenzen stand und nach dem politischen Umbruch zunächst am Zuge war. Ohne das jüdische Element (im soziologischen und mentalen Sinne) war diese Koalition auch tatsächlich kaum zu denken.

Drittens scheinen jüdische Intellektuelle und Revolutionäre auf Grundlage ihrer besonderen Lebenserfahrungen und Perspektiven, vielleicht auch durch bestimmte Prägungen ihres Milieus (wie Schriftlichkeit, Verbalität, Informalität, Mobilität usw.), eine spezifische Begabung gehabt zu haben, als Sprecher und Organisatoren großer, in Gärung und Bewegung befindlicher, «entwurzelter» Massen zu fungieren. Dass es sich um eine historisch transitorische Rolle handeln würde, war nur hellsichtigen Beobachtern wie Troeltsch schon erkennbar.

Die erste antisemitische Welle

Die massiven Ressentiments und wahnhaften Vorstellungen, die dieses Phänomen auf sich zog, äußerten sich in der Gründung einer Vielzahl neuer völkisch-antisemitischer Gruppen und Organisationen. In den Jahren von 1919 bis 1922 stand an erster Stelle der vom alldeutschen «Judenausschuss» initiierte, aus einem Zusammenschluss der wichtigsten antisemitischen Sekten und Bünde hervorgegangene «Deutschvölkische Schutz- und Trutzbund». Bis 1921 stieg die Zahl der einge-

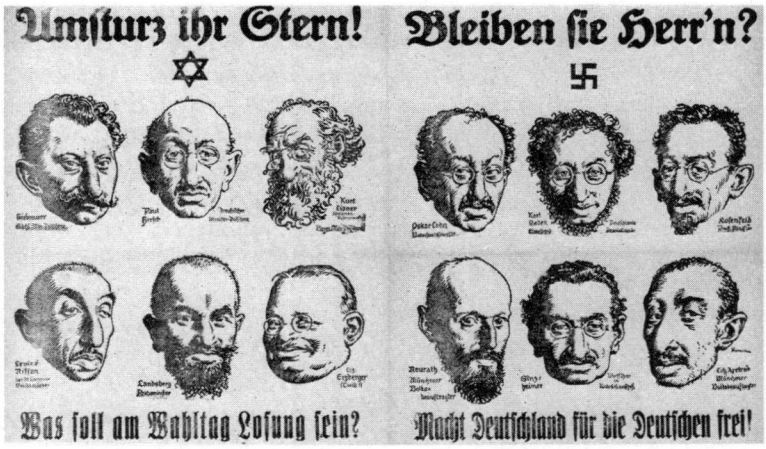

Antisemitisches Wahlplakat zu den Wahlen zur Nationalversammlung im Januar 1919. Spartakisten und Bolschewiki stehen unterschiedslos neben Unabhängigen und Mehrheits-Sozialdemokraten sowie dem katholischen «Verzichtpolitiker» Matthias Erzberger.

schriebenen Mitglieder auf rund 180 000 in etwa 600 Ortsgruppen. Allerdings «fehlte der Bewegung ein politischer Führer».[8]

Versuche von Class, Gelder aus der Großindustrie, die die antibolschewistischen Gruppen großzügig förderte, für antisemitische Aktivitäten zu erhalten, schlugen fehl. Ebenso fehl schlugen zunächst die Bemühungen, die neu gegründete «Deutschnationale Volkspartei» auf eine aktive Politik und Programmatik des Antisemitismus festzulegen und Juden von der Mitgliedschaft auszuschließen. Der «Schutz- und Trutzbund» blieb eine außerparlamentarische Organisation und Bewegung. Die soziologische Zusammensetzung zeigte ein massives Übergewicht des akademischen und kleinbürgerlichen Mittelstandes, was, wie bei den Antisemitenparteien der achtziger Jahre, auf Bedrohungsängste durch die jüdische Konkurrenz verweist. In der Altersstruktur dominierte jetzt allerdings die Kriegsgeneration, die sich entwurzelt und deklassiert fühlte.[9]

Wenn die Revolutions- und Nachkriegszeit manchen Beobachtern den Eindruck einer «antisemitischen Sturmflut» vermittelte, dann bestand diese in Deutschland zunächst aus Wogen von Papier: aus Flugschriften, Plakaten, Klebe- und Handzetteln. Während die Druck- und Verteilziffern dieser vergänglichen Ware in die Abermillionen gingen, kam das Organ des Bundes, die «Deutschvölkischen Blätter», über eine Auflage von etwa 7000 Exemplaren nicht hinaus. Kaum besser ging es den anderen, auf Antisemitismus abonnierten Blättchen und Zeitschriften. Die Auflage der von Class gekauften «Deutschen Zeitung», des verbreitetsten Mediums einer völkisch-antisemitischen Rechten, stagnierte zwischen 25 000 und 40 000 Exemplaren, was im Vergleich mit den Auflagen der großen (aus der Sicht der Antisemiten «jüdischen») Tageszeitungen eine ziemlich niedrige Zahl war.[10]

Einzelne Flugschriften und Broschüren, Sachbücher oder Romane konnten allerdings hohe Auflagen erreichen. So wurde die Broschüre Hans von Liebigs (unter dem Pseudonym Walter Liek) «Der Anteil des Judentums am Zusammenbruch Deutschlands» bis 1920 in einer Auflage von 130 000 Exemplaren verbreitet.[11] Artur Dinters Schmutzroman «Die Sünde wider das Blut», der erste Band einer Trilogie, kam 1921 auf die stolze Auflage von 200 000.[12] Friedrich Wichtls Pamphlete gegen die Welt-Freimaurerei erzielten entsprechende Zahlen. Und in ähnliche Höhen schwangen sich die deutschen Ausgaben der «Protokolle der Weisen von Zion» oder Henry Fords «Der internationale Jude». Eine Reihe von Verlagen, so die Deutschvölkische Verlagsanstalt in Hamburg, der Hammer Verlag in Leipzig oder J. F. Lehmann und Ernst Boepple in München, lebten nicht schlecht von der Verbreitung antisemitischer Literatur und bildeten 1921 eine gesonderte «Vereinigung völkischer Verlage».

Alles in allem ergibt sich das Bild einer hoch erregten, aber zahlenmäßig begrenzten Leserschaft, die sich antisemitisches Schrifttum regelmäßig und in starken Dosen zuführte. Entsprechendes gilt für die Auftritte der führenden antisemitischen Demagogen, zu denen ebenfalls eine Art Stammpublikum strömte. Erst die Massenkundgebungen von Hitler und Goebbels in der zweiten Hälfte der zwanziger Jahre sprengten den Rahmen dieses engen völkisch-antisemitischen Milieus.

Versailles als jüdische Weltverschwörung

Im Vordergrund der frühen antisemitischen Agitation standen soziale Forderungen wie die nach «Brechung der Zinsknechtschaft» oder Parolen gegen Wucher, Spekulation und «Schleichhandel» (ein weiter Begriff). Sobald es daran ging, diese Forderungen positiv zu formulieren, tauchten allerdings gravierende Differenzen auf. Ein Punkt steter Erregung war die verstärkte ostjüdische Einwanderung (als Folge der Bürgerkriege und Pogrome in den Gebieten, aus denen sich die deutschen Truppen zurückzogen). Aber kaum geringer waren die Erregungen, die die moderne Kunst, ob in Malerei und Dichtung, auf dem Theater oder im Konzertsaal, auslöste, von den unsittlichen Filmen, Revuen und «Niggertänzen» in amerikanischem Stil ganz zu schweigen.

Politisch stand in der Agitation der völkischen Verbände das Wüten gegen die Berliner «Judenrevolution» und «Judenrepublik» im Vordergrund. Mit der Beseitigung des monarchischen Deutschland sei das «letzte Bollwerk» gegen die Verwirklichung «der Jahrtausende alten jüdischen Weltherrschaftspläne» gefallen, hieß es in den Schriften des «Schutz- und Trutzbundes». Diese antisemitische Weltverschwörungsthese fand ihren primären Anhaltspunkt im Friedensdiktat von Versailles. Davon handelten nahezu alle Flugblätter und Broschüren des Bundes, während Berichte aus dem bolschewistischen Russland unter den Antisemitica der Zeit nur eine geringe Proportion bildeten.*

Der Ausbruch des Weltkriegs 1914 sei einem jüdischen Plan der Einkreisung Deutschlands gefolgt und galt daher als das Schlüsselereignis der «großen alljüdischen Weltverschwörung». In Paul Bangs Schmähschrift «Judas Schuldbuch» wurde das komplette Sündenregister der deutschen Juden aufgemacht, angefangen mit den «Judenwahlen» (von 1912) über den «Judenkrieg» zur «Judenrevolution», zum «Judensieg» und «Judenfrieden», der erst die «Judenherrschaft» besiegelte.[13] In diesen Kontext reihte sich auch die Hetze gegen die Exponenten der Revolutionen in Russland, Ungarn, Bayern oder Berlin ein. Überall sollten Juden die «Träger und Drahtzieher der Revolution» gewesen sein. Dabei galten Demokraten und Sozialdemokraten, Unabhängige oder Bolschewisten in den Augen der Deutschvölkischen gleichermaßen als «Höllenhunde der jüdischen Weltrevolution». In den Flugblättern des Schutz- und Trutzbundes hieß es etwa: «22 Fürsten sind vertrieben, dafür haben wir 1000 jüdische Tyrannen erhalten, die ungezählte Scharen ihrer Rasse- und Blutsgenossen aus Russland in unser Reich haben einströmen lassen, Horden neuer Wucherer, Blutsauger und Blutsäufer». Alle diese Subversionen hatten nur den einen Zweck, «die Herrschaft des internationalen jüdischen Großkapitals in Deutschland vorzubereiten und aufzurichten».[14]

Die Embleme der Revolution erfuhren in dieser völkisch-antisemitischen Agitation eine eigentümliche Umdeutung. So verkündete «Auf Vorposten», das Organ des «Verbandes gegen Überhebung des Judentums», nach dem November-Umsturz: «Die blauweiße Fahne des jü-

---

* Unter den mehr als 350 Titeln der deutschen antisemitischen Literatur dieser Zeit, die Uwe Lohalm in seiner Arbeit *Völkischer Radikalismus. Die Geschichte des Deutschvölkischen Schutz- und Trutzbundes 1919-1923* (1970) erfasst hat, nehmen die zwei Dutzend Texte, die sich vorrangig mit Sowjetrussland und dem Bolschewismus befassen, einen erstaunlich peripheren Platz ein.

dischen Volkes und das blutrote Banner der schottischen Hochgrade haben einstweilen gesiegt!» Die rote Fahne, die von «dem Juden Joffe» am 1. Mai 1918 auf der Botschaft Sowjetrusslands unter den Linden gehisst worden und mittlerweile allenthalben zu sehen sei, sei die Farbe des Blutes und der Rache, die «seit Jahrhunderten von den Hochgraden der Freimaurerei verwertet» worden sei. Die Freimaurer, deren Ziel «die allgemeine Weltrepublik» sei, «der Menschheitsbund, wie es in der Logensprache heißt, oder Völkerbund, wie Wilson jetzt sagt», hätten «dafür gesorgt, dass alle Umsturzmächte die rote Fahne ahnungslos übernahmen». Und wenn die Arbeiter- und Soldatenräte das Zeichen der verschlungenen Hände auf ihren Stempeln gebrauchten, wüssten sie meistens nicht, dass diese verschlungenen Hände in Wahrheit «das Wahrzeichen der Alliance Israélite Universelle» seien.[15]

So verworren das war, enthielt es doch die deutliche Grundidee, dass die roten Umsturzparteien ebenso wie die sozial- und liberaldemokratischen Parteien der Republik von Freimaurern gesteuert würden, während diese, allen voran die «schottischen Hochgrade» in London und der «Große Orient» in Paris, ihrerseits von der «Alliance Universelle Israélite» gesteuert würden. Jedenfalls lieferten erst die Pamphlete gegen die Freimaurer den Vorstellungen einer jüdischen Weltverschwörung das eigentliche Gerüst und ein geschlossenes, selbstreferentielles Argumentationssystem.

Neben Karl Heises Pamphlet «Entente-Freimaurerei und Weltkrieg» erzielte Friedrich Wichtls «Weltfreimaurerei – Weltrevolution – Weltrepublik» 1918/1919 eine beachtliche Verbreitung. Darin firmierten die Freimaurer als die Personifizierung einer demokratischen Moderne schlechthin: «Die Monarchien sollten verschwinden, die Völker sich geistig befreien, sich ‹emanzipieren› und die Herrschaft an sich reißen.»[16] Der Weltkrieg stellte somit nur die «lange vorbereitete Kraftprobe der Weltfreimaurerei dar, deren politischer Generalstab in London und deren geistige Leitung in Paris ihren Sitz hat».[17] Dementsprechend spielte in Wichtls Weltrevolution der Bolschewismus kaum eine Rolle. Nur im letzten Satz erklärt er, zwar sei ihm eine «gute, von Deutschen geleitete, deutschösterreichische Republik» lieber als eine schlechte Monarchie; aber noch schlimmer sei «eine Willkür- und Advokatenrepublik unter einem ‹Maurerfürsten› vom Schlage eines Eisner, Lenin, Radek oder Kohn».[18] Dieser Schlenker dürfte sich allerdings gerade gegen die Versuchungen des Nationalbolschewismus im eigenen deutsch-völkischen Lager gerichtet haben.[19]

In Wichtls zwei Jahre später verfasster Schrift «Freimaurerei – Zionismus – Kommunismus – Spartakismus – Bolschewismus» hatte sich das Argumentationsschema etwas verschoben. Danach hatte das internationale Judentum inzwischen eine neue Spezies von «Illuminaten» gezeugt, die Spartakusleute und Bolschewiki. Natürlich machten die «Weisen von Zion» sich über das Ziel des Kommunismus nur lustig. Der einzige Zweck der sozialistischen Umstürze war es, so Wichtl, einen Zustand des Chaos und der Rechtlosigkeit herzustellen, der den Beginn der jüdischen Weltherrschaft ankündige, ausgedrückt im Genfer Völkerbund, der schließlich «die blau-weiße Flagge des Judenstaates hissen» werde.[20]

Der Weg der Protokolle

Zur Suggestion der Wirkungsgeschichte des vielleicht berühmtesten Antisemiticums, der ominösen «Protokolle der Weisen von Zion»*, trug die im Nachhinein etablierte Vorstellung bei, dass ihre Lancierung in der Weltöffentlichkeit in erster Linie ein Komplott «weißrussischer» und deutscher Gegenrevolutionäre gewesen sei und dass es sich dabei um einen Schlüsseltext für die Entstehung des Nationalsozialismus und seines mörderischen Judenhasses gehandelt habe. Daran sind erhebliche Zweifel anzumelden.

Tatsächlich erfolgte die Publikation der «Protokolle» in Deutschland, England und den USA um die Jahreswende 1919/20 parallel. Monate später erschienen sie auch in Frankreich, Schweden und weiteren Ländern. Russische Emigranten, baltische Flüchtlinge, deutsche Offiziere und alliierte Vertreter dürften jeweils als Kolporteure fungiert haben. Die russische Version der «Protokolle» war in den Jahren der Revolution und des Bürgerkrieges (vor allem in der letzten Nilus-Ausgabe von 1917) auf allen Seiten der Front verbreitet, und es bedurfte keiner konspirativen Wege ihrer Weitergabe. Alfons Paquet zum Beispiel sah sie im Sommer 1918, wie beschrieben, bei seinem Moskauer Gastgeber (einem Industriellen) auf dem Tisch liegen.[21]

Die deutsche Ausgabe der «Protokolle», die – entgegen den Angaben im Impressum – erst im Januar 1920 ausgeliefert wurde, blieb zunächst weitgehend unbeachtet. Sie verkaufte sich wie andere Antisemitica recht lebhaft, wurde aber – jedenfalls in der Wahrnehmung der Herren vom «Verband gegen die Überhebung des Judentums», in de-

---

* Die verwickelte Entstehungsgeschichte der «Protokolle» im Umfeld der zaristischen Ochrana und ihrer französischen Ausleger in den Jahren der Dreyfus-Affäre um die Jahrhundertwende und ihre weitere Publikationsgeschichte ist in einer umfangreichen Literatur rekonstruiert worden. Vgl. die kommentierte Bibliographie von Michael Hagemeister im Anhang zu *Norman Cohn: Die Protokolle der Weisen von Zion. Der Mythos der jüdischen Weltverschwörung*, Baden-Baden – Zürich 1997

ren Verlag das Pamphlet erschien – in der großen Presse «totgeschwiegen».* Eine nicht geringe Rolle dürften dabei die ausufernden Kommentare des pseudonymen Herausgebers «Gottfried zur Beek» (des Vereinsvorsitzenden Ludwig Müller alias «Müller von Hausen») gespielt haben, die mehr als zwei Drittel des unter dem Titel «Die Geheimnisse der Weisen von Zion» publizierten Buches füllten und einen durchweg schrulligen und anachronistischen Charakter trugen.[22]

Lässt man sich auf die Wahnwelt des Kommentators der «Protokolle» für einen Moment ein, ergibt sich immerhin ein deutliches Bild. «Nach Allem, was sich in Russland seit dem Sturze des Zaren und in Mitteleuropa seit dem 9. November 1918 zugetragen hat», könne es über «den jüdischen Weltplan» keinen Zweifel mehr geben.[23] Demnach war die «enge Verbindung von Juden und Angelsachsen»[24] sowie das internationale Freimaurertum dafür verantwortlich, dass das Russische Zarentum sich 1914 verblendet in einen Krieg mit dem österreichischen und deutschen Kaiserreich hatte hineintreiben lassen. Russland war nur das blinde Werkzeug der Briten, Freimaurer und Juden, um das «Haus Hohenzollern und das alte Preußen» zu stürzen, welches von jeher «als das Haupthindernis für die Verwirklichung des Menschheitsbundes unter jüdisch-freimaurerischer Führung angesehen» worden sei.[25]

Aber wie Russland gegen den «Pangermanismus» aufgehetzt wurde, so seien auch die Deutschen in den Krieg gegen das legitime zarische Russland hineingetrieben worden. Kein anderer als Heinrich Sklarz, der Bruder des Parvus-Kompagnons Georg Sklarz, habe schon 1914 in einer Broschüre «Die russische Dynastie Romanow auf der

---

* Bei genauer Lektüre der Verbandszeitschrift «Auf Vorposten» lässt sich die Editionsgeschichte der deutschen Ausgabe der «Protokolle» präzise rekonstruieren. Eine Ankündigung, dass man durch «vaterländisch gesinnte Russen» in den Besitz der «Geheimnisse der Weisen von Zion» gelangt sei, findet sich bereits im 4.–6. Heft der Zeitschrift (April-Juni 1919); allerdings eher beiläufig. In der Januar/Februar-Ausgabe 1920 heißt es, das gleichnamige Werk von Gottfried zur Beek sei «vor sechs Wochen erschienen». Im 3.–6. Heft (März bis Juni 1920) erklärten die Herausgeber präzisierend: «Die Geheimnisse der Weisen von Zion gelangten Mitte Januar auf den Büchermarkt. Völkische Blätter und Zeitschriften besprachen das Werk zwar sofort, die große deutsche Presse brachte aber ... nichts darüber. Die Judenpresse schwieg sich vollständig aus.» Wie viel anders sei das in Großbritannien gewesen, wo die Londoner «Times» am 8. Mai mit dem groß aufgemachten Warnruf «The Jewish Peril» herausgekommen sei! Auf diesen Beitrag habe Graf Reventlow in der «Deutschen Tageszeitung» vom 17. Mai unter der Überschrift «Pax Judaica» geantwortet – «und dann ging's los!» (S. 64 f.)

Anklagebank der Weltgeschichte» verkündet: «Der Hauptfeind steht zweifellos im Osten ... Es gilt vor allem die vollständige Vernichtung der Dynastie Romanow.»[26] Alle deutsch-bolschewistischen Kollusionen der Weltkriegszeit erschienen damit in einem anderen Licht. Namentlich Parvus-Helphand wurde im «Vorposten» immer wieder als der eigentliche Hauptdrahtzieher des Weltumsturzes gezeichnet, der «seine Befehle über Moskau oder Kopenhagen von Neu-York erhält». So habe 1914 der «lange Theobald» (Bethmann Hollweg) in Parvus «den Mann gefunden», den er suchte, um zu verabreden, «wie der Umsturz in Russland am besten durchgeführt werden könne». Auch der Gesandte Brockdorff-Rantzau habe «ganz andere Ziele wie die Erhaltung der Monarchien» verfolgt. An seiner Seite wirkte «der Jude Fritz Cahén aus dem Elsaß». Und nachdem Russland einmal niedergerungen und zur Wüste gemacht worden war, «widmete Parvus seine ganze Arbeitskraft der Zermürbung Deutschlands». Zu den Gästen seiner Villa auf Schwanenwerder zählten Führer der Sozialdemokratie wie Ebert, Scheidemann und Wels oder einflussreiche Publizisten wie Harden sowie die bolschewistischen Vertreter Joffe, Kopp und Radek.[27]

Der Bolschewismus war in der Sicht der Antisemiten allerdings nichts Neues – «wir kennen ihn seit 3000 Jahren»[28], nämlich als die jüdische Partei des Umsturzes und der Zersetzung in allen «Kultur- und Wirtsvölkern». Der moderne «Kommunismus», d. h. der «Gedanke der allgemeinen Gleichmacherei», sei, wie die «Weisen» in den Protokollen erklärt hätten, nichts als ein Mittel zur Verblendung der dummen Gojim, die unter dieser Losung sich wie eine Hammelherde für die Ziele der jüdischen Weltmacht und Weltausbeutung einspannen ließen.[29] Deshalb werde das bolschewistische Regime direkt von jenseits des Atlantik dirigiert. Nach der «Mitteilung eines russischen Staatsmannes» sollten von 457 führenden Bolschewisten 422 Juden seien, von denen 264 aus Amerika gekommen seien, darunter der eigentliche Herrscher Russlands, «Leiba» Trotzki.[30]

Die Bezüge auf den Bolschewismus in Russland waren im apokalyptischen Gesamtgemälde des Weltumsturzes, das Ludwig Müller «von Hausen» alias «Gottfried zur Beek» im Vorspann und Anhang zu den «Protokollen» aufmachte, allerdings kaum mehr als Marginalien. Weitaus erschreckender als alle Meldungen über schwarze Messen im Kreml usw. dürfte es für deutsche Leser gewesen sein zu erfahren, dass Reichskanzler Bethmann Hollweg den ganzen Weltkrieg hindurch «im Solde Englands» (der englischen Großlogen) gestanden habe[31], oder dass der berühmte Mediziner Paul Ehrlich («Salvarsan-Ehrlich») «die Syphilis auf Menschen übertrug, um sie recht gründlich studieren zu können»[32]. Solcher Art waren die wirklichen Hiobsbotschaften des deutschen Herausgebers der «Protokolle».

Erst nachdem die Londoner «Times» in einem groß aufgemachten Artikel vom 8. Mai 1920 unter der Schlagzeile «The Jewish Peril» eine Rezension «of this singular little book» mit der Unterzeile «Call for Inquiry» veröffentlicht hatte und Ernst Graf zu Reventlow in der «Deutschen Tageszeitung» unter der Überschrift «Pax Judaica?» den «Times»-Artikel aufgegriffen hatte, sahen sich auch die größeren deutschen Blätter und seriöseren Zeitschriften genötigt, etwas über das Phänomen der «Protokolle» und ihre internationale Verbreitung zu schreiben. Der Ton war überwiegend ironisch. Natürlich zeigten sich die jüdischen Organisationen wegen der Verbreitung der Schrift alarmiert. Hier und da wurden Repliken und «Widerlegungen» verfasst, die für die antisemitischen Organe wiederum ein gefundenes Fressen waren. Eine größere Verbreitung im Hauptstrom der öffentlichen Meinung dieser Jahre in Deutschland fanden die «Protokolle» aber nicht. Selbst dort, wo die Phantasmagorie einer «jüdischen Weltverschwörung» eine ernste Wendung nahm, etwa in der Kampagne der terroristischen Geheimbünde gegen Walther Rathenau als den Vertreter einer «Erfüllungspolitik», hätte es der «Protokolle» nicht bedurft. Die einschlägigen Vorstellungen – von den «300 Männern», von denen Rathenau selbst einmal gesprochen hatte, die sich untereinander kennten und die Geschicke der Weltwirtschaft lenkten – waren längst vorhanden und in Dutzenden antisemitischer Pamphlete ausgebreitet worden*.

Für eine spezifisch antibolschewistische Agitation waren die «Protokolle» im übrigen vollkommen ungeeignet. Ihre polemische Hauptstoßrichtung galt dem Liberalismus und der Demokratie als den primären Mitteln jüdischer Macht und Zersetzung, zu denen Sozialismus oder Kommunismus nur komplementär hinzutraten. Überhaupt waren sie derart bar aller passenden Zeitbezüge, dass Müller in seinen frei

---

* Auch die Anzeige, die Walther Rathenau im Frühjahr 1922 gegen Müller von Hausen einreichte, bezog sich auf eine Passage seines Kommentars, die auf den Text der «Protokolle» keinerlei Bezug nahm, sondern eine hausgemachte antisemitische Fama kolportierte. Demnach habe «die Zuneigung des Kaisers zu den Juden» von jeher Besorgnis ausgelöst, besonders die Nähe Wilhelms II. zu Vater und Sohn Rathenau. Dabei habe Emil Rathenau noch vor seinem Tod an seiner Villa ein Fries «mit Opferschalen, auf welchen abgeschnittene, gekrönte Häupter liegen», anbringen lassen. Somit sei der Kaiser viele Male ahnungslos über die Schwelle dieses Hauses getreten, «ohne zu ahnen, welche frommen Wünsche der Mann, den er Freund nannte, für die Zukunft des Hohenzollern-Hauses hegte!» (*Die Geheimnisse der Weisen von Zion*, S. 198 f.)

konfabulierten «Kommentaren» Mühe hatte, an irgendeiner Passage des Originaltextes einzuhaken. Wo es allzu schwierig wurde – etwa in den fehlenden Bezügen auf den Weltkrieg –, fügte er dem aus dem Russischen übertragenen «Originaldokument» freihändig eigene Formulierungen hinzu.[33]

Auch das inzwischen belegte Wirken Müller von Hausens als «Femeritter» des terroristischen Geheimbundes «Germanenorden» spricht eine beredte Sprache. In dieser Eigenschaft war Müller 1921 mit einiger Sicherheit an der Ermordung des Zentrumsabgeordneten Matthias Erzberger beteiligt, der als «Jesuitenzögling», Unterzeichner des Waffenstillstands und Befürworter des Versailler Vertrags besonderen Hass auf sich gezogen hatte. Als nächstes hatte Müller einen Mordanschlag auf Alexander Parvus-Helphand als den angeblichen Organisator aller jüdischen Weltumsturzpläne in Auftrag gegeben, der jedoch nicht ausgeführt wurde.[34]

Deutsch-russische Schicksalsgemeinschaft

Aus der Perspektive der deutschen Antisemiten begründeten gerade die Revolutionen bei Kriegsende eine existenziell vertiefte Schicksalsgemeinschaft mit Russland. Im Nachlass Ludwig Müller von Hausens im ehemaligen Moskauer «Sonderarchiv» finden sich gleich mehrere Ausarbeitungen über einen gemeinsam zu führenden Befreiungskampf gegen die Herrschaft «Alljudas» und die freimaurerische «Macht des Weltkapitals», teils aus Zirkeln deutscher Antisemiten, teils aus denen der russischen Emigration. Müller, der baltendeutscher Herkunft war, verkehrte in Berlin regelmäßig in Kreisen der russischen Emigration, ob bei Vorträgen der «Deutsch-russischen Gesellschaft» oder bei Wohltätigkeitsveranstaltungen des «Russischen Hilfsvereins»[35] – genau wie Alfred Rosenberg oder Erwin Scheubner-Richter zur selben Zeit in München.

In die gleiche Kerbe schlugen auch die wenigen antisemitischen Kampfschriften, die sich speziell gegen den «jüdischen Bolschewismus» richteten. So zum Beispiel ein Pamphlet des deutsch-russischen Ingenieurs Johann Kolshorn, das 1922 im «Hammer Verlag» Theodor Fritschs, des Nestors des deutschen Antisemitismus, erschien. Es trug sein Anliegen im Titel: «Russland und Deutschland – durch Not zur Einigung.» Der 1920 aus Russland geflohene Autor stand fassungslos vor der Tatsache, dass die Kulturvölker, zumal das deutsche, es zuließen, «dass ein riesiges arisches Volk im Osten von jüdischer Henkershand langsam erdrosselt wird» – statt wie ein Mann zu fordern, «dass dem russischen Volke, diesem naturgegebenen Freunde der Deutschen, mit ganzer Kraft ... geholfen werde». Waren nicht auch die Russen, wie Houston Stewart Chamberlain festgestellt hatte, reine Arier und «edle Langköpfe»? Zwar mochte die zehnprozentige Beimischung von Tatarenblut eine «Neigung vom arisch Tiefgründigen zum mongolisch Oberflächlichen» bewirkt haben. Aber das «arische Sehnen nach hoher Ausgestaltung seelisch oder geistig edler Anlagen» war durchaus noch vorhanden im Russenvolke, welches durch eine «bewusste Zuchtwahl der Tüchtigeren schon nach wenigen Generationen die erforderliche Rassereinigung» vollbracht haben könnte.[36]

Das 1920 in russischer, 1922 in deutscher Sprache erschienene Großpamphlet Theodor von Winbergs «Der Kreuzesweg Russlands» zeichnete dagegen in schwül-monarchistischer Weise das Bild eines schmählichen Verrats des russischen Volkes selbst an seinem Herrscherpaar, das sich leider durch eine bürgerlich-militärische Partei 1914 in den von England inszenierten Krieg gegen das benachbarte preußisch-deutsche Kaiserreich habe treiben lassen. Wie in allen Umstürzen seit der Französischen Revolution seien kurz darauf «die Führer der sogenannten ‹Befreiungen›, die jüdischen Freimaurer oder die Freimaurer-Juden als feinste Kenner der Volkspsychologie»[37] aus den Kulissen getreten und hätten das Volk aufgehetzt, zu plündern und zu morden, nur um es danach umso gründlicher ihrem eigenen Joch zu unterwerfen. Und das müsse ihnen der Neid lassen: «von allen Herrschern, die einst über Russland regierten, kannte und verstand niemand so gut das russische Volk wie Iwan der Grausame, Peter der Große und ... Leibe Trotzki-Bronstein».[38]

Winberg, ein ehemaliger Rittmeister der Zarenarmee, träumte von der Wiederherstellung einer «Heiligen Union» (einer erneuerten Heiligen Allianz) der drei Monarchien, die 1917/18 zusammengebrochen waren. In diesem Zusammenbruch lag für ihn wie für alle traditionellen Antisemiten das wahre Geheimnis des Krieges wie der Revolution. Freilich, so bemerkte er, habe auch in Deutschland 1914 eine bürgerliche «Kriegspartei» gegen Russland gerüstet und «ihr vielsagendes Deutschlandlied» gesungen, nicht ahnend, dass «es zweier Chöre bedurft hätte, zweier vereinigter und verbrüderter Völker», um gemeinsam zu singen: «Deutschland Russland über alles, über alles in der Welt!»[39]

Baltische Ideologen des frühen NS

Die Anfänge der nationalsozialistischen Bewegung lagen im selben stickigen Dunstkreis der deutschtümelnden Sekten und Antisemiten-Vereine, der Schutz- und Trutzbünde und «Persönlichkeiten», die trotz aller «sensationellen» Enthüllungsschriften und wohlgefüllten Versammlungssäle vorerst über ein randständiges Dasein im politischen Leben der frühen Weimarer Republik nicht hinauskamen. Ohne Mühe erkennt man die Physiognomie «dieser völkischen Johannese des zwanzigsten Jahrhunderts», über die Hitler in «Mein Kampf» später mit ätzender Schärfe herzog, die «mit Blechschwertern in den Lüften herumfuchteln, ein präpariertes Bärenfell mit Stierhörnern über dem bärtigen Haupte». Er habe deshalb seine Bewegung «Nationalsozialistische Deutsche Arbeiterpartei» genannt, so Hitler, weil zu hoffen war, «dass dadurch allein schon ein ganzer Schwarm dieser völkischen Schlafwandler von uns zurückgescheucht würde».[40]

In Wirklichkeit waren die Unterschiede allerdings viel geringer, zumindest anfangs. Auch in der frühen NSDAP – wie im gesamten deutschvölkischen Spektrum – spielten emigrierte baltendeutsche Ideologen und Schriftsteller eine hervorgehobene Rolle, insbesondere die Münchner Emigranten um Erwin Scheubner-Richter, Otto von Kursell und Alfred Rosenberg. Die antibolschewistische Militanz und russophobe Einstellung, die sich allein aus dieser Herkunft zu ergeben schien, war allerdings weniger selbstverständlich als angenommen.

Max-Erwin Richter alias «von Scheubner-Richter» – ein angeheirateter Pseudo-Adelsname wie bei «Müller von Hausen» – war eine zentrale Figur der deutschvölkischen Szene in München. Hitler hat ihm, der 1923 beim Marsch auf die Feldherrnhalle zu Tode kam, retrospektiv die Rolle eines persönlichen Vorbilds zugewiesen, ohne dass völlig geklärt wäre, worin der Einfluss Scheubner-Richters auf Hitler tatsächlich bestanden hat. Der aus Riga stammende, schon vor dem Krieg emigrierte Bürgersohn war 1917/18 als Nachrichtenoffizier beim Oberkommando Ost eingesetzt und wurde nach Kriegsende zum Propagandisten der deutschvölkischen und antibolschewistischen Freikorpskämpfer im Baltikum. Nach dem Scheitern des Kapp-Putsches im April 1920 kehrte er nach München zurück, wo er im Herbst der Hitlerpartei beitrat.

Scheubner-Richters Hauptaktivitäten waren die Gründung der Gesellschaft «Aufbau» und die Herausgabe einer «Wirtschaftlichen Aufbau-Korrespondenz», die für eine enge deutsch-russische Zusammenarbeit während und nach der Befreiung von den «jüdisch-internationalen Kräften» wie vom «internationalen Marxismus» eintrat. Dem entsprechend stand der Kampf gegen Versailles, Völkerbund und Frankreich ganz oben auf der Agenda. Aber das verband sich mit einer christlich gefärbten Beschwörung Europas. Für Scheubner-Richter rangierte tatsächlich der Kampf gegen den in Russland herrschenden gottlosen Bolschewismus an erster Stelle – weshalb er sich auch unmittelbar im Rahmen der «weißrussischen» Emigration betätigte, vor allem durch die Organisation des Kongresses der russischen Monarchisten in Bad Reichenhall im Sommer 1921, auf dem ein «Oberster Rat» als Platzhalter eines künftigen, erneuerten Zarentums gebildet wurde. In diesem Sinne verkörperte Scheubner-Richter in der Tat «das revanchistische und gegenrevolutionäre Element in der NSDAP».[41]

Etwas anders lag der Fall bei Alfred Rosenberg, trotz der biographischen und persönlichen Nähe beider Männer. Rosenberg hatte die Revolution 1917 noch selbst als Student in Moskau erlebt und sie keineswegs verurteilt, im Gegenteil. Noch 1920 schrieb er in seiner ersten größeren Schrift «Die Spur des Juden im Wandel der Zeiten», es sei kein Zweifel, dass «ganz Russland sich wie von einem Alp befreit (fühlte), als die Nachricht vom Sturz des Zaren vom Baltischen Meer bis zum Stillen Ozean eilte».[42] Dennoch bildeten hier wie in seinen anschließenden Schriften «Unmoral im Talmud» (1920), «Das Verbrechen der Freimaurerei» (1921), «Der staatsfeindliche Zionismus» (1922) und «Die Protokolle der Weisen von Zion und die jüdische Weltpolitik» (1923) die russischen Ereignisse kaum mehr als einen Mosaikstein im Gesamtbild einer Jahrhunderte und Jahrtausende währenden Kontinuität jüdischer Zersetzung.

Fast kann man sich wundern, eine wie nachgeordnete Rolle die russische Revolution in den frühen Rosenberg-Schriften spielte, obwohl sie doch offensichtlich zu seinen politischen Initiationserlebnissen gehört hatte. Im apokalyptischen Geschichtsgemälde über «Die Spur des Juden im Wandel der Zeiten» firmiert «Die russisch-jüdische Revolution» lediglich als ein kurzes vierzehntes Kapitel unter insgesamt zwanzig. Die Schrift spitzt sich am Schluss recht esoterisch darauf zu, an die «Stelle der altjüdischen Geschichten ... endlich einmal die Schätze indogermanischen Denkens zu heben» und altindische Schöpfungsmythen, zarathustrische Lehren vom «Kampf des Lichtes mit der Finsternis» sowie griechische und germanische Weistümer an die Stelle der «Juden-Bibel» zu setzen.[43] Kurzum, Christentum wie Monarchie boten für Rosenberg (anders als für Scheubner-Richter) keinen Schutz vor der jüdischen und freimaurerischen Zersetzung, sondern waren eher deren Einfallstore. Nicht um monarchische Restauration konnte es daher gehen, sondern um die Errichtung einer völkisch-sozialistischen Führerdiktatur mit arisch-mythischer Inspiration.

Umso mehr kam es allerdings darauf an, dem falschen, nämlich «jüdischen» Sozialismus (sprich Marxismus) die Maske vom Gesicht zu reißen und ihm einen echten, «nationalen» Sozialismus entgegenzustellen. Die von Rosenberg verfasste Einführung zum Programm der NSDAP von 1922 kaprizierte sich gleich eingangs auf die Behauptung, dass der Marxismus nur ein «ungeheurer Weltbetrug» sei. Denn als er «endlich in Moskau im November 1917, zu Berlin im November 1918 triumphierte», da war das in Wirklichkeit «die antikapitalistische Weltrevolution, geführt vom Weltkapital».⁴⁴

Bolschewisten und «Börsenjuden»

Auf diesen Nachweis zielte auch Rosenbergs kurzer Abriss «Der jüdische Bolschewismus» vom November 1921, der der weit verbreiteten Hetzschrift «Totengräber Russlands» vorangestellt war – einer wirkungsvollen Collage aus antisemitischen Karikaturen und Spottversen. Die von einem intimen Hass inspirierten, sehr gekonnten Portraits der Führer des Bolschewismus und der Internationale stammten von Otto von Kursell, der ein Gründungsmitglied der Münchner «Russischen Monarchistischen Vereinigung» und (wie Rosenberg) noch bis 1923 russischer Staatsbürger war. Die Knüttelverse dazu hatte der völkische Bohemien und verkrachte Dichter Dietrich Eckart geliefert, der in den Jahren 1919/20 in München eine eigene Zeitschrift «Auf gut Deutsch!» herausgegeben hatte und der erste Mentor und Förderer des angehenden Literaten Rosenberg wie des Propagandisten Hitler war.⁴⁵

Hier wie in Rosenbergs wenig später verfasstem Pamphlet «Pest in Russland!» vom Mai 1922 rückte erstmals der Bolschewismus als solcher ins Zentrum seiner Publizistik. Den Zeithintergrund lieferten die internationalen Hilfskampagnen für die Hungernden in Russland und der Abschluss des Rapallo-Vertrags am Rande der Weltwirtschaftskonferenz in Genua. Rosenberg definierte den Bolschewismus nun als «das jüdische Experiment der Völkerzersetzung, der Entsittlichung, der Völkervernichtung, um sie [die arischen Völker, G. K.] nach erlangter physischer Ohnmacht in vollkommene Abhängigkeit vom jüdischen Börsenkapital zu bringen, sie zu vertrusten».⁴⁶

Die Bolschewiki waren also in Wahrheit nur «die Abgesandten der Börsenjuden aus allen Ländern», so wie es «jüdisches Geld war, das die Zersetzungsmaschine bezahlte». Parvus-Helphand, der eigentliche «Vater des Bolschewismus», habe es im demokratisch zersetzten Auswärtigen Amt in Berlin durchzusetzen gewusst, «Lenin mit mehreren hundert Juden aus der Schweiz nach Petersburg durch Deutschland hindurchzulassen», während «Jakob Schiff, der Weltbankier», mit Hilfe der prominenten jüdischen Mitarbeiter des Präsidenten Wilson (Brandeis, Baruch usw.) dafür gesorgt habe, dass unter «zweihundert anderen Brüdern aus dem New-Yorker Ghetto ... Trotzky und Sinowjew nach Russland ab(fuhren)».⁴⁷ Ziel dieser kon-

zertierten Aktion war die Errichtung einer «Finanzdiktatur über ein ohnmächtig gemachtes, ausgeplündertes, halbverhungertes Volk: der Plan, der in verschwiegenen Judenlogen Londons, New-Yorks, Berlins ausgeklügelt, betrieben und von den Sowjetjuden mit Hilfe von Chinesen und dem Abschaum aller Völker in Szene gesetzt wurde!»[48]

In der Logik dieser Darstellung lag es, das russische Volk als ein (wenn auch nicht ganz unschuldiges) Opfer einer ihm wesensfremden Macht darzustellen: «Wer Russland kennt und die Möglichkeit hatte, alle Phasen der Revolution zu beobachten, der wird zwar zugeben, dass die anarchischen Triebe des russischen Volkes vielleicht auch den Gang über die Mitte hinaus erzwungen hätten, aber ebenso sicher ist es, dass nie und nimmer heute ein solch systematisches Ausrottungssystem alles Wurzelstarken, ein solch satanisches Vernichtungsinstrument geschaffen würde, wenn sich nicht jenes Element an die Spitze der Anarchie geschwungen hätte, das, durch die Jahrtausende sich

gleichbleibend, immer die Verkörperung der hemmungslosen, unersättlichen Gier, Grausamkeit und Skrupellosigkeit gewesen ist: *der Jude.*»[49]

In «Pest in Russland» stimmt Rosenberg passagenweise gar ein Requiem auf die «nationalrussische Intelligenz» an, die «sich langsam erdrosseln, abschlachten» ließ, auf die «russische Kultur», die völlig vernichtet wurde, auf die Arbeiter, die «in ‹ihrem› Staat tiefer geknechtet sind, als in irgendeinem anderen Lande», und auf die russischen Bauern, die im größten Agrarland der Welt nur mehr ein «verzweifeltes, verhungerndes Volk» seien. Aber «am ergreifendsten wirkt doch das Schicksal der ganz Verlassenen und Hilflosen: der Kinder», die hungernd umherirrten, sich prostituierten und «Blutzeugen» jeder Art von Verbrechen geworden seien. Aber, so Rosenbergs Hoffnung, es «lebt – trotz allem – auch im russischen Volk ein Gefühl für Gerechtigkeit». Der «Pogrom am russischen Volk … wird sich rächen».[50] Selbst die «weichmütigsten und tolerantesten Russen» seien inzwischen vom Judenhass durchtränkt. «Wenn die jetzige Regierung fällt, dann bleibt kein Jude lebend in Russland ...; was nicht totgeschlagen wird, wird vertrieben.»[51]

Die internationale «Hungerhilfe» für Russland sei nur der letzte Versuch westlich-jüdischer Kreise, die Hilfsbereitschaft wohlmeinender Bürger und sozialistischer Arbeiter für die Rettung ihrer bolschewistischen Rassegenossen zu nützen. Dabei habe die Wirtschaftskonferenz in Genua bereits die endgültige Auslieferung der vertrusteten russischen Industrie an die «internationale Hochfinanz» gebracht, die sich zu 9/10 bekanntlich aus Juden zusammensetze, während der jüdische Außenminister Rathenau in Rapallo den vom Sturz bedrohten Henkern des russischen Volkes die helfende Hand gereicht habe, so dass fortan auch auf Deutschland «das Odium der Ausbeutung Russlands lasten» werde. Wie Versailles bedeute der Vertrag von Rapallo «weiter nichts als die Einspannung des deutschen Volkes zur endlosen Fronarbeit für die Hochfinanz des Westens und zur Stützung der morschen und verfaulenden Judenrepublik des Ostens».[52]

Hitler und das «nationale Russland»

Die Ansichten Hitlers über den Bolschewismus und Russland lagen zunächst auf einer ähnlichen Linie wie die Rosenbergs und seiner Münchner Freunde. Axiomatisch war auch für ihn, dass der Weltkrieg selbst und nicht erst die Revolution das entscheidende Mittel beim Griff des Judentums nach der Weltherrschaft gewesen sei – eben indem die den Juden am stärksten verhassten, weil ihnen feindlichsten Völker, Deutsche und Russen, aufeinander gehetzt wurden. Dementsprechend bewegten sich auch die außenpolitischen Vorstellungen der NSDAP bis 1923[53] noch durchwegs im Rahmen einer «sehr primitiv verstandenen Bismarcktradition».[54] Rosenberg etwa stellte die Konstellation der Großmächte in eine starre, geopolitische Kontinuität, wenn er 1921 im «Völkischen Beobachter» als Bismarck-Exeget schrieb: «Mit Frankreich werden wir nie Frieden haben, mit Russland nie die Notwendigkeit eines Krieges.»[55]

Allerdings stießen alle Pläne oder Gedankenspiele, im Notfall auch mit dem sowjetischen Russland in eine engere Zusammenarbeit zu treten, um ein Gegengewicht gegen die Versailler Mächte zu bilden, wie sie in Kreisen der Reichswehr und Industrie, der Nationalrevolutionäre und Deutschnationalen, aber auch auf dem linken Flügel der Nazipartei selbst (im Umkreis der Strasser-Brüder) gehegt wurden, bei Hitler und Rosenberg auf heftige Ablehnung – eben weil das ein Verrat am gemeinsamen Kampf beider Völker gegen die jüdische Zersetzung und Beherrschung und damit an der einzig möglichen und zukunftweisenden Bündnisoption Deutschlands war: nämlich der mit einem wiederhergestellten «nationalen Russland».

Die Evozierung der bolschewistischen Greuel in Russland diente im übrigen als drastisches Anschauungsmaterial für das, was auch Deutschland drohte. Sowjetrussland zeigte Deutschland nur seine Zukunft: «Derselbe Jude, der das Volk durch Bank und Börse aussaugte, derselbe hetzte die Arbeiter gegen die Besitzenden, soweit sie Nichtjuden waren.» Wenn nun «die Moskauer Judenregierung in ihrer jetzigen Notlage gestützt werden» sollte *gegen das verhungernde russische Volk»*, wie es viele verlangten, so «müssen wir lauten Protest erheben …, um dem russischen Volk endlich zur Freiheit zu verhelfen». Stürmischer Beifall brandete laut der im «Völkischen Beobachter» publizierten Mitschrift dieser Hitler-Rede im August 1921 an dieser Stelle auf.[56]

Von dieser Position her lehnte Hitler auch alle kommunistischen Avancen an die deutschen Nationalisten für einen gemeinsamen Kampf gegen Versailles ab – so in einer Rede im April 1922 zum Vertrag von Rapallo: «Die Blätter wussten zu berichten, dass Deutschland durch das Bündnis mit Russland einen großen Erfolg erzielt habe. Wo ist nun dieser Erfolg? Nicht die Völker haben sich gefunden, sondern die führenden Juden (Beifall).» Einem «Genossen der KPD», der sich zu Wort gemeldet hatte, erklärte Hitler laut Polizeibericht: «Ein Zusammengehen wäre wohl möglich; aber solange man unsere Versammlungen sprengt und unsere Leute blutig schlägt, ist dies unmöglich.» Im übrigen: Wäre der Umsturz vom 9. November 1918 «ehrlich gemeint gewesen», dann «hätte er *eine* Folge haben müssen: *Kampf* gegen den kapitalistischen Westen». Stattdessen habe der November aber zur völligen Entwaffnung Deutschlands geführt. Gäbe es eine wirkliche Internationale der Arbeiter, «so hätte sie das in den Ländern der Entente zu beweisen». Stattdessen aber sei Deutschland unterminiert und alles unternommen worden, den «Judenstaat» auch hier aufzurichten. Statt mit den «Verderbern Russlands zu verhandeln», müsse es darauf ankommen, «das russische Volk aufzurufen, seine Peiniger abzuschütteln, um ihm dann nähertreten zu können».[57]

Der «jüdische Bolschewismus» als Weltgespenst

Während im deutschvölkischen wie im nationalsozialistischen Diskurs die Urheber und Drahtzieher des jüdischen Weltkomplotts eindeutig im Westen gesucht wurden und der Bolschewismus nur als ein weiteres, niederträchtiges Werkzeug dieser «goldenen Internationale» firmierte, enthüllte sich für viele westliche Beobachter gerade mit der von Deutschland unterstützten Machteroberung der Bolschewisten in Russland erst das Gespenst eines jüdischen Griffs nach der Weltmacht. Wie überhaupt der Topos vom «jüdischen Bolschewismus» in seiner überlebensgroßen Bedeutung aus sehr nachvollziehbaren Gründen in den westlichen Siegerstaaten viel früher und expliziter Gestalt annahm und auf weit prominenterer Ebene diskutiert wurde als in Deutschland.

Aus westlicher Sicht handelte es sich bei der bolschewistischen Revolution in Russland im Kern um ein deutsch-jüdisches Komplott. Diese Vorstellung, die in der britischen und französischen Politik und Publizistik seit 1915 sporadisch schon als fixe Idee herumgegeistert war (parallel zu den deutschen Versuchen, die «jüdische Karte» zu spielen), schien in den revolutionären Umbrüchen des Jahres 1917/18 in Russland tatsächlich Gestalt anzunehmen und wurde in der westlichen Öffentlichkeit zeitweise obsessiv diskutiert. Nicht nur Korrespondenten der großen britischen und französischen Tageszeitungen in Russland, auch führende westliche Staatsmänner wie Clemenceau oder Churchill erörterten ernsthaft die Frage, ob der deutsche Imperialismus dabei sei, mithilfe jüdischer Revolutionäre das Russische Reich unter seine Kontrolle zu bringen.

Den Spekulationen war breitester Raum geboten. Und sie waren ja auch nicht völlig aus der Luft gegriffen. War der bolschewistische «Kriegskommunismus», der sich so offenkundig am Vorbild der deutschen Kriegswirtschaft orientierte, vielleicht nur eine Camouflage, um das Russische Reich mit seinen immensen Ressourcen an den deutschen Imperialismus auszuliefern? Waren nicht führende bolschewistische Revolutionäre wie dieser Sobelsohn-Radek bis vor kurzem noch Mitglieder der deutschen Sozialdemokratie gewesen? Führten nicht sowjetische Volkskommissare mit deutschen Industriellen und Politikern, trotz aller Proteste gegen die «Vergewaltigung» Russlands, im Sommer 1918 Wirtschaftsverhandlungen, die über jede aktuelle Zwangslage weit hinauswiesen; und führten sie nicht sogar militärische Gespräche über ein gemeinsames Vorgehen gegen die alliierten Truppen in Russland?

Oder war der Bolschewismus selbst die neue Weltgefahr, und verfolgte Lenin das kaltblütige Ziel, den deutschen Imperialismus als Eisbrecher für eine Revolutionierung Russlands, Mitteleuropas und der ganzen Welt einzusetzen? Zwar waren die alliierten Interventionen in Russland im Sommer 1918 nicht in erster Linie antibolschewistisch motiviert, sondern von der Angst diktiert, den deutschen Zugriff auf die russischen Ressourcen zu konterkarieren. Aber in den begleitenden Diskussionen in Frankreich wie in England oder in den USA gab es bereits viele Stimmen, die das bolschewistische Projekt einer Weltrevolution unter den gegebenen Umständen für noch gefährlicher hielten als die Eroberungen des wilhelminischen Deutschen Reiches.

Aber wer steckte in letzter Instanz eigentlich dahinter? Die groß aufgemachte Rezension der «Protocols of the Elders of Zion» in der Londoner «Times» vom 8. Mai 1920 hob diese Diskussionen auf eine scheinbar völlig ernsthafte Ebene. Der anonyme Rezensent war mit einiger Sicherheit der frühere «Times»-Korrespondent in Petrograd, Robert Wilton, der seine Berichterstattung bereits 1917 ganz an der These ausgerichtet hatte, dass die «russische Sozialdemokratie ein Ableger des deutschen Marxismus» und «weithin aus Angehörigen einer fremden Rasse zusammengesetzt» sei.[58]

Jetzt erklärte er, eine «unparteiische und erschöpfende Kritik» des Textes der «Protokolle» sei dringend notwendig. Denn: «Niemals zuvor ist eine Rasse und eine Konfession einer finstereren Konspiration angeklagt worden.» Die Aufzeichnungen enthüllten, dass es «eine geheime internationale politische Organisation der Juden gibt und seit Jahrhunderten gegeben hat». Diese sei von «einem unauslöschlichen tradierten Hass auf die christliche Welt» sowie «einem titanischen Ehrgeiz nach Weltherrschaft» erfüllt, wofür sie bereit sei, die ungeheuersten Mittel der politischen und moralischen Zersetzung, Aushungerung, Seuchen, Kriegsverwüstungen, Revolutionen usw. in Anschlag zu bringen. Vor allem das Programm der Bolschewiken, deren Führer mehrheitlich Juden seien, scheine wortwörtlich den «Protokollen» entnommen. Um schließlich dramatisch zu enden: «Haben wir alle diese tragischen Jahre hindurch gekämpft, um die geheime Organisation einer deutschen Weltherrschaft zu sprengen und auszuradieren, nur um gleich daneben eine andere, noch gefährlichere, weil noch geheimere zu finden? Sind wir … einer ‹Pax Germanica› nur entkommen, um unter eine ‹Pax Judaica› zu geraten?»[59]

Texte von vergleichbarem Gewicht lassen sich zur selben Zeit auch in Frankreich finden, wo angesichts der bolschewistischen Revolution und der deutsch-sowjetischen Agitation gegen Versailles die alten Themen der Dreyfus-Affäre von den «deutschen Juden» Wiederauferstehung feierten, nun eben im Zeichen der mit deutschem Geld finanzierten bolschewistischen Weltrevolution.[60]

Auf noch höherer Ebene wurden Diskussionen dieser Art aber womöglich in den von Fieberwellen der «Red Scare» geschüttelten Vereinigten Staaten geführt, wo sich Ministerien und Kongressausschüsse ausführlich mit den Fragen einer «German-Bolshevik Conspiracy» beschäftigten[61], und in diesem Rahmen mit der Rolle der Juden im Weltkrieg, von den russisch-jüdischen Revolutionären der New Yorker Eastside bis zu den deutsch-jüdischen Bankiers wie Jakob Schiff oder den Warburgs.[62] In diesem Klima wurde unter dem Namen und mit der Autorität Henry Fords 1920/21 das antisemitische Großpamphlet «The International Jew» fabriziert und verbreitet, das vielleicht als der materialreichste, intelligenteste und gewichtigste Versuch gelten kann, eine unmittelbar drohende oder in Ansätzen bereits bestehende jüdische Weltherrschaft aus den Zeitumständen heraus plausibel zu machen.[63]

Die deutsche antisemitische Literatur dieser ersten Nachkriegsjahre war verglichen damit sicherlich hysterischer und aggressiver, aber auch randständiger. Und antibolschewistische Affekte spielten, wie beschrieben, darin eine ungleich geringere Rolle als in den westlichen Antisemitica – so wie umgekehrt bei den deutschen Antibolschewisten die antisemitischen Affekte weit schwächer ausgeprägt waren, als man hätte erwarten können. Noch weniger waren die deutschen Antisemiten (wie im übrigen auch die Antibolschewisten) als Russophobe anzusprechen; im Gegenteil, fast alle – bis hin zum frühen Hitler – setzten zunächst auf eine gemeinsame deutsch-russische Befreiungsaktion und auf die Bildung einer Kontinentalachse als dem einzig möglichen und logischen Weg des Ausbruchs aus den «Fesseln von Versailles». Erst als mit einem «nationalen Russland» nicht mehr zu rechnen war, konnte Hitler in «Mein Kampf» diese zentrale Hoffnungsperspektive der Antisemiten radikal umkehren und durch seine phantastischen Visionen vom «neuen Germanenzug» und «Lebensraum im Osten» substituieren.

3. Zweifacher Revisionismus

Jenseits aller ideologischen Affinitäten oder Aversionen setzte sich die faktische Sonderbeziehung, in der sich das Deutsche Reich und die Russische Sowjetrepublik von Beginn an befanden, auch nach Kriegsende fort, nun in Gestalt eines zweifachen, sich gegenseitig nährenden Revisionismus.

Der prononcierte regierungsamtliche «Antibolschewismus» der letzten Kriegswochen und ersten Nachkriegswochen hatte neben den realen Ängsten vor Umsturz, Chaos und Seuchen mit der höchst irrealen Erwartung zu tun, die Alliierten würden die deutschen Machtpositionen im Osten zumindest teilweise bestehen lassen. Die gemeinsame Abwehr des Bolschewismus, so hoffte man, könne unter der Regie Wilsons auf eine «Neuordnung» Europas hinauslaufen, bei der ein Teil der deutschen Landnahmen oder jedenfalls Einflusszonen im Osten als Entschädigung für die zu erwartenden Abtretungen und Verzichtleistungen im Westen eingesetzt würde. Deutschland, so hatte Vizekanzler Payer schon im Oktober 1918 verkündet, werde nach dem erhofften «Wilson-Frieden» die natürliche Schutzmacht der von Russland abgefallenen und vom Bolschewismus bedrohten neuen Randstaaten bleiben. Von daher sprach er seinen Landsleuten Mut zu: «Gegen Osten ist die Welt wieder offen für uns.» Dort «ist für uns Frieden und bleibt für uns Frieden, mag es unseren westlichen Feinden gefallen oder nicht».[1] Das hieß im Klartext: Mochte der Krieg im Westen verloren sein – im Osten war er gewonnen!

Die ungeheure Erbitterung, die sich der deutschen Öffentlichkeit im Frühjahr 1919 bemächtigte, als die tatsächlichen Friedensbedingungen durchsickerten, speiste sich nicht zuletzt aus dieser noch über den militärischen Zusammenbruch hinaus gehegten Illusion. Der Punkt, an dem die Stimmung umschlug, war die dritte Waffenstillstandsverlängerung vom Februar, die die deutsche Armee ultimativ zwang, ganz Polen einschließlich der Provinz Posen zu räumen. Kurz darauf wurde bekannt, dass auch Danzig und Oberschlesien an Polen fallen sollten. Nachdem die im Baltikum verbliebenen deutschen Truppen im Juni ebenfalls zurückbeordert wurden, war klar, dass es für die Verluste im Westen keine Kompensationen im Osten geben würde, im Gegenteil. Die neuen mitteleuropäischen Staatsbildungen waren nicht zuletzt auch darauf angelegt, das Deutsche Reich durch einen «cordon sanitaire» vom Osten und besonders vom bolschewistischen Russland zu separieren.

Die Empörung richtete sich daraufhin vor allem gegen die neue Republik Polen, die mit französischer Rückendeckung und auf Kosten vormals deutscher und russischer Gebiete zu einer regionalen Großmacht ausgebaut wurde, deren Ambitionen noch keineswegs befriedigt waren, wie ihre Politik der Handstreiche in den strittigen Grenzgebieten mit Deutschland und ihre militärischen Interventionen in den russischen Bürgerkrieg bewiesen. Diese kaum je gemilderte antagonistische Stellung des Reiches zu Polen gehörte zu den Verhängnissen der ganzen Weimarer Periode bis 1933.

Bolschewismus als Drohkulisse

Angesichts dieser Konfliktlage wirkten die lautstarken Beschwörungen der bolschewistischen Gefahr immer zweideutiger, selbst dort, wo sie als explizites Angebot an die Westmächte formuliert waren. So wenn der Interimschef der Armee, General Groener, im Dezember 1918 in einem Memorandum an das amerikanische Oberkommando die «gemeinsame Niederwerfung» des Bolschewismus vorschlug, «um dieser Gefahr zu begegnen, die wie eine Pest über Europa hereinbreche und, falls sie sich in Deutschland einniste, auch am Rhein vor Marschall Fochs siegreichen Heeren nicht haltmache». Faktisch lief das auf den Vorschlag (oder vielmehr die Forderung) hinaus, die Demobilisierung abzubrechen und eine neue deutsche Armee als «Schutzmacht» der neuen Staaten Mittelosteuropas ins Feld zu stellen. Als die Adressaten das Ansinnen (zu Recht) als «Bluff» einstuften und ablehnten, drohte Groener in jäher Kehrtwendung: «Deutschland werde lieber bolschewistisch, als dass es sich knechten ließe; es würden Stimmen auch in nationalen Kreisen laut, sich mit der Revolution des Ostens zu verbünden, um auch den Westen Europas nicht unbeschadet aus diesem Kriege hervorgehen zu lassen.»[2]

Diese Pressionsversuche waren begleitet, aber auch herausgefordert durch anhaltende Spekulationen in der alliierten Presse über eine «Allianz zwischen Bolschewismus und Alldeutschtum» (so der Pariser «Temps») oder auch durch die ernsthafte Besorgnis, dass «ein jeder Hoffnung beraubtes Deutschland die Beute der bolschewistischen Seuche wird» (so der Londoner «Oberserver»).[3] Auch die hektischen Bemühungen der westlichen Alliierten, die Auslieferung des in Berlin festgenommen Karl Radek zu erwirken oder zumindest Einblick in seine Aussagen und die Erkenntnisse der deutschen Behörden zu erhalten, schienen von akuter Furcht diktiert. Eine alliierte Sonderkom-

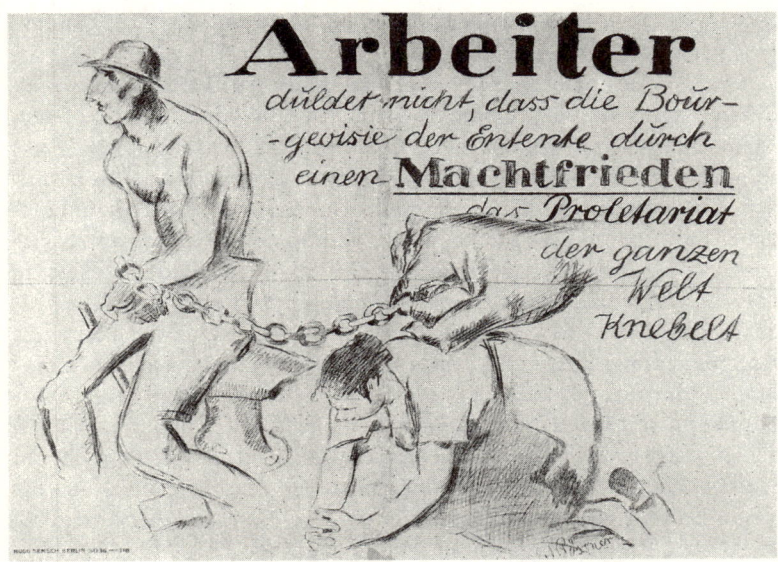

Anti-Versailles-Plakat von Georg Rössner, Berlin 1919

mission, die nach Berlin entsandt wurde, um die Pläne und Verbindungen Radeks festzustellen, ließ sich von den Andeutungen der deutschen Behörden über Radeks konspirative Verbindungen zu französischen oder britischen Soldatenkomitees allerdings weniger beeindrucken als erhofft.[4]

Parallel zu den Verhandlungen der Sieger in Versailles gab es bereits ernsthafte Vorschläge, etwa aus der Feder des prominenten Soziologen Max Weber in der «Frankfurter Zeitung» im März 1919, mit dem bolschewistischen Russland «eine Interessengemeinschaft zu bilden». Leitartikel mit ähnlicher Tendenz fanden sich auch in der «Vossischen Zeitung» und der «Deutschen Allgemeinen Zeitung». Der Chefredakteur des «Vorwärts» Friedrich Stampfer brach gar in den Kassandraruf aus: «Wenn es wahr ist, was die Entente über die drüben gefassten Entschlüsse mitgeteilt hat, in denen die schamloseste Raubgier ihre Orgien feiert, dann kann keiner deutschen Regierung zugemutet werden, dass sie das Schriftstück ... unterzeichnet. Das Nichtzustandekommen der Verträge mit dem Westen würde uns aber welt- und wirtschaftspolitisch auf Russland verweisen, und die während des ganzen Krieges von einer bestimmten Richtung gepredigte ‹östliche Orientierung› würde in veränderter Form ihre Wiederauferstehung erleben ... Deutschland wäre dann, genau wie Russland, gezwungen, mit der ganzen revolutionären Energie, die es im Leibe hat, über die Landesgrenzen hinauszudrängen.»[5]

Eine Woche später war im «Vorwärts» der Aufruf der Budapester Räteregierung an die Arbeiter Österreichs und Deutschlands zu lesen, «dem Beispiel der ungarischen Arbeiterschaft zu folgen, mit Paris endgültig zu brechen und sich mit Moskau zu verbünden», um «mit den Waffen in der Hand den imperialistischen Eroberern Trotz zu bieten». Tage später verkündete selbst Philipp Scheidemann im Parlament, «ein zermürbtes Deutschland, dem man eine Stadt wie Danzig und das Saargebiet nimmt, wäre reif für den Bolschewismus». Die Folge werde die Bolschewisierung ganz Europas sein. Und der ehemalige Kolonialstaatssekretär und Abgeordnete der Naumannschen Demokraten, Bernhard Dernburg, schrieb im «Berliner Tageblatt»: «Wir können den Damm aufrecht erhalten, aber wir können auch die Schleusen öffnen ... Kommen Deutschland aus dem Westen nicht die Hoffnung und die Sicherheit einer Fortexistenz ..., so muss es entschlossen sein Auge nach Osten richten.» In dieser Hinsicht biete die ungarische Räterepublik ein «lehrhaftes Beispiel».[6]

Zitate dieser Art – aus allen politischen Lagern – ließen sich im Frühjahr 1919 fast beliebig vermehren. Gewiss waren diese Ankündigungen und Drohungen «in Wahrheit ziemlich wenig glaubhaft» (so Louis Dupeux).[7] Als die Münchener Räterepublik sich im April 1919 tatsächlich dem ungarischen Beispiel anschloss, waren die in Weimar tagenden Mehrheitsparteien schnell einig, dass dieses Experiment durch bewaffnete Reichsexekutive umgehend zu beenden sei. Dennoch verraten die angeführten Zitate viel über die Zeitstimmungen und politischen Wertigkeiten, worin das Phänomen des Bolschewismus – positiv oder negativ – stets im Lichte des zu erwartenden Pariser Friedensdiktates rangierte.

Revisionismus als Generallinie

In der kategorischen Ablehnung von «Versailles» und im Wunsch nach baldmöglicher Revision waren alle geeint, die Gegner wie die Befürworter einer Annahme der Friedensbedingungen. So warb Groener im Generalstab für deren Annahme mit Formulierungen, die bereits offen revanchistisch klangen: «Wenn man um die Weltherrschaft kämpfen will, muss man dies von langer Hand her vorausschauend mit rücksichtsloser Konsequenz vorbereiten ... Dazu gehört aber, dass der Grund und Boden, auf dem man steht, im Innern wie nach außen fest und unerschütterlich bleibt.»[8] Da es im demobilisierten Heer wie in der Bevölkerung «keine Spuren der Auflehnung mit der

Waffe» gebe, gelte es, Zeit zu gewinnen.⁹ Dieses Kalkül einer «Atempause» entsprach spiegelbildlich dem Lenins angesichts des Brester Diktats, an dessen Exekution Groener als kommandierender General in der Südukraine 1918 beteiligt gewesen war.

Allerdings hatte Groener Mühe, eine Rebellion der im Osten stehenden Truppen und Freikorps abzuwehren. Eine Gruppe von Offizieren um Oberst Reinhardt, die im Januar an der blutigen Niederschlagung des Spartakus-Aufstands beteiligt waren, plante nun, den Friedensvertrag abzulehnen, so viele Waffen wie möglich in den Osten zu retten und bei dem angedrohten Einmarsch alliierter Truppen von Ostpreußen her einen Widerstandskrieg zu entfesseln, der notfalls zur Gründung eines separaten «Oststaates» als Bastion einer nationalrevolutionären Erneuerung und Einigung des Reiches hätte führen sollen.

Dieses Projekt speiste sich zugleich aus ersten Grenzkämpfen mit polnischen Truppen und Freischärlern sowie blutigen Scharmützeln zwischen deutschen Freikorps, Roten Garden und nationalen Unabhängigkeitskräften im Baltikum – ein Kampf an mehreren Fronten also. Für einen kurzen Moment tauchte noch einmal die Fata Morgana einer großen antibolschewistischen Rettungsaktion auf, die sich an das Unternehmen des deutsch-russischen Obersten Bermondt und die Pläne des Kommandeurs der deutschen Expeditionstruppen in Finnland, des Generals von der Goltz, zur Einnahme Petrograds hefteten, um Rückhalt bei einem wiederhergestellten «weißen» Russland zu finden. Aber nachdem auch diese desperate Aktion sang- und klanglos gescheitert war, kamen im harten Kern der «Baltikumer», der antibolschewistischen Freikorpskämpfer und nationalistischen Militärs, Überlegungen auf, wonach ein neupreußischer «Oststaat» notfalls auch bei einem sowjetischen Russland werde Rückendeckung suchen müssen. Zuerst aber musste die Macht in Berlin ergriffen werden.

Mitte Dezember 1919 stellte Freiherr von Reibnitz, der kurz zuvor Karl Radek aus seiner zum «Salon» umfunktionierten Moabiter Gefängniszelle mit Genehmigung der Behörden in die eigene Wohnung überführt hatte und nach dessen späterem Bericht einer «der ersten Männer (war), die den Namen ‹Nationalbolschewisten› erhielten», einen Frühstücksgast vor: Oberst Max Bauer, ein enger Mitarbeiter Ludendorffs im früheren Generalstab, wo er unter anderem als Organisator der infamen «Judenzählung» von 1916 und Erfinder der «Dolchstoßlegende» von 1918 hervorgetreten war.[10] Jetzt kam er als einer der Rädelsführer der «Nationalen Vereinigung», eines konspirativen Zusammenschlusses der Militärs und Wehrverbände, die nicht bereit waren, die Weimarer Republik und das Versailler Friedensdiktat hinzunehmen. Radek will ihm auf den Kopf zugesagt haben, «sie bereiteten einen Staatsstreich vor». Bauer dementierte halbherzig, nur um zu erklären: «Man müsse warten, bis die bürgerliche Demokratie die Arbeiter enttäuscht habe und sie zu der Überzeugung kämen, dass die ‹Diktatur der Arbeit› in Deutschland nur bei einer Übereinkunft der Arbeiter mit den Offizieren möglich sei. Er gab mir zu verstehen, dass auf dieser Grundlage eine Zusammenarbeit der Offiziere mit der Kommunistischen Partei und Sowjetrussland möglich sei.»[11]

Tatsächlich gehörte die Frühstücksvisite Bauers bereits in das Vorfeld des «Kapp-Putsches» (richtiger wohl: des Ludendorff-Lüttwitz-Putsches[12]), der wenige Wochen später von Ostpreußen aus entfesselt wurde. Falls Radek über diese Vorbereitungen im Bilde war, dann eben durch seinen «nationalbolschewistischen» Gastgeber von Reibnitz oder auch seinen alten Konfidenten Karl Moor, der seine verwandtschaftlichen Beziehungen in die höheren Militärkreise spielen ließ. Dem von Boris Nicolaevsky aufgezeichneten «Bericht des Genossen Thomas» (i. e. Jakub Reich) zufolge hatte Lenin Karl Moor im August 1919 genau mit dieser Mission, nämlich der Kontaktaufnahme mit den militärischen Frondeuren gegen das Versailler Friedensdiktat, aus Moskau nach Berlin geschickt.[13] Jedenfalls legte Radek in seinen 1926 erschienen Erinnerungen dem Obersten Bauer die sehr viel weitergehende Einsicht in den Mund: «Sie (die Putschoffiziere, G. K.) verstanden, dass wir unbesiegbar und die Verbündeten Deutschlands im Kampf gegen die Entente sind.»[14]

Sowjetischer Revisionismus

Dieser Aussagesatz mit seinem weiten Präsens wirft ein Schlaglicht auf die Spannbreite der bolschewistischen Politik in und gegenüber Deutschland. Dem entsprach die szenische Konstellation: Hier Karl Radek als Staatsgefangener, der seiner physischen Liquidierung oder zumindest der Anklage wegen «Beihilfe zum Aufruhr» nur knapp entgangen war – und dort die Spitzen von Staat, Wirtschaft, Militär und Publizistik, die sich in seinem Moabiter «Salon» kurz darauf die Klinke in die Hand gaben: Walther Rathenau und Felix Deutsch von der AEG; Maximilian Harden als Herausgeber der «Zukunft» und Friedrich Stampfer als Chefredakteur des «Vorwärts»; der vormalige Außenminister Admiral von Hintze; aber auch die von der Entente gesuchten Häupter der jungtürkischen Regierung, Enver und Taalat Pascha, die eine Insurgierung des mohammedanischen Ostens im Bündnis mit Moskau planten. Mitten dazwischen kamen «die deutschen Genossen in ganzen Gruppen», Vertreter der verschiedenen

Sowjetisches Propagandaplakat von V. N. Deni aus dem Jahr 1919. Der Obertext lautet: «Völkerbund – Die goldene Internationale.» Auf der Fahne steht: «Kapitalisten aller Länder, vereinigt Euch!» Die Geldsäcke und Herrscher Frankreichs, Amerikas und Großbritanniens thronen auf Bergen von Leichen.

KPD-, USPD- und SPD-Flügel, sowie mit falschen Papieren der erwähnte Jakub (James) Reich alias «Genosse Thomas», der bereits dabei war, das «Westeuropäische Büro» der neu gegründeten Komintern in Berlin konspirativ zu etablieren.[15] Und auch Alfons Paquet, der intensiv in die Bemühungen um Radeks Freilassung eingeschaltet war und nach wie vor auf einen Ruf ins Außenministerium wartete, besuchte im Oktober 1919 seinen früheren Stockholmer und Moskauer Vertrauensmann.[16]

Das alles waren Erfahrungsmomente, die es den Bolschewiki erlaubten, ihre offensive und mehrgleisige Politik der letzten Kriegswochen gegenüber Deutschland weiterzuführen und (natürlich im Kontext ihrer eigenen Machtpläne) auf die Karte eines künftigen deutschen Revisionismus oder Revanchismus zu setzen. Allerdings folgten sie dabei einem reichlich obskuren Weltbild. Der Bürgerkrieg in Russland wurde unverändert als ein antibolschewistischer «Kreuzzug der Entente» interpretiert. Und das Polen Pilsudskis, mit dem es im Sommer 1919 die ersten Kämpfe gab und 1920 zum großen Krieg kam, galt schlichtweg als Werkzeug des Imperialismus, genau wie die neu gegründeten «bürgerlichen» Nationalstaaten im Baltikum, in Finnland oder im Kaukasus.

In einer so beschriebenen Weltkonstellation war es natürlich von entscheidender Bedeutung, dass das geschlagene Reich nicht zu einem weiteren, womöglich entscheidenden Werkzeug in den Händen der Entente wurde. Vor allem die Mehrheitssozialdemokraten und das katholische Zentrum galten aus Moskauer Sicht als die Hauptagenten der westlichen Siegermächte. Der pragmatische Entschluss der Reichsregierung vom Herbst 1919, sich weder an der Blockade gegen Sowjetrussland zu beteiligen noch die Beziehungen einseitig wieder aufzunehmen, erschien als typischer Ausweis des Opportunismus der Weimarer Koalitionäre.

Dafür trat der von den Bolschewiki wiederbegründete Moskauer Staat nun selbst als führende revisionistische Macht gegen die Versailler Weltordnung in die Arena. Auf dem II. Weltkongress der Kommunistischen Internationale im Sommer 1920 entwickelte Lenin das Panorama eines globalen «Endkampfes», bei dem eine winzige Minderheit der Weltausbeuter, die Kapitalisten der westlichen Siegermächte, einem Block der Unterdrückten gegenüberstand, dem nicht nur das internationale Proletariat und die Ausgebeuteten der Kolonien, sondern auch die Masse der Bürger «in Ländern, die besiegt und in die Lage von Kolonien versetzt worden sind», angehörten. Dazu zählten offenkundig an erster Stelle das geschlagene Deutschland und seine Verbündeten.[17] Die Internationale war somit nicht mehr nur die Kampforganisation der Arbeiter aller Länder, sondern auch die aller durch das «Versailler System» ausgebeuteten und unterdrückten Völker. Und wenn die primären Verkehrssprachen des Genfer «Völkerbunds» Englisch und Französisch waren, dann die der «Dritten Internationale» Russisch und Deutsch, so wie Berlin neben Moskau die designierte zweite Hauptstadt der Komintern war.*

Diese globale Fronstellung verband sich mit eigenen Revisionszielen Sowjetrusslands. So standen die aus dem Korpus des früheren Russischen Reiches ausgetretenen neuen Republiken trotz der verbalen Anerkennung ihres Selbstbestimmungsrechts und der 1920/21, am

---

* Nicht nur ein Großteil der internen Korrespondenz der Komintern war anfangs in deutscher Sprache gehalten. Auch ihre führenden Kader wie Sinowjew, und selbst Lenin oder Trotzki, hielten ihre Referate häufig auf Deutsch. Karl Retzlaw erinnerte sich an den letzten Auftritt Lenins im November 1922: «Seine Rede hielt Lenin in deutscher Sprache. Radek saß neben ihm und flüsterte ihm Worte zu, wenn er einige Male nach passenden Ausdrücken suchte.» (*Karl Retzlaw: Aufstieg und Niedergang – Erinnerungen eines Parteiarbeiters*, Frankfurt/M. 1976, S. 219)

Ende erfolgloser Aufstands- und Invasionsversuche aufgenommenen diplomatischen Beziehungen, weiterhin in Frage. Schon darin lag eine Parallelität der Interessen mit dem geschlagenen und amputierten, aber im Kern intakten Deutschen Reich, das die staatliche und territoriale Neuordnung Mitteleuropas ebenfalls nur teilweise anerkannte.

«Für Russland eröffnet ein Bündnis mit Deutschland, unabhängig davon, ob die Revolution dort siegt oder nicht, riesige wirtschaftliche Perspektiven», erklärte Lenin auf einer internen Parteikonferenz im September 1920, in der er die Delegierten bat, «weniger mitzuschreiben», weil er jetzt Klartext über den missglückten Vorstoß auf Warschau sprechen wollte. Demnach hätte die Rote Armee mit dem Übergang zum Angriff und dem Versuch der «Sowjetisierung» und Vernichtung Polens als «dem Angelpunkt des Versailler Systems» zugleich auch «den ganzen Versailler Frieden» aushebeln sollen. Beim Herannahen der Roten Armee habe sich in Deutschland, und vor allem in Ostpreußen, ein «Block aus extremen Nationalisten und Kommunisten», «von Schwarzhundertern mit Bolschewiki» gezeigt; und dieser «widernatürliche Block war für uns». Aus diesen Beobachtungen zog Lenin die noch ungleich weitergehende Schlussfolgerung, dass «die deutsche Bourgeoisie im Grunde für uns» ist.[18]

Somit waren auch alle im Rahmen der Brester «Zusatzverträge» 1918 diskutierten Themen und Optionen (trotz ihrer Kündigung) aus Sicht der Bolschewiki aktueller denn je. Trotz der Niederlage sei das Reich «seiner wirtschaftlichen Entwicklung nach das zweite Land der Welt», wie Lenin im Dezember 1920 in einer Rede über «Konzessionen» (d.h. die begrenzte Heranziehung ausländischen Kapitals) erklärte.[19] Und Fachleute sagten, dass noch immer «die Elektroindustrie Deutschlands höher stehe als die Amerikas», weshalb ihr, so die implizite Schlussfolgerung, beim Projekt der Elektrifizierung Russlands (dem magisch-gigantischen GOELRO-Plan) eine Schlüsselrolle zufallen sollte. Kurzum: Deutschland und Russland waren aus der Sicht Lenins noch immer die «zwei Kücken unter der einen Schale des Imperialismus», die sie gemeinsam zu durchbrechen hatten.

«Geschlagen, aber nicht vernichtet»

Lenins Sicht entsprach tatsächlich der vieler deutscher Militärs, Politiker und Industrieller. Das Deutsche Reich, dessen ökonomischer und administrativer Apparat trotz Niederlage und Revolution weitgehend intakt war, schwenkte sehr bald wieder in die wirtschaftsimperialen Bahnen der Vorkriegsjahre ein. Graf Brockdorff-Rantzau, der neue Außenminister, notierte Anfang 1919 in einer Aufzeichnung: «Wir sind geschlagen, aber wir sind nicht vernichtet. Wir sind auf Jahre hinaus geschwächt, aber imstande, uns wiederaufzurichten.»[20] Graf Bernstorff, der die Kommission zur Ausarbeitung der deutschen Friedensbedingungen leitete, erklärte, Unterzeichnung oder Nichtunterzeichnung würden letztlich davon abhängen, «ob der Friede, der uns auferlegt wird, Deutschland wirtschaftlich tot macht oder nicht». Eben deshalb wurde das Problem der Reparationen zum alles beherrschenden Thema, mehr noch als die Territorialfragen oder Fragen der Entwaffnung.[21] Stresemann nannte den relativ intakten Wirtschaftsapparat des Reiches Jahre später «das einzige, womit wir noch Großmacht sind».[22]

Genau so sahen es allerdings auch die Alliierten, und vor allem Frankreich, das sich trotz des Sieges in einer noch desolateren sozialökonomischen Lage als Deutschland befand und in den Versailler Verhandlungen mit seinen weitergehenden Vorstellungen einer radikalen Amputation des deutschen Machtpotentials oder faktischen Wiederauflösung des Reiches nicht hatte durchsetzen können. Insofern war auch Frankreich, ähnlich wie Italien, Polen oder Rumänien, eine revisionistische und keineswegs saturierte Macht; eine Macht allerdings, die die Zwangsinstrumente des Versailler Vertrages aktiv nutzen konnte.

Im inneren Machtgefüge des Reiches hatte sich das Gewicht der hochgradig syndizierten «deutschen Wirtschaft» infolge des staatlichen und militärischen Zusammenbruchs und partiellen Tauschs der Eliten noch weiter erhöht und schien einen geschichtlichen Moment lang den leninistischen Vorstellungen einer monopolistischen Kapitalistenklasse fast nahe zu kommen. Nachdem die idealistisch verbrämten Vorstöße zur Errichtung eines einheitlichen und gerechten Weltwirtschaftssystems unter Ägide des Völkerbundes, wie sie von deutscher Seite im April 1919 vorgetragen worden waren, aber auch pragmatische Vorschläge wie der, statt Reparationen alliierte Beteiligungen an der deutschen Industrie ins Auge zu fassen, in Versailles auf keine Resonanz stießen, kamen abermals Vorstellungen zum Zuge, die in hegemonial abgeschirmten oder vertraglich gesicherten «Wirtschaftsräumen» dachten.

Angesichts der verschlossenen westlichen Kapital- und Warenmärkte und der unklaren Situation in Mittelosteuropa setzte sich die Ansicht durch, dass «als Hauptwirtschaftsgebiet für die nächste Zukunft in erster Linie das große russische Reich mit seinen überaus reichen, unerhobenen Naturschätzen und seinen fast unbegrenzten wirtschaftlichen Möglichkeiten» in Frage komme, wie der Direktor der Nationalbank Hjalmar Schacht im April 1919 schrieb.[23] Umstritten war nur, ob eine «aktive deutsche Ostpolitik», wie Brockdorff-Rantzau forderte, noch einmal versuchen sollte, einem «demokratischen Russland, das uns politisch und wirtschaftlich nahe steht», auf die Beine zu helfen, oder ob man nicht direkt an die Verhandlungen über die Brester Zusatzverträge vom Vorjahr wiederanknüpfen und das erklärte Interesse der um ihr Überleben kämpfenden Moskauer Räteregierung an einer sozialökonomischen Verknüpfung mit Deutschland ausnützen solle, wie es maßgebliche Leute des vormaligen «Russland-Konsortiums» verlangten.

Im Juni 1919 schickten die AEG und eine Reihe weiterer Firmen einen jungen Mitarbeiter nach Moskau, um die Lage zu sondieren. Dessen Bericht zufolge hielt die Sowjetregierung «einen engen Zusammenschluss mit Deutschland für erwünscht» und sei «zu weitgehenden Zugeständnissen bereit», angeblich sogar zur Aufgabe jeder (revolutionären) «Propagandatätigkeit» und zu Verhandlungen über die «Entschädigungsfrage». Auch Vorschläge, «die deutsche Intelligenz und die deutschen Facharbeiter, die nach Russland kommen wollten, bei sich aufzunehmen und ... unter den Schutz einer deutschen Kommission zu stellen», wurden bereits ventiliert. Allerdings äußerte sich der Emissär über die praktischen Möglichkeiten eines Wirtschaftsaustauschs sehr skeptisch.[24]

Dennoch kam es zu ersten Verhandlungen und Liefervereinbarungen, die angesichts der anhaltenden Spannungen mit den Siegermächten und des immer ausgedehnteren Bürgerkriegs in Russland jedoch vorerst storniert werden mussten. Deutlich war jedenfalls, dass die Interessen der Wirtschaft – und gerade der Großindustriellen – der sozialdemokratisch geprägten Regierungspolitik weit vorausliefen, die sich auf die Vermeidung jedes offenen Konflikts festgelegt hatte und dem Bolschewismus – auch aus Solidarität mit den verfolgten Demokraten und Sozialisten in Russland – mit wachsender politisch-moralischer Ablehnung begegnete.

Moabiter Anbahnungen

Karl Radek nutzte seinerseits jede Gelegenheit, um eine engere Zusammenarbeit anzumahnen. In einem Brief aus seiner Haftzelle in Moabit an Außenminister Hermann Müller vom Juli geißelte er die Unterwürfigkeit der deutschen «Politik, deren Resultat es ist, dass abgeschnitten von den Rohstoffquellen Russlands ..., Deutschland der Entente auf Gnade und Ungnade ausgeliefert ist und zusehen muss, wie die von ihm zwecks Blockierung Russlands gebildeten Randstaaten jetzt auf Geheiß der Entente Deutschland blockieren».[25]

In seinen späteren «Salon»-Gesprächen mit Walther Rathenau und dem «klugen Felix Deutsch ...‚ der mit Russland alte Verbindungen unterhielt und die russische technische Welt sehr gut kannte», war man sich durchaus einig, dass es, nach Rathenaus Worten, keine «Rückkehr zu der alten kapitalistischen Ordnung» mehr geben könne. Die Diskussion ging nur darum, ob «der führende Teil des Proletariats der Organisator der Industrie sein und die besten Kräfte der technischen Intelligenz in sich aufsaugen könnte», wie Radek meinte; oder ob es nicht gerade umgekehrt sein werde, wie die Herren von der AEG befanden. Aber «möge die Ordnung sein, wie sie wolle, wenn wir nur mit der AEG Handel treiben würden».[26]

In Hardens «Zukunft» placierte Radek vor seiner Abreise nach Russland Anfang 1920 schließlich einen Artikel «für ‹richtiggehende› Bourgeois», der den Angesprochenen noch einmal die Sporen gab: «Fällt der große Bann der Entente (und er wird fallen), so wird das Rennen um den großen russischen Markt beginnen», und die deutschen Unternehmen müssten dann zusehen, wo sie blieben. Jetzt aber könne gerade «Deutschlands technische Intelligenz», die vielfach arbeitslos sei, für Russland eine wichtige Rolle spielen. Am Beispiel der Offiziere der Roten Armee sei für alle Welt abzulesen, «dass wir ehrliche Arbeit auch früherer Gegner zu würdigen wissen». So könnten auch deutsche Fachleute «im Rahmen der russischen Armut ein menschliches Dasein» finden, nicht das «eines Herrenmenschen ...‚ aber eins von Pionieren der Zusammenarbeit». Und der deutsche Klassenstaat werde hoffentlich einsehen, «dass er sich nicht als den heiligen Georg des Antibolschewismus aufspielen, sondern mit Russland in nachbarlich freundschaftlichem Verhältnis leben kann und muss». Im übrigen brauche es dazu auch keinen besonderen Heldenmut vor Siegerthronen, denn: «Sowjet-Russland sucht kein deutsches Bündnis zum Kampf gegen die Entente» – schon weil diese deutsche Regierung überhaupt nicht bündnisfähig sei![27] So steckte bei Radek in jedem Dementi als dialektischer Stachel auch das mögliche Gegenteil.

Mitte Februar 1920 reichte Rathenau im Namen einer Gruppe Industrieller bei Reichspräsident Ebert eine Denkschrift ein, die genau entsprechend argumentierte und einen deutlich programmatischen Charakter trug: «Das Vertrauen auf eine natürliche Interessengemeinschaft, die infolge des Weltkrieges und der neuen Weltherrschaftsverhältnisse ... zwischen Russland und Deutschland im Entstehen begriffen sind, wird ein besserer Leitgedanke sein und eine tragfähigere Brücke auch zu künftigen Konstellationen in Russland bilden als eine Politik des Abwartens.» Und weiter hieß es, nicht ohne Anklänge an die eigenen Vorstellungen der Kriegsjahre, aber auch an die aktuellen Vorschläge Radeks: «Wenn deutsche landwirtschaftliche Sachverständige die russi-

Karl Radek nach der Entlassung aus deutscher Haft im Dezember 1919, aufgenommen vom Scherl Bilderdienst

sche Landwirtschaft wieder aufbauen und intensiver Betriebsweise entgegenführen, wenn deutsche Ingenieure das russische Eisenbahnwesen in Ordnung bringen und deutsche Techniker ihre Kraft dem Aufbau der russischen Industrie und der Bergwerke widmen, so ist das die beste Methode der Anbahnung zukünftigen Warenaustausches.» Und schließlich, sehr resolut: «Deutschland wird entweder eine Kolonie der europäischen Ententestaaten, deren Ausbeutungsobjekt, ... oder es gelingt ihm, die im Osten Europas vorhandenen wirtschaftlichen Möglichkeiten zu verwirklichen ... Zu den nachbarlichen Beziehungen und den wirtschaftlichen Ergänzungen, die Mittel- und Osteuropa miteinander verbinden, treten die gemeinsamen Nöte und bei Russland und Deutschland das gemeinsame Schicksal der Besiegten hinzu.»[28]

Die aufflackernden Kämpfe in Oberschlesien und die Vorverhandlungen zur Reparationskonferenz in Spa im Juli 1920, die vielfach als ein «zweites Versailles» empfunden wurde, taten ein Übriges. Dazu kamen Verschiebungen im Parteienspektrum nach rechts wie nach links, jedenfalls weg von der Mehrheits-Sozialdemokratie. Anfang März konstatierten die «Sozialistischen Monatshefte» in einer Mischung aus Sarkasmus und Verblüffung bereits: «Wir haben in Deutschland plötzlich eine nahezu geschlossene Einheitsfront der Ostorientierung ... von den Militärs (die mit Hilfe eines Bündnisses mit den Bolschewisten Tschitscherins Verheißung eines Revanchekriegs am Rhein führen wollen) über das deutsche Bürgertum (das in Russland ein weites Exploitationsfeld für geschäftliche Tüchtigkeit sieht) bis zu den Kommunisten (die ... in den Bolschewisten die Avantgarde des menschheitserlösenden Kommunismus sehen.»[29]

Militärischer Revanchismus

Tatsächlich schwenkte genau in diesem Frühjahr 1920 auch der neue Chef des Truppenamtes, General von Seeckt, von früheren Vorstellungen, Deutschland könne eine Erleichterung der Versailler Friedensbestimmungen als «Wall gegen den Bolschewismus» erlangen[30], auf eine radikale Gegenposition um, die er in einer Niederschrift «Deutschland und Russland» formulierte: «Nur im festen Anschluss an ein Groß-Russland hat Deutschland die Aussicht auf Wiedergewinnung seiner Weltmachtstellung.» Diese Einigung werde, wie immer die Ententemächte dagegen arbeiteten, «eines Tages mit Naturgewalt vollzogen werden». Und «ob uns das heutige Russland in seinem inneren Aufbau gefällt oder nicht, das spielt jetzt keine Rolle». Sowjetrussland strebe wie das Zarentum nach der Einheit des Reiches, nach Großrussland. «Dieses aber ist es, was wir gebrauchen, ein einiges, starkes Reich mit breiter Grenze an unserer Seite.» In der gegebenen Situation sei Polen der Todfeind, der altpreußische Länder und Städte an sich gerissen habe. Aber «wie ein Wunder Gottes erscheint jetzt am Horizont die Hülfe für uns in unserer tiefen Not».[31]

Ende März, nach seiner Ernennung zum Chef der Heeresleitung, erhielt Seeckt eine Denkschrift des Majors von Bötticher aus dem Reichswehrministerium unter dem Titel «Deutschlands nächste Aufgaben», die er im Juli, als die Rote Armee zum Schlag gegen Polen ansetzte, als eigene Stellungnahme mit aktuellen Anmerkungen dem Reichspräsidenten und dem Kabinett überreichte. Sie enthielt die weitreichende und erstaunliche Grundidee, dass gerade eine Anlehnung an (Sowjet-)Russland die «einigende Parole» bilden müsse, um das deutsche Volk in seiner tiefen Zerrissenheit wieder zusammenzuschweißen – Arbeiter und Bürger wie Militärs. «Auf unser Volk wirken die Ideen der russischen Revolution mit mächtiger Anziehungskraft», schrieb Bötticher mit Unterstützung Seeckts, und solche Ideen ließen sich mit Waffengewalt «auf die Dauer nicht niederhalten», es sei denn, dass man «sie selbst aufgreift, um sie zu führen und der Zukunft des Volkes dienstbar zu machen», etwa durch Betriebsräte, berufsständische Organisationen sowie die «Vergesellschaftung der Grundindustrien». Deutschland werde auf Seiten der Entente «keine Zukunft finden» außer der einer industriellen Arbeitskolonie. Russland dagegen sei schon wegen seiner «gewaltigen Länder- und Völkermasse unbesiegbar»; ihm gehöre die fernere Zukunft. Wenn Deutschland sich an die Seite Russlands stelle, «so ist es selbst unbesieglich». Stelle es sich gegen Russland, «so verliert es die einzige Zukunftshoffnung, die ihm nach zwei Kriegen bleibt».[32]

Wenn die Rote Armee ihren Gegenschlag gegen Polen nun bis an die alten Grenzen des Reiches heranführe, werde das, so die Denkschrift, der gegebene Moment sein, um in ernsthafte Verhandlungen über ein dauerhaftes Bündnis zu treten und die gemeinsame Grenze von 1914 wiederzugewinnen, notfalls auch durch einen eigenen Einmarsch in den Korridor, nach Posen und Oberschlesien. Denn: «Russland braucht ein lebenskräftiges Deutschland und ist der Todfeind Polens und des angelsächsischen Systems: also ist es ein Feind des Friedensvertrages.»[33] Nicht die Veränderung, sondern die Zerreißung des Versailler Vertrages müsse somit das zentrale Ziel der deutschen Politik sein.

Das überschritt bei weitem den Charakter einer friedlichen Revisionspolitik, wie sie die Weimarer Regierungen offiziell verfolgten, auch und gerade mit den Mitteln einer teils hinhaltenden, teils offensiv gewendeten «Erfüllungspolitik».[34] Stattdessen propagierte die Führung der Reichswehr eine Strategie militärischer Revanche und Rückeroberung, die als ein zweiter, konspirativer Nebenstrang der deutschen Politik stets mitverfolgt wurde, sich allerdings immer wieder, wenn auch widerstrebend, den außen-, wirtschafts- und innenpolitischen Zwängen unterordnen musste. Insofern könnte man von einer mehr oder weniger bewussten Zweigleisigkeit (oder richtiger: Doppelbödigkeit) der deutschen Politik sprechen, die letztlich paralysierend wirkte.

Kein Tauroggen 1920

Von einiger historischer Bildkraft schien es immerhin, dass die ersten direkten Kontakte von Offizieren beider Armeen am 12. August zur Zeit der Offensive der Roten Armee gegen Warschau an der ostpreußischen Grenze stattfanden, wo Kommandeure des Marschalls Tuchatschewski dem von Außenamt und Reichswehr entsandten Major Schubert* «eine umfangreiche Bedarfsliste an Nachschubgütern, von Lokomotiven über Automobile bis zu Medikamenten und Lebensmitteln präsentierten».[35] Dabei traten sich die Vertreter beider Armeen wie selbstverständlich als befreundete Parteien gegenüber. Näher betrachtet, war die Situation allerdings weniger eindeutig.

So weckte die heranrückende Rote Armee in Ostpreußen natürlich nicht nur Hoffnungen, sondern auch Beklemmungen. Die Erinnerungen an die «Russengreuel» von 1914 waren noch genauso frisch wie die an den «Roten Terror» im Baltikum 1919. Auch war nicht sicher, ob die Rote Armee wirklich die deutschen Grenzen wie angekündigt respektieren werde. Alle diese Ängste wurden jedoch überlagert von akuten Gefühlen des Abgeschnittenseins und von der Hoffnung, mit Hilfe der Roten Armee die abgetrennten Gebiete und den westpreußischen «Korridor» den Polen wieder abzujagen. Zu dieser Erwartung trug bei, dass schon die ersten, Anfang August an der Grenze auftauchenden sowjetischen Offiziere und Kommissare Erklärungen abgaben, die derart weitreichend waren, dass sie fast schon naiv wirkten. Das Ziel ihres Feldzuges sei es, Polen, soweit es zu Russland gehört habe, wieder in Besitz zu nehmen und die vormals deutschen Gebiete an das Reich zurückzugeben. «Dann müsse von Russen und Deutschen gemeinsam mit Frankreich abgerechnet werden.»[36]

In Soldau, einem von Ostpreußen abgetrennten, vorwiegend von Deutschen bewohnten Ort, wurde die Rote Armee tatsächlich als Befreierin von polnischer Herrschaft – mit schwarz-weiß-roten Kaiserfahnen an den Häusern begrüßt. Um die Verwirrung komplett zu machen, verlangten die roten Kommandeure ultimativ, in alle von ihren Truppen befreiten und von Deutschland beanspruchten Ortschaften

---

 * Major Schubert war im Sommer 1918 an der Moskauer Botschaft der letzte verbliebene Militär gewesen. Er hatte sich dort (wie Paquet) mit den Ideen von Marx und Lenin vertraut gemacht und Sympathien für ein revolutionäres Zusammengehen gezeigt, weshalb der in Moabit einsitzende Radek von Paquet im Frühjahr 1919 seine Adresse erbat. 1920 wurde Schubert Mitglied von Seeckts «Sondergruppe R» für die konspirativen Kontakte mit der Roten Armee, 1923 Leiter der «Gefu» in Moskau, der für die deutsch-sowjetischen Rüstungskooperationen gegründeten Tarnfirma.

Einmarsch der Roten Reiterarmee in Soldau in Ostpreußen, August 1920

und Gebiete müsse sofort die Reichswehr einrücken und eine deutsche Verwaltung etablieren, oder man müsse dort ein lokales Räteregime errichten.[37]

Insofern fand sich Major Schubert bei seinen Verhandlungen in der eigentümlichen Position, die drängenden Kooperationswünsche und Bündnisangebote der russischen Kommissare und Offiziere hinhaltend beantworten zu müssen, da die Vertreter der Entente in Ostpreußen die Situation genau verfolgten und die neue Berliner Regierung trotz ihrer nationaleren Ausrichtung nicht im Ernst daran dachte, in einer so unklaren und unentschiedenen Situation Repressalien der Westmächte, etwa eine Ruhrbesetzung, zu riskieren. Zwar machte die Rote Armee (entgegen vielen Befürchtungen) einen recht disziplinierten, allerdings auch wenig professionellen und reichlich abgerissenen Eindruck. Die Dringlichkeit ihrer Versorgungswünsche signalisierte bereits, dass sie von allen rückwärtigen Verbindungen abgeschnitten war. Major Schubert musste ihnen erst einmal Karten ihres aktuellen Operationsgebietes besorgen.[38] Der Vormarsch «nach Westen» war zum Blindmarsch geworden.

Daher war es gerade für die Militärs keine Überraschung, als die

Rote Armee so plötzlich wieder abmarschierte, wie sie aufgetaucht war. Kurz darauf mussten sich über 50 000 Rotarmisten vor der Umzingelung durch die reorganisierten polnischen Truppen über die Grenze nach Ostpreußen flüchten und wurden dort entwaffnet und interniert. Das ganze Unternehmen des Polenfeldzugs der russischen Revolutionsarmeen endete in einem Desaster, das sich auch als Mehltau auf alle deutschen Revanchewünsche legte.

Erste gemeinsame Rüstungspläne

Die Geschichte der konspirativen Zusammenarbeit von Reichswehr und Roter Armee von den frühen zwanziger Jahren und bis in den Herbst 1933 hinein ist gleichwohl keine Episode des Weltkriegszeitalters. Der Sache nach kann sie in ihren großen Umrissen und ihrer militärpolitischen Tragweite wohl als aufgeklärt gelten. Ob sie auch vollständig ausgedeutet ist, steht auf einem anderen Blatt. Sie kam im Winter 1920/21 in Gang, als Seeckt eine vertrauliche «Sondergruppe R[ussland]» aus Offizieren bildete, die fast alle seinem früheren Kriegskommando in der Türkei angehört und an den antibritischen Insurgierungsaktionen im nahöstlichen Raum teilgenommen hatten.[39]

Die ursprüngliche Initiative zur militärischen Zusammenarbeit ging allerdings auf die sowjetische Seite zurück. Schon Mitte April 1920 bei seinem ersten Gespräch mit dem neuen Russlandreferenten des Auswärtigen Amts Ago von Maltzan hatte der sowjetische Vertreter Wiktor Kopp (der seit seiner Akkreditierung im Februar als informeller Sowjetbotschafter wirkte) die Frage in den Raum gestellt, «ob die Möglichkeit bestünde, eine Kombination zwischen der hiesigen und der Roten Armee zwecks gemeinsamer Bekämpfung Polens zu konstruieren». Der verblüffte Maltzan erklärte «so höflich als möglich», dass die soeben ergangenen Aufrufe der «Kommunistischen Internationale» an die deutschen Arbeiter, sich zu bewaffnen und «die Regierung der Sozialverräter, der Agenten der Bourgeoisie», zu stürzen, eine derart weitgehende Verständigung für den Moment doch wohl etwas illusorisch machten.[40]

Im August, als die Rote Armee auf Warschau marschierte, war es abermals Kopp, der für den Fall der Bildung einer polnischen Sowjetregierung die Wiederherstellung der deutschen Grenzen von 1914 in Aussicht stellte.[41] Zur gleichen Zeit schickte der von den Alliierten wegen der Armenier-Massaker gesuchte Enver Pascha, den Seeckt an der ostpreußischen Grenze der Roten Armee überstellt hatte, einen Brief aus Moskau, in dem es unter Bezugnahme auf ein Gespräch mit dem Stellvertretenden Kriegskommissar Skljanski (im originalen

Wortlaut) hieß: «Hier ist eine Partei, welche richtige Macht besitzt, und Trotzki auch diese Partei gehört, ist für eine Verständigung mit Deutschland. Skljanski sagte: dass ihre Partei wäre bereit der alte deutsche Grenze von 1914 anerkennen. Und sie sehen nur einzige Ausweg aus diese Kahos [Chaos] das ist: Zusammen gehen mit Deutschland und Türkei.» Im übrigen ließen seine Moskauer Gewährsleute anfragen, «ob es nicht möglich wäre manche unoffizielle Hilfe zeigen. Z. B. die Nachrichten über die Polnische Armee und wenn möglich Waffen verkaufen und schmuggeln lassen».[42] Enver Pascha schrieb demnach auch auf ihre Anregung hin.

Nach einer Pause der Ernüchterung und des Abwartens übermittelte Kopp im Dezember 1920 das informelle Angebot Seeckts, die sowjetische Kriegsindustrie mit Hilfe deutscher Fachleute wiederaufzubauen und diese «als Waffenquelle für das abgerüstete Deutschland im Falle eines Zusammenstoßes mit der Entente» zu nutzen.[43] In Gesprächen Kopps mit der «Sondergruppe R» (unter direkter Einschaltung Trotzkis) kristallisierte sich dann das weitergehende Projekt heraus, «bei der Wiederherstellung unserer Kriegsindustrie zusammenzuarbeiten», und zwar vor allem auf dem Gebiet der Luftwaffe, des U-Boot-Baus und anderer avancierter Waffensysteme.[44]

Im Mai/Juni 1921 besuchte Oberst Niedermayer, der Leiter der «Sondergruppe R», gemeinsam mit Kopp deutsche Unternehmen, die für eine solche Rüstungszusammenarbeit in Frage kamen. Die angesprochenen Industriellen (wie Direktor Wiedfeldt von der Krupp AG) zeigten sich allerdings skeptisch, ob die nötigen finanziellen Mittel aus privatwirtschaftlicher Quelle aufzubringen seien. Im Gegenzug inspizierten Niedermayer und der deutsche Vertreter in Moskau, Hilger, begleitet von Kopp und dem stellvertretenden Außenkommissar Karachan, im Juli/August russische Rüstungsbetriebe und Schiffswerften. Die Eindrücke waren (nach den Erinnerungen Hilgers) ernüchternd: Die Industrieanlagen lagen großteils brach oder waren verfallen.[45]

Erst im Juni 1921 weihte General Seeckt Reichskanzler Wirth, Reichswehrminister Geßler sowie den Außenamts-Staatssekretär von Maltzan in diese Gespräche ein. Zwar sanktionierten sie die Weiterführung der Geheimkontakte, bestanden aber auf regelmäßiger Information und Abstimmung, was ein ständiger Konfliktpunkt blieb. Noch im Sommer 1922 (also nach Rapallo) stellte Brockdorff-Rantzau bei den Gesprächen über seine Moskauer Gesandtschaft schockiert fest, dass weder Reichspräsident Ebert noch das Gros der Minister und Parteiführer von den weit gediehenen militärischen Absprachen (die sich potentiell um Krieg und Frieden drehten) bisher das Geringste wussten.

Kriegsszenarien und Wahlverwandtschaften

Die konspirativen Gespräche, die meist in Berliner Privatwohnungen – etwa der des Generals von Schleicher – stattfanden, wurden auf sowjetischer Seite von Kopp, Krassin, Krestinski und Radek geführt, was die politische Bedeutung unterstrich. Dabei ging es nicht mehr nur um Fragen der Rüstung, sondern auch um eine weitergehende politisch-militärische Kooperation. So regte Radek bei einer Begegnung mit Seeckt im Februar 1922 «Besprechungen der Generalstäbe über mögliche militärische Lagen sowie die Hergabe deutscher Vorschriften und militärischer Literatur» an.[46]

Das letztere dürfte besonders die Überlassung des von Seeckt entwickelten und im Herbst 1921 in der Reichswehr eingeführten Feldreglements «Führung und Gefecht der verbundenen Waffen» (F. u. G.) betroffen haben, das darauf abzielte, das Hunderttausend-Mann-Heer zum Kern einer militärischen Großmacht mit moderner Technik und der Fähigkeit zu großflächigen Operationen zu entwickeln – wenn auch vorerst nur in der militärischen Schulung und Ausbildung, also durch eine Art permanenter Simulation. Dies war auch für die Rote Armee, die nach dem Krieg gegen Polen massiv demobilisieren musste (von über 5 Millionen auf 800 Tausend Mann) und sich gleichzeitig professionalisieren und modernisieren wollte, von allergrößtem Interesse.

Michail Frunse, der spätere Kriegskommissar, hatte schon im Sommer 1921 die deutsche Armee mit ihrem «klar ausgeprägten Offensivgeist» als das Vorbild einer professionell geführten Roten Armee gepriesen. Die in diesem Offensivgeist geschulte deutsche Armee habe «auf den gigantischen Schlachtfeldern des imperialistischen Krieges in vollem Umfang ihre hervorragenden militärischen Eigenschaften bewiesen». Die deutsche Offensivdoktrin mit ihrer Betonung der lebendigen Faktoren entspreche auch den Erfahrungen des russischen Bürgerkriegs und sei der technikgläubigen französischen Defensivdoktrin überlegen, weil sich «allein darin schon der stärkere Wille offenbart».[47] Wie Manfred Zeidler schrieb, «trafen die für das Seecktsche Führerheer geschriebenen Reglements mit ihrer starken Hervorkehrung willensmäßiger Faktoren in der Roten Armee auf eine verblüffende Geistesverwandtschaft».[48]

Dabei ging es keineswegs nur um Sandkastenspiele, sondern um reale Kriegsszenarien. Und immer wieder war es die sowjetische Seite, die mit positiven Angeboten hervortrat oder mögliche Rüstungsvereinbarungen an weitergehende Bündnisverhandlungen knüpfen wollte. Radeks Vorstoß im Januar 1922 stand auch im Kontext der deutsch-sowjetischen Gespräche über ein gemeinsames Auftreten auf der Weltwirtschaftskonferenz von Genua. Nach den späteren Aufzeichnungen des Generalleutnants Lieber auf Basis der (archivarisch nicht erhaltenen) Tagebücher General Seeckts und der Aufzeichnungen des Chefs des Truppenamts, Generalmajor Hasse, wurden in diesen explorierenden Gesprächen von sowjetischer Seite explizit Vorschläge für ein Offensivbündnis gegen Polen gemacht, die General von Seeckt vorerst ausgeschlagen habe.[49]

Dennoch wurde gleich nach Abschluss des Rapallo-Vertrages im Mai 1922 in einer Besprechung zwischen Reichskanzler Wirth und Außenminister Tschitscherin erneut über die Wiederherstellung der gemeinsamen Grenze von 1914 gesprochen. Seeckt begrüßte es ausdrücklich, dass «endlich der Versuch zu aktiver Politik» gemacht werde. In einem Wechsel von Memoranden zwischen dem designierten Botschafter Brockdorff-Rantzau, der Bedenken gegen eine (wie ihm schien) allzu rasche und riskante deutsch-russische Militärallianz äußerte, erklärte Seeckt im September 1922 die revanchistischen Ziele seiner konspirativen Nebenpolitik mit unüberbietbarer Klarheit: «Wir wollen zweierlei, erstens eine Stärkung Russlands auf wirtschaftlichem und politischem, also militärischem Gebiet und damit indirekt die eigene Stärkung ...; wir wollen ferner, zunächst vorsichtig und versuchend, die unmittelbare eigene Stärkung, indem wir eine uns im Bedarfsfall dienstbare Rüstungsindustrie in Russland heranbilden helfen.» Im Zuge dessen müsse Polen vernichtet werden. «Polens Existenz ist unerträglich, unvereinbar mit den Lebensbedingungen Deutschlands. Es muss verschwinden und wird verschwinden durch eigene Schwäche und durch Russland, mit deutscher Hilfe.» Bei den Verhandlungen mit der Roten Armee werde die deutsche Regierung natürlich offiziell ausgeschaltet bleiben, um internationale Konflikte zu vermeiden. Aber nicht um jeden Preis: «Kommt es zu kriegerischen Verwicklungen – und sie erscheinen heute greifbar nah –, dann wird es nicht Aufgabe der leitenden Staatsmänner bei uns sein, Deutschland aus dem Konflikt herauszuhalten – das wird vergeblich oder Selbstmord sein – sondern so stark wie möglich auf die richtige Seite zu treten.»[50] Die richtige Seite war Sowjetrussland.

Tatsächlich schien nach dem Scheitern der Konferenz von Genua (nicht zuletzt durch den deutsch-russischen Sondervertrag von Rapallo) ein erneuter russisch-polnischer Krieg ebenso in der Luft zu liegen wie ein ernster deutsch-französischer Konflikt. Ein im Winter 1922/23 durchgespieltes Szenario der Reichswehr ging von einer Kriegserklärung Russlands an Polen aus. Frankreich verlange daraufhin ein Durchmarschrecht durch Deutschland, das verweigert werde, worauf-

Ausriss aus der Illustrierten «Die Woche» vom 29. April 1922 mit einem Foto der Verhandlungen in Rapallo. Treffen von Reichskanzler Wirth mit Leonid Krassin (Mitte hinten), Außenminister Tschitscherin und dem ersten sowjetischen Gesandten Adolf Joffe (rechts)

hin es dem Deutschen Reich den Krieg erkläre. Großbritannien stelle sich im Konflikt neutral.[51]

Diese Szenarien reflektierten auch Signale aus Moskau, wo sich angesichts der verheerenden Hungersnot und Zerrüttung des Landes erneut paranoide Erwartungen eines «imperialistischen Kreuzzugs» ausbreiteten. Im November 1922 stellte Bucharin auf dem IV. Weltkongress der Komintern die «theoretische» Frage, ob «proletarische Staaten, von der Zweckmäßigkeit der Strategie des Gesamtproletariats ausgehend, militärische Blocks mit bürgerlichen Staaten bilden dürfen». Die Antwort lautete, ganz im Geiste der früheren Brester Lektionen des erkrankten Lenin: «Ja» – wenn es der Revolution diene. Natürlich müsse die Kommunistische Partei des betreffenden Landes sich dann ganz diesem übergeordneten Gesamtziel verpflichten.[52] Es ging deutlich genug um einen eventuellen «militärischen Block» mit Deutschland.

Ein virtuelles Bündnis

Kriegskommissar Trotzki versicherte dem neuen Botschafter Brockdorff-Rantzau bei ihrem ersten Treffen im Dezember 1922, sollte Polen in Abstimmung mit dem angedrohten französischen Einmarsch im Ruhrgebiet «über Schlesien herfallen, so werden wir unter keinen Umständen untätig zusehen».[53] Parallel dazu entwickelte Radek bei Geheimgesprächen in der Wohnung von Schleichers abermals «weitgespannte internationale Bündnispläne».[54] Und als der französische Einmarsch ins Ruhrgebiet im Januar 1923 zur Realität geworden war, stellte Juri Steklow in der Regierungszeitung «Iswestija» in aller Form fest, dass Sowjetrussland «in seinem eigenen Lebensinteresse die endgültige Unterdrückung und Zerschlagung Deutschlands nicht zulassen» könne.[55]

Die materielle Bilanz der gemeinsamen militärischen Vorhaben war umso ernüchternder. Bis auf den im Oktober 1922 geschlossenen Vertrag zur Übernahme der Russo-Balt-Werke in Fili durch Junkers befanden sich alle übrigen Projekte – vom U-Boot-Bau bis zur Giftgasproduktion – im Stadium reiner Vorüberlegungen. Eine wirksame Rüstungskooperation stand vorläufig nur auf dem Papier. Die Waffen- und Munitionsvorräte der Reichswehr reichten nicht einmal für einen kurzen und begrenzten Konflikt. Die Rote Armee befand sich mitten im Prozess der Umwandlung von einer revolutionären Massenarmee in eine professionelle Kaderarmee und verfügte noch kaum über moderne Waffen.

Auf beiden Seiten setzte sich die Einschätzung durch, dass man (auch gemeinsam) zu keinem großen Krieg fähig war. Szenarien eines von der konspirativen «Schwarzen Reichswehr» geschürten «Volkskriegs» gegen die französischen Truppen in Verbindung mit gleichzeitigen Aktionen der regulären Reichswehr und der Roten Armee zur Gegenbesetzung der oberschlesischen und nordböhmischen Industrierevieren, wie Seeckt sie im Januar in einem Beitrag der «Militär-Zeitung» öffentlich andeutete und in einer Besprechung in der Reichskanzlei im Februar 1923 auch explizit entwickelte, stießen auf die geschlossene Ablehnung des Kabinetts, das sich stattdessen für eine Strategie des «passiven Widerstands» entschied.[56] Als auch dieser angesichts der rasenden Inflation und wachsenden inneren Unruhe im Spätsommer eingestellt wurde, wurde das in der Reichswehrführung als ein «neuer verlorener Krieg» bewertet.[57]

Dennoch brachte die Ruhrbesetzung für die deutsch-sowjetischen Militärkontakte einen massiven Schub. Das blieb freilich immer auch ein Spiel gegenseitiger Erpressungen. Die sowjetischen Unterhändler wollten die Zwangslage des Reiches nutzen, um Finanz- und Materialzusagen zu erhalten, die die deutsche Seite schlechterdings nicht machen konnte. Der sowjetische Generalstabschef Lebedew zeigte sich bei Gesprächen mit einer Delegation der Reichswehr in Moskau im Februar demonstrativ «erschüttert», in welch geringem Ausmaß die deutsche Seite sich auf den angeblichen «großen Befreiungskrieg» vorbereitet hatte, den Truppenamtschef Hasse (mit einer Zeitperspektive von drei bis fünf Jahren) ihnen soeben angekündigt hatte. Dafür seien doch wohl sehr viel intensivere Anstrengungen nötig![58]

Die deutsche Seite wiederum verlangte, wenn schon, für die von ihr zu finanzierenden und auszurüstenden Konzessionsbetriebe eine so weitgehende Exklusivität und Exterritorialität, dass dies fast auf ein deutsches Monopol der Waffenproduktion in Russland hinausgelaufen wäre. Radek erteilte diesen Ansinnen im September eine kalte Abfuhr – nach der Aufzeichnung Brockdorff-Rantzaus mit den Worten: «Sie können uns nicht zumuten, dass wir uns für lumpige Millionen, die Sie bieten, einseitig politisch binden, und was das Monopol betrifft, so denken wir nicht entfernt daran, uns darauf einzulassen, im Gegenteil, wir nehmen alles, was wir militärisch brauchen können, wo wir es finden.» Selbst Frankreich oder England, behauptete er nun, kämen als Lieferanten für die Rote Armee in Frage. Im gleichen Atemzug versicherte Radek freilich, die Sache würde sich völlig anders darstellen, wenn Deutschland sich durchringe, «großzügige Politik auf weite Sicht mit Russland zu machen». In diesem Falle sei Moskau bereit, «auf lange Sicht, mindestens auf fünf Jahre, einen Vertrag mit Deutschland zu schließen und es gegen französische und polnische Angriffe [zu] schützen, es müsse dafür aber auch die Unterstützung Deutschlands gegen England und Frankreich verlangen.»[59] Das wäre kaum weniger als eine potentielle neue Weltkriegsallianz gewesen.

4. Ein Indien im Nebel

In den Jahren des Bürgerkriegs 1918/19 war das bolschewistische Russland ein von weißen Armeen umringtes «rotes Moskowien» gewesen, das nahezu in die Steinzeit moderner Kommunikationen zurückgeworfen war. Nicht nur der wirtschaftliche Austausch war weithin zum Erliegen gekommen; auch die Post- und Verkehrsverbindungen funktionierten nur noch sporadisch und irregulär. Fast alle Korrespondenten ausländischer Zeitungen hatten das verwilderte Moskau und fast ausgestorbene Petrograd verlassen – sieht man von jener Handvoll intellektueller Einzelgänger ab, die sich mehr oder weniger offen auf die Seite der Bolschewiki gestellt hatten, wie die britischen Korrespondenten Morgan Philips Price und Arthur Ransome, die Amerikaner Albert Rhys Williams und John Reed, der französische Offizier und Journalist Jacques Sadoul, oder versprengte «Internationalisten» aller Länder wie die Italo-Russin Angelica Balabanow, die Schweizer Karl Moor und Fritz Platten, die französischen Sozialisten Henri Guilbeaux und Victor Serge, oder die aus den USA nach Russland ausgewiesenen Anarchisten Emma Goldmann und Alexander Berkman.

Zum ersten Mal seit langem war es im Frühjahr 1920 auswärtigen Besuchern wieder möglich, unter halbwegs regulären Bedingungen nach Sowjetrussland zu reisen. Die Sowjetregierung ihrerseits war daran interessiert, der Welt zu beweisen, dass sie ihre Macht gefestigt hatte und tatsächlich dabei war, eine neue Ordnung zu errichten. Allerdings erhielten nur wenige ausgesuchte Beobachter die Erlaubnis, das Land zu besuchen. Die ersten waren Vertreter sympathisierender Parteien oder Gruppen, die in Delegationen nach Moskau kamen, oder einzelne «fortschrittliche Intellektuelle», die es drängte, das Mekka des neuen Sozialismus mit eigenen Augen zu sehen. Mit dem Kurswechsel vom «Kriegskommunismus» zur «Neuen Ökonomischen Politik» 1921/22 erweiterte sich das Spektrum dann erheblich.

Die führenden Bolschewiki nutzten diese Ankömmlinge aus einer anderen Welt ihrerseits als wichtige Informationsquelle, um sich ein Bild der Lage «draußen» zu verschaffen. Gespräche mit den Führern Sowjetrusslands, auch mit Lenin persönlich, waren relativ leicht zu bekommen und gehörten fast zum Programm. Dabei entstand sehr schnell eine eigentümliche Atmosphäre aus Vertrautheit und Bewunderung, gewürzt mit einer Prise Furcht. Noch immer lag um die führenden Bolschewiki etwas Enigmatisches, Legendäres. Einmal in Moskau, bewegten sich die Besucher dann zwischen Metropol und Kreml erstaunlich leicht und ungezwungen im inneren Zirkel dieser jungen Macht, die noch ganz improvisiert und unzeremoniell wirkte und Züge eines bohèmehaften Feldlagers trug. Selbst die allgemeine soziale Zerrüttung und ökonomische Degradation ringsum, das Klima von Hunger, Not und Terror, das wenige Besucher unberührt ließ, erzeugte im Verkehr mit ihren sowjetischen Gesprächspartnern eher ein Gefühl der Kameraderie. Man bewunderte ihren heroischen Durchhaltewillen, ihre absolute Bereitschaft, unter welchen Opfern auch immer eine neue Staats- und Gesellschaftsordnung, eine neue Zivilisation und einen neuen Menschen zu erschaffen. Und diese Bewunderung war in gewissem Grade unabhängig von aller Skepsis oder Kritik, allem Mitleid oder Schrecken, die man angesichts der Realitäten des Sowjetlebens sonst noch empfinden mochte.

Alle Reiseberichte dieser Jahre standen im übrigen in explizitem oder implizitem Widerspruch zu den «einseitigen», oftmals traumatischen Erlebnisberichten und Memoiren, die von emigrierten Gegnern der Bolschewiki oder Flüchtlingen des russischen Bürgerkrieges verfasst waren. Wer sich im Jahre 1920/21 aufmachte, um zu erfahren, wie es «wirklich» im bolschewistischen Russland aussah, schrieb nicht zuletzt dagegen an.

Die Schrecken des russischen Bürgerkriegs erzeugten mit dem sich abzeichnenden Sieg der Bolschewiki aber auch eine Suggestion eigener Art. Wenn die Bolschewiki nur eine terroristische Minderheit fanatischer Ideologen waren, die absurde Wirtschaftsexperimente durchführten, das Land ruinierten und das geistige Leben erstickten – wie hatten sie sich dann entgegen allen Vorraussagen behaupten können? Etwas musste ja wohl an ihnen «dran» sein. Und dies herauszufinden, war die Aufgabe, die zu lösen man gekommen war. So entdeckte die britische Reisende der Oberklasse, Lady Ethel Snowdon, dass die führenden Bolschewiken weder Engel noch Teufel, sondern eigentlich ganz zivilisierte Menschen waren.[1] Herbert G. Wells fand in Lenin einen «Träumer im Kreml», der inmitten des allgemeinen Elends vor großen Schautafeln mit blinkenden Lämpchen von der baldigen Elektrifizierung ganz Russlands phantasierte.[2] Und selbst ein so skeptischer Beobachter wie Bertrand Russell eröffnete seinen Reisebericht 1920 mit der apodiktischen Feststellung, die Russische Revolution sei «eines der größten weltgeschichtlichen Ereignisse» – größer noch als die Französische Revolution.[3]

Etwa vierzig Russlandreisende aus dem deutschen Sprachraum haben in den frühen zwanziger Jahren ausführlichere Berichte über ihre

Eindrücke verfasst.[4] Über die öffentliche Wirkung ihrer Bücher, Broschüren oder Artikel lassen sich begründete Aussagen schwer treffen. Was sie allerdings vermitteln, ist ein Eindruck von der Spannbreite der deutschen Russland-Projektionen dieser Jahre. Sie zeigen, in welchem Grade das «neue Russland» für die deutsche Öffentlichkeit (nach dem sprechenden Ausdruck Ernst Blochs) ein «Indien im Nebel» geworden war: ein neuer, unbekannter Kontinent der Geschichte, voller ungeahnter Schrecken wie Verheißungen.

«Moskau 1920»

Einer der ersten deutschen Besucher war Alfons Goldschmidt, ein bekannter Wirtschaftsjournalist und seit 1919 Herausgeber der Berliner «Rätezeitung», die zugleich als Organ einer «Interessengemeinschaft der Auswandererorganisationen nach Sowjet-Russland» firmierte. Im April 1920 fuhr Goldschmidt als Vertreter dieser, kurz «Ansiedlung Ost» genannten Vereinigung, die mehrere tausend Interessenten auf ihren Listen hatte, auf Einladung Radeks nach Moskau.

Daneben sollte Goldschmidt für den Rowohlt-Verlag eine systematische Darstellung der «Wirtschaftsorganisation Sowjet-Russlands» verfassen. Auch dieses Vorhaben war erwünscht und gebilligt. Und so genoss Goldschmidt – gleichsam der Prototypus aller künftigen «Freundschaftsreisenden» und Fellow-traveller – seinen Status eines Gastes der Sowjetregierung als Ausweis und Vorgeschmack jener höheren Gesellschaftsform, um die es ihm zu tun war. Die politische Situation erfasste Goldschmidt auf den ersten Blick, und davon sollten ihn keine weiteren Erlebnisse mehr abbringen: «Gibt es noch eine terroristische Diktatur in Moskau? Nein, eine terroristische Diktatur gibt es in Moskau nicht. Gäbe es eine terroristische Diktatur in Moskau, so gäbe es keinen Maiboulevard mit einem lustigen Frühlingsleben wie im Mai 1920.»[5]

So hieß es gleich zu Beginn seines viel gelesenen Reiseberichts «Moskau 1920». Für Goldschmidt, unter dessen verliebtem Blick die ausgehungerte, zerrüttete Stadt überhaupt viele Züge einer Frühlingsidylle annahm, war speziell die (vermeintliche) Überwindung der Prostitution ein grundlegender Beweis für die Beseitigung jener «Sozialfäule», die er für das Wesen des Kapitalismus überhaupt hielt. Dem entsprach eine Gesellschaftsvorstellung, die den revolutionären Prozess als einen quasi-organischen Reinigungsvorgang verstand, angefangen mit der Produktionssphäre: «Die kommunistischen Fraktionen, oft nur kleine Fraktionen, beherrschen die Fabriken. Nicht mit Terror, sondern mit Zielsauberkeit, mit Arbeitsbewußtsein ... Es sind keine Gewaltsfraktionen, doch es sind Diszipliniertraktionen ... Es sind Fagozytenfraktionen. Sie sollen die schlechten Säfte aufsaugen, wegfressen, vernichten. Die russische Revolution war eine Fagozytenrevolution.»[6]

Das zweite Buch Goldschmidts «Die Wirtschaftsorganisation Sowjetrusslands» folgte der fixen Idee, die bolschewistische Revolution als eine objektiv gebotene, überfällige Rettungsaktion, ja, geradezu «als eine verwaltungstechnische Notwendigkeit» im Sinne der rationalen Zuordnung und Entwicklung der menschlichen und sachlichen Ressourcen darzustellen.[7] Darin entrollte sich das Panorama einer großen inneren Kolonisationsbewegung, einer Entwicklungsdiktatur in umfassender und positiver Bedeutung, bei der natürlicherweise der «deutschen Wirtschaft», der «deutschen Technik», der «deutschen Qualitätsarbeit» eine führende Rolle zufallen müsste: «Es ist kein Zufall, dass im deutschen Proletariat der Drang nach Russland besonders stark ist. Viel mehr als die privatwirtschaftlichen Kräfte empfinden die proletarischen Kräfte die wirtschaftsgeographischen Notwendigkeiten ... Sie fühlen, dass die deutsche Wirtschaft nach Osten muss ... Daher drängt die deutsche Qualitätsarbeit nach Russland; und umgekehrt verlangt die russische Wirtschaft deutsche Qualitätsarbeit ... Das ist ein Naturvorgang, begonnen vor dem Kriege, verschärft durch den Krieg, zur Notwendigkeit gemacht durch die sowjetische Wirtschaftsorganisation und durch die Elendslage der dichtkommunizierenden, allzudichtkommunizierenden deutschen Wirtschaft.»[8]

Allerdings waren die Russen großteils für die deutsche Technik, Organisation und «Qualitätsarbeit» noch nicht recht verwendbar. Goldschmidt sagte es geradeheraus: «Die russische Arbeit muss sozusagen germanisiert werden. Sie braucht das dringend. Die Wirtschaftsführer in Russland wissen das genau. Sie loben die deutsche Arbeit, sie sehnen sich nach der deutschen Arbeit. Deutsche Arbeit ist ... Gold für Russland.»[9] Und umgekehrt. Diese Kräftekombination war bestimmt, die Weltlage zu ändern: «Russlands Wirtschaftsorganisation wird mit immer größerer, immer gewaltigerer Hilfe des europäischen Proletariats gegen den Versailler Frieden stoßen, bis er umgestoßen ist.»[10]

Die Quelle der Revolutionswucht

Fast zeitgleich mit Goldschmidt traf der Schriftsteller Franz Jung ein – allerdings unter sehr viel abenteuerlicheren Umständen, die seiner gewaltsam aktivistischen Natur entsprachen: als illegaler Passagier, auf der Flucht vor den deutschen Strafverfolgungsorganen, die wegen seiner Rolle bei den Märzunruhen 1920 nach ihm fahndeten. Jung war eine schwer einzuordnende, im Grunde solitäre Figur. Im roten Russland sah er, wie er in seinem Aufsatz «Asien als Träger der Weltrevolution»[11] 1919 bereits verkündet hatte, die kosmische «Quelle der Revolutionswucht», die bestimmt war, die Welt zu erschüttern: «Das System der Räte, geboren aus ... dem überufernden, der Weite nach phantastischen und doch zur Naivität des reinen Glaubens kristallisierten Revolutions-Gemeinsamkeitswillens des russischen Volkes, stellt die Verbindung, die Erlösung und die treibende Kraft für die Freilegung der revolutionären Wucht der übrigen Welt dar.»[12]

Wenn der Bolschewismus von bürgerlichen und sozialdemokratischen Gegnern als «asiatisch» bezeichnet und mit dem Tatarensturm verglichen wurde, so stimmte Franz Jung begeistert zu. «Das Licht und die revolutionäre Welle aus Asien wird, wie schon vor Jahrhunderten, wieder als ungeheure Flut über die Welt hereinbrechen ... Der asiatische Wille nach Gleichheit und Gemeinschaftsfreude, der in Moskau zu unerhörter Wucht sich sammelt, wird unüberwindlich sein.»[13]

Noch in Jungs späten, abgründig pessimistischen Lebenserinnerungen «Der Weg nach unten»[14] war der 1. Mai in Murmansk, den er in einem Club der Seeleute und Hafenarbeiter erlebte, jener magische Moment, der seinem Leben Ziel und Richtung gab oder hätte geben sollen: «Die Luft in dem Schuppen war schwer. Der Atem schwebte über der Masse, eine graue Dunstwolke ... Sie sangen die Internationale, das Lied von der Roten Fahne und noch viele andere Lieder. Zwischendurch hielten die einzelnen Kommissare kurze Ansprachen, zum nächsten Lied überleitend. Stunden mögen so hingegangen sein. Es ist das große Erlebnis meines Lebens geworden. Das war es, was ich gesucht habe und wozu ich seit Kindheit ausgezogen bin: die Heimat, die Menschenheimat.»[15]

Diese Schilderung legt eins der Motive offen, das viele der damaligen Russlandfahrer vor jeder konkreten Erfahrung beseelte. Man war aus der Welt bürgerlicher Vereinzelung gekommen, um eine «Menschenheimat» zu suchen – und man fand sie. Die Wirkung dieser revolutionären Meetings (die auch Paquet 1918 sofort gespürt hatte) lag in ihrem Charakter weltlich-religiöser Rituale, vergleichbar den Kulten des «Höchsten Wesens» der Französischen Revolution. Der Eindruck auf die europäischen Besucher war jedenfalls unfehlbar, auch wenn das Feierliche oft genug ans Triviale grenzte.[16]

Franz Jung kam allerdings als Aktivist einer (auch in Moskau) verfemten Partei, der KAPD, über die in seinem Beisein und seiner Person ein Scherbengericht abgehalten wurde. Fast hätte er damit rechnen können, schreibt Jung im Rückblick, dass «wir persönlich vielleicht eingesperrt, nach Sibirien geschickt oder liquidiert» worden wären[17]. Man entschloss sich jedoch, den linken Abweichlern den Weg in die Internationale noch einmal offenzuhalten, sofern sie die Moskauer Bedingungen annahmen.

Jung durfte also in Moskau bleiben, auf Fabrik-Meetings reden und sich mit führenden Wirtschaftsleuten wie Krzyżanowski (Krishanowski), dem Kommissar für Elektrifizierung, austauschen. Das Buch über seine Moskauer Erfahrungen, das er auf der (wiederum illegalen) Rückfahrt verfasste und gleich danach unter dem Titel «Reise in Russland»[18] herausbrachte, überdeckte alle Zweifel mit einem beinahe metaphysischen Fortschrittswillen. Gerade das Totalitäre der bolschewistischen Diktatur begeisterte ihn: «Die breite Masse wird jetzt bearbeitet durch Propaganda, durch Politik, durch Arbeitszwang, durch Hunger. Hinter allem eine verschwindend kleine Zahl Zielklarer, die Vertreter der Staatsgewalt, überwiegend ortsfremd.»[19] Lenin und die Volkskommissare seien «Führer im wahrsten Sinne des Wortes und der geschichtlich überlieferten Begriffsgestaltung»[20]. Die Riesenmaschine, die sie in Gang gesetzt hätten, beginne ihre Arbeit schon von selbst zu tun: «Wie mit Riesenfangarmen ergreift sie allmählich Menschen und Rohstoffe, sie zwingt die Menschen zu arbeiten ... Und sie wird die Widerstrebenden automatisch zermalmen.»[21]

Die Sozialisierung sei schließlich kein Werk des bloßen technischen Aufbaus, sondern der planmäßigen Auslese. «Mit fabelhafter Tüchtigkeit siebt die sozialistische Staatsmaschinerie die Tüchtigen von den Untüchtigen, die Arbeiter von den Drohnen, die neuen Menschen von den alten. Der Ausscheidungsprozess ist ganz ungeheuer, man sieht die Menschen geradezu fallen, zerpresst werden und verfaulen.»[22] Jung schwelgt in einer dunklen Begeisterung für das Unaufhaltsame der sozialdarwinistischen Auslese: «Unter der Moskauer Kaufmannschaft soll der Prozentsatz der Gehirnerkrankungen einen ganz gewaltigen Aufschwung genommen haben. In den Teilen Räterusslands, die von den Weißen besetzt waren, wütet der Flecktyphus. Bezeichnenderweise ist die Rote Armee völlig frei davon ... Die Widerstandskraft des Bürgers ist vollkommen zusammengebrochen. Er wartet verwesend auf sein Ende.»[23]

In diesen sozial-physiologischen Klärungs- und Scheidungsprozessen wurde der «neue Mensch» wie eine neue Gattung oder Rasse geboren. Wenn Goldschmidt von einer «Germanisierung» der Arbeit in Russland träumte, da Jung umgekehrt von einer «Russifizierung» der deutschen und europäischen Arbeiterklasse. Die angeblich negativen Eigenschaften der Russen, ihre Gleichgültigkeit gegen die Arbeit etwa, verkörperten für ihn die Tugend revolutionärer Selbstlosigkeit: «Der Russe ... denkt nur an die anderen, fast nie an sich. Die Arbeiter der Prochorowschen Manufaktur, die uns zu einem Fabrikmeeting eingeladen hatten, ... dachten nicht daran, dass die Fabrik seit Monaten stillsteht, weil es an Brennstoff mangelt ... Sondern sie sagten, dass man den Krieg über Polen nach Deutschland tragen müsse.»[24]

Leider habe niemand (auch er nicht) den Mut gehabt, ihnen «zu sagen, die deutschen Arbeiter denken gar nicht daran, Verpflichtungen für die Weltrevolution auf sich zu nehmen»[25]. Der Prozess darwinistischer Auslese werde aber bald auch im internationalen Maßstab Platz greifen. Hinter den Russen sah Jung die Massen des Ostens auf dem Marsch, «und sie stehen dem Kommunismus näher, weil er ihnen selbstverständlicher ist».[26] «Die rote Armee marschiert im Osten unter der Parole: Für die Armen und Unterdrückten, für die Bettler, für die Blinden und Aussätzigen ... Der Einfluss des Kommunismus ist im Mohammedanertum ein ganz ungeheurer ... Die Zeit ist reif. Dem großen Sterben der Völker Einhalt zu tun, werden die bürgerlichen Klassen geopfert werden müssen, das ist Naturgesetz.»[27]

Wenn es den deutschen Rotarmisten nicht gelinge, die Ententesöldner durch revolutionäre Propaganda «zu Kameraden zu machen», dann bedeutete das einen neuen Weltkrieg. «Mag der deutsche Mann, mag das deutsche Volk auch dabei untergehen. Dann werden wir guter Dinge sein für das Wachstum der Weltrevolution.»[28]

Im Land der neuen Menschheitsreligion

Der erste Reisende nach Räterussland hätte ursprünglich der Schriftsteller und Expressionist Arthur Holitscher sein sollen, der Karl Radek vom fehlgeschlagenen Friedenskongress 1917 in Stockholm kannte und ihn 1919 ebenfalls in seiner Moabiter Zelle besucht hatte. Radek hatte Holitscher gefragt, ob er sich «einer Kommission anschließen wolle, die zusammen mit ihm nach Russland reisen würde», um die baldige Wiederaufnahme von Wirtschaftsbeziehungen zu sondieren.[29]

Arthur Holitscher hatte vor dem Krieg zum Kreis um die «Aktion» von Pfemfert gehört. 1915/16 war er Berichterstatter an verschiedenen Fronten des Weltkriegs gewesen und dann zunehmend Pazifist und Sozialist geworden. Nach der Novemberrevolution gehörte er zu den Initiatoren des «Rates geistiger Arbeiter» in Berlin. Aber aus Radeks «Kommission» war nichts geworden, und es dauerte fast noch ein Jahr, bis er endlich nach Sowjetrussland reisen konnte – diesmal im Auftrag der amerikanischen Nachrichtenagentur United Telegraph, aber zugleich mit der Absicht, über seine Erfahrungen ein Buch zu schreiben. «Drei Monate in Sowjet-Russland» erschien Anfang 1921 mit der Startauflage von 15 Tsd. Exemplaren im S. Fischer Verlag, als Antwort auf den Rowohlt-Erfolg mit Goldschmidts «Moskau 1920».

Gleich eingangs erörterte Holitscher die Frage, wie man «in das belagerte, vielverleumdete und vielgepriesene Land» fahren und dort wirklich «das Wesentliche erfahren» könne. Der reine Parteikommunist komme dafür kaum in Frage; er «betritt und verlässt Russland natürlich mit gebundener Marschroute». Aber die angeblich Ungebundenen seien noch schlimmer: «Allerhand ehrgeizige Gesellen, heimliche Geschäftemacher, tückische Verräter tummeln sich auf dem heißen und bunten Boden herum.»[30] So bleibe die kleine Minderheit der «Wahrheitsbegierigen, der in gutem Sinne Wissensdurstigen, der Befugten und Berufenen, der Ernsten und Getreuen», zu denen er in Deutschland außer sich selbst alleine Alfons Paquet zählte.

Allerdings machte das bolschewistische Russland es einem noch so aufrichtigen Besucher nicht leicht. Holitscher fand es traurig, dass er gleich mit Betreten des Landes «eine gewissermaßen atmosphärische Last der Unfreiheit und des Misstrauens sich drückend auf die Seele niedersenken» fühlte. Als ausländischer Publizist lebe man «in Häusern unter militärischer Bewachung», und «um das Schlüsselloch sammelt sich der fettige Abdruck ungewaschener Ohren». Kurzum: «Man ist irgendwelchen Winkeltorquemadas ausgeliefert.» Am Ende verfälsche womöglich «eine Revolte des guten Gewissens» das Bild, «das zu enthüllen du unter das große, rätselhafte Volk des Osten gekommen bist».[31]

Er aber war entschlossen, sich solchen Trotzreflexen zu verweigern. Überhaupt wollte er sich nicht von unmittelbaren Eindrücken oder Tatsachen leiten lassen, sondern nach einer Wahrheit suchen, die alle diese Eindrücke und Tatsachen transzendierte. Mit Erfolg: «Ich suchte in Russland eine Religion und fand eine Partei. Eine Partei aber, die allerdings eine große Idee, die größte vielleicht, die Menschen je gedacht haben, mit allen Mitteln der politischen Macht und sogar der diplomatischen Schlauheit durchzusetzen bestrebt ist.»[32] Eine Partei also, die zwar noch nicht die neue Menschheits-Kirche darstellte, aber doch der Fels war, auf dem sie vielleicht gebaut werden konnte: «Zu den vier Kelchen, aus denen die Menschheit bisher Beseelung, überirdisches Labsal getrunken hat: den Feigensaft Buddhas, den Wein Roms, den Honig des Davidsohnes Christus, die Milch Mohammeds, fügt sich der fünfte – bis an den Rand gefüllt vom heilenden Wasser des Kommunismus ... Dieser Glaube, der mit metaphysischer Gewalt von immer größeren Kreisen der Menschheit Besitz ergreift, ist: der Glaube an die Weltrevolution.»[33]

In «vielen Seelen des neuen Russlands» sei «der Glaube an das bevorstehende Erscheinen des Erlösers» hellwach, ja, die russischen Massen seien überzeugt, «dass ein Erlöser der Menschheit in der Person Lenins, den der Volksmund mit seinem Vatersnamen Iljitsch liebkosend nennt, bereits unter den Menschen weile». Und nur wegen ihrer kleinmütigen Furcht vor der Religion leugneten «die Führer des Bolschewismus ihre religiöse Mission ... – an die sie inbrünstig glauben».[34] Den Wahrheitssucher aus Deutschland konnten sie freilich mit ihrem vorgeschobenen Atheismus nicht täuschen. Holitscher sah den Weg klar vorgezeichnet: «(Aus) der Politik des Bolschewismus muss die Religion des Kommunismus erstehen.»

Einstweilen seien die Menschen aber leider Gottes zum «notwendigen Fortschreiten auf dem Weg des Bolschewismus nur durch ein System des eisernen Zwanges zu bewegen ... Dieses System, das zu seinem Endziel den Triumph des befreiten Individuums gesetzt hat, arbeitet mit äußerster Entrechtung, mit einer zeitlich unabsehbaren Unterdrückung der Freiheit des Individuums.»[35] Holitscher bedauerte das, aber er beklagte es nicht. Sein Buch war in seinen Kernpassagen mehr als eine Rechtfertigung – es war ein Lob dieses «eisernen Zwanges», dieser «äußersten Entrechtung».

Neben der erleuchteten Erlösergestalt Lenins und der des Volksaufklärers Lunatscharski stand die düster umwitterte Figur des obersten Anklägers und Menschenvertilgers Feliks Dzierżyński – «ein etwa vierzig Jahre alter Mann von sanften, ja schüchternen Umgangsformen», gebildet und von puritanischer Denkungsart. «Man hat ihn ... mit Franziskus von Assisi verglichen. Es ist bekannt, dass er im Warschauer Gefängnis die Unratkübel seiner Mitgefangenen täglich selber aus den Zellen geholt und entleert hat, ‹weil einer das Niedrigste für alle anderen besorgen muss, damit diese anderen vom Niedrigsten befreit seien› ... Als oberster Kommissar der gefürchteten und wild gehassten Behörde tut Dzierżyński meines Erachtens etwas Ähnliches: er besorgt das Entsetzliche, aber unumgänglich Nötige in der kommunistischen Gemeinschaft der Regierenden.»[36]

Diese Metapher hatte es in sich. Indem Dzierżyński den «Unrat» der alten Gesellschaft, ihre «gewesenen Menschen», in die Jauchegrube der Geschichte beförderte, vollbrachte er als Hl. Franziskus der

Tscheka eine altruistische Tat. Sogar die Politik des permanenten Terrors erschien dem Pazifisten Holitscher als ein halber Akt der Menschlichkeit im Vergleich zur bürgerlichen Justiz: «Ich für mein Teil gestehe, dass ich die Arbeit, die eine rasche Kugel verrichtet, menschenfreundlicher erachte, als die Arbeit, die lebenslängliche Einzelhaft an einem Individuum vollbringt, auch wenn nach zehn Jahren Amnestie ihr ein Ende bereitet.»[37] Und war nicht jede große Menschheitsbewegung mit Strömen von Blut getauft? Entscheidend war, dass in Russland – und gerade in Russland – die Menschheit einen neuen Weg betreten hatte, auch wenn das zunächst ein Leidensweg war: «Es ist Schweres, was man im Russland der Sowjets erlebt ... Aber dann erhebt sich vor dem schier Verzweifelnden der mystische heilige Mensch Russlands, Tolstoi, der vor dem Tode, eigentlich schon nach seinem irdischen Tode, von Verklärung und Unsterblichkeit beschienen sich auf dem winterlichen Weg ins Ungewisse vorwärts tastet ... Es ist der Weg der Menschheit, den der russische Mensch geht, über den er die Menschheit vorwärtsführt, der Weg geht über Trümmer und Not und Alptraum zur Wiedergeburt und zur Gemeinschaft der beseelten Vernunft.»[38]

Das hungernde Russland

In fast allen Berichten aus Russland seit 1918 war der Hunger – neben dem Terror – das kritische Thema gewesen. Anfangs schienen der Krieg und Bürgerkrieg, der Verfall der Transportmittel und der industriellen Produktion Erklärung genug. Aber auch das Ende des Bürgerkriegs zwischen «Rot» und «Weiß» im Herbst 1920 brachte keine Erholung, im Gegenteil. Die Militarisierung des Landes, die Requirierung der letzten Vorräte durch Staat und Armee während des Polenfeldzugs, schließlich der eklatante Fehlschlag des Trotzkischen Plans der Aufstellung von «Arbeitsarmeen» aus den hastig demobilisierten Truppen – alles das trieb die Wirtschaft erst in den restlosen Zusammenbruch.

Im Winter 1920/21 zeichnete sich gerade in den Hauptgetreidegebieten Russlands und der Ukraine die kommende Hungerkatastrophe deutlich ab. Die Bauern begannen, das Saatgetreide zu verzehren. In vielen Bezirken kam es zu neuen verzweifelten Aufständen, die von den berühmtesten Kommandeuren der Roten Armee, von Tuchatschewski bis Budjonny, im Blut erstickt wurden. Dasselbe geschah mit den Streiks und Aufstandsversuchen in den Städten, zuletzt mit der Erhebung der Kommune von Kronstadt, deren Niederschlagung in einem weiteren Massaker endete. Als Lenin im April 1921, als Totenstille herrschte, endlich das Ruder herumlegte und die «Neue ökonomische Politik» verkündete, war klar, dass diese Erleichterungen für die Masse der Bauern, gerade in den Getreideanbaugebieten, zu spät kamen. Die Hungerkatastrophe, die fast über zwei Jahre hinweg noch einmal ganze Landstriche entvölkern und Millionen Menschen das Leben kosten sollte, hatte in der Geschichte aller früheren russischen Hungerkatastrophen nicht ihresgleichen.

Die Irrungen und Wirrungen der internationalen «Hungerhilfe», die daraufhin anliefen, waren ein Lehrstück für sich. Die sowjetische Regierung hatte die Anfänge dieser Kampagne, die sich ihrem Einfluss weitgehend entzog, mit größtem Misstrauen verfolgt. Aber der Umfang der nicht mehr zu verheimlichenden Katastrophe zwang sie, eine Vorwärtsstrategie einzuschlagen und eine eigene «Internationale Arbeiter-Hilfe» (IAH) ins Leben zu rufen, die mit den über den «Völkerbund» koordinierten philantropischen Hilfsaktionen in eine lebhafte Konkurrenz trat.

Diese Änderung der Politik machte Eindruck. Die Regierung Sowjetrusslands zeigte die «Wundmale» des Landes offen her. Sie verbarg das Elend nicht länger, im Gegenteil. Das leidende Russland appellierte an die Welt, und es klagte nur umso schärfer an. Alle Härten und

Unmenschlichkeiten seines inneren Lebens, vom Hunger bis zum Terror, wurden als das notwendige Resultat der Blockaden, Interventionen und Subversionen durch eine feindliche Umwelt denunziert, die die inneren Feinde unablässig ermutigte. Nicht zuletzt mit der Waffe des Hungers durchbrach die sowjetische Regierung ihre diplomatische Isolation. Die Einladung zur Weltwirtschaftskonferenz in Genua im Frühjahr 1922, an deren Rande der Vertrag von Rappallo zwischen dem Deutschen Reich und Sowjetrussland geschlossen wurde, der die Konferenz endgültig zum Scheitern brachte, war auch ein Resultat dieser Katastrophe und Kampagne.

Im Dienste der «Internationalen Arbeiter-Hilfe» (IAH) reisten auch Franz Jung und Arthur Holitscher 1922/23 wieder nach Russland. Holitscher verfasste darüber ein Büchlein, das unter dem Titel «Stromab die Hungerwolga» im Verlag der IAH erschien.[39] Mehr denn je diente ein verklärtes russisches Volk ihm als Medium: «O Wolga, Strom Russlands, breit und reißend, herrlich zwischen Talsenken und Anhöhen rauschst du durch das Land der fernen See entgegen, tief und überschäumend bist du wie die unergründliche Seele des großen mystischen Volkes der Erde!» Mochten die «alten Menschen» an den Ufern links und rechts aussterben – es blieben die Jungen, die Kinder. Wie vielen anderen Besuchern, hatten es Holitscher vor allem die Waisenhäuser angetan. Im Kreise der «unschuldigen Herzen hunderter lieblicher junger Wesen» ließen sich, mit dem epischen Unglück ringsum, intensive Stunden der «beglückenden Solidarität» verbringen. «Wunderbar begabt ist dieses Volk der Russen! Immer neues Entzücken erlebt man unter seinen Kindern, diesen schönen, lebhaften und reinen Wesen, voll Phantasie, Ursprünglichkeit der Ausdruckweise, Grazie des Gehabens, der Bewegung.»[40]

Not und Tod heiligten das Volk der Gottesträger: «Dieses weite Russland, geheimnisvoll und heilig in seinem Aufschwung und Versagen ... – zu ihnen (*sic*) blicken heute in Liebe Millionen aus den arbeitenden, leidenden und kämpfenden Massen des Erdenrunds wie zur Mutter der künftigen Menschheit auf ... In Millionen Hirnen und Herzen wirkt heute die russische Idee. Sie wandelt diese Welt selbst zu einem neuen Gebilde um.»[41] Niemand hätte den Begriff der «russischen Idee» damals verwenden können, wenn nicht in seiner von Dostojewski geprägten Bedeutung. Den Bolschewismus als eine höchste, letzte Form der «russischen Idee» zu rühmen – das war freilich vor allem eine deutsche Idee.

Auch Franz Jung war im Herbst 1921 vom Koordinator der «Hungerhilfe», Willi Münzenberg, auf eine Inspektionsreise an die Wolga geschickt worden, um eine Studie «über die sozialen und soziologischen Ursachen der Katastrophe» anzufertigen.[42] In seinen Memoiren beschreibt Jung lakonisch, wie er größte Mühe hatte, «in dem allenthalben herrschenden Chaos, dem Fehlen einer arbeitsfähigen Verwaltung, dem völligen Versagen der improvisierten Hilfsorganisationen und der totalen Apathie der Bewohner» irgendwelche zuverlässigen Aufschlüsse zu erhalten. «Wir fuhren mit einer GPU-Barkasse, und jeder Dampfer, wenngleich mit Flüchtlingen überfüllt, hatte sofort Raum genug für unsere Gesellschaft in der für solche Fälle requirierten Staatskabine.»[43]

Jungs Erinnerungen sind überhaupt eine harsche Charakterisierung des Hilfe-Tourismus dieser Jahre, einschließlich der «Hungerhilfe», als deren Präsident er in den Werbeschriften Münzenbergs bis 1922 doch selbst firmierte.[44] In seiner Schrift «Hunger an der Wolga» aus dem gleichen Jahr finden sich diese negativen Erfahrungen allerdings nur in aggressiver Verkehrung. Diese Aggression richtete sich in erster Linie gegen die deutschen Wolga-Kolonisten, die ihm als Inbegriff einer zum Aussterben verurteilten Menschenrasse starrköpfiger Besitzbürger erschienen. Die Hungersnot war im Grunde ein Akt der Selbstvernichtung: «Seit 3 Jahren predigen die Kommunisten an der Wolga, man soll Dämme bauen, es soll Gemüse angepflanzt werden, es soll das Fruchtwechselsystem eingeführt werden. Seit drei Jahren aber flüstert der Abschaum der Menschheit ... den Bauern ins Ohr: Ihr sollt bloß für die Kommunisten arbeiten, und dann nehmen sie euch alles weg ... Wie wahnsinnig kommen einem die Menschen vor, dass sie sich selbst nicht helfen wollen ... Praktische Arbeit leisten in einem Gebiet, das samt seinem Volk von der kapitalistischen Gedankenwelt zerstört wurde, heißt so viel, wie die Welt anfangen, neu aufzubauen.»[45]

Dieser sozialdarwinistische Gedanke des quasi-natürlichen Absterbens der alten, verkommenen Besitzklassen und vitalen Emporkommens der jugendlichen, unverbildeten Proletariermassen durchzieht wie ein roter Faden alle Russlandschriften Jungs (und teilweise auch seine literarischen Werke). Dass er diese Sicht am Ende seiner beiden Jahre in Russland autoaggressiv gegen sich selbst wendete; dass er seine eigene Verhaftung und sogar Liquidierung durch die Tscheka (die er fast provozierte, indem er ringsum erzählte, dass er seine Flucht vorbereite) als eine keineswegs ungerechte Lösung aller seiner persönlichen Konflikte angesehen hätte und dass er schließlich unter Lebensgefahr aus diesem Sowjetrussland floh, als blinder Passagier, so wie er 1920 das erste Mal hergekommen war[46] – das alles macht den in vollem Sinne experimentellen und authentischen Charakter seiner Russlanderfahrungen deutlich.

Hunger und neues Werden

Dass solche Ideen auch in ganz anderen weltanschaulichen Kontexten gedacht werden konnten, zeigt das schmale Buch des jungen Autors August Heinrich Kober «Unter der Gewalt des Hungers. Vom neuen Werden in Russland»[47], das 1922 als erster Band einer Buchreihe «Erdkraft. Eindrücke aus dem Osten» im Eugen Diederichs Verlag in Jena erschien.

Über die näheren Umstände seines Russlandbesuchs gibt Kober nur orakelhafte Auskünfte: «Die Sensationen einer Abenteuerfahrt ohne Pässe und ohne Protektionen, die Schilderungen verwüsteter Gegenden und zerrütteter Menschen ... – dies alles würde eine Verdunkelung meines Themas bedeuten.»[48] Alles, was Kober sieht, dient ihm ohnehin nur als Stoff und Illustration eines salbungsvollen Raisonnements über die metaphysische Bedeutung des Hungers in Russland. «Hier nämlich ist etwas ganz Neues, das weder durch die Summierung einzelner Erfahrungen noch durch die ergänzende Fantasie errechnet, erdacht oder erdichtet werden kann ... Wahr also ist, dass ein Mensch vor Hunger brüllend auf die Straße stürzt ..., dass der Kannibalismus wiederkehrt, dass die Menschen aus den Städten wie Heuschreckenschwärme über die Dörfer herfallen, dass Frauen, Kinder und Greise unter freiem Himmel verrecken ... Wahr ist, dass in diesen Zügen der Hungernden die Abkehr von allem Menschlichen und die ekstatische Hinkehr zu Gott eng verschwistert nebeneinander wandern. Und dies ist das Entscheidende: in Russland stirbt eine alte Welt ab, fallen tausende von Menschen unserer Generation als Düngererde für einen neuen Typus des europäischen Menschen. Auch mit seinem Hunger kämpft das bolschewistische Russland einen Kampf für die ganze Menschheit. Das Kreuz der neuen Erlösung erhebt sich über dem Osten.»[49]

Der krude Vitalismus und Materialismus Jungs findet sich bei Kober durch einen esoterischen Spiritualismus ersetzt. Im einen wie im anderen Falle erscheinen die Russen als das auserwählte Volk des neuen Menschentums. Sind sie bei Jung die starke Rasse der von natürlichem Kollektivgeist Beseelten, so bei Kober die «Träger eines Evangeliums des schlichten Herzens», wie sie «uns, die wir glauben, Tolstoi, Dostojewski und Turgenjeff zu kennen», längst hätten vertraut sein sollen: «Selig in völliger Armut, innerlich reicher – wahrscheinlich – als irgendeines der verbrauchten Westvölker.»[50]

Gehungert, so Kober, habe der Russe immer. Aber das Fasten sei in allen Religionen auch ein Mittel spiritueller Steigerung gewesen. «Der Europäer, der heute noch nichts Besseres weiß als sich immer weiter in das lächerliche Phrasenreich eines sogenannten modernsten Kunst- und Kulturlebens zu begeben, wird erstaunt sein, wenn ihm eines Tages der neue Russe entgegentritt. Dieser Russe ... unterscheidet sich grundsätzlich vom satten Mitteleuropäer durch ein besonderes Zeitbewusstsein. Er ist der einzige, der einer Zukunft *lebt*.» Und in einer Wendung, die beinahe wörtlich Feuchtwangers berüchtigten Reisebericht «Moskau 1937» vorwegnahm, sagte Kober: «Man atmet auf, wenn man vom Westen her in diese klare Luft der Einfachheit kommt.»[51]

Im übrigen seien die Bolschewiki auch die «Erwecker der nationalen Bewusstheit Russlands». Mit der Roten Armee hätten sie ein Volksheer geschaffen, das «als eine kämpfende Masse, bald hier, bald dort» gekämpft, die «von außen andringende Gefahr» zurückgeschlagen habe und dadurch «das Symbol einer nationalen Einheit» geworden sei.[52] Jetzt werde sie von Trotzki in neue Kasernen geführt, geschult und diszipliniert. Das Wichtigste «sitzt hier schon tief und fest drin: Liebe zum Vaterland, Treue, Verantwortungsgefühl».[53] Warnend, aber fast triumphierend, kündigte Kober ein neues Skythentum der Russen an, das die Sieger des vergangenen Weltkriegs sich selber zuzuschreiben hätten: «Das ganze Russland, das man zusammengepresst hat, ist unter diesem Drucke zu einem kriegerischen Lande geworden ... Die Franzosen, die sich hysterisch bemühen zu einer ständigen Kriegsgefahr für Europa auszuwachsen, werden zu ihrer Überraschung auf der Gegenseite Europas ein Volk finden, das dank ihrer ‹Bemühungen um die Ruhe auf dem Kontinent›, diese Beunruhigung wirklich bringen wird: die Russen, die waffentragenden Nomaden.»[54]

Und gerade der Hunger werde sich als ein nationaler Gesundbrunnen erweisen: «Die ganze Rettungsaktion Russlands für seine Hungernden gilt den Kindern. Das ist brutal, aber natürlich bei einem Staate, der mit aller Vergangenheit gebrochen hat und nur vom Glauben an die Zukunft, an kommende Generationen leben kann. Selten hat sich die Natur herabgelassen, eine neue Lebenshaltung durch die einfach Abdrosselung großer Massen der widerstrebenden Vorgeneration zu unterstützen, wie es hier jetzt in Russland der Hunger als Schutzgeist des Bolschewismus tut.»[55]

Diese neue russische Generation werde «das Aufruhrelement im alten Europa werden» – aber in konstruktivem Sinne: «Dies neue Russland wird ‹amerikanischer› sein als Amerika, denn dorthin verpflanzten hyperkultivierte, ‹ausgekochte› Europäer die ‹letzten Errungenschaften›, jahrhundertealte ererbte Erfahrungen, hier aber beginnt eine neue Generation, gestählt zwischen Leben und Tod, atmend unter dem Zwange zum Wesentlichen, ein neues Reich ... Was wird es für uns sein? ... Man weiß nur: etwas ganz Großes. Etwas Furchtbares.» Vielleicht eine Rückkehr zur Natur, zu den Müttern, zur Erde, eine neue Innerlichkeit und Einfachheit, die Befreiung

Ölgemälde von Heinrich Vogeler «Rote Metropole», gemalt nach der Übersiedlung nach Moskau 1923

aus der Sklaverei der Maschinen, ein Ende der Entwurzelung und Haltlosigkeit.[56]

So bizarr Kobers Buch auf einen heutigen Leser wirkt, lässt es sich weltanschaulich deutlich zuordnen. Das Anliegen, die Quellen der «Erdkraft» wiederzufinden und das Licht aus dem Osten in das «untergehende Abendland» zurückzutragen, gehörte in den Umkreis der Versuche zur geistigen Neuorientierung der deutschen Jugendbewegung, an deren Spitze sich Eugen Diederichs mit seinem Verlag zu stellen versuchte.[57] Und der raunende Ton einer morphologischen Geschichtsprophetie entsprach ganz dem eines Oswald Spengler.

Auf der Suche nach dem Übermenschen

Dagegen war das Buch von Leo Matthias mit dem seltsamen Titel «Genie und Wahnsinn in Russland – Geistige Elemente des Aufbaus und Gefahrenelemente des Zusammenbruchs», das 1921 im Rowohlt Verlag erschien, eine Reise im Geiste Nietzsches. Der Text verrät kaum etwas von den Umständen seiner Entstehung, außer dass der Autor sich zwei Monate in Moskau aufgehalten hatte, mit dem Ziel einer «Ortsbestimmung des russisch-bolschewistischen Geistes».[58]

Im Zentrum stand dabei die Frage, ob die Machtergreifung Lenins, Trotzkis und Radeks nicht womöglich jener lang erwartete historische Akt sei, mit dem «der antimoralische Mensch in die Helle des politischen Geschehens tritt»[59] – der proletarische «Übermensch», der in der Lage sein könnte, ein neues Herrentum, eine junge Aristokratie zu bilden. Wenn Matthias diese Frage trotz mancher Enttäuschungen und Ernüchterungen am Ende bejahte, dann vor allem wegen der Führungspersönlichkeiten des neuen Staatswesens, Lenin, Trotzki und Radek.

Trotzki sah er auf dem Roten Platz bei einer Vereidigung von Offizieren, die an die Front abgehen sollen. «Ich habe niemals einen Menschen gehört, der so mit dem Hammer sprach. Er warf von seinem Turm die Worte einzeln wie Steine auf den lautlosen Platz ... Wenn Generäle bei uns reden, so hat man immer das Gefühl, dass sie mit derselben Stimme ihrem Burschen befehlen könnten, Wurst zu kaufen ... Die einen haben den Wein und die anderen haben den Becher. Trotzki besitzt beides.»[60]

Lenin habe er nicht gesehen und gesprochen. Da es weniger um die Person als den ‹Typus› gehe, habe er dennoch «eine sehr konkrete Vorstellung von seiner Persönlichkeit bekommen».[61] Dem Westen erscheine Lenin mal als «fanatischer Theoretiker», mal als «russischer Edelmann», der ein Volk von Sklaven mit harter Hand beherrsche. «Beides ist falsch. Lenin ist kein Edelmann und auch kein Theoretiker, sondern er ist ein Bauer – ein Bauer von ungeheuren Dimensionen. Er besitzt sämtliche Eigenschaften dieses Typus. Rein äußerlich: die Gedrungenheit seiner Gestalt ... und einen Schädel, den die Franzosen ‹tete carrée› nennen; das Gesicht, mit den tatarischen Backenknochen, ungeistig ...; die Augen: klar und gut ... Sein geistiges Gesicht entspricht diesen körperlichen Zügen. Er besitzt die Klugheit, die odysseische Listigkeit, die enorme Arbeitskraft und vor allem die unerschütterbare Beharrlichkeit eines Bauern ... Er ist geistig von einer geradezu barbarischen Gesundheit.»[62]

Ausweis dieser barbarischen Gesundheit Lenins sei die Tatsache, dass, wie in Künstlerkreisen bedauernd konstatiert werde, die «gesamte moderne Literatur (ihn) langweilt; die proletarische Literatur und Kunst nicht ausgenommen». Matthias begeisterte gerade das: «Es ist phantastisch zu denken, dass nach 500 Jahren ein Lenin für diese Künste wieder dieselbe Verachtung besitzt wie Iwan.»[63] Lenin sei als Persönlichkeit «von Grund aus untragisch». Matthias glaubte, «dass in dieser Freiheit von aller Tragik die geistige Bedeutung Lenins besteht und sein tiefster Gegensatz zur Zeit, die ihn deshalb als ihren Richter hasst oder als ihr Vorbild liebt».[64]

Aber vor allem in der Figur Radeks fand Matthias eine Vorform des europäischen Übermenschen: Mit Radek trete «der *antimoralische* Mensch in die Helle des politischen Geschehens». Ja, in seiner Person habe «der Staatsmann des 20. Jahrhunderts seine Visitenkarte abgegeben ... Sie trägt, so überraschend das auch sein mag, über dem Namenszug eine Krone. Denn die Moral Radeks ist eine aristokratische Moral. Sie steigt nicht herab, sondern zieht hinauf ...». Es sei daher nur konsequent, «dass Radek sich *gegen* die Verleugnung des Führerprinzips ausgesprochen hat».[65]

Das Buch von Leo Matthias ist politisch kaum deutlich einzuordnen. Am ehesten denkt man an die «linken Leute von rechts», von denen Otto-Ernst Schüddekopf mit Blick auf die «Nationalbolschewisten» und «konservativen Revolutionäre» gesprochen hat. An einer Stelle sagt Matthias (mit Bezug auf Stefan George) auch recht explizit: «Von ganz rechts bis ganz links ist kein so weiter Weg wie von beiden Polen bis zur Mitte. Die Geschichte hat ihre Aufgaben immer unter die Extreme verteilt.»[66]*

Im Land der Roten Zaren

Nach und neben den Delegationen sympathisierender Parteien und ausgewählten Vertretern der «fortschrittlichen Intelligenz» kamen im Herbst 1921 auch die ersten professionellen Journalisten wieder ins Land der Sowjets – einige als Begleiter von Wirtschaftsleuten und Politikern westlicher Länder, die über die Wiederherstellung der wirt-

---

* Umso bemerkenswerter die weitere Biographie: Nach einigen literarischen Versuchen und weiteren Reisebüchern (aus dem Orient und Mexiko) ging Leo Matthias als Emigrant in den dreißiger Jahren ins lateinamerikanische Exil, um in den fünfziger und sechziger Jahren unter dem Kürzel «L. L. Matthias» als Autor weiterer Reisebücher, insbesondere durch seinen Bestseller «Die Kehrseite der USA» von 1964, zu einem Kronzeugen des deutschen Antiamerikanismus zu werden. Vgl. Dan Diner: *Verkehrte Welten. Antiamerikanismus in Deutschland*, Frankfurt/M. 1993, S. 21 ff.

schaftlichen und politischen Beziehungen Erkundungen einzogen, einige für längere Studienaufenthalte und einige, um als feste Korrespondenten zu bleiben. Die letzteren waren jedoch noch immer eine verschwindend geringe Zahl. Beim IV. Kongreß der Komintern im Herbst 1922 bestand das Korps der akkreditierten ausländischen Korrespondenten aus ganzen acht Personen, vier Amerikanern, einem Briten und drei Deutschen: Paul Scheffer für das Berliner Tageblatt, Richard Ullrich für die Kölnische Zeitung und Georg Popoff für die Frankfurter Zeitung.

Die Wiederherstellung diplomatischer Beziehungen mit dem Vertrag von Rapallo im Frühjahr 1922 bedeutete für deutsche Russlandbesucher eine wesentliche Erleichterung und einen Vorsprung. Neben Journalisten, Schriftstellern, Wissenschaftlern und Medizinern (darunter eine Gruppe prominenter Ärzte zur Behandlung des siechen Lenin) kamen auch Wirtschaftsleute, Lobbyisten und Militärs, die freilich in der Regel Diskretion bevorzugten.

Eine bemerkenswerte Ausnahme war der ehemalige Kapp-Putschist Oberst Bauer, in dem man geradezu einen Prototypus des «deutschen Schwarzhundertens» oder auch des «Rechtsbolschewisten» sehen könnte, der immer wieder als Eventualverbündeter durch Lenins Vorstellungen geisterte, bevor er 1923 in Radeks «Schlageter-Rede» und in der Terminologie der Komintern auf die neue Gattungsbezeichnung des «Faschisten» gebracht wurde. Nach dem Scheitern des Kapp-Putsches war Bauer zunächst in das «weiße» Ungarn des Admirals Horthy geflüchtet, bevor er sich unter dem Schutz des Polizeipräsidenten Pöhner in München niederließ, wo er 1921 seine Kriegserinnerungen «Der große Krieg in Feld und Heimat» publizierte. Nach einem Zwischenspiel in Wien, wo er am Aufbau der Heimwehr mitwirkte, wurde er in der Grauzone der deutsch-sowjetischen Militär- und Rüstungskontakte aktiv. Schon 1922 trat Bauer als militärwissenschaftlicher Beiträger in sowjetischen Zeitschriften hervor. Und im November 1923 tauchte er auf Einladung des Kriegskommissariats in Moskau auf, formell als Lobbyist einer deutschen Unternehmergruppe, die «sich anheischig gemacht hatte, nicht nur eine Kampfstoffproduktion aufzuziehen, sondern auch die deutsche Großchemie zu Investitionen auf dem russischen Markt zu veranlassen».[67]

Für die sowjetische Seite war jedoch klar, dass Bauer nach wie vor auch als Vertrauensmann Ludendorffs und völkischer Rechtskreise agierte – derselben, die gerade dabei waren, von München aus erneut zum «Marsch auf Berlin» anzusetzen. Fast könnte man annehmen, Bauer habe dieselbe Mission wie im Dezember 1919 in Radeks «Salon» gehabt: nämlich zu sondieren, wie die sowjetische Haltung gegenüber einer siegreichen Regierung der Nationalen Diktatur in Deutschland aussehen werde. Erst als Seeckt und Brockdorff-Rantzau Protest gegen die Einbeziehung Bauers in die geheimen Militärkontakte einlegten (eben wegen dessen Nähe zu Ludendorff, der gerade in München an der Seite Hitlers wieder als Putschist aufgetreten war), erklärte Trotzki, dass er «selbstverständlich die Arbeit mit dem Reichswehrministerium unter keinen Umständen in Frage stellen wolle».[68]

Ungeachtet des Scheiterns seiner Mission war Bauer von seinen Eindrücken in Sowjetrussland so angetan, dass er darüber den Reisebericht «Das Land der roten Zaren» verfasste, der mit einer feierlichen Selbstrevision beginnt: Wie die ganze bürgerliche Welt, habe auch er im Bolschewismus früher nur «das verbrecherische Treiben blutdürstiger Gewaltmenschen» gesehen. «Dies Urteil ist aber falsch!»[69] Bauer stand nicht zuletzt unter dem Eindruck des Lenin-Begräbnisses im Januar 1924, das eine Kundgebung echter Volkstrauer gewesen sei und ihm das lang entbehrte Gefühl vermittelte, «einem *weltgeschichtlichen Moment* beigewohnt zu haben».[70] In der Situation der äußersten Zerrüttung des Landes 1917 sei Lenin mit einer Gruppe von Männern aufgetreten, «die brutalen Willen, Zielbewusstsein und Tatkraft sich bewahrt haben», und habe Ordnung geschaffen.[71] Gewiss habe «die Tscheka viel unschuldiges Blut, neben schuldigem», vergossen, aber das Leben sei nun einmal Kampf, «und am oberen Ende des Kampfes steht die leibliche Vernichtung des Gegners».[72]

Überhaupt war Bauer von den Männern an der Spitze des Staates beeindruckt, die allesamt bewährt und erprobt seien und «ein Konsortium von einer Einheitlichkeit, wie es kein anderer Staat besitzt», darstellten. Nach Lenin imponierte ihm am stärksten Trotzki, der «der geborene militärische Organisator und Führer» sei – «absolut napoleonisch»! Dserschinski sei eine «vielleicht ebenso starke Kraftnatur und noch rücksichtsloser», dazu ein großer Organisator der Wirtschaft und der Eisenbahnen, wozu Russland ihm «trotz allem zu großem Dank verpflichtet» sei. Außerdem sei er der Patron der sowjetischen Kinderfürsorge. «Wer aber die Kinder liebt, ist kein blutdürstiger Verbrecher.»[73]

Moskau fand Bauer sauber, ordentlich und leidlich versorgt. Prostitution und Wodkaverbrauch seien «endgültig vorbei». Und auch die Gewerkschaften mit ihrer «rein egoistischen Tendenz» hätten im Sowjetstaat ausgespielt: «Die Arbeit in den Fabriken und Bergwerken ist absolut militärisch organisiert. Befehl und Ausführung! Streik und Arbeitsniederlegung ist verboten und wird bestraft Der Arbeiter denkt aber auch trotz geringen Lohnes nicht an Streik, er fühlt sich nicht mehr als Sklave irgendeines Kapitalisten, sondern ist Diener des Staates, dem mit Leib und Seele sich zu weihen er verpflichtet ist.»[74]

Mit bemerkenswertem Wohlwollen behandelte Bauer schließlich auch die Frage, die ihm früher als der sicherste Indikator von sozialer Zersetzung und moralischem Verfall erschienen war, nämlich «dass ein großer Teil der Führer *Juden* seien». Das sei erstens gar nicht wahr; die Führer des Sowjetstaates seien «*überwiegend* Christen». Ansonsten habe die sichtbare Präsenz von Juden im Gesamtapparat damit zu tun, dass man sie «wegen ihrer Intelligenz verwenden muss». Zwar sei das Volk in breiten Schichten antisemitisch. Aber es könne «der Juden gar nicht entraten», weder im Dorf noch in den Staatstrusten, «wo der jüdische Geschäftssinn die blasse Theorie mildert und zum Praktischen hindrängt». Überhaupt erschienen die Juden in Sowjetrussland «in einer ganz anderen Rolle wie in der übrigen Welt», wo sie als «Hauptstütze des Materialismus» gälten.[75] Hier aber «stehen ganz gewiss keine egoistischen Materialisten», sondern herrsche ein bewundernswerter «Idealismus der Pflichterfüllung».[76]

Den eigentlichen Grund des sich ausbreitenden Materialismus sah Bauer jetzt stattdessen im «Pangynismus»: der Gleichstellung der Geschlechter, die in Wahrheit auf «das völlige, freiwillige Sichunterwerfen des Mannes unter das Weib», oder vielmehr unter das Joch «sexueller Hörigkeit» hinauslief. Das aber bedeute den sicheren Verfall: «Die ganze Mode mit ihrer Entkleidung und Betonung des Sexuellen, die Literaten, das Theater, Tanz, Gesellschaft – das alles ist absolute Prostitution.» Hier liege «der Urgrund der Herrschaft des Materialismus, des Ringens nach Geld (Kapitalismus)».[77]

Dagegen sei das russische Volk im Kern noch «natürlich und gesund». Und überhaupt müssten die Lästermäuler schweigen: «Die sexuelle Verkommenheit ist heute in Wien, Berlin, Paris, London und Amerika größer wie in Moskau.»[78] Leider öffne auch die bolschewistische Ideologie und Praxis mit ihrer Gleichstellung der Geschlechter jedoch dem «Pangynismus» Tür und Tor. Man werde also sehen müssen, ob der Bolschewismus zu den natürlichen Grundlagen zurückfinde oder aus einem «falschen Sexualidealismus ... zum Untergang schreitet».[79]

So schrullig dieses ganze Raisonnement wirkt, so deutlich macht es, dass die Invasion westlich-hedonistischer Lebensstile auch und gerade einem eingefleischten Reaktionär wie Bauer sehr viel tiefere Bedrohungsgefühle einflößte als die politische Herausforderung des Bolschewismus, dem er als Anhänger einer durchmilitarisierten Sozialordnung vieles abgewinnen konnte. Im übrigen war für ihn klar, dass nur im Osten, in Asien, ein wiederaufsteigendes Deutschland Verbündete finden konnte – an der Seite Russlands, dessen äußere Politik halb bolschewistisch und halb panslawistisch, jedenfalls «absolut expansiv» sein werde und daher wie noch stets in «unüberbrückbare(n) Gegensatz zu England» geraten müsse.[80]*

* Dazu passt die weitere Karriere Bauers: Er folgte 1927 einer Einladung der Kantoner Nationalregierung (aus Kuomintang und Kommunisten), die «Beratung beim Aufbau der chinesischen Industrie wünschte», offenbar einer eigenen Rüstungsindustrie. Gleich bei der Ankunft geriet er in den blutig niedergeschlagenen kommunistischen Aufstand, ging zur Südarmee Tschiang Kai-scheks und starb als dessen Militärberater 1929 an einer Pockenerkrankung in Shanghai.

5. Konservative Revolutionäre

Der revolutionäre Nationalismus im Weimarer Deutschland, auf den die sowjetische Führung immer wieder als einen potentiellen Verbündeten setzte, hatte sich Anfang der zwanziger Jahre in einem weit verzweigten Netz politischer Zirkel, Bünde oder Parteien, paramilitärischer Formationen und einem Wirrwarr von Periodika organisiert, deren tatsächlicher Einfluss allerdings kaum festzustellen war. Dass die Zusammenfassung dieses irisierenden Gesamtphänomens post factum unter dem Oberbegriff «Konservative Revolution» problematisch ist, ist sicherlich wahr. Fest steht aber auch, dass es im politischen und intellektuellen Spektrum der Weimarer Jahre eine virulente national-revolutionäre Quer- oder Unterströmung gegeben hat, die das Klima der Republik wesentlich mitbestimmte, ohne in der offiziellen Politik und Parteiengliederung klare Gestalt zu gewinnen. Und der Versuch, Unvereinbares zu vereinbaren, ob aus konservativer, völkischer oder sozialistischer Quelle, gehörte jedenfalls zu ihrer Charakteristik. Soweit diese Strömung überhaupt auf einen gemeinsamen Nenner zu bringen war, war es die militante Ablehnung des bürgerlichen Liberalismus und der westlichen Gesellschaftsordnungen – und eine latente Tendenz der «Ostorientierung».[1]

Den Ursprung dieser Quer- oder Unterströmung markierte, wie beschrieben, die Gründung des Berliner «Juni-Klubs» am 13. Juni 1919, die ganz im Zeichen des Protestes gegen das Versailler Friedensdiktat stand. Als graue Eminenz fungierte der erwähnte Sekretär des «Bundes deutscher Gelehrter und Künstler», Heinrich von Gleichen. Zum eigentlichen Inspirator wurde jedoch der öffentlich kaum in Erscheinung tretende Arthur Moeller van den Bruck. Als publizistisches Organ bot sich die seit April 1919 erscheinende Wochenzeitung «Das Gewissen» an. Zum 1. Januar 1920 übernahm Eduard Stadtler die Herausgeberschaft. Als Träger firmierte nun der «Ring», ein loser Verbund von Zirkeln und Klubs, der bis zum Tod Moellers 1925 die lose Organisationsform dieses ersten, inneren Bewegungskerns bildete.

Der «Juni-Klub», der sich wöchentlich in den Räumen der «Deutschen Gesellschaft von 1914» in der Berliner Motzstraße traf, versammelte zunächst Leute ganz unterschiedlicher politischer Couleur: Deutschnationale wie Graf Westarp, Otto Hoetzsch und von Freytagh-Loringhoven, Zentrumspolitiker wie Martin Spahn oder Heinrich Brüning, Mitglieder der Naumannschen Demokraten wie Georg Bernhard, den Chefredakteur der «Vossischen Zeitung», Sozialdemokraten wie den Staatssekretär im Reichswirtschaftsamt August Müller, unabhängige Köpfe wie den Sozialphilosophen Franz Oppenheimer, oder auch Leute vom nationalbolschewistischen Flügel der KPD. Alles in allem war es, wie sich Stadtler später erinnerte, ein «kunterbuntes Durcheinander von ‹rechtsgerichteten›, ‹linksgerichteten› und ‹mittelparteilich gerichteten› Professoren, jungen Gelehrten, Autodidakten, jungen Politikern, Wirtschaftlern, Soldaten».[2]

Das im Dezember 1919 verkündete «Programm des Ringes» forderte dementsprechend «Solidarität und neue Mitte». Und in einem erläuternden Beitrag hieß es programmatisch: «Die neue Mitte ist Kraftmitte. Ihr strömen die Besten aus allen Lagern und ‹Klassen› zu ... Um die neue Mitte schließt sich der Ring des deutschen Volkes».[3]

Die Ideen von 1919

Zunächst war das Unternehmen ein Versuch, die «Ideen von 1914» unter den Bedingungen eines staatlichen Neuanfangs zu aktualisieren und zu konzeptionalisieren. Diese deutsche Kriegsideologie hatte sich, wie beschrieben, um die Bestimmung einer «deutschen Mitte» (fast im Sinne einer geistigen Geopolitik) gedreht. Und die Bestrebungen, die sich vor allem im Projekt eines um das Deutsche Reich gruppierten «Mitteleuropa» konkretisiert hatten, kamen politisch, weltanschaulich und soziologisch gesehen auch tatsächlich aus einer weitläufig umreißbaren Mitte der deutschen Gesellschaft. Von seiner Position eines europäischen «Reichs der Mitte» aus hatte Deutschland es unternommen, wenn man so will: als eine Art «konservativer Revolutionär» im Konzert der Mächte, die alte Weltordnung zu sprengen. Thomas Mann jedenfalls (und nicht nur er) hatte in seinen Kriegsschriften im Anschluss an Dostojewski und Nietzsche den «seelischen Konservativismus» der Deutschen als «etwas wahrhaft Revolutionäres» gepriesen – und sah sie eben darin den Russen am nächsten verwandt.[4]

Im Angesicht ihrer tiefsten Niederlage erfanden die «im Felde unbesiegten» Deutschen sich noch einmal als ein von einer «Welt von Feinden» um den Sieg geprelltes Reichsvolk mit unerfüllter «weltgeschichtlicher Sendung», das (um den Historiker Hermann Oncken zu zitieren) aus seiner von Gott und der Geschichte gegebenen Mittellage heraus nur die Alternative habe, sich entweder zur «natürlichen Führung des Weltteils», also Europas, aufzuschwingen, oder zwischen West und Ost zerrieben zu werden.[5] Deutschland würde nicht sein, wenn es nicht Weltmacht sein konnte; das war die unverrückbare Botschaft.

Radikaler noch als in den «Ideen von 1914» wurde in diesen «Ideen von 1919», wie man sie vielleicht nennen könnte, eine fundamentale Antithese zu den in Versailles angeblich auf ihren nackten Kern gebrachten Ideen des siegreichen Westens formuliert. Als Leitschriften dieses immer weiter getriebenen Deutschtums-Fundamentalismus können neben Thomas Manns kurz vor Kriegsende erschienenen «Betrachtungen eines Unpolitischen» etwa Moeller van den Brucks «Recht der jungen Völker» und Oswald Spenglers «Preußentum und Sozialismus» gelten.

Alles stand hier im Zeichen eines stets noch weiter aufgesteilten Willens, sich nun erst recht zum «Weltvolk» schlechthin, gleichsam zur «Übernation» zu formen, weniger im Sinne der Erfüllung einer festen Tradition als vielmehr (nach einer Formel Nietzsches) auf etwas hin, «das man von uns noch nicht wollte». Der von Thomas Mann mitten im Krieg bereits formulierte Wunsch nach einem «Dritten Reich» der Deutschen als einer letzten, unerhörten Verwandlung ihres tausendjährigen Reichs zu einem durchgeistigten, sittlich gebundenen Machtstaat neuer, höherer Ordnung wurde zum Fluchtpunkt aller politisch-unpolitischen Aspirationen dieser Nach- und Vorkriegszeit, lange bevor Hitler sich dieses Begriffs auf seine Weise bemächtigte.

Das bedeutete vor allem die kategorische Weigerung, sich in dem neuen Weltzustand einzurichten, die eigene Lage und Verfassung nüchtern zu prüfen, wieder zu sich zu kommen. Wie eine Verkörperung dieses abstrakten Ideen-Fanatismus wirkt die diskrete, fast unsichtbare Figur Moeller van den Brucks, der sich als intellektueller Fundamentalist vollkommen dem Projekt einer Neuerfindung der Deutschen aus dem Geist eines idealen Preußentums verschrieben hatte. Dabei unterschied sich seine Vorstellung eines «Dritten Reichs» nicht nur als politische Konzeption, sondern auch in ihrer emotionalen Färbung wesentlich von der Hitlers. Wie alle echten Nationalrevolutionäre, nahm Moeller die Niederlage von 1918 als eine Fügung des Schicksals, da ein halber Sieg oder ein fauler Kompromissfrieden das Reich womöglich noch tiefer in den Kulturzusammenbruch des Westens verwickelt hätte. Noch schlimmer als der verspielte Sieg war aus seiner Sicht daher, dass das deutsche Volk auch «die Revolution verloren» hatte – die Chance nämlich, im Moment der Einstellung des Kampfes Sozialismus und Nation untrennbar zu verschmelzen und gerade jetzt nachzuholen, was man 1914 versäumt hatte: sich an die Spitze der «jungen Völker» gegen den alten bourgeoisen Westen zu setzen.[6]

Wie für Moeller, war für Oswald Spengler in seiner Kampf- und Bekenntnisschrift «Preußentum und Sozialismus» von 1919 Deutschland das Land des «autoritativen Sozialismus», das seinem «Wesen nach illiberal und antidemokratisch» und daher berufen sei, «englischen Liberalismus und französische Demokratie» weltgeschichtlich zu überwinden.[7] Dieser «echte Sozialismus», der «im August 1914 aufgestanden» war und sich «im letzten Ringen an der Front bewährt» hatte, sei im November 1918 vom marxistischen «Pack mit dem Literatengeschmeiß an der Spitze» verraten worden.[8] Das Unglück dieses Umsturzes sah auch Spengler nicht darin, dass der degenerierte wilhelminische Überbau gestürzt worden war, sondern er lag für ihn in der Kraft- und Stillosigkeit dieser Revolution selbst: «Kein mächtiger Augenblick, nichts Begeisterndes; kein großer Mann, kein bleibendes Wort, kein kühner Frevel.»[9] Der Weg zur Gesundung und zum Wiederaufstieg schien ihm umso klarer vorgezeichnet, und die Kräfte waren zur Hand: «der wertvolle Teil der Arbeiterschaft in Verbindung mit den besten Trägern des altpreußischen Staatsgefühls, beide entschlossen zur Gründung eines streng sozialistischen Staates».[10]

Für Moeller (der Spenglers kulturmophologische These vom «Untergang des Abendlandes» ablehnte) gehörte dieses Preußen-Deutschland noch immer zu den ganz «jungen Völkern». Diese Völker waren «jung», weil sie noch stark und fruchtbar waren, eine unverbrauchte, barbarische Kraft der Mythenbildung in sich trugen, der Erde und dem schöpferischen Chaos, aus dem allein eine neue Ordnung entstehen konnte, näher standen und weil nur sie noch in der Lage waren, sich der fressenden Macht des westlichen Rationalismus und Utilitarismus entgegenzustellen. Neben Japan, Italien und einigen kleineren Völkern waren die großen, einer kraftvollen Regeneration fähigen jungen Völker, Moeller zufolge, Amerika, Russland und Preußen-Deutschland.[11]

Amerika würde allerdings früher oder später dem «Drehungsgesetz der Erde» unterliegen, das der Formel gehorchte: Jugend – Bauerntum – Innerlichkeit – Osten.[12] Zwar befürwortete Moeller in der gegebenen Situation ein Bündnis des Reiches mit Amerika und mit Russland zugleich, in dem es sich als die Zentralmacht Europas wieder würde entwickeln und bewähren können. Aber die tiefere Bestimmung eines künftigen «Dritten Reichs» der Deutschen war es, auf der Linie der preußischen Geschichte die «deutsch-russische Seite der Welt» zu entfalten.[13] Dazu hatte Moeller sogar eine eigene Rassentheorie entwickelt, die besagte, dass die Germanen sich auf dem Weg ihrer Völkerwanderung durch Russland mit einem jüngeren ostslawischen Volk gekreuzt hätten, weshalb die Russen nicht nur ein junges Volk, sondern eine junge Rasse seien.[14] Natürlich konnten solche Vorstellungen einer germanisch-slawischen Synthese auch handfest kolonisatorisch ausgelegt werden, wie Moeller das in seinen Kriegsschriften exzessiv getan hatte, da sich das Zarenreich nun einmal gegen Deutschland gestellt hatte. Aber dennoch blieb Russland für ihn immer ein Jungbrunnen, rassisch wie politisch und spirituell. Ja, Deutschland bedurfte der «russischen Geistigkeit» als eines notwendigen Antidotums gegen das schon tief ins Blut gedrungene, vergiftende Westlertum.[15]

Mit diesen orakelhaften Schriften zur Politik trat Moeller stets zugleich in der Rolle auf, in der er am bekanntesten und einflussreichsten war: nämlich als der deutsche Herausgeber der Werke Dostojewskis seit 1905 und (zusammen mit Dmitri Mereschkowski) als dessen maßgeblicher Exeget.[16] Dieses Phänomen einer «deutschen Dostojewtschina», auf das noch zurückzukommen sein wird, gehört ebenfalls zu den noch kaum ausgeleuchteten mentalen Subtexten der Zeit.

Kein deutscher Faschismus

Dem umtriebigen Stadtler konnte die rein publizistische Tätigkeit im Rahmen des «Juniclubs» und «Rings» nicht genügen. «Ich selbst war in diesem Kreis die politisch aktivistischste Natur», schrieb er sich später selbst in die Stammrolle, «und da ich auf Grund der antibolschewistischen Führertätigkeit als ein ‹kommender Mann› bezeichnet wurde, ward ich neben Gleichen gestaltender Mittelpunkt des Kreises und blieb es bis 1923/24».[17]

Das war nicht ganz falsch, verfehlte aber das Wesentliche. Gewiss, Stadtler ging auch nach dem Ende seiner Karriere als Liga-Führer weiter auf Vortragsreisen und feierte «dabei (vornehmlich in zahlreichen, von ihm allein bestrittenen Massenkundgebungen im Zirkus Krone) ... unbestreitbare Erfolge».[18] Aber weder erreichte ihn der Ruf als Führer des «jungen Deutschland», auf den er wartete, noch fand sich ein anderer, dem er sich hätte zur Verfügung stellen können. Weder Gustav Noske, der 1919 den «Bluthund gemacht» hatte, noch Hugo Stinnes, der in die Speichen der großen Politik greifende Industriemogul, noch Gustav Stresemann, der Chef der Deutschen Volkspartei (DVP), auf die Stadtler jeweils eine Zeitlang setzte, erwiesen sich für eine Diktatorenrolle als geeignet. Den Kapp-Putsch hatte er von vornherein als ein «napoleonisches Experiment ohne Napoleon» kritisiert, nachdem Ludendorff gezögert hatte, sich offen an die Spitze zu setzen. Forderungen nach einem «Direktorium», die Stadtler immer wieder erhob und in dem er natürlich eine führende Rolle spielen wollte, waren kaum weniger ins Leere gesprochen.

Insofern repräsentiert die Biographie Eduard Stadtlers – des «Dr. Anti», als der er gelegentlich schon bespöttelt wurde – den vergeblichen Versuch, eine «faschistische» Bewegung im zeitgenössischen Sinne des Wortes in Deutschland zu begründen: nämlich als ein genuin

Die «Liga zum Schutze der Deutschen Kultur» war die von Eduard Stadtler 1919 mitbegründete Nachfolgeorganisation der «Antibolschewistischen Liga».

(gegen-)revolutionäres Projekt, das geeignet gewesen wäre, in direkter und positiver Auseinandersetzung mit dem rivalisierenden Bolschewismus die «Weltkriegsrevolution» für die Schaffung einer elitär-egalitären und militarisierten Sozialformation zu nutzen, welche als Basis einer erneuten imperialen Machtentfaltung nach außen dienen konnte.

Dieses exemplarische Scheitern lag allerdings nicht nur in der Person, sondern auch in der Situation begründet. Das Thema des «Antibolschewismus» in der monomanen Form, in der Stadtler es vertrat, hatte sich schnell erschöpft und war binnen kurzem vom viel tiefer greifenden Komplex «Versailles» überspielt und überlagert worden. Zwischen diesen beiden großen Magnetfeldern oszillierte Stadtler selbst wie eine kreiselnde Kompassnadel hin und her. In seinen Editorials im «Gewissen», aber auch in seiner über die Presselandschaft gestreuten Publizistik (vom «Deutschen Tagblatt» über die «Germania» bis zur «Vossischen Zeitung») sind diese ideologischen und verbalen Schwankungen deutlich nachzuvollziehen, am greifbarsten gerade in seiner Stellung Sowjetrussland gegenüber.

Bis Mitte 1920 schien es Stadtler völlig ausgeschlossen, mit Sowjetrussland deutsche Außenpolitik zu machen, und es überwogen noch immer die Warnungen vor den «genialen» weltrevolutionären Ambitionen Lenins und Trotzkis. Vorerst galt, was Moeller van den Bruck Ende 1919 programmatisch verkündet hatte: «Noch ist der Tag unabsehbar, an dem Russland wieder Russland zurückgegeben sein wird. An diesem Tage werden Russland und Deutschland sich von jenen Randstaaten nicht getrennt, sondern gegen sie verbunden sehen.»[19] Als die Rote Armee im Sommer 1920 auf Warschau marschierte, malte Stadtler noch einmal die Gefahr einer Invasion Deutschlands durch eine entfesselte Rote Armee an die Wand und beschwor umso dringlicher die Notwendigkeit einer Wiederherstellung Deutschlands als der konstruktiven «Kraftmitte Europas».[20]

Lob des «Sowjetfaschismus»

Aber bereits im September 1920 änderte Stadtler seine Linie klagender Appelle an die Ententemächte und fasste (Moeller folgend) erstmals die Bildung einer taktischen Allianz mit Sowjetrussland und den «unterdrückten Kolonialvölkern» gegen die «senilen Herrenvölker» des Westens und die fortschreitende «Amerikanisierung» Deutschlands und Europas ins Auge.[21] In der Neujahrsnummer 1921 seines Blattes schrieb er, halb warnend und halb schon bewundernd: «Die Macht des Ostens ist gewaltig. Sowjetrussland steht außenpolitisch in voller Rüstung da. Es spottet der ganzen Welt und wird von der ganzen Welt gefürchtet ... Dort regiert zudem ein Herrscher. Der einzige in Europa ... Seine Genialität ist fast übernapoleonisch und heißt ‹Geduld› ... Das eigentliche Westeuropa, das romanisch-französische und das germanisch-preußische Prachtstück reizt seinen Weltrevolutionsaktivismus. Der Wille jedoch ist ganz gegen Frankreich angespannt.» Mit «Vernunft» könne Deutschland in seinen Verhandlungen mit den Versailler Mächten offenbar nichts mehr gewinnen. «Deshalb setzen wir mit vollem Bewusstsein Kräfte gegen Kräfte ... Gemeinschaftsdrang gegen Ich-Begierde. Selbstzucht gegen Selbstsucht ... Germanische Freiheit gegen westlerische ... Nach Außen: junge Völker gegen alte ... Wir setzen Chaos gegen Chaos. Das Chaos der Schöpfung gegen das Chaos der Erschöpfung.»[22]

Das klang schon ziemlich national-bolschewistisch. Ende März 1921 hieß es in einem Editorial des «Gewissen» mit Blick auf die Grenzkämpfe in Oberschlesien: «Die Völker des Ostens, zu denen ab jetzt auch die Deutschen gehören, werden mit den Problemen ohne den Westen und gegen den Westen fertig werden müssen ... Wir warten auf Ereignisse, die in der Luft liegen, und begrüßen alle Katastrophen, die Entscheidungen bringen können.» Gleich daneben stand ein Artikel Stadtlers mit dem Titel: «Der Sieg Lenins». Gemeint war die

Niederschlagung des Kronstädter Aufstandes, den er nun mit den polnischen Aufständen und Grenzkämpfen in Oberschlesien als Teil einer kontinentalen französischen Gegenrevolution parallel setzte. Lenin sei klug genug gewesen, dem «gesunden Kern» der Aufstandsbewegung im Geiste einer «bäuerlichen russischen Volksgemeinschaft» durch seine «Neue Ökonomische Politik» Zugeständnisse zu machen, während er gleichzeitig den «im Solde der Franzosen» entfesselten Aufstand der Matrosen rücksichtslos im Blut erstickte. «Als Deutsche sind wir gezwungen, uns über die französische Niederlage im Osten zu freuen. Unser Feind steht im Westen ... Gerade als deutsche Antibolschewisten ... freuen wir uns über das Versagen des heuchlerischen und schieberischen Antibolschewismus Frankreichs.» Demgegenüber sei das neue Russland «Kraft, Wille und geheimnisvolles Werden».[23]

Während die Ausfälle Stadtlers gegen die angebliche «Erfüllungspolitik» der Regierung Wirth/Rathenau immer schriller wurden und ihn mit den Staatsschutzbehörden und Gerichten der Republik in Konflikt brachten[24], kristallisierte sich 1922 der neue weltpolitische Block heraus, auf den er nach dem enthusiastisch gepriesenen «Marsch auf Rom» der Schwarzhemden Mussolinis ab jetzt setzte: ein Bündnis Deutschlands mit dem faschistischen Italien, mit den Jungtürken Atatürks – und mit dem «Sowjetfaschismus»![25] Stadtler verwendete diesen Begriff wiederholt und mit deutlichen Untertönen von Anerkennung. Im italienischen Faschismus habe sich «der Machttrieb der Frontsoldatengeneration mit dem Machtwillen der Proletariermassen verbündet, um unter Führung einer hart umstrittenen Persönlichkeit zur Macht im Staate durchzustoßen». In Russland dagegen triumphierte der «rote Sowjetfaschismus» und «zwang den russischen Nationalismus in seine Dienste», um «zu höchster politischer Weltgeltung» vorzustoßen. Sogar in England stehe der Parlamentarismus nach dem Sturz Lloyd Georges in Frage. Nur Deutschland halte fest an dieser Verfassung der politischen Ohnmacht.[26]

So verfolgte Stadtler die Verhandlungen in Genua mit Skepsis und Verachtung, die nach dem überraschenden deutsch-sowjetischen Übereinkommen in Rapallo die Form eines spöttischen Triumphs annahm: «Nicht wahr, Herr Rathenau, darüber sind Sie sich inzwischen klar geworden ... Trotzki spricht in Moskau von dem ‹gemeinsamen Widerstand gegen Versailles› ... Also kennen Sie die Konsequenzen, zu denen Rapallo verpflichtet! Es sind die Konsequenzen wirklicher Politik! Sagen wir ruhig: die Konsequenzen einer Politik der Ostorientierung».[27]

Nationalistisch-kommunistische Kontakte

Dieser nationalrevolutionäre Radikalismus kulminierte schließlich in der Ruhrbesetzung 1923, als Stadtler seine eigene «Politik der Ostorientierung» verfolgte, in steter polemischer Tuchfühlung mit seinem imaginären Gegenspieler Karl Radek und dessen «jüdisch-internationalistischen Herrschaftsdrang». Wenn Stadtler seinem Rivalen zur Rechten, Adolf Hitler, gönnerhaft attestierte, «in sozialistischen Massen eine wahre nationalistische Glut entfacht» zu haben[28], so lehnte er die nationalsozialistischen Rassetheorien doch entschieden ab zugunsten der Thesen von Nietzsche, Chamberlain, Spengler und Moeller, wonach gerade Preußen als Beispiel für «die belebende Wirkung von Völkermischungen für die Bildung überschwänglicher Rassekraft» gelten könne.[29]

Im Lichte dessen erscheint die (ungezeichnete) Notiz durchaus plausibel, die sich im ehemaligen Moskauer «Sonderarchiv» im Bestand des Reichskommissars für öffentliche Ordnung findet, datiert auf den 17. September 1923. Darin schrieb ein anonymer Informant: «Es steht fest, dass zwischen Stadler (*sic*) und Radeck (*sic*) Unterhandlungen stattgefunden haben. Unzutreffend ist dagegen, dass Reventlow mit Radeck verhandelt haben soll. Innerhalb der Leitung der deutschvölkischen Freiheitspartei ist Reventlow wegen seines Gedankenaustauschs mit Radeck und den Kommunisten stark angegriffen worden, insbesondere von Graefe. Er habe aber abgelehnt zu antworten, da es sich um rein theoretische Fragen handle.»[30]

Offensichtlich ging es nicht mehr um jenes frühere Treffen, das Radek bereits im Frühjahr 1922 mit dem «besten kontre-revolutionären Schriftsteller Deutschlands» gehabt haben wollte, um die Möglichkeiten zu besprechen, «in Deutschland Kommunisten und Rechtsbolschewisten zum endgültigen Kampf gegen den westeuropäischen Kapitalismus zu vereinigen».[31] Für ein solches Treffen kamen nur Moeller van den Bruck oder Graf Reventlow in Frage, die beide dementierten. Im September 1923 dagegen ging es bereits um jene Kontakte und Diskussionen, die die Führer von KPD und Komintern gemäß der von Radek proklamierten «Schlageterlinie» im Kampf gegen die französische Ruhrbesetzung mit verschiedenen Gruppen und Milieus der deutschen Nationalrevolutionäre und Deutschvölkischen offensiv suchten, sei es in Form gemeinsamer Veranstaltungen, durch den Austausch von Artikeln in ihren jeweiligen Organen oder in Form direkter, konspirativer Gespräche. Dass der «Ring» zu den primären Adressaten dieser Avancen zählte, war kein Geheimnis. Im Gegenteil, Radek stellte im KPD-Zentralorgan «Rote Fahne» öffentlich und in aller Form fest, dass «‹Das Gewissen› ... das zweifellos einzige denkende Organ der deutschen nationalistischen Kreise» sei.[32]

Tatsächlich hatte Stadtlers Zeitschrift ihrerseits im Juni anerkennend festgestellt, die KPD sei «eine Kampfpartei, die Tag für Tag immer nationalbolschewistischer wird». Sinowjew hatte auf einer Rede im Exekutivkomitee der Komintern daraufhin öffentlich erklärt, eine solche Feststellung der deutschen Nationalisten sei «das größte Kompliment» für die KPD, denn es beweise, «dass die Partei den Klassenstandpunkt nicht im Zunftsinne auffasst». In derselben Sitzung hatte Radek noch einmal (unter Berufung auf den abwesenden Lenin) ausgeführt, dass die «starke Betonung der Nation in Deutschland ... ein revolutionärer Akt (ist), wie die Betonung der Nation in den Kolonien». Um gleich noch einen Schritt weiterzugehen und festzustellen, dass der «Nationalbolschewismus» in Deutschland nunmehr, anders als noch 1920, von dem klaren Gefühl bestimmt sei, «dass die Rettung nur bei den Kommunisten vorhanden ist».[33]

Allerdings blieben alle Disputationen und Kontaktaufnahmen zwischen Kommunisten und Nationalisten im Sommer 1923 am Ende ergebnislos, da beide Seiten darauf beharrten, die «ehrlichen Patrioten» müssten sich ihrem Lager anschließen – statt etwa, so Stadtler in der «Deutschen Zeitung», einem «Radek-Sobelsohn» zu folgen, dem «russischen Judenführer».[34] Solche robusten Polemiken, in denen man sich gegenseitig nichts schenkte, schlossen Kontakte und Absprachen keineswegs aus. Jedenfalls wären Stadtler und Radek in der sich zuspitzenden Situation des August/September 1923 ein logisches Paar für jene «Unterhandlungen» gewesen, die der «Reichskommissar» argwöhnisch registrierte.

Einer der Orte, an denen sich revolutionäre und gegenrevolutionäre Bestrebungen sowie deutsche und sowjetische Militärkontakte seit 1919/20 intim überkreuzten, war Ostpreußen, das zum Heerlager der aus früheren Freikorpsleuten gebildeten «Schwarzen Reichswehr» geworden war. Im November, nach dem fehlgeschlagenen «deutschen Oktober» der Kommunisten, ging Stadtler nach Ostpreußen, von wo aus er den Sturz der Regierung Stresemann forderte, die den «passiven Widerstand» gegen die Ruhrbesetzung beendet hatte. In unmittelbarer Konkurrenz zum Hitler/Ludendorff-Putsch in München und in demonstrativer Analogie zu Mussolinis «Marsch auf Rom» drohte er seinerseits einen «Marsch auf Berlin» an, garniert mit pathetischen Rückbezügen auf die preußische Nationalbewegung von 1813, die ihre Rückendeckung in Russland gefunden habe.

Über diesem Akt schieren Größenwahns kam es zum Bruch mit dem «Ring». Heinrich von Gleichen forderte Stadtler in einem Brief vom 6. Dezember auf, er möge seine «Ambitionen auf einen führenden Staatsmann à la Mussolini endgültig» aufgeben.[35] Damit war ausgesprochen, worauf Stadtler prätendierte. Selbst seine Mitverschwörer forderten über den Freiherrn von Gayl von ihm einen «Abbau, aber in ehrenvoller Form».[36] Im März 1924 wurde ihm die Herausgeberschaft des «Gewissen» durch von Gleichen, der sich auf seinen «Herrenklub» zurückzog, entzogen. Mit dem Freitod Moeller van den Brucks 1925 löste der «Ring» sich auf. Das Projekt eines deutschen Faschismus, wie es Stadtler als Mussolini-Epigone vertreten hatte, war damit exemplarisch gescheitert.

Theorien über den «Faschismus»

Nicht erst durch die Wandlungen der deutschen «Antibolschewisten» und Nationalrevolutionäre vom Schlage Stadtlers oder Moellers, sondern in erster Linie durch den Sieg Mussolinis 1922 in Italien hatte das mit wechselnden Begriffen wie «extremer Nationalismus», «Nationalbolschewismus» oder «Schwarzhunderter» umschriebene Phänomen auch für die Führer der Bolschewiki und der Komintern eine neue Physiognomie und einen neuen Namen bekommen, eben den des «Faschismus». Dass Mussolini ein revolutionärer Ex-Sozialist war, der sich noch immer zugleich als Gegenstück wie als Gegenspieler Lenins und Trotzkis gerierte, spielte dabei sicherlich auch eine Rolle.

Nicht zufällig fiel es Clara Zetkin als der großen alten Dame des deutschen und internationalen Sozialismus zu, auf einer Konferenz des Exekutivkomitees der Kommunistischen Internationale im Juni 1923 das Hauptreferat über den «Kampf gegen den Faschismus» zu halten. Die Situation im Sommer 1923 galt, wie im Sommer 1920, als die eines erneuten «Endkampfs», in dessen Zentrum allerdings nicht mehr Polen, sondern – nach der französischen Ruhrbesetzung – Deutschland selbst stand, das ökonomisch wie politisch dem Bankrott entgegenraste und dessen Befreiung aus den Sklavenketten von Versailles zur Schlüsselfrage der Weltsituation erhoben wurde.

Die deutsche Bourgeoisie, verkündete August Thalheimer in einem Artikel der «Internationale» vom Februar 1923, sei *«nach außen* (wenigstens zeitweilig) *revolutionär wider Willen»*; als objektiv reaktionäre Klasse werde sie jedoch nicht mehr in der Lage sein, die «Befreiung Deutschlands» mit den notwendigen radikalen Mitteln zu erkämpfen. Dies sei bereits die Aufgabe des Proletariats.[37] Tatsächlich wurde die nationalistische Erregung, die sich der deutschen Öffentlichkeit bemächtigte, von der Umsturz- und Befreiungsrhetorik der Kommunisten nicht nur nicht erfasst, sondern wandte sich teilweise mit neuer, nicht gekannter Schärfe gegen sie. Die autistischen Versuche der KPD, «Proletarische Hundertschaften» aufzustellen, um – wie die Losung hieß – «Poincaré an der Ruhr und Cuno in Berlin» zu schlagen, stießen beim Gros der deutschen Parteien und Regierungen als ein zweiter «Dolchstoß» auf blanke Empörung und lieferten den völkisch-nationalistischen Kampfbünden die Vorlage, ihrerseits eine «nationale Diktatur» zu fordern.

Für die Komintern-Strategen galt es umgekehrt, diese «faschistischen» Angriffe abzuwehren und die nationalistische Erregung auf die eigenen Mühlen umzulenken. Im Mai wurde zum offenen Kampf gegen die «Regierung der nationalen Schmach und des Volksverrats» aufgerufen, und der «Hochverräter Stinnes» als der angebliche Urheber des Massenelends der Inflation zur Hassfigur des Großkapitalisten mit Hut und Zigarre und einer (an antisemitische Klischees reichenden) düsteren Physiognomie aufgebaut.[38] Zugleich wurde damit begonnen, nicht nur die national aufgewühlten Massen, sondern auch die «faschistischen» Aktivisten der paramilitärischen Verbände gezielt zu umwerben.

Das Grundsatzreferat Clara Zetkins grenzte sich denn auch explizit von früheren Auffassungen ab, wonach «der Faschismus nichts sei als gewalttätiger bürgerlicher Terror», wie er etwa beim «weißen Schrecken in Horthy-Ungarn» 1919/20 praktiziert worden sei. Der neue Faschismus à la Mussolini vertrete dagegen nicht nur «eine kleine Kaste», sondern mobilisiere «breite soziale Schichten, große Massen, die selbst bis ins Proletariat hineinreichen».[39] Da die «Proletarisierung breitester klein- und mittelbürgerlicher Massen» ihre wesentliche Ursache aber in der Ausbeutung, Unterdrückung und Proletarisierung durch den Imperialismus der westlichen Siegermächte hatte, folgte daraus ein unbedingtes und demonstratives Verständnis für die gerechte nationale Empörung dieser proletarisierten kleinbürgerlichen Massen, einschließlich ihrer Enttäuschung über den nationalen und sozialen Verrat der Sozialdemokraten, der (so Radek) im Grunde den Faschisten erst den Weg bereitete.[40]

Somit war der Faschismus eine Bewegung mit im Kern legitimen Anliegen, die neben rohen Landsknechtsnaturen und käuflichen Lumpen «auch die energischsten, entwicklungsfähigsten Elemente der betreffenden Kreise» anzog, deren «brennender Sehnsucht» nach sozialer Gemeinschaft und nationaler Würde die Kommunisten aufrichtig entgegenkommen mussten.[41] Ja, wie Radek sagte, der Faschismus sei im Grunde nichts anderes als der «Sozialismus der kleinbürgerlichen Massen».[42]

Damit knüpfte er unmittelbar an eine Formel an, die man zwei, drei Jahrzehnte früher innerhalb der Sozialdemokratie häufig bereits für den politischen Antisemitismus verwendet hatte.*⁴³ Aber in Radeks Formel steckte ebenso der alte Leninsche Gedanke von der unbewusst revolutionären Rolle der «Schwarzhunderter», die sich 1920 abermals in Ostpreußen in den Sympathien der «deutschen Schwarzhunderter» für die Bolschewiki gezeigt habe.

«Wanderer ins Nichts»

Mit Radeks berühmt-berüchtigter «Schlageter-Rede», die er im Anschluss an das Referat Zetkins unter «allgemeinem Applaus» hielt und die ihrem ganzen Duktus nach weniger an die vor ihm sitzenden Kominternkader als direkt an die nationalistische Öffentlichkeit in Deutschland gerichtet war, kam eine emotionale Komponente ins Spiel, die in dieser Form denn doch neu war.

Radek hielt eine betont feierliche Gedenkrede auf einen «Märtyrer des deutschen Nationalismus», der soeben von den Franzosen wegen Sabotageakten hingerichtet worden war. «Schlageter, der mutige Soldat der Konterrevolution, verdient es, von uns Soldaten der Revolution männlich, ehrlich gewürdigt zu werden.» Wenn sein tragisches Schicksal nun in der Presse von Stinnes, «des Kompagnons von Schneider-Creusot, des Waffenschmiedes der Mörder Schlageters», heuchlerisch beweint werde, dann nur, um den gerechten Hass seiner Kameraden gegen diejenigen zu richten, die in Wahrheit an ihrer Seite stünden: gegen die Kommunisten, hinter denen Sowjetrussland stand.

Die Frage sei in weltpolitischem Maßstab so gestellt: «Gegen wen wollen die Deutschvölkischen kämpfen: gegen das Ententekapital oder gegen das russische Volk?» Das sowjetische Russland sei in der gegebenen weltpolitischen Lage der einzige zuverlässige Verbündete

---

* Die Traditionslinie dieser Behandlung des Antisemitismus reicht von Marxens Frühschrift «Zur Judenfrage» über Bebels Diktum vom «Sozialismus der dummen Kerls» und seiner Qualifizierung des Antisemitismus als einer «Bewegung, die trotz ihres reaktionären Charakters und wider ihren Willen schließlich revolutionär wirkt» (so auf dem Parteitag 1893) bis zu Franz Mehrings Polemiken gegen die liberalen «Philosemiten», die nur verhindern wollten, dass der Antisemitismus den sozialen Zündstoff «zu einem Brande anfacht, den alle Spritzen von Gesellschaft und Staat nicht mehr löschen könnten». Von hier führen die Wege zu Lenins spekulativen Gedanken über die politisch und sozial «aufrüttelnde» Wirkung der Schwarzhunderter-Agitation, die sich erstmals 1905 gezeigt habe, als sie die Bauern zum Angriff auf die «Reichen» und Gutsbesitzer mit anstachelte, und auf andere Weise im russischen Bürgerkrieg von 1917–1920, als die Pogrome dem Kaderbestand der Bolschewiki Scharen jüdischer Rekruten zutrieben, die er (im Sinne eines marxistisch-nietzscheanischen Bildes der «Verschmelzung» nationaler Elemente zugunsten eines höheren Menschentypus) entschieden willkommen hieß.

Deutschlands und ein erfolgreicher Widerstand gegen fremde Bedrücker sei nur möglich, wenn er sich auf «die arbeitende Mehrheit» stütze. Die preußischen Reformer zur Zeit der Befreiungskriege hätten das gewusst. «Wenn sich die patriotischen Kreise Deutschlands nicht entscheiden, die Sache der Mehrheit der Nation zu der ihrigen zu machen und so eine Front herzustellen gegen das entistische und das deutsche Kapital, dann war der Weg Schlageter ein Weg ins Nichts.» Schlimmer: Dann werde Deutschland zerschlagen werden. «Dies hat die Kommunistische Partei, dies hat die Kommunistische Internationale am Grabe Schlageters zu sagen ... Schlageter kann nicht mehr die Wahrheit vernehmen. Wir sind sicher, dass Hunderte Schlageters sie vernehmen und sie verstehen werden.»[44]

Diese «Schlageter-Linie» war kein Burgfrieden-Angebot à la 1914, wie Radek betonte. Im Gegenteil, die nationale Empörung sollte statt als Herrschaftsmittel des Kapitals nun als Brandbeschleuniger der deutschen Revolution wirken. Die soziale Empörung, die sich in einer Welle «wilder», den sozialdemokratischen Gewerkschaften entglittener Streiks und Demonstrationen äußerte, sollte mit der nationalen Gärung gegen die Ruhrbesetzung kurzgeschlossen werden. Dabei kam es darauf an, unter den «Faschisten» zu werben, aber ihnen zugleich auch durch die Demonstration eigener Schlagkraft (im wörtlichen Sinne) die Vorherrschaft auf der Straße und in den Versammlungssälen streitig zu machen. Gerade die Kombination aus militantem «Antifaschismus» und bewaffneter «proletarischer Selbstverteidigung» sollte die Massen der sozialdemokratischen Arbeiter in eine Einheitsfront mit den Kommunisten zwingen und den Faschisten als «Prätorianergarde des Kapitals» den Schneid abkaufen. Dieses scheinbar widersprüchliche Kalkül war keineswegs abwegig, sondern entsprach spiegelbildlich demjenigen, dem auch die Nazis später im «roten Berlin» folgten: Werbung durch den stärkeren Terror.

Die Welt der Geheimbünde

Albert Schlageter, den Radek so «männlich, ehrlich gewürdigt» hatte, war tatsächlich ein prototypischer Vertreter jener fluktuierenden Szenerie von Freikorps, Einwohnerwehren und Geheimbünden, die den aktivistischen Kern der nationalrevolutionären und «faschistischen» Strömungen im Weimarer Deutschland bildeten. Vor allem aus den Trupps der gescheiterten Kapp-Putschisten hatte sich ein bewaffneter Untergrund gebildet, dessen Inspirator der Kommandeur der mit eigener Hymne und «Hakenkreuz am Helm» nach Berlin einmarschierten Brigade Ehrhardt war, der entlassene Marine-Kapitän Hermann

Ehrhardt. Für mehrere Jahre nahm dieser Untergrund die schattenhafte Gestalt einer scheinbar allgegenwärtigen «Organisation Consul» alias O. C. an, die Regierung und Öffentlichkeit stark beschäftigte.

Neuere Forschungen haben eine Kette von Indizien zu Tage gefördert, denen zufolge die O. C. tatsächlich eine das Reich umspannende Kommandostruktur aufgebaut hatte und eine raffinierte Doppelstrategie verfolgte. Verflochten mit Einwohnerwehren und Freikorps, bildete sie ein tragendes Element der «schwarzen Reichswehr», die mit Wissen der regulären Kommandostäbe unter Umgehung der Auflagen des Versailler Vertrags leichte und schwere Waffen beiseite schaffte und einen Militärkader in Bereitschaft hielt und trainierte, der bei einer Zuspitzung der inneren oder äußeren Lage dem offiziellen Hunderttausend-Mann-Heer der Reichswehr zur Seite stehen sollte. Gleichzeitig entwickelte die O. C. sich aber auch zu einer terroristischen Organisation, die durch eine Serie spektakulärer Attentate 1921/22 den Staatsnotstand selbst herbeizuführen suchte, den sie angeblich bekämpfen wollte, um so einer nationalen Ordnungsdiktatur den Weg zu bereiten.[45]

Während im Fall des Mordes an dem Zentrumspolitiker Matthias Erzberger im Juni 1921 durch Mitglieder des antisemitischen «Germanenordens» eine Beteiligung der O. C. wahrscheinlich, aber nicht bewiesen ist, gingen die anschließenden Attentate gegen die führenden Sozialdemokraten Karl Gareis und Philipp Scheidemann klar auf das Konto der Ehrhardt-Leute. Der entscheidende Coup sollte schließlich die Ermordung des parteilosen Außenministers Walther Rathenau durch ein O. C.-Kommando werden – eine Tat, die im Juni 1922 tatsächlich die Republik erschütterte, sie entgegen den Erwartungen der Attentäter aber vorübergehend festigte.

Über den Zwiespalt der Freikorps-Kämpfer in ihrer Stellung gegenüber dem Bolschewismus und Sowjetrussland während der Baltikumskämpfe, des Kapp-Putsches, des Polenfeldzugs der Roten Armee und der Grenzkämpfe in Oberschlesien in den Jahren 1919 bis 1921 ist bereits die Rede gewesen. Einer von ihnen war der Rathenau-Attentäter Ernst von Salomon, dessen Schlüsselroman «Die Geächteten» ihm 1930 nach der Haftentlassung eine neue Karriere als Schriftsteller und politischer Grenzgänger eröffnete. In auratische Nebel der Selbststilisierung getaucht, von offenkundigen Rücksichtnahmen auf seine Komplizen und Auftraggeber, vor allem auf Ehrhardt, diktiert, ist dieser Roman als historische Quelle fragwürdig, als ideologisches und biographisches Selbstzeugnis aber äußerst aufschlussreich.

Im Rückblick auf das verfehlte Baltikumsabenteuer, für das sich der siebzehnjährige Kadett von Salomon im Frühjahr 1919 hatte anwerben lassen, schrieb er: «Wo immer nach dem Niederbruch sich Männer fanden, die nicht verzichten wollten, erwachte eine unbestimmte Hoffnung auf den Osten. Die ersten, die das kommende Reich zu denken wagten, ahnten mit lebendigem Instinkt, dass der Ausgang des Krieges jede Bindung nach dem Westen zerstören musste.» Stattdessen hätten sie aber als «Söldner Englands» einen Schutzwall errichtet «gegen den geheimnisvollen Aufbruch eines Volkes, das, wie wir, um seine Freiheit rang» – das russische Volk. War dies die erste «Sünde gegen den Geist», so habe die zweite darin bestanden, «das Vaterland vor dem Chaos gerettet» zu haben, statt dem Chaos seinen Lauf zu lassen, das «dem Werdenden günstiger ist als die Ordnung».[46]

Von Salomon artikulierte in diesen Passagen das auch anderweitig bezeugte Gefühl vieler Freikorpsleute, den Kampf womöglich an der falschen Front und gegen die falschen Gegner geführt zu haben – ein Eindruck, der sich noch verstärkte, als von Salomon sich während des Kapp-Putsches der Brigade Ehrhardt anschloss, um in Berlin eine «nationale Regierung» einzusetzen, die sich auf ein Bündnis von «Soldaten und Arbeitern» hätte stützen sollen. Stattdessen sahen die Putschisten sich, trotz ihrer Kontaktaufnahmen zur radikalen Linken, als monarchistische Reaktionäre angeprangert und einer geschlossenen Front der streikenden und bewaffneten Arbeiter gegenüber. Gleich nach der Niederlage stahl von Salomon sich davon.

Aber in Frankfurt, das kurz nach seiner Ankunft von den Franzosen besetzt wurde, stieg ihm beim Anblick der Besatzungsoffiziere mit ihren Lackstiefeln, gepflegten Pferden und «ihrem Kriegerstolze» sofort wieder die «dumpfe Proletarierwut» und der «rote Hass» im Hals hoch. Im Frühjahr 1921 ging er nach Oberschlesien, um dort den Kampf gegen die polnischen Insurgenten zu führen. Wieder zurück in Frankfurt, ließ er sich für eine Reihe von Untergrundaktionen einspannen, wie die Befreiung zweier, auf alliierten Druck als Kriegsverbrecher verurteilter deutscher Offiziere aus dem Gefängnis und die Liquidierung eines französischen Spitzels in den eigenen Reihen.

Verschwörung gegen die Republik

Dann folgte Schlag auf Schlag die Kette jener Attentate und Fememorde, in denen das Gespenst einer militärischen Geheimorganisation Gestalt annahm, deren schärfste Waffe es gewesen sei, «dass sie niemals bestand», wie von Salomon in seinem Roman behauptete. Das war eine Schutzbehauptung. Tatsächlich war gerade die Frankfurter Gruppe, der er selbst angehörte, über ihren leitenden Kopf, den ausgeschiedenen Marineoffizier Erwin Kern, fest in die Kommandostruktur der

Walther Rathenau, Zeichnung von Clara Kauffmann-Mellin, 1922

O. C. eingebunden und bildete die Kerngruppe der Rathenau-Attentäter.

Warum gerade Rathenau? Vieles sprach und spricht dafür, dass sein Judentum ihn zum besonderen Objekt des Hasses machte. Als moderner Industriemagnat und Kapitalist, der gleichzeitig einer «organischen Wirtschaft» mit sozialistischen Zügen das Wort redete; als früherer «Kaiserjude» und Organisator der bewunderten wie befehdeten kriegswirtschaftlichen Syndikate, der bei Kriegsbeginn als Defaitist und bei Kriegsende mit Durchhalteparolen auftrat; der als «Verzichtpolitiker» die Reparationen zum Instrument einer Wirtschaftsintegration mit Frankreich und den Westmächten machen wollte, aber mit seinen Plänen eines «Russland-Konsortiums» und durch das Abkommen von Rapallo auch die Beziehungen mit dem bolschewistischen Russland normalisieren wollte – kurzum, in all seiner vielseitigen Aktivität und chamäleonhaften Begabung mochte Walther Rathenau wie die Verkörperung des imaginären, nach allen Seiten operierenden, weltumspannenden «Alljuda» erscheinen.

Allerdings haben die verurteilten Attentäter in späteren Einlassungen die antisemitische Stoßrichtung ihrer Tat nachdrücklich bestritten. Sie sei keineswegs gegen die Person Rathenaus, sondern «gegen das System», das er prominent vertrat, gerichtet gewesen.[47] Seinem Mitverschworenen Plaas legte von Salomon sogar in den Mund, Rathenau sei nicht weil, sondern «obgleich er Jude war», getötet worden.[48] In seinen eigenen Gefängnisaufzeichnungen heißt es recht schwülstig, der Ermordete habe als «der edelste Jude Deutschlands ... im glühendsten, reinen Idealismus für sein Volk» gehandelt, ohne dass ihm «ein einziger schmutziger Beweggrund nachgesagt werden» könne, auch wenn sein Handeln das Unglück Deutschlands bedeutet habe.[49]

Alle Zweideutigkeiten dieser Erklärungen in Rechnung gestellt, spricht vieles dafür, dass es tatsächlich um eine Verschwörung gegen die Republik im Ganzen ging, die eigenen Kalküls folgte. Der Hass gegen den «Novemberverbrecher» Philipp Scheidemann, der die Republik ausgerufen hatte, oder den «Jesuitenzögling» Matthias Erzberger, der vor und nach dem Zusammenbruch 1918/19 die parlamentarischen Mehrheiten organisiert hatte, war nicht weniger mörderisch als der gegen den «Ausnahmejuden» Walther Rathenau. Und gerade die Unterzeichnung des Vertrags von Rapallo bedeutete eine schwere Verunsicherung der Täter. Ehrhardts Hausorgan «Wiking» zollte dem Außenminister und dem Vertrag jedenfalls fast uneingeschränkte Anerkennung.[50]

Eine Schlüsselszene der «Geächteten» beschreibt einen Disput zwischen von Salomon selbst und dem Hauptattentäter Erwin Kern, der um ihre Haltung gegenüber Sowjetrussland kreist. Der Autor lässt den von ihm bewunderten Kern dozieren, dass die Bolschewiki in Genua «für Russland mit dem Anspruch der Nation auf des Westens eigenem Felde» aufträten, und dass unter ihrer «Tyrannei der Russe stärker wurde, als er je gewesen». Russland ringe genau wie Deutschland «um seine Freiheit» gegen die westliche Überfremdung, und habe «als Union nationaler Republiken mit streng hierarchischem Aufbau ... im Bolschewismus die ihm gemäße staatliche Ausdrucksform gefunden, wie sie die Deutsche Republik in Weimar nicht fand». Als von Salomon erregt einwirft: «Aber es geht doch um den Kampf gegen den Westen, gegen den Kapitalismus! Werden wir Kommunisten!»,

Blick auf die Anklagebank (von links): Ernst von Salomon, Ernst Werner Techow (der Hauptangeklagte), Karl Tillessen, der Bruder des Erzbergermörders Heinrich Tillessen, sowie weitere Angeklagte und ihre Verteidiger. An die Wand im Hintergrund projiziert eine Skizze vom Ort des Rathenau-Attentats.

habe ihm Kern erklärt, dass die deutschen Kommunisten nach dem Willen Moskaus aber nicht siegen dürften. Moskau mache eben eigene, nationale Politik, wie gerade jetzt mit dem Erzkapitalisten Rathenau. Und als von Salomon entgegnet, durch Rathenau werde doch erstmals auch wieder für Deutschland «aktive Politik» gemacht, habe ihm Kern entgegnet, dass Rathenau gerade wegen der Hoffnungen, die er wecke, beseitigt werden müsse.[51]

So viel ist jedenfalls sicher: Der Haupthass der O. C.-Geheimbündler galt der Weimarer Republik im Ganzen als dem erzwungenen Produkt des Versailler Vertrages und als Ausdruck westlicher «Überfremdung». Zwar spekulierten sie bei ihrer Politik der Mordanschläge als klassische *agents provocateurs* stets auf einen Aufstand der radikalen Linken, um im Gegenschlag eine nationale Diktatur zu errichten. Aber die Kommunisten waren in diesen Szenarios nicht ihre eigentlichen Gegner, sondern eher ihre nützlichen Idioten, und zugleich die Parteigänger Moskaus, mit dem man früher oder später selbst zu einer Übereinkunft, wenn nicht zu einem Bündnis, würde kommen müssen.

Der «Tat»-Kreis

Im irisierenden Feld der deutschen «Jugendbewegung», die neben den Wehrverbänden das Haupteinflussfeld der nationalradikalen Unterströmungen der Weimarer Periode bildete, ragte die von Eugen Diederichs als Hauszeitschrift seines Verlages gegründete «Tat» heraus. Auch sie kann als das typische Produkt einer Bestrebung gelten, die von romantisch germanophilen Prämissen ausgehend dazu kam, sich immer stärker «nach Osten» zu wenden.[52]

Diesen «Osten» bildete vor allem Russland, von dem Deutschland durch ein weites germanisch-slawisches «Zwischeneuropa» getrennt war. Was bei Eugen Diederichs vor 1914 noch die vage Idee eines offenen Kulturraums war, der im Weltkrieg die Gestalt eines von Deutschland dominierten, nach Osten ausgreifenden «Mitteleuropa» annahm, wurde unter dem Eindruck von Revolution, Niederlage und Versailles zum weiten Feld fieberhafter nationalrevolutionärer Ausbruchsphantasien. Ambitionen eines von Deutschland dominierten Wirtschaftsraums verbanden sich darin mit Vorstellungen einer kulturellen Synthese, worin das «deutsche Wesen» natürlich als das überlegene und befruchtende Element firmierte, vergleichbar dem Manne im Verhältnis zum Weibe.

Diese Geschlechtermetaphorik übertrug Diederichs, der sich selbst eines mütterlichen «Tropfens slawischen Blutes» rühmte, nun ins Völkisch-Übervölkische. Dem «Bild der weiblich-chaotischen slawischen Seele» stand die männlich-deutsche «Gotik der Seele und mit ihr die Kraft architektonischen Gestaltens» gegenüber. Dieses Weiblich-Chaotische der Slawen war keineswegs negativ, sondern enthielt die komplementären, höchst positiven Bedeutungen von «Rassekraft» und Fruchtbarkeit, ursprünglicher Volkstümlichkeit und Naturnähe, lebendiger Religiosität usw. Gerade aus der intimen Vereinigung des slawischen und germanischen Elementes sollte eine neue geschichtliche Kraft entstehen: eine neue dogmenlose Pan-Religiosität, eine neue ganzheitliche Ordnung, ein neuer Volks-Sozialismus usw.[53]

Als Kronzeugen dieses weltgeschichtlichen oder heilsgeschichtlichen Zeugungsaktes waren aufgerufen: Leo Tolstoi, dessen politisch-religiöse Schriften und Gesammelte Werke Diederichs als erster herausgegeben hatte; Thomas G. Masaryk mit seiner religions- und geistesgeschichtlichen Studie «Russland und Europa», das Diederichs angeregt und berühmt gemacht hatte; sowie Wladimir Solowjow, der als Philosoph einer neuen west-östlichen Panreligion galt; aber ebenso Maxim Gorki als der Dichter und leibhaftige Protagonist eines «barfüßigen», urwüchsig-russischen Sozialismus; und sie alle überragend der düstere Genius Fjodor Dostojewskis. Dessen Lehren wurden wiederum kurzgeschlossen mit denen einer Reihe von Verkündern der «deutschen Idee»: von Friedrich Nietzsche über Paul de Lagarde bis Arthur Moeller van den Bruck.

Dieses ganze schillernde Ideen- und Strategienkonglomerat fasste sich schließlich in einer «Ideologie der ‹All-Östlichkeit›» zusammen, deren beschränkter Sinn und Zweck es jedoch gewesen sei (so Hans Hecker), «die ‹östlichen› Völker», zu denen auch die Deutschen gezählt wurden, «unter dem Zeichen des Antikapitalismus, d. h. der Antiwestlichkeit, (zu) vereinen», um sie schließlich als «Träger der deutschen Ost- und Südostexpansion» zu funktionalisieren.[54] Richtig ist, dass die «Tat» nach 1933 (bis zu ihrer Einstellung 1939) verhältnismäßig mühelos für die Politik des NS-Regimes funktionalisiert werden konnte. Letzten Endes war aber immer klar, dass alle diese schwärmerisch-imperialen Ideen einer germanisch-slawischen Synthese den rassenpolitischen Vorstellungen der Nazis nicht nur nicht entsprachen, sondern direkt entgegenliefen. Diese versuchten daher ab 1936 verstärkt, die verschiedenen Formen einer deutschen «Ostideologie», die sie in schärfsten Gegensatz zur «Ostpolitik» im Sinne Hitlers stellten, durch eine Serie auf Bestellung gelieferter Arbeiten jüngerer NS-Ideologen auszumerzen.[55]

Verhaltenslehren der Kälte

Als Georg Lukács im April 1941 in der Lubjanka Auskunft über die fraktionelle Arbeit geben musste, die er zehn Jahre zuvor in Berlin im Rahmen der «Arbeitsgemeinschaft zum Studium der Planwirtschaft» (Arbplan) geleistet hatte, nannte er unter den prominenten Mitgliedern an erster Stelle Carl Schmitt, den «Kronjuristen des Dritten Reichs». Diese Arbeitsgemeinschaft sei «im Spätherbst 1931 begründet worden, um eine Reihe hochqualifizierter Intellektueller, die vorwiegend politisch rechts organisiert waren, die aber aus verschiedenen Gründen Anhänger einer prosowjetischen Orientierung der deutschen Politik waren, in dieser Richtung zu bestärken und einzelne, wenn möglich, unseren Ideen näher zu bringen». Unter den prominenten Mitgliedern nannte Lukács neben Carl Schmitt die Professoren Otto Hoetzsch, Friedrich Lenz, Adolf Grabowsky, die Publizisten Ernst Jünger, Friedrich Hielscher und Ernst Niekisch, den jungen Dozenten am Königsberger Osteuropa-Institut Klaus Mehnert; dazu Arvid Harnack, der noch in der «Tat» schrieb, aber wohl bereits ein «geheim geführtes Mitglied der KPD» gewesen sei, sowie Paul Massing und Karl-August Wittfogel, die ebenfalls Parteimitglieder waren.[56]

Im Sommer 1932 habe man dann noch einen «Bund geistiger Berufe» gegründet, der «zur ideologischen Beeinflussung solcher Intellektuellen» habe dienen sollen, die für die Partei selbst unerreichbar waren. Aktivste Mitglieder des Bundes seien gewesen: der Ökonom Friedrich Lenz, der «vor allem aus deutsch-patriotischen Gründen» mit der Sowjetunion sympathisierte und erklärt habe, der Sowjetunion «als Preis für ihre militärische Hilfe die Sowjetisierung Deutschlands» zuzugestehen; der Schriftsteller Ernst Jünger, dessen «Sympathie zur Sowjetunion» sich auf eine etwas «bizarre Konzeption des Sozialismus», wie er sie in seiner Schrift «Der Arbeiter» 1932 formuliert habe, gegründet habe; und schließlich Adam Kuckhoff, der ebenfalls zum nationalrevolutionären TAT-Kreis zählte und mit Arvid Harnack zusammen nach Kriegsausbruch den Kern der «Roten Kapelle» bildete, die seit 1940 als Widerstandsorganisation der sowjetischen Auslandspionage zuarbeitete.[57]

Die Zusammenstellung der Personen und ihr zwangloser Verkehr verraten sehr viel über die verfließenden Grenzen des politischen Spektrums der Weimarer Republik. Ein wesentliches Medium dieser Grenzüberschreitungen war die Faszination der sowjetischen Fünfjahrpläne, die angesichts der Weltwirtschaftskrise die deutschen Nationalisten kaum weniger beschäftigten als die Anhänger der Kommunisten. Mit ihrem großdeutsch ausgerichteten «Programm zur nationalen und sozialen Befreiung des deutschen Volkes» von 1930 hatte die KPD ihrerseits die Weichen auf eine solche Annäherung gestellt – freilich, wie immer zu ihren Bedingungen.

Dass es bei solchen Links-Rechts-Koalitionen um weit mehr als konjunkturelle Sympathien ging, ließe sich an einer Figur wie Ernst Jünger ebenso demonstrieren wie an der Carl Schmitts. Den angehenden Staatsrechtler hatten 1920 die Kontroversen zwischen Kautsky, Lenin und Trotzki über den Begriff der «proletarischen Diktatur» zu ersten Reflexionen über das Verhältnis von Recht, Demokratie und Diktatur angeregt. Für Schmitt war es jedenfalls ein unbedingtes Verdienst der leninistischen Literatur, dass sie «nicht nur die bekämpfte politische Ordnung, sondern auch die erstrebte eigene politische Herrschaft Diktatur» nannte, und damit den «kommissarische(n) Charakter» dieser Herrschaftsform «als ein Mittel, um einen bestimmten Zweck zu erreichen», klar herausgearbeitet habe. Diese, auf die Tradition der französischen Revolutionskommissare zurückreichende Bestimmung habe schon Fichte weitergetrieben zur Vorstellung des Diktators als eines «Zwingherrn», der die «widerstrebende Natur» der Menschheit, «ob sie es verstehe oder nicht, unter die Herrschaft des Rechts und der höheren Einsicht» zwinge. In der Philosophie katholisch-gegenrevolutionärer Staatsdenker wie Bonald und Donoso Cortes habe der Gedanke einer Willkür und Anarchie überwindenden Diktatur schließlich eine so entschiedene Gestalt angenommen, dass «jene großen Katholiken ... mit den Anhängern einer Diktatur des Proletariats» darin partiell zusammentrafen.[58]

Mussolini manqué

Im unübersichtlichen ideologischen Minenfeld des «Dritten Reichs» endete schließlich auch die politische Karriere des einstigen Führers der deutschen Antibolschewisten Eduard Stadtler. Nach dem sang- und klanglosen Ende seiner Karrieren als Antibolschewist, als «Ring»-Ideologe und als Putschist hatte er sich 1924 dem deutschnationalen «Stahlhelm» angeschlossen, um ihn in ein Instrument der «Politisierung der nationalen Frontsoldatenbewegung und der völkischen Jugendbewegung» zu verwandeln.[59] Im Jahr darauf gründete er einen eigenen «Bund der Großdeutschen» (das Elsaß rief). Gleichzeitig trat er der Deutschnationalen Volkspartei (DNVP) bei, in der er es 1930 zum Reichsschulungsleiter und 1932 zum Reichstagsabgeordneten brachte, ohne allerdings in den engeren Machtzirkel vorstoßen zu können.

Umso eifriger machte er sich zum Troubadour des neuen Parteiführers und Pressezaren Walter Hugenberg. Stadtler propagierte die Umformung der DNVP aus einer Honoratiorenpartei alten Stils zu «einer modern aktivistischen Gemeinschaftsbewegung» und zur «reinen Gefolgschaft einer in sich ruhenden, ... schöpferischen Persönlichkeit» – eben der Hugenbergs. Mit der «Harzburger Front» von 1931 hielt er dieses Werk allen Ernstes für vollbracht: «Die Deutschnationale Partei ist mit einem Worte Hugenberg-Bewegung geworden.»[60]

Tatsächlich war das nur ein ebenso verspäteter wie untauglicher Versuch, gegenüber der erstarkenden NS-Bewegung Hitlers eine rivalisierende Massenbewegung innerhalb des nationalistischen Lagers aufzubauen. Den Naziführer hatte Stadtler erstmals 1920 kennen gelernt, als Hitler während des Kapp-Putschs im Auftrage Münchener Rechtskreise nach Berlin geschickt worden war, um die Lage zu sondieren. Augenzeugenberichten zufolge hinterließ der in Cutaway mit Schnürstiefeln und Rucksack auftretende Führer der Münchener Minipartei einen eher merkwürdigen Eindruck.[61] Jedenfalls hat Stadtler in seinen 1935 veröffentlichten Memoiren weder über dieses noch über ein späteres Treffen (in Reventlows «Nationalem Klub» 1922) berichtet, noch hat er den Namen Hitler überhaupt ein einziges Mal erwähnt. Dagegen war seine Vorliebe für Mussolini notorisch. So beteiligte er sich als Vertreter des «Stahlhelm» 1932 an Diskussionen einer «Gesellschaft zum Studium des Faschismus».[62]

Eduard Stadtler als Abgeordneter von Hugenbergs Deutschnationaler Volkspartei im Jahr 1932 – mit dem Gestus des Arrivierten und dem Blick des Enttäuschten

Dennoch war es kein Zufall, dass gerade Stadtler sich im April/Mai 1933, nach der Bestätigung Hitlers als Reichskanzler, an die Spitze einer Gruppe von Reichstagsabgeordneten der DNVP setzte, die die Fusion der eigenen Fraktion mit der der NSDAP betrieben – und die auch selbst übertraten, ohne allerdings der Partei beitreten zu wollen oder zu dürfen.⁶³ Die Nazis, nicht die Deutschnationalen hatten sich nun einmal als die «aktivistische Gemeinschaftsbewegung» erwiesen, die er immer gefordert hatte. Da konnte er nicht abseits stehen. Zweifellos hoffte Stadtler, auf diese Weise Einfluss zu behalten und wenigstens einige seiner Vorstellungen durchsetzen zu können. Die rüde Art allerdings, in der die Reste der DNVP binnen kurzem abserviert wurden, und spätestens die Morde und Verhaftungen im Schatten des «Röhm-Putschs» im Februar 1934, die einigen seiner Bekannten aus den Zeiten der «jungkonservativen» Bewegung Gefängnis oder Tod brachten, dürften ihm klargemacht haben, dass er keine Karriere im neuen Staat zu erwarten hatte.

Tatsächlich verlor er im Juli 1934 seine Stellung als «politischer Leiter» des Ullstein-Verlags, für die er sich im Jahr zuvor selbst angeboten hatte. Dem Herausgeber Hermann Ullstein hatte er versichert, der Konzern könne mit seiner Hilfe vor der Zerschlagung und Gleichschaltung gerettet werden. Ullstein glaubte auch in seinen späteren Erinnerungen noch an die guten Absichten Stadtlers. Womöglich hatte der tatsächlich gehofft, sich mit Ullstein eine eigene publizistische Basis schaffen zu können. Dabei galt er für die NS-Zelle im Hause wie für die Maßgeblichen im Propaganda-Ministerium unverändert als «Stahlhelm»-Mann. Und Ullstein war das letzte «nicht-arische» Pressehaus im NS-Staat. Mitte 1934 wurde es endgültig «arisiert».[64]

So war der einstige Vorkämpfer des deutschen Antibolschewismus im nationalsozialistischen Dritten Reich binnen kurzem eine «gewesene Persönlichkeit». Nach einem Bericht der Düsseldorfer Gestapo von 1937 lebte Stadtler «hier in bescheidenen Verhältnissen und zwar von dem Erlös einiger Bücher, welche er selbst geschrieben hat», insbesondere seinen dreibändigen Memoiren. Sie erschienen im Düsseldorfer «Neuer Zeitverlag», einem ehemaligen Verlag der DNVP, als dessen Verleger und Hauptautor er selbst übrig geblieben war.

Möglich waren ihm auch diese Aktivitäten nur, nachdem er im Dezember 1935 (nach einer Meldung der NSDAP-Gauleitung Berlin) «vor dem Führer seine politische Vergangenheit» bereut und in die NSDAP eingetreten war[65] – ein Gang nach Canossa, der ihm dennoch keine Karriere mehr eröffnete und ihn nicht einmal rettete. So blieb er, was er von Beginn an gewesen war: ein deutscher Mussolini manqué.

6. Eine deutsche Dostojewtschina

Zur historischen Grundierung seiner Antithese «Rom oder Moskau» hatte Alfons Paquet eine eigentümliche, zweitausendjährige Geographie des Geistes entwickelt, deren Angelpunkt für ihn der Rhein war, sein heimatlicher Fluss: «Hier stehen sich die Gedanken des Westens und des Ostens gegenüber, römisches Recht der Staaten als Besitzer ... und natürliches Recht, das in lebenden Nöten und Zusammenhängen wurzelt».[1] In diesem geistigen Ringen schien keine Neutralität mehr möglich. Wie einst das Heilige Römische Reich deutscher Nation zum Hort und Träger des christlichen Glaubens, sei das Deutsche Reich der Gegenwart berufen, zum Hort und Träger der neuen östlichen Lehre zu werden. Das bedeutete eine Tendenzwende von letzter, eschatologischer Bedeutung: «Etwas Endzeitliches liegt in der zum Gipfel drängenden Zuspitzung des sozialen Problems wie des nationalen ... Was das deutsche Volk angeht, so steht es dank seinem großen wunderbaren Unglück zum ersten Male in der Zeit an der Seite der östlichen Völker, nicht mehr der westlichen.»[2]

Diese östlichen Völker waren für Paquet, mehr als früher, jetzt die slawischen. Im Aufsatz «Das russische Gesicht» von 1920 entspringt der Geist der russischen Revolution unvermittelt dem panreligiösen Weltempfinden des Slawentums, das seinen Ausdruck im Gedanken der «Allmenschlichkeit» und in der neuen «Menschheitsidee» des Kommunismus gefunden habe.[3] Paquet sieht darin Solowjows Lehre vom «Gottmenschentum» und Tolstois «Schmerz des sozialen Gewissens» am Werk. Aber zum «Prototypus des neuen Russland» sei Maxim Gorki geworden. Sein «Kultus der Volksgewalt, des Fortschrittes und der Vernunft kennzeichnet den emporstrebenden Menschen des russischen Tages, der begonnen hat, sein Leid zu hassen». Und darüber «steht der weite russische Himmel und der ewige Idealismus des gewittergleichen Kampfes, der auf der erdfarbenen Jüngermaske Dostojewskis Schatten leuchtet» (sic).[4]

Das «protestierende Reich»

Damit bewegte Paquet sich in einem breiten Strom von Deutungen, die im Bolschewismus vor allem einen elementaren Ausbruch des «russischen Geistes» oder «russischen Gedankens» sehen wollten.

Und nach dem geflügelten Wort Thomas Manns war es die «heilige russische Literatur», die als der reinste Ausdruck dieses östlichen Volksgeistes galt, an dem auch Deutschland genesen und sich wiederfinden konnte.

So wurde Dostojewskis Wort von Deutschland als dem «protestierenden Reich» in seinem ewigen Widerspruch zu «Rom» zum Leitbegriff und Gemeinplatz vieler, fast möchte man sagen: «aller» nationalfundamentalen Selbstfindungsprozesse. Bezeichnend für den Eifer, mit dem man das «geistige Russland» zum Kronzeugen der verloren gegangenen eigenen Bestimmung herbeizitierte, war die Tatsache, dass der eher herablassende Ton, in dem Dostojewski über das «protestierende» Deutschland gesprochen hatte – das auch nach zweitausend Jahren der Welt «sein eigenes Wort» noch nicht zu sagen vermochte – von Thomas Mann wie von den übrigen Zitatoren geflissentlich überlesen wurde. Dasselbe gilt für das komplementäre Dostojewski-Diktum, «dass die Abhängigkeit von dem Bündnis mit Russland allem Anschein nach die verhängnisvolle Bestimmung Deutschlands ist, und besonders seit dem Deutsch-Französischen Kriege». Weggelassen wurde der hämische Vorsatz: «Wie, wenn sie (die Russen) plötzlich erraten, dass nicht sie das Bündnis mit Deutschland brauchen, wohl aber Deutschland das Bündnis mit Russland ...»[5] Aber das deutsche Publikum las aus diesen angestaubten Feuilletons des russischen «Sehers und Künders» heraus, was es darin finden wollte. Und zu diesem deutsch anverwandelten Dostojewski erfand man sich das dazugehörige Russland gleich mit, das er angeblich auf tiefste und echteste Weise verkörpert hatte.

Diese ans Absurde reichende Gleichsetzung steigerte sich bei Oswald Spengler bis zur Behauptung: «Der echte Russe ist ein Jünger Dostojewskis, obwohl er ihn nicht liest, obwohl *und weil* er überhaupt nicht lesen kann. Er ist selbst ein Stück Dostojewski.»[6] Dieser Dostojewski-Russe erschien als ein existentieller, geradezu kreatürlicher Verbündeter, da er alles, was der Deutsche verachtete, noch tiefer, wesenhafter verachtete: «Das Russentum sieht in der Welt des Kapitalismus einen Feind ... (Es) empfindet das Denken in Geld als Sünde. Die Maschinenindustrie ist ihrem Geiste nach unrussisch ... Der echte Russe ist ohne Unterschied Bauer, auch als Gelehrter, auch als Beamter ... Und das schweigende Russentum der Tiefe hat sich inzwischen längst vom Westen abgewandt und blickt nach Asien.»[7] Ja, in Spenglers die Jahrtausende umfassender Geschichtsschau firmierte dieses ideelle Russentum als «das Versprechen einer kommenden Kultur». Denn: «Die Russen sind überhaupt kein Volk wie das deutsche und das englische, sie enthalten die Möglichkeit vieler Völker der Zukunft in sich wie die Germanen der Karolingerzeit.»[8] Sie waren also die neuen Germanen.

Dem kategorischen Bild einer «horizontalen» russischen Kultur mit durchaus asiatischen Zügen, wie sie Spengler im ersten Band seines epochalen «Untergang des Abendlandes» (1918) entwickelt hatte, wurde nun auch der Bolschewismus eingemeindet, obwohl Spengler ihn zunächst als eine westliche Doktrin durchaus verabscheut und als eine letzte Steigerung einer zweihundertjährigen «Pseudomorphose» Russlands in der Tradition des Petrinismus interpretiert und abgelehnt hatte. Aber 1922 zeigte er sich doch davon überzeugt, dass «die Russen den Bolschewismus nach ihrem eigenen Wesen umgeschaffen» hätten und das sowjetische Russland inzwischen eine «Doppelnatur» aufweise. Und Einen hatte er von dieser Kritik von vornherein ausgenommen: Lenin, in dem er eine wahre «Cäsarengestalt» sah – genau von jener Statur, wie sie in Deutschland so schmerzlich fehlte.[9]

Eine deutsche «Dostojewtschina»

«Dass die europäische, zumal die deutsche Jugend Dostojewski als ihren großen Schriftsteller empfindet, nicht Goethe, auch nicht einmal Nietzsche», das stand für Hermann Hesse im letzten Kriegsjahr 1918 außer jedem Zweifel.[10] Drei Jahre später sprach Thomas Mann sogar von der «Herrschaft Dostojewskis über die europäische Jugend von 1920».[11] Und Jakob Wassermann konstatierte zehn Jahre nach Kriegsende: «Selten noch ist ein einziger Mann, der nicht Religionsstifter oder Welteroberer war, Veranlasser einer so umfassenden Veränderung der psychischen Situation von Generationen gewesen.»[12]

Tatsächlich stellte Erdmann Hanisch 1923 fest, die Werke Dostojewskis seien dem deutschen Publikum mittlerweile «in geradezu bedrohlicher Menge» zugänglich gemacht worden.[13]* Und beim Blick

---

* Die 1905 von Moeller van den Bruck und Dmitri Mereschkowski in Angriff genommene Ausgabe der «Sämtlichen Werke» im Piper-Verlag (in feuerrotem Einband mit goldener Prägung) wurde bis 1919 auf 22 Bände komplettiert und hatte bis 1920 eine Gesamtauflage von 135 Tsd., bis 1922 von 179 Tsd. erreicht. Parallel dazu brachte Piper alle Werke Dostojewskis in Einzelausgaben heraus – in scharfer Konkurrenz mit einem Dutzend anderer Verlage. Insgesamt erschienen zwischen 1918 und 1924 von Dostojewski in deutschen Verlagen nicht weniger als 4 Gesamtausgaben, 22 Sammelwerke und 120 Einzelausgaben. Oft gab es von ein und demselben Roman zwei oder drei Neuübersetzungen. Nimmt man alle Nachauflagen in Buchklubs oder populären Buchreihen hinzu, wurden die Werke Dostojewskis über die zwanziger Jahre hinweg von rund 60 Verlagen verbreitet. Ihren Klimax erreichte diese Konjunktur im «Dostojewski-Jahr» 1921

Dostojewski-Verklärung in der von Ferdinand Avenarius herausgegebenen konservativen Zeitschrift «Kunst- und Kulturwart», 1921

auf die deutsche «Dostojewski-Inflation» nannte die Slawistin Sonia Lane es 1931 eine Tatsache, dass der russische Dichter und Denker «zum innersten Bestandteil der deutschen Kultur, des deutschen Geistes – und der deutschen Nervosität geworden ist ... Kein Land Europas hat sich diesen schicksalhaften, richtunggebenden Dichter so zu eigen gemacht wie gerade Deutschland.»[14] Der Theologe Theoderich Kampmann ging in seinem Buch «Dostojewski in Deutschland» noch einen Schritt weiter, als er feststellte, «dass Dostojewski – in einer ähnlichen Weise wie nur noch Shakespeare – zum bleibenden Bestandteil deutschen Geisteslebens geworden» sei, weshalb die übrige Welt in

(zum 100. Geburts- und 40. Todesjahr des Dichters). Allein in diesem Jahr betrugen die Auflagen seiner Bücher in deutschen Verlagen 203 Tsd. Exemplare.

Zukunft «nur über den deutschen Dostojewski hinweg sich des russischen wird bemächtigen können».[15]

Dabei galt das Interesse an Dostojewski, wie Stefan Zweig 1920 feierlich erklärt hatte, längst nicht mehr nur dem Schriftsteller und Dichter, sondern der «mythischen Urgestalt»[16] – in welche er sich tatsächlich immer mehr verpuppte. Sein stets beschworener Leidensweg kam fast dem eines Religionsstifters und Nachfolgers Christi gleich. «Dies aber ist Dostojewski: die Höllenfahrt des Sünders und die Auferstehung des Heiligen», schrieb Werner Mahrholz 1921.[17] Dagegen war in den Augen Eduard Thurneysens Dostojewski gerade «*nicht* Heiliger, *nicht* Asket, keine edle, sondern eine dämonische Seele», und eben dies verleihe seinem Werk den «Zug *ewiger* Wesenheit».[18] Zitate und Dispute dieser Art ließen sich in schier unendlicher Reihung anführen, und zwar quer durch das politische und weltanschauliche Spektrum der Republik.

Als ein negativer Indikator dieser deutschen Dostojewtschina kann schließlich gelten, dass Bertha Diener-Eckstein 1925 unter ihrem Pseudonym «Sir Galahad» einen furiosen, von russophoben und antisemitischen Invektiven nur so strotzenden «Idiotenführer durch die russische Literatur» auf den Markt warf, dessen polemischer Hauptstoß sich eben gegen den Kult um Dostojewski richtete. Denn mit «der Inthronisierung des Idiotenideals in der russischen Literatur» habe erst «die systematische Welthetze gegen den vornehmen Menschen» begonnen.[19] Noch bezeichnender war die Verteidigung dieses Pamphlets durch den Herausgeber der Süddeutschen Monatshefte, Josef Hofmiller: «Dass Dostojewskis Geistigkeit eine Vorform des Bolschewismus ist; dass Lenin und Trotzky nur ernten, was er gesät hat, nämlich die Idolatrie der Erniedrigten und Beleidigten; dass diese östliche Psyche für uns, für ganz Europa eine ungeheure Gefahr ist: solche Feststellungen werden offenbar als unbequem empfunden.»[20]

Der in diesen Abwehrreflexen angesprochene Zusammenhang findet sich in anderer, ernsthafterer Wendung auch bei Hannah Arendt, die selbst noch Zeitgenossin dieser deutschen «Dostojewtschina» der Zwischenkriegszeit war. Im ersten Teil ihrer «Elemente und Ursprünge totaler Herrschaft» finden sich Bemerkungen über die panslawistische Kulturpropaganda gegenüber Europa, der sie auch Dostojewskis Idolatrie der Russen als dem «heiligen Volk der Neuzeit» zuordnet. In dieser Literatur, entstanden unter den Bedingungen bürokratisch-despotischer Willkür und inmitten des «trägen Chaos» der Lebensbedingungen des alten Russland, sei in «einer schier unendlichen Variation von Einfällen das flache, sterile und nur zivilisierte Europa, das nicht weiß, was Leiden und Opfer sind, der Tiefe und ursprünglichen Gewalttätigkeit Russlands gegenübergestellt» worden. Und stets habe es dem Leser so erscheinen müssen, «dass die ‹östliche Seele› unendlich reicher, ihre Psychologie unendlich komplizierter und ihre Literatur unendlich tiefer sei als die der westlichen Völker».[21]

Arendts Bemerkungen ließen sich auch auf die Inanspruchnahme Dostojewskis und der russischen Literatur im geschlagenen Deutschland übertragen, wie sie von Moeller van den Bruck (zusammen mit dem einflussreichen russischen Religionsphilosophen Mereschkowski) in seinen, den Bänden der Dostojewski-Werke vorangestellten Vorworten über fünfzehn Jahre hinweg mit monomanem Eifer vertreten wurde. Danach war die «russische Geistigkeit ... nicht ein Teil, doch eine östliche Ergänzung unserer eigenen Geistigkeit ... – und zwar umso mehr, je weniger westlich, je echter russisch, slawisch, byzantinisch, je weniger liberal und je konservativer sie ist».[22] In seinem Abriss der «Konservativen Revolution» von 1941 schrieb Hermann Rauschning halb kritisch und halb noch selbst im Banne dieser Haltung: Die Menschen Dostojewskis und die deutschen Nationalisten nach 1918 seien Besessene gewesen, «wie es nur ein Deutscher oder ein Russe sein kann».[23]

«Bilder mythischer Meister»

Der deutsche Dostojewski-Kult in den Jahren nach Weltkrieg und Revolution bildete nur das Zentrum eines sprunghaft gewachsenen Interesses an der russischen Literatur insgesamt und an ihren «mythischen Meistern», wie Thomas Mann sie in seinem Geleitwort zum «Russenheft» der Süddeutschen Monatshefte im Februar 1921 noch einmal lebhaft-feierlich evozierte.[24] Sein eigenes, inzwischen geflügeltes Wort von der «heiligen russischen Literatur» zitierend, bekräftigte er, «dass, seit Gogols Tagen, der Kampf um das ‹Reich›, um das neue Menschentum und die neue Religion ... nirgends kühner und inniger geführt wird, als in der russischen Seele».[25] Und Thomas Mann hatte auch 1921 (wie schon 1917 in den «Betrachtungen») keine Bedenken, diese angenommene geistige Nähe unmittelbar ins Politische zu übertragen: «Denn Russland und Deutschland müssen einander besser und besser kennen. Sie sollen Hand in Hand in die Zukunft gehen.»[26]

Arthur Luther, einer der bedeutendsten Übersetzer und Herausgeber, stellte das Interesse an der russischen Literatur ebenfalls in einen direkten zeitgeschichtlichen Kontext, als er in einem «Sonderheft Russland» der Verlegerzeitschrift «Das deutsche Buch» im Sommer 1923 schrieb: «Noch nie ist der deutsche Büchermarkt so mit Überset-

Illustrierte Ausgabe von Alexander Blocks Revolutionspoem «Die Zwölf» mit Illustrationen von Jurij Annenkow. Der Newa Verlag war einer der zahlreichen Verlage im «Russischen Berlin» der frühen zwanziger Jahre.

zungen aus dem Russischen überschwemmt gewesen wie heute ... Die Russen haben uns plötzlich ungemein viel zu sagen, – nicht bloß weil wir uns ihnen schicksalsverwandt fühlen, nicht bloß weil man vielfach glaubt, nur der Anschluss an Russland könne uns aus unseren politischen und sozialen Nöten helfen, sondern weil wir in den Erlebnissen der russischen Seele vieles entdeckt haben, was uns unmittelbar ergreift, was unserem eigenen Erleben entspricht.»[27]

Neben immer neuen Übersetzungen und Ausgaben der modernen Klassiker betraf diese Feststellung Luthers auch die Plejade jüngerer Autoren, von denen einige bereits vor oder während des Krieges übersetzt, andere aber noch ganz unbekannt waren. Viele von ihnen wurden von den bolschewistischen Machthabern in die Emigration, manche in das Verstummen oder Vergessen abgedrängt, manche starben einen vorzeitigen Tod. Um so beachtlicher war es, dass Autoren wie Remisow, Kusmin, Sologub, Andrejew, Bunin, Bjely, Balmont, Brjussow, Blok, Hippius, Wjatscheslaw Iwanow, Jessenin, Alexej Tolstoi, Ehrenburg oder Schmeljow in repräsentativer Weise den deutschen Lesern bekannt gemacht wurden.

Auftritt der jungen «Sowjetliteratur»

Luther wie die meisten aus der Zunft der Literaturvermittler (fast alle mit deutsch-russischen Biographien) hatten allerdings nur ein sehr beschränktes Sensorium für jene Texte und Autoren, die ab 1923/24 unter dem Signum «junge Sowjetliteratur» für Furore sorgten.[28] Tatsächlich waren diese Revolutionspoeme, -stücke und -erzählungen nicht nur ihrem Gestus, sondern ihrer Verbreitung nach zunächst Teil der Auslandspropaganda Sowjetrusslands und der Komintern. Mit Hilfe ihrer begabten Emissäre wie des legendären «Genossen Thomas» alias Jakub Reich goss diese einen derartigen Strom gut gemachter und preiswerter (weil subventionierter) Bücher und Broschüren über den deutschen Markt aus, dass die Führung der KPD schließlich Protest einlegte, da der eigenen Verlagsarbeit kaum Spielraum blieb.[29]*

Größere Beachtung fand zunächst nur Majakowski, von dem einige Kulturzeitschriften ab 1919/20 bereits Texte und Verse in deutscher Übertragung veröffentlicht hatten und der 1922 und 1924 mehrfach in Berlin war, auf Veranstaltungen seine Verse rezitiert und in Kulturkreisen herumgereicht worden war.[30] Bekannt war auch Demjan Bedny, den Arthur Holitscher 1921 bereits als den «Volksdichter des bolschewistischen Russland» vorgestellt hatte. Die Knüttelverse «Demjans des Armen» auf Freund und Feind wurden als Inbegriff russischer Revolutionslyrik in der bürgerlichen wie der kommunistischen Presse zitiert und prägten das Bild der neuen sowjetischen Agitpropkunst.

Erst der von Willi Münzenberg 1924 gegründete «Neue Deutsche Verlag», der sich einer gewissen verlegerischen Unabhängigkeit erfreute, gab einem breiten Spektrum der jungen Sowjetliteratur künst-

---

* Ab 1919/20 hatte sich in Deutschland, Österreich und der Schweiz ein Netz recht leistungsstarker, zum Teil üppig finanzierter Verlage etabliert. Als Verlage der Komintern bzw. KPD fungierten unmittelbar Hoym (Hamburg), Seehof (Berlin) und Frankes (Leipzig) sowie der Verlag Rote Fahne (Berlin). Dazu kamen der Verlag der Jugendinternationale (Berlin), die Vereinigung Internationaler Verlags-Anstalten VIVA (Berlin), der Führer Verlag (Berlin), der Verlag der Arbeiterbuchhandlung (Berlin und Wien) sowie weiterhin der Internationale Verlag (Zürich). Daneben gab es eine Reihe kleinerer, sympathisierender Verlage wie Agis (Berlin), Die Schmiede (Berlin), Futurus (München) oder Taifun (Frankfurt/M.). Direkte sowjetische Staatsverlage in Deutschland waren der Verlag der Russischen Korrespondenz (Berlin), Kniga (Berlin) sowie L. D. Frenkel (Berlin-Moskau-Petrograd). Mit offizieller Unterstützung agierte auch der Grshebin Verlag (Berlin-Moskau-Petrograd). Eine weitgespannte Aktivität entwickelte ab 1924 schließlich der in Wien ansässige Verlag für Literatur und Politik, der dem Moskauer Staatskomitee für Literatur unmittelbar unterstellt war und die Lenin-Werke in deutscher Sprache herausgab.

lerische Kontur. Gestützt auf die Infrastruktur der «Internationalen Arbeiter-Hilfe» (IAH), wurde er zum Nukleus des legendenumwobenen «Münzenberg-Konzerns», zu dem die erfolgreiche A. I. Z («Arbeiter-Illustrierte-Zeitung») und der «Prometheus»-Filmvertrieb gehörten, der mit Eisensteins «Panzerkreuzer Potemkin» 1926 in den Berliner Kudamm-Kinos Triumphe feierte und beachtliches Kapital akkumulierte. Dazu kamen die Satirezeitschrift «Eulenspiegel», der Buchklub «Universum-Bücherei für alle», die Boulevardzeitung «Die Welt am Abend» und weitere Medien.[31]

Die entscheidende Rolle eines Promoters der neuen russischen Literatur fiel nicht zufällig jedoch einem Verlag zu, der sich jenseits der Komintern- und Parteistrukturen aus eigener Kraft entwickelt hatte: der von dem Schriftsteller Wieland Herzfelde, seinem Bruder und Graphiker John Heartfield sowie dem Zeichner und Maler George Grosz 1917 gegründete «Malik-Verlag». In der Hauszeitschrift «Der Gegner» (ab 1919) hatten sie noch mit dem radikalen Gestus eines dadaistisch gefärbten Proletkult die schönen Künste allesamt zugunsten einer reinen Agitprop- oder Maschinenkunst in den Orkus geworfen.[32] Tatsächlich waren sie selbst viel zu sehr Künstler, um einen reinen Politverlag zu führen. Mit eigenen Texten und denen ihrer Freunde, etwa den Erzählungen, Theaterstücken und Schriften Franz Jungs, vor allem dann mit dem Publikumserfolg der Romane Upton Sinclairs, die ein düster-eindrückliches Bild der kapitalistischen Gesellschaft Amerikas zeichneten, entwickelte sich «Malik» bald zu einem der anspruchsvollsten Literaturverlage der Weimarer Jahre.

Ab 1924 begann er sich in besonderer Weise der Literatur und Kunst der «neuen Russen» anzunehmen und wurde neben den Münzenberg-Unternehmen zum Trendsetter. Graphik und Photographie, angefangen mit den Zeichnungen von Grosz und den Kollagen von Heartfield, spielten im Programm des Verlages eine hervorgehobene Rolle – wie in der neuen sowjetischen Kunst auch. Es war diese Anmutung des Modernen, höchst Zeitgenössischen, das die Malik-Bücher schon durch ihre Gestaltung, von der Typographie bis zu den Buchumschlägen, aus den Produktionen der kommunistischen Parteiverlage wie auch der großen bürgerlichen Verlage hervorhob.

Gorki als lebender Russenmythos

Der größte verlegerische Coup des «Malik Verlags» war 1926 die Übernahme der Rechte an den Gesamtwerken Maxim Gorkis, die mit den Vorbereitungen zur Rückkehr Gorkis aus dem Exil sowie zum 60. Geburtstag des Dichters im Jahre 1928 zusammenfiel. Der Staats-

Maxim Gorki, von S. Tschechonin, 1921. Zeichnung in der von Alexander Eliasberg herausgegebenen «Bildergalerie zur Russischen Literatur», München 1922. In der Einleitung von Thomas Mann heißt es: «Da ziehen sie denn vorüber, die Genien dieses gewaltig lebenswichtigen Schrifttums, die Träger des russischen Gedankens, Kämpfer und Helden der Seele allesamt, Märtyrer der großen Verantwortlichkeit vor dem Angesichte der Menschheitsidee. ... Ihr zweisprachiges Bilderwerk ... sei ein neues Zeichen der Kameradschaft zweier großer, leidender und zukunftsvoller Völker.»

verlag der UdSSR, der eine aufwendige – und politisch bereinigte – siebenbändige Werkausgabe in 100 Tausend Exemplaren herausbrachte, gab damit das Signal zu einer weltweiten Kampagne, in der Gorki nunmehr als der russisch-proletarische Dichterfürst an der Seite des neuen Staats- und Parteiführers Stalin zum Idol einer eisernen Sowjetzivilisation und sozialistischen Hochklassik ausgerufen wurde.

Kein Jahrzehnt lag es zurück, dass die Stimme Gorkis in den Tagen der russischen Revolution 1917/18 eine neue Authentizität und Bedeutung gewonnen hatte. Seine Feuilletons unter dem Titel «Unzeitgemäße Betrachtungen», in denen er die pogromartigen Exzesse der revolutionären Massen wie die Putschpläne und den Terror seiner eigenen Partei, der Bolschewiki, harsch kritisiert hatte, waren in der deutschen Presse aufmerksam verfolgt und vielfach nachgedruckt worden. Aufmerksam registriert wurde als nächstes seine (bedingte) Aussöhnung mit dem Regime Lenins und seine national inspirierten Aufrufe zur Verteidigung Sowjetrusslands gegen die Interventionen der Westmächte, die ganz in das deutsche Bild von der globalen Willkürherrschaft der Entente passten.[33] Dagegen sorgten seine giftigen Ausfälle gegen «Bourgeois», «Kleinbürger», «Monarchisten» und «Weißgardisten», mit denen er den roten Terror im Bürgerkrieg verteidigte, bald für neue Irritationen. Andererseits war bekannt, dass er sich für einige zum Tode verurteilte oder an Kälte und Hunger hinsiechende Bürger und Intellektuelle persönlich einsetzte. Seine Emigration im Jahre 1921 erschien insofern wieder konsequent und fügte sich in das Bild des Exodus der unabhängigen Intelligenz.

In dieser Zeit stieg Gorkis literarischer Ruhm wieder durch die sukzessiv erscheinenden Bände seiner Autobiographie, mit denen er sein Bild als russischer Phänotypus noch einmal gültig neuprägte, und durch seine «Erinnerungen an Tolstoi», die einen Anspruch auf die literarische Nachfolge formulierten. Edzard Nidden jedenfalls sah sich im «Kunst- und Kulturwart» 1922 zu der folgenden, für den Ton der Zeit typischen Eloge hingerissen: «Aber wie dieser ‹Muschik› Gorki den ‹Barin› Tolstoi, wie der Mensch Gorki den Menschen Tolstoi, der Suchende den Suchenden in sich aufnimmt, in sich saugt, in sich abbildet ..., das alles wirkt wie das Aufleuchten einer Doppelflamme, wenn zwei Feuer sich einen.» Von diesem Bild Gorkis als eines neuen «mythischen Meisters» war es zum Mythos des «neuen Russland» nicht weit. Den Stoff lieferte eben seine Autobiographie: «Hunderte von Ereignissen verschlingen sich zu einem ‹Leben›, dessen Erlebnistypus, leidenschaftlich oder stumpf, bewusst oder unbewusst, willensvoll oder willensarm, magisch auf uns übergeht ..., wenn sich darin zum Herzerbrechen deutlich und furchtbar das russische Überstehen des Erdendaseins spiegelt; aber *Leben* ist es, so tief aus der Kraft einer ganzen, trotz alledem nie gebrochenen Natur erfasst, dass wir nicht ohne Schaudern den Blick darauf halten.»[34]

Wieder fragt man sich, wann jemals in einem Land über die künstlerischen Repräsentanten eines anderen Landes so gesprochen worden ist. Dieser Mystifizierung entsprach es, dass die deutschen Verlage bemüht waren, Gorki nach Möglichkeit in seiner überkommenen Rolle eines Dichters der Vagabunden und «Barfüßler» zu konservieren. Erst die ab 1928 erscheinende Malik-Ausgabe zwang Gorkis deutsche Verehrer, sich von liebgewonnenen Klischees zu verabschieden und der künftigen Rolle ihres Helden als eines obersten Staatsdichters der Sowjetunion an der Seite ihres neuen «Woshd» (Führers) Josef Stalin ins Auge zu schauen.[35]

Der deutsche Russland-Mythos hatte allerdings einen großen Magen und liebte es, noch die gegensätzlichsten Phänomene in einer Sauce zu baden und zu verspeisen. Über die neue Gorki-Ausgabe schrieb die liberale Vossische Zeitung, darin enthülle sich «ein wahres Pandämonium, unheimlich, lächerlich und grausig, eine hinreißende Schilderung des russischen Menschen».[36] Das las sich wie eine direkte Paraphrase der Werbung der Büchergilde Gutenberg für ihre Ausgabe der Werke von Dostojewski: «Auf seinen Schultern erhob sich das junge Russland, stark und unbelastet und mit hellen Augen, in denen das Licht eines neuen Morgens glänzt.»[37] Die liturgischen Formeln waren austauschbar geworden.

Russische und «sowjetische» Literatur

Im Jahre 1931 stellte der Bibliotheksrat Curt Wormann auf Grund einer Erhebung in verschiedenen Bibliotheken fest: «Der neue russische Roman, der fast ausschließlich bolschewistischer Roman ist, wird nicht nur in Großstädten stark gelesen, sondern auch in Mittelstädten .... Er wird in seinen Hauptwerken in der Großstadt ebenso stark gelesen wie etwa Thomas Manns ‹Buddenbrooks›, wie Hamsuns ‹Segen der Erde›, ebenso stark wie ‹Anna Karenina› von Tolstoi, wie ‹Schuld und Sühne› von Dostojewski. Am stärksten werden gelesen ‹Zement› (1927) von Gladkow und ‹Mutter› von Gorki ...»[38]

Die Parallelen sprachen für sich. Die neuen «Sowjetromane» wurden als neo-naturalistische Sozial- und Milieuromane gelesen, so wie die Romane und Erzählungen Gorkis, Hamsuns oder des frühen Thomas Mann. Zugleich traten sie aber auch das Erbe der klassischen russischen Literatur an. Ihr Erfolg korrespondierte im übrigen mit dem phänomenalen Echo, das die Ausstellungen der neuen revolutionären Kunst und Architektur, die Gastspiele von Meyerholds Moskauer Künstlertheater oder die neuen «Russenfilme» wie vor allem Eisensteins «Panzerkreuzer Potemkin» damals in der deutschen Öffentlichkeit fanden.[39]

Natürlich lässt sich ein solcher Befund relativieren. So reichten die Zuschauerzahlen der «Russenfilme» nicht entfernt an die der westlichen, vor allem der amerikanischen Filme heran, von den Produktionen der Ufa zu schweigen. Und Übersetzungen aus dem Russischen standen mit 12 % seit Kriegsende kontinuierlich «nur» an dritter Stelle, hinter denen aus dem Englischen mit 46 % und dem Französischen mit 24 %. Aber gerade als das ernstere und bedeutungsvollere Gegenstück zur (angeblich) vorwiegend auf Kommerz und Unterhaltung ausgerichteten Kunst und Literatur der westlichen Länder gewann die neue Sowjetliteratur und -kultur ja erst ihr spezifisches Gewicht.

Schaut man auf die Buchproduktion dieser Jahre insgesamt, erhärtet sich der Befund. Eine von mir erstellte Gesamtbibliographie der deutschsprachigen Buch- und Broschüren-Literatur über Russland von 1917 bis 1924 weist mehr als 1200 Titel aus und lässt sich als ein Zeitdokument eigener Art lesen.[40] Mit Sicherheit hat es in diesen Jahren in Deutschland keine annähernd so intensive Beschäftigung mit den USA, Großbritannien oder Frankreich gegeben. Umgekehrt dürfte es nirgends sonst auf der Welt eine solche Dichte an Texten jeglicher Kategorie über das alte und das neue Russland gegeben haben. Eine Bibliographie der Russlandliteratur des gesamten englischen Sprachraums registrierte für den gleichen Zeitraum weniger als 400 Titel.[41]

Die Gründe für die außerordentliche Dichte der deutschen Russlandliteratur dieser Jahre dürften allerdings nur teilweise auf der Seite der Leser, also der Nachfragenden, zu suchen sein. Es gab gerade zu dieser Zeit und gerade in Deutschland eine übergroße Zahl von Menschen, die sich subjektiv gedrängt fühlten und eine spezifische Kompetenz aus Wissen und Erfahrung besaßen, um über Russland zu schreiben. Zugleich war Deutschland in diesen Jahren auf besondere Weise das Subjekt und Objekt eines weltanschaulichen Kampfes. Ein Gutteil der Literatur aus und über Russland war in diffuser Weise zugleich auch Instrument und Teil dieses Kampfes um die «deutsche Seele».

Alfred Henschke, unter dem Dichternamen «Klabund» einer der populärsten Autoren dieser Jahre, schrieb in seiner «Literaturgeschichte» von 1929 einen Epilog, der dieser Zeitstimmung bedeutungsschweren Ausdruck gab: «Wir leben, wie das Mittelalter um das Jahr 1000, in einer Weltuntergangsstimmung. Der große Krieg, die große bolschewistische Revolution haben sie gezeugt. Theosophie und Chiliasmus, Glaube und Aberglaube blühen. Die Menschen, die einen Halt in sich nicht finden, suchen ihn außer sich ... Gott lebt, auch wenn er schläft und träumt. Die nächste Zukunft der Erde hängt von den großen Völkern ab, in denen Gottes Traum am lebendigsten geträumt wird: von Russland und Deutschland.»[42]

Diffusionen und Konversionen

Formulierungen wie diese spiegeln jedenfalls die irisierende Vielfalt der Interessen, Neigungen und Affekte, die das revolutionäre Russland auf sich zog. Selbst die politischen Bekehrungen zum kommunistischen Parteiregiment waren, näher betrachtet, äußerst vieldeutig.

Johannes R. Becher etwa, der verhinderte Kriegsfreiwillige von 1914, schwärmerische Germanophile und bürgerliche Dekadent, verkörperte als Dichter eine Zeittendenz, die lange vor dem Krieg eingesetzt hatte: eine Wendung vom Impressionismus zum Expressionismus, die man auch als eine Wendung vom Westen zum Osten gedeutet hat.⁴³ So verschmolz das helle Traumpreußen der patriotischen Kleist-Hymnen Bechers von 1914 zunehmend mit dem düsteren Traumrussland seiner Dostojewski-Hymnen von 1916: «Stern der Legende: der Gewalt-Gedanke / Verfärbt im Blitz-Sturm Deiner Ewigen Schrift.»⁴⁴ 1917 klingen diese Dostojewski-Referenzen bereits recht bolschewistisch: «Aljoscha tötet Gott, und setzt sich über ihn. / Er reicht der Armut Land und Hermelin.»⁴⁵ Im «Gruß des deutschen Dichters an die Russische Föderative Sowjet-Republik» von 1919 schließlich ist die Adressatin auch die Rächerin der deutschen Niederlage: «Der Dichter grüßt dich –: Sowjet-Republik. / Zertrümmert westliche Demokratien! / Schon sternt ein Beil ob Albions Stier-Genick. / Dein Sieg, o Frankreich, muss dich niederziehen!»⁴⁶

Kaum eindeutigeren Charakter trug die Konversion Ernst Blochs, der im Schweizer Exil, wie beschrieben, noch als entschiedener Anti-Leninist für den Sieg der Entente eingetreten war, weil er «unter allen Umständen dem Sieg des geliebten Deutschland, des Reichs der Tiefe, näher steht als der Triumph Preußens».⁴⁷ Aber da war stets auch Russland, «voll von Bauern und Christentum ... – und alle Wachträume Iwan Karamasows, der an Gott glaubte, aber seine Welt ablehnt, werden von Russland aus die Wirklichkeit durchdringen».⁴⁸ Immer zunehmend begann Bloch das sowjetische Russland als das wahre «Reich der Tiefe» zu entdecken, sprach er von der «tollen Ungleichzeitigkeit des Landes», in dem das ersehnte «Reich des dritten Evangeliums» in Umrissen Gestalt annehme. Dieses «Indien im Nebel» sei berufen, dem «leeren westlichen Menschen» wieder eine ursprüngliche, chiliastisch aufgeladene Gläubigkeit zu vermitteln. Hier sei «zum ersten Mal Christus als Kaiser» zur Macht gelangt, der berufen sei, das «Gewaltrecht des Guten» zu üben – und der für Bloch in Umrissen nun die Gestalt Lenins annahm, und später erst recht die Stalins.⁴⁹*

Auch Georg Lukács kam in einem jähen Akt der Konversion vom deutschen Idealismus über die russische Literatur zum Bolschewismus, vor allem über die Lektüren Tolstois und Dostojewskis, die «den

---

* Nicht zufällig wurde gerade Bloch, für den sich 1933 alles auf die vermeintliche Alternative «Hitler oder Stalin» zuspitzte, ein besonders entschiedener Verfechter des Kultes um Stalin. Auf dem Höhepunkt des Terrors, der (auch unter seinen Freunden und Bekannten im amerikanischen Exil) so viele «Abtrünnige» hervorbrachte, rühmte er im Kult um Stalin «die Glanzmotive ... des Retters und eben des Dritten, zuletzt gar des Tausendjährigen Reiches». Denn schließlich: «Der Wunsch nach einem Führer dürfte der älteste sein.» Wie das Kind den Vater, wie die Herde das Alphatier, wie die Jagdvölker den Häuptling,

neuen Menschen» bereits in ihren Gestalten vorgeahnt und vorgezeichnet hätten. Sein frühes Werk «Die Theorie des Romans» endet mit den Sätzen, der Roman sei «die Form der Epoche der vollendeten Sündhaftigkeit», wie Dostojewski als einziger sie gültig gestaltet und zugleich schon überwunden habe: «Er gehört der neuen Welt an.»[50] In einer irrwitzigen Volte erklärte er dem skeptischen Freund József Lengyel (mit Verweis auf die Brüder Karamasow): «Wir Kommunisten sind wie Judas. Unsere blutige Arbeit ist es, Christus zu kreuzigen ... Wir Kommunisten nehmen also die Sünden der Welt auf uns, um dadurch die Welt zu erlösen.»[51]

Dieser existentiellen «Urwahl» (im Sinne Sartres) folgte auch seine metaphysische Konstruktion von «Geschichte und Klassenkampf» als Selbstentfaltung des Hegelschen Weltgeistes, der in Marx erstmals zum Bewusstsein seiner selbst gekommen und in der von Lenin geschaffenen Partei des Proletariats Gestalt angenommen habe, bis als seine höchste Verkörperung schließlich Stalin erschien. Von dieser überlegenen Erkenntnisposition vermochte Lukács seine Wahl jederzeit zu legitimieren, da gerade auch «das Böse ... Vehikel des objektiven Fortschrittes sein» konnte und die «Despotie des Terrors» nur eine letzte Form der «Entäußerung» war, die ihre Rücknahme schon in sich trug.[52]

Strömungen und Phänomene

Das alles sind natürlich nur mehr oder weniger bezeichnende Splitter, Fragmente, Aperçus aus einem Gesamtbild, das sich nicht ohne weiteres auf den Generalnenner einer allgemeinen «Ostorientierung» bringen lässt. Aber dass solche virulenten Unterströmungen und Aufwallungen ein essentieller Teil des intellektuellen Lebens der Zwischenkriegszeit in Deutschland gewesen sind, von der Rechten bis zur Linken und bis weit in die Mitte des politischen Spektrums hinein, scheint mir schwer bestreitbar. Selbst einen deutschen «Kulturbolschewismus» hat es tatsächlich gegeben, so belastet die-

---

so suchten die Unterdrückten von jeher den Befreier und Führer: Moses, Alexander, Augustus, Christus, Barbarossa ... Nicht anders die revolutionäre Klasse und die unentschiedenen Massen: Sie «wünschen ein Gesicht an der Spitze, das sie hinreißt», einen «Steuermann, dem sie vertrauen». Hitler und seine Nationalsozialisten waren nur die Aftergestalt dieses uralten Wunsches, denen deshalb der Traum vom «Dritten Reich» durch die Rettergestalt Stalins entrissen werden musste. Ernst Bloch, *Zur Originalgeschichte des Dritten Reiches* (Moskau 1937). Wieder abgedruckt in: *Erbschaft dieser Zeit*, Frankfurt/M. 1977, S. 128 f., 147 ff.

ser Goebbelssche Begriff sein mag. Jedenfalls gab es im intellektuellen Weimar-Berlin, dieser höchst lebendigen und produktiven «Republik der Außenseiter» (Peter Gay), neben politischen auch schwärmerische vorpolitische Sympathien mit dem «neuen Russland», die sich zu bedeutenden Leistungen wie Fehlleistungen steigern konnten.

Als einen negativen Indikator könnte man die Tatsache nehmen, dass sich das «russische Berlin» der Emigranten mit seiner enormen Dichte an künstlerischen und intellektuellen Lebenskulturen bereits Mitte der zwanziger Jahre fast fluchtartig leerte. Das dürfte nicht nur soziale, sondern auch atmosphärische Gründe gehabt haben. «Weiße» Emigranten, gleich ob Sozialisten, Liberale oder Monarchisten, jüdische Intellektuelle oder russische Adelige, wurden im Weimarer Deutschland noch schneller und radikaler als «gewesene Menschen» behandelt, als das in Frankreich oder in Amerika der Fall war. Hinzu kam die Tatsache, dass Berlin als Nebenhauptstadt der Komintern und zentrale Clearingstelle aller legalen wie konspirativen Auslandsverbindungen der UdSSR für die, die keine Parteigänger waren oder kein Arrangement getroffen hatten, immer ungemütlicher und riskanter wurde.

Um so zukunftsträchtiger erschien in den Berliner Salons, auf Bühnen und Galerien, in Konzertsälen und Ateliers die frische, hoch politisierte Avantgarde- und Propaganda-Kunst aus Sowjetrussland, die der Invasion amerikanischer Lebensstile Konkurrenz machte und in ihrer bewussten Kombination von Design und Alltagskultur, Architektur und industrieller Produktion, Kunst und Engagement jedenfalls eine höhere und überlegene Kulturform zu repräsentieren schien. Unbestreitbar schuf sie auch eine neue Formensprache, die begreiflichen Enthusiasmus weckte und mit in den Bestand der Moderne eingegangen ist. Dass die sowjetischen Künstler, Schriftsteller, Filmemacher und Architekten in diesen kurzen Blütejahren relativer Freizügigkeit vielfach schon in einem Zustand unerträglicher Spannung arbeiteten, dass viele derer, die als Vertreter der neuen «Sowjetkultur» gerühmt wurden, schon Gezeichnete waren, all das das dürften gerade ihre deutschen Partner, Mitspieler und Bewunderer am wenigsten bemerkt haben.[53]

Der Drang zum «Gesamtkunstwerk», zu einer Kulturproduktion, die einen «Auftrag» und eine «Mission» zu erfüllen hatte, worin der Künstler mit der Macht (in der Idealgestalt eines aufgeklärten Staatsführers) und andererseits mit dem Volk in eine Art direkter Kommunikation trat, das alles war nicht nur ein deutscher, sondern ein moderner Intellektuellentraum dieser Zeit. Aber er besaß in Deutschland

Plakat zur deutschen Erstaufführung des Films «Panzerkreuzer Potemkin» von Sergej Eisenstein, Berlin 1926

einen besonders kräftigen Resonanzboden. Und derselbe Goebbels, der gegen den «Kulturbolschewismus» angiftete, schulte sich so eifrig wie neidisch am Stil und an den Inszenierungen der sowjetischen Agitprop-Kunst.

«Freunde des neuen Russland»

Gerade unter den enthusiastischen «Freunden des neuen Russland» der ersten Stunde gab es allerdings auch gegenläufige Prozesse der Ernüchterung – wie im Falle unseres Protagonisten Alfons Paquet. Zwar blieb er seiner Parteinahme für «den Osten» bis ans Ende der Republik treu, zumal sich im Erwachen Russlands für ihn nur das neue Selbstgefühl der jungen Völker insgesamt angekündigt hatte. «In Moskau sammelt sich Geist aus den Weiten Asiens und vermählt sich der starken slawischen Seele.»[54]

Eine Umfrage der KPD «bei ehrlichen, freiheitlich denkenden Ver-

Plakat zum «Panzerkreuzer Sebastopol» (1936) von Karl Anton. Goebbels hatte 1934 einen «nationalsozialistischen Panzerkreuzer Potemkin» gefordert. Antons Film, annonciert als «großer dokumentarischer Film aus dem Russland der Kerenski-Revolution» von 1917, schildert die Revolution als Bartholomäus-Nacht der alten Eliten wie zugleich als russische Orgie. Der Film startete Anfang 1937 auf dem Höhepunkt der antibolschewistischen Propagandawelle und wurde im Vorfeld des Hitler-Stalin-Pakts 1939 stillschweigend eingezogen.

tretern der deutschen Geisteswelt» über ihre Stellung zum Kommunismus beantwortete er im Oktober 1924 mit den gravitätischen Sätzen: «Die auf römischer Grundlage erbaute Zivilisation des heutigen Europa verdient die Kampfansage ... Ich setze meine Hoffnung auf eine große Erneuerung aller Verhältnisse in einer von besitzrechtlichen Fäulnisstoffen gereinigten Menschheit ... Ich fühle mich neben der kämpfenden Partei des Proletariats mitten in dem unversieglichen Strom des Widerspruchs, der durch die zweitausendjährige Geschichte Europas geht und sich in Reformationen und Revolutionen ausdrücken wird, bis wir den allmenschlichen Anschluss gefunden haben ...»[55]

Seinen größten Erfolg als Autor feierte Paquet mit seinen beiden Revolutionsdramen «Fahnen» (1923/24) und «Sturmflut» (1925/26).

Unter der Regie von Erwin Piscator, der damit selbst zum Bühnenstar wurde, wurden sie an der Berliner Volksbühne im Stil des russischen Aktions- und Agitationstheaters aufgeführt, mit Filmprojektionen, Massenszenen, Sprechchören, Transparenten und Lautsprechern, getragen von einem frenetischen Szenen- und Schlussapplaus, der selbst schon «fast etwas Revolutionäres an sich hatte», wie sich Piscator später erinnerte.[56]

«Fahnen» war das lehrstückhafte Szenario eines fiktiven Arbeiteraufstandes in Chicago, mit vagen Bezügen zum historischen Vorbild des Haymarket-Attentats in den achtziger Jahren in Chicago. Die USA erschienen darin als eine raffiniert-brutale Despotie des Kapitals, die inmitten ihres dekadenten Reichtums dem Untergang geweiht war. Allerdings gab es in den Klassenschlachten dieses Zeitalters auf Seiten der Revolutionäre und «Geistigen», darunter vielen deutschen Auswanderern, bereits Anklänge an jene uramerikanische Tradition der Gründerväter, auf die auch das Quäkertum zurückging, mit dem Paquet selbst sympathisierte.

«Sturmflut», eine Dramatisierung und Umarbeitung seines 1923 veröffentlichten Romans «Prophezeiungen», war dagegen ein phantastisches Revolutionsmärchen aus Russland. Wie bemerkt, bildete seinen Kern die Geschichte einer adeligen Abenteurerin nordischer Herkunft, Rune Lewenclau, die auf den Spuren der alten Waräger mit Kriegsgefangenen aller Nationen ein revolutionäres Steppenreich in Fernost gründete, das sie schließlich im freien Liebesbund mit dem erzrussischen Bauern-Matrosen Granka Umnitsch und seiner anarchistisch-egalitären Waldrepublik, der «Hohen nördlichen Kommune», vereinte. Draußen auf See lag die Flotte der britischen Imperialisten, während das futuristisch bemalte Petrograd verwilderte und versank. Neben Rune und Granka gab es noch den ebenso gerissenen wie zerrissenen Juden-Kapitalisten Isaak Gad (eine Shylock-Figur), den Verräter und Ex-Terroristen Ssawin (alias Boris Sawinkow) und viele andere. Zur Rettung und Ausbreitung der Revolution war Umnitsch bereit, die Stadt vermittels des reichen Juden Gad als «Stück Fleisch» an das internationale Kapital zu verpachten. Dabei entfernte er sich zunehmend von den Massen, und auch der Liebesbund mit der blonden Warägerin löste sich. Schließlich rufen die revolutionären Massen Granka zurück, der abermals an die Spitze des Aufstands tritt, dem sich auch der Jude Gad mit Pejeslocken und Kipa anschließt. «Eine Großaufnahme vor dem letzten Vorhang zeigte den Schauspieler Heinrich George ... ‹mit starker Ruhe›, wie ein Rezensent befand, beim Steuern eines Schiffs der roten Flotte», während ein Lautsprecher von den britischen Schiffen herüber tönte: «Es grüßen euch, Brü-

Ein Berliner Bühnenereignis — der Film als Bühnenbild   Continental-Photo
Der Regisseur der Volksbühne machte den außerordentlich interessanten Versuch, den Film als Bühnenbild zu verwenden. Das gesprochene Wort auf der Bühne erfährt seine Verwirklichung auf der Leinwand im Rahmen des Bühnenbildes und zwingt den Zuschauer, jeden ausgesprochenen Gedanken lebendig mit dem Auge zu erfassen. Unser Bild zeigt die interessante Schlußszene der „Sturmflut": Aufruf an die Volksmenge, die hinter den Darstellern im Film erscheint ...

Bericht über die Uraufführung von Paquets «Sturmflut» unter der Regie von Erwin Piscator auf der Berliner Volksbühne, 1925

der, die Matrosen der siegreichen, meerbefreienden Flotte. Wir grüßen Granka Umnitsch, den roten Admiral.»[57]

Im Vorwort zur Buchausgabe des Stücks dementierte Alfons Paquet die offenkundigen Zeitbezüge – und bestätigte sie im gleichen Atemzug: «*Sturmflut* ... ist nicht die Geschichte einer Revolution. Keine Lebensbeschreibung Lenins. Keine Darstellung Sowjet-Russlands.» Das Stück griff in der Tat höher: «Wer in die Gestalt des Matrosen Granka Umnitsch hineinhorcht, mag ja in ihr einen Grundzug entdecken, der an Lenin erinnert. Aber es ist nur der Grundzug, den Lenin mit dem einfachsten Arbeiter, Soldaten, Matrosen seiner Umgebung gemeinsam hatte: das Zugreifende, Umstürzende, Erdhafte. Granka ist nicht Lenin selber. Lenin ist niemals ‹in die Wälder› gegangen ... Lenin hat niemals Petersburg verkauft, er hat nur ... eine ‹neue ökonomische Politik› der Konzessionen eingeleitet. Lenin hat auch niemals einen Augenblick die

Verbindung mit den Massen verloren, wenigstens nicht im Sinne einer tragischen Entfremdung. Lenin hat sich niemals ... von einer Liebesaffäre beeinflussen lassen. Lenin war groß als Sozialphilosoph und als Taktiker in einem, gelehrt und bauernklug. Er war niemals naturburschenhaft, war immer besonnen, nüchtern, monteurhaft ... Trägt er (Granka) dennoch einige Züge des späten, kranken, schweigsamen Lenin, so trägt er sie nicht, um Lenin zu verkleinern, sondern um die Liebe und die Furcht zu rechtfertigen, die noch heute vom Schatten Lenins auf die Massen ausgeht.»[58]

Geschrieben unter dem Eindruck von Lenins Tod, handelte «Sturmflut» bereits von dem Legendisierten, der sich als «Umnitsch» (ein Amalgam seines Rufnamens «Iljitsch» mit dem Wort «umny», klug), in die Gestalt seines Volkes selbst zurückverpuppt hatte. Das Stück war Teil seiner Apotheose. «Nennt das Romantik, meinetwegen; sie ist das Recht der Dichtung. In solchen über das Private weit hinausgreifenden Gestalten dichte ich nach Formung der Antithesen, von denen wir heute alle irgendwie ergriffen und beunruhigt sind.»[59]

Wechsel der Wegzeichen

Ein tragisch anmutender Epilog zur Geschichte Alfons Paquets als Zeitzeuge wie als Künstler ist die nochmalige Überformung seiner Russlanderfahrungen in dem Roman-Fragment «Von November bis November». Eine großzügige «Reisespende» seiner Freunde zum 50. Geburtstag im Januar 1931 hatte er, statt für eine neue große Fahrt, die ihn noch einmal «nach Osten» hätte führen können, für die Arbeit an diesem Roman verwendet, der ihm endlich seinen Platz in der Literatur sichern und auch finanziellen Erfolg hätte bringen sollen.[60]

Der Titel evozierte die Zeit 1917/18, die ein prägendes Erlebnis seines Lebens geblieben war. Als Grundlage dienten ihm seine Stockholmer und Moskauer Tage- und Notizbücher. Und alle tragenden Personen dieser Jahre kamen in wenig verklausulierter Form wieder vor: Sein alter Ego hieß «Jörgum», Radek war «Sobosch», Parvus «Walfisch», Riezler «Vitznau», Stadtler «Klütermann», Price «Biddenden» usw. Aber wenn es ein Schlüsselroman werden sollte, so ist er in bemerkenswerter Weise misslungen. Dass das Buch 1933 nicht mehr erscheinen konnte, als Paquet sich erzwungenen Loyalitätsbekundungen verweigerte und mit Heinrich Mann, Alfred Döblin und anderen aus der Preußischen Akademie der Künste austrat, ist sicher wahr. Aber der tiefere Grund seines Scheiterns dürfte im Bruch seiner überstrapazierten Sympathien mit dem «neuen Russland» liegen, für die er keine angemessene Ausdrucksform mehr fand.

Es ist kaum genau festzustellen, wann und worüber ihm diese Sympathien abhanden gekommen sind. Allerdings dürfte schon der Sieg der Stalinfraktion 1927/28, der vom Selbstmord Joffes, der Exilierung Trotzkis und der Verbannung Radeks und anderer nach Sibirien begleitet wurde, einen ersten Bruch bedeutet haben. Mit der gewaltsamen Kollektivierung ab 1929/30 fluteten alteingesessene deutsche Kolonisten sowie viele Auswanderer der zwanziger Jahre in Scharen nach Deutschland zurück, nicht zuletzt wegen der Unterdrückung aller, auch der dissidenten Religionsbekenntnisse, begleitet von einer Welle neuer, authentischer Erlebnisliteratur, die nicht mehr so leicht abzutun war.

Jedenfalls nahm Paquet in «Von November bis November» eine tiefgreifende Umwertung seiner eigenen Erlebnisse vor. Zur Heldin des Romans avancierte nun eine Tamara Elston alias Dora Kogan, in die Jörgum sich in Stockholm keusch verliebt hatte. Sie war eben jener androgyne «mann-weibliche Typus», der ihn an der russischen Revolution halb angezogen und halb erschreckt hatte. Auch diese Tamara alias Dora kämpfte (gleich der Rune Lewenclau) «wie ein Mann», trug die Haare kurz und hatte mal ein rotes Kleid, mal Männerhosen an. Jahre vor dem Krieg wollte Jörgum sie bei einer seiner Russlandreisen in einem zweifelhaften sibirischen Etablissement getroffen und geliebt haben (eine Wiederaufnahme der sublim-erotischer gefärbten Konstellation in seiner Erzählung «Lusikas Stimme» von 1925[61]). Jetzt sollte Tamara alias Dora sich allerdings nur für das Überleben ihres gefangenen Gefährten, des Sozialrevolutionärs Braschjan, prostituiert haben – die obligate Dostojewski-Szene der Hure als Heiliger. Tamara selbst war nun eine oppositionelle linke Sozialrevolutionärin, die mit Unterstützung «Walfischs» alias Parvus nach Moskau zurückkehrte und ein Attentat auf Lenin beging, weil dieser die Revolution verraten und Russland den Deutschen ausgeliefert habe, nur um (wie die reale Attentäterin Fanny Kaplan) auf qualvolle Weise in den Verliesen des Kreml zu Tode gebracht zu werden. Als Jörgum mit Hilfe von Sobosch (Radek) eine Audienz bei Lenin erhält, blitzt ihm der Gedanke auf, Tamara/Dora zu rächen, indem er den Angeschossenen erwürgt. Er tut es nicht, aber Lenin entlarvt sich als rachsüchtiger Monomane und Zyniker, der wegen der Hinrichtung seines Bruders Alexander alle seine Gegner hängen sehen möchte. So weit, so trivial.

In der Schluss-Szene bietet Sobosch (Radek) Jörgum an, mit ihm nach Berlin zu reisen, um dort den Vorschlag einer direkten Waffenbrüderschaft zu überbringen – wie im November 1918: «Wir bieten euch an, eure intakten Divisionen auf russischem Boden unterzubringen. Unser Kriegshafen und die Werften in Kronstadt stehen eurer

Flotte offen. Ihr könnt Gewehr bei Fuß über den Frieden verhandeln. Wir übernehmen mit euch die Wacht am Rhein, ihr mit uns die Wacht in der Ukraine, in Polen, am Schwarzen Meer, in den baltischen Provinzen.» Jörgum ist hin und her gerissen: «Aus den Tiefen des Zusammenbruchs zweier Völker steht jetzt als nüchterne Wirklichkeit die Frage, die ihn einst in der Seele bewegte, ein unfassbares, glühendes Phantasiegebilde seit seinen Jugendtagen in den von Menschen wimmelnden, neuen Städten der Mandschurei. Damals standen die beiden Reiche auf der Höhe der Macht. Die Freundschaft, die Verschmelzung der beiden Völker erschien als eine der ungeheuren Möglichkeiten dieses Planeten, als etwas Unerhörtes, ein Rausch der schöpferischen Liebe. Noch jetzt, in diesem Augenblick der vollen Erschöpfung ..., erscheint sie als ein Weg zur Größe.»

Aber im flackernden Licht des Lämpchens sieht Jörgum plötzlich in Soboschs Gesicht das schlaue, sarkastische Lächeln Lenins. «Sie bekommen morgen früh ein Flugzeug oder ein Unterseeboot, mittags sind sie in Danzig, in Berlin», drängt Sobosch. Aber Jörgum hat sich anders entschlossen: «Nein Sobosch. Tauchen Sie, fliegen Sie selbst.» Er will stattdessen als Transportleiter für hunderte deutscher Rückkehrer aus Sowjetrussland fungieren, die in einem bereitgestellten Zug in qualvoll langsamer Fahrt zurück in die Heimat fahren. «Wir gehen wohl für immer auseinander, sagt Jörgum und begleitet Sobosch zum Bahnhofsausgang.»[62] So kehren in «Von November bis November» viele der früheren Lebensthemen Paquets und seiner Stockholmer und Moskauer Erlebnisse wie in vexatorischer Verfremdung wieder.

Rückkehr nach Westen

Paquet war in diesen letzten Jahren der Republik vor allem im «Bund rheinischer Dichter» aktiv, auf dessen Mitgliedslisten neben linken und liberalen Schriftstellern wie René Schickele, Friedrich Wolff oder Carl Zuckmeyer auch eher deutsch-völkische Autoren wie Wilhelm Schäfer, Will Vesper oder Josef Ponten standen. Dieses Engagement trug durchaus Züge des alten rheinisch-landsmannschaftlich gefärbten Patriotismus, der schon am Beginn seiner schriftstellerischen Karriere gestanden hatte. Tatsächlich hatte sich aber die ganze innere Geographie Paquets zwischen «Rom oder Moskau» verschoben. Die Rheinmündung korrespondierte wieder der Mündung der Themse. Das Flugzeug schuf völlig neue Welt- und Lebensgefühle. Und mit Paquets sich festigender Konfession als Quäker ging ein neues Interesse an Amerika einher.

Sein Stück «William Penn, Gründer von Pennsylvanien» (1927), ursprünglich mit «Fahnen» und «Sturmflut» als Schlußstück einer Trilogie konzipiert, wurde zur Wegscheide. Paquet sagte es als «Kurzes prosaisches Nachwort» auch sehr direkt: «Wer zwischen diesem Drama und meinen beiden vorigen den Zusammenhang sucht, wer zwischen der Historie des perikleischen Staatsgründers William Penn, dem Mythus des Volkshelden Granka Umnitsch in ‹Sturmflut› und dem revolutionären, kollektiven Heldentum in ‹Fahnen› die verbindende Linie aufspüren will –, der muss mir schon erlauben, in diesem Stück, nach allen Aufschwüngen des östlichen Protestes zu dem humanistischen und liberalen Westen zurückzufinden, der trotz allem noch in uns ist und nach einem letzten vertieften Ausdruck der alten Freiheitsidee verlangt.»[63]

Nichts hätte am Vorabend der großen Wirtschafts- und Gesellschaftskrise, die zum jähen Verfall der demokratischen Verfassungsorgane, zur bürgerkriegsartigen Verschärfung aller gesellschaftlichen Konflikte und zum kometenhaften Aufstieg der nationalsozialistischen Bewegung führte, unzeitgemäßer sein können als diese späte Hinwendung zum «alten Westen» und zu einem Republikanismus der Vernunft. Freilich lag das noch immer auf Paquets Linie, alles mit allem zu verknüpfen und zu versöhnen. Noch 1929 hatten der Deutschvölkische Will Vesper und der Kommunist Egon Erwin Kisch es unabhängig voneinander für ein Armutszeugnis des Weimarer Staates erklärt, dass sich für einen Mann wie Paquet keine bedeutende öffentliche Position gefunden habe.[64] Dieser Spagat zwischen den auseinander driftenden Parteien und Positionen wurde jedoch immer unmöglicher – und trug wesentlich dazu bei, dass das Jahr 1933 Paquet weniger noch in der Situation eines politisch Geschlagenen als eines beruflich und künstlerisch Gescheiterten fand.

Umso höher mag man es veranschlagen, dass er sich den geforderten Loyalitätserklärungen für das neue Regime mit einiger Standhaftigkeit verweigerte. Seine späteren Feuilletons für die «Frankfurter Zeitung» hat freilich noch niemand ausgewertet. Manche Titel klingen gewagt und dürften doch ganz dem alten Orakelton gefolgt sein, wie: «Spiel mit der Weltkugel» (Oktober 1939), «Paris damals» (Juni 1940), «Das ganze London» (Oktober 1940), «An den Thermopylen» (April 1941), «Für Finnland» (Juli 1941) oder «Der eherne Reiter» (Oktober 1941). Der Krieg mit Russland muss ihn in besonderer Weise aufgewühlt haben. Es scheint, dass er in den letzten Kriegsjahren – vielleicht schon mit Blick auf die Zeit «danach» – an einer Zusammenfassung und Fortschreibung seiner früheren Russland-Texte arbeitete. Eine alliierte Fliegerbombe beendete im Februar 1944 sein Leben.

7. Der russische Nexus

In seinem dichten historisch-kulturellen Stadt- und Zeitporträt «Berlin Ostbahnhof Europas» hat Karl Schlögel eine Art «ethnographische Expedition in das uns schon fern gerückte Europa vor dem letzten Krieg» unternommen.[1] Es ging ihm darum, «zivilisatorische Brüche» zu markieren, die das Ende einer «kulturellen Nähe» bedeuteten, welche «für Generationen fraglos und selbstverständlich gewesen war».[2]

Der erste und folgenreichste dieser zivilisatorischen Brüche fand allerdings bereits 1917 oder schon 1914 statt, und nicht erst 1933 oder 1945. Als Alfons Paquet im Juni 1918 auf der letzten, noch funktionierenden Bahnlinie nach Moskau durch Landschaften des Weltkriegs und Bürgerkriegs, durch unbestellte Felder, halbverlassene Dörfer, verfallene Bahnhöfe und vagierende Menschenmassen fuhr, da empfand er das bereits als eine Fahrt «hinüber» in eine andere, durch eine unsichtbare Schranke getrennte Welt. Und das «Eichendorffische» seiner ersten Impressionen bei der Annäherung an das rote Moskau, die «futuristische Verzauberung», die ihn dort (inmitten des Elends und Terrors) ergriff und sich im November 1918, als er inmitten «mondsüchtig wandernder» Menschenschwärme ins besiegte Berlin zurückfuhr, zur Vision «eines entfesselten idealen Willens» steigerte – das alles lieferte einen überdeutlichen Vorgeschmack des projektiven Überschusses, der von nun an alle sachlichen Beziehungen und menschlichen Begegnungen prägen würde.

Nichts war mehr geblieben von der zivilen Selbstverständlichkeit, mit der er kaum zehn oder fünfzehn Jahre zuvor noch als junger Mann auf eigene Faust in überfüllten Postzügen für 200 Mark bis ans Ende des eurasischen Kontinents hatte reisen können. Diese Differenz beschreibt sehr genau die Lücke, die sich im System der materiellen und persönlichen Kommunikationen seither aufgetan hatte. Die Metapher vom «eisernen Vorhang», der das sowjetische Russland vom übrigen Europa trennte, stammte eben nicht erst aus der Zeit des «Kalten Kriegs» nach 1947, sondern bereits aus der Zeit des «Cordon sanitaire» nach 1919. Dieser Cordon richtete sich gegen den Bolschewismus und seine mögliche Ausbreitung, und zugleich gegen das «im Felde unbesiegte» Deutsche Reich und seine mögliche Allianz mit diesem neuen Russland. Dabei war die im Feuer eines mörderischen Bürgerkriegs zusammengeschmiedete Union Sozialistischer Sowjetrepubliken in Wirklichkeit schon dabei, sich ungeachtet ihrer internationalistischen Rhetorik in eine glänzende Selbstisolation und selbstverhängte Quarantäne zurückzuziehen. Da sie sich nach dem gescheiterten Vormarsch auf Warschau und Mitteleuropa und der Annektierung der kaukasischen Republiken nicht mehr hatte ausdehnen können, schottete sie sich zunehmend und mit immer paranoideren Begründungen von der übrigen Welt ab.

Gewiss: Neben die mühsam wiederhergestellten Bahnverbindungen traten in den zwanziger Jahren neugeschaffene oder wiedereröffnete See- und Luftverbindungen, auf die besonders deutsch-russische Firmen wie «Derutrans» und «Deruluft» ein Monopol hatten, wobei zunächst die deutschen Partner, die Hapag-Lloyd und die 1926 gegründete Lufthansa, das Gros der Schiffe, des rollenden Materials und der Flugzeuge stellten. Aber dieser wiederaufgenommene Verkehr war nicht nur allseitig reglementiert, sondern bedeutete nun definitiv auch den «Wechsel aus einer in die andere Hemisphäre: Von nun an enthielt jede Sowjetunionreise ... das ‹obligate Eisenbahnkapitel›, das dem kleinen, unscheinbaren Transitpunkt auf der Hauptstrecke von Berlin über Warschau nach Moskaus: Negoreloje ... gewidmet war».[3]

Berlin Ostbahnhof

Dennoch gab es im Berlin der zwanziger Jahre eine Präsenz des Russischen, die in ihrer Dichte alles Frühere und Spätere noch einmal in den Schatten gestellt hat.[4] Allerdings war das nur teilweise ein Ausfluss der selbstverständlichen kulturellen Nähe früherer Zeiten. Vielfach verdankten der Reiz und die Intensität dieses Austauschs sich jetzt gerade einer neuen kulturellen Distanz oder Fremdheit. Und für einen erheblichen Teil der Beteiligten und Betroffenen war es ein Leben im Ausnahmezustand.

Das galt nicht nur für die nach Hunderttausenden zählenden Emigranten, die ein Jahrzehnt lang den Kern des «russischen Berlin» bildeten, mitsamt den deutsch-russischen und deutsch-baltischen Rücksiedlern und Flüchtlingen, die ebenfalls meist noch als «Russen» auftraten oder wahrgenommen wurden. Das galt ebenso für viele der zwischen Moskau und Berlin, Russland und dem Westen pendelnden, zwischen «Rot oder Weiß» schwankenden Künstler und Schriftsteller, deren materielle, intellektuelle und moralische Spielräume immer enger wurden. Und es dürfte in anderer Weise für viele der abkommandierten Wirtschaftsfachleute und Ingenieure, Militärs und Handelsattachés, Verlagsleute oder Wissenschaftler im Konflikt zwischen

Bühnenbild von Ernst Stern für das Kabarett «Der blaue Vogel», 1929 – ein letzter Salut für das «Russkij Berlin» der 20er Jahre

Auftrag und Überzeugung gegolten haben. Und natürlich galt es für die ein- und durchgeschleusten Kader der Komintern, der GPU oder der Roten Armee, die in Berlin vielfach neue Identitäten und Instruktionen erhielten, unterwegs zu den Kriegsschauplätzen einer imaginären Weltrevolution.

Aber entsprechend spannungsvoll konnten die Kontakte auch für ihre jeweiligen deutschen Kollegen, Genossen und Partner sein. Gewiss, zwischen 1923 und 1932 reisten noch einige tausend Besucher pro Jahr aus publizistischen, politischen oder geschäftlichen Gründen, einzeln oder in Delegationen, nach Sowjetrussland. Aber auch individuelle Reisen waren jetzt mehr oder weniger «organisierte» Reisen, und jedes der arrangierten Treffen, ob einzeln oder in der Gruppe, war jetzt eine «Begegnung», ein «Meeting» oder eine Verhandlung, und nur ausnahmsweise noch ein bloßes freundschaftliches oder familiäres Treffen oder eine touristische Visite. Auch Reichswehroffiziere und deutsche Rüstungsingenieure fuhren wie die KPD- und Komintern-Kader unter falschem Namen und bewegten sich formell oder informell in exterritorialen Zonen, in denen sie wie die «Opritschniki»

Iwans des Schrecklichen die Berührung mit der «Semschtschina» (dem gewöhnlichen Volk) weitgehend zu meiden hatten.

Natürlich konnte diese Dramatisierung aller Beziehungen und Kontakte ihre aufregenden und produktiven Seiten haben, im Künstlerischen wie im Wissenschaftlichen. Das Leben im Ausnahmezustand oder im Exil kann erschöpfend und schöpferisch zugleich sein; und das war es in dieser Zeit über alle Maßen. Aber das alles trug auch zur gesteigerten Ideologisierung und Politisierung aller persönlichen Erfahrungen und Beziehungen bei.

Jedenfalls lag gerade Berlin eine kurze, intensive Dekade lang im Schnittpunkt zweier Zeitalter und zugleich zweier auseinander driftender Welten. Und damit wurde es auch der Ort, an dem sich die vieldeutigen Faszinationen und Phobien, Enthusiasmen und Ressentiments prismatisch bündelten, die das neue, revolutionär verwandelte Russland im besiegten Deutschland auf sich zog. In stadträumlicher Verdichtung findet sich hier dasselbe Phänomen, das wir in zeitlicher Verdichtung, im «Chronotop» dieses langen Jahrzehnts von 1917 bis 1930, finden, nämlich eine Intensität der deutschen Beschäftigungen mit dem «neuen Russland», die in einer auseinander driftenden Welt bereits etwas Unwirkliches, Virtuelles hatte.

«Kultur der Niederlage»

Was Deutschland betrifft, muss man die sozialpsychologische Situation dieser europäischen Zwischenkriegszeit insgesamt noch einmal genauer in den Blick nehmen. Gottfried Benn und W. H. Auden haben damals von der «ikarischen Existenz» des modernen Menschen gesprochen, der sich immer höher hinauftragen lasse, aber in der festen Erwartung, früher oder später umso tiefer zu stürzen.[5] Das kurze Leben der Weimarer Republik wirkte wie eine einzige Verkörperung dieser modernen Existenzform selbst.

Zweimal wurden ihre Bürger nach einer Phase trügerischer Konsolidierung in den Strudel einer Inflation gerissen, die ihnen den Boden unter den Füßen wegzog, wie es der Zusammenbruch 1918 auf andere Weise bereits getan hatte. Dieses Grundgefühl des «Schwindels», wie es Sebastian Haffner in luzider Form erinnert und analysiert hat[6], war vielleicht «das Zentralsentiment und die Hauptmetapher» dieser Zwischenkriegszeit.[7] So Wolfgang Schivelbusch in seiner Arbeit über «Die Kultur der Niederlage». Demnach waren die unheroischen und demütigenden Umstände des militärischen Zusammenbruchs im Herbst 1918 der Hauptgrund, weshalb so viele Deutsche sich (stärker als die Menschen in historisch vergleichbaren Fällen: im amerikanischen Süden 1865 und in Frankreich 1871) in «einer imaginären – klinisch gesprochen: einer neurotisch-hallizunatorischen – Ersatzwelt» einrichteten.[8]

Tatsächlich war die deutsche Niederlage von 1918, die eher einem «Militärstreik» als der Kapitulation eines geschlagenen Heers glich, beispiellos. Denn noch «nie zuvor (hatte) eine Nation die Waffen gestreckt, deren Armeen so tief im Feindesland standen».[9] Auch Niall Ferguson stellt am Ende seiner Geschichte des Ersten Weltkriegs trocken fest: «Es gibt noch immer keine allgemeine Erklärung für die deutschen Massenkapitulationen am Ende des Jahres 1918.»[10] Die Führer der Westalliierten jedenfalls waren vollkommen überrascht. Und der französische Oberkommandierende Marschall Foch war auch im Nachhinein noch überzeugt, dass die deutsche Armee «im November 1918 hinter dem Rhein hätte standhalten können».[11] Winston Churchill glaubte sogar, dass dem Deutschen Reich die «letzte Probe erspart geblieben wäre», hätte es «sich, die Waffen in der Hand, an der Schwelle des eigenen Landes aufgestellt, bereit, als Geschlagener Frieden zu schließen, Gebiete abzutreten, Wiedergutmachung zu leisten; bereit auch, falls jedes Verhandeln abgelehnt würde, sich bis zum Äußersten zu verteidigen».[12] Das konvergiert mit dem Urteil Arthur Rosenbergs, des ex-kommunistischen Historikers der Weimarer Republik, der es für unbezweifelbar hielt, dass ein Sturz Ludendorffs und die Einsetzung einer demokratischen Regierung durch die Reichstagsmehrheit, ein freiwilliger Verzicht auf Brest-Litowsk und die Rückführung des Ostheeres, sowie schließlich ein «fester politischer Block Deutschland-Russland-Österreich» in der Lage gewesen wäre, «von der Entente einen billigen Frieden (zu) erhalten».[13]

Diese Sicht könnte die Gespräche Radeks mit Paquet und anderen deutschen Vertretern in Moskau im Sommer 1918 oder die parallelen Angebote Krassins während der Berliner Verhandlungen über die «Zusatzverträge» immerhin in ein etwas realpolitischeres, weniger phantastisches Licht rücken. Genauso könnten allerdings auch die entgegengesetzten Pläne des Generals Hoffmann – Sturz der Bolschewiki mit deutscher Hilfe, Einsetzung einer bürgerlichen Regierung, einvernehmliche Kündigung von Brest-Litowsk und ein gemeinsames deutsch-russisches Friedensangebot an die Westmächte – retrospektiv Sinn machen. Die abenteuerlichste Politik war jedenfalls diejenige, die tatsächlich von der deutschen OHL und der Reichsleitung 1917/18 verfolgt wurde. Sie führte zur totalen Überspannung und Ausblutung aller militärischen und zivilen Kräfte des Reiches bei skrupelloser Nährung des russischen Bürgerkriegs von beiden Enden der Lunte her, dem roten wie dem weißen, und in der Schlusspanik des Oktober 1918 dann zum überraschenden Waffenstillstandsersuchen, das voll-

ends den Zusammenbruch einleitete. Die infame Legende vom
«Dolchstoß» in den Rücken der Front, die die Hauptverantwortlichen
im Moment ihres Scheiterns ausgaben, wies bereits den Weg zur
«Flucht in den Hass» (Anneliese Thimme)[14], dessen Stimme der unbekannte Weltkriegsgefreite Adolf Hitler wurde.

Hitlers «nationale Erhebung» von 1933 evozierte noch einmal die
Bilder des «Aufbruchs von 1914» – aber nicht als bloße Revanche,
sondern zugleich als Versuch, die Beschämung der ruhmlosen Niederlage von 1918 auszulöschen. Der Fackelmarsch durchs Brandenburger
Tor simulierte nachträglich den archetypischen Marsch der Frontkämpfer in die Hauptstadt, um sich dort Kompensation und Genugtuung für alle Opfer des Weltkriegs zu verschaffen – ein Marsch, der in
Deutschland weder 1918 noch 1920 oder 1923 stattgefunden hatte.
Der Nationalsozialismus zitierte damit die Bilder von Revolution und
Konterrevolution zugleich, von Rot, Schwarz und Weiß in einer einzigen Emblematik. Als Farbmischung ergab das Braun.

Weltkrieg und totalitäre Massenbewegungen

Aus der sozialen Grundenergie eines nach innen gerichteten Revanchismus haben sich alle totalitären Massenbewegungen des Zeitalters
gespeist, die kommunistischen wie die faschistischen. Entstanden jeweils im Moment des politischen und militärischen Zusammenbruchs,
könnte man sie als Projekte zur «Fortführung des Weltkriegs mit
anderen Mitteln» beschreiben – nämlich mit den Mitteln politischer
Diktatur, ideologischer Mobilisierung, organisatorischer Erfassung,
wirtschaftlicher Planung, allgemeiner Militarisierung und sozialer
Homogenisierung. Dieser Weg eines Wiederaufstiegs als Phönix aus
der Asche des Weltkriegs setzte jeweils das Stahlbad eines Bürgerkriegs voraus, der sich der Soldaten als des entscheidenden «revolutionären Subjekts» bediente und (explizit oder implizit) aus den Erbitterungen und Fanatismen der Niederlage nährte.[15]

Dabei griffen diese neuen totalitären Bewegungen auf ihre Weise die
Versprechen und Erwartungen auf, die gerade durch den Krieg selbst
geweckt worden waren und sich keineswegs nur auf nationale Machtsteigerung, territoriale Eroberung und materielle Beute richteten,
sondern ebenso auf inneren Ausgleich, demokratische Teilhabe und
soziale Anerkennung. Begriffe wie «Volksgemeinschaft» und «Kriegssozialismus» transportierten darüber hinaus (und nicht nur in
Deutschland) schwärmerische Aspirationen einer neuen Einfachheit,
Sittlichkeit, Bindung und Sinngebung des Lebens, einer Aufhebung
der Kontingenzen und Ambivalenzen der Moderne.

Diese Erwartungen hatten, je länger der Krieg dauerte und je «totaler» er wurde, statt Ernüchterung und Abkühlung eine immer weitere Steigerung erfahren. So bedeutete der Weltkrieg im sozialen Gefüge und kulturellen Habitus der beteiligten Gesellschaften vielfach schon eine tiefer greifende Umwälzung als die politischen Revolutionen, die an seinem Ende standen. Der Krieg selbst war der Beginn und die Grundlage aller Revolutionen des Zeitalters.

Natürlich gingen diese Verschiebungen und Verwerfungen im gesellschaftlichen und staatlichen Gefüge nicht konfliktlos zusammen, erst recht nicht in den Ländern und Nationen, die die Verlierer des Weltkriegs waren oder sich als «Betrogene» der Friedensschlüsse sahen. Im Gegenteil: Die Veränderungen in der «Heimat», die sich als Verbürgerlichung, Kommerzialisierung, Feminisierung, «Verjudung» und Egalisierung, und damit als Verfall hergebrachter Lebensformen und angestammter Autoritäten, darstellten, wurden von den Männern «im Feld» weithin als Verrat und Dolchstoß empfunden. Das steigerte sich noch nach der Rückkehr, als die demobilisierten oder verwundeten Soldaten und Offiziere sich einer massiven sozialen Degradierung unterworfen sahen.

Dieser elementare Interessens- und Lebenskonflikt zwischen Militär und Zivil, der sich im Krieg hier und da bereits zu den giftigsten Aversionen gesteigert hatte, wurde nach Kriegsende noch überhöht durch die Erinnerung an den «Männerbund» der Schützengräben mit all seinen homophilen und halbreligiösen Komponenten[16] – ein Bund, der in den Landschaften des Todes die letzte menschliche Zuflucht und Bindung geboten hatte und daher in einem keineswegs mystischen, sondern elementaren Sinne sakrosankt war; und der noch einmal bekräftigt wurde durch Gefühle der Überlebensschuld gegenüber den an der Front «zurückgelassenen» Toten, mit denen die rückkehrenden Frontkämpfer in «tragischer Identifikation» lebten.[17] Zugleich erschienen die Mittel des Krieges – zentrale Organisation und Planung, einheitliches Kommando und kollektive Gesamtziele – den Kriegsteilnehmern im Chaos der Nachkriegsjahre als das einzige probate Mittel zur Bewältigung der Krisen und als Modell einer stabilen und gerechten Gesellschaft. Eine korporative Sozialordnung, in der die Idee der Nation mit der des Sozialismus verschmolz, erschien unabweisbar und geradezu natürlich. Klar war, dass den demobilisierten Soldaten und Offizieren in einer solchen Sozialordnung (wie Stadtler sie in seinem «Programm der sozialen Diktatur» idealtypisch entworfen hat) das Primat zukommen musste.

Wolfgang Schivelbusch macht auch deutlich, wie in Deutschland 1918/19 im Vergleich mit dem Zusammenbruch Frankreichs 1870/71 eine (sei es symbolische) Geste nationaler Selbstbehauptung und demokratischer Erneuerung fehlte, wie sie Gambettas Ballonfahrt aus dem belagerten Paris und die Proklamation der Dritten Republik seinerzeit gewesen waren.[18] Somit fehlte der Republik von Weimar von Beginn an ein «legitimierender Gründungsmythos» (Detlev Peukert).[19] Jedenfalls gab es nichts, was die Kränkung der Niederlage symbolisch und sozial hätte kompensieren und die frei flottierenden sozialen und psychischen Energien der Weltkriegsteilnehmer hätte binden können.

«Die große Angst»

Schon aus dieser Perspektive wird deutlich, dass das Bild einer beherrschenden bürgerlich-kleinbürgerlichen Revolutions- oder Bolschewismusfurcht für die Situation von 1918/19 in Deutschland schwerlich zutreffen kann. Nicht bare Angst vor Gewalt und Umsturz, sondern eher eine zurückgestaute Aggression, die kein Objekt fand, kennzeichnete die sozialpsychologische Situation.

Ohnehin war die «Große Angst», von der man nach der russischen Revolution 1917 in Analogie zur «grande peur» des europäischen Adels und Bürgertums angesichts der französischen Revolution von 1789 gesprochen hat, vieldeutiger. Schon im 19. Jahrhundert hatten Staatsstreiche und Staatsgründungen «von oben», nationale Kriege und imperiale Mobilisierungen eine größere und eingreifendere Rolle gespielt als alle sozialrevolutionären Aufruhr- und Umsturzbewegungen. Auch die jungen Sozialdemokratischen Arbeiterparteien in den verschiedenen Ländern blieben letztendlich ein Ferment der «Nationalisierung der Massen» (George Mosse) oder einer «imperialen Übermobilisation» (Helmut Fleischer). Jetzt, am Ausgang des Weltkriegs, prägte diese universelle Tendenz des Zeitalters auch alle politischen Umwälzungen.

Das große Thema und, wenn man so will, die «geschichtliche Aufgabe» der Jahre 1918/19 war auch zunächst einmal die staatliche Neuordnung Europas: die Bildung neuer National- oder Nationalitätenstaaten aus der Konkursmasse der drei östlichen Vielvölkerreiche und die Ziehung neuer Grenzen. Wilsons Losung des «Selbstbestimmungsrechts der Nationen» dürfte alles in allem weit größere Massen in Bewegung gesetzt haben als die Parolen des revolutionären Sozialismus oder Kommunismus. Und auch wo es zu kommunistischen Umstürzen kam, wie in Russland 1917 oder (für kurze Zeit) in Ungarn 1919, waren nationale und soziale Fragen untrennbar verschränkt. Die ungarische Räterepublik war eine geradezu prototypische Aktion nationaler Selbstverteidigung vermittels sozialistischer Mobilisierung der Massen und staatlicher Zentralisierung aller Ressourcen.

Auch die Bolschewiki appellierten – zuerst in der Situation der «Doppelherrschaft» im Sommer 1917, dann im Bürgerkrieg 1918/19, der zum nationalen Verteidigungskrieg gegen eine «imperialistische Intervention» stilisiert wurde, und vollends im Krieg mit Polen 1920 – an die heilige Sache «Russlands», und zwar des alten, großen Russland (Rossija), die mit der Sache des Sozialismus in eins gesetzt wurde. Die Losung eines «vaterländischen Krieges», die Lenin im Frühjahr 1918 ausgab, sprach eine reale Motivlage an, die einen nicht geringen Teil der Offiziere der alten Armee in die Reihen der Roten Armee brachte. Und es war keineswegs bloße Demagogie, wenn gerade ein jüdischer Bolschewik wie Trotzki sich im Bürgerkrieg oder im polnischen Krieg 1920 nationaler Rhetoriken wie der «Sammlung der russischen Erde» oder der «Freiheit und Unabhängigkeit Russlands» bediente oder kategorisch feststellte: «Die Oktoberrevolution war zutiefst national.»[20]*

Eben diesen Geist einer kriegerischen Selbstbehauptung im Namen des Sozialismus und der Nation gegenüber den westlichen Siegermächten versuchte Karl Radek den spartakistischen Schwarmgeistern des «Antimilitarismus» auf dem Gründungsparteitag der KPD einzupauken. Er traf auf denselben Defaitismus wie sein Gegenspieler Stadtler, der eine antibolschewistische Massenmobilisierung in eine Demonstration nationaler Geschlossenheit gegenüber den Versailler

* Die Vorstellung vom quasi natürlichen «Internationalismus» der jüdischen Kommunisten ist ohnehin kurzschlüssig. Fragt man nach den mentalen Dispositionen für die prominente Beteiligung jüdischer Aktivisten und Ideologen am bolschewistischen Projekt, kann man z. B. auf die Daseinsweise der osteuropäischen Juden als «imperialer Bevölkerung» verweisen, die vom Zerfall der Vielvölkerreiche und der Entstehung neuer Nationalstaaten (nicht nur in ihren Angstphantasien, sondern in der blutigen Realität der Jahre 1918/19) eher Unheil zu erwarten hatten. Insofern hatte es einige sozialpsychologische und sozialökonomische Schlüssigkeit, wenn jüdische Sozialisten versuchten, «mittels eines die nationalen Fragen neutralisierenden ‹Internationalismus› die in Auflösung begriffenen Strukturen der übernationalen Imperien neu zu codieren und in marxistischen Termini zu rationalisieren». (Dan Diner, Papier zur Konferenz «Jüdische Fragen – Kommunistische Antworten», Leipzig, November 2001) – Man kann auch sagen: diese handfeste Interessenlage und Neigung disponierte die Juden Russland bzw. eine radikale Fraktion dieser Population in besonderer Weise zur Rolle eines sekundären sozialistischen Reichs- und Staatsvolks. In diesem Sinne waren Trotzkis russisch-nationale Selbstberufungen vollkommen ernst gemeint. Natürlich waren sie inter-national erweiterbar, wie noch jede historische Reichsbildung.

Pressephoto von Clärenore Stinnes, der Tochter des 1924 gestorbenen Industriemoguls Hugo Stinnes. Unterstützt vom befreundeten sowjetischen Botschafter Nikolai Krestinski, bricht die junge Frau mit ihrem Sportwagen im Frühsommer 1927, begleitet von einem Kameramann und mit Presseverträgen in der Tasche, nach Russland auf, um von dort weiter über China und Amerika nach einem Jahr wieder Europa zu erreichen. Die Fahrt gilt als die erste Weltumrundung mit dem Automobil.

Siegern und einen Impuls für einen «deutschen Sozialismus» hatte umwandeln wollen.

«Bolschewismus im Ballsaal»

Stattdessen machten sich im Alltagsleben der jungen deutschen Republik «Subversionen» ganz anderer Art geltend – zum Beispiel eine «Eruption von Sinnlichkeit und Hedonismus als Reaktion auf die Tanz- und Vergnügungsverbote der Kriegszeit». Ein Teil der Nachkriegsjugend, aber auch der Überlebenden der Schützengräben, wurde von einer wahren «Tanzwut» oder «Tanzmanie» ergriffen. «Wie der Walzer zur Revolution von 1789 und der Cancan ... zur Julirevolution von 1830, so gehörten die sogenannten Jazztänze im Berlin der Jahreswende 1918/19 zum Novemberumsturz» – so noch einmal Wolfgang Schivelbusch.[21] Und als die Tanzwütigsten erwiesen sich die jungen Frauen. In den zwanziger Jahren, und gerade in den Zeiten der Hyperinflation, wurde daraus ein Phänomen, das der Psychologe Fritz Giese 1925 als «Girlkultur» bezeichnete[22] – die sichtbarste und emotional (weil erotisch) wahrscheinlich am tiefsten greifende Form der Amerikanisierung, die das Weimarer Deutschland in sukzessiven Schüben geprägt hat.

Charakteristisch genug, sprachen zeitgenössische Beobachter – ironisch, angst- oder hasserfüllt – auch vom «Bolschewismus im Ballsaal», obschon mit dem realen Bolschewismus in Russland alles mögliche, nur keine Jazztänze verbunden werden konnten. Aber es war längst zur Manier geworden, den Begriff des «Bolschewismus» als universelle Metapher der Auflösung alter Ordnungen und hergebrachter Sitten, Kunst- und Lebensauffassungen zu verwenden. So findet man pädagogische Warnschriften gegen den «sexuellen Bolschewismus» der Jugend ebenso wie Brandreden gegen den «Musikbolschewismus» der Neutöner oder gegen den «Kunstbolschewismus» der Expressionisten und Abstrakten, ohne dass irgendwelche spezifischen Bezüge zu Sowjetrussland und zur radikalen Linken vorlagen oder auch nur behauptet worden wären.[23]

Die «große Angst» dieser Epoche dürfte also nur zum Teil (und eher zum kleineren Teil) den sozialrevolutionären Umsturzbewegungen als solchen gegolten haben. Plakativ gesagt, ging es weniger um Guillotinen oder Erschießungskommandos, um rote Kommandeure und Kommandeusen, sondern um «zerhackte» Verse oder Bilder, um aufgelöste Harmonien und entwertete Geldzeichen, um kurze Haare und Damenwahl beim Tanz. «Bolschewismus» war zur universellen Metapher «einer gleichsam metaphysischen Umsturzidee» geworden, «Vorzeichen einer fremd und chaotisch heraufziehenden Zeit, in der nichts mehr gelten würde, was Europa groß und vertraut gemacht hatte».[24] Aber im gleichen Sinne war auch «Versailles» zu einer Metapher geworden, die unendlich viel mehr an Themen und Stoffen transportierte, als sich mit dem harschen Friedensdiktat annähernd verbinden ließ. Es ging um «einen Akt des metaphysischen Verrats und der tiefen Untreue gegen sich selbst; denn es lieferte Deutschland, das romantische, gedankentiefe, unpolitische Deutschland ... eben jener westlichen Zivilisationsidee aus, die es in seinem Wesen bedrohte».[25] Das waren genau jene essentialistischen Gegenüberstellungen und Selbstzuschreibungen, die – wie ich in früheren Kapiteln zu zeigen versucht habe – den Kern der «deutschen Idee» im Weltkrieg gebildet hatten.

Paris – Berlin – Moskau

Man kann schließlich die Gegenperspektive wählen und wird so einiges mit bloßem Auge und in großen Umrissen erkennen können. Das Paris der Vorkriegsjahre, das voll junger Russen, Spanier oder Italiener steckte (von Chagall und Trotzki bis Marinetti und Picasso), war auch für alle jungen deutschen Künstler und Intellektuellen ein «Muss» gewesen. «Man war wie eine große Familie. Jeder kannte jeden und da saß niemand, der nicht davon träumte, einmal jemand zu sein, wenn er nicht schon jemand war. Krieg? Keiner dachte daran.»[26] Dieses Paris von 1912, wie es Fritz Max Cahén in seinen Erinnerungen schilderte, gab es in den zwanziger Jahren nicht mehr. Oder genauer gesagt: Es gab diesen internationalen Montparnasse natürlich immer noch, vielleicht sogar lebendiger und ausstrahlender denn je. Nur waren es jetzt die «Amerikaner in Paris», die die jungen Deutschen abgelöst hatten. Und die Russen gehörten statt zu den Stoßtrupps der Avantgarde nun eher zur Armee der «gewesenen Menschen».

Natürlich lassen sich solch großflächige kulturgeschichtliche Diagnosen nur mit Vorbehalt stellen. Immerhin kann man einige Fragen formulieren, die vielleicht die Trends der Zeit sichtbar machen. Zum Beispiel: Gab es in den deutschen Geschichtswissenschaften in den zwanziger Jahren eine zweite, sich so lebhaft entwickelnde Zunft wie die der Osteuropa-Historiker; erst recht, wenn man sie mit den aufwendigen, mit modernen Methoden operierenden Forschungen der «deutschen Volkstumskunde» zusammennimmt, die sich ihrerseits fast ausschließlich mit dem europäischen Osten beschäftigte? Gab es Institute, die sich auf der Ebene der Wirtschaftsstatistik und Wirtschaftsgeographie mit dem westlichen Europa ähnlich eingehend befaßt hätten, wie es die Institute in Breslau oder Königsberg mit der Sowjetunion und Mittelosteuropa taten?

Oder man nehme den Gestus der Bedeutsamkeit, den die «Entdeckungsreisen ins neue Russland» in aller Regel jetzt atmeten. Gewiss, auch Fahrten in die USA und nach Lateinamerika, wohin viele Deutsche nach dem Weltkrieg auswanderten, oder in andere, ferne Kontinente produzierten eine florierende Reise- und Entdeckungsliteratur – niemals jedoch mit einer solchen Bedeutungsschwere, ob pro oder contra. Wohin anders als nach Sowjetrussland hätte jemand wie der junge Leo Matthias im Jahre 1921 fahren können, um zu prüfen, ob der neue «antimoralische Mensch» Nietzsches «in die Helle des politischen Geschehens» getreten sei?[27] Wo sonst hätte ein jugendbewegter Autor wie August Heinrich Kober inmitten einer Hungerkatastrophe auf die Idee kommen können, die «Geburt einer neuen Generation, gestählt zwischen Leben und Tod, atmend unter dem Zwange des Wesentlichen» hymnisch zu feiern?[28]

Solche Reisen machte man in kein anderes Land. Aber das hing eben nicht nur mit dem neuen bolschewistischen «Überbau», sondern mindestens so sehr mit der vermeintlich «ewigen» Basis zusammen:

eben mit Russland, das in den Augen einer breiten deutschen Öffentlichkeit nun tatsächlich ein «Indien im Nebel» geworden war.

Die verschobene Mitte

Thomas Mann mag noch einmal als «Repräsentant» für einen Blick in die Gegenrichtung dienen.[29] Nach dem Mord an Walther Rathenau 1922 hatte er eine entschiedene und sichtbare Wendung vollzogen, weg von seinen konservativ-revolutionären und national-bolschewistischen Neigungen der ersten Nachkriegsjahre hin zur Republik. Er gehörte nun zu denen, die man wie Ernst Troeltsch, Max Weber und andere als «Vernunftrepublikaner» bezeichnete. Das tat seinen russischen Neigungen keinen Abbruch, rückte sie nur mehr ins Ungefähre. Immerhin bedeutete seine angedeutete Wendung von der düster-monomanen Prophetengestalt Dostojewskis zur heller-universalen Figur Tolstois, den er in seinem großen Vortrag «Goethe und Tolstoi» jetzt dem Weimarer Olympier in frappierenden Vergleichen an die Seite stellte, ein vorsichtiges Abrücken vom bolschewistischen hin zum «geistigen Russland», und teilweise auch zum «Russland jenseits der Grenzen», zur Emigration also, in der auch einige seiner Leitfiguren wie Dmitri Mereschkowski jetzt lebten.[30]

In einem Nachruf auf Lenin hatte Thomas Mann 1924 den Toten in Worten gewürdigt, die er im «Zauberberg» fast wörtlich seinem Jesuiten Naphta in den Mund gelegt hatte[31] – ohne dass jemand das vor Erscheinen des Romans schon hätte wissen können: «Lenin war ohne Zweifel eine säkulare Erscheinung, ein Mensch-Regent neuen, demokratisch-gigantischen Stils, eine kraftgeladene Verbindung von Machtwille und Askese, ein großer Papst der Idee, voll vernichtenden Gotteseifers. Man wird seiner gedenken wie jenes Gregor, von dem das Heldengedicht sagt: ‹Leben und Lehre standen nicht miteinander im Missklang.› Der selbst gesagt hat: ‹Verflucht sei der Mensch, der sein Schwert zurückhält vom Blute.›»[32]

In einem Interview mit dem Korrespondenten des «Berliner Börsen-Courier» vom Oktober 1925 über die west-östlichen Dialoge im «Zauberberg» sagte Mann jedoch auf die Frage, ob sein Hans Castorp sich, etwa wie der «Christian Wahnschaffe» in Jakob Wassermanns gleichnamigem Roman, Russland zugewandt hätte: «Nein, ich glaube nicht, dass mein Hans Castorp, sollte er den Krieg überlebt haben, dem russischen Einfluss erlegen wäre. Dazu ist er zu frei, zu sehr aufs Balancieren bedacht. Er wäre heute, auch geistig gesprochen, ein Anhänger der Politik der freien Hand und würde vielleicht gerade in diesem Augenblick mehr dem Westen zuneigen. Deutschland steht zwischen Ost und West als das Land der Mitte. Diese seine ewige Situation hat ein beständiges Lavieren im Gefolge. Die Möglichkeit einer höheren Synthese muss immer gewahrt bleiben ... Das Entgegenkommen, das Deutschland in Locarno gefunden hat, wurzelt in der Furcht vor dem Bolschewismus. Settembrinis und Naphtas Werben um Hans Castorps Seele entspricht ganz dem politischen Werben der gegenfüßlerischen östlichen und westlichen Mächte um – Deutschlands Seele ... Es besteht immer die Gefahr, dass es sich von der einen Seite zu sehr einwickeln lässt. Seine eigentliche Aufgabe wäre vielleicht etwas Drittes ... Doch ich lege heute für meine Person das Gewicht ganz bewusst mehr auf die westliche Seite ...»[33]

Pariser Rechenschaft

Wie sehr Thomas Mann es allerdings vermied, sich bei dieser neuen Hinwendung zum Westen etwa «einwickeln» zu lassen, belegt das Journal seiner Reise nach Paris im Januar 1926. Der Besuch trug Züge einer Staatsvisite, eines geistigen Locarno, und Thomas Mann selbst beschrieb ihn auch so. Seine republikanische Wende hatte sich herumgesprochen, und der frische Ruhm des «Zauberberg» eilte ihm voraus. Gleich bei der ersten Begegnung überließ er sich dem Reiz des «*causer*» in französischer Sprache – «ein Kosen der Sprache, gedämpft, delikat und genussreich». Nur um fortzufahren: «Den ganzen aristokratischen Reiz der humanistischen Zivilisation des Westens kostet man beim Lauschen, spürt auch genau, was diese alte Welt unter ‹Barbarei› versteht und weiß dabei, dass es eine todgeweihte Welt ist, schon tot eigentlich, im Begriffe, von der östlich-proletarischen Welt verschlungen und begraben zu werden.»[34]

Noch spitzer entwickelte Thomas Mann diesen Gedanken in einem Gespräch mit dem Schriftsteller Alfred Fabre-Luce am Rande eines Banketts. Mit Genugtuung stellte er fest, dass seine «Betrachtungen eines Unpolitischen» im Nachhinein in Frankreich auf «unbedingtes Verständnis» stießen, nämlich als ein «Protest gegen die moralische Weltvereinfachung durch die demokratische Tugendpropaganda». Fabre-Luce meinte, dies letztere betreffe doch in erster Linie die bürgerliche Linke seines Landes, die dem ideellen Deutschtum am feindlichsten gegenüberstehe. Worauf Thomas Mann replizierte, dies sei «glänzend bemerkt», und «die Wiederannäherung des deutschen Denkens an das westeuropäische [stelle] durchaus eine geistige Möglichkeit» dar. Doch müsse man dies wohl «der allgemeinen Weltrevolutionierung überlassen». Und diese laufe wesentlich auf die «Unterminierung des bürgerlichen, des klassischen, des konservativ-revolutionären Frankreich» hinaus, und zwar durch «östlich-proletarische Kräfte, die in gewissem Sinn die Europäisierung Frankreichs betreiben».³⁵

Dass Deutschland in diesem Tableau auf der Seite der «allgemeinen Weltrevolutionierung» stand und gerade ihm eine Vermittlerrolle bei der «Europäisierung Frankreichs» zufallen werde, war in der Gegenübersetzung der universellen «Beweglichkeit» des deutschen Geistes mit der erstarrten «Klassizität» des französischen Esprit bereits enthalten und trug beinahe Züge einer intellektuellen Revanche. Überhaupt zog Thomas Mann als Resümee seiner Reise, dass mittlerweile «in Frankreich die dem Osten nähere geistig-geographische Lage Deutschlands als ein Vorteil für uns empfunden» werde.³⁶ Dies war womöglich die eigentliche Botschaft seiner «Pariser Rechenschaft».

Es dauerte bis 1931, bis in Deutschland ein Buch wie Friedrich Sieburgs «Gott in Frankreich» erschien, das (bei allen Vorbehalten und affektiven Widerhaken) erstmals wieder ein frisches, authentisches Interesse am westlichen Nachbarland auszudrücken schien. Aber schon im Jahr darauf erschien Sieburgs Reisebericht «Die rote Arktis. ‹Malygins› empfindsame Reise» – und das war dann doch etwas ganz anderes. An Bord dieses sowjetischen Expeditionsschiffes fand Sieburg Menschen, junge Komsomolzen, Arbeiter, Techniker, Wissenschaftler, die auch im Alltag wie Soldaten lebten und handelten und in ihrem Stolz entwaffnend waren: «Was sie zu viel besaßen, das hatten wir zu wenig: Glauben.» Geschrieben war das Buch an «einem ruhevollen englischen Oktobertag», während die letzten Rosen von Devonshire welkten und bevor ein «stählerner Winter» anbrach – wie dem Autor schien, «die letzte Frist, die das Schicksal sich gesetzt habe, Frist für England, für Europa, für alle».³⁷ Es war bereits ein Vorkriegsbuch, in dem sich Sieburgs Parteinahme für den Nationalsozialismus auf (nur scheinbar) paradoxe Weise ankündigte.

IV. KATASTROPHE UND NEUBEGINN

1. Vom Bündnis zum Lebensraum

Als im September 1919 der anonyme Bewohner der Männerheime, Kasematten und Kasernen Adolf Hitler – wie ein «Schläfer» ohne Auftrag, aus dem «es» plötzlich zu sprechen beginnt – sein Talent als Demagoge entdeckte und «beschloss, Politiker zu werden», da war dieser ausgediente Weltkriegsgefreite und hilfsweise verwendete Bildungsoffizier «wie das synthetische Produkt aller Ängste, Pessimismen, Abschieds- und Abwehrgefühle» (Joachim Fest), die seine Volks- und Zeitgenossen bewegten.

Seine «Weltanschauung» war durchweg aus Elementen komponiert, die er sich als Autodidakt in seinen Wiener und Münchner Lehrjahren ziellos-zielstrebig angeeignet hatte – so vor allem die pseudowissenschaftlich beglaubigten Berufungen auf den «Kampf ums Dasein» und das «Recht des Stärkeren», wie sie als sozialdarwinistische Gemeinplätze in einer ausgedehnten Literatur vor und nach der Jahrhundertwende ausgebreitet worden waren und in Hitlers Rassenkampfrhetorik trivialisiert und radikalisiert wiederkehrten. In alledem, so nochmals Fest, wurde «die tiefere Übereinstimmung zwischen ihm und dem bürgerlichen Zeitalter kenntlich, dessen illegitimer Sohn und Zerstörer er war».[1]

In dieser Bewertung Hitlers als eines Mediums oder Sprachrohrs stimmen seine Biographen mehrheitlich überein, bis dahin, dass ihm beinahe jegliche «persönliche Existenz oder Geschichte außerhalb der politischen Ereignisse» (so Ian Kershaw[2]) abgesprochen worden ist. Angesichts einer solchen Entpersonalisierung, die den Focus der Aufmerksamkeit fast ganz auf die Gesellschaft statt auf die Person richtet, könnte man den Anspruch Ernst Noltes immerhin für legitim halten, Hitler nicht zur reinen «Unperson» und Verkörperung des «schlechthin Bösen» zu machen, sondern zumindest die «Grundemotion» zu erfassen, die ihm erst sein Flair eines von drängenden Erfahrungen und Einsichten Besessenen verlieh und ihn auf den Weg seiner beispiellosen Karriere trieb.

Nur dass Nolte seinerseits diese «Grundemotion» Hitlers fernab jedes lebendigen Bildes der Person, ihrer Zeit und ihrer Lebenswelt allein in der Schnittstelle seiner eigenen ideologiegeschichtlichen Rekonstruktionen finden möchte, und insbesondere im «kausalen Nexus» zwischen Bolschewismus und Nationalsozialismus. Was er mit diesem «Reizwort des Historikerstreits» habe bezeichnen wollen, habe der 11. September 2001 «wie kein anderer Vorgang seit Jahrzehnten» wieder in Erinnerung gebracht. Wie das New Yorker Attentat, sei damals der «Klassenmord» der Bolschewiki «als etwas Präzedenzloses, namenlos Entsetzliches» erkannt worden.³ Dieses Entsetzen aber sei «der zentrale, wenngleich nicht der einzige Impuls Adolf Hitlers und seiner Partei» gewesen. Und da sie nun einmal glaubten, «die Juden» für die Massenmorde in Sowjetrussland verantwortlich machen zu müssen, wäre es auch nicht richtig zu sagen, «der ‹antisemitische› Impuls sei als bloße Wahnvorstellung zu kennzeichnen», zumal viele führende Bolschewiki tatsächlich Juden waren. Schließlich habe Hitler den bolschewistischen «Klassenmord», den Stalin fortsetzte, in Form eines «Rassenmords» als einem Akt der «Gegen-Vernichtung» imitiert und beantwortet; allerdings erst, nachdem das internationale Judentum sich mit Ausbruch des Zweiten Weltkriegs auch als reales Feindvolk präsentiert und dem «Dritten Reich» seinerseits den Krieg erklärt habe.⁴

So also lautet die letzte, auf ihre barste Form reduzierte Version von Ernst Noltes «kausalem Nexus», die geradezu an ein binäres System erinnert: Hie Enthusiasmus, dort Entsetzen; hie Bolschewismus, dort Faschismus; hie Vernichtung, dort Gegen-Vernichtung. Die eigentliche Formel des «kausalen Nexus» lautet: Weil Lenin, deshalb Hitler; oder jedenfalls: Ohne Lenin kein Hitler.

Nur dass fast nichts in der Biographie Hitlers und der Geschichte der nationalsozialistischen Bewegung für diesen, durch abstraktes «Geschichtsdenken» ermittelten Zusammenhang spricht. Die Furcht vor dem russischen Bolschewismus und seinem Übergreifen auf Deutschland und Mitteleuropa kam im Gros des deutschen Bürgertums über Momente hypochondrischer Angstanfälle kaum hinaus, wie gerade die vermeintlichen Schlüsselzitate Thomas Manns aus den Tagen der Münchner Räterepublik eindrücklich belegen. Auch die «antibolschewistische» Literatur der Zeit und die Berichte aus den Tagen der russischen Revolution oder dem Bürgerkrieg waren weniger horribel und in ihren Tendenzen und Schlussfolgerungen viel weniger eindeutig, als meist unbesehen angenommen wird.

Selbst Hitlers erster Mentor Dietrich Eckart propagierte im August 1919 noch (ähnlich wie Stadtler und seine Leute) einen «deutschen Bolschewismus», der als erstes die Abschaffung der «Zinsknechtschaft» erzwingen müsse; deren Verewigung dagegen die Hauptaufgabe des falschen, eben des «jüdischen Bolschewismus» sei, mit dem Deutschland durch die westlichen Sieger infiziert werden solle.⁵ Das war im Grunde das zeitgenössische Standardargument der deutschen Antisemiten. Die Führer des russischen Bolschewismus firmierten schlimmstenfalls als Höllenhunde des internationalen Finanzkapitals, einer «goldenen Internationale», bei der alle Fäden zusammenliefen.

Hitler selbst zeigte sich in den Wochen des Berliner Spartakus-Aufstands und der Münchner Räterepublik neutral. Wäre er wirklich so entschieden gegenrevolutionär gestimmt gewesen, wie er später behauptet hat, hätte er risikolos zu den «weißen» Freikorps übergehen können. Stattdessen zog er es vor, eine rote Armbinde anzulegen und in seiner Kaserne zu verharren. Erst nach der Niederschlagung des Räteregimes stellte er sich der Münchner Armeeführung als Informant und Propagandist zur Verfügung. Sein Entschluss, «Politiker zu werden», datiert eindeutig aus den Monaten nach dem Versailler Friedensdiktat. Im September 1919 besuchte Hitler eine Veranstaltung der winzigen «Deutschen Arbeiter-Partei». Das Thema lautete: «Wie und mit welchen Mitteln beseitigt man den Kapitalismus?» Es referierte Gottfried Feder über die «Zinsknechtschaft».

Projektive Ausrottungsphantasien

Hitlers «Grundemotion» – wenn man diesen Begriff gelten lassen will – lässt sich denn auch vollkommen anders dechiffrieren, als Ernst Nolte es getan hat. Es ging dem demobilisierten Soldaten offenkundig um die Externalisierung der Scham der Niederlage, die durch Friedrich Eberts Trostformel «Im Felde unbesiegt» eben nicht mehr getröstet, sondern im Gegenteil angestachelt wurde. Hitlers späterer, stilisierter Lebensbericht in «Mein Kampf» ist an keiner Stelle so authentisch und literarisch prägnant wie in der Schilderung des «Kriegserlebnisses». Nicht mit der Revolution von 1918, sondern mit dem Burgfrieden von 1914 beginnt in seiner ideologisierten Rückinterpretation das Verhängnis.

Damals, als die deutschen Arbeiter treu zur Fahne eilten, habe der «Marxismus, dessen letztes Ziel die Vernichtung aller nichtjüdischen Nationalstaaten ist und bleibt», sich «die Tarnkappe der Lüge über die Ohren» gezogen und «frech die nationale Erhebung mit» gemimt. Solchen Verrat hätte eine nationale Staatsregierung (anders als die von jüdischem Gemauschel umgebene Regierung Bethmanns und Wilhelms) niemals dulden dürfen: «Es wäre die Pflicht einer besorgten Staatsregierung gewesen, ... die Verhetzer dieses Volkstums unbarmherzig auszurotten. Wenn an der Front die Besten starben, dann konnte man zu Hause wenigstens das Ungeziefer vertilgen.»[6]

Überdeutlich ist in diesen Passagen, dass Hitlers «ursprünglicher» vernichtender Hass, soweit er sich auf den «Marxismus» bezog, keineswegs den Organisatoren irgendeines revolutionären «Klassenmords», sondern den Vaterlandsverrätern und Zersetzern der Durchhaltemoral im Weltkrieg galt, die als «Novemberverbrecher» im Augenblick der ruhmlosen Niederlage eine demokratische Republik gründeten – ohne jeden «Klassenmord», was dem Vernichtungsimpuls gegen dieses «Ungeziefer» keinerlei Abbruch tat. Im Gegenteil: Der unbekannte Weltkriegsgefreite zeigte sich selbst zu jedem beliebigen Massenmord bereit, wenn das nur die Schmach hätte abwaschen können. Und die Metapher des «Ungeziefers» deutete auf ein ganz anderes «Schreckbild» als das bolschewistischer Exekutionen: Es ist das Bild einer Infektion, einer Vergiftung und Verseuchung, die fataler ist als jeder Dolchstoß oder Mord. «Der Dolchstoß ist männlich und erfolgt schlagartig. Die Seuche ist weiblich und schleichend.»[7]

Soweit Nachrichten über den Bürgerkrieg in Russland oder die «Geiselmorde» im Münchner Luitpold-Gymnasium die Grundemotionen Hitlers bestimmt haben, dann allenfalls durch die Entblockierung eigener, längst vorhandener mörderischer Aggressionen. Was in Noltes Modell die treuherzige Vorstellung einer «Gegenvernichtung» aus rechtschaffener, gutbürgerlicher Empörung annimmt, das dürfte ziemlich genau den Tatbestand dessen erfüllt haben, was in der Psychologie als «Projektion» bezeichnet wird: als Übertragung eigener destruktiver Wünsche auf einen externen Feind.

Die «große Angst» des Zeitalters, die Hitler (1919 schon kein ganz junger Mann mehr) geteilt und auf seine Weise formuliert hat, galt ansonsten dem Weltumsturz in all seinen Erscheinungsformen. Als dessen Urheber aber entdeckte er im Moment seines politischen Erwachens «den Juden» – dem alles, «was Menschen zu Höherem streben lässt, sei es Religion, Sozialismus, Demokratie, ... nur Mittel zum Zweck, Geld und Herrschgier zu befrieden», sei. In diesem frühesten politischen Credo Hitlers vom September 1919 ist vom Bolschewismus mit keinem Wort die Rede. Es handelt ausschließlich vom Judentum als «Rassentuberkulose der Völker», die restlos «entfernt» werden muss.[8]

Britannien als «zweite Judenheit»

Insofern verwundert es nicht, dass gerade Hitlers Bild der westlichen Siegermächte zunächst von projektiven Vernichtungsphantasien bestimmt war. «Was sagen die Worte des Königs von England: Mit den Deutschen ist es aus; oder wie sich Clemenceau auszudrücken beliebte: In Deutschland leben um 20 Millionen Menschen zuviel», hieß es

Hitler (hinten, Mitte) als Obergefreiter im Winter 1918/19 auf der Bahnhofskommandantur in München – «einer dieser ewigen Kasernenbewohner, die nicht wussten, wohin.» Obwohl die Stadt nach der Novemberrevolution «vor politischer Erregung vibrierte, blieb er teilnahmslos» (J. Fest). Wie das Gros der Garnison, hielt er sich im Frühjahr 1919 zwischen Räteregierung und Reichsregierung neutral. Erst nach dem Einmarsch der gegenrevolutionären Truppen Anfang Mai stellte er sich als Informant und Propagandist zur Verfügung.

in einer frühen Rede Hitlers zum Thema «Brest-Litowsk und Versailles».[9] Diese immer neu variierte Standardrede vom November 1919 spitzte sich auf den Nachweis zu, dass das Brester Friedensdiktat geradezu «Liebe, Versöhnung und Verständigung» geatmet habe im Vergleich mit dem «Vernichtungsfrieden» von Versailles.[10] Während Frankreich sein ewiges Ziel verfolge, das Deutsche Reich in Einzelstaaten zu zerschlagen und territorial zu amputieren, wolle England seinen wirtschaftlichen Hauptkonkurrenten durch Hunger und Reparationen vernichten und seine völkische Substanz aushöhlen und auslöschen.

In einer schriftlich ausgearbeiteten Programmrede Hitlers zum Antisemitismus im August 1920 wurde die britische Politik der «Rassensenkung» am Beispiel Indiens erläutert. Erst die Vermischung zwischen den «hochstehenden arischen Einwanderern und der dunkelschwarzen Urbevölkerung» habe die Inder zum «Sklavenvolk einer Rasse (gemacht), die uns in vielen Punkten nahezu als zweite Judenheit erscheinen mag».[11] Mit anderen Worten: Die Briten, die sich als eine Art «zweite Judenheit» erwiesen, hatten ihr weltumspannendes Empire auf eine planmäßige Strategie der «Rassensenkung» mittels Rassenmischung aufgebaut, um Sklaven für die koloniale Ausbeutung zu produzieren – und dachten dieses Schicksal nun auch dem besiegten, der Aushungerung und Degradation überantworteten Deutschland zu.

Wo Hitler sich in seinen frühen Reden und Schriften (sehr selten) auf die «Protokolle der Weisen von Zion» berief, da stets in Verbindung mit dem Topos der «Teuerung» und des «Hungers».[12] So in einer Rede im April 1923: «In den Büchern der Weisen von Zion steht geschrieben: ‹Der Hunger muss die breiten Massen der Völker zermürben und sie willenlos in unsere Arme treiben.›» In ihrer Verzweiflung (es war die Zeit der Ruhrbesetzung und der rasenden Inflation) wendeten sich diese ausgehungerten Massen nun den zwei polaren Alternativen zu: «Sowjetstern und Hakenkreuz.» Der Bolschewismus sei aber seinerseits nur ein Instrument der Juden, um ihre «Herrschaft anzutreten von Wladiwostock (sic) bis nach Westeuropa». Die Sichel sei «das Zeichen der Grausamkeit, der Hammer das Zeichen des Freimaurertums». Daher werde die Sowjetmacht in Deutschland, wie in Russland, «nur ein Paradies für Juden sein, eine Sklavenkolonie aber für alle anderen».[13]

Es schien wie beim Wettlauf von Hase und Igel: Das Judentum war «immer schon da» und zog seine Fäden, mal in Gestalt des «Freimaurer» und bürgerlichen Demokraten, mal im Gewand von falschen «Arbeiterführern» und Revolutionären. Somit waren die Liquidierung des Parlamentarismus und der «Judenpresse» sowie die Zurückschlagung des «roten Terrors» und «Ausrottung der marxistischen Weltanschauung» allesamt elementare Akte nationaler Selbstbehauptung, worin die Deutschen den weißen, arischen Völkern insgesamt voranzugehen hatten.[14]

In gewisser Weise entsprach der nationalsozialistische Antibolschewismus spiegelbildlich den Faschismustheorien der Komintern, wonach die faschistischen Bewegungen nur als Stoßtrupps und Speerspitze der imperialistischen Reaktion und zugleich als Mittel der ideologischen Neutralisierung proletarisierter, in Gärung befindlicher Massen von Kleinbürgern firmierten.[15] In dieser Parallelität der Argumente lag eine Ambivalenz, deren Konsequenzen offen blieben. Faschisten wie Kommunisten waren zwar gezwungen, sich als Rivalen um die Vorherrschaft auf der Straße zu schlagen, sahen ihre wahren Feinde (die «goldene Internationale» des Finanzkapitals) aber jeweils «hinter» ihren unmittelbaren Gegnern stehen, die nur deren bewusstlose Instrumente waren.

Vom Bündnis zum «Lebensraum»

Gegenüber einem nationalen Russland, das nach seiner Befreiung von der jüdischen Herrschaft mit Deutschland in ein «natürliches» Bündnis treten werde, konnten selbstverständlich keine Ansprüche auf «Lebensraum» geltend gemacht werden. Das Wort selbst tauchte in der frühen NS-Publizistik auch kaum auf. Im Parteiprogramm von 1922 hieß es: «Wir fordern Land und Boden (Kolonien) zur Ernährung unseres Volkes und Ansiedlung unseres Bevölkerungsüberschusses.» Zwar war von einer «großzügigen Ostsiedlung» die Rede. Aber diese werde sich, so Rosenberg in seinen Erläuterungen, zunächst auf die «Raumsicherung im heute polnisch-tschechischen Osten» konzentrieren.[16]

Erst nach der Niederlage des Münchner Putschversuchs im November 1923, in den Monaten des gegen ihn und seine Mitkämpfer angestrengten Hochverratsprozesses, begann Hitler, seine früheren Strategeme zu überprüfen. In einem wenig beachteten Zeitschriftenbeitrag im April 1924 kam er auf die imperialen Optionen der Wilhelminischen Weltpolitik zurück, zwischen denen das Reich haltlos geschwankt habe, obwohl sie alternativ zueinander gestanden hätten: «Entweder man entschloss sich unter Verzicht auf Seehandel und Kolonien, unter Verzicht auf Überindustrialisierung usw., Bauernland zu gewinnen; dann mussten die deutschen Regierungen erkennen, dass dies nur im Bunde mit *England* gegen *Russland* zu erreichen war; oder man wollte Seemacht und Welthandel, dann konnte aber auch nur ein Bündnis mit Russland gegen England in Frage kommen, selbst um den Preis eines rücksichtslosen Aufgebens des gänzlich unmöglichen Habsburgerreiches.»[17]

Aus dem Kontext geht hervor, dass Hitler – anders als bisher – nun zur ersteren Option tendierte. Dieses gedankliche *renversement des alliances* hatte zunächst mit Veränderungen der Weltlage zu tun. Der «Fascismus» unter Führung Mussolinis hatte sich in Italien als ein neues autoritär-korporatives Staatsmodell und als Faktor einer revisionistischen Weltpolitik etabliert, mit dem Deutschland sich potentiell alliieren konnte. Großbritannien hatte sich in der Ruhrkrise von 1923 deutlicher als bisher von Frankreich distanziert und an einer Normalisierung der Beziehungen mit dem Reich interessiert gezeigt. Dagegen konnten der Tod Lenins und der Streit der vorwiegend nichtrussischen, meist jüdischen Diadochen um die Nachfolge als «Fingerzeig des Schicksals» gedeutet werden, dass das seiner nationalen Eliten beraubte, mühsam zusammengezimmerte Staatsgebilde der UdSSR «reif zum Zusammenbruch» sei. Danach würde es sich wohl kaum mehr um die Wiederherstellung des alten Russischen Großreichs handeln, sondern (wie im Weltkrieg) um seine «Dekomposition» und Aufteilung, zumal das «nationale Russland» der weißen Emigranten als ein ernstzunehmender Machtfaktor inzwischen weitgehend ausschied.

Die strategische Wendung von der «Kolonial- und Handelspolitik der Vorkriegszeit» zur «Bodenpolitik der Zukunft» war allerdings nicht nur aktuell und pragmatisch, sondern prinzipiell und ideologisch begründet. Hitler hatte über seinen engen Haftgefährten Rudolf Hess, einen Schüler des Erfinders der «Geopolitik», Karl Haushofer, die «Politische Geographie» Friedrich Ratzels und den ersten Jahrgang der neuen «Zeitschrift für Geopolitik» erhalten und verschlungen.*[18] Danach verkündete er axiomatisch: «Nur ein genügend großer Raum auf dieser Erde sichert einem Volke die Freiheit des Daseins.»[19] Da eine gesunde deutsche Bodenpolitik aber «nicht etwa in Kamerun ihre Erfüllung finden» konnte, sondern «nur in der Erwerbung von neuem Lande in Europa selber», was «im großen und ganzen nur auf Kosten Russlands» möglich sei, gab es für das Deutsche Reich «in Europa nur einen einzigen Bundesgenossen: England». Um dessen «Geneigtheit zu gewinnen, durfte dann aber kein Opfer zu groß sein. Es war auf Kolonien und Seegeltung zu verzichten».[20]

Ohnehin sei das «Gerede von der ‹wirtschaftsfriedlichen› Eroberung der Welt ... der größte Unsinn, der jemals zum leitenden Prinzip der Staatspolitik erhoben wurde».[21] Es habe das deutsche Volk vergessen lassen, dass der Aufstieg Preußens und des Reichs nur «durch strahlendes Heldentum und nicht durch Finanzoperationen oder Handelsgeschäfte» erkämpft worden war. England, das in wilhelminischer Sicht als Vorbild und Hauptrivale einer auf Seemacht gestützten «Kolonial- und Handelspolitik» gegolten hatte und im Krieg als ein Volk von «Händlern statt Helden» (eine «zweite Judenheit» eben) denunziert worden war, wurde von Hitler nun in einer jähen Volte als das Vorbild eines reinrassigen Herrenvolkes herausgestellt – «hat doch kein Volk mit größerer Brutalität seine wirtschaftlichen Eroberungen mit dem Schwerte besser vorbereitet und später rücksichtslos verteidigt, als gerade das englische».[22]

---

* Dass Hitler sowohl Haushofer wie Ratzel weitgehend missverstand, steht auf einem anderen Blatt. Sehr viel genauer und angemessener haben sich zur gleichen Zeit führende sowjetische Intellektuelle und Politiker – von Karl Radek bis Alexander Radó – mit der «Geopolitik» Haushofers befasst und dabei mit ihm selbst und seiner Zeitschrift engen kollegialen Kontakt unterhalten. Vgl. *Karl Schlögel*, «Raum als Schicksal». Die Internationale der Geopolitik, in: Berlin, Ostbahnhof Europas, Berlin 1998, S. 252–272

Wie konnte aber «gerade das deutsche Volk zu einer solchen Erkrankung seines politischen Instinkts kommen»? Des Rätsels Lösung war eben «der Marxismus», mit dem der von jüdischen Beratern und Finanziers umgebene Kaiser 1914 einen «Burgfrieden» geschlossen hatte, während diese «meineidigen Verbrecher die Revolution» organisierten.[23] Schon 1916/17 war «fast die gesamte Produktion unter die Kontrolle des Finanzjudentums» gefallen. Zugleich wurden in den Kriegsgesellschaften skrupellos die Löhne erhöht, die sozialen Begehrlichkeiten und der Defaitismus angestachelt. Und gerade als Russland unter den Schlägen der deutschen Armeen endgültig zusammengebrochen war und als alle Kräfte für die letzte, entscheidende Offensive im Westen angespannt wurden, da «brach in Deutschland der Generalstreik aus» und «nahmen die Zersetzungserscheinungen immer schneller zu»[24] – bis schließlich die Kapitulation verkündet wurde.

Bolschewismus als «letzte Revolution»

Von dieser mythisierten Weltkriegserfahrung her rückte der «Marxismus» bzw. «Bolschewismus» nun stärker als bisher ins Zentrum der apokalyptischen Weltvorstellungen Hitlers. In seinen früheren Reden waren alle die gleichermaßen als «Novemberverbrecher» gebrandmarkt worden, die zum Zusammenbruch und zur demokratisch-republikanischen Umwandlung des Reiches beigetragen hatten: Liberale, Demokraten oder «Marxisten», worunter Sozialdemokraten, Unabhängige und Spartakisten gleichermaßen firmierten. Jetzt ergab sich eine geschichtlich aufsteigende Reihe, worin «Marxismus» und «Bolschewismus» die letzte, finale Waffe des Judentums bei seinem Griff nach der Weltmacht bildeten.

Der in der Festungshaft 1924/25 verfassten Programm- und Bekenntnisschrift «Mein Kampf» zufolge hatte «der Jude» sich bereits im mittelalterlichen Europa vom reinen Parasiten (als Händler, Zwischenträger, Wucherer) zu einem «Staat im Staate» gemausert. Er hatte sich von den Fürsten Privilegien erschlichen und als «Hofjude» schon bestimmenden Einfluss gewonnen. Im dem Maße, in dem er sich die Staatsbürgerrechte sicherte, wurde er «Volksjude», der sich an die Spitze der liberalen und demokratischen Bewegungen setzte, um die Monarchie zu stürzen und selbst nach der Macht zu greifen. Zugleich setzte er seine Leute auch schon an die Spitze des aufrührerischen «vierten Standes», den er doch selbst gerade ruiniert und proletarisiert hatte. Kurzum: «Erst benützte er das Bürgertum als Sturmbock gegen die feudale Welt, nun den Arbeiter gegen die bürgerliche.» Er ließ die

Klassen miteinander kämpfen, um die nationale Wirtschaft zu ruinieren, «damit auf ihrem Leichenfeld die internationale Börse triumphieren kann».²⁵

Aber das alles reichte noch nicht, um die arischen Nationen in ihrer rassischen Substanz und die menschliche Kultur im Ganzen zu zerstören. «Was die Freimaurerei in den Kreisen der sogenannten Intelligenz an allgemein pazifistischer Lähmung des nationalen Selbsterhaltungstriebes einleitet» und was «durch die Tätigkeit der großen, heute immer jüdischen Presse der breiten Masse ... vermittelt» wird, das sollte schließlich der Marxismus «als Angriffs- und Sturmkolonne vollenden». Denn das Endziel des Juden kann «sich nicht nur in der wirtschaftlichen Eroberung der Welt erschöpfen», sondern muss «auch deren politische Unterjochung fordern».²⁶

Dazu muss er (der Jude) vor allem die völlige Bastardisierung der ihm verhassten weißen Rasse voranbringen. Diese «große, letzte Revolution» kann ihm nur gelingen, wenn er an die «niedersten Instinkte» der proletarisierten Massen appelliert, sie auf die Tüchtigeren und Wohlhabenderen hetzt, zur Zucht- und Sittenlosigkeit ermuntert, besonders zur Paarung mit Fremdrassigen, die zur «Rassensenkung» führt. «Politisch aber beginnt er, den Gedanken der Demokratie abzulösen durch den der Diktatur des Proletariats.» Jetzt endlich «wirft er die wenigen Hüllen, die er noch trägt, von sich». Aus dem «demokratischen Volksjuden wird der Blutjude und Völkertyrann», der «die Völker, indem er sie ihrer natürlichen geistigen Führung beraubt, reif zum Sklavenlos einer dauernden Unterjochung» macht. «Das furchtbarste Beispiel dieser Art bietet Russland, wo er an dreißig Millionen Menschen in wahrhaft fanatischer Wildheit teilweise unter unmenschlichen Qualen tötete oder verhungern ließ, um einem Haufen jüdischer Literaten und Börsenbanditen die Herrschaft über ein großes Volk zu sichern.»²⁷

«Ostpolitik» statt «Ostorientierung»

Erst im zweiten Band von «Mein Kampf», der Anfang 1927 erschien, zog Hitler aus diesen Zuspitzungen seiner apokalyptisch-antisemitischen Weltschau auch die Konsequenz einer weltpolitischen Neuorientierung, in deren Zentrum nun «das Verhältnis Deutschlands zu Russland» stand. Dieses Verhältnis sei «die vielleicht entscheidendste Angelegenheit der deutschen Außenpolitik» und bilde den «Prüfstein» schlechthin für die nationalsozialistische Bewegung.

Offenkundig setzte Hitler eine beherrschende Tendenz der «Ostorientierung» auch unter den Anhängern der eigenen Partei voraus, nicht nur «für den Mann, der von links zu uns kommt», sondern auch «für die Angehörigen unserer sogenannten Intelligenz».[28] Diese überkommene «Ostorientierung» aber gelte es nun «ohne Rücksicht auf ‹Traditionen› und Vorurteile» durch eine neue «Ostpolitik» zu ersetzen, deren oberster Gesichtspunkt es sein müsse, «dem deutschen Volk den ihm gebührenden Grund und Boden dieser Erde zu sichern».[29] Auch die notwendige «Auseinandersetzung mit Frankreich», also die Sprengung des Versailler Systems, mache nur Sinn, wenn sie «Rückendeckung bietet für eine Vergrößerung des Lebensraumes unseres Volkes in Europa».

«Damit ziehen wir Nationalsozialisten bewusst einen Strich unter die außenpolitische Richtung unserer Vorkriegszeit. Wir setzen dort an, wo man vor sechs Jahrhunderten endete. Wir stoppen den ewigen Germanenzug nach dem Süden und Westen Europas und weisen den Blick nach dem Land im Osten ... Wenn wir aber heute in Europa von neuem Grund und Boden reden, können wir in erster Linie nur an Russland und die ihm untertanen Randstaaten denken.»[30]

Einen Schein von Realismus erhielt diese abenteuerliche Wendung – die alle russisch-östlichen Neigungen auf ihre Weise aufnahm und in nackte Kolonisierungsphantasien übertrug – allein durch eine Annahme, die Hitler dann auch als «Fingerzeig des Schicksals selbst» deklarierte: «Indem es Russland dem Bolschewismus überantwortete, raubte es dem russischen Volke jene Intelligenz, die bisher dessen staatlichen Bestand herbeiführte und garantierte.» Vom «germanischen Kern seiner oberen leitenden Schichten» habe das russische Staatswesen über Jahrhunderte gezehrt. «Er kann heute als restlos ausgerottet und ausgelöscht angesehen werden. An seine Stelle ist der Jude getreten. So unmöglich es dem Russen an sich ist, aus eigener Kraft das Joch des Juden abzuschütteln, so unmöglich ist es dem Juden, das mächtige Reich auf die Dauer zu erhalten ... Das Riesenreich im Osten ist reif zum Zusammenbruch. Und das Ende der Judenherrschaft wird auch das Ende Russlands sein.»[31]

Die Absicht einer ausdrücklichen und radikalen Revision aller bis dahin gültigen Ansichten tritt noch deutlicher in den Passagen hervor, in denen Hitler die Unmöglichkeit eines Bündnisses mit Sowjetrussland auch im erweiterten Kontext eines «Bundes der unterdrückten Nationen» zu demonstrieren suchte. Das zielte ganz offenkundig auf die Schnittstelle zwischen den nationalrevolutionären Vorstellungen der Jungkonservativen, etwa Moellers «Recht der jungen Völker», und der Propaganda der Komintern, worin Deutschland als «Industriekolonie» der Versailler Mächte firmierte. Ein solcher Bund der Unterdrückten, höhnte Hitler nun, könne nur eine «Koalition von Krüppeln» sein. «Im Falle eines Krieges Deutschland-Russlands gegen den Westen Europas» werde sich der Kampf «nicht auf russischem, sondern auf deutschem Boden abspielen». Das von der «allgemeinen Motorisierung der Welt» noch kaum erfasste Russland werde nicht einmal in der Lage sein, Polen niederzuwerfen, «um den ersten Soldaten an eine deutsche Front zu bringen».[32] Damit wischte Hitler alle die verbreiteten und in der Tat völlig unrealistischen Bündnisoptionen vom Tisch.

Eine entschlossene «Annäherung an England und Italien» würde es dagegen ermöglichen, «in aller Ruhe diejenigen Vorbereitungen zu treffen, die ... für eine Abrechnung mit Frankreich getroffen werden müssten». Dann könnte Britannien sich seinen Kolonien, Italien sich seinen mediterranen «römischen» Plänen widmen; Deutschland aber werde endlich «Ostpolitik im Sinne der Erwerbung der notwendigen Scholle für unser deutsches Volk» treiben können[33], indem es die ohnehin fällige Dekomposition Russlands und die Entropie des jüdischen Bolschewismus «mit dem Schwerte» vollendete.

Der erste Schritt dahin war aber der, den auch Mussolini getan hatte, als er «mit den inneren Feinden Italiens nicht paktierte, sondern ihre Vernichtung auf allen Wegen und mit allen Mitteln erstrebte». Auch Deutschland werde erst an dem Tage, an dem «der Marxismus zerbrochen wird», seine außenpolitischen Fesseln brechen können. Darin werde sich die geschichtliche Erfahrung bestätigen, «dass aus den blutigsten Bürgerkriegen häufig ein stahlharter, gesunder Volkskörper erwuchs».[34] Das war das Primat der Innenpolitik, das Hitler von Beginn an verfocht.

Der ganzen Konzeption ist eine große innere Schlüssigkeit nicht abzusprechen. Nur dass sie auf Annahmen und Einschätzungen beruhte, die sich in der Realität des folgenden Jahrzehnts schon als überholt erwiesen.

Goebbels' «Ex oriente lux»

Mit der in «Mein Kampf» erstmals zusammenhängend dargelegten neuen Politik und Ideologie konnte sich Hitler nach Entlassung aus der Festungshaft im Sommer 1925 in der seiner Führung halb entglittenen Partei nur gegen erhebliche Widerstände durchsetzen. Der Strasser-Flügel, der die Mehrzahl der norddeutschen Landesverbände repräsentierte und mit dem jungen Joseph Goebbels einen neuen, wirkungsvollen Brandredner und Literaten dazu gewonnen hatte, vertrat eine nationalrevolutionäre Position, worin Sowjetrussland bei aller handfesten Rivalität mit den Kommunisten nicht nur einen potentiel-

Die Führer der «linken» Parteifronde der NSDAP im Februar 1926. In der Mitte Gregor Strasser und Joseph Goebbels, die kurz darauf vor dem aus der Festungshaft entlassenen Hitler zu Kreuze krochen.

len Bündnispartner, sondern mittlerweile sogar ein latentes Vorbild abgab – fast so, wie es sich Radek in seinen «Schlageter»-Phantasien ausgemalt hatte.

Als die Köpfe der linken Parteifronde auf einer Führertagung im Februar 1926 wegen dieser nationalbolschewistischen Tendenzen von Hitler unnachgiebig zusammengestaucht wurden und schließlich zu Kreuze kriechen mussten, notierte Goebbels in sein Tagebuch: «Ich bin wie geschlagen. Welch ein Hitler? Ein Reaktionär? ... Unsere Aufgabe ist die Zertrümmerung des Bolschewismus. Bolschewismus ist jüdische Mache! Wir müssen Russland beerben! 180 Millionen!!! ... Ich bin wie vor den Kopf geschlagen.»[35]

Diese Erschütterung war keineswegs konjunktureller Art. Bei Goebbels (als dem Abkömmling verarmter «Stehkragenproletarier» und Rheinländer) verband sich ein wütender Antikapitalismus, der zum Hauptobjekt seines Hasses «den Westen» und das «jüdische Börsenkapital» wählte, mit einer zeittypischen Russophilie, die durch und durch literarisiert war, vor allem durch exzessive Dostojewski-Lektüren. Goebbels (ungedruckter) autobiographischer Roman «Michael Voormann» und seine ab 1924 geführten Tagebücher waren voll schwüler literarisch-politischer Bekenntnisse, worin Russland geradezu eine Erlöserrolle zugewiesen wurde, die der NS-Bewegung direkt korrespondierte. So notierte er etwa nach erneuter Lektüre einer Dostojewski-Erzählung im Juli 1924: «Russland, wann wirst Du erwachen? Die alte Welt sehnt sich nach deiner erlösenden Tat! Russland, du Hoffnung einer sterbenden Welt! Wann wird es Tag werden?»[36]

Nur Tage später notierte er nach einem Gespräch mit Parteifreunden: «Ex oriente lux. Im Geiste, im Staate, im Geschäft und in der großen Politik ... Unsere herrschenden Kreise haben den Trieb nach dem Westen, weil die westlichen Mächte die klassischen Staaten des Liberalismus sind ... Aus dem Osten kommt der neue Staatsgedanke der individuellen Gebundenheit und verantwortlichen Zucht dem Staate gegenüber.» Anzeichen einer neuen Hungersnot in Russland sah er als das Fanal einer erlösenden Krisis: «Russische Männer, jagt das Judenpack zum Teufel und reicht Deutschland eure Hand. Zum kommenden Menschen. In Russland liegt der Schlüssel der europäischen Frage ... Ihr Herren Diplomaten, lest Spengler, Dostojewski, und nicht Rathenau und die Franzosen.»[37]

Goebbels' völkisch-antisemitische Radikalisierung stammte ohnehin weder aus den Revolutionswirren von 1918/19 noch aus den Putsch- und Gegenputschzeiten von 1923, als er sich in seinen Sympathien zwischen Linken und Rechten, Nationalsozialisten und Kommunisten hin- und hergerissen fühlte. Sondern sie setzte in voller Schärfe erst im Moment der Konsolidierung der Republik und den ersten Schritten einer nach Westen orientierten wirtschaftlichen und politischen Integration 1924/25 ein.

Seine Tagebuchaufzeichnungen sind wie ein Seismograph: «Judenfrage. Ich darf kaum noch darüber lesen, ich ärgere mich halbtot. Die Briganten in London haben sich geeinigt!» (11. 7. 24) – «Darum muss das System der Plutokratie (= Demokratie) gebrochen werden. Das Dawes-Gutachten ist das Teuflischste, was je einem Menschenhirn entsprungen ist. Ein Volk wird zu 40jähriger Fronarbeit verurteilt.» (12. 8. 24) – «In London hat man sich geeinigt. Natürlich. Nun geht die jüdische Sklaverei los. Wie lange? Bis wir uns selber frei machen.» (20. 8. 24)[38] – «Stresemann reist nach Locarno zur Konferenz. Deutschland an den Kapitalismus der Weststaaten verkaufen. Diese[s] fette, satte Schwein!» (2. 10. 25)[39] – «Locarno-Verträge heraus. Grauenhaft ... Herr Stresemann ist ein vollendeter Lump! Angenommen wird! Weil das Kapital das will. Das Kapital hat heute zu sagen. Rathenau sprach einmal von dem Privatsyndikat der Welt. Heute ist es da.» (21. 10. 25)[40]

Als aufstrebender Publikumsmagnet der rheinisch-westfälischen Nationalsozialisten («Ich werde Demagoge schlimmster Sorte. Volksredner.») mündeten Goebbels' Auftritte zwar regelmäßig in Saalschlachten mit den Kommunisten. «Wir haben mit 40 Mann über 300–400 Kommunisten den Sieg davongetragen. Aber diese Siege liebe ich nicht sehr.» (8. 6. 25)[41] Es war eine Rivalität, hinter der eine starke Affinität stand. Noch immer sah er sich ja in erster Linie als Sozialist: «National und sozialistisch! Was geht vor und was kommt nach? Bei uns im Westen kann die Frage gar nicht zweifelhaft sein. Zuerst die sozialistische Erlösung, dann kommt die nationale Befreiung wie ein Sturmwind.» Hitler, so glaubte er, «steht zwischen beiden Meinungen», sei aber «im Begriff, ganz zu uns herüberzukommen». (11. 9. 25)[42]

Lenin und Hitler

Als frischgebackener Schriftleiter des Strasserschen Parteiorgans «Nationalsozialistische Briefe» ging Goebbels 1925 so weit, Lenin und Hitler, Bolschewismus und Nationalsozialismus in eine Reihe zu stellen. So behauptete er, dass sich in Russland seit dem Tode Lenins und der Ausschaltung Trotzkis derselbe Prozess einer «großen völkischen Reinigung» vollziehe wie in Deutschland. Dieses Russland werde «einst im Geiste seines größten Denkers, im Geiste Dostojewskijs erwachen». Und ein vom «jüdischen Internationalismus befreites», in einen «sozialistischen Nationalstaat» transformiertes Russland werde «der uns von Natur gegebene Bundesgenosse gegen die teuflische Versuchung und Korruption des Westens» sein. Lenin, der das russische Volk tiefer verstanden habe als jeder Zar, wurde den deutschen Kommunisten nun geradezu als Kronzeuge gegenübergestellt: «Lenin opferte Marx und gab dafür Russland die Freiheit. Sie [die Führer der KPD] wollen die deutsche Freiheit nun Marx opfern.»[43]

Aber das half ihm nicht über seine Verwirrungen hinweg. Gleich nach der Niederschrift seines Aufsatzes «Bolschewismus und Nationalsozialismus» notierte er: «Ich möchte einmal für ein paar Wochen zu Studienzwecken nach Russland.» (21. Oktober 1925) Und wenig später: «Ostpolitik. Russland. Wer schaut ganz durch. Ich finde es grauenhaft, dass die Kommunisten und wir uns gegenseitig die Köpfe einschlagen ... Brief von und an Strasser. Wo können wir einmal mit führenden Kommunisten zusammenkommen?» (31. 1. 26)[44]

Im Frühjahr 1926, als der fraktionelle Kampf zwischen «Elberfeld», das die Parteilinke zum «Mekka des deutschen Sozialismus» ausbauen wollte, und «München», d. h. der alten Hitler-Kamarilla um Rosenberg, Feder und Esser, voll entbrannt war, veröffentlichte Goebbels sein erstes Buch unter dem programmatischen Titel «Die zweite Revolution». Darin fand sich ein fiktiver Brief an einen fiktiven russischen Revolutionär (den dostojewskihaften Iwan, der schon in dem noch ungedruckten Jugendroman «Michael» das Pendant des deutschen Helden abgegeben hatte), in dem es mit Blick auf die Gegenargumente der Münchner Parteikamarilla hieß: «Darum schauen wir nach Russland, weil es am ehesten mit uns den Weg zum Sozialismus gehen wird. Weil Russland der uns von der Natur gegebene Bundesgenosse gegen die teuflische Verseuchung und Verweichlichung des Westens ist ...» Ein deutsch-russisches Bündnis sei absolut notwendig, «nicht darum, weil wir den Bolschewismus, weil wir die jüdischen Träger des Bolschewismus lieben, sondern weil wir im Bunde mit einem wahrhaft nationalen und sozialistischen Russland den Anfang unserer eigenen nationalen und sozialistischen Selbstbehauptung erkennen».[45]

Hitler, der die Fraktionen miteinander kämpfen ließ, seine eigene Agitation aber stärker auf die bürgerliche Mitte hin ausrichtete, umwarb den glänzenden jungen Agitator und zog ihn nach und nach auf seine Seite, indem er seine deutsch-völkischen und antisemitischen Affekte mobilisierte. Goebbels sekundierte dieser Umerziehung selbst Schritt für Schritt mit neuen Lektüren, etwa Iwan Naschiwins «Rasputin», den er «mit tiefer Erschütterung» las, nur Tage, nachdem seine «Zweite Revolution» erschienen war. Jetzt notierte er mit stark veränderter Tonlage: «Das grandiose Gemälde des russischen Bolschewismus. Wohl etwas weißrussisch gesehen. Aber niederdrückend in seiner satanischen Grausamkeit ... Der Jude ist wohl der Antichrist der Weltgeschichte. Man kennt sich kaum mehr aus in all dem Unrat von Lüge, Schmutz, Blut und viehischer Grausamkeit. Wenn wir Deutschland davor bewahren, dann sind wir wahrhaft patres patriae!»[46]

Ein deutsch-russisches Endreich

Die Position einer nationalrevolutionären Ostorientierung, von der Hitler sich und seine Partei radikal abkoppelte – und abkoppeln musste, wenn er freie Hand gewinnen wollte –, wurde in reinster Ausprägung wohl von Ernst Niekisch vertreten. Aus der Sozialdemokratie kommend, hatte er in der Zeit der Münchner Räterepublik versucht, die Ideen des deutschen Kriegssozialismus mit den Sowjetideen östlicher Provenienz zu verknüpfen. Nach 1923 entwickelte Niekisch immer schwärmerisch-fanatischere Ideen von der Neugeburt der deutschen Nation und des Reiches aus dem Geist von «Potsdam»[47], einem idealen Preußentum also, das gestützt auf eine «Aristokratie der Arbeit» auch «die Vernichtung der Klasse durch die wahrhaft nationale Volksgemeinschaft» bedeuten sollte.⁴⁸ 1926 verließ er mit seinem «Hofgeismarer Kreis» die SPD.

Sein Hauptziel war es jetzt, das «nationale und soziale Rebellentum» Deutschlands gegen den «Geist von Locarno» zu erwecken: «Deutsche Politik kann kein anderes Ziel haben als die Wiedergewinnung deutscher Unabhängigkeit, die Befreiung von den auferlegten Fesseln, die Zurückeroberung einer großen, einflussreichen Weltstellung.»⁴⁹ Das sollte der Leitgedanke einer nationalrevolutionären «Widerstandsbewegung» werden, die vorerst aber «keine Massenbewegung, sondern die Angelegenheit eines ‹geheimen Ordens›» sein sollte.⁵⁰ Es ging also um die Züchtung einer neuen Elite, wofür Niekisch einen weiten Radius von Kontakten pflegte.

So stand seine um die Zeitschrift «Widerstand» gruppierte Gefolgschaft (die Anfang der dreißiger Jahre etwa 4000 bis 6000 Mitglieder zählte) in enger Fühlung mit dem «Ring»-Kreis und nach dem Tode Moellers mit den «Herrenklubs» um von Gleichen; mit dem elitären Zirkel um die Gebrüder Jünger; mit der militanten «Landvolkbewegung» unter dem holsteinischen Bauernführer Claus Heim; mit aktivistischen Teilen der Bündischen Jugend; mit Vertretern der ehemaligen Freikorps und Wehrverbände, die sich im «Stahlhelm» sammelten; sowie schließlich mit dem sozialistischen Flügel der NSDAP um die Gebrüder Strasser, vor allem dann mit Otto Strassers 1930 aus der Partei herausgedrängter «Schwarzer Front». Darüber hinaus unterhielt Niekisch engen Kontakt mit den Führern der Reichswehr (von Seeckt bis Schleicher) sowie mit leitenden Industriellen.⁵¹ Schließlich gehörte er im Herbst 1931 zu den Initiatoren und Aktiven jener «Arbeitsgemeinschaft zum Studium der Planwirtschaft» (Arbplan), die Georg Lukács auf Initiative der Komintern gründete und «anleitete». Im August 1932 reiste Niekisch mit 25 Arbplan-Mitgliedern (mehrheitlich Akademikern und Publizisten) nach Russland, wurde von Volkskommissaren empfangen, besuchte Fabriken und Institute und war so enthusiastisch wie nur möglich.⁵²

Dabei war er kein Neubekehrter, im Gegenteil: Je schärfer er seine völkisch-nationalistischen Ideen entwickelte, umso enger wurden seine Beziehungen zur KPD, weil sie genau das war, was Sozialdemokraten und Bürgerliche ihr vorwarfen: der Statthalter Moskaus. Niekisch stellte seine Ideologie und Politik jetzt immer umfassender unter das Primat der Außenpolitik, einer unbedingten Ostorientierung nämlich. Das implizierte die «Heimkehr» zum preußischen Kern des Reiches und eine «Umwertung aller Werte» (der des Westens).⁵³ Preußen war für ihn im übrigen auch das großartige Beispiel einer «slawisch-germanischen Blutsmischung», aus der (mit einem Schuss Keltentum) eine neue, noch zukunftskräftigere Rasse entstanden war, die als «Siedler und Kolonisator» berufen war, die deutsche «Sendung» im weiten Osten zu vollenden.⁵⁴

Über die herkömmliche Konzeption eines von Deutschland geführten «Mitteleuropa» hinaus konnte der Wiederaufstieg zur Weltmacht Niekisch zufolge «nur über Moskau» führen. Denn: «Aus dem Schutt erst, in den das französische Europa mit Russlands Hilfe gelegt wurde, kann ein deutsch beherrschtes Mitteleuropa aufgebaut werden.»⁵⁵ Stießen zu den «100 Millionen ... russischen Fanatiker(n) noch 80 Millionen gleichgerichtete deutsche Fanatiker», so würde die «Versailler Ordnung» wie ein Kartenhaus zusammenstürzen.⁵⁶

Dabei ging es um mehr als eine bloße zeitweise Allianz. Auf der Achse Potsdam-Berlin-Moskau, die der Achse Paris-London-Washington als einzige entgegentreten konnte, sollte ein «germanisch-slawisches Weltreich» anderer, genau entgegengesetzter Verfassung entstehen: «An Stelle der westlichen Zentralisations- und gleichmacherischen Einebnungstendenzen tritt das organisch-irrationale, germanisch-slawische Ordnungsprinzip ... Ein neues Zentrum entstünde alsdann, das vom Stillen Ozean bis zum Rhein, von Wladiwostok bis Vlissingen reichte; ein Raumgebiet, das ‹nordisch› in dem Sinne wäre, dass es sich breit über den Norden Asiens und Europas hinlagerte ... Es wäre Europa-Amerika im Osten wie im Westen, Mittelpunkt der Welt, Kopf der Welt, die Achse, um welche sie sich dreht.»⁵⁷

Nur von dieser Basis aus ließe sich die sozialistische Weltrevolution vollenden, in Gestalt eines «Endimperiums», das – in Anlehnung an die Vorstellungen Ernst Jüngers – «das ‹total› mobilgemachte, nur ‹Arbeitern› Raum gewährende ‹sozialistische Gemeinwesen›» wäre, eine «planwirtschaftlich organisierte, ‹technokratische› Weltföderation aller Arbeiterrepubliken».⁵⁸

Trotzkisten des NS

Als einen völkischen Extremisten eigener Ordnung haben seine älteren⁵⁹ und jüngeren Biographen⁶⁰ den Nationalrevolutionär Niekisch qualifiziert – und allenfalls als einen Pseudo-Widersacher Hitlers, den er kurz vor dessen Machtantritt «Ein deutsches Verhängnis» genannt hatte, da er als Katholik «gegenreformatorische Instinkte ... in seinem Blute» trage und weder Preuße noch Revolutionär sei, sondern ein legalistischer und «sozialpazifistischer» Bürger, der einen «flachen Antibolschewismus» vertrete, um Stimmen und Gelder zu bekommen.⁶¹

Tatsächlich nährten sich Niekischs Visionen eines deutsch-russischen «Endreichs» stets aus der Hybris eines deutsch-völkischen Kolonisatorenstolzes. Aber Russland trat darin eben doch als eine unbesiegbare, dominierende Kraft der Weltgeschichte in den Vordergrund. Es war Deutschland, das sich an Russland «anzulehnen» hatte, nicht umgekehrt. Und dieses Russland war zur Hälfte noch «asiatisch», was Niekisch so anerkennend wie nervös konstatierte. Dieses halbasiatische Reich zu sich herüberzuziehen, sich ihm und es sich zu assimilieren, war demnach die deutsche Lebens- und Überlebensfrage schlechthin.

Insofern kann man Niekisch als direkte Gegenfigur zu Hitler betrachten. Gegen Niekischs futuristische Vorstellung «*eines* Reiches von Wladiwostok bis Vlissingen» war Hitlers «Germanenzug» allerdings die reine Realpolitik. Hitler befreite seine Bewegung zusammen mit der «Ostorientierung» vom Zwangsgedanken eines Primats der Außenpolitik, wie Niekisch und alle Nationalrevolutionäre und Nationalbolschewisten es verfochten. Wie der NSDAP-Führer sich anfangs der völkischen Apostel «mit Blechschwert und Bärenfell» entledigt hatte, so nun des Schwarms nationalradikaler Literaten, die die Szene bevölkerten.

Die riesige Literatur, die sie produzierten, sprach in der Tat «Bände», d. h. sie zeugte von einer politischen Impotenz, die weniger in den Personen lag als in der Sache selbst. Insofern kann Armin Mohlers «Handbuch der konservativen Revolution» tatsächlich wie ein Baedeker für das «geheime Deutschland» gelesen werden, als welches diese Szene sich in Kyffhäuser-Nebel zu hüllen und recht «gefährlich» zu machen suchte. Man war sehr zahlreich, sehr bedeutend, sehr «tief». Es wimmelte von «Persönlichkeiten», und tatsächlich war in diesem breiten radikalisierten Zwischenfeld des politischen Weimar eine beachtliche Masse an intellektuellem und künstlerischem Potential versammelt. Auch an Geld oder an militärischer und konspirativer Erfahrung sowie an «Verbindungen» fehlte es nicht. In diesem, allerdings nur in diesem Sinne könnte man Mohlers Formel von den «Trotzkisten des Nationalsozialismus» gelten lassen.[62]

Letzten Endes war man jedoch hauptsächlich mit sich selbst beschäftigt. Weder gelang es diesen Gruppen, Personen und Organen, sich im Feld der offiziellen parlamentarischen Politik als eine einflussreiche Strömung zu etablieren, noch brachten sie schlagkräftige Massen auf die Beine; nichts jedenfalls, was der kompakt marschierenden SA Hitlers das Wasser hätte reichen können. Kurzum, es handelte sich um eine virulente «Unterströmung» der Weimarer Politik und Kultur, die mithalf, das Klima aufzuheizen, ohne ihre Bestrebungen in anderes als papierne Deklamationen umsetzen zu können.

Soweit Leute wie Niekisch überhaupt Politik machten, waren sie

Stichwortgeber in den Nebenpolitiken, die die Reichswehr, aber teilweise auch die Industriellen und andere Interessengruppen trieben. Besonders die Reichswehr, die sich nach der Formel Seeckts gegenüber der Republik in einem Zustand der «Überwinterung» befand, war ein Stück «geheimes Deutschland» im Wartestand: auf die Krise, den Führer, eine Verschiebung der Kräfte. Hier schien es immerhin um reale Fragen und handfeste Dinge zu gehen: um Rüstungsvorhaben, Waffenentwicklungen, Generalstabskontakte, Schulungen und Lagebesprechungen. Aber nie, so oft und zuweilen intim unter den führenden deutschen und sowjetischen Militärs darüber geredet wurde, kamen beide Länder in die Nähe eines realen Bündnisses. Es entstanden vielfältige informelle Verbindungen, persönliche Affinitäten, eine Art virtueller Waffenbrüderschaft, aber nichts, was den Veränderungen der Politik nach 1933 und im Weltkrieg standhielt.

Ein virtueller Verbündeter

Stattdessen hielt die informelle Allianz mit Sowjetrussland die Weimarer Politik in ihrem sterilen Revisionismus fest. Die bloße Existenz der UdSSR als einer staatswirtschaftlich organisierten, weithin autarken, dem Weltmarkt entzogenen, noch immer provisorischen, in steten Metamorphosen befindlichen Macht schien die abstrakte Möglichkeit einer umfassenden Änderung der Lage des Reiches zu signalisieren. Dass das geschlagene Deutschland mit seiner Technik, Bildung, Organisationskultur und das revolutionär verwandelte Russland mit seinen Rohstoffen, bildungshungrigen Massen und ungerichteten Energien eine potentielle Traumkombination abgäben, wurde in unendlichen Variationen von links bis rechts phantasiert und beschworen.

Man erging sich in großartigen «geistigen Möglichkeiten», in tragisch-pathetischen «Schicksalsgemeinschaften» und «Wahlverwandtschaften», und nach wie vor in weiträumigen Machtträumen eines deutsch geprägten Mitteleuropa, das sich den seiner Erschließung harrenden, gigantischen Sowjetkomplex exklusiv assoziieren und kraft seiner Potenzen von Arbeit, Technik, Organisation und Wissenschaft zu neuer Weltgeltung emporarbeiten könnte. Über dieser Chimäre versäumte es die Weimarer Politik, dort, wo sie stand, festeren Grund unter die Füße zu bekommen.

Das entscheidende Hindernis einer produktiven Wendung der in Rapallo aufgenommenen Sonderbeziehung zwischen Deutschland und Sowjetrussland war die von Zwangsgedanken und Berührungsängsten geprägte Politik der Stalinschen Führung. Gewiss, es gab zahllose Gespräche, Konsultationen und Bankette. Man gab und erhielt

Begrüßung einer Delegation des sowjetischen Generalstabs unter der Leitung von Michail N. Tuchatschewski bei den Manövern der Reichswehr im September 1932 durch Reichspräsident Hindenburg

Kredite und tauschte Waren. Deutsche Techniker und Technologien waren neben den amerikanischen ein unverzichtbarer Teil der sowjetischen Industrialisierungsprogramme und teilweise halfen die «Russenaufträge» der deutschen Industrie über die Flauten und schlimmsten Krisen hinweg. So schien es zumindest.

Näher betrachtet, konnte nicht einmal davon die Rede sein. Der Außenhandel unterlag in der Periode der gewaltsam vorangetriebenen industriellen und militärischen Aufrüstung der Sowjetunion, die sich bereits 1926/27 abzeichnete, denselben Restriktionen wie alle sonstigen wirtschaftlichen, gesellschaftlichen und künstlerischen Kooperationen. Die Bildung des «Russlandausschusses der deutschen Wirtschaft» 1928 war ein Versuch, dem geschlossenen sowjetischen Staatskartell ein Gegenkartell entgegenzusetzen, um die Geschäfte überhaupt am Laufen zu halten. Die Euphorie der frühen Konzessionspläne war längst verflogen und hatte einer allgemeinen Frustration Platz gemacht.[63]

Die große Industriellendelegation, die im Februar 1931 unter Führung von Peter Klöckner nach Moskau reiste und «deren Mitgliederliste sich wie ein deutscher Industriegotha ausnahm: Krupp, Borsig, DEMAG, MAN, Otto Wolff, Vereinigte Stahlwerke, Gutehoffnungshütte, Siemens und AEG», wurde zwar noch einmal mit einem gigantischen, im Stil der Fünfjahrpläne freihändig verdoppelten Auftragsvolumen verblüfft und geködert. Und natürlich zeigten die Besucher sich von den «Großbaustellen des Sozialismus» gebührend beeindruckt. Nur dass die deutsche Seite, vor allem die bankrotte Berliner Regierung, diese Aufträge weitgehend selbst hätte finanzieren sollen. Die Weltwirtschaftskrise trieb ihrem Höhepunkt zu, aber der volkswirtschaftliche Nutzen der gewünschten Lieferungen für Deutschland tendierte durch viele negative Gegeneffekte (wie hohe Kreditbelastungen, sowjetische Dumpingexporte usw.) gegen Null.[64]

Was in der Sowjetunion selbst mit den en gros importierten Maschinen und Anlagen geschah und woher das mitten in den Hungerkatastrophen der Kollektivierungsjahre auf den Weltmarkt gepumpte Getreide eigentlich stammte, mit dem sie bezahlt wurden, waren noch Fragen für sich. Ein in Wirtschaftsdingen so versierter Publizist wie Arthur W. Just konnte bei seinem Besuch im Sommer 1931 – bei aller hochgestimmten Aufmerksamkeit – schlechterdings nicht übersehen, dass die auf dem Papier entworfenen Hyper-Kombinate am Ural «ohne Rücksicht auf Verluste» konzipiert waren und auf vollkommen illusionären Annahmen und Berechnungen beruhten.[65]

Kurzum, eine selbsttragende zivile Austauschdynamik zwischen dem Weimarer Deutschland und dem sowjetischen Russland ist niemals in Gang gekommen; und wie in der Wirtschaft, so auch auf anderen Gebieten. Am Ende der zwanziger Jahre waren die Enthusiasten einer aktiven Politik mit Sowjetrussland, wie der Staatssekretär im Auswärtigen Amt Ago von Maltzan, der sozialdemokratische Legationsrat Moritz Schlesinger oder der Doyen der Auslandspresse in Moskau Paul Scheffer, abberufen, zurückbeordert oder ausgewiesen. Sie wären wohl auch von sich aus gegangen. Die konstruktive Ostpolitik, die sie sich vorgestellt hatten, war mit der Sowjetunion Stalins nicht zu machen.

Paul Scheffer, der als Korrespondent des «Berliner Tagblatt» mit skeptischer Aufmerksamkeit die Entwicklungen seit 1922 verfolgt und kommentiert hatte, legte sich nach seiner faktischen Ausweisung durch Nicht-Akkreditierung im Oktober 1928 keine Zurückhaltung mehr auf, wenn es galt, die Folgen für die Beziehungen beider Länder zu benennen. Im März 1930 schrieb er: «Dass Deutschland auf Russland angewiesen, dass die Freundschaft mit Russland ihm unentbehrlich sei, dass Rapallo Versailles durchlöchere, sind allgemeine Sätze, die nur gemessen an ihrer Realisierbarkeit Wert haben. Wir haben jetzt sieben Jahre Zeit gehabt, sie auf ihren praktischen Wert zu prüfen. Wer sich nicht auf schale Allgemeinheiten verließ, sondern sorgfältig zuzusehen sich bemühte, musste schon seit Jahren fürchten, dass die NEP und also die Grundlage von Rapallo untergehe. Denn der Weg der direkten Sozialisierung [der stalinistischen Kollektivierung, G. K.] bedeutet eine außerordentliche Verstärkung der Labilität des Sowjetsys-

Karikatur aus dem sozialdemokratischen «Vorwärts» vom März 1931

tems ... Die Revolution kehrte zuerst schrittweise zu ihren vernichtenden Methoden zurück und jetzt ist sie in vollem Galopp dahin.»[66]

Politik der Verschärfung

Wenn es also einen «Nexus» zwischen dem Bolschewismus und dem Aufstieg des Nationalsozialismus zur Macht gegeben hat, dann lag er nicht in der Furcht vor Sowjetrussland, sondern in der unerträglich gewordenen Spannung zwischen notorisch übertriebenen Erwartungen und permanenten Enttäuschungen. Zugleich wurde der deutsche Nationalradikalismus dieser Zwischenkriegsjahre von der sowjetischen Politik von Lenin bis Stalin in einer Weise geschürt, die noch weit schärfer herauszuarbeiten wäre, als es in diesem Buch möglich war.

Man höre etwa den befremdlichen Ton von Triumph und Bewunderung, mit dem der Chefökonom der Komintern, Eugen Varga, noch Anfang 1933 im Vorwort einer in Berlin herausgegebenen Komintern-

Broschüre verkündete, dass die Verwandlung Deutschlands in eine «Industriekolonie» der Versailler Siegermächte erst recht zum Zusammenbruch des internationalen Finanzsystems und zur Weltwirtschaftskrise geführt habe. Trotz aller Ausbeutung und Repressalien sei Deutschland aber wieder der «größte Industriestaat Europas» geworden und «potentiell eine der größten Militärmächte der Welt», deren Hunderttausend-Mann-Heer «ein fertiges Offizierskader für ein Millionenheer» darstelle und durch «Anwendung der allerneuesten Errungenschaften der Technik» ihre Rüstung «aufs höchste entwickelt» habe. Nachdem durch den Vertrag von Rapallo eine Intervention der Versailler Mächte vereitelt worden sei, habe die Sowjetunion sich «zu einer Art Polarisierungszentrum der durch das Versailler System bedrückten Völker» entwickelt. Nun sei ein «neuer Turnus von Kriegen und Revolutionen im Anzug», der «dem Versailler System ein Ende bereiten» werde, und mit ihm «der Herrschaft der Bourgeoisie in weiteren Ländern».[67]

Der Furor der stalinistischen Agitation gegen die deutschen Sozialdemokraten als «Sozialfaschisten» und Hauptfeinde war denn auch keine bloße ideologische Verirrung. Er diente nicht zuletzt dazu, den Faschismusbegriff beliebig und verschwimmend zu machen. Die bürgerliche Welt bestand, so betrachtet, nur noch aus verschiedenen Faschismen (von Sozialfaschisten über Klerikalfaschisten zu Nationalfaschisten jeder Couleur), was einer Politik der Spaltung und der Bündnisse nach den Kalküls der sowjetischen Außenpolitik jeden Spielraum eröffnete, gerade in und gegenüber Deutschland. Die von Moskau mitdiktierte «Programmerklärung zur nationalen und sozialen Befreiung des deutschen Volkes» der KPD vom August 1930 mit ihren mehr oder weniger expliziten großdeutschen Forderungen und revanchistischen Untertönen war jedenfalls eine Antwort auf den Aufstieg des Nationalsozialismus, die alle Möglichkeiten offen ließ.[68]

Dieser ganzen Konstellation entsprach es, dass ein aus Überzeugung oder Erfahrung gespeister, entschiedener «Antibolschewismus» im Spektrum der Weimarer Republik am ehesten bei Personen und Parteien der politischen Mitte zu finden war, am prinzipiellsten sicherlich in der SPD, in deren Presseorganen einige emigrierte und gut informierte russische Sozialdemokraten ihren Platz behaupteten. Wäre der Antibolschewismus eine so dominante Haltung in der Weimarer Politik und Publizistik gewesen, wie sie im Nachhinein – nicht nur in der DDR-Historik, sondern auch in der selbstkritischen Geschichtsaufarbeitung der Bundesrepublik – geschildert worden ist, dann hätte der Weg schon damals mit ganz anderer Gradlinigkeit zur weiteren Westintegration der Republik führen müssen.

2. Hitlers Russland

Der «Mythus des 20. Jahrhunderts», den Alfred Rosenberg in seiner kurzen Amtszeit als Stellvertreter des inhaftierten Hitler 1923/24 begonnen hatte und der 1930 endlich erschien, war der unausgesprochene Versuch, dem Nationalsozialismus eine gültige und kohärente Weltanschauung zu verpassen. Dabei gingen allerdings viele der scheinbar so eindeutigen Zuspitzungen und Festlegungen, die Hitler in «Mein Kampf» verkündet hatte, wieder verloren.

Das betraf schon die Gewichtung der Themen. Wie in den frühen Rosenberg-Schriften, aber anders als im zweiten Band von «Mein Kampf», spielten Russland und der Bolschewismus eine eher marginale Rolle. Dagegen firmierte der vergangene Weltkrieg «als Beginn einer Weltrevolution auf allen Gebieten». Und der Motor dieser Umwälzung war der (jüdische) Kapitalismus: «Die Finanz umschlingt mit goldenen Stricken Staaten und Völker, die Wirtschaft wird nomadisiert, das Leben entwurzelt.»[1]

Der marxistische (jüdische) Sozialismus, in dem Sozialdemokraten und Kommunisten mit verteilten Rollen zusammenwirkten, war in Wirklichkeit nur der «Weltkapitalismus mit anderen Vorzeichen». Überall gehe der Marxismus «mit der demokratischen Plutokratie» Hand in Hand und diene ihr als williges Werkzeug. Der «alte Sozialismus» verfaule «dank börsenkapitalistischen Bindungen seiner fremdblütigen Führung» und vermähle sich «mit tataro-bolschewistischen Verwesungskeimen». In den «Konferenzsesseln von Genf und Paris und Locarno und im Haag ... wurde der sozialistische Gedanke an die Hyänen der Börse restlos verraten».[2]

Dagegen wird der Bolschewismus, der in dem über 700 Seiten starken Buch nur ein halbes Dutzend mal knappe Erwähnung findet, durch Rosenberg einem neuen, rassistisch verschobenen Bild von Russland eingemeindet. «Der Bolschewismus bedeutet die Empörung des Mongoliden gegen nordische Kulturformen, ist der Wunsch nach der Steppe, ist der Hass des Nomaden gegen Persönlichkeitswurzel, bedeutet den Versuch, Europa überhaupt abzuwerfen. Die mit vielen poetischen Gaben begabte ostbaltische Rasse [synonym mit den Slawen, G. K.] erweist sich – bei mongolider Durchsetzung – als schmiegsamer Ton in der Hand nordischer Führer oder jüdischer oder mongolischer Tyrannen.»[3]

Im Zuge dessen wurde auch die geläufige, zuvor geteilte Deutung Dostojewskis durch Rosenberg revidiert. Dessen vielfach gerühmter Psychologismus beweise nur, dass «etwas ungesund, krank, bastardisch im russischen Blut» sei und «alle Anläufe zum Hohen immer wieder durchkreuzt». Es hatte durchaus Züge eines melancholischen Abschieds, wenn Rosenberg nun schrieb: «Beim ‹russischen Menschen›, wie er um die Wende des 20. Jahrhunderts nahezu Evangelium wurde, tritt die Ehre als gestaltende Kraft überhaupt nicht in Erscheinung.» Die Figuren Dostojewskis (die Gebrüder Karamasow, Fürst Myschkin, Raskolnikow oder Smerdjakow) seien letztlich nur «Gleichnisse eines verdorbenen Blutes, einer vergifteten Seele».[4] Ja, Bolschewismus bedeute eigentlich: «Smerdjakow herrscht über Russland.» Deutschland müsse sich aus dem Bann dieser Welt der niederen «Dämonen» befreien: «Wer ein neues Deutschland will, wird somit auch die russische Versuchung nebst ihrer jüdischen Ausnutzung von sich weisen.»[5] Immerhin, es gab sie, die «russische Versuchung», die es nun endlich zu bannen galt.

Die große Konfusion

Die außenpolitischen Optionen eines nationalsozialistischen «Dritten Reichs» bewegten sich im «Mythus des XX. Jahrhunderts» – bei aller Unterwerfung unter Hitlers Konzeption in «Mein Kampf» – noch immer mehr in dem älteren Koordinatensystem. Paris firmiert darin als das primäre, Deutschland infizierende Rassenbabylon, in dem ein «rundköpfiges Volk» die nordischen Langschädel längst verdrängt hatte und durch importierte Sklavenheere «mulattisiert» worden war, noch bevor es sich nach der Französischen Revolution der «Emanzipation», sprich: der Herrschaft des Judentums, verschrieb. Das moderne Frankreich und die von ihm geförderte Pan-Europa-Bewegung, die einen «rasselosen Einheitsstaat» anstrebe, müsse daher «eigentlich heißen: Franko-Judäa».[6]

Gegenüber diesem «schwarz-weißen Frankreich», das «ganz Europa bedroht, vergiftet», müsse Deutschland zusammen mit England und Skandinavien – aber auch mit den ähnlich bedrohten USA – an die Spitze einer Bewegung zur Rettung der nordischen Rasse treten. Es gehe also nicht darum, sich gegen «den Westen» in toto zu stellen, sondern einen «westlichen Geist» zu bekämpfen, der «im wesentlichen nichts anderes als die Vermengung des späten Franzosentums mit den jüdisch demokratischen Gedanken» sei. In einem neuen Staatensystem der Zukunft werde das Deutsche Reich als «Zentralmacht des Festlandes» sich dann ganz der Errichtung eines «deutschen Mitteleuropa» widmen können.

Das eigentliche Russentum aber, welches sich stets gegen die Europäisierung gesperrt habe, werde sich damit bescheiden müssen, «seinen Schwerpunkt nach Asien zu verlegen». Und wenn jenes «Wort», welches Russland Dostojewski zufolge der Welt zu verkünden habe, der Bolschewismus sei, dann möge Russland es eben «nach Osten sprechen, wo Raum für dieses ‹Wort› ist». Derweilen könne die Sowjetunion getrost ihrem «Rassenchaos» überlassen bleiben, worin «Tataro-Kalmücken wie Lenin, Juden wie Trotzki und Kaukasier wie Stalin abwechselnd zur Herrschaft gelangen».[7]

Soweit der Bolschewismus allerdings «in Kreisen der chinesischen ausgeplünderten Arbeiterschaft auf regste Sympathie» stoße und sich als sozialrevolutionäre Strömung «mit einer nationalistischen, anti-europäischen Revolutionspropaganda» verbunden habe, sei gar nichts dagegen einzuwenden. Im Gegenteil: «China kämpft um seinen Mythus, um seine Rasse und seine Ideale ebenso wie die große Erneuerungsbewegung in Deutschland gegen die Händlerrasse, die heute alle Börsen beherrscht und die Handlungen fast aller Regierungen bestimmt.»[8] China durfte die Idee des Bolschewismus also getrost für seinen Rassen- und Befreiungskampf adaptieren!

So endete Rosenbergs Versuch, eine verbindliche «nationalsozialistische Weltanschauung» zu formulieren, in vollständiger Konfusion. Das entsprach allerdings der Natur der NS-Bewegung selbst, deren Stärke und Durchschlagskraft gerade darin bestand, mit einem eklektischen Sammelsurium von Argumenten und Ideologemen die frei fluktuierenden Ressentiments und aggressiven Ängste eines Segments der deutschen Bevölkerung zu bündeln, die sich mit dem Einbruch der Weltwirtschaftskrise – nach den traumatischen Erfahrungen der Niederlage und der Inflationszeit – im freien Fall wähnte.

Der Weg zur Macht

In der Propaganda, die die Nationalsozialisten ab 1930 zu einer Serie triumphaler Wahlsiege und binnen weniger als drei Jahren an die Macht führte, spielten die zentralen Themen und Thesen aus Hitlers «Mein Kampf» nur eine untergeordnete Rolle. Die Forderung nach «Lebensraum im Osten», insbesondere durch einen – etwa von außen beförderten – Sturz des «jüdischen Bolschewismus» mit anschließendem «neuen Germanenzug» kam in den Wahlprogrammen der Partei und in den Brandreden Hitlers oder Goebbels so kaum vor.

Tatsächlich hatte sich die Welt binnen weniger Jahre schon wieder gründlich verändert. Auch die Nazipartei war in der zweiten Hälfte der zwanziger Jahre vom deutschen Amerikafieber erfasst worden, in dessen Zentrum die mit dem Namen Henry Fords verknüpften Produktions- und Lebensformen standen, obwohl die ursprünglichen antisemitischen Zuspitzungen des «Fordismus» inzwischen fallengelassen waren. Gegenüber dem Bild der USA als aufstrebender Weltmacht verblaßte der Nimbus der Briten, die Hitler doch eben erst zum Vorbild eines «Herrenvolks» hatte erheben wollen.

Radikal verändert stellte sich auch das Bild der Sowjetunion in der Periode der Stalinschen «Fünf-Jahr-Pläne» dar. Die Verfolgung der Trotzkisten wurde in allen Ländern und politischen Lagern als Ausschaltung des eigentlich «jüdisch-bolschewistischen» Elements (mit allen geläufigen Konnotationen von «Messianismus» bis «Kosmopolitismus») verstanden, und damit als Rückkehr zu einer Großmachtpolitik älteren Stils, die ganz offen auf die Traditionen des vergangenen Russischen Reiches rekurrierte. Auch die Nazipartei hatte der zwiespältigen Bewunderung Rechnung zu tragen, die diese Politik Stalins – gerade durch ihre Rücksichtslosigkeit – in völkisch-nationalistischen und deutschnationalen Kreisen sowie bei Teilen der Groß- und Schwerindustrie fand. Die Werberede, die Hitler im Januar 1932 vor dem Düsseldorfer Rhein-Ruhr-Club hielt, war denn auch dazu bestimmt, die deutliche Reserve unter den Industriemagnaten gegenüber seinem abenteuerlichen Programm und seiner pöbelhaften Massenpartei zu zerstreuen.

In einer geschickten Wendung rühmte Hitler zunächst die natürliche autoritär-hierarchische Ordnung im Wirtschaftsleben wie in der Armee, der gegenüber die Demokratie an sich schon «eine Art Kommunismus» sei. Von dort kam er auf den Bolschewismus zu sprechen, der keineswegs «nur eine in Deutschland auf einigen Straßen herumtobende Rotte» sei, aber auch keine bloße «neue Produktionsmethode», sondern «eine Weltauffassung, die im Begriffe steht, sich den ganzen asiatischen Kontinent zu unterwerfen, und ... die ganze Welt langsam erschüttern und zum Einsturz bringen» werde. Ja, der Bolschewismus werde, wenn man ihm nicht Einhalt gebiete, «die Welt einer so vollständigen Umwandlung aussetzen wie einst das Christentum». Von Lenin werde man dereinst vielleicht mit derselben Verehrung reden wie heute von Jesus Christus oder Buddha. Kurzum, es handele sich um eine «gigantische Erscheinung», die aus der Welt nicht mehr weggedacht werden könne und «zwangsläufig eine der Voraussetzungen zu unserem Bestand als weiße Rasse zerstören» müsse.

Hier, so könnte man meinen, sei der elementare bürgerliche Antibolschewismus Hitlers (im Sinne der Thesen Ernst Noltes) endlich einmal zutage getreten. Doch sind zwei Dinge deutlich: Zum einen ging es dem Redner ganz offensichtlich darum, die Furcht der Industriellen vor einem Machtstreich der Kommunisten möglichst zu schüren und die eigene Partei als den Garanten einer nationalen Gegenrevolution und Ordnungsdiktatur herauszustreichen. In dieser Hinsicht trug der prononcierte Antibolschewismus Hitlers sehr berechnende Züge – nicht anders als später im Umgang mit den Staatsmännern des Westens, vor allem Großbritanniens. Die Furcht der Industriellen vor dem Anwachsen kommunistischer und klassenkämpferischer Stimmungen war in den Zeiten der Wirtschaftskrise sicherlich real. Nur gibt es keinen Grund anzunehmen, dass Hitler sie teilte. Er hatte sich intern wiederholt abfällig über die revolutionäre Potenz der Kommunisten geäußert, ähnlich wie Goebbels, der die Aktivitäten seiner Gegenspieler aus alter Affinität besonders eng verfolgte und schon Anfang 1932 keine Gefahr mehr in ihnen sah.

Um so bemerkenswerter war in Hitlers Rede vor den Industriellen die völlige Neubewertung der Sowjetunion im Verhältnis zu dem in «Mein Kampf» gezeichneten Bild. Hatte er sie dort als ein vom Judentum ausgehöhltes, «vom Schicksal selbst» dem kolonisierenden Zugriff eines deutschen Herrentums zugewiesenes Gebilde charakterisiert, so firmierte sie hier nun als überlebensgroße Bedrohung in Gestalt eines militarisierten Staatswesens, das eine Weltbewegung repräsentierte und dessen Begründer womöglich einmal als Religionsstifter in die Geschichte eingehen werde. Vom Kampf um «Lebensraum» auf russischem Boden konnte unter diesen Prämissen keine Rede mehr sein, wie auch das Wort vom «jüdischen Bolschewismus» an keiner Stelle fiel.[9]

Weder mit seinem manischen Antisemitismus noch mit seinen phantastischen Germanenzugsplänen hätte Hitler vor diesem Publikum reüssieren können. Aber die doppelte Zwangslage des Reiches, die er drängend beschrieb: die Schuldenlast durch die westlichen Sieger und Gläubiger und die Unterminierung durch die stärker werdenden Kommunisten als offensiver Bürgerkriegspartei – das machte durchaus Eindruck. Die nationale Erhebung, die er versprach, sollte zur rigorosen Ausschaltung des «Marxismus» einschließlich der Gewerkschaften und jeder organisierten Interessenvertretung sowie zur Errichtung einer neuen, korporativen Ordnung führen, die bei allen Ähnlichkeiten zum erfolgreichen italienischen Faschismus Züge einer originären deutschen «Volksgemeinschaft» tragen würde. Dafür erntete er immerhin lebhaften Beifall, allerdings nur ein bescheidenes Spendenaufkommen. Ein Mandat der Machtübernahme und Kriegsvorbereitung, das Hitler auf dieser legendenumwobenen Sitzung seitens der «Großindustrie» erteilt worden sein soll, ist nicht feststellbar.

Wirrungen der «Antikomintern»

Wie schwankend die Position der Nazipartei auch nach 1933 gegenüber dem Bolschewismus und der Sowjetunion blieb, nicht nur praktisch-politisch, sondern auch theoretisch-weltanschaulich, wäre noch immer eine eingehendere Untersuchung wert.[10] In der Phase der kurzlebigen «Antikomintern»-Politik von Anfang 1935 bis Ende 1938 wurden die alten Schemen des «jüdischen Bolschewismus» wieder zu neuem Leben erweckt, allerdings in steter Konkurrenz mit der komplementären These vom «asiatischen» Charakter, der auf das Stalinsche System besser zu passen schien, sich allerdings leichter auch mit positiven Konnotationen verbinden ließ.

So hielt es das Propagandaministerium unter Goebbels für notwendig, in seinen internen Weisungen für die Propaganda 1937 – zur Zeit des Großen Terrors und der Moskauer Schauprozesse gegen das «trotzkistisch-sinowjewistische Zentrum» – ausdrücklich wieder den Bolschewismus «als Werk und Waffe des Judentums» herauszustellen und fehlerhafte Auffassungen über Sowjetrussland «mit allem Nachdruck zu bekämpfen». Fehlerhaft seien insbesondere die folgenden verbreiteten Thesen: «1.) Der Bolschewismus in der Sowjet-Union sei eine ‹russische› Angelegenheit; er entwickele sich zu einer Art ‹Nationalsozialismus›; Stalin sei der ‹Führer Russlands› ... 2.) Der Bolschewismus habe die ‹Weltrevolution aufgegeben› ... 3.) Der Bolschewismus sei abzulehnen, weil er asiatisch sei.»[11] Gerade diese letztere Auffassung wurde aber vom Leiter der Ostabteilung im Amt Rosenberg Georg Leibbrandt, der Programmschrift seines Chefs folgend, offiziös verkündet: dass der «nordisch bestimmte Charakter» des russischen Volkes von «mongolisch-asiatischen Instinkten» überformt und ausgelöscht sei.[12]

Alle diese widersprüchlichen Weltanschauungselemente blieben im übrigen den praktischen Zwecken und Imperativen der inneren und äußeren Politik stets untergeordnet: sei es zur Legitimation der antijüdischen Maßnahmen vor der Weltöffentlichkeit, sei es zur einseitigen Durchbrechung der «Fesseln von Versailles» und zur Schaffung eines eigenen Bündnissystems mit Japan und Italien, dessen Spitze gegen die «alten», westlichen Mächte durch die Stilisierung zum «Antikomintern-Block» notdürftig kaschiert wurde. Vor allem gegenüber französischen und britischen Konservativen mit ihrer Politik des «Appeasement» sowie einigen polnischen Obristen leistete diese Propaganda immerhin gute Dienste.

Jenseits ihrer außenpolitischen Zwecksetzungen blieb die «Antikomintern» nur eine subalterne Unterabteilung des Goebbelsschen

Eine der wirkungsvollsten, weil authentischen Denunziationsschriften der NS-Propaganda: Der Bericht des 1924 in die Sowjetunion entsandten, 1932 von der GPU verhafteten, 1934 nach Deutschland zurückgekehrten Ex-Kommunisten und Forstwirtschafts-Experten Karl Albrecht. Das Buch erschien 1938 im Nibelungen-Verlag und wurde auch über die «Antikomintern» vertrieben.

Propagandaministeriums. Ihre größte Wirkung erzielte sie noch durch die Schriften, die aus dem Erfahrungsfundus enttäuschter Rückkehrer, vielfach Ex-Kommunisten, sowie verbitterter Flüchtlinge aus dem «Sowjetparadies» (wie es stets höhnisch hieß) geschöpft werden konnten, wie Karl Albrechts «Der verratene Sozialismus». Im akademischen und publizistischen Bereich wurden einige rasch kompilierte Arbeiten in Auftrag gegeben, die der Denunziation der (nach wie vor präsenten) deutsch-konservativen «Ostorientierung» im Geiste Moeller van den Brucks sowie der Ausschaltung der Exponenten einer wissenschaftlichen Rußlandforschung, an erster Stelle Otto Hoetzschs und Karl Staehlins, dienen sollten.[13]

Das letzte Gefecht des Eduard Stadtler

Als 1936 die NS-Propaganda gegen den «Weltbolschewismus» auf Touren kam, fühlte auch der ins Abseits gedrängte Eduard Stadtler sich berufen, ein letztes voluminöses Werk mit dem Titel «Welt-Revolutionskrieg» zu schreiben, das er Ostern 1937 abschloss.[14] Zumindest als Wegbereiter der «Antikomintern»-Politik wollte er sich noch in die Geschichte einschreiben. Allerdings war seine Schrift eine kaum kaschierte Kritik an Stil und Inhalt des von Rosenberg und Goebbels forcierten rassischen Antibolschewismus.

So warnte Stadtler eindringlich vor der «irrigen These», dass «der Bolschewismus eine rein jüdische Angelegenheit sei».[15] In einem Kapitel «Die soziologischen Elemente des Weltbolschewismus» sprach er stattdessen von der Entwurzelung und sozialen Dekomposition in der modernen Welt, wie sie in der Daseinsweise des industriellen Proletariats, der großstädtischen Massen, der «Intelligenz-Proleten» oder der «‹emanzipierten› bürgerlichen Frauen» ihren Ausdruck fanden. In diesem Bild kamen die Juden statt als «Zersetzer» (wie in der Nazi-Terminologie) als selbst «Zersetzte» hinzu: «Entwurzeltes Proletariat, entwurzeltes Bürgertum, entwurzeltes Judentum, entwurzelte Bauern- und Landarbeitermassen, kriegsmüde Soldatenmassen, unterdrückte Kolonialvölker – wohin man blickt, soziologische Elemente des Weltbolschewismus!»[16]

Was die Juden in diese Bewegungen mit eingebracht hätten, sei eine «ungewöhnlich große rationalistische Kampffähigkeit» gewesen, die sie in ihrem «jahrhundertealten Emanzipationskampf» erworben hätten. Das habe sie dazu prädestiniert, an die Spitze vieler liberaler wie marxistischer Organisationen zu treten, am stärksten eben in Russland. Zwar könne keine Rede davon sein, dass die Führung der demokratischen Februarrevolution oder der bolschewistischen Oktoberrevolution in jüdischer Hand gelegen habe. Doch habe es um Lenin herum «eine ganze Reihe stärkster jüdischer Talente wie Radek, Trotzki, Sinowjew» gegeben. Und Stadtler stand nicht an, diesen «Kreis um Lenin» in Formulierungen zu würdigen, die unmittelbar an Paquets Vision von den «jüdischen proletarischen Napoleons» erinnern.

Stadtler befand, «dass diese russischen Ostjuden eine geradezu ungewöhnliche geistige und körperliche Vitalität besaßen, und dass sie sich durch ihre herrische Organisationstüchtigkeit hervortaten. In diesem Typ vereinigten sich mit dem Vitalismus der jüdischen Rasse russische Lebenserfahrungen und fortgeschrittenste westeuropäische Erkenntnisse zu wahren Phänomenen des Massenführertums».[17] Inzwischen werde die Sowjetunion allerdings – unter brutaler Aus-

Karl Albrecht (durch ein X markiert, hinten) inmitten einer Gruppe deutscher und schwedischer Experten für Forstwirtschaft unter Leitung des Rektors der Forsthochschule Hannoversch-Münden, Gehrhardt (Mitte, XX), im Herbst 1931 während einer Ural-Expedition. In Albrechts lakonischem Bilduntertext heißt es: «Ein großer Teil der auf dieser Aufnahme befindlichen russischen Forstgelehrten ist inzwischen erschossen oder zu Zwangsarbeiten verurteilt worden.»

schaltung eines Großteils der jüdischen Mitkämpfer Lenins – von Josef Stalin vertreten. Und Stalin sei: «Nichtjude. Georgier. Ein russischer Typ.»[18] Stalins Bolschewismus sei «für Russland ‹nationalistisch bis auf die Knochen›».[19]

Das war gleich ein doppeltes Dementi der These vom «jüdischen Bolschewismus». Als positiven Antibolschewismus empfahl Stadtler daher einen «echten» National-Sozialismus oder «Faschismus-Korporatismus», wie ihn vor allem Mussolini als Ex-Marxist und «Kollege Lenins»[20] entwickelt habe – ergänzt um das spirituelle Moment einer erneuerten christlichen Volksfrömmigkeit, die dem Katholiken Stadtler als «die geistig entscheidendste Gegenmacht gegen den Weltbolschewismus» erschien.[21]

Man wundert sich danach nicht, dass Stadtler, der fortlaufend von der Gestapo überwacht wurde und 1937 selbst für eine Studienreise ins faschistische Italien um einen Pass betteln musste, 1938 in die Mühlen einer geheimpolizeilichen Untersuchung gegen den ehemaligen «Stahlhelm-Nachrichtendienst» geriet. In einem internen Bericht der Gestapo vom März 1938 nahm diese 1933 aufgelöste Organisation Züge einer weit angelegten Konspiration an, die der ehemalige Chef des Nachrichtendienstes im Ersten Weltkrieg Oberst Nicolai mit seinen alten Reichswehrverbindungen aufgezogen habe. Mitarbeiter dieses konspirativen «ND-Apparates» sei auch «der als Jesuit verdächtige Dr. Stadtler» gewesen.[22] Zuvor war bei ihm eine Hausdurchsuchung durchgeführt worden, derentwegen er sich, wie der Gestapobericht höhnisch vermerkte, «beim Führer beschweren» wollte. Im November 1939 – nach dem Abschluss des Hitler-Stalin-Paktes – wurde Stadtlers «Neuer Zeitverlag» aufgelöst. Die bei ihm «sichergestellten Bücher (‹Weltrevolutionskrieg› und ‹Bolschewismus als Weltgefahr›)» wurden zur Vernichtung freigegeben.*[23]

Der Weg zum Hitler-Stalin-Pakt

Schon im Winter 1938/39 mussten die Propagandisten der «Antikomintern» ihre Arbeit großteils wieder einstellen – einer internen Mitteilung ihres Leiters Walter Taubert zufolge, «um nicht die Wirkung der antijüdischen Propaganda zu schwächen», die nach den «Kristallnacht»-Pogromen des 9. November 1938 auf vollen Touren lief. Diese richtete sich angesichts des negativen Echos in der westlichen Öffentlichkeit den Instruktionen Goebbels gemäß nun mit voller Wucht «gegen die Macht einer gewissen internationalen Presse», die Deutschland unablässig verleumde.[24]

In seiner Reichstagsrede vom 30. Januar 1939 bezichtigte Hitler vor allem die amerikanische Regierung und Presse der offenen Feindseligkeit und führte dies auf das Wirken des «internationalen Finanzjudentums» zurück, welches bestrebt sei, «die Völker noch einmal in einen Weltkrieg zu stürzen». Wenn dies aber geschehe, «dann wird das Ergebnis nicht die Bolschewisierung der Erde und damit der Sieg des Judentums sein, sondern die Vernichtung der jüdischen Rasse in Europa».[25]

Damit rekurrierte Hitler nicht nur auf die Urversion vom Bolschewismus als Instrument und Speerspitze des «internationalen Finanzju-

---

* In den Jahren 1939 bis 1943 tauchte der nach Berlin zurückgekehrte Stadtler nach dem Zeugnis des ehemaligen Stahlhelmführers Duesterberg bei «Teestunden» in Bürgerwohnungen auf, in denen «Ehemalige» der Weimarer Zeit (rechte Sozialdemokraten wie Noske und Südekum, DVP-Politiker, Ex-Stahlhelmer sowie Leute aus dem Umkreis des späteren «20. Juli» um den Deutschnationalen Goerdeler) sich austauschten – fast wie im «Juni-Klub» von 1920. Von den Sowjets in Berlin verhaftet, kam Stadtler im Lager Sachsenhausen im Sommer 1945 um. Sein Nachlass ist verschollen.

dentums» (das demnach das eigentliche Subjekt aller derartigen Umtriebe war). Sondern darin zeigte sich auch verstärkt wieder die strukturelle Ähnlichkeit mit den Faschismustheorien der Komintern, in denen die faschistischen Bewegungen nur als terroristische Stoßtrupps des internationalen Finanzkapitals firmierten, was sich auch auf die internationale Ebene übertragen ließ. So wurden die Westmächte von Stalin in dessen «Kastanienrede» vom 10. März explizit bezichtigt, die neuen «faschistischen Mächte» Japan und Deutschland in einen Konflikt mit der Sowjetunion hineintreiben zu wollen, für den es, wie er kühl bemerkte, «keine sichtbaren Gründe» gebe.[26] Die alten finanzkapitalistischen Westmächte waren also die wahren Urheber eines Zweiten Weltkriegs, der – wie Stalin im «Kurzen Lehrgang der KPdSU» zuvor bereits verkündet hatte – seit 1936 auf einer Front von Gibraltar bis zur Mandschurei begonnen hatte!

Reziprok dazu war innerhalb der zuständigen NS-Behörden schon 1938 eine neue, realistischere Sowjetunion-Forschung angemahnt worden, die nicht durch ideologische Wunschbilder «eine fehlerhafte Wertung der tatsächlichen Kräfteverhältnisse» produziere. Im Februar 1939 fand ein regelrechter Wettlauf zwischen dem Reichsführer SS und dem Amt Rosenberg statt, um zur «Gewährleistung einer nationalsozialistisch zuverlässigen wissenschaftlichen Berichterstattung über die Sowjet-Union» zu gelangen, wie sie Hitlers Amtsleiter Martin Bormann gefordert hatte. In diesem Geiste hielt Rosenberg vor Diplomaten und Vertretern der ausländischen Presse einen Vortrag zur Frage: «Müssen weltanschauliche Kämpfe staatliche Feindschaften ergeben?» – nur um zu verkünden, es müsse jenseits der «Tagespropaganda» nun wieder «eine stärkere Besinnung auf die Kräfte der Weltpolitik einsetzen».[27] Es ging somit jetzt um das alte und das neue Spiel der Mächte und ihrer imperialen Ambitionen.

Tatsächlich fand die August/September 1939 geschlossene stille Weltkriegs-Allianz des nationalsozialistischen Deutschen Reichs und der bolschewistischen Sowjetunion in der jeweiligen Ideologie keine gravierenden Hindernisse, im Rekurs auf die «traditionelle» deutschrussische Verbundenheit wie in der Stoßrichtung gegen das «internationale» Finanzkapital aber eine durchaus tragfähige Basis. Der «Völkische Beobachter» pries den Pakt für die überrumpelten Parteigenossen sogar als die «Wiederherstellung eines natürlichen Zustandes».[28] Dem entsprach in den anderthalb Bündnisjahren ein beachtlicher, keineswegs episodischer Strom von Publikationen, in denen die Geschichte Russlands bis zur Revolution von 1917 wieder ohne explizit slawophobe oder antisemitische Tendenzen dargestellt[29] und die Situation und Verfassung der Sowjetunion in betont sachlicher Weise analysiert und gewürdigt wurde.³⁰ Gelegentlich durften die historischen und kulturellen Verbindungen Russlands und Deutschlands sogar wieder emphatisch herbeizitiert werden, etwa unter Berufung auf Nietzsches Diktum «Wir brauchen ein unbedingtes Zusammengehen mit Russland».³¹

Was Hitler betraf, so sind nicht nur seine zahlreichen bewundernden Äußerungen bei Tisch oder im Führerhauptquartier über die «Genialität» und «Konsequenz» Stalins bekannt, den er als einen nationalen Diktator eigenen Ranges anerkannte. In einem Schreiben an Mussolini vom März 1940 bestätigte er auch auf höchster staatspolitischer Ebene die längst gehegte Auffassung des Duce, dass das sowjetische Regime sich vom internationalen Bolschewismus zu einem russischen Nationalismus entwickelt habe.³²

Der Weg nach Moskau

Viele ältere Handlungslinien und Stichworte der preußisch-deutschen Politik schienen in der deutsch-sowjetischen Zusammenarbeit von August 1939 bis Juni 1941 Wiederauferstehung zu feiern, von den polnischen Teilungen bis zur Rückversicherung, von Tauroggen bis Rapallo. Jedenfalls war es kein bloßer britischer oder polnischer Spleen, in diesem unerklärten Kriegsbündnis weniger den Bruch nationalsozialistischer Doktrinen als vielmehr die Erfüllung einer lang angelegten Tendenz der Geschichte beider Länder zu sehen.

So nutzte die sowjetische Politik abermals das wieder aufgenommene «Mitteleuropa»-Projekt des Reiches als Vehikel eigener Ambitionen. Was Stalin dem Komintern-Vorsitzenden Dimitroff schon am 7. September 1939 als Richtlinie ins Notizbuch diktierte, entsprach durchaus leninistischer Tradition: «Der Krieg wird zwischen zwei Gruppen von kapitalistischen Staaten geführt – (arme und reiche im Hinblick auf Kolonien, Rohstoffe usw.) ... Nicht schlecht, wenn Deutschland die Lage der reichsten kapitalistischen Länder (vor allem Englands) ins Wanken brächte. – Hitler selber zerrüttet und untergräbt, ohne es zu verstehen und zu wollen, das kapitalistische System ... Wir können manövrieren, die eine Seite gegen die andere aufbringen, damit sie sich noch stärker in die Haare kriegen.» Die Unterscheidung der kapitalistischen Länder in faschistische und demokratische, so Stalin weiter, habe ihren bisherigen Sinn verloren. Auch Polen sei längst «ein faschistischer Staat, der Ukrainer, Weißrussen usw. knechtet». Überhaupt sei nichts Schlechtes daran, «wenn wir im Ergebnis der Zerschlagung Polens das sozialistische System auf neue Territorien und die Bevölkerung ausdehnen».³³

Panzergeneral Guderian und Brigadegeneral Kriwoschein nehmen am 22. September bei der Übergabe der Festung Brest durch die Wehrmacht an die sowjetische Armee gemeinsam eine Truppenparade ab.

Die militärische und kriegswirtschaftliche Kooperation und die diplomatische Abstimmung zwischen der Sowjetunion und dem Dritten Reich verliefen unter den gegebenen Umständen denn auch relativ reibungslos. Ein «Viererpakt» zur Neuaufteilung der Welt zwischen den «jungen Mächten» Deutschland, Italien, Japan und der Sowjetunion stand 1940 immerhin als eine ernsthaft verhandelte Option im Raum. Nur war der britische Löwe, dessen Fell verteilt werden sollte, noch nicht erlegt, und mit der Rückendeckung Amerikas womöglich auch in Zukunft nicht so leicht zu erlegen. Letztlich waren es aber die kleineren, nachbarschaftlichen Fragen, an denen die Verhandlungen zwischen Molotow, Ribbentrop und Hitler im November 1940 in Berlin festhakten. Statt um Indien oder den Nahen Osten ging es um den Balkan und die Dardanellen, um das Nickel aus Finnland und das Öl aus Rumänien. Die direkte Nachbarschaft und die wachsende materielle Abhängigkeit beider Mächte erzeugten einen Rattenkönig von Einzelregelungen und gegenseitigen Verpflichtungen, die hüben wie drüben die paranoiden Subversionsängste aktivierten.

Dass die prophylaktische Enthauptung der als «deutschfreundlich» geltenden, in Kooperation mit der Reichswehr formierten Führung der Roten Armee um Marschall Tuchatschewski die Bedingung der Annäherung an Deutschland gewesen war, war schon ein düsteres Omen, das durch die Liquidierung der letzten Exponenten eines «jüdischen Bolschewismus» in der Partei, der Diplomatie und der Komintern eher noch unterstrichen als aufgewogen wurde. Umgekehrt wurde das NS-Regime umso nervöser, je weiter sich sein europäischer Machtbereich ausdehnte und je enger seine Kooperation mit der Sowjetunion wurde. Umso bemerkenswerter war, dass dem Instinktpolitiker Stalin gerade diese entscheidende Wendung entging und er die bis zur letzten Minute einströmenden Meldungen über den deutschen Aufmarsch für eine «britische Provokation» hielt, die er durch demonstratives Wohlverhalten gegenüber dem Reich zu konterkarieren befahl³⁴ – um den Preis des Lebens von Millionen seiner Soldaten und Bürger

Tatsächlich war Hitlers weltpolitisches Vabanquespiel (bis hin zur Kriegserklärung an die USA) und das bewusste Heraufbeschwören eines ausufernden Mehrfrontenkrieges «unbegreiflich», wenn auch nicht ohne jede kriegsstrategische Logik.³⁵ Allerdings kann man seinen Entschluss zum «Unternehmen Barbarossa» im Sinne der Argumentation dieses Buches auch als einen letzten Beweis der Unmöglichkeit einer dauerhaften deutsch-russischen Kombination der Kräfte oder der weltpolitischen Ambitionen sehen.

Ein antibolschewistischer Kreuzzug?

Mit dem Überfall im Juni 1941 – auf den es vorab keinerlei ideologische Vorbereitungen gab – wurden allerdings über Nacht die Schleusen der antibolschewistischen Propaganda wieder geöffnet. Goebbels vermerkte in seinem Tagebuch zynisch, nun gelte es, «die antibolschewistische Walze» wieder aufzulegen.³⁶ Vor allem die Offiziere und Soldaten der «Barbarossa»-Armee mussten dringend indoktriniert werden, nicht nur um diesen neuen, dramatisch erweiterten Eroberungskrieg zu begründen, sondern um die Außerkraftsetzung aller bis dahin noch gültigen Regeln für die Behandlung von Kriegsgefangenen wie von Zivilpersonen zu legitimieren.

In den harschen Formeln der militärischen Befehle und Geheimbefehle (angefangen mit dem «Kommissarsbefehl»), wie in der begleitenden Propagandaliteratur, erwies sich erneut die plastische Wandlungs- und Anpassungsfähigkeit der NS-Ideologie, die sich je nach Autor, Adressat und Situation wechselweise der Stereotype des «jüdischen Bolschewismus», des «slawischen Untermenschen» oder des «Asiatentums» alias «Mongolismus» bediente und damit jedem etwas bot.

Die vom Hauptschulungsamt der SS herausgegebene Broschüre «Der Untermensch» von 1942 folgte der Anweisung Goebbels' für die Bildpropaganda, «die vertierten bolschewistischen Typen dem freien und offenen Blick des deutschen Arbeiters» gegenüberzustellen. Primärer Zweck war vor allem die Stärkung der Durchhaltemoral der Heimatbevölkerung.

Im «Völkischen Beobachter» trieb derselbe Theodor Seibert, der im August 1939 den «Brückenschlag» des Hitler-Stalin-Pakts als «Wiederherstellung eines natürlichen Zustandes» gefeiert hatte, die propagandistische Wandlungsfähigkeit auf die Spitze, als er kurzerhand erklärte, dass es in der Sowjetunion «Russen im eigentlichen Sinne» gar nicht mehr gebe: «In der knappen Spanne eines Vierteljahrhunderts hat ein Riesenvolk buchstäblich sein Gesicht verloren und sich aus einer kräftigen, innerlich und äußerlich gesunden Bauernnation in eine graue, körperlich verkümmerte und seelisch verstumpfte, verkrampfte Masse verwandelt.»[37]

Genau im gleichen Geist beschwor Edwin Erich Dwinger, der in seinen früheren Bestsellern wie dem halb autobiographischen Bürgerkriegsepos «Zwischen Weiß und Rot» von 1930 ein tragisch-romantisch umwittertes Bild von Russland und vom «russischen Menschen» vermittelt hatte, nun in seinen Aufzeichnungen vom Ostfeldzug das Bild der Rotarmisten als regelrechter Mutanten, die statt der alten Affinitäten nicht einmal Mitleid, nur noch Verachtung und projektive Vernichtungsinstinkte weckten. So wenn er gleich beim Anblick der ersten Gefangenen hinter dem Bug ausrief: «(Das) waren ja gar keine Russen mehr, wie ich sie doch so gut gekannt hatte – das waren gar nicht mehr jene bärenhaften Übermenschen ... Was mich hier irgendwie zutiefst fremd umstand, das war ja ein ausgemergeltes Volksgemisch ... Gott im Himmel, dachte ich erschrocken, ist diese Umwandlung bereits so weit gegangen, dass sie geradezu schon die biologische Substanz ergriffen? ... Ich hatte unwillkürlich die Empfindung, in einen Haufen böser Termiten hineingeraten zu sein ... Es gab tatsächlich keinen Zweifel mehr, diesen Menschen hatte man durch eine Propaganda, die in ihrer ungeahnten Totalität schlechthin alles umfasste, unmerklich das ursprüngliche Gehirn gleichsam operativ herausgeredet ...»[38]

Nach diesem Wechsel der eigenen Optik war Dwinger bereit, auch die höhere Weisheit des (freilich nur intern bekannten) «Kommissarsbefehls» zu legitimieren. Nach dem Verhör eines Komsomolzen mit dem «tückischen Blick des Politruks» notierte er: «Es blieb wohl nichts anderes, als sie notfalls zu vernichten! Dies war ein harter Schluss, besonders für mich, der ich dies Volk einst geliebt – dennoch belastete er mich nicht, schien er mir zu verantworten, auch im Sinne höchster Gerechtigkeit: Einmal hat sich dies Volk selbst seiner gesamten Oberschicht entledigt, damit des einzigen wesensmäßig germanisch bestimmten Volksteils ... – zum andern hat die Führung den Rest bewusst mongolisch infiltriert, ihm durch diese Bastardisierung kaltherzig eine Stoßkraft verleihen wollen, die alles Europäische ... niederwälzt, da seiner Steppendumpfheit jedes Organ für kulturelle Errungenschaften fehlt ... Dies beides spricht uns frei, was wollte uns da noch hemmen, hart wie jene Ritter von Liegnitz zu kämpfen, die auf ihrer Walstatt den ersten Mongolensturm abwehrten? Es ist eben ein Titanenkampf, wer in ihm weich wird, der wird ihn verlieren ...»[39]

Freilich, Dwingers fortlaufende «Tagebuchblätter» blieben zwiespältig und markierten bereits die Linie, auf der sich die Differenzen innerhalb der NS-Führung nach dem Scheitern der Blitzkriegs-Erwartungen entwickeln würden. Nicht nur fand er im Hinterland doch noch seine «alten Russen» wieder, die bärtigen Mushiks und blonden Dorfmädchen, die ihn voller Furcht und Hoffnung mit Brot und Salz begrüßten und denen er hohl verkündete, dass sie nunmehr frei seien und nach ihrer Art leben könnten.[40] Sondern in der Figur eines verbissen kämpfenden und endlich abgeschossenen roten Fliegeroffiziers traf er auf einen Typus des «neuen Russen», der ihm Rätsel aufgab: «Wer hätte als Kenner Russlands jemals geglaubt, dass die Russen noch einmal solche Flieger würden! Dass sie ihr ‹Nitschewo› so weit in sich überwänden, um mit solcher Entschlossenheit bis zum letzten Atemzug zu widerstehen ... Wir werden noch manches ergründen müssen, bevor wir euch endgültig niederwerfen können!»[41]

Widersprüche und Differenzen

In Wirklichkeit war sehr schnell klar und wurde auch offen ausgesprochen, dass dieser Krieg für keinerlei Befreiungs- oder Neuordnungsziele geführt wurde, sondern – in Goebbels' Worten – als ein «Krieg für Getreide und Brot, für einen voll gedeckten Frühstücks-, Mittags- und Abendtisch, ... um die Rohstoffe, um Gummi, um Eisen und Erze».[42] Das entsprach Hitlers intern geäußerten Ansichten, wonach «diese Völker uns gegenüber in erster Linie die Aufgabe haben, uns wirtschaftlich zu dienen», weshalb es darauf ankomme, «aus den besetzten russischen Gebieten herauszuholen, was sich herausholen lasse». Daher bedürften sie auch keiner neuen «Staatsorganisation»[43], wie sie zur gleichen Zeit im Rosenberg-Ministerium nach den Blaupausen der älteren deutschen «Dekompositions»-Strategien entworfen wurde, etwa durch die Abtrennung einer unabhängigen Ukraine und Weißrusslands («Weißruthenien» genannt) vom eigentlichen Russland, das auf ein archaisches «Moskowien» zurückgestutzt werden sollte.[44]

Auch Rosenberg hatte auf einer internen Sitzung vor Beginn des Feldzugs die Propaganda, die ihn begleiten sollte, von vornherein Lügen gestraft: «Wir führen ... heute nicht einen ‹Kreuzzug› gegen den Bolschewismus, allein um die ‹armen Russen› vor diesem Bolschewismus für alle Zeiten zu erretten, sondern um deutsche Weltpolitik zu treiben ... Ein Krieg mit dem Ziel, ein ungeteiltes Russland zu errichten, scheidet deshalb aus. Stalin mit einem neuen Zaren zu vertauschen oder gar einen nationalistischen Führer einzusetzen in diesem Gebiete, das würde alle Energien erst recht einmal gegen uns mobilisieren.»[45] Somit war der prononcierte «Antibolschewismus» dieses Eroberungs- und Versklavungskrieges ein reiner Vorwand, um die eigene Bevölkerung und die Weltöffentlichkeit zu täuschen. Aber auch die Rede vom «slawischen Untermenschen» und von der angeblich durch die Juden vernichteten «staatsbildenden Fähigkeit» der Russen verbarg in Wirklichkeit nur die latente Furcht vor der potentiellen Macht der Sowjetunion als einer Verwandlungsform des alten Russischen Reiches.

Hannah Arendts Feststellung: «Freiheit vom Inhalt der eigenen Ideologie charakterisiert die innerste Schicht der totalitären Hierarchie»[46] findet in Hitlers Monologen im Führerhauptquartier oder seinen «Tischgesprächen» immer wieder schlagende Bestätigung. Bei derselben Gelegenheit, bei der er forderte, die unterworfenen Völker Russlands «auf möglichst niedrigem Kulturniveau zu halten», sprach er bewundernd über Stalin. Wenn dieser «beim russischen Volk in den vergangenen Jahren Methoden angewandt habe, wie sie damals Karl der Große beim deutschen Volk angewandt hätte, so dürfe man mit Rücksicht auf den derzeitigen kulturellen Stand der Russen nicht den Stab darüber brechen», und erst recht natürlich nicht über Karl den Großen, den Rosenberg in seinem kaum lesbaren «Mythus» noch als «Sachsenschlächter» verschrieen hatte, nur weil er, so Hitler, die erforderliche «staatliche Organisation durch Gewalt zusammengebracht» habe! Ja, wie denn sonst? Stalin, so notierte es Hitlers amtlich bestallter Eckermann Henry Picker, «habe aus der Erkenntnis heraus gehandelt, dass man die Russen zu einer straffen staatlichen Organisation zusammenfassen müsse, wenn man den Daseinskampf der gesamten in der UdSSR vereinigten Völkerschaften politisch sichern und Leistungen für den einzelnen ermöglichen wolle, die er aus eigener Kraft – wie zum Beispiel Erkenntnisse der medizinischen Wissenschaft – nicht schaffen könne».[47]

Russland, ein «Schüttelbild»

Vom «jüdischen Bolschewismus» ist hier wie in den meisten internen Erörterungen der Naziführung über die Sowjetunion kaum noch die Rede und je länger der Krieg im Osten dauerte, umso weniger. Im Gegenteil, auch die Verwendung der Juden erschien jetzt als staatsmännische Klugheit. Hitler nannte Stalin sogar einen der größten lebenden Menschen, weil er es geschafft habe, «aus dieser slawischen Kaninchenfamilie einen Staat zu schmieden», wofür er sich habe «zwangsläufig der Juden bedienen» müssen.[48] Oder auch anders herum: «Man müsse das an Stalin schätzen, dass er ‹den Juden› an die Kunst nicht heranlasse», raisonnierte Hitler in der Wolfsschanze im Mai 1942, während es im Weimarer Deutschland gerade wegen der Kulturjuden ständig «bergab gegangen sei».[49] Daher sei es eine seiner ersten Maßnahmen nach der Machtergreifung gewesen, «die gesamte deutsche Presse einheitlich auszurichten (ähnlich wie Stalin in der UdSSR)».[50]

Selbst Stalins «großem Aufräumen in der Generalität»[51] stand Hitler mit Verständnis gegenüber und war nur heilfroh, «dass es Stalin nicht gelungen sei, die kommunistische Anschauung der gesamten Roten Armee einzuimpfen», da diese sonst womöglich – wie eine «sogenannte Weltanschauungsdivision» auf der Halbinsel Kertsch im Mai 1942 – «bis zum Sterben kämpfe».[52] Er selbst beklagte immer öfter, dass er zugunsten des alten preußischen Offizierskorps auf die Heranbildung eines «revolutionären Offiziers- und Generalsnachwuchses» verzichtet habe.[53]

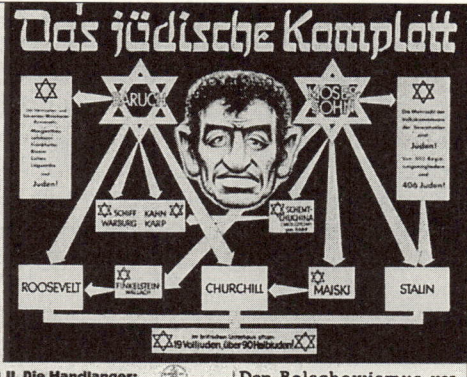

«Das jüdische Komplott», Parole der Woche Nr. 51, 10.-16. 12. 1941 aus dem NS-Parteiverlag Eher München. Das Plakat entspricht nach Datum und Stoßrichtung fast exakt der Argumentation Hitlers für die Kriegserklärung an die USA und den Übergang zur «Endlösung der Judenfrage» im Dezember 1941.

Und noch wenn er von der «ungeheuren Gefahr» sprach, die der «geniale» Stalin «mit seinen Weltrevolutionsplänen und seinem beabsichtigten Überfall auf Mittel- und Westeuropa» bedeutet habe, da «hinter Stalin ... der Jude» stehe[54] – so klang das völlig anders als die Feststellung in «Mein Kampf», dass es «dem Juden» konstitutionell unmöglich sei, «das mächtige Reich auf die Dauer zu erhalten», da er «kein Element der Organisation, sondern ein Ferment der Dekomposition» sei, welches Russland «reif zum Zusammenbruch» mache.[55] Was war dann übrig vom «Fingerzeig des Schicksals selbst», das ihm in seiner Festungshaft Russland als das Kolonialland im Osten «angewiesen» hatte?

Man könnte diese Kette widersprüchlicher Äußerungen, die sich je nach Kriegs- und Großwetterlage drehten und wendeten, beliebig vermehren – etwa wenn Goebbels nach Stalingrad in einer grotesken Kehrtwendung die Propaganda anwies, nunmehr «alle egoistischen Ziele im Osten abzustreiten und von dem heiligen Kreuzzug des 20. Jahrhunderts gegen den Bolschewismus zu sprechen».[56] Und hatte er noch Mitte 1942 den wachsenden Widerstand der Roten Armee als «die durch wildwütigen Terror zur Widerstandskraft organisierte primitive Animalität des Slawentums» denunziert, so verfügte er ein dreiviertel Jahr später per Weisung, dass die slawischen Völker nicht mehr herabgesetzt werden dürften; vielmehr sollte ab jetzt verstärkt an ihre eigenen antibolschewistischen und antisemitischen Gefühle appelliert werden.[57]

So war die nationalsozialistische Kriegspropaganda gegen das stalinistische Sowjetrussland eine einzige Gratwanderung: Denn die Devise «Kraft durch Furcht», mit der der Widerstandswillen der deutschen Soldaten und Zivilisten stimuliert werden sollte, bedeutete immer auch, die Kraft des Gegners anzuerkennen, und wäre es mit dem Schreckbild der «asiatischen Horden». Am Ende (im März 1945) musste Goebbels sogar «zu der peinlichen Überzeugung kommen, dass die militärische Führerschaft der Sowjetunion aus einer besseren Klasse zusammengesetzt ist als unsere eigene».[58] Dies freilich nur für das eigene Tagebuch. Und wenn Hitler noch in letzten, von Bormann aufgezeichneten Monologen wieder anerkennend davon sprach, dass Stalin die jüdische Intelligenz, die er zur Zersetzung des Zarenreichs gebraucht habe, erfolgreich liquidiert habe[59], während er gleichzeitig die Soldaten der Ostfront aufrief, den «jüdisch-bolschewistische(n) Todfeind mit seinen Massen» zurückzuschlagen[60]; dann war das offenkundig nur der letzte legitimatorische Titel, auf den er sich noch hätte berufen können. In seinem politischen Testament, das er unmittelbar vor dem Selbstmord in der Nacht des 29./30. April seiner Sekretärin Traudl Junge diktierte, schob er die Verantwortung für den Krieg wieder «jenen internationalen Staatsmännern, die entweder jüdischer Herkunft waren, oder für jüdische Interessen arbeiteten», in die Schuhe. Gemeint waren «maßgebende Kreise der englischen Politik» sowie jenes «internationale Finanzjudentum», das er bereits in seiner Reichstagsrede vom Januar 1939 als die Drahtzieher des Versuchs gebrandmarkt hatte, die Völker in einen neuen Weltkrieg zu stürzen.[61]

Ein halbwegs kohärentes Bild von Russland, vom Bolschewismus und von der Sowjetunion Stalins ist weder in der öffentlichen Propaganda noch in den internen Direktiven und Äußerungen der Führer des Dritten Reichs zu erkennen. Es handelte sich eher um ein «Schüttelbild» (Manfred Weißbecker)[62], in dem die längst abgedroschenen oder sich manifest widersprechenden Themen und Topoi in immer neuer Legierung wie in einem endlosen Recycling auftauchten. Statt durch genuine ideologische Überzeugungen, waren Reden und Handeln der NS-Führung durch das in «Mein Kampf» entworfene Modell einer die Massen steuernden und konditionierenden Propaganda bestimmt, die den praktischen Bedürfnissen der jeweiligen Politik gehorchte.

Antibolschewismus und «Endlösung»

Angesichts dessen bleibt die in der historischen Forschung geläufige Schlussfolgerung oder vielmehr Prämisse fragwürdig, wonach der deutsche Vernichtungskrieg im Osten «im Grunde erst vorstellbar (wird), wenn wir in ihm die konsequente Verwirklichung jener aggressiven ideologischen Feindbilder sehen, die das NS-Regime von Russland entworfen hatte» (so Wolfgang Wette).[63] Oder in der weitergehenden Formulierung Ian Kershaws: «Der Krieg im Osten ... war tatsächlich Hitlers Krieg. Aber er war nicht nur das. Er wurde ... von allen Teilen der deutschen Elite willkommen geheißen, ob diese nun nationalsozialistisch eingestellt waren oder nicht ... Das Erbe von mehr als zwei Jahrzehnten tief verwurzelter, oft fanatisch vertretener Hassgefühle gegen den Bolschewismus war unlöslich mit dem Antisemitismus verknüpft, was sich in seiner ganzen Grausamkeit offenbaren sollte.»[64]

Gerade diese Verknüpfung bleibt zweifelhaft. Neuere Forschungen über den Weg zur «Endlösung» konvergieren jedenfalls in dem Befund, dass es sich um einen Prozess kumulativer Entschlussbildungen handelte, die keinem von vornherein festgelegten Ziel oder Masterplan folgten.[65] Der Überfall am 21. Juni 1941 eröffnete bereits den Massenmord an den Juden, zuerst in den 1939 sowjetisch okkupierten Gebieten Polens, von Jedwabne bis Lemberg und Tarnopol. Aber mit dem späteren Beschluss zur systematischen Ermordung des gesamten europäischen Judentums innerhalb und außerhalb der Kriegsgebiete und zur Errichtung der Vernichtungslager in Auschwitz und anderswo stand das in keinem zwingenden Zusammenhang, außer dass der Krieg eine opportune Gelegenheit und propagandistische Legitimation für dieses Menschheitsverbrechen lieferte. Vielmehr deuten eine Reihe von Indikatoren auf den Dezember 1941 als eine nochmalige «Zäsur im Gesamtgeschehen»[66] hin (so Dan Diner), die mit der Kriegserklärung an die USA zusammenfiel. Am Tag darauf, dem 12. Dezember 1941, erklärte Hitler seinen versammelten Reichs- und Gauleitern, nun werde seine «Prophezeiung» vom Januar 1939 in Erfüllung gehen, dass das internationale Judentum, das diesen Weltkrieg zu verantworten habe, seine «Vernichtung erleben» werde.[67]

Dass der Krieg gegen Sowjetrussland auch über den Judenmord hinaus von Beginn an einen «totalen» Charakter annahm und sich zu einem beispiellosen Vernichtungsfeldzug auswuchs, der 20 Millionen sowjetischer Soldaten und Zivilisten auf die eine oder andere Weise das Leben kostete, entsprang seinerseits keinem authentischen Entsetzen und keiner akuten Angst gegenüber dem «jüdischen Bolschewismus», etwa angesichts der vom NKWD beim Rückzug hinterlassenen Massengräber, auch wenn diese von der nationalsozialistischen Propaganda weidlich ausgenutzten Anfangsszenen des Ostfeldzugs zur mörderischen Konditionierung der Soldaten wesentlich beitrugen.[68] Die «antibolschewistische Walze», die Goebbels am Morgen des Überfalls anwarf, musste gerade deshalb so grell und betäubend sein, weil sie eine ganze Geschichte deutsch-russischer Beziehungen auszulöschen hatte.

Bilder eines Vernichtungskriegs

Die ungeheuerlichen Exzesse der deutschen Kriegsführung – die zu Hunderttausenden auf nacktem Erdboden vegetierenden, an Hunger und Durst, Infektionen und Seuchen hinsterbenden Gefangenen der Roten Armee; die Hungerblockade, der das zur Auslöschung bestimmte Leningrad mit seinen zwei Millionen eingeschlossenen Zivilisten überantwortet wurde; die immer weiter gesteigerte Barbarei des Antipartisanenkriegs von Weißrussland bis zum Süden, die einen Wald von Gehängten, Gebietsstreifen verbrannter Dörfer, Massengräber voller Erschossener hinterließ – das alles bewies vom ersten Tage an, dass es nicht um den Sturz des Bolschewismus ging, sondern um die Dezimierung, Versklavung und Kolonisierung der Völker der Sowjetunion. Dazu bedurfte es aber keiner tradierten Russlandfeindschaft oder notorischen Verachtung «slawischer Untermenschen»; sondern es waren die wahnwitzigen Dimensionen und Eroberungsziele dieses Feldzugs selbst, die ideologisch deckender Legitimationen bedurften, welche auf den gesamten Fundus positiver wie negativer Russlandbilder zurückgriffen.

So hatte die Idolatrie der «Erniedrigten und Beleidigten» stets an das Vorurteil gegrenzt, dass der «russische Mensch» nach der festen Hand rief oder ihrer bedurfte. Das war auch ein Vorurteil der Russen über sich selbst, wie man es zum Beispiel aus den Schriften Gorkis herauslesen konnte. Auf deutscher Seite flossen in diese Vorstellung ganz unterschiedliche Traditionen ein, keineswegs nur völkischer, sondern ebenso linker und liberaler Provenienz. Zugleich war dieser Krieg im Osten nicht nur ideologisch, sondern auch tatsächlich ein Krieg um einen Raum, der sich immer endloser dehnte, je tiefer die deutschen Armeen eindrangen. Es war ein «wilder», elementarer Krieg, ein Krieg der Körper mindestens sosehr wie der Waffen und Technik, ein Krieg

Hinrichtung von Partisanen oder Zivilisten in Russland 1941/42, im Beisein von Wehrmachtssoldaten, die davon Fotos machen. In der Regel durften Fotos von Hinrichtungen aber nur von den Angehörigen der Propaganda-Kompanien gemacht werden, von denen dann Abzüge gekauft wurden. Solche Fotos zu besitzen, war allerdings bei Gefangennahme gefährlich. Die Masse der privaten Soldatenfotos beschränkte sich daher auf das alltägliche «Landserleben».

gegen Kälte, Hunger und Durst, Krankheiten und Seuchen, Ungeziefer, Schmutz und Schlamm.

Je rücksichtsloser die Besatzer sich aufführten, umso mehr entwickelte sich ein wirklicher nationaler Volkskrieg, vor allem von Seiten des Staatsvolks der Russen, dessen Vorrang in der neuen Stalin-Hymne von 1943 ein für allemal bestätigt wurde. Die «Heimtücke» des allgegenwärtigen Feindes wiederum rechtfertigte aus der Sicht der Okkupanten wie im Franktireurskrieg in Belgien und Frankreich 1871 oder 1914, aber auf ungleich größerem Maßstab, jede noch so barbarische Sanktion. Das propagandistische Bild vom «Untermenschen» verstärkte lediglich die spontanen Racheaffekte der Landser selbst. Ansonsten genügten die Gefühle kultureller Herablassung, die sich aus der schieren Armut und Rückständigkeit wie von selbst ergaben, verstärkt durch die Argumente und Vorwände, die die vorangegangenen stalinistischen Devastationen lieferten, durch die das legendäre bäuerliche Russland seiner traditionalen Patina weitgehend beraubt und in einem neuen Sinne «kulturlos» gemacht worden war.

In letzter Instanz war es aber die Logik der totalen Kriegführung selbst, die eine immer schrankenlosere Gewaltbereitschaft produzierte und alle moralischen und konventionellen Hemmungen ausschaltete. Diese Kriegführung entsprach der Totalität und dem Extremismus der deutschen Kriegsziele, und aus der Perspektive der Soldaten der von Vormarsch zu Vormarsch wachsenden Unhaltbarkeit ihrer Situation, in der es scheinbar nur noch die Wahl zwischen dem eigenen Untergang und einer immer rücksichtsloseren Besatzungspraxis gab. Die auf eigenes Risiko mitgeführten Brieftaschenphotos exekutierter Partisanen oder Zivilisten fungierten nicht zuletzt als eine Art obszöner Talismane, die (wie Wolfgang Sofsky im Anschluss an Elias Canetti beschrieben hat) in atavistischer Weise den Schrecken bannen und das eigene Überleben beschwören sollten.*[69]

Zugespitzt gesagt, war dieser Versklavungs- und Eroberungskrieg im Osten mit anderen als verbrecherischen Mitteln gar nicht zu führen. Aber er war mit diesen Mitteln erst recht nicht zu gewinnen. Nach den nüchternen Worten Arthur Koestlers aus dem Jahr 1944 war angesichts der menschlichen und materiellen Potentiale der Sowjetunion und der natürlichen Bedingungen von Raum und Klima «von vornherein kein Grund vorhanden, warum die Russen von den Deutschen besiegt werden sollten», schon gar nicht angesichts des Mehrfrontenkrieges des Reichs gegen die Westmächte. Zu dieser Weltkriegskonstellation selbst konstatierte Koestler mit gleicher Nüchternheit: «Wenn sämtliche politische ‹Ismen› nicht existiert hätten, wäre die Gruppierung der kämpfenden Mächte dennoch dieselbe gewesen.»[70]

Hitlers Welt

Im ideologischen Weltbild und in der geschichtlichen Ambition Hitlers und seiner Führungsgarde hat es vielleicht nur zwei Fixpunkte gegeben: Erstens die Überzeugung, dass der Bestand des deutschen Volkes als Kern der weißen arisch-germanischen Rasse allein durch den Kampf um das «größere Reich» und durch die Gewinnung neuen «Lebensraums» auf dem Boden des eurasischen Kontinents selbst gesichert werden könne; und zweitens die paranoide Vorstellung, dass es zur

---

* «Todesangst wird überwunden durch Tötungsmacht.» (*Wolfgang Sofsky: Paradies der Grausamkeit*. In: Frankfurter Allgemeine Zeitung, 2. Februar 1999) «Wer die Augenblicke des Überlebens häuft, der kann das Gefühl von Unverletzlichkeit erlangen.» (*Elias Canetti, Masse und Macht*, Zürich 1988, S. 261 f.)

Züchtung eines echten Herrenvolks mit einem gesunden, eugenisch gereinigten Volkskörper und einem gestählten Kampfgeist der «Entfernung der Juden überhaupt»[71] (in welcher Form auch immer) als des schlechthin feindlichen, zersetzenden Gegenparts bedürfe. Wie das zu realisieren wäre, war offen und dem Gang der Geschichte, dem «Schicksal», dem politischen Geschick und dem Kriegsglück anheim gegeben.

Die mehrfache Radikalisierung dieser Ziele und Ambitionen unterlag einer Logik der Steigerung, worin jeder der durch Überrumpelung errungenen diplomatischen und militärischen Triumphe nur den Weg bereitete zur zwangsläufigen Überspannung aller Kräfte und zur maßlosen Entgrenzung aller Ziele. Es musste nach dem Gesetz, nach dem man angetreten war, immer weiter, immer vorwärts gehen. Und jeder Rückschlag konnte nur mit einer weiteren Totalisierung der eingesetzten Gewaltmittel beantwortet werden. Ausrottungen und Versklavungen größten Stils waren in diesem Projekt von vornherein einkalkuliert und nahmen mit den ersten Anzeichen des Scheiterns einen immer monströseren Umfang an. So weit dies einer Ratio folgte, war es die eines Terrorkriegs, der die materiell überlegenen Gegner und ihre fragilen Kriegskoalitionen spalten und in einen moralischen Zusammenbruch treiben sollte, so wie den alten «Erzfeind» Frankreich im Frühsommer 1940. Nach der Seite der eigenen Volksgenossen und der Verbündeten hin war es eine Politik der Bindung im kollektiven Verbrechen durch den bewussten Abbruch und das systematische Verbrennen aller politischen und moralischen Brücken, die zu einem friedlichen Ausgleich und zur zivilisierten Existenz einer Nation unter Nationen jemals noch hätten zurückführen können.

Nichts war daher so authentisch wie die rasende Enttäuschung Hitlers über sein designiertes «Herrenvolk», das sich «im Kampf als das Schwächere erwiesen» habe und zu einem Vaterländischen Krieg, wie ihn die Russen auf eigenem Boden geführt hatten, nicht mehr bereit und fähig war.[72] Zwar trug die Niederlage im Winter 1945, anders als im Sommer 1918, keine Züge eines «Militärstreiks», sondern musste bis zum bitteren Ende ausgekämpft werden. Aber dann war auch Schluss. Der totalste aller Kriege hatte mit der totalsten aller Niederlagen geendet. Der Nationalsozialismus mochte die Geister und Gemüter seiner Subjekte noch anhaltend kontaminieren (und tut es bis heute), aber als gesellschaftliches und imperiales Projekt konnte er sich selbst nicht überleben. Insofern markierte das Jahr 1945 eine unwiderrufliche historische Zäsur, nicht zuletzt im Verhältnis der Deutschen zum «Osten» und zu Russland.

3. Der deutsche Russland-Komplex

Über die «Landschaft nach der Schlacht» haben sich bald nach 1945 die Schemen einer neuen Ost/West-Teilung der Welt gelegt, die sich bereits nach 1917 aufgetan hatte, aber im Spiel der Mächte bis dahin nie bestimmend geworden war. Die nun im Zuge neuer, heißer und kalter Kriege und Bürgerkriege formierten antagonistischen «Blöcke» und «Systeme» und die ihnen zugeschriebenen «Ismen» wie Kapitalismus und Faschismus, Kommunismus und Totalitarismus wirkten über vier Jahrzehnte hinweg als ein machtvolles Instrument der Einebnung und Überformung aller älteren historischen Erinnerungen.

So schmerzhaft diese Spaltung Europas und der Welt war, kam sie doch den Amnesien der geschlagenen Deutschen in beiden Teilstaaten entgegen. Die epischen Flüchtlingsströme, die mit den Rückzügen der deutschen Armeen 1944/45 eingesetzt hatten und die sich bis zum Mauerbau 1961 in einer millionenfachen Wanderung nach Westen fortsetzten, waren jenseits aller Vertreibungen und Vergewaltigungen, Enteignungen und Repressionen auch eine instinktive Flucht vor den Konsequenzen der nationalsozialistischen Versklavungs- und Ausrottungspolitik im Osten Europas. Diese große Migration bedeutete nicht nur die physische und psychische Löschung einer über Jahrhunderte gewachsenen Einbindung der Deutschen in die Geschichte dieser Länder, die ihrerseits neu zugeschnitten und ethnisch entmischt wurden. Sie war zugleich eine kulturelle Selbstamputation der Deutschen, die Abschreibung einer moralischen Hypothek, der Abwurf historischen Ballasts, eine Flucht aus der eigenen Geschichte.

Aber auch die innerdeutsche Teilung wurde, je länger, je mehr zu einer innerpsychischen Spaltung, zu einem jeweiligen Modus der «Ostdeutschen» wie der «Westdeutschen», auf die Seite der Sieger und von ihnen repräsentierten Wert- und Lebensordnungen zu treten, um neuen Boden unter den Füßen zu gewinnen. Für die Mehrzahl der Bundesbürger wurde die DDR spätestens mit dem Bau der Mauer zu einem immer ferneren Land, bewohnt von «Landsleuten», die ihnen kaum weniger fremd oder manchmal noch fremder waren als die übrigen Bewohner des «Ostblocks», einschließlich der «Sowjetmenschen», die unter dieser Hülle immer noch «Russen» waren. Aber das war schon ferne Vergangenheit.

Zur Teilung Europas und zur innerdeutschen Spaltung trat als dritte mentalitätsgeschichtliche Bruchlinie der sich verschärfende Konflikt zwischen der Weltkriegs- und Nachkriegsgeneration. Während die jungen 68er-Rebellen sich noch einmal aus dem Fundus der Revolutionstheorien und Traditionen eines imaginären proletarischen «Ostens» als dem historischen Gegenpart zum kapitalistischen «Westen» bedienten, rückten sie dem real existierenden Sozialismus hinter der Mauer nur umso ferner – selbst dann, wenn sie sich als Parteigänger der wieder zugelassenen DKP ideologisch darauf beriefen, und erst recht, wenn sie sich als Trotzkisten, Anarchosyndikalisten, Castristen oder Maoisten in einem noch ferneren Osten oder einer vagen «Dritten Welt» ideologisch ansiedelten. Dass sie gerade damit in die Fußstapfen älterer, kaum noch präsenter deutscher Traditionen traten, war ihnen zuallerletzt bewusst.

Ein deutscher Orientalismus?

In seiner Rede zur Verleihung des Sigmund-Freud-Preises hat Karl Schlögel die Vermutung geäußert, «dass der Schlüssel zur ‹deutschen Seelenlandschaft›, wenigstens im 20. Jahrhundert, eher im östlichen Gelände zu suchen ist».[1] Das Wort von der «Seelenlandschaft» rekurriert auf eine Bemerkung Hugo von Hofmannsthals, der über Freuds Wien geschrieben hatte, nicht zufällig sei gerade diese Stadt «die porta orientis für jenen geheimnisvollen inneren Orient, das Reich des Unbewussten», gewesen, das jener erkundet habe.*[2]

Für die jüngeren Bundesbürger war diese «porta orientis» am ehesten noch das geteilte Berlin, der stillgelegte «Ostbahnhof Europas».[3] Hier war die historische Unhaltbarkeit der Teilung am fühlbarsten, und damit der Verlust jenes inneren «Ostens», der einen so zentralen Platz im deutschen Weltbild und Selbstgefühl eingenommen hatte.

Bei seinen Explorationen des verbrannten östlichen Geländes ist Karl Schlögel schließlich wieder auf das unübersehbare Faktum des

---

* Tatsächlich teilte Freud das zeitgemäße Vorurteil, wonach die «russische Seele» dem Reich des Unbewussten, Spontanen, Triebhaften, Kindlichen, Ambivalenten usw. noch näher stehe als die zivilisatorisch stärker überformte Psyche der Menschen westlicher Länder. Der hohe Anteil von Russen unter seinen ersten Patienten wie auch unter seinen frühesten Anhängern, unter denen seine (wie Nietzsches und Rilkes) Muse Lou Andreas-Salomé eine hervorgehobene Stellung einnahm, schien ihm kein biographischer Zufall. Und in Dostojewskis «Gebrüder Karamasow» fand er den «großartigsten Roman, der je geschrieben wurde», eben durch die vollendete literarische Gestaltung des Ödipus- und Vatermord-Themas. (Vgl. *Alexander Etkind: Sigmund Freud und sein Kreis. In: West-östliche Spiegelungen, Reihe A, Bd. 4, München 2000, S. 1057–1073*)

«russischen Raumes» gestoßen: «Über russischen Raum spricht man nicht gerne. Der Terminus ist vorbelastet, kontaminiert ... Vom ‹russischen Raum› sprachen die Nationalsozialisten und meinten damit das Kolonialreich, das sie nicht in Indien, sondern in Kontinentaleuropa zu errichten gedachten ... Russischer Raum war ‹Lebensraum› für die angeblich übervölkerten Gebiete des Westens und Raum für die ‹Erneuerung biologischer und rassischer Vitalität› ... Die deutschen Phantasien vom ‹russischen Raum› enthielten ein ganzes Programm: die Evokation von Ursprünglichkeit und Reinheit der Quellen, das Archaische und Barbarische als das Rettende auch, jenes Überlegene, vor dem sich das Höherentwickelte schützen zu müssen glaubt. ‹Russischer Raum› enthält ein Angstprogramm. Darin ist auch die Vorstellung von der Machbarkeit, der unendlichen Plastizität von Erde und Landschaft enthalten. Es ist das Hauptprojektionsfeld eines spezifischen deutschen Orientalismus.»[4]

Wenn ich für dieses Phänomen eine andere Begrifflichkeit gewählt habe, die eines deutschen «Russland-Komplexes», dann zunächst wegen der Vorprägungen des «Orientalismus»-Begriffs durch seinen Erfinder Edward Said. Für ihn handelte es sich um einen monologischen, nahezu autistischen westlichen Diskurs, der die koloniale Durchdringung und Überwältigung des Nahen und Fernen Ostens durch die europäischen Kolonialmächte begleitet habe. Der darin wissenschaftlich beschriebene und literarisch ausgeschmückte «Orient» sei nur ein imperialistisches Konstrukt, das am Ende stets die Überlegenheit der europäischen und westlichen über die älteren asiatischen und arabischen Kulturen zu demonstrieren hatte. Letztendlich sei der «Orientalismus» zum zentralen Mittel der Errichtung einer «kulturellen Hegemonie» geworden, die die materielle Ausbeutung flankiert und die Kolonisierten ihrer Geschichte entfremdet und ihres Weltwissens enteignet habe.[5]

Von allen Plausibilitäten oder Unstimmigkeiten dieser These[6] abgesehen, wäre ein deutscher «Orientalismus» gegenüber Russland jedenfalls anders zu fassen. Statt um eine Geschichte kolonialer Durchdringung handelte es sich um die Beziehungsgeschichte zweier heterogener Völker und Reiche, die von einer doppelten Asymmetrie geprägt war. Den Gefühlen kultureller und sozialökonomischer Überlegenheit auf deutscher Seite entsprach über weite Strecken ein Bewusstsein machtpolitischer und moralischer Superiorität auf russischer Seite. Auch war zumindest das Petersburger Russland vor 1914 selbst Teil der europäischen Welt und agierte im fernen und mittleren Osten als expandierende koloniale Macht eigenen Typs.

Aus dieser Gemengelage entstanden Reflexe phobischer Abwehr

wie emphatischer Zuwendung, die sich in Expansions- und Kolonisationsprojekten wie in Bündnis- und Verschmelzungsvorstellungen niederschlagen konnten. Im Guten wie im Bösen firmierte das jeweils andere Land, Volk und Reich als das natürliche Objekt und Komplement eigener Größenphantasien und universaler Selbstberufungen. Dieser nicht erst aus dem 19. Jahrhundert stammende deutsche «Russland-Komplex»[7] und der komplementäre, womöglich noch virulentere «deutsche Komplex»[8] in Russland bildeten das mentale Spannungsfeld und Laboratorium, worin während und nach dem Ersten Weltkrieg «totalitäre» Ideologien und Energien generiert wurden, die sich schließlich im Bolschewismus und im Nationalsozialismus bündelten und materialisierten.

Dieses besondere gegenseitige Verhältnis lässt sich auch objektiv fassen. Russland wie Preußen-Deutschland waren keine klar umrissenen Staatsnationen, sondern nach vielen Seiten offene «Komplexe» von Menschen und Territorien, Potentialen und Ressourcen, von Sprachen und Kulturen, die in vielfältiger, teilweise fast «familiärer» Weise miteinander und ineinander verschränkt waren. Und wann immer in Kategorien von Weltgeltung und Weltmacht gedacht wurde, richtete sich der Blick wie von selbst auf den jeweils anderen «Komplex». Ein russisches Imperium, das sich (auf welche Weise auch immer) die deutschen Potentiale annexiert oder anverwandelt hätte, wäre in der Tat ein «anderes Amerika» gewesen, wie es Alexander Blok 1913 besungen hatte. Und ein Deutsches Reich, das sich die menschlichen und materiellen Ressourcen Russlands (wie auch immer) erschlossen oder unterworfen hätte, wäre am «Griff nach der Weltmacht» nicht mehr zu hindern gewesen.

Über alle Ambitionen einer solchen freundlichen oder feindlichen Übernahme hinaus gab es auch immer wieder Phantasien einer Synthese oder gar Fusion beider komplementärer Potentiale, Kulturen, Völker oder Rassen, wie es sie in dieser Intensität zwischen zwei Ländern und Völkern nur selten oder vielleicht nie gegeben hat. Noch die extremsten Verfeindungen, die sich zu hysterischen Angst- und Inferioritätskomplexen verdichten konnten, zeugten von einer Nähe, die den Keim projektiver Besetzungen und Einvernahmen in sich trug. Man kann das weder historisch trennen, noch lässt es sich quantifizieren. Auch wenn diese Vorstellungen historisch und politisch nie realisiert werden konnten, waren sie doch Indikatoren eines besonderen energetischen Spannungsfeldes zwischen diesen beiden «Komplexen», und insofern keineswegs bedeutungs- und folgenlos.

«Der lange Weg nach Westen»

Heinrich August Winklers weit angelegter Abriss einer deutschen Gesamtgeschichte unter dem programmatischen Titel «Der lange Weg nach Westen» spannt den Leser über lange Strecken auf eine lehrreiche Folter. Denn der Weg Deutschlands scheint von den Anfängen der Reichs- und Nationsbildung um 800 oder 962 bis zum Untergang der Weimarer Republik im Jahr 1933, und erst recht natürlich bis zum Untergang des Dritten Reiches 1945, vom «Westen» eher wegzuführen als umgekehrt.[9]

Freilich fasst Winkler den Begriff des «Westens» weniger im Sinne der alten geographisch-kulturhistorischen Weltbilder von «Morgenland» und «Abendland», «Orient» und «Okzident», sondern eher normativ im Sinne von modernen Nationen und Staaten, individuellen Bürgerrechten und gesellschaftlicher Repräsentation. Es geht ihm um den tief verwurzelten, immer neu formulierten inneren Widerspruch Deutschlands zum «Westen», um eine Geschichte der deutschen «Sonderwege» und «Verspätungen» also, die erst 1990 mit der glücklichen Aufhebung der «deutschen Frage» als einem europäischen Problem wirklich endete. Dass Russland und der «Osten» in diesem weiten Geschichtspanorama nur eine recht ephemere Existenz führen, ist jedenfalls kein Zufall. Dabei hätte Winklers reich orchestrierte Darstellung durch die Einzeichnung dieser Gegenperspektive erst recht an Tiefenschärfe und Plausibilität gewonnen. Denn in der Periode der Weltkriege des 20. Jahrhunderts kulminierte und endete auch eine mehrhundertjährige Geschichte gegenseitiger Wahrnehmungen und Beziehungen zwischen Deutschen und Russen, die stets das Gegenstück der Auseinandersetzung Deutschlands mit dem «Westen» gewesen ist.

So hat jede der «drei Grundtatsachen», von denen Winkler die deutsche Geschichte geprägt sieht, einen spezifischen Bezug zu Russland und zum «Osten». Seine Darstellung beginnt mit dem Satz: «Im Anfang war das Reich.» Alles, was die deutsche von der westeuropäischen Geschichte trennte, habe in dieser angemaßten *translatio imperii* vom römischen auf das fränkische beziehungsweise deutsche Reich seinen Ursprung.[10] Aber auch vieles, so müsste man ergänzen, was die deutsche mit der russischen Geschichte verknüpfte, fand darin eine dauerhafte Grundlage. Schon die Kiewer Rus des 10. Jahrhunderts kann als ein (Ost-)Römisches Reich russischer Nation und eine bewusste Parallelgründung zum (West-)Römischen Reich deutscher Nation gesehen werden.[11] Und sobald das Moskauer Zarentum nach dem Tatarensturm im 15./16. Jahrhundert das Russische Reich wiedererrichtete, erneuerte es seinen Anspruch, das «dritte Rom» zu sein.

Auch die zweite Grundtatsache der deutschen Geschichte, die lutherische Reformation des 16. Jahrhunderts, mündete in eine erneute Abgrenzung vom Westen, und das gleich in zweifacher Hinsicht: durch die Lostrennung des protestantischen Deutschland von «Rom», aber auch durch den Gegensatz zum westlichen, nationalstaatlich adaptierten Calvinismus. Das Luthertum mit seinen Elementen eines landesherrlichen Cäsaropapismus erscheint geradezu «als ein im Protest gegen die westliche Glaubensreform erwachsener Zweig östlicher Glaubensweise», sodass Deutschland durch die Reformation insgesamt «östlicher» wurde, wie Winkler (im Anschluss an Franz Borkenau) feststellt.[12]

Das war jedoch keine rein religions- und geistesgeschichtliche Entwicklung, sondern berührte auch die Konstellation der Mächte. In derselben römischen Pamphletistik, in der die reformierte und lutherische «Ketzerei» verurteilt wurde, wurde Russland als «Skythien oder Sarmatien» aus einem katholisch-abendländisch definierten «Europa» heraus und zurück nach Asien verwiesen.[13] Während das Polnisch-Litauische Reich sich zur *antemurale christianitatis* gegen Moskowiter und Türken aufwarf, knüpfte das protestantische Deutschland am Ausgang der Religions- und Bürgerkriege des 16./17. Jahrhunderts seine aus den Zeiten der mittelalterlichen Ostkolonisation, der Hanse und der baltischen Ritterorden stammenden Verbindungen nach Russland von neuem an. Statt Waren exportierte das in Kleinstaaten zerfallene Deutschland über mehr als drei Jahrhunderte Menschen und Fachkenntnisse jeder Art, bis im 19. Jahrhundert die Auswanderung nach Amerika, in den «wilden Westen», die nach Russland, in den «wilden Osten», zu überflügeln begann.

Das von Peter dem Großen (der selbst Züge eines verkappten Protestanten trug) mit «preußischen» Mitteln modernisierte Russische Reich schuf sich mit Sankt Petersburg eine deutsch benannte Hauptstadt auf einem nahezu exterritorialen Punkt an der nordwestlichen Peripherie. Dieses Projekt eines «Fensters nach Europa» lebte zentral von dem Gedanken, durch eine systematische Heirats-, Personal- und Außenpolitik sich über das zerfallende Polnische Reich und das geschlagene Schwedische Reich hinweg Teile des «deutschen Komplexes» in der Mitte Europas verwandtschaftlich und materiell zu annexieren.

Umgekehrt war es kein Zufall, dass das Petrinische Projekt gerade auf Seiten deutscher Aufklärer eine enthusiastische Antwort fand, die darin das potentielle Idealbild einer in großem Maßstab operierenden «aufgeklärten Monarchie» sahen, wie es sie in Deutschland nicht gab und absehbar nicht geben konnte.[14] Das von Leibniz entworfene Projekt einer Petersburger Akademie der Wissenschaften, die das Kernstück einer großen Reichsreform hätte werden sollen, trug bereits Züge einer zentralen Planungs- und Entwicklungsbehörde, der ihr Autor selbst gerne vorgestanden hätte.[15] In Friedrich Christian Webers «Das veränderte Russland» von 1721 war das Petrinische Reich zugleich der designierte Hort der Wissenschaften, die – wie Peter unter Berufung auf Leibniz gesagt hatte – «auf ihrer Reise von Griechenland und Italien und Deutschland zu uns», nach Russland also, gekommen seien. Dieses Bild einer *translatio artii et sapientiae* beschrieb sowohl eine russische Zukunftshoffnung wie eine deutsche Kulturmission.[16]

Tatsächlich wurden die Russlanddeutschen, die Baltendeutschen sowie die Kolonisten im Süden Russlands zu einer privilegierten Minderheit des Reiches, die nicht nur zentrale Bereiche der zaristischen Verwaltung, der Finanzen, des Polizei- und Offizierskorps dominierte, sondern zu einem Gutteil auch den Platz eines autochthonen russischen Bürgertums okkupierte. Dazu kamen die deutschen Prägungen der höfischen Gesellschaft um das Zarenhaus selbst. Aus der Sicht großer Teile der russischen Gesellschaft sah es mindestens so aus, als bildeten die Deutschen so etwas wie eine «zweite Staatsnation» des Reiches, wenn nicht sogar schon die eigentliche.[17] Dieser wiederkehrende Alptraum einer Fremdherrschaft im eigenen Land prägte wesentlich die lange Kette der russischen Aufruhrbewegungen, von den Bauernkriegen des 17./18. Jahrhunderts bis zum Sturz der Romanows im Jahr 1917, und bis zu den immer neuen Aufständen gegen das Regime der Bolschewiki, die erst 1921 endeten.

Das führt zur dritten, von Winkler zitierten Grundtatsache der deutschen Geschichte: dem Gegensatz zwischen Österreich und Preußen, die ihre hegemoniale Position innerhalb Deutschlands jeweils ihrer kolonisierenden oder imperialen Ausdehnung auf außerdeutsche, vorwiegend slawische Gebiete im Osten Europas verdankten. Während Österreich sich in seiner «römischen» Kaiserrolle, seinem gegenreformatorischen Eifer, seinen überdehnten dynastischen Interessen und seiner inneren Heterogenität erschöpfte, ist der Aufstieg des Militär- und Verwaltungsstaats Preußen zur «kleinsten Großmacht Europas» ohne die Verbindung mit Russland nicht zu denken. Mit der Beteiligung an der sukzessiven Aufteilung Polens gewann diese Verbindung einen geradezu existenziellen Charakter. Und so abfällig Friedrich II. sich über die Russen äußerte (kaum viel misanthroper allerdings als über die Deutschen), so entschieden formulierte er seine vom Trauma des Siebenjährigen Krieges und des «Wunders seiner Rettung» diktierte Doktrin, wonach «Russland ... Preußens natürlichster Verbündeter» sei.[18] Die Spur dieser Tradition reichte über die Bismarcksche Politik der Rückversicherung bis in die Zeiten des Vertrags von Rapallo und wurde selbst beim Hitler-Stalin-Pakt 1939 noch vielfach herbeizitiert.

Projektionen und Beauftragungen

Von diesen Grundtatsachen der deutschen Geschichte her ließe sich der «Russland-Komplex» – und der korrespondierende «deutsche Komplex» in Russland – vom 17./18. bis ins 19./20. Jahrhundert in seinen großen Linien und heftigen Pendelschlägen als eine *longue durée* eigener Art nachzeichnen. Dabei geht es weniger darum, ob die «Bilder», die man sich voneinander machte, freundlich oder feindlich, positiv oder negativ waren, sondern es geht um die spezifischen Intensitäten, mit denen in diesen gegenseitigen Bezugnahmen zweier miteinander verflochtener «Reichsvölker» und «Kulturnationen» die Selbstbilder sich aufblähten und die Weltanschauungen totalisierten.

Viel fehlte ja nicht, und man hätte «Russland» im Sinne der Selbsterfindung der modernen Nationen für eine deutsche Erfindung halten müssen. Jedenfalls war es eine ganze Pleiade deutscher Gelehrter, am glänzendsten verkörpert durch den Historiker August-Ludwig von Schlözer, die zum Ende des 18. Jahrhunderts als Mitglieder der Petersburger «Akademie der Wissenschaften» die ersten Versuche einer zusammenhängenden Nationalgeschichte Russlands unternahmen, gespeist aus einem deutsch-russischen Reichspatriotismus, der keine Loyalitätskonflikte kannte. Russland wurde darin als ein leuchtendes Beispiel «warägischer» (normannischer) Staatsgründungen gezeichnet[19] – eine These, die durchaus dem Selbstbild der Romanows entsprach, hundert Jahre später allerdings eine zentrale Rolle in der «alldeutschen» Propaganda spielen und zu einer Schlüsselthese in Hitlers «Mein Kampf» werden sollte.

Zu den prominentesten Verfechtern dieser These gehörten auf dem Gegenpol aber auch die Gründerväter des «wissenschaftlichen Sozialismus», Karl Marx und Friedrich Engels, die (wie ihre späteren sowjetischen Herausgeber sorgsam zu vertuschen versuchten) zu den fanatischsten Verfechtern einer aus den Traditionen des deutschen «Vormärz» und der 48er-Revolutionen gespeisten Russophobie wurden.[20] Ihr forcierter Versuch, den wilden Franzosenhass aus der Ära der Befreiungskriege im Geiste Fichtes oder Arndts nunmehr gegen das russische Zarenreich als mongoloid überformten Eroberstaat und angebliche Schutzmacht aller reaktionären Mächte Europas zu wenden, nahm schon früh die phantastischen Dimensionen eines revolutionären Kreuzzugs «des Westens gegen den Osten, der Zivilisation gegen die Barbarei, der Republik gegen die Aristokratie» an, eines Kriegs, worin das revolutionäre Deutschland «sich ermannen, worin es seine eigenen Autokraten besiegen kann ... und sich nach innen frei macht, indem es nach außen befreit».[21]

Nach der Niederlage von 1848/49 weitete diese Perspektive sich zur Erwartung eines künftigen Weltkriegs gegen den «Panslawismus», der «nicht nur reaktionäre Klassen und Dynastien», sondern «auch ganze reaktionäre Völker vom Erdboden verschwinden machen» werde, so vor allem die kleineren slawischen «Völkerruinen und Völkerabfälle» Mittelosteuropas von den Tschechen bis zu den Kroaten.[22] Zu den «Panslawisten» rechneten Marx und Engels bald auch ihre russischen Schicksalsgefährten in den Londoner und Brüsseler Exilgemeinden der 48er-Revolutionäre und Mitstreiter in der ersten Internationalen Arbeiter-Association, wie vor allem Alexander Herzen und Michail Bakunin, die sich nach 1848, oft in Form regelrechter existenzieller Bekehrungen (wie bei Dostojewski), zur Slawophilie bekehrt hatten.[23]

Diese Slawophilie speiste sich ihrerseits ganz aus den Selbstüberhebungen des deutschen Idealismus von Herder über Hegel und Fichte bis Schelling, der seinen bedeutendsten Resonanzboden in der jungen russischen Intelligenz dieses Zeitalters fand. Auch Herzen und Bakunin hatten sich in ihrer Jugend völlig im Bannkreis der deutschen Philosophie und Literatur bewegt. Umso mehr musste sich ihre Ideologie einer «slawischen» Superiorität nun gerade an den Deutschen messen. In ständiger Antithese zum entstehenden Marxismus sahen sie den «Pangermanismus» nun als den Todfeind aller sozialen Emanzipationsbewegungen, und hinter der Figur des Kanzlers Bismarck bereits dessen «Konkurrent und Neider» Karl Marx sowie die «Führer der Sozialdemokratischen Partei Deutschlands».[24]

Diese zunehmend giftigeren Polemiken zeugten indes stets noch von intimer Vertrautheit und produzierten daher paradoxe Übersprünge. Lebte der «wissenschaftliche Sozialismus» von Marx und Engels ganz aus dem Selbstgefühl, dass die Deutschen die «theoretischste» und daher avancierteste Arbeiterbewegung hervorgebracht hatten, so richteten sich seit den sechziger Jahren und vollends nach der Niederschlagung der Pariser Commune 1871 ihre weltrevolutionären Erwartungen immer zunehmend auf Russland. Gerade die völlig überzeichnete Rolle, die sie dem Zarentum als Vor- und Schutzmacht aller reaktionären Mächte Europas zuschrieben, musste im Umkehrschluss alle Fermente einer politischen und sozialen, gar revolutionären Entwicklung im östlichen Reich zu höchster geschichtlicher Bedeutung erheben. So entstand aus ihren russophoben Affekten nach und nach eine widerwillige Affinität.

Marx hatte sich immer tiefer in die Lektüre der Schriften des Freiherrn von Haxthausen verstrickt, eines romantisch-konservativen Germanophilen, der es in den vierziger Jahren unternommen hatte, die slawophile Behauptung der Fortexistenz einer «democratisch-organischen Gemeinde» in Russland, der *obschtschina*, als dem Gegenbild zur «atomistisch-democratischen Gesellschaft» Westeuropas empirisch nachzuweisen.[25] Für seinen Versuch, die slawophile Kernthese, wonach die Russen das «sozialste» Volk der Gegenwart seien, durch eigene Studien zu konterkarieren, hatte Marx auf seine alten Tage sogar noch Russisch gelernt. Der Band seines Hauptwerks «Das Kapital» über die Kategorie der «Grundrente» sollte seinen Gegenstand gerade am Beispiel Russlands entwickeln, so wie er die Entwicklung des industriellen Kapitalismus am Beispiel Englands demonstriert hatte. Wie Engels nach dem Tod seines Gefährten ergrimmt feststellte, hatte Marx über all diesen «Russica» versäumt, wenigstens die ersten drei Bände des «Kapital» zu Ende zu bringen.[26]

Das führt zum letzten und bedeutsamsten Kapitel dieser langwirkenden deutsch-russischen Beziehungen und Verflechtungen: dem der Übernahme und Anverwandlung des «Marxismus» gerade in Russland. Wie Marx noch zu Lebzeiten mit einiger Irritation feststellte, wurde sein «Kapital» als erstes ins Russische übersetzt, Jahre bevor es in englischer oder französischer Sprache herauskam. Und gerade in Russland wurde aus seiner Geschichtsphilosophie und Gesellschaftsanalyse eine «Lehre» gemacht, noch bevor in Deutschland von einem «Marxismus» im strikten Sinne hätte die Rede sein können. Beiden Gründervätern des «wissenschaftlichen Sozialismus» war sehr bald klar, dass die buchstabengläubige Dogmatik der jungen russischen «Marxisten» in Wirklichkeit eine Aneignung aus eigenen Motiven war, die entweder dazu diente, eine gradualistische Stufenfolge der gesellschaftlichen Entwicklung zu konstruieren und eine reformistische Praxis zu begründen, oder umgekehrt eine Praxis des extremen revolutionären Voluntarismus und Despotismus zu legitimieren. So oder so schlummerte darin der Stachel einer weltgeschichtlichen Konkurrenz.

Denn wenn gerade in Deutschland, wo die kapitalistische Produktionsweise und die «politische Halbfreiheit … viel späteren Ursprungs» waren als in England oder Frankreich, dennoch «die bestentwickelte und bewussteste Arbeiterpartei der Welt geschaffen» werden konnte, wie Vera Sassulitsch 1884 konstatierte, dann ließ sich diese Erwartung erst recht auf die entstehende russische Sozialdemokratie übertragen.[27] Die Letzten würden die Ersten sein. So wie Lenin es explizit 1905 proklamierte: «Die Geschichte hat uns jetzt die nächste Aufgabe gestellt, welche die revolutionärste von allen revolutionären Aufgaben des Proletariats irgendeines Landes ist. Die Verwirklichung dieser Aufgabe, die Zerstörung des mächtigen Bollwerks nicht nur der europäischen, sondern ... auch der asiatischen Reaktion, würde das russische Proletariat zur Avantgarde des internationalen revolutionären Proletariats machen.»[28]

Von dieser Position einer bevorstehenden *translatio revolutionis* (H. A. Winkler) aus konnte Lenin auch die von Engels in den 90er Jahren erneuerte Konzeption eines «Kriegs auf Leben und Tod mit dem russischen Zarentum» unter Beteiligung der deutschen Sozialdemokratie furchtlos in seine Rechnung mit einstellen, wie er es 1914 dann tat. Die Fixierungen auf den deutschen Marxismus waren eben nicht rein doktrinärer oder konjunktureller Art, sondern bezogen Deutschland selbst als einen, dem trägen Russland von der Geschichte selbst zugewiesenen, komplementären «Komplex» an Theorie, Organisation und Technik in ihre Berechnungen ein, mit dessen Hilfe das russische Proletariat seine historische Avantgarderolle allein würde erfüllen können.[29] Wie Lenin 1918 sagte, waren beide Länder und Völker wie «zwei Kücken» unter der einen Schale des Weltimperialismus prädestiniert, diese zu sprengen und auf der Achse Moskau-Berlin die Fackel der sozialistischen Revolution nach Westen wie nach Osten zu tragen.

In der Erde ein Riss

Wenn das in diesem Buch gezeichnete Bild der gegenseitigen Beziehungen zunächst heller und freundlicher wirkt als jenes andere, fest etablierte, in dem die düsteren Elemente von Furcht, Hass und Verachtung dominieren, dann entspricht das seiner Entstehungsgeschichte aus dem von Lew Kopelew 1983 initiierten, monumentalen Projekt der «West-östlichen Spiegelungen».

Tatsächlich gehörte es zu den primären Anliegen Kopelews, die ganze Dichte und Fülle der beiderseitigen kulturellen Beziehungen zu rekonstruieren, mit all ihren produktiven Spannungen und gegenseitigen Entlehnungen. Kopelew hatte selbst aus seiner Kiewer Kindheit noch eine Ahnung jener versunkenen «Welt von gestern» vor 1914, in der das Deutsche die lingua franca einer mitteleuropäischen Kulturwelt war, die in einem weiten Radius von Amsterdam und Straßburg über Triest, Wien, Budapest, Prag, Lemberg und Kiew bis Petersburg und Moskau reichte – und in der das jüdische Stadt- und Bildungsbürgertum, dem er selbst entstammte, eine bedeutende, in vieler Hinsicht sogar ausschlaggebende Rolle spielte.

Lew Kopelew (2. von links) als Major beim Verhör der gefangengenommenen deutschen Generäle Traut, Hofmeister, Steinkeller und Giesen, 1943. Hofmeister, der in den zwanziger Jahren in die geheime Zusammenarbeit von Reichswehr und Roter Armee einbezogen war, schlug bei einem der Verhöre vor, gemeinsame Front zu machen und bis an den Atlantik zu marschieren.

Diese Welt hatte auch in seine «Lehrjahre eines Kommunisten» der zwanziger und frühen dreißiger Jahre noch immer hineingereicht, nun eben verschmolzen mit den phantastischen Prospekten einer sozialistischen Weltrevolution im Bündnis mit Deutschland, die die wirklichen Beziehungen allerdings großteils schon ersetzten. Und diese alte kulturelle Affinität war ihm im Frühjahr 1945 noch immer präsent, als er als kämpferischer Propagandaoffizier der Roten Armee in Ostpreußen zum ersten Mal deutschen Boden betrat – nur um festzustellen, dass das ideelle Band, das sich in der antifaschistischen Agitation zumindest als Glaube an das «andere Deutschland» erhalten hatte, unwiderruflich zerrissen war und der zoologische Hass von seinen eigenen Genossen und Kriegskameraden Besitz ergriffen hatte.

Man darf das einen historischen Augenblick von großer Aussagekraft nennen, als dem Germanisten Lew Kopelew die Achselstücke eines sowjetischen Majors wegen «Mitleids mit dem Feinde» heruntergerissen wurden, obschon sein Vorgehen gegen die Marodeure und Vergewaltiger gerade auch dem Erhalt der eigenen Kampfmoral und

Ehre gegolten hatte.[30] Seine Verschickung ins Lager, in dem er auf den wegen eines ähnlichen Delikts verurteilten Hauptmann und Erzrussen Alexander Solschenizyn traf, bezeichnet einen unwiderruflichen Riss in der geistigen Landkarte des 20. Jahrhunderts. Diesen Riss zu heilen oder wenigstens notdürftig wieder aufzufüllen, war eines der treibenden Lebensmotive Kopelews, aus dem er nach seiner Zwangsausbürgerung das letzte, große Arbeitsprojekt seines Lebens machte.

In dem von uns gemeinsam herausgegebenen Sammelband über «Deutschland und die russische Revolution» haben wir uns, ein Jahr vor seinem Tod, in einem langen, explorierenden Gespräch darüber auseinander gesetzt, inwieweit das Thomas Mann entlehnte Leitwort von der «deutsch-russischen Wahlverwandtschaft», das sich in den «Betrachtungen eines Unpolitischen» von 1917/18 findet, nicht gerade auch die problematischen Seiten dieser gegenseitigen Faszinationen exemplarisch zum Ausdruck bringe.[31] Freilich kam und kommt es gar nicht darauf an, diese Ambivalenz nach der einen oder anderen Seite hin aufzulösen. Man muss sich ihrer nur bewusst sein. Den kulturellen Reichtum zu vergegenwärtigen, der in diesem Beziehungs- und Spannungsfeld entstanden ist, ist ein Wert an sich. Und die Tiefe des geschichtlichen Einbruchs lässt sich nur an der Höhe des schon einmal Erreichten messen.

Allerdings hat mich an dieser deutsch-russischen Geschichte wie an der des Kommunismus im 20. Jahrhundert, die eng dazu gehört, in besonderer Weise stets die Frage beschäftigt, wie die besten Motive sich in ihr absolutes Gegenteil verwandeln können. Die Wege zur Hölle sind, nach einer volkstümlichen Weisheit, mit guten Vorsätzen gepflastert. Auch aus diesem Grunde habe ich in diesem Buch die problematische Beziehungsgeschichte beider Länder in der Weltkriegsperiode von einer so durchaus sympathischen, eher untypischen und dennoch exemplarischen Figur wie der eines Alfons Paquet her entwickelt. Es schien und scheint mir eine eher hilflose, geradezu tautologische Formel, den «Kommissarsbefehl» aus dem Antibolschewismus, den «Generalplan Ost» aus der Russophobie und den Judenmord aus dem Antisemitismus zu erklären, so wie Fritz Reuters Onkel Bräsig die verbreitete Armut der Leute aus der allgemeinen Powreteh erklärte.

Ideologien bieten, einem heuristischen Leitsatz Helmut Fleischers zufolge, nicht an sich schon eine Erklärung, sondern sind selbst etwas zu Erklärendes.[32] Sie speisen sich aus einem jeweiligen lebendigen Fonds von Interessen und Ambitionen, Urteilen und Vorurteilen, Affekten und Phobien. Und oft werden sie nur herbeizitiert, um Entscheidungen oder Handlungen zu decken und zu legitimieren, die in ganz anderen, den Akteuren oft selbst nicht bewussten Motiven wurzeln.

Wege in die Katastrophe

Letztendlich liefert die hier beschriebene, virulente Strömung einer emphatischen deutschen Ostorientierung nur ein anderes, weniger lineares Modell des Wegs in die Katastrophe. So war diese Strömung weithin nur die Kehrseite einer verschärften Abgrenzung Deutschlands vom Westen in der Ära der deutschen «Weltpolitik» seit 1900. Während des Ersten Weltkriegs lieferte sie, wirksamer vielleicht als die russophoben Positionen der baltendeutschen Ideologen, das sentimentalische Unterfutter für die deutschen Dekompositions- und Revolutionierungsstrategien gegenüber dem Russischen Reich. In der Weimarer Periode erwies sie sich als ein wesentliches Element der sterilen Überhitzung der deutschen Außen- und Revisionspolitik und trug zur Dauerentzündung der imperialen Phantasien hüben wie drüben bei. Und da alle positiven Erwartungen an eine deutsch-russische Kombination fast immer in Frustrationen mündeten, bildeten sie ein weiteres Ferment der «deutschen Hysterie» (um diese plastische Bezeichnung von István Bibó aufzunehmen[33]).

Vorstellungen einer Hinwendung nach Osten und zum «neuen Russland» waren eben keineswegs nur auf Seiten der Kämpfer für ein Sowjetdeutschland oder im fluktuierenden Milieu der Linksintellektuellen und «Salonbolschewisten» zu finden, sondern obsedierten gerade auch im Milieu der nationalradikalen und deutschvölkischen Rechten die Köpfe. In gewisser Weise lieferten sie erst die Vorlage für die Ideen Hitlers vom neuen «Germanenzug» ins angeblich jüdisch beherrschte, seiner indogermanischen Herrenschicht beraubte, dem Zusammenbruch geweihte Sowjetrussland und verliehen ihnen durch ihren illusionären Charakter sogar noch den Anschein eines höheren Realismus.

Allerdings war es kaum die originäre Werbekraft der futuristischen Ostreichspläne aus «Mein Kampf», die die Nationalsozialisten in den Krisenjahren nach 1930 an die Macht spülte, so wenig wie eine akute Bolschewismusfurcht im Bürgertum (auch wenn es die sicherlich gab). Die politische Grundsituation dieser Jahre bestimmte sich primär durch eine ganz andere, nahezu entgegengesetzte mentale Lage. In den Worten Stefan Breuers: «Die Furcht galt nicht der Klasse, sondern der Masse, dem identitätslosen Oszillieren, das mit Assoziationen von Auflösung, Desintegration und Fragmentierung besetzt war.»[34] Am Liberalismus gingen nach einem bekannten Diktum Moeller van den

Brucks nicht nur die «Völker zugrunde», sondern er bedeutete geradezu «die Selbstauflösung der Menschheit».[35] Der Kampf galt also dem Weimarer Staat selbst, der in den Augen seiner radikalen Kritiker nichts war als «ein ‹Erfüllungs›-Staat, ein Geschöpf des Versailler Friedens, der auf die Helotisierung Deutschlands zielte». Ja, diese Republik war «ein Brückenkopf des Feindes, Ausland im Inland, eine Fortsetzung des Krieges gegen das deutsche Volk».[36]

Je weiter das Weimarer Deutschland materiell und kulturell «verwestlichte» und zu einem integrierenden Element der bürgerlich-kapitalistischen Welt- und Wirtschaftsordnung wurde, umso fundamentalistischer formulierte sich der Widerspruch gegen diese Entwicklung. Heftiger als alle konkreten politischen und ökonomischen Konflikte mit den Siegermächten waren die diffusen kulturellen Aversionen, die sich gegen das kosmopolitische Berlin und die von dort scheinbar das gesamte Kulturleben durchdringende kommerzialisierte und amerikanisierte Massenkultur richteten. Dabei war die Heftigkeit der Ablehnung von «wurzelloser Asphaltliteratur» und «jüdischer Mache» im Film, auf dem Theater oder in der Musik gerade ein Kampf gegen die echte Popularität, die diese angeblich «artfremde» Massenkultur gewonnen hatte, die ja in Wahrheit auch aus ureigenen Quellen und Ressourcen der deutschen Gesellschaft schöpfte. Nicht anders verhielt es sich mit der Entwicklung der modernen Informationsmedien oder der Wissenschaften. Das Erfolgsgeheimnis der Nationalsozialisten war es, die Ressentiments zu schüren, aber die angefeindete Populärkultur wie die Massenmedien und Wissensressourcen gleichzeitig zu «arisieren» und zu beerben.

Tatsächlich war der «Kampf um die Moderne» (wie Gunther Mai ihn bezeichnet hat) das Signum des Zeitalters im ganzen. Was zu Jahrhundertbeginn nur ein diffuser «Kulturpessimismus» gewesen war, hatte nach dem Durchgang durch den Totalisator des Ersten Weltkriegs die Gestalt absoluter ideologischer Systeme angenommen, die sich auf jeweilige Weise anheischig machten, die gesellschaftlichen Widersprüche gewaltsam zu bändigen.[37] Die totalitären Projekte des Zeitalters waren insofern «Reaktionen» im weiten Sinne des Wortes auf die eigentliche Umwälzung des 20. Jahrhunderts, die auch als «World Revolution of Westernization» oder als «atlantische Revolution» beschrieben worden ist.[38] In diesem Sinne kann man den deutschen Nationalismus und Nationalsozialismus wie den italienischen Faschismus und den russischen Bolschewismus nach einem von Ian Buruma und Avishai Margalit (mit Blick auf den heutigen Islamismus) neuerdings geprägten, prekären Gegenbegriff zum «Orientalismus» auch als jeweilige Formen eines «Okzidentalismus» beschreiben.[39]

Einmarsch sowjetischer Fronttruppen in eine ostpreußische Kleinstadt im Frühjahr 1945. Von den Plünderungen und Vergewaltigungen gibt es aus nahe liegenden Gründen so gut wie keine fotografischen Zeugnisse.

Die Sirenen von Moskau

Hitlers «treubrüchiger Überfall» (so Molotow) gegen die Völker der Sowjetunion provozierte fast zwangsläufig die Proklamation eines «Großen Vaterländischen Krieges» durch Stalin. Die menschenverachtenden Formen der sowjetischen Kampfführung bei ihren Rückzügen wie bei ihren Vormärschen waren in vieler Hinsicht das Spiegelbild der deutschen Kriegs- und Besatzungspraxis, so wie die Aufrufe zur «Vernichtung der faschistischen Bestien» und Ehrenburgs Losung «Töte den Deutschen» eine direkte Replik auf die deutsche Hasspropaganda gegen den «jüdischen Bolschewismus» und die «slawischen Untermenschen» waren.

Hier wie dort hatten die ideologischen Formeln vor allem die Funktion einer «Freischaltung» destruktiver Impulse jeder Sorte. Als die Sowjetsoldaten deutschen Boden betraten, befanden sie sich bereits in einem psychischen Ausnahmezustand, der sich nicht nur aus dem Anblick der verwüsteten und ausgebluteten Dörfer und Städte speiste, die sie bei ihren Vormärschen durchquert hatten, sondern auch daraus, dass die Kriegführung der eigenen Armee ihnen physische und psychische Dauerbelastungen und Härten abverlangte, wie sie Soldaten in den Schlachten des 20. Jahrhunderts bis dahin niemals haben ertragen müssen.[40] Die Chance, auch nur ein Jahr heil zu überleben, war verschwindend gering. Von fast 35 Millionen für die Rote Armee mobilisierten Rekruten und Zivilisten, Männern und Frauen, sind mehr als 80 Prozent gefallen oder umgekommen, verwundet oder gefangen genommen worden. Für die einfachen Rotarmisten gab es (anders als für die Wehrmachtssoldaten) weder regelmäßigen Heimaturlaub noch sonstige Erholungszeiten. Die einzige Kompensation waren alkoholische Exzesse, Plünderungen und Vergewaltigungen – über die Stalin nicht nur im Bilde war, sondern die er ausdrücklich billigte.[41]

In paradoxem Widerspruch zu dieser chauvinistischen Entfesselung aller nationalen Affekte gegen «die Deutschen» spielte die alte deutsch-russische Option für Stalin noch immer die Rolle einer Auffanglinie und Nebenpolitik zur Antifaschistischen Kriegskoalition mit den Westmächten, deren innere Widersprüche offen zutage lagen. Auf dieser Nebenlinie der sowjetischen Politik lag die verblüffend erfolgreiche Gründung des in den schwarz-weiß-roten Reichsfarben auftretenden «Nationalkomitees Freies Deutschland» und des ergänzenden «Bundes deutscher Offiziere» in den sowjetischen Gefangenenlagern, oder der Wechsel von den Plänen einer vollständigen «Zerstückelung» (*dismemberment*) Deutschlands in Teheran und Jalta zur offen gehaltenen Option einer Wiederherstellung des Reiches in Potsdam. Stalins früher, jetzt wieder zitierter Satz «Die Hitler kommen und gehen, das deutsche Volk, der deutsche Staat bleiben» konnte gegenüber den Gespenstern eines «Morgenthauplans» der westlichen Alliierten im Moment des deutschen Zusammenbruchs vielen wie ein letzter Rettungsanker erscheinen.

Auch die im Zuge des Kalten Krieges vorangetriebene Neu-Weimarer Kulturpolitik der Sowjetischen Besatzungsbehörden unter der Federführung des Erzpatrioten Johannes R. Becher; die Gründung der «Deutschen Demokratischen Republik» mit ihrem prononciert gesamtdeutschen Vertretungsanspruch gegenüber der «Bonner Spalterrepublik»; schließlich die Neutralisierungs- und Wiedervereinigungsangebote der Stalinnoten von 1952 und die begleitende nationalrevolutionäre Befreiungsrhetorik von KPD und FDJ folgten der wiederbelebten Gedankenlinie einer formellen oder informellen Achse Berlin-Moskau, die sich – wie früher gegen «Versailles» – gegen die von den westlichen Siegermächten und vor allem den USA dominierte «atlantische» Allianz und Weltordnung hätte richten sollen. Noch 1952 bekräftigte Stalin in seiner letzten Schrift über «Die ökonomischen Probleme des Sozialismus» seine gesetzmäßige Voraussage, dass die Besiegten, (West-)Deutschland und Japan, niemals auf Dauer «unter dem Stiefel des amerikanischen Imperialismus ein elendes Dasein fristen» würden, statt zu versuchen, «wieder auf die Beine zu kommen und das ‹Regime› der USA zu durchbrechen».[42]

Drift nach Westen

Diese Politik eines abermaligen, sowjetisch gestützten deutschen Revisionismus im Zeichen des fehlenden Friedensvertrages fand anfangs durchaus noch gewichtige Partner auf beiden Seiten der Grenze, von den Kommunisten und anschlusswilligen Sozialdemokraten der KPD und SED über die bürgerlichen Blockparteiler und Offizierskader der Nationalen Volksarmee der DDR bis zu den Gruppen linker und rechter Neutralisten in der Bundesrepublik sowie prominenten Grenzgängern wie dem Ex-Reichskanzler Wirth, dem Rennfahrer von Brauchitsch oder ehemaligen Wehrmachtsgenerälen wie von Seydlitz oder Paulus. Ob die DDR als «Wacht an der Elbe» (nach Wilhelm Pieck) mit Berlin als Hauptstadt oder ob das scheinbar völlig geschichts- und gesichtslose Provisorium der rheinischen Bonner Republik sich behaupten würde, konnte trotz Marshallplan und früher Prosperität nicht per se schon als ausgemacht gelten. Selbst der Aufstand vom 17. Juni 1953 löste in der Bundesrepublik wie bei den westlichen Alliierten mehr Erschrecken als Enthusiasmus aus und fiel, trotz seiner proletarischen Prägung und spontanen Breite, rasch in sich zusammen, als die sowjetischen Panzer rollten.

Dennoch markierten die Jahre 1949, 1953, 1956 und 1961 eine schrittweise Wende, die sich als eine unaufhaltsame Drift nach Westen darstellte – in Form einer anhaltenden Fluchtbewegung von Osten, aber auch einer zunehmenden Akkulturierung der Bundesbürger an die christlich-abendländisch illuminierte und zugleich schon stark amerikanisierte Lebenswelt der 50er und 60er Jahre. Diese mentalen und alltagskulturellen Entwicklungen bildeten die feste Grundlage der stets anwachsenden demokratischen Mehrheit für die Adenauersche Politik der Westintegration, die nach der Aufnahme der diplomatischen Beziehungen mit Moskau 1955 und der festeren Eingliederung in EWG und NATO kaum noch prinzipiell in Frage gestellt wurde.

Die virulenteste Gegenströmung kam ab 1958, und verstärkt nach dem Mauerbau 1961, von einem Segment der jüngeren «Linksintellektuellen». Deren Unbehagen an der atomaren und politischen Zementierung der Spaltung Deutschlands und Europas floss 1965 zwar noch einmal in die Kanzlerkampagne Willy Brandts mit ein; nach der erneuten Wahlniederlage und Bildung einer «Großen Koalition» gehörte sie aber zur rasch anwachsenden intellektuellen Gärmasse der Jugendunruhen von 1967/68.

Diese neue Außerparlamentarische Opposition ging nicht zufällig von der Frontstadt Westberlin aus, in der jugendliche «Abhauer» aus dem Osten und Wehrdienstflüchtlinge aus dem Westen ein eigenes Submilieu gebildet hatten. Letztlich vermochte diese Neue Linke in ihrer sektenhaften Egozentrik keine tragfähige politische Alternative zu entwickeln, wie die nach dem Initialereignis des 2. Juni 1967 entwickelten «Machtergreifungs»-Szenarien Rudi Dutschkes zur Bildung einer Westberliner Räterepublik eindrücklich belegen. Weder die Phantasie einer west-östlichen Jugendrevolte noch die ideelle Konstruktion einer «Dritten Welt» mit China, Kuba, Vietnam oder Jugoslawien als ihren Champions verlieh diesen Ausbruchsversuchen aus der von den Supermächten USA und UdSSR dominierten Weltordnung eine größere Realitätshaltigkeit.

Am Ende haben positiv oder negativ, bewusst oder unbewusst, auch die Rebellen von 1968 entgegen ihren scheinbar «östlichen» Ideologien und Neigungen an dem eigentlichen epochalen Ereignis dieser ersten zwei, drei Nachkriegsjahrzehnte mitgewirkt: dem eher kurzen «Weg nach Westen», den das Gros der Westdeutschen inzwischen eingeschlagen hatte, und wie sich 1989 schlagartig zeigte, innerlich auch schon das Gros der Ostdeutschen.

Der «Russland-Komplex» in Auflösung

Während auf westdeutscher Seite ab 1970 viele der jugendlichen Veränderungsenergien in die «neue Ostpolitik» und sozialliberale Reformpolitik der Regierungen Brandt/Scheel mit einflossen, zeigte sich auf Seiten der SED erneut eine konstitutionelle Unfähigkeit, auf autonome Massenbewegungen, selbst wenn sie den eigenen Ideologiesystemen weit entgegenkamen, anders als mit panischem Misstrauen oder durchsichtigen Angeboten zur Selbstentmündigung zu reagieren. Damit ging die Aufgabe jeder gesamtdeutschen Rhetorik, gestützt durch die Improvisation eines eigenen sozialistischen DDR-Staatsvolks, einher. Zu einer wirklichen Détente und Öffnung oder gar einer großzügigen Kooperation, wie sie in der Ära Brandt und Schmidt zwischen der Bundesrepublik, der Sowjetunion und der DDR immer wieder vereinbart wurden, waren die verknöcherten Regimes in Moskau und Ostberlin nicht in der Lage, noch weniger, als es die junge Sowjetunion in der Ära von Rapallo gewesen war.

Umso kurzsichtiger war die «realpolitische» Bereitschaft der Bonner Entspannungspolitiker der siebziger und achtziger Jahre, ange-

Willy Brandt und Leonid Breschnew im September 1971 beim Bootsausflug auf der Krim. Ein letztes Schwelgen in großen deutschrussischen Perspektiven, die (wie Brandts Miene andeutet) wenig Realitätshaltigkeit haben.

sichts der Bürgerrechtsbewegungen in Polen, der CSSR und der DDR die Position einer sekundären Garantiemacht des Status quo einzunehmen, und das gelegentlich bis an den Rand einer Anerkennung der Breschnew-Doktrin (d. h. eines bewaffneten Interventionsrechts der Sowjetunion im eigenen Machtbereich).[43] Noch fragwürdiger waren die Aufwallungen der «Friedensbewegung» und einer breiten Öffentlichkeit, soweit es sich um die Dämonisierung des US-Präsidenten Reagan und seiner Politik einer offensiven «Nachrüstung» handelte. Chimärische Blitzkriegsszenarien des Pentagon wirkten in den Augen vieler, vielleicht einer Mehrheit der Bundesbürger «realer» als die unter Ausschluss der westlichen Fernsehkameras stattfindenden Boden- und Bürgerkriege in Afghanistan, Vietnam, Kambodscha, Angola oder Äthiopien, in denen das «sozialistische Weltlager» um den Preis hunderttausender Menschenleben seine letzte, trügerische Ausdehnung erreichte. In dieser Hinsicht musste die letzte sozialliberale Regierung Schmidt/Genscher wie die erste christlich-liberale Regierung Kohl/Genscher aus einer Minderheitenposition heraus agieren.

Der Amtsantritt Michail Gorbatschows Mitte der achtziger Jahre schien dieses Dilemma in einer eigenständigen Öffnungs- und Entspannungsoffensive der sowjetischen Führung glücklich aufzuheben. Die deutsche «Gorbymanie» dieser Jahre kann als ein letztes, fernes Echo des einstigen «Russland-Komplexes» in seinen freundlicheren Ausprägungen betrachtet werden. Die Lorbeerkränze, die dem letzten

Generalsekretär der KPdSU in deutscher Zunge geflochten wurden, konnten stellenweise an die Oden erinnern, die deutsche Dichter wie der junge Herder einst auf die Zarin Katharina ausbrachten, wenn nicht sogar an die quietistischen Stalin-Oden von Becher oder Hermlin. Es war die archaische Gestalt eines «guten Fürsten», mehr noch: eines Welt-Friedensfürsten, die in der Figur des Michail Gorbatschow romantische Urständ feierte.[44]

Der Sprecher der Deutschen Bank, Friedrich Wilhelm Christians, berichtete dem «Spiegel» vom «Weltfriedensforum» in Moskau 1987, Gorbatschow verkörpere und verlange «eine neue Sittlichkeit» in den Beziehungen der Völker und Staaten.[45] Der Fernsehmoderator und Laientheologe Franz Alt sah mit Gorbatschow den Geist der Bergpredigt und «die Vision Jesu von der Geschwisterlichkeit und Gotteskindschaft aller Menschen» auf die «Bühne der Weltpolitik» zurückgekehrt.[46] Und der emigrierte ostdeutsche Dissident und Ökofundamentalist Rudolf Bahro nannte Gorbatschow geradewegs seinen «Principe», den er von jeher antizipiert habe und der nun endlich erschienen sei: «Er benutzt die erprobte Tyrannis, während er sie abbaut, um ... die ursprüngliche Idee, die urbildliche heilige Ordnung wiederherzustellen.»[47]

Dieses heute eher humoristisch anmutende Konzert deutscher Stimmen zeichnete sich, wie viele der früheren weltpolitischen Beauftragungen Russlands, durch eine hochherzige Verkennung aller realen Schwierigkeiten und Unmöglichkeiten aus, in denen Gorbatschow mit seinen Plänen einer «Perestrojka», eines aufgeklärt-autokratischen «Umbaus» des heillos überrüsteten sowjetischen Staatsmolochs, längst steckte. Der Bedeutung dieses letzten Generalsekretärs der KPdSU als eines der geschichtlich seltenen «Helden des Rückzugs» (H. M. Enzensberger[48]) tut das keinen Abbruch. Und die deutsche «Gorbymanie» hat bei den epochalen Weichenstellungen von 1989 bis 1992, als das sowjetische Imperium sich mit dem Mauerfall in Berlin gleichsam über Nacht in einer historisch einzigartigen Kette friedlicher Umwälzungen auflöste, womöglich für einen kurzen Moment eine reale geschichtliche Bedeutung gewonnen, wie das bei früheren Exaltationen dieser Art kaum jemals der Fall gewesen ist.

Seither sind die Deutschen und die Russen in eine historische Normallage zurückgekehrt, die nicht zuletzt darin besteht, sich mit nüchternen Augen anschauen zu müssen. Zwar hat das Russland Jelzins und Putins sporadisch noch die deutschen Phantasien beschäftigt und manche der alten positiven oder negativen Sentimente geweckt. Aber die «Männerfreundschaften», die diese Beziehungen von Kohl bis Schröder getragen haben, waren eher Aushilfen eines noch immer höchst unsicheren, von allerhand Animositäten und Aversionen ge-

Der deutsche Russland-Komplex 457

Am 14. Juli 1989 feiert BILD Gorbatschow bei seinem Besuch in Bonn. Die Bundesbürger attestierten dem sowjetischen Parteichef nach Umfragen des «Spiegel» ein höheres Maß an Entschlusskraft, Bildung und Sachkompetenz als allen westlichen Staatsmännern. Nur 2 % der Befragten lehnten Gorbatschows Politik ab. Über 80 % glaubten an den Erfolg seiner Reformen. Über 60 % betrachteten ihn und sein Land mit «Wohlwollen» oder «großer Sympathie».

prägten politischen und gesellschaftlichen Alltags. Im Kern unterschieden sie sich nicht allzu sehr von den wechselnden «strategischen Partnerschaften», die in einer multipolarer gewordenen Welt zwischen Regierungen und Staatsmännern von Asien über Europa bis Amerika gesponnen werden. Für feste Achsenbildungen und Sonderbeziehungen ist darin nur noch wenig Platz. Den geheimnisvollen, erwachenden «Osten» gibt es nicht mehr, und auch der «Westen» in dem 1917 und 1947 formulierten Sinne ist dabei, sich aufzulösen.

Nachwort

Das hier vorliegende Buch zielt, wie im Eingangskapitel schon bemerkt, nicht darauf ab, den etablierten Deutungen der Weltkriegs- und Revolutionsepoche des 20. Jahrhunderts eine möglichst kategorische These entgegenzustellen. Ein vieldeutiger Titelbegriff wie «Der Russland-Komplex» zeigt bereits an, dass es eher um eine produktive Verkomplizierung, Hinterfragung oder Relativierung geläufiger Erklärungsmuster geht als etwa darum, eine neue Meistererzählung zu kreieren. Dass die weithin vergessene oder ins Abseits gerückte Geschichte der deutschen Ostorientierungen und Russlandfaszinationen zu den Schlüsselgeschichten des vergangenen Jahrhunderts gehört, davon bin ich allerdings überzeugt. Es kam mir also darauf an, sie mit einigen kräftigen Strichen und deutlichen Konturen in das Gesamtbild des Zeitalters einzuzeichnen.

Das weite Spektrum sehr heterogener Themen, Quellen und Lektüren, miteinander verwobener Biographien und exemplarischer Fallgeschichten, auf die ich meine Argumentation und Darstellung stütze, wie überhaupt die Art und Anlage dieses Buches hängen freilich nicht nur mit dem zusammen, was es demonstrieren möchte, sondern auch mit den Umständen seiner Entstehung.

Die Anfänge reichen zurück in die Kölner Küche Lew Kopelews vor fast zwanzig Jahren, in der so vieles angeregt und angestoßen worden ist. Die tolstojanische Aura, in die der alte Mann bereits gehüllt war, machte es nicht leicht, zu seinen Widersprüchlichkeiten durchzudringen, die vielleicht die Quelle seiner unerschöpflichen Vitalität waren. Die Geschichte des Jahrhunderts saß ihm buchstäblich in den Knochen, und gerade der Knoten der deutsch-russischen Freund- und Feindschaften ließ ihm keine Ruhe. Jedenfalls verkörperte er in seiner Person (fast) alles, was mich seit langem und aus ganz eigenen Motiven beschäftigt hatte.

Aus den ersten, sporadischen Begegnungen entstand in den frühen neunziger Jahren schließlich eine mehrjährige Arbeitsbeziehung, deren wichtigstes Produkt der gemeinsam herausgegebene, voluminöse Sammelband «Deutschland und die russische Revolution» (München 1998) war, als chronologischer Schlussstein seines späten Lebensprojekts der «West-östlichen Spiegelungen» (WÖS). Leider hat Kopelew den gedruckten Band nicht mehr in Händen gehalten. Zu den letzten

Texten, die er vor seinem Tod im Juni 1997 noch verfasst hat, gehörte sein Nachwort mit dem leitmotivischen Titel «Fragen bleiben».

Das hier vorgelegte Buch verdankt sich zu einem wesentlichen Teil den Ergebnissen und Überschüssen dieses enzyklopädischen Forschungsunternehmens, das Kopelew selbst und sein engerer «Stab» (Mechthild Keller, Dagmar Herrmann und Karl-Heinz Korn) mit großer Kompetenz und langem Atem betrieben haben – aber eben auch den offenen Fragen und Zweifeln, die mir daraus erwachsen sind.

Mein erster Versuch, parallel zur Schlussredaktion des gemeinsamen Sammelbandes 1996/97 bereits eine eigene Darstellung zum Thema vorzulegen, war allerdings nicht zu realisieren. Die Deutsche Forschungsgemeinschaft hatte mir auf Antrag von Dietrich Beyrau (Tübingen) im Herbst 1996 einen mehrwöchigen Forschungsaufenthalt in russischen Archiven finanziert, der die ohnehin bedrängende Materialfülle nochmals vermehrte. Dasselbe geschah, als ich mich in den Frankfurter Nachlass von Alfons Paquet vertiefte und in die geheimnisumwitterte Grauzone der deutsch-bolschewistischen Weltkriegskontakte eintauchte. Das von Jan-Philipp Reemtsma geleitete Hamburger Institut für Sozialforschung setzte mir im Sommer 1997 ein außeretatmäßiges, sechsmonatiges Stipendium für eine erste Teilniederschrift aus, die jedoch Fragment blieb.

In den folgenden Jahren traten halb notgedrungen und halb auch, um Abstand zu gewinnen eine Reihe anderer Themen in das Zentrum meiner publizistischen Tätigkeit. Inmitten dessen war es immer wieder Dietrich Beyrau, der mich ermunterte und anhielt, dieses halb fertige Manuskript mit einem Stoff, der mir zu entgleiten drohte, in eine vorläufige Gesamtdarstellung zu bringen. Diesen entscheidenden Arbeitsschritt habe ich im Winter und Frühjahr 2001/02 endlich machen können, zunächst in Form einer wissenschaftlichen Darstellung im Bereich der Osteuropäischen und Neueren Geschichte unter dem Titel «Rom oder Moskau».*

Die finanziellen Voraussetzungen dafür hatte in der denkbar unbürokratischsten Art und Weise – wie schon bei der Erarbeitung des mit Kopelew erstellten Sammelbandes in den Jahren 1993 bis 1996 – die Fritz Thyssen Stiftung geschaffen. Und es war dieselbe Stiftung, die im Jahr 2004 noch einen letzten Zuschuss für die redaktionelle Schlussbearbeitung zur Verfügung stellte, diesmal auf Antrag von Jörg Baberowski (Humboldt Universität zu Berlin), mit dem ich seit Jahren in vielfältigem Austausch stehe.

Die endgültige Druckfassung schließlich verdankt sich bereits der

---

* http://w210.ub.uni-tuebingen.de/dbt/volltexte/2003/1020

Zusammenarbeit mit dem Verlag C. H. Beck und seinem Cheflektor Detlef Felken, der sich dieses Projekts mit großem Verständnis für die Sache wie für den Autor angenommen hat. Als Nichtzünftiger im historischen Fach- und Publikumsverlag par excellence die Ergebnisse meiner ausgedehnten Forschungen und Überlegungen einer kritischen Leserschaft vorstellen zu dürfen, erfüllt mich mit besonderer Freude – und darüber hinaus mit einer Dankbarkeit, die allen bisher Genannten an erster Stelle gilt.

Am Ende dieses langen, zeitweise steinigen Weges fühle ich mich ein wenig wie der Sergeant Grischa in Arnold Zweigs gleichnamigem Roman, der seine Rettung einer Art Verschwörung der Wohlmeinenden verdankte. Zu ihnen hätte ich noch Helmut Fleischer zu rechnen, der den ersten Kontakt zu Kopelew hergestellt und meine verschiedenen Arbeiten über zwanzig Jahre hinweg freundschaftlich-kritisch begleitet und ermutigt hat. Ähnliches gilt für Karl Schlögel, dessen empathischer und analytischer Blick auf die Welt und die Geschichte mir in seinen großartigen Büchern wie in unseren viel zu seltenen Diskussionen immer wieder neue Türen aufgeschlossen und neue Anstöße gegeben hat.

Wie Dietrich Beyrau hat auch Anselm Doering-Manteuffel (Tübingen) meine akademische Vorarbeit «Rom oder Moskau» mit lebhaftem Interesse gelesen und diskutiert. Henriette Klingmüller-Paquet, die Tochter Alfons Paquets, hat mir bei meinen Forschungen im Nachlass ihres Vaters einige wertvolle mündliche und schriftliche Hinweise gegeben. Oliver M. Piecha hat die Erkenntnisse seiner Paquet-Biographie mit dem treffenden Titel «Der Weltdeutsche» mehrfach mit mir ausgetauscht. Markus Wehner, Aleksander Watlin und Andrej Doronin waren mir vor Jahren bei meinen Moskauer Recherchen behilflich. Meine gute Agentin Barbara Wenner hat mir jenes existenzielle Minimum an Rückhalt vermittelt, das man gerade als freier Autor braucht. Entscheidend war schließlich, dass meine Frau Anna Leszczynska-Koenen über all die Jahre die Geduld und den Glauben nicht verloren hat.

Gleichwohl wird man dieser Arbeit (zu ihrem Nachteil oder Vorteil) ansehen, dass sie außerhalb kontinuierlicher akademischer Arbeits- und Diskussionszusammenhänge entstanden ist. Es gab allerdings auch eigene, gute Gründe dafür, dass ich Fachdiskussionen nur sparsam geführt und mich in meinen Quellen- und Literaturverweisen auf die unmittelbaren Fundstellen und Referenzen beschränkt habe. Es wäre ebenso vermessen wie sinnlos gewesen, in einem derart weiten Themenfeld die gesamte Literatur beherrschen und herbeizitieren zu wollen, oder sie auch nur in eine konsistente Literaturliste zu bringen.

Auch darauf habe ich folglich verzichtet. Dasselbe gilt für meine umfangreiche Bibliographie der zeitgenössischen deutschen Russlandliteratur, die zu den primären Quellen dieser Darstellung gehört.* Die Buch- oder Zeitschriftentitel werden jeweils bei ihrer ersten Nennung vollständig zitiert, auf die im Weiteren dann rückverwiesen wird.

In der Rechtschreibung habe ich einige der neuen Regeln übernommen, die mir einleuchten und die im übrigen – etwa in der Schreibweise «Russland» statt «Rußland» – auch in der zeitgenössischen Literatur nach der Jahrhundertwende vielfach verwendet wurden. Um der Lesbarkeit willen ist diese Schreibweise auch für die Zitate übernommen worden. Aus demselben Grund habe ich mich bei den russischen Namen und Begriffen an die geläufige Duden-Transkription gehalten und lediglich in den Literaturverweisen die (allein Fachleuten zugängliche) slawistische Transliteration verwendet.

Frankfurt am Main, im Juni 2005

---

* Diese Bibliographie kann über meine Website *www.gerd-koenen.de* eingesehen werden.

ANHANG

Quellenverzeichnis

I. Alfons Paquet

Der *Nachlass Alfons Paquet* wird in der Frankfurter Staats- und Universitätsbibliothek (StUB) verwahrt. Über das von Winfried Baumgart 1971 gedruckt herausgegebene «Moskauer Tagebuch» hinaus waren vor allem die «Stockholmer Tagebücher» Paquets 1916–18, einschließlich eines Heftes mit Aufzeichnungen über seine «Kriegsreise nach Finnland» im Februar 1918, von Interesse. Schließlich wurden auch die Tagebuchaufzeichnungen nach der Rückkehr von November 1918 bis Februar 1919 durchgesehen. Insgesamt handelt es sich um die Hefte I–VI seiner als «Politisches Tagebuch» im Mai 1917 begonnenen Aufzeichnungen. Auch einige von Baumgart in der gedruckten Fassung ausgelassene Passagen, teils zu okkulten Dingen, teils zur «jüdischen Frage», wurden durchgesehen, ebenso eine Vielzahl von begleitenden Notizen sowie verstreute Aufzeichnungen und Fragmente. Von den eingesehenen Teilen des äußerst umfangreichen, keineswegs vollständigen und noch nicht systematisch erschlossenen Nachlasses Paquet (NLP) wurden insbesondere verwendet:

1. Reise nach China, Notizen I–IV (Teil II, A7)
2. Levante. Eine Reise auf Pfaden deutscher Arbeit und Politik; darin die gedruckte Artikelfolge «Von der Donau zum Euphrat» sowie handschriftliche Passagen (Teil II, A 5)
3. Politisches Tagebuch Stockholm I–II (Teil II, A 5)
4. Politisches Tagebuch Stockholm III, Finnische Kriegsreise (Ebenda)
5. Politisches Tagebuch Moskau IV–VI (Ebenda)
6. Notizbücher Moskau, Briefe (Ebenda)
7. Tagebuch VI, Fortsetzung Berlin/Frankfurt (Ebenda)
8. Roman-Ms. Von November bis November 1932; Ms. Fassung mit handschriftl. Korrekturen u. Titelvarianten (Teil II, A 2)

Als *gedruckte Quellen von Paquet* wurden supplementär verwendet:

+ Winfried Baumgart (Hrsg.): Von Brest-Litovsk zur deutschen Novemberrevolution. Aus den Tagebüchern, Briefen und Aufzeichnungen von Alfons Paquet, Wilhelm Groener und Albert Hopman, März bis November 1918, Göttingen 1971
+ Hans Peter Neureuter: Alfons Paquet und seine Reportagen aus dem Finnischen Bürgerkrieg 1918. In: Trajekt. Beiträge zur finnischen, lappischen und estnischen Literatur, H. 3, 1983, S. 31–73; dort auch Auszüge aus seinem Tagebuch der «Kriegsreise nach Finnland»

Als wichtiges *Hilfsmittel zur Erschließung* des reichhaltigen Schrifttums von Alfons Paquet liegt vor:

+ Bibliographie Alfons Paquet. Bearbeitet von Dr. Sebastian Paquet, Henriette Klingmüller-Paquet u. a., Frankfurt 1958

II. Deutsche Quellen zur Inneren und Äusseren Politik

Im *Politischen Archiv des Auswärtigen Amtes* (PA-AA) wurden eine Reihe von Beständen aus der Zeit des Ersten Weltkriegs eingesehen. Davon waren für diese Arbeit relevant:

1. Gesandtschaft Kopenhagen, betreffend Helphand (Kopenhag. 98/353)
2. Geh. Akten betr. Das Verhältnis zu Russland (Deutschland Nr. 131 secr., Bd. 18 = R 2062; Bd. 19 = R 2063; Bd. 50 = R 2014; Bd. 51 = R 2015; Bd. 52 = R 2016; Bd. 53 = R 2017; Bd. 55 = R 2019)
3. Geh. Akten betr. Die russische Presse (Russland Nr. 74, Bd. 2 = R 10544; Bd. 35 = R 10540)
4. Geh. Akten betr. Friedensbemühungen usw. (Der Weltkrieg 2 Geh., Bd. 51 = R 20497; Bd. 52 = R 20498; Bd. 55 = R 20501)
5. Akten betr. Journalisten (Deutschland Nr. 122, No. 3, Bd. 34 = R 1232)
6. Akten betr. Den russischen Bolschewisten Karl Radek (Deutschland 131, adh. 3, No. 2, Bde. 1–2 = R 2042/2043)

Im *ehemaligen Moskauer «Sonderarchiv»* (zur Zeit meiner Recherchen noch «Russisches Archiv zur Aufbewahrung historischer Dokumente», RZChDI; seit 1999 mit dem ehemaligen «Militärarchiv», RGWA, zusammengelegt) waren insbesondere folgende Bestände für diese Arbeit von Bedeutung:

1. Faschistische und profaschist. Organisationen (Fonds 1521, op. 1)
2. Reichsministerium des Inneren, Berichte Reiko (Fonds 720, op. 3)
3. Nachlass Walther Rathenau (Fonds 634, op. 1)
4. Nachlass Müller von Hausen (Fonds 577, op. 1 + 2)

III. Quellen zur Politik der Bolschewiki und Komintern

Im ehemaligen *Partei- und Kominternarchiv* (zur Zeit meiner Recherchen noch das «Russische Zentrum für die Aufbewahrung und das Studium von Dokumenten zur neuesten Geschichte», RZChIDNI und als solches zitiert; inzwischen Teil eines neugebildeten «Russischen Staatsarchivs für sozial-politische Geschichte», RGASPI) waren für diese Arbeit insbesondere von Interesse:

1. Sekretariat Lenin (Fonds 5, op. 1 + op. 3)
2. Parvus-Helphand (Fonds 299, op. 1)
3. Karl Radek (Fonds 326, op. 1)
4. Lunatscharski (Fonds 142, op. 1)
5. Westeuropäisches Büro (Fonds 499, op. 1)
6. Föderation ausländ. Gruppen in der KPR (B) (Fonds 549, op. 4)

Anmerkungen

Rom oder Moskau. Einleitung

1 Alfons Paquet, Rhein und Donau. In: Rom oder Moskau. Sieben Aufsätze, München 1923, S. 25 f.
2 Thomas Mann, Das Problem der deutsch-französischen Beziehungen, zuerst veröffentlicht in: Der neue Merkur 5 (1921/22), H. 10; hier zitiert nach: Thomas Mann, Aufsätze-Reden-Essays, Bd. 3: 1919–1925, hrsg. von Harry Matter, Berlin-Weimar 1986, S. 187.
3 Ernst Robert Curtius, Deutsch-französische Kulturprobleme. In: Der Neue Merkur 5 (1921/22), H. 3, September 1921.
4 Dietrich Geyer, Ostpolitik und Geschichtsbewußtsein in Deutschland. In: Vierteljahrshefte für Zeitgeschichte 16 (1968), H. 2, S. 147–158; hier S. 150.
5 Fritz T. Epstein, Der Komplex ‹Die russische Gefahr› und sein Einfluß auf die deutsch-russischen Beziehungen des 19. Jahrhunderts. In: Deutschland in der Weltpolitik des 19. und 20. Jahrhunderts, hrsg. von I. Geiss und B. J. Wendt, Düsseldorf 1973, S. 143–159.
6 Ebenda, S. 146 ff.
7 Hans Erich Volkmann (Hrsg.), Das Russlandbild im Dritten Reich, Köln (u. a.) 1994, S. 4 f.
8 Vgl. «Historikerstreit». Dokumentation der Kontroverse über die Einzigartigkeit der nationalsozialistischen Judenvernichtung, München-Zürich 1987.
9 Ernst Nolte, Der europäische Bürgerkrieg 1917–1945. Nationalsozialismus und Bolschewismus, Frankfurt/M.–Berlin 1987; sowie Noltes Artikel in der Frankfurter Allgemeinen Zeitung vom Juni 1986, der den Auslöser des «Historikerstreits» bildete: Vergangenheit, die nicht vergehen will. Eine Rede, die geschrieben, aber nicht gehalten wurde. Wieder abgedruckt in: «Historikerstreit» (Anm. 8), S. 45 ff.
10 Ernst Nolte, Der Faschismus in seiner Epoche. Die Action Française – Der italienische Faschismus – Der Nationalsozialismus, Stuttgart 1963; sowie Ders., Die faschistischen Bewegungen, München 1966.
11 Arthur Luther, Russische Literatur in Deutschland. In: Das deutsche Buch. Sonderheft Russland, Leipzig 1923, S. 12.
12 Lew Kopelew (Hrsg.), West-östliche Spiegelungen. Wuppertaler Projekt zur Erforschung deutsch-russischer Fremdenbilder. Reihe A: Russen und Russland aus deutscher Sicht (5 Bände). Reihe B: Deutsche und Deutschland aus russischer Sicht (4 Bände). Alle Bände sind erschienen im Wilhelm Fink Verlag, München 1985–2005. Im Folgenden zitiert als: WÖS, Reihe (A oder B) und Band (Nummer). Zwei Folgebände zum 20. Jahrhundert unter der Leitung von Karl Eimermacher (Bochum) sind in Vorbereitung.
13 Boris Groys, Die Erfindung Russlands, München 1995, S. 8.
14 Ebenda, S. 14.
15 Ebenda, S. 10.

16 Otto-Ernst Schüddekopf, Linke Leute von rechts. Die nationalrevolutionären Minderheiten und der Kommunismus in der Weimarer Republik, Stuttgart 1960, S. 16 ff.
17 Walter Laqueur, Russland und Deutschland, Berlin 1965, S. 13.
18 George F. Kennan hat diesen Begriff, eher en passant, geprägt in seiner Arbeit: Die französisch-russische Annäherung 1875–1890, Berlin-Wien 1981, S. 12.

I. VORKRIEG UND WELTKRIEG

1. Sendling des Reiches

1 Alfons Paquet, Skizze zu einem Selbstbildnis, zitiert nach: Bibliographie Alfons Paquet, hrsg. vom Paquet Archiv in der Stadt- und Universitätsbibliothek, Frankfurt/M. 1958, S. 17 f.
2 Heinrich Geffert, Einleitung zu: Der Sendling. Erzählungen und Schilderungen von Alfons Paquet, Hamburg 1919, S. 11.
3 Ebenda, S. 21.
4 Reise nach China. Notizen (I–IV); im NL Paquet, A7: Tagebücher, Hefte 13–16. Das Zitat in: Notizen I (Heft 13), Bl. 46.
5 Ebenda, Bl. 56.
6 Ebenda, Bl. 45.
7 Albert Soergel, Dichtung und Dichter der Zeit. Neue Folge: Im Banne des Expressionismus, Leipzig 1925, S. 211 (Schreibweise wie im Original) – Das Paquet-Zitat stammt aus: Selbstbildnis (Anm. 1), S. 20.
8 So Hans Herzfeld im Vorwort zur gedruckten Ausgabe der «Moskauer Tagebücher» Alfons Paquets. In: Winfried Baumgart, Von Brest-Litovsk zur Deutschen Novemberrevolution. Aus den Tagebüchern, Briefen und Aufzeichnungen von Alfons Paquet, Wilhelm Groener und Albert Hopman, März bis November 1918, Göttingen 1971; Zitat S. 8.
9 Alfons Paquet, Im kommunistischen Russland. Briefe aus Moskau, Jena 1919; Ders., Der Geist der russischen Revolution, München 1919.
10 Ders., Von November bis November. Das Typoskript liegt in mehreren Fassungen im NL Paquet. Vgl. Martina Wagner, Von November bis November. Ein nachgelassener Roman. In: Oliver M. Piecha/Sabine Brenner (Hrsg.), «In der ganzen Welt zu Hause». Tagungsband Alfons Paquet, Düsseldorf 2003, S. 58–59. – Martina Wagner hat aus verschiedenen Textfassungen auch eine vollständige und kommentierte Ausgabe des Romans erstellt, die angekündigt, aber bisher nicht erschienen ist.
11 Vgl. etwa Vera Niebuhr, Alfons Paquet – Rheinischer Dichter und Verfechter des Internationalismus. In: Archiv für Frankfurts Geschichte und Kunst, H. 57 (1980); sowie Dies., Alfons Paquet. The Devolopment of his Thought in Wilhelmian and Weimar Germany (Diss.), University of Wisconsin, Madison 1977.
12 Vgl. dazu neuerdings Oliver Marc Piecha, Der Weltdeutsche. Eine politische Biographie Alfons Paquets vom Ersten Weltkrieg bis zum Ende der Weimarer Republik (Diss.), Frankfurt 2003 (noch ungedruckt).
13 Paquet, Skizze zu einem Selbstbildnis (Anm. 1), S. 18.
14 Ebenda, S. 11.

15 Ebenda, S. 19.
16 Ebenda, S. 11.
17 Ebenda, S. 15.
18 So Wolfgang Schivelbusch, Geschichte der Eisenbahnreise. Zur Industrialisierung von Raum und Zeit im 19. Jahrhundert, Frankfurt/M.-Berlin 1984, S. 16.
19 Auf der Bahnhofsbrücke. Momentbilder aus dem Eisenbahnleben. In: Frankfurter Zeitung, 17. Juli 1904. Hier zit. nach Sabine Brenner, Alfons Paquets frühe Reiseberichte – Russland, Japan, China. Zur Poetik und literarischen Praxis der Gattung, Magisterarbeit der Philosophischen Fakultät der Heinrich-Heine-Universität Düsseldorf, 1999, S. 18.
20 Eine Herbstfahrt durch die Mandschurei und Sibirien. Artikelfolge in der Deutschen Zeitung ab dem 29. 11. 1903.
21 Die Stadt, genannt die Ferne. In: Alfons Paquet, Gesammelte Werke, hrsg. von Hanns Martin Elster, Erster Band: Lyrik, Stuttgart 1970, S. 180 f.
22 Der Text der Denkschrift ist bisher nicht aufgefunden.
23 Von der Donau zum Euphrat. Artikelfolge (I–VI) in der Düsseldorfer Zeitung, November–Dezember 1905. Hier zitiert nach: Levante. Eine Reise auf Pfaden deutscher Arbeit und Politik, Bl. 51 (handschriftl. Numerierung). Bei dem Konvolut aus handschriftlichen Ausführungen Paquets sowie aufgeklebten Passagen der gedruckten Zeitungs-Artikel handelt es sich offenbar um ein nicht zum Druck gelangtes Buch-Manuskript. Es befindet sich im NL Paquet, A 5, ohne Signatur.
24 Ebenda, Bl. 67a.
25 Ebenda, Bl. 26.
26 Ebenda, Bl. 2.
27 Ebenda, Bl. 3.
28 Ebenda, Bl. 44 ff.
29 Das Ausstellungsproblem in der Volkswirtschaft (Diss. 1906), gedruckt Jena 1908.
30 Südsibirien und die Nordwestmongolei. Politisch-geographische Studie und Reisebericht an die Geographische Gesellschaft zu Jena, Jena 1909.
31 Asiatische Reibungen. Politische Studien, München-Leipzig 1909.
32 Ebenda, S. V.
33 Ebenda, S. 112.
34 Ebenda, S. VI.
35 Südsibirien und die Nordwestmongolei, S. 6.
36 Reise nach China, Notizen (Anm. 4), Heft 14, Bl. 55.
37 Ebenda, S. 50.
38 Li oder Im neuen Osten, Frankfurt/M. 1912, S. 11.
39 Sibirische Reise. In: Der Sendling (Anm. 2), S. 46.
40 Ebenda, S. 58 f.
41 Ebenda, S. 90.
42 Ebenda, S. 15.
43 Li oder Im neuen Osten (Anm. 38), S. 290 f. – Unter dem Titel «Chinas Verteidigung gegen europäische Ideen» brachte Paquet kurz darauf die jüngste Arbeit Ku Hung-Mings in deutscher Übersetzung heraus: Ku Hung-Ming. Chinas Verteidigung gegen europäische Ideen, hrsg. von Alfons Paquet, Jena 1911.
44 Ebenda, S. 304.

45 Ebenda, S. 316 f.
46 Ebenda, S. 318.
47 Selbstbildnis (Anm. 1), S. 10 f.
48 Ebenda, S. 12 f.
49 Die atlantische Stadt, zuerst veröffentlicht in: Auf Erden. Ein Zeit- und Reisebuch in fünf Passionen, Düsseldorf 1906; hier zit. nach: Amerika. Hymnen, Gedichte, Leipzig 1925.
50 Ebenda, S. 15 f.
51 Kamerad Fleming. Roman, Frankfurt a. M. 1911, S. 17.
52 Ebenda, S. 19 f.
53 Ebenda, S. 32.
54 Ebenda, S. 150.
55 Ebenda, S. 278.
56 Ebenda, S. 279 f.
57 Der Kaisergedanke, in: Der neue Merkur 1 (1914), H. 1 – Der Aufsatz wurde wiederabgedruckt in einer Sammlung von Kriegschriften Paquets, der er auch den Titel lieh: Der Kaisergedanke. Aufsätze, Frankfurt a. M. 1915.
58 Ebenda, S. 45.
69 Ebenda, S. 67.
60 Ebenda, S. 60 f.
61 Ebenda, S. 56.
62 Ebenda, S. 61.
63 Ebenda, S. 65 f.
64 Ebenda, S. 72.
65 Ebenda, S. 70 f.

2. Die Deutschen als «Weltvolk»

1 Reden des Kaisers, hrsg. von Ernst Johann, München 1966, S. 89.
2 Paquet, Sibirische Reise. In: Ders., Der Sendling (Anm. I.1, 2), S. 46.
3 Vgl. etwa Gerd Hardach, Der Erste Weltkrieg (Geschichte der Weltwirtschaft im 20. Jahrhundert, Bd. 2), München 1973, S. 9 ff.
4 Ebenda, S. 15.
5 Zit. nach Fritz Fischer, Krieg der Illusionen. Die deutsche Politik von 1911 bis 1914, Düsseldorf 1969, S. 73.
6 Max Lenz, Die großen Mächte. Ein Rückblick auf unser Jahrhundert, Berlin 1900.
7 Delbrück und Tirpitz hier zit. nach Ludwig Dehio, Ranke und der deutsche Imperialismus. In: Ders., Deutschland und die Weltpolitik im 20. Jahrhundert, München 1955, S. 46.
8 Transatlantische Warnsignale, in: Die Zukunft, 30. Juli 1998; hier zit. nach: Walther Rathenau, Schriften, Berlin 1965, S. 321/322.
9 Vgl. Eckart Kehr, Englandhaß und Weltpolitik. In: Ders., Der Primat der Innenpolitik. Gesammelte Aufsätze zur preußisch-deutschen Sozialgeschichte im 19. und 20. Jahrhundert. Hrsg. von H.-U. Wehler, Frankfurt/M u. a. 1976², S. 149 ff.
10 Vgl. etwa Gabriele Camphausen, Die wissenschaftliche historische Russlandforschung in Deutschland 1892–1933, Wiesbaden 1989, S. 9 ff.

11 Vgl. Gerd Voigt, Russland in der deutschen Geschichtschreibung 1843–1945, Berlin 1994, S. 91 ff.
12 Vgl. Uwe Liszkowski, Zur Aktualisierung der Stereotype «Die deutsche Gefahr» im russischen Neoslavismus, S. 278–294; sowie Horst-Günther Linke, Russlands Weg in den Ersten Weltkrieg und seine Kriegsziele 1914–1917. In: W. Michalka (Hrsg.), Der Erste Weltkrieg. Wirkung, Wahrnehmung, Analyse, München–Zürich 1994, S. 60 f.
13 Vgl. Uwe Liszkowski, Osteuropaforschung und Politik. Ein Beitrag zum historisch-politischen Denken und Wirken von Otto Hoetzsch, 2 Bde., Berlin 1988; sowie Gerd Voigt, Otto Hoetzsch 1876–1946. Wissenschaft und Politik im Leben eines deutschen Historikers, Berlin 1978, S. 69 ff.
14 Vgl. Werner Markert, Die deutsch-russischen Beziehungen am Vorabend des ersten Weltkrieges. Zur Gründung der ‹Deutschen Gesellschaft zum Studium Osteuropas› im Jahre 1913. In: Ders. (Hrsg.), Deutsch-russische Beziehungen von Bismarck bis zur Gegenwart, Stuttgart 1964, S. 40–79, insbesondere S. 55 ff.; sowie Camphausen, Die wissenschaftliche historische Russlandforschung (Anm. 10), S. 32 ff.
15 Bis Sommer 1914 sind immerhin drei Arbeiten erschienen. Erst 1927 konnte Hoetzsch mit einer «Neuen Folge» der «Osteuropäischen Forschungen» fortfahren. Vgl. Markert, Ebenda, S. 58.
16 Thomas G. Masaryk, Russland und Europa. Studien über die geistigen Strömungen in Russland. Erste Folge: Zur russischen Geschichts- und Religionsphilosophie. Sociologische Skizzen, 2 Bde., Jena 1913 (Wieder aufgelegt u. d. T. Russische Geistes- und Religionsgeschichte, 2 Bde., Frankfurt/M. 1992). In der Einleitung zur Neuausgabe rekapituliert Karl Schlögel auch die Entstehung der Arbeit im Kontext der gesteigerten deutschen und europäischen Interessen an russischer Geistesgeschichte vor dem Ersten Weltkrieg.
17 Fridtjof G. Nansen, Sibirien – ein Zukunftsland, Leipzig 1914 (2. Aufl. 1919).
18 Otto Hoetzsch, Russland. Eine Einführung auf Grund seiner Geschichte von 1904 bis 1912, Leipzig-Berlin 1913, S. 519/20.
19 Vgl. dazu meinen Beitrag: Bilder mythischer Meister. Zur Aufnahme der russischen Literatur in Deutschland nach Weltkrieg und Revolution. In: Gerd Koenen/Lew Kopelew (Hrsg.), Deutschland und die russische Revolution 1917–1924 (= WÖS, A/5), S. 763 ff. Dort weitere Literaturverweise.
20 Vgl. F. Dietert, Der Russenkultus in der deutschen Literatur, in: Monatsblätter für deutsche Literatur, 7 (1902/03), S. 161 ff. Hier zitiert nach Theoderich Kampmann, Dostojewski in Deutschland (Diss.), Münster 1931, S. 61.
21 Vgl. Lew Kopelew, Rilkes Russlandmärchen. In: Ders., Der Wind weht, wo er will. Gedanken über Dichter, Hamburg 1988, S. 155–221.
22 Hier zit. nach Stefan Klessmann, Deutsche und amerikanische Erfahrungsmuster von Welt. Eine interdisziplinäre, kulturvergleichende Analyse im Spiegel der Dostojewski-Rezeption zwischen 1900 und 1945, Regensburg 1990, S. 93.
23 Robert Musil, Der Mann ohne Eigenschaften. Roman. Erstes Buch, Reinbek b. Hamburg 1987, S. 32.
24 Ebenda, S. 36.
25 Ebenda, S. 60.
26 Ebenda, S. 32 ff.

27 Vgl. Sigmund Freud, Das Unbehagen in der Kultur. In: Sigmund Freud, Kulturtheoretische Schriften, Frankfurt 1974, S. 193–270.

28 Das von Helmut Fleischer wiederholt vorgeschlagene Paradigma der «imperialen Übermobilisation» bezeichnet das energetische Feld, das den Ersten Weltkrieg mit den daran anschließenden Revolutionen und darüber hinaus mit dem Zweiten Weltkrieg zu einer einzigen Weltkriegs- und Weltrevolutions-Epoche verband. Vgl. etwa Helmut Fleischer, Eine historisierende Betrachtung unseres Zeitalters. In: Uwe Backes/Eckhard Jesse / Rainer Zitelmann, Die Schatten der Vergangenheit. Impulse zur Historisierung des Nationalsozialismus, Frankfurt/M. – Berlin 1990, S. 58–82, insbesondere S. 73 ff.

29 Besonders eindrücklich sind die Grenzen des Finanzaufkommens des Reiches unter dem Gesichtspunkt der militärischen Aufrüstung geschildert bei Niall Ferguson, Der falsche Krieg. Der Erste Weltkrieg und das 20. Jahrhundert, Stuttgart 1999, insbes. Kapitel 5 «Öffentliche Finanzen und nationale Sicherheit», S. 143–187.

30 Modris Eksteins, Tanz über Gräben. Die Geburt der Moderne und der Erste Weltkrieg, Reinbek 1990, S. 94.

31 Zusammenfassend dazu etwa Thomas Rohkrämer, August 1914 – Kriegsmentalität und ihre Voraussetzungen. In: Michalka (Hrsg.), Der Erste Weltkrieg (Anm. 12), S. 759–777.

32 Stefan Zweig, Die Welt von Gestern. Erinnerungen eines Europäers, Frankfurt/M. 1994, S. 260 f.

33 Alle Zitate nach Albert Soergel, Im Banne des Expressionismus (Anm. I.1, 27), S. 320 f.

34 Eberhard Roters, Nächte des Malers, in: Ludwig Meidner, Apokalyptische Landschaften, hrsg. von Carol S. Eliel. Katalog zur gleichnamigen Ausstellung in der Berlinischen Galerie, Berlin 1990, S. 65.

35 Ludwig Meidner, Im Nacken das Sternenmeer, Leipzig o. J. (1918), S. 27 – Hier zit. nach Eliel, Die apokalyptischen Landschaften Ludwig Meidners. In: Ebenda, S. 45.

36 Die Bezeichnung «Apokalyptische Landschaft» für eine bestimmte Serie von Bildern Meidners stammt erst aus dem Jahre 1918. Ursprünglich hatte Meidner ihnen Einzeltitel gegeben, die freilich bezeichnend genug waren, wie «Weltuntergang»; «Pathetische Landschaft mit Fluss»; «Kosmische Landschaft mit Planet»; «Landschaft mit verbranntem Haus» – Vgl. Eliel, Ebenda, S. 61.

3. Krieg gegen den Westen

1 Hier zit. nach Werner Markert, Die deutsch-russischen Beziehungen (Anm. I.2, 14), S. 70.

2 Gunther Mai, «Verteidigungskrieg» und «Volksgemeinschaft». In: Michalka, Der Erste Weltkrieg (Anm. I.2, 12), S. 585.

3 So der «Vorwärts» vom 25. August 1914; hier zit. nach: Erich Matthias, Die deutsche Sozialdemokratie und der Osten 1914–1945. Eine Übersicht, Tübingen 1954, S. 6.

4 Philipp Scheidemann, Memoiren eines Sozialdemokraten, Bd. I, Dresden 1928, S. 369; hier zit. nach: Ebenda, S. 7.

5 «Vorwärts», Ende August 1914, hier zit. nach: Ebenda.

6 Thomas Mann in einem Brief an Richard Dehmel vom 14. 12. 1914. In: Thomas Mann, Briefe 1889–1936, hg. von Erika Mann, Frankfurt/M. 1961, S. 114 f. Hier zit. nach: Helmut Fries, Deutsche Schriftsteller im Ersten Weltkrieg. In: Michalka, Der Erste Weltkrieg (Anm. I.2, 12), S. 825.
7 So Carl Busse in der Einleitung zu der von ihm hrsg. Anthologie: Deutsche Kriegslieder 1914/16, Bielefeld-Leipzig 1916; hier zit. nach Fries, Deutsche Schriftsteller, Ebenda.
8 Hermann Lübbe, Politische Philosophie in Deutschland. Studien zu ihrer Geschichte, Basel-Stuttgart 1963, S. 22.
9 Ralph A. Lutz, Studies of World War Propaganda 1914–1933. In: The Journal of Modern History, 5 (1933), H. 4, S. 497 – Vgl. auch Leon W. Fuller, The War of 1914 as interpreted by German Intellectuals. In: The Journal of Modern History, 14 (1942), No. 2, S. 145; sowie das darin zitierte Buch von Hans Thimme, Weltkrieg ohne Waffen. Die Propaganda der Westmächte gegen Deutschland, ihre Wirkung und ihre Abwehr, Stuttgart–Berlin 1932.
10 Vgl. dazu die Arbeiten von Georges-Henri Soutou, insbesondere seinen Aufsatz: Die Kriegsziele des Deutschen Reiches, Frankreichs, Großbritanniens und der Vereinigten Staaten während des Ersten Weltkrieges: ein Vergleich. In: Michalka (Hrsg.), Der Erste Weltkrieg (Anm. I.2, 12), S. 28–53. Weiter die Aufsätze von Matthias Peter, Britische Kriegsziele und Friedensvorstellungen, ebenda, S. 95–124; sowie von Horst Günther Linke, Russlands Weg in den Ersten Weltkrieg und seine Kriegsziele 1914–1917, Ebenda, S. 54–94. Von Linke liegt auch die ausführlichere, bis jetzt nicht überholte Darstellung vor: Das zarische Russland und der Erste Weltkrieg. Diplomatie und Kriegsziele 1914–1917, München 1982.
11 Magnus Hirschfeld, Warum hassen uns die Völker? Eine kriegspsychologische Betrachtung, Bonn 1915, S. 17.
12 Thomas Mann, Betrachtungen eines Unpolitischen, in: Gesammelte Werke in 13 Bänden, Bd. XII, Frankfurt/M. 1974, S. 49.
13 Ebenda, S. 43.
14 Vgl. Hermann Lübbe, Politische Philosophie (Anm. 8) hier insbesondere der Vierte Teil: Die philosophischen Ideen von 1914, S. 173–238.
15 An neueren Darstellungen vgl. etwa: Kurt Flasch, Die geistige Mobilmachung. Die deutschen Intellektuellen und der Erste Weltkrieg, Berlin 2000; Barbara Beßlich, Wege in den «Kulturkrieg». Zivilisationskritik in Deutschland 1890–1914, Darmstadt 2000; sowie Jeffrey Verhey, Der «Geist von 1914» und die Erfindung der Volksgemeinschaft, Hamburg 2002.
16 Rudolf Eucken, Die sittlichen Kräfte des Krieges, Leipzig 1914. Hier zit. nach Lübbe (Anm. 8), S. 178–187. Vgl. auch Flasch, Ebenda, S. 15–35.
17 Paul Natorp, Krieg und Friede. Drei Reden, gehalten auf Veranstaltungen der «Ethischen Gesellschaft» in München im September 1915, S. 39.
18 Ders., Der Tag des Deutschen. Vier Kriegsaufsätze, Hagen 1915, S. 55 Hier zit. nach Lübbe, Politische Philosophie (Anm. 8), S. 188.
19 Paul Natorp, Die deutsche Kultur. In: Adolf Bauser (Hrsg.), Deutsche Staatsbürgerkunde, Stuttgart 1922, S. 63; hier zit. nach Lübbe, Ebenda, S. 189 ff. Vgl. auch Flasch, Geistige Mobilmachung (Anm. 15), S. 320 ff.
20 Lübbe, Ebenda, S. 193 ff.
21 Seiner Aufsatzsammlung «Der Kaisergedanke» 1915 stellte Paquet voraus:

Anmerkungen

«Keinem Würdigeren als Ihnen, Sven Hedin, gebührt die Widmung eines Buches, das so wie dieses im Hinblick auf die Zukunft geschrieben ist.» Würdigungen Hedins, den er «Meister» nannte, findet man aus Paquets Feder auch noch 1935, 1940 und 1943 in der Frankfurter Zeitung.
22 Vgl. Egmont Zechlin, Die deutsche Politik und die Juden im Ersten Weltkrieg, Göttingen 1969; sowie Clemens Picht, Zwischen Vaterland und Volk. Das deutsche Judentum im Ersten Weltkrieg. In: Michalka, Der Erste Weltkrieg (Anm. I.2, 12), S. 736–755.
23 Max Scheler, Die Ursachen des Deutschenhasses. Eine nationalpädagogische Erörterung, Leipzig 1917, S. 7 f. Hier zit. nach Lübbe, Politische Philosophie (Anm. 8), S. 225 f. – Eine ausführliche Würdigung der einflussreichen Kriegsschriften und widersprüchlichen Figur Schelers bei Flasch, Geistige Mobilmachung (Anm. 15), S. 103–146.
24 M. L. Sanders/Philip M. Taylor, Britische Propaganda im Ersten Weltkrieg, Berlin 1990, S. 11.
25 Werner Sombart, Helden und Händler, München 1915, S. 135.
26 Rudolf Kjellén, Die Ideen von 1914. Eine weltgeschichtliche Perspektive, Leipzig 1915.
27 Sombart, Händler und Helden; hier zit. nach Lübbe, Politische Philosophie (Anm. 8), S. 212–218.
28 Thomas Mann, Betrachtungen eines Unpolitischen (Anm. 12), S. 32.
29 Ebenda, S. 31.
30 Natorp, Tag des Deutschen, S. 48. Hier zit. nach Lübbe, Politische Philosophie (Anm. 8), S. 191.
31 Johann Plenge, Der Krieg und die Volkswirtschaft (Kriegsvorträge an der Universität Münster i. W. 11/12), S. 187 f. Hier zit. nach Ebenda, S. 206.
32 Friedrich Naumann, Mitteleuropa, Berlin 1915; insbesondere das Kapitel: «Das mitteleuropäische Wirtschaftsvolk», S. 102–112.
33 Alle Zitate aus der Zusammenstellung von Dieter Krüger, Kriegssozialismus. Die Auseinandersetzung der Nationalökonomen mit der Kriegswirtschaft 1914–1918 In: Michalka (Hrsg.), Der Erste Weltkrieg (Anm. I.2, 12), S. 506–529.
34 Gunter Mai, «Verteidigungskrieg» und «Volksgemeinschaft». Staatliche Selbstbehauptung, nationale Solidarität und soziale Befreiung in Deutschland in der Zeit des Ersten Weltkrieges (1900–1925). In: Michalka, Ebenda, S. 587.
35 Zit. nach Ernst Schulin, Zu Rathenaus Hauptwerken. In: Walther Rathenau, Hauptwerke und Gespräche, hrsg. von Ernst Schulin (Rathenau Gesamtausgabe, Bd. II), München–Heidelberg 1977, S. 561 f.
36 Vor allem die bolschewistischen Wirtschaftsorganisatoren der ersten Stunde wie Larin und Miljutin, aber auch Bucharin bezogen sich mehrfach explizit auf Rathenaus Vorstellungen. Vgl. Edward H. Carr, The Bolshevik Revolution 1917–1923, London 1976, Bd. II, S. 359; sowie Wolfgang Kruse, Kriegswirtschaft und Gesellschaftsvision. Walther Rathenau und die Organisierung des Kapitalismus, in: Walther Rathenau 1867–1922. Die Extreme berühren sich, hrsg. von Hans Wilderotter, Berlin 1993, S. 160; und Wolfgang Michalka, Kriegsrohstoffbewirtschaftung, Walther Rathenau und die «kommende Wirtschaft». In: Michalka, Der Erste Weltkrieg (Anm. I.2, 12), S. 485–505.
37 Walther Rathenau, Deutschlands Rohstoffversorgung, Berlin 1916, S. 5.
38 Ebenda, S. 27, 46.

39 Vgl. Krüger, Kriegssozialismus (Anm. 33), S. 514.
40 Vgl. Peter, Britische Kriegsziele und Friedensvorstellungen (Anm. 10), S. 110 ff.

4. Nach Osten!

1 Alfons Paquet, Erster Entwurf einer Großen Ausstellung für Weltwirtschaft und Verkehr, Frankfurt a. M., Februar 1914.
2 Die Tage der Entscheidung, Frankfurter Zeitung, 9. August 1914.
3 Das neue Deutschland, zuerst veröffentlicht in: Frankfurter Zeitung, 27. 8. 1914; hier zit. nach: Kaisergedanke (Anm. I.1, 57), S. 12.
4 Ebenda, S. 15 f.
5 Ebenda, S. 21.
6 Ebenda.
7 Ebenda, S. 25 f.
8 Daraus ging etwa eine bebilderte Broschüre «En détachement de travail» (Frankfurt 1917) hervor, die im Auftrag der damit befassten Sektion des Internationalen Roten Kreuzes die korrekte Behandlung der französischen Gefangenen demonstrieren sollte. Vgl. Oliver M. Piecha, Der Weltdeutsche (Anm. I.1, 12), S. 19.
9 Nach Osten! (= Der Deutsche Krieg. Politische Flugschriften, hrsg. von Ernst Jäckh, 23. Heft), Stuttgart–Berlin 1915.
10 Eine Reihe von – eher melancholisch gehaltenen – Korrespondentenberichten Paquets erschienen unter dem Obertitel «Von der Ostfront» im Sommer und Herbst 1915 sukzessive in der «Frankfurter Zeitung». Vgl. Oliver M. Piecha, Der Weltdeutsche (Anm. I.1, 12), S. 19 f.
11 Nach Osten! (Anm. 9), S. 5.
12 Ebenda.
13 Ebenda, S. 7 f.
14 Ebenda, S. 10.
15 Ebenda, S. 12.
16 Ebenda, S. 20 f.
17 Ebenda, S. 22.
18 Skizze zu einem Selbstbildnis, S. 16.
19 In Palästina, Jena 1915; hier zit. nach der Neuauflage München 1923, S. 90.
20 Juden im Osten, in: März 9 (1915), H. 40, S. 1.
21 Ebenda, S. 4.
22 Ebenda, S. 5.
23 Ebenda, S. 6 f.
24 Ebenda.
25 Peter Brenner, Der Reisebericht in der deutschen Literatur. Ein Forschungsüberblick, Tübingen 1990, S. 556.
26 Als Beispiel eines Erlebnisberichts der deutsch-protestantischen Palästinamission vgl. etwa O. Eberhard, Palästina. Erlebtes und Erlauschtes im heiligen Lande, Eisleben 1913.
27 Vgl. Thomas von der Osten-Sacken, Auf dem Weg nach Zion. Paquets Palästina. In: Piecha/Brenner (Hrsg.), «In der ganzen Welt zu Hause» (Anm. I.1, 10), S. 70–80.

28 Frank Trommler, Sozialistische Literatur in Deutschland. Ein historischer Überblick, Stuttgart 1976, S. 391 – Über die Nähe Paquets zum «Werkbund» vgl. auch Niebuhr, Alfons Paquet (Anm. I.1, 11), S. 28 ff.
29 Vgl. Hans Hecker, Die Tat und ihr Osteuropabild 1909–1939, Köln 1971, S. 14 ff.
30 Friedrich Naumann, Mitteleuropa (Anm. I.3, 32), S. 103.
31 An Exzellenz ..., 30. 8. 1915, in: Walther Rathenau, Politische Briefe, Dresden 1929, S. 46 f.
32 Ebenda, S. 47 f.
33 Ebenda, S. 49.
34 Das Land Ober Ost. Deutsche Arbeit in den Verwaltungsgebieten Kurland, Litauen und Bialystok-Grodno. Hrsg. im Auftrage des Oberbefehlshabers Ost von der Presseabteilung Ober Ost, Stuttgart–Berlin 1917.
35 Ebenda, S. 22 – Gezeichnet ist der Artikel von dem Unteroffizier Max Dengler.
36 Sammy Gronemann, Hawdaloh und Zapfenstreich. Erinnerungen an die ostjüdische Etappe 1916–1918 (Königstein 1984), Berlin 1924, S. 20.
37 Ebenda, S. 31 ff.
38 Ebenda, S. 111.
39 Vejas Gabriel Liulievicius, Kriegsland im Osten. Eroberung, Kolonisierung und Militärherrschaft im Ersten Weltkrieg, Hamburg 2002. Vgl. auch die ältere Darstellung von Aba Strazhas, Deutsche Ostpolitik im Ersten Weltkrieg. Der Fall Ober Ost 1915–1917, Wiesbaden 1993.

5. Kollusionen und Konspirationen

1 Fritz Fischer, Griff nach der Weltmacht. Die Kriegszielpolitik des kaiserlichen Deutschland 1914/1918, Düsseldorf 1967 (dritte vollständig neubearbeitete Ausgabe), S. 309.
2 Ebenda, S. 90 ff., 109 ff.
3 Vgl. Kurt Koszyk, Deutsche Pressepolitik im Ersten Weltkrieg, Düsseldorf 1968.
4 Rudolf Nadolny, Mein Beitrag. Erinnerungen eines Botschafters des Deutschen Reiches, Köln 1985, S. 86.
5 Die Aufstellung vom 30. 1. 1918 findet sich in AA, WK 11, geh., Bd. 5; hier zit. nach Fischer, Griff nach der Weltmacht (Anm. 1), S. 130.
6 Nadolny, S. 87.
7 Vgl. Martin Kröger, Revolution als Programm. Ziele und Realität deutscher Orientpolitik im Ersten Weltkrieg. In: Michalka, Der Erste Weltkrieg (Anm. I.2, 12), S. 366–391.
8 Wolfgang Peter, Der Kampf um die deutschen Kolonien. In: Ebenda, S. 392–411.
9 Vgl. Fischer, Griff nach der Weltmacht (Anm. 1), S. 157 f.
10 Vgl. Barbara Vogel, Die deutsche Regierung und die Revolution von 1905. In: Geiss/Wendt, Deutschland in der Weltpolitik des 19. und 20. Jahrhunderts (Anm. 5, Einltg.), S. 222–236; sowie Klaus Meyer, Die russische Revolution von 1905 im deutschen Urteil. In: Uwe Liszkowski (Hrsg.), Russland und Deutschland (= Kieler Historische Studien Bd. 22), S. 265–277.
11 Zit. nach Jost Dülffer, Kriegserwartung und Kriegsbild in Deutschland vor 1914. In: W. Michalka, Der Erste Weltkrieg, S. 779.

12 Zit. nach W. Markert. Die deutsch-russischen Beziehungen am Vorabend des ersten Weltkrieges (Anm. I.2, 14), S. 50/51. Über Bethmann Hollwegs Einstellungen zu Russland vgl. Ebenda, S. 48 ff.
13 Siehe Alfons Paquet, Von November bis November (Ms.) (Anm. I.1, 10), Bl. 46.
14 So in Riezlers Buch «Die Erforderlichkeit des Unmöglichen – Prolegomena zu einer Theorie der Politik», das 1913 herauskam. Hier zit. nach Karl-Dietrich Erdmann, Kurt Riezler – ein politisches Profil (1882–1955). In: Kurt Riezler. Tagebücher, Aufsätze, Dokumente. Eingeleitet und hrsg. von K. D. Erdmann, Göttingen 1972, S. 37.
15 Hier zit. nach Erdmann, Ebenda, S. 81.
16 Tagebuch-Eintrag vom 6. 4. 1917. In: Ebenda, S. 424 – «Es kommt eine scheußliche Zeit und Rückgang aller Kultur. Engl(isch)-amerikanische Phrasenwelt. Ungeheuer gross und tief wird Russland sein.»
17 Erdmann, Ebenda, S. 82.
18 Tagebuch-Eintrag vom 2. 11. 1914. In: Ebenda, S. 223.
19 Vgl. die Einträge vom 23.12. und 31. 12. 1914, S. 235, 237. Riezler schlägt vor, «Grossfürst Nikolai, die Seele des Widerstandes», zu ermorden, mit der Hoffnung, dass Russland «moralisch zusammenbricht».
20 Ebenda, S. 241 – Orthographie wie im Original.
21 Ebenda, S. 243 – Orthographie wie im Original. Wer die «Lodzer Revolutionäre» sind, bleibt unklar. Unmittelbar zuvor war Riezler im eben eroberten Lódz gewesen, um die Situation in Polen zu erkunden.
22 Erdmann, Einleitung, Ebenda, S. 82 f.
23 Ebenda, S. 277.
24 Eintrag Riezler vom 21. 7. 1915, Ebenda, S. 286 f.
25 Brockdorff Rantzau an Bethmann Hollweg, 6. Dezember 1915. In: Politisches Archiv des Auswärtigen Amtes, im folgenden: PA-AA, Deutschland Nr. 131, Bd. 18, Bl. 97–100.
26 Vgl. die sehr viel stärkere Akzentuierung der russisch-österreichischen Verstrickungen bei Hew Strachan, Der Erste Weltkrieg, München 2004.
27 Vgl. Liulevicius, Kriegsland im Osten, sowie Strazhas, Deutsche Ostpolitik im Ersten Weltkrieg (Anm. I.4, 39).
28 Vgl. Egmont Zechlin, Die deutsche Politik und die Juden im Ersten Weltkrieg (Anm. I.3, 22), sowie Clemens Picht, Zwischen Vaterland und Volk. Das deutsche Judentum im Ersten Weltkrieg (Anm. I.2, 12).
29 Zechlin, Ebenda, S. 119 f.
30 Ebenda, S. 123.
31 Ebenda, S. 124.
32 Simon Dubnow, Mein Leben, hrsg. von Elias Hurwicz, Berlin 1937, S. 137; hier zit. nach Zechlin, Ebenda, S. 137.
33 Vgl. Zechlin, Ebenda, S. 126 ff.
34 Fritz Max Cahén, Der Weg nach Versailles. Erinnerungen 1912–1919, Boppard 1963, S. 98–102.
35 Aktenvermerk ohne Autor und Datum. In: PA-AA, R. 10 544 (= Russland Nr. 74), Geheime Akten betreffend: Die russische Presse, Bd. 2.
36 Ungezeichnete Aktennotiz, 16. Januar 1916. In: PA-AA, R 10 540 (= Russland Nr. 74), Akten betreffend: Die russische Presse, Bd. 35.

37 Schreiben von Lucius an Bethmann Hollweg, 24. Januar 1916. In: Ebenda.
38 Schreiben Jagow an Lucius, 8. Mai 1916. In: PA-AA, R 2062 (= Deutschland Nr. 131), Geheime Akten betreffend: Das Verhältnis Deutschland zu Russland, Bd. 18, Bl. 106 f.
39 Aufzeichnung Stinnes: Besprechungen mit Kolyschko, 16. Dezember 1916 (Abschrift), ebenda.
40 Alexander Solschenizyn, Lenin in Zürich. Die entscheidenden Jahre zur Vorbereitung der Oktoberrevolution, Reinbek 1980, S. 96.
41 Winfried Scharlau/Zbynek B. Zeman: Freibeuter der Revolution. Parvus-Helphand – Eine politische Biographie, Köln 1964, S. 194 ff. – Vgl. auch Paul Lenschs Schrift «Drei Jahre Weltrevolution» von 1917, die mit ihrer extrem antibritischen Stoßrichtung allerdings nicht völlig den Ansichten von Parvus entsprach.
42 Vgl. Scharlau/Zeman, Freibeuter der Revolution, Ebenda, S. 180 ff., 207 ff.
43 Konrad Haenisch, Parvus – Ein Blatt der Erinnerung, Berlin 1925, S. 31.
44 Das «Memorandum von Dr. Helphand», das vom Auswärtigen Amt mit dem Eingangsdatum 9. März 1915 versehen wurde, ist dort aufbewahrt unter dem Aktenzeichen A 8629, Weltkrieg 11 c, geh., Bd. 5. Es findet sich abgedruckt u. a. in Scharlau/Zeman, Freibeuter der Revolution (Anm. 41), S. 361–374.
45 Die «Alexander Kesküla Papers, 1915–1964», der Nachlass des 1964 Verstorbenen, sind heute Teil der «Slavic and East European Collections» in der Sterling Memorial Library der Universität Yale. (*www.library.yale.edu/slavic/archives.html*).
46 Michael Futrell, Northern Underground. Episodes of Russian Revolutionary Transport and Communication through Scandinavia and Finland 1863–1917, London 1963, S. 145.
47 Von Romberg an den Reichskanzler Bethmann Hollweg, 14. März 1915; hier zit. nach Gerhard Schiesser/Jochen Trauptmann, Russisch Roulette. Das deutsche Geld und die Oktoberrevolution, Berlin 1998, S. 66 f.
48 Nadolny, Stellv. Generalstab der Armee, Abt. III b, an das Auswärtige Amt, 3. Mai 1915; in der Anlage «eine von Alexander Stein (Kesküla) verfasste Denkschrift über die revolutionäre Organisation in Russland». In: Der Weltkrieg 11c. Geh., Unternehmungen und Aufwiegelungen in Russland, besonders Finnland und den Ostseeprovinzen, Bd. 20, Dokument A 15126; teilw. faksimiliert wiedergegeben in: Schiesser/Trauptmann, Ebenda, S. 279–281.
49 Futrell, Northern Underground (Anm. 46), S. 151.
50 Romberg an das Auswärtige Amt, 24. 2. 1915, in: PA-AA, Weltkrieg 11c, geh., Bd. 5; hier zit. nach Fischer, Griff nach der Weltmacht (Anm. I.5, 1), S. 128 f.
51 So in immer wiederkehrenden Formulierungen in seinen Briefen, etwa denen an Schljapnikow vom 17. und 30. 10. 1914. In: W. I. Lenin, Briefe, Bd. IV (August 1914 – Oktober 1917), Berlin 1967, S. 14, 23.
52 Lenin, Der Krieg und die russische Sozialdemokratie. In: Lenin, Werke (im Folgenden: LW) Bd. 21, S. 19.
53 Lenin, Die Aufgaben der revolutionären Sozialdemokratie im europäischen Krieg, Ebenda, S. 3 f.
54 Lenin, Der Krieg und die russische Sozialdemokratie, Ebenda, S. 14.
55 Romberg an Bethmann Hollweg, 30. September 1915. In: Werner Hahlweg (Hrsg.), Lenins Rückkehr nach Russland 1917. Die deutschen Akten, Leiden

1957, S. 40 f.; zu Kesküla siehe Futrell, Norther Underground (Anm. 46) S. 150.
56 Vgl. Futrell, Ebenda, S. 121 ff.
57 Ebenda, S. 150 – Demnach betrachtete Kesküla die deutschen Gelder als Kredite, die er 1923 – auf dem Höhepunkt der Inflation allerdings – tatsächlich an die deutsche Reichsregierung zurückzahlte!
58 Vgl. Ebenda, S. 119 ff.
59 Dieses Bild, wie es sich nach den deutschen Quellen ergibt, entspricht ziemlich genau dem, das Kesküla Futrell irgendwann 1960 geschildert hat. Vgl. Ebenda, S. 146 – Vgl. auch Lenins Rückkehr (Anm. 55), S. 8 ff.; sowie die Dokumente in Z. A. B. Zeman: Germany and the Revolution in Russia 1915–1918. Documents from the Archives of the German Foreign Ministry, London 1958, etwa das Referat des Berichtes von «Stein» (alias Kesküla) durch den deutschen Agenten des Generalstabs in Skandinavien, Steinwachs, vom 18. Januar 1916, S. 11 ff.
60 Siefeldt (russ. Zifeldt) schrieb (schon als Sowjetfunktionär) über seine Begegnungen mit Lenin, Parvus und Kesküla im Lokalblatt «Bakinski raboèi» vom 1., 3. und 10. Februar 1924. Zit. bei Futrell, Northern Underground (Anm. 46), S. 146, 149 f. Vgl. auch die Schilderung der Begegnung bei Scharlau/Zeman, Freibeuter der Revolution (Anm. 41), S. 177 f.
61 Parvus, Im Kampf um die Wahrheit, Berlin 1918, S. 31.
62 Artikel im «Socialdemokrat», 20. November 1915. Hier zit. nach Scharlau/Zeman, Freibeuter der Revolution (Anm. 41), S. 205.
63 Vollständiger Text des Dokuments in Schiesser/Trauptmann, Russisch Roulette (Anm. 47), S. 75 ff.

6. Stockholmer Schattenspiele

1 Winfried Baumgart (Hrsg.), Von Brest-Litovsk zur deutschen Novemberrevolution. Aus den Tagebüchern, Briefen und Aufzeichnungen von Alfons Paquet, Wilhelm Groener und Albert Hopman. März bis November 1918, Göttingen 1971 – Das Zitat stammt aus der Einleitung von Baumgart, S. 19.
2 Berichterstattung (Zeitungsausriss und maschinenschriftl. Text mit diesem Titel). In: NL Paquet, Anlage zum Stockholmer Tagebuch, s. folgende Anmerkung. Eine abgewandelte Fassung veröffentlichte Paquet später u. d. T. «Telegraphien», in: Die literarische Welt, Nr. 27/1926.
3 Politisches Tagebuch I (Stockholm), Eintrag vom 17. Mai 1917. In: NL Paquet, A 5 – Die Tagebücher von Alfons Paquet befinden sich in der Stadt- und Universitätsbibliothek Frankfurt/M. im Nachlass Alfons Paquet. Sie sind mit Römischen Ziffern durchnumeriert. Die Hefte I–IV sind im wesentlichen in Stockholm, Finnland und Frankfurt verfasst und reichen von Mai 1917 bis Juni 1918. Das von Winfried Baumgart 1971 edierte Moskauer Tagebuch (siehe Anm. 1) setzt in Heft IV im Juli 1918 ein und endet in Heft VI, November 1918.
4 Radeks Besprechung von Paquets Buch «Asiatische Reibungen» findet sich in: Die Neue Zeit 28 (1909/10), Nr. 41, S. 509 f.
5 Tagebuch I, Eintrag vom 17. Mai 1917.
6 Ebenda, Eintrag vom 19. Juni 1917.

478 Anmerkungen

7 Ebenda, Eintrag vom 24. Juni 1917.
8 Ebenda, Eintrag vom 1. Juli 1917.
9 Ebenda.
10 Nach Osten! (Anm. I.4, 9) S. 22.
11 Tagebuch II, Eintrag vom 23. Januar 1918.
12 Tagebuch I, Eintrag o. D. (Anfang Juli 1917).
13 Ebenda, Eintrag vom 18. Juli 1917.
14 Ebenda, Eintrag o. D. (Ende Juli 1917).
15 Ebenda, Eintrag vom 3. August 1917.
16 Ebenda, Einträge vom 27. August und 21. Oktober 1917.
17 Ebenda, Eintrag vom 31. Oktober 1917.
18 Ebenda, Eintrag vom 31. Oktober 1917 (Gegenüberliegende Seite, mit anderem Stift).
19 Vgl. Kurt Riezler, Tagebücher, Aufsätze, Dokumente (Anm. I.5, 14), S. 451, Dort auch Angabe der entsprechenden Aktenstücke.
20 Paquet, Tagebuch I, Eintrag vom 8. Dezember 1917.
21 Riezler, Tagebücher (Anm. I.5, 14), S. 730.
22 Zit. nach: Erdmann, Kurt Riezler – ein politisches Profil, Ebenda, S. 86 f. Dort auch Quellenangaben zu den Riezler-Zitaten.
23 Riezler an AA, 8. 11. 1917, zit. nach: Ebenda, S. 89.
24 Riezler an den Reichskanzler Graf Hertling, 26. November 1917. In: Zeman, Germany and the Revolution in Russia (Anm. I.5, 59), S. 89 ff. (engl. Übers.).
25 Paquet, Tagebuch I, Eintrag vom 14. November [sic! – richtig: Dezember] 1917.
26 Vgl. Scharlau/Zeman, Freibeuter der Revolution (Anm. I.5, 41), S. 282 f.
27 Ebenda, S. 291; mit Verweis auf ein Telegramm Kühlmanns an Riezler vom 22. November 1917 – Vgl. auch das Schreiben von Kühlmann an den Vertreter des Außenministeriums im Hauptquartier vom 3. Dezember 1917. In: Zeman, Germany and the Russian Revolution (Anm. I.5, 59), S. 94 ff. (engl. Übers.).
28 Paquet, Tagebuch I, Eintrag vom 15. Dezember 1917.
29 Tagebuch II, Eintrag vom 12. Januar.
30 Im Nachlass Brockdorff; hier zit. nach: Scharlau/Zeman, Freibeuter der Revolution (Anm. I.5, 41), S. 308.
31 Riezler an von Bergen, 24. Dezember 1917, zit. nach: Ebenda.
32 Zit. nach Ebenda, S. 299.
33 Paquet Tagebuch I, Eintrag vom 20. Dezember 1917.
34 Tagebuch II, Eintrag vom 11. Januar 1918.
35 Ebenda, Eintrag vom 14. Januar 1918.
36 Ebenda, Eintrag vom 17. Januar 1918.
37 Ebenda, Eintrag vom 18. Januar 1918.
38 Tagebuch II, Eintrag vom 25. Januar 1918.
39 Ebenda, Eintrag vom 23. Januar 1918.
40 Ebenda – Hervorhebung im Original (durch Unterstreichung).

II. WELTKRIEG UND REVOLUTION

1. Vom Weltkrieg zum Bürgerkrieg

1 Zit. nach Alfred Opitz, Die russische Revolution des Frühjahrs 1917 im Echo führender Tageszeitungen des zeitgenössischen Deutschland. In: Osteuropa, 17 (1967), H. 4, S. 237 ff.
2 Ebenda, S. 240.
3 Ebenda, S. 248.
4 Vgl. Jürgen Zarusky, Vom Zarismus zum Bolschewismus. Die deutsche Sozialdemokratie und der «asiatische Despotismus». In: Koenen/Kopelew, Deutschland und die russische Revolution (Anm. I.2, 19), S. 109 f.; sowie Erich Matthias, Die Rückwirkungen der russischen Oktoberrevolution auf die deutsche Arbeiterbewegung. In: Helmut Neubauer (Hrsg.), Deutschland und die Russische Revolution, Mainz 1968, S. 69–93; hier insbes. 78 ff.
5 Zit. nach Albert Norden, Zwischen Berlin und Moskau. Zur Geschichte der deutsch-sowjetischen Beziehungen, Berlin (DDR) 1954, S. 44 ff.
6 Zit. nach Ebenda, S. 44 f.
7 Angaben zur Propaganda unter den russischen Kriegsgefangenen in Deutschland in: Strazhas, Ober Ost (Anm. I.4, 39), S. 26 f. – Die von Lenin und Krupskaja an Malinowski geschriebenen Briefe finden sich neuerdings dokumentiert in: W. I. Lenin, Neizvestnye dokumenty 1891–1922, Moskau 1999; sowie in Richard Pipes, The Unknown Lenin, New Haven–London 1998, S. 31.
8 Vgl. Gerd Koenen, Utopie der Säuberung. Was war der Kommunismus?, Berlin 1998, Kapitel 3 («Revolution und Involution»), S. 43–62.
9 Es würde zu weit führen, diese Evolution der Gedanken Lenins hier im einzelnen aus seinen Schriften der Jahre 1916–18 nachzuweisen. Ich lasse also die These an dieser Stelle unbelegt stehen.
10 Robert Service, Lenin. Eine Biographie, München 2000, S. 323 f.; dort auch das Zitat aus LW 38, S. 170.
11 Vgl. Zeman, Germany and the Revolution in Russia (Anm. I.5, 59), S. 24.
12 So Dmitri Wolkogonow, Lenin. Utopie und Terror, Düsseldorf 1994, S. 119, unter Berufung auf einen Bericht im Novy Žurnal, Nr. 102, 1971, S. 226.
13 Eine Aussage des langjährigen Betriebsleiters Gutner vor der Petrograder Staatsanwaltschaft findet sich (ohne Quellennachweis) abgedruckt in Elisabeth Heresch, Geheimakte Parvus. Die gekaufte Revolution, München 2000, S. 292 f.
14 So Wolkogonow, Lenin (Anm. 12), S. 118 – Bei Trauptmann/Schiesser, Russisch Roulette (Anm. I.5, 47) werden daraus (ohne Quellenverweis) «täglich insgesamt 3 200 000 Zeitungen».
15 Dietrich Beyrau, Petograd, 25. Oktober 1917. Die russische Revolution und der Aufstieg des Kommunismus, München 2001, S. 22.
16 Hier zit. nach Scharlau/Zeman, Freibeuter der Revolution (Anm. I.5, 41), S. 270 ff.
17 Parvus, Meine Antwort an Kerenski & Co., Berlin 1917, S. 3 ff.
18 Gustav Mayer, Erinnerungen. Vom Journalisten zum Historiker der deutschen Arbeiterbewegung, Zürich-Wien 1949, S. 260 f.
19 Ebenda, S. 265.
20 Ebenda, S. 276.

21 Ebenda, S. 278.
22 Die vollständige Sammlung der abgefangenen und als Beweismittel für den geplanten Hochverrats-Prozess gedachten Telegramme findet sich abgedruckt bei Semion Lyandres, The Bolsheviks German Gold Revisited. An Inquiry into the 1917 Accusations (= The Carl Beck Papers No. 1106) Pittsburgh 1995.
23 Mayer, Erinnerungen (Anm. 18), S. 261 f.
24 Vollständig abgedruckt im Anhang bei: Otto-Ernst Schüddekopf, Deutschland zwischen Ost und West. Karl Moor und die deutsch-russischen Beziehungen. In: Archiv für Sozialgeschichte, Bd. III (1963), S. 241–249; Zitat S. 248.
25 Lenin an das Auslandsbüro des Zentralkomitees, 30. August 1917. In: Briefe Bd. IV, S. 444.
26 Semion Lyandres, Novye dokumenty o finansovich subsidiach bol'ševikam v 1917 godu. In: Otečestvennaja istorija, 1993, H. 2, S. 128–142.
27 In einer jahrelangen, quälenden Auseinandersetzung mit den sowjetischen Behörden – unter Einschaltung Lenins, Radeks und Haneckis – hat Moor, der in einem Moskauer Veteranenheim lebte, 1921 seine privaten Rückforderungen geltend gemacht, die er auf 45 000 Dollar bezifferte. In mehreren Teilsummen und unter steten Interpellationen erhielt er schließlich bis 1927 dieses Geld zurück, bevor er nach Deutschland ging, wo er kurz darauf starb. Briefwechsel und Aktenvorgänge finden sich auszugsweise zit. in A. G. Latyšev Rassekrečenny Lenin, Moskau 1994, S. 98–114.
28 Telegramm Nr. 1833 vom 15. November 1917. In: PA-AA, Der Weltkrieg 2. Geh., Bd. 51, Bl. 67.
29 Telegramme Nr. 1895 vom 25. November und Nr. 1367 vom 28. November 1917. In:.
30 Tagesbericht der Abteilung IIIb, N. O. Obost, Propagandatätigkeit 20.10.17. «Friedensstimmungen und Aktionen zur Vermittlung des Friedens». In: Weltkrieg 2 Geh., Bd. 55, Bl. 46.
31 Ebenda, Bericht vom 1.11.17, Bl. 182.
32 Weltkrieg 2. Geh., Bd. 52, Bl. 17/18 – Die Archivierung der Frontberichte in den Bänden 52–55 entspricht nicht immer der Chronologie.
33 Der Weltkrieg. Illustrierte Kriegs-Chronik des Daheim, 8. Band, Bielefeld und Leipzig, S. 241 f.
34 Wolfgang Wilhelmus, Deutsche Presseorgane 1917/18 über die Oktoberrevolution. In: Beiträge zur Geschichte der deutschen Arbeiterbewegung 31 (1989), H. 2, S. 207 – Vgl. auch Alfred Opitz, Die russische Revolution des Frühjahrs 1917 (Anm. 1), S. 235–257.
35 Wilhelmus, Ebenda, S. 208.
36 Ebenda S. 209.
37 Lujo Brentano, Russland, der kranke Mann (= Fehler und Forderungen. Schriftenfolge zur Neugestaltung deutscher Politik, H. 4, hrsg. von Palatinus), München 1918.
38 Ebenda, S. 17.
39 Ebenda, S. 52.
40 Ebenda, S. 61.
41 Ebenda, S. 63.
42 Protokolle des Zentralkomitees der SDAPR (B): August 1917 – Februar 1918, Moskau 1958 (russ.) – Hier zit. nach Sergej Slutsch, Deutschland und die

UdSSR 1918–1939. Motive und Folgen außenpolitischer Entscheidungen. In: H. A. Jacobsen u. a. (Hrsg.), Deutsch-russische Zeitenwende. Krieg und Frieden 1941–1995, Baden-Baden 1995, S. 29.
43 Denkschrift vom 18. November 1917. In: PA-AA, Weltkrieg 2., Geh. Hier zit. nach Werner Hahlweg, Der Diktatfrieden von Brest-Litowsk 1918 und die bolschewistische Weltrevolution, Münster 1960, S. 18.
44 Maschinenschriftl. Ausarbeitung mit handschriftl. Verbesserungen, 3. Dezember 1917. Gezeichnet: St. S. (wohl «Staatssekretär»). In: PA-AA Deutschland Nr. 131, Geh., Bd. 18, Bl. 112–114.
45 Legationssekretär Lersner, Hauptquartier, an Auswärtiges Amt, 29. November 1917. Ebenda, Bl. 111.
46 Ludendorff, Meine Kriegserinnerungen 1914–1918, Berlin 1919, S. 448.
47 Ludendorff, Kriegführung und Politik, Berlin 1922 (2. durchges. Auflage), S. 208 ff.
48 Niall Ferguson: Der falsche Krieg (Anm. I.2, 29), S. 274 ff.
49 Winfried Baumgart, Deutsche Ostpolitik. Von Brest-Litowsk bis zum Ende des Ersten Weltkrieges, Wien-München 1966, S. 20.
50 Ebenda, S. 45/46.
51 Ebenda, S. 51.
52 George Buchanan, My Mission to Russia, Bd. 2, London 1923, S. 225 f.; hier zit. nach Baumgart, S. 45.
53 Vgl. Ebenda, S. 47/48.

2. Russland, ein Wintermärchen

1 Aus der Vielzahl einschlägiger Schriften Rohrbachs vgl. die nach den Erfolgen an der Ostfront verfaßte Broschüre: Rußland und wir, 1915. Hier zit. nach Peter Borowsky, Paul Rohrbach und die Ukraine. Ein Beitrag zum Kontinuitätsproblem. In: Geiss/Wendt, Deutschland in der Weltpolitik (Anm. 5, Einltg.), S. 441 f.
2 Paul Rohrbach, Die russische Revolution. In: März 11 (1917), H. 13, S. 275 f.
3 Ebenda, S. 520.
4 Vgl. Uwe Liszkowski, Osteuropaforschung und Politik. Ein Beitrag zum historisch-politischen Denken von Otto Hoetzsch, Berlin 1988, Bd. I, S. 137 ff.
5 Alle Zitate aus Artikeln in der «Neuen Preußischen Kreuz-Zeitung» zwischen November 1917 und April 1918. Hier zit. nach: Liszkowski, Ebenda, S. 192 ff.
6 Vgl. Borowsky, Paul Rohrbach und die Ukraine, in: Geiss/Wendt, Deutschland in der Weltpolitik (Anm. 5, Einltg.) S. 453 ff.
7 Herman Kranold, Zur Kenntnis Russlands. In: Die neue Rundschau 18 (1917), H. 6, S. 1542.
8 Thomas Mann, Betrachtungen eines Unpolitischen. In: Gesammelte Werke, Bd. XII, S. 441.
9 Ebenda, S. 49.
10 Ebenda, S. 587.
11 Ebenda, S. 437.
12 Ebenda, S. 34.
13 So die Tägliche Rundschau 1916 in einer Rezension des Nötzel-Bandes: Das heutige Russland (vgl. Anm. 16).

14 Der Text findet sich im Anhang zu Karl Nötzel, Die slawische Volksseele, Jena 1915.
15 Hier zit. aus einer Verlagsanzeige des Eugen Diederichs Verlages, 1917.
16 Karl Nötzel, Das heutige Russland. Eine Einführung an der Hand von Tolstois Leben und Werken, München 1916 – Ders., Die Grundlagen des geistigen Russlands. Versuch einer Psychologie des russischen Geisteslebens, Jena 1917 – Ders., Tolstois Meisterjahre. Einführung in das heutige Russland. Zweiter Teil, München-Leipzig 1918.
17 Ders., Tolstojs Meisterjahre, Ebenda, S. V.
18 Ders., Die soziale Bewegung in Russland. Ein Einführungsversuch auf Grund der russischen Gesellschaftslehre, Stuttgart-Berlin-Leipzig 1923, S. 11 f., 20 ff.
19 Russlands politische Seele. Russische Bekenntnisse, hrsg. von Elias Hurwicz, Berlin 1918, S. 10 ff.
20 Arthur Luther, Die geistige und politische Vorstellungswelt der Bolschewiki im Zusammenhange der Strömungen in der russischen Gesellschaft und Literatur. Vortrag auf der Hauptversammlung der Deutschen Gesellschaft zum Studium Osteuropas, Berlin-Leipzig 1918, S. 4 ff.
21 Ebenda, S. 6 ff. – Das angesprochene Werk von Masaryk waren seine viel zitierten «Soziologischen Skizzen zur russischen Geschichts- und Religionsphilosophie», die 1913 unter dem Titel «Russland und Europa» in Jena (bei Diederichs) in deutscher Übersetzung erschienen waren.
22 Ebenda, S. 9 f.
23 Ebenda, S. 17 ff.
24 Paquet, Tagebuch II, Eintrag ohne Datum, vor dem Gespräch mit Helphand am 18. Januar 1918.
25 Vgl. Hans Peter Neureuter, Alfons Paquet und seine Reportagen aus dem Finnischen Bürgerkrieg 1918. In: Trajekt. Beiträge zur finnischen, lappischen und estnischen Literatur 3 (1983), S. 31–50; hier insbes. S. 43 ff.
26 Tagebuch III (Kriegsreise nach Finnland).
27 «In Finnland». Artikel in der Frankfurter Zeitung vom 14. und 19. März sowie vom 3. und 19. April 1918, nachgedruckt in Hans Peter Neureuter (Anm. 25), S. 51–73.
28 Ebenda, Eintrag vom 17. Februar 1918.
29 Von November bis November (Anm. I.1, 10), Bl. 238 ff.
30 Tagebuch II, Eintrag vom 16. Februar 1918.
31 Ebenda, Eintrag vom 18. Februar 1918.
32 Tagebuch II, Eintrag vom 9. März 1918.
33 Ebenda, Eintrag vom 22. März 1918.
34 Ebenda, Eintrag vom 10. März 1918.
35 Ebenda, Eintrag vom 12. März 1918.
36 Ebenda, Eintrag vom 22. März 1918.
37 Ebenda, Eintrag vom 22. März 1918.
38 Ebenda, Eintrag vom 18. Mai 1918.
39 Auf dem Vorsatzblatt zum Heft IV der Tagebücher findet sich der Eintrag: «Begonnen in Frankfurt/M. 1. Juni 1918. Beendet in Moskau, 21. August 1918».
40 Tagebuch IV, Eintrag vom 1. Juni 1918.
41 Vgl. Fischer, Griff nach der Weltmacht (Anm. I.5, 1), S. 234 ff. – Sering hatte

Anmerkungen   483

ein politisch-landeskundliches Buch zu dem Themenkomplex herausgegeben, das Paquet gekannt haben könnte: Max Sering (Hrsg.), West-Russland in seiner Bedeutung für die Entwicklung Mitteleuropas, Leipzig-Berlin 1917.
42 Tagebuch IV, Eintrag o. D. (Anfang Juni 1918).
43 Notizbuch, Eintrag vom 8. Juni 1918.

3. Briefe aus Moskau

1 Hans Vorst, Das bolschewistische Russland, Leipzig 1919, S. 31 f.
2 Alfons Paquet, Im kommunistischen Russland. Briefe aus Moskau, Jena 1919.
3 Ebenda, S. 2.
4 Ebenda, S. 10 f.
5 Ebenda, S. 12.
6 Ebenda, S. 16 ff.
7 Notizbuch, Eintrag vom 4. Juli, S. 51 – Die Einträge aus dem Notizbuch, ebenso wie die Moskauer Tagebücher von Alfons Paquet, werden hier und im folgenden zit. nach der Druckfassung in Winfried Baumgart, Von Brest-Litovsk zur deutschen November-Revolution (Anm. I.6, 1) – Eine Ausnahme bilden diejenigen Einträge in den Notiz- und Tagebüchern, die Baumgart nicht in die Druckfassung übernommen hat und die hier nach der Originalfassung im Nachlass zitiert werden.
8 Ebenda.
9 Tagebuch IV, Eintrag vom 6. Juli, S. 60 f. – Vgl. auch den Eintrag vom 14. Juli, S. 69.
10 Ebenda, S. 71.
11 Kurt Riezler, Tagebücher, Aufsätze, Dokumente (Anm. I.5, 14); hier Tagebuch-Eintrag vom 17. 8. 1918, S. 466 f. – Orthographie wie im Original.
12 Riezler, Tagebuch, S. 469.
13 Denkschrift Alexander Helphand an AA. Undatiertes und ungezeichnetes Exemplar in: PA-AA, Deutschland Nr. 131 Geh., Bd. 18, Bl. 168–173.
14 Tagebuch II, Eintrag vom 18. Mai 1918 (Originalfassung im NL Paquet).
15 Vgl. Karl Schlögel, Jenseits des Großen Oktober – Das Laboratorium der Moderne. Petersburg 1909–1922, Berlin 1988, S. 199–233.
16 Notizbuch, undatierter Eintrag, Bl. 51 (Originalfassung im NL Paquet).
17 Denkschrift Helphand (s. Anm. 13) – In welchem Umfang für dieses Unternehmen Gelder geflossen sind, ist unklar. Scharlau/Zeman gingen irrtümlich davon aus, dass die von Rödern am 17. Juni 1918 bereitgestellten 40 Millionen Mark im wesentlichen für diesen Zweck bestimmt gewesen seien. (Freibeuter der Revolution, S. 311) Tatsächlich wurden sie aber, wie beschrieben, auf Antrag Mirbachs genehmigt. Die erste Rate von 3 Millionen wurde im Juli über die Deutsche Bank «an Konto der deutschen Hauptkommission» zu Händen Riezlers in Moskau überwiesen. (Deutschland Nr. 131, Geh., Bd. 19, unnumeriert, Dok. A 29400) Immerhin legt die unmittelbar aufeinander folgende Numerierung der Aktenstücke nahe, dass zumindest ein Teil der Summe tatsächlich für diesen Zweck geflossen ist. So erhielt der einschlägig bekannte Georg Sklarz mit Datum des 19. 7. 1918 vom Berliner Außenamt einen Ausweis, der ihn als Bevollmächtigten des «Verlags für Sozialwissenschaften» auswies, welcher beauftragt sei, «einen Volkskalender für Russland in einer

484 Anmerkungen

ganz ungewöhnlich großen Auflage» zu produzieren, welcher «unbedingt bis zum Herbst fertig gestellt» sein müsse. (Ebenda, Dok. A 30688).
18 Vgl. etwa Winfried Baumgart, Deutsche Ostpolitik 1918 (Anm. II.1, 49), S. 347, Fn. 63.
19 Paquet, Von November bis November (Maschinenschriftl. Fassung) (Anm. I.1, 10), S. 306–308.
20 Tagebuch IV, Eintrag vom 28. Juli 1918, S. 85 f.
21 Ebenda, Eintrag vom 30. Juli 1918, S. 86 f.
22 Notizbuch, Eintrag vom 27. Juli 1918, S. 83.
23 Notizbuch, Eintrag vom 30. Juli 1918, Bl. 83 R (Originalfassung im NL Paquet; nicht in der gedruckten Fassung).
24 Paquet, Tagebuch, Eintrag vom 18. Juli 1918, S. 77.
25 Notizbuch, Eintrag vom 19. Juli 1918, S. 80.
26 Tagebuch IV, Eintrag vom 18. Juli 1918, S. 77.
27 Notizbuch, Eintrag vom 19. Juli 1918, S. 80.
28 Notizbuch, Bl. 89 R/90 (Originalfassung im NL Paquet; nicht in der gedruckten Fassung.) Der Eintrag ist undatiert; dem Kontext nach stammt er von Ende Juli/Anfang August. – Über Nilus und die «Protokolle» vgl. Michael Hagemeister, Wer war Sergej Nilus. Versuch einer bio-bibliographischen Skizze. In: Ostkirchliche Studien, H. 1, 1991, S. 49–63; hier S. 59 f.; sowie Ders., Sergej Nilus und die «Protokolle der Weisen von Zion. In: Jahrbuch für Antisemitismusforschung, S. 127–147; hier S. 142, Anm. 31.
29 Brief an seine Frau, 22. August 1918, S. 122.
30 Tagebuch IV, Eintrag vom 18. August 1918, S. 114 f.
31 Ebenda, Eintrag vom 27. August 1918, S. 131.
32 Vollständiger Text unter Kennzeichnung der von der Zensur gestrichenen Passagen in der Buchfassung: Im kommunistischen Russland (Anm. 2), S. 77 ff.
33 Tagebuch IV, Eintrag vom 31. August 1918, S. 137.
34 Ebenda, Eintrag vom 6. September 1918, S. 144.
35 Terror, Frankfurter Zeitung, 28.9.1918. In: Im kommunistischen Russland (Anm. 2), S. 112.
36 Ebenda, S. 120.
37 Tagebuch IV, Eintrag vom 10. September 1918, S. 152.
38 Brief an seine Frau, 15. September 1918, Ebenda, S. 157.
39 Tagebuch IV, Eintrag vom 14. August 1918, S. 106 – Hervorhebung im Original.
40 Tagebuch V, Eintrag vom 20. September 1918, Ebenda, S. 158 f.
41 Ebenda, Eintrag vom 25. September 1918, S. 162.
42 Ebenda, Eintrag vom 29. September 1918, S. 164.
43 Ebenda, Eintrag vom 30. September 1918, S. 166 f. – Schreibweise der Namen wie im Original.
44 Ebenda, Eintrag vom 1. Oktober 1918, S. 169.
45 Ebenda, S. 169/70.
46 Ebenda, Eintrag vom 2. Oktober 1918, S. 171 ff.– Hervorhebungen im Original als Unterstreichungen.
47 Ebenda, S. 171 ff.
48 Ebenda, S. 173/74.
49 Ebenda, Eintrag vom 3. Oktober 1918, S. 175 f.
50 W. I. Lenin, Schreiben an die Gemeinsame Sitzung des Gesamtrussischen Zen-

tralexekutiv-Komitees und des Moskauer Sowjets, 3. Oktober 1918. In: LW Bd. 28, S. 90 ff.
51 Telegramm des Generalkonsuls Hauschild an das Auswärtige Amt, 3. Oktober 1918. In: PA-AA Deutschland Nr. 131 Geh., Bd. 51, Bl. 31 – Das Fortsetzungs-Telegramm, das Baumgart als nicht auffindbar erklärt hat (S. 175, Anm. 720), findet sich eben dort, Bl. 60/61.
52 Tagebuch V, Eintrag vom 9. Oktober 1918, S. 180.
53 Ebenda, Eintrag 12. Oktober 1918, S. 181.
54 Tagebuch, 19. Oktober 1918, S. 185.
55 Ebenda, S. 184 – Hervorhebung im Original als Unterstreichung.
56 Ebenda, Eintrag vom 18. Oktober 1918, S. 181 f.
57 Ebenda, Eintrag vom 20. Oktober 1918, S. 186.
58 Ebenda, Eintrag vom 21. Oktober 1918, S. 189/90.
59 Ebenda, S. 190.

4. Zwei Kücken unter einer Schale

1 Albrecht Buchholtz, Leonid Krassin und sein Verhältnis zu Deutschland. In: Liszkowski, Russland und Deutschland (Anm. I.5, 11), S. 304 ff.
2 Aufzeichnung Stresemanns vom 7. Juli 1918, im Nachlass Stresemanns. Auszugsweise dokumentiert in Hans W. Gatzke, Zu den Deutsch-Russischen Beziehungen im Sommer 1918. In: Vierteljahrshefte für Zeitgeschichte 3 (1955), S. 67–98; Zitate S. 73.
3 Diesen zentralen Gedankengang, den er gleich nach dem Brester Frieden in einem Artikel «Die Hauptaufgabe unserer Tage» entwickelt hatte, vertiefte Lenin im Mai in einer für die eigenen, widerstrebenden Parteikader bestimmten Broschüre unter dem Titel «Über ‹linke› Kinderei und über Kleinbürgerlichkeit». In: LW, Bd. 27, S. 147 ff.; 326 ff.
4 Vgl. Winfried Baumgart, Deutsche Ostpolitik (Anm. II.1, 49), S. 299; sowie Ders., «Unternehmen Schlussstein». Zur politisch-militärischen Geschichte des Ersten Weltkrieges. (I–IV). In: Wehrwissenschaftliche Rundschau 19 (1969), H. 2–8.
5 Rede in der gemeinsamen Sitzung des Gesamtrussischen Zentralexekutivkomitees, 29. Juli 1918. In: LW, Bd. 28, S. 9, 13 ff.
6 Genossen Arbeiter! Auf zum letzten entscheidenden Kampf! In: Ebenda, S. 40–43, passim.
7 Beide Telegramme Lenins an seine Frontkader vom 4. Juni und 11. August sind (neben ähnlichen anderen) dokumentiert in: Lenin, Neizvestnye Dokumeny, S. 239, 246; sowie beide in Richard Pipes, The Unknown Lenin (Anm. II.1, 7), S. 46, 50.
8 Worowski an Lenin, 13. August 1918. In: RZCHiDNI, f. 5, op. 1, d. 2165, l. 26–28.
9 Lenin an Worowski, 21. August 1918. In: Lenin, Neizvestnye Dokumeny (Anm. II.1, 17), S. 249.
10 Telegramm Hauschilds an AA vom 2./3. Oktober 1918. Hier zit. nach Paquet, Moskauer Tagebuch (Anm. I.6, 1), S. 171, Fn. 701.
11 Paquet, Ebenda, S. 171 f.
12 Abgedruckt bei Winfried Baumgart, Vor fünfzig Jahren – Oktober 1918. Eine Dokumentation. In: Aus Politik und Zeitgeschichte, 43 (1968).

13 Ebenda, Eintrag 22. Oktober 1918, S. 190.
14 Ebenda, Eintrag vom 23. Oktober 1918, S. 195 – Die letzten Worte in kyrillischen Buchstaben.
15 Ebenda, Eintrag vom 30. Oktober 1918, S. 198.
16 Ebenda, Eintrag vom 1. November 1918, S. 200.
17 Tagebuch 2. November, Ebenda, S. 201.
18 Ebenda, S. 202 ff.
19 Ebenda, Eintrag vom 20. August 1918, S. 117.
20 Paquet, Die Außerordentliche. In: Frankfurter Zeitung, 3. Dezember 1918. Hier zit. nach: Im kommunistischen Russland (Anm. II.3, 2), S. 121 ff.
21 Tagebuch VI, Eintrag vom 3. November 1918, S. 206/07.
22 Ebenda, Eintrag vom 5. November 1918, S. 208.
23 Ebenda, 9. November 1918, S. 223 f.
24 Die Rote Armee. Hier zit. nach: Im kommunistischen Russland (Anm. II.3, 2), S. 189 f.
25 Tagebuch VI, Eintrag vom 10. November 1918, S. 227.
26 Ebenda, S. 229.
27 Zur Biographie Ernst Reuters vgl. Willy Brandt/Richard Löwenthal, Ernst Reuter. Ein Leben für die Freiheit. Eine politische Biographie, München 1957; sowie die biographischen Einführungen zu den Kapiteln in: Ernst Reuter, Schriften. Reden, Erster Band, Berlin 1972.
28 Paquet, Tagebuch VI, Eintrag vom 13. November 1918, S. 240.
29 Ebenda, Eintrag vom 12. November 1918, S. 234.
30 Tagebuch V, Eintrag vom 1. Oktober 1918, S. 173.
31 Tagebuch VI, Eintrag vom 16. November 1918, S. 246 f.
32 Ebenda, S. 248.
33 Ebenda, Eintrag vom 18. November 1918, S. 232 f.
34 Ebenda, Eintrag vom 26. November 1918, S. 255.
35 Die gefesselte Stadt. Hier zit. nach: Im kommunistischen Moskau (Anm. II.3, 2), S. 190 ff.
36 Das neue Deutschland. In: Der Kaisergedanke (Anm. I.1, 57), 24 f.
37 Gedanken zum jüdischen Problem. In: Tagebuch, Maschinenschriftl. Fassung, I, S. 268 f. (NL Paquet) – In der gedruckten Fassung des Tagebuchs Hinweis auf die Auslassung S. 220 unten (8. November 1918).
38 Der Bolschewismus und die deutschen Intellektuellen (vgl. Anm. II.7, 35), S. 77.
39 Im kommunistischen Russland (Anm. II.3, 2), S. 202.

5. Spartakisten und «Beki»

1 Ernst Bloch (Pseud. Dr. Fritz May, Nürnberg), Was schadet und was nützt Deutschland ein feindlicher Sieg?. In: Ders., Kampf, nicht Krieg. Politische Schriften 1917–1919, hrsg. von Martin Korol, Frankfurt/M. 1985, S. 86 f. – Eine erste Zusammenstellung der pseudonymen Artikel Blochs aus den Jahren 1917–1919 zum Thema «Preußen und der Bolschewismus» erstmals bei Wilhelm Alff, Deutsche Opposition im Exil während des Ersten Weltkriegs. In: Sabotage des Schicksals. Für Ulrich Sonnemann, hrsg. von Gottfried Heinemann und Wolf-Dietrich Schmied-Kowarzik, Tübingen 1982, S. 79–97.

2 Ders. (Pseud. Jakob Bengler), Die letzten Tage der Bolschewiki. In: Ebenda, S. 318 f.
3 Dr. Ernst Bloch, Die falschen Geleise Zimmerwalds. In: Ebenda, S. 390.
4 Ernst Bloch, Vom Nebel, dem Alexanderzug und der Größe des Ja. In: Geist der Utopie, München 1918 (zweite erweiterte Ausgabe 1923). Hier zit. nach der «bearbeiteten Neuauflage», Frankfurt 1964, S. 114 ff. – In dieser «bearbeiteten Neuauflage» hat Bloch eine Reihe gegen Marx und die Praxis des Leninismus gerichtete Passagen gestrichen.
5 Ders. (Pesud. Jakob Bengler), Erkrankter Sozialismus. In: Kampf, nicht Krieg (Anm. 1), S. 398 f.
6 Noch 1970 erschienen die Artikel aus den Jahren 1917–1919 Bloch derart anstößig, dass er sie nicht in die Gesamtausgabe seiner Werke aufnehmen wollte. Vgl. das Vorwort von Martin Korol in: Ebenda, S. 7 ff.
7 Hier zit. nach Ossip K. Flechtheim, Einleitung zu Rosa Luxemburg, Die russische Revolution, Frankfurt/M. 1963, S. 9.
8 Mathilde Jacob, Von Rosa Luxemburg und ihren Freunden in Krieg und Revolution 1914-1919. In: Internationale Wissenschaftliche Korrespondenz zur Geschichte der deutschen Arbeiterbewegung (IWK) 24 (1988), H.4, S. 435–515; hier S. 477.
9 Ebenda, S. 478 ff.
10 Brief an Julian Marchlewski, Ende Juli oder August 1918. In: Feliks Tych, Drei unbekannte Briefe Rosa Luxemburgs über die Oktoberrevolution. In: IWK 27 (1991), H. 3, S. 357–366, hier S. 360.
11 Brief an Stefan Bratman-Brodowski, 3. September 1918. In: Ebenda, S. 361.
12 Brief an Marchlewski, 30. September 1918. In: Ebenda, S. 364 f.
13 Luxemburg, Die russische Revolution (Anm. 7), S. 65.
14 Ebenda, S. 69–75, passim.
15 Ebenda, S. 79 f.
16 Luxemburgs Rede zum Programm auf dem Gründungsparteitag der KPD findet sich u. a. in Susanne Hillmann, Schriften zur Theorie der Spontaneität, Reinbek 1970, S. 201–210, passim.
17 Mathilde Jacob, Von Rosa Luxemburg und ihren Freunden (Anm. 8), S. 493.
18 Vgl. Abraham Ascher, Russian Marxism and the German Revolution, 1917–1920. In: Archiv für Sozialgeschichte, Bd. VI/VII, 1966, S. 416 ff.
19 Rosa Luxemburg, Was will der Spartakusbund? In: Dies., Gesammelte Werke Bd. 4, Berlin 1975, S. 443 ff.
20 Dies., Die russische Revolution (Anm. 7), S. 80.
21 Lenin, Rede über die internationale Lage, 8. November 1918. In: LW 28, S. 145.
22 Vgl. die Zusammenstellung von Dokumenten über die Verhandlungen zu den Zusatzverträgen bei Hans W. Gatzke, Zu den deutsch-russischen Beziehungen im Sommer 1918, insbesondere die Niederschrift Stresemanns über die Gespräche mit Joffe und Krassin am 7. Juli (Dokument 2). In: VjhZG 3 (1955), S. 79 ff.
23 So in einer ihrer letzten Besprechungen am 18. November. Vgl. Paquet, Moskauer Tagebuch (Anm. I.6, 1), S. 251 f.
24 Vgl. Radek, November – Ein kleine Seite aus meinen Erinnerungen. Erstmals vollständig publiziert im Anhang von Otto-Ernst Schüddekopf, Karl Radek in Berlin. Ein Kapitel deutsch-russischer Beziehungen im Jahre 1919. In: Archiv für Sozialgeschichte, Bd. II (1962), S. 87–166; hier S. 123.

25 Lenin, Wertvolle Eingeständnisse Pitrim Sorokins, «Prawda», 21. November 1918. In: LW 28, S. 185.
26 Lenin, Die proletarische Revolution und der Renegat Kautsky. In: Ebenda, S. 293.
27 Vgl. Dietrich Geyer, Sowjetrussland und die deutsche Arbeiterbewegung 1918–1932. In: VjhfZG 24 (1976), H. 1, S. 9.
28 Paul Levi, Zur Klarstellung. In: Unser Weg, H. 1/2, 1921, S. 45 f.
29 Karl Radek, Die Entwicklung des Sozialismus von der Wissenschaft zur Tat, Berlin 1919, S. 18.
30 Ebenda, S. 16, 18, 21.
31 Karl Radek, November (Anm. 24), S. 119–166; Zitate S. 133.
32 Helmut Trotnow, Karl Liebknecht – Eine politische Biographie, Köln 1980, S. 300 ff.
33 Wladimir Korolenko, Die Geschichte meines Zeitgenossen. Aus dem Russischen übersetzt und eingeleitet von Rosa Luxemburg, Berlin 1919. Hier zit. nach der Ausgabe Frankfurt/M. 1970, S. 10 ff.
34 Helmut Trotnow, Karl Liebknecht und die russische Revolution. Ein unveröffentlichter Diskussionsbeitrag Karl Liebknechts zu Karl Radeks Rede auf dem Gründungsparteitag der KPD 1918/19. In: Archiv für Sozialgeschichte, Bd. XIII, 1973, S. 379–397; hier S. 395.
35 Karl Liebknecht, Gesammelte Reden und Schriften, Bd. 9, Berlin 1952, S. 544 f.
36 Zuchthausnotizen, hier zit. nach Trotnow, Liebknecht (Anm. 32), S. 275.
37 Diskussionsbeitrag auf dem Gründungsparteitag, hier zit. nach Ebenda, S. 395.
38 Vgl. Marie-Luise Goldbach, Karl Radek in Deutschland, Bonn-Bad Godesberg 1973, S. 25 ff.
39 Karl Radek, Der Zusammenbruch des deutschen Imperialismus und die Aufgaben der internationalen Arbeiterklasse, Moskau 1918. Hier zit. nach Abraham Ascher, Russian Marxism and the German Revolution, 1917–1920. In: Archiv für Sozialgeschichte Bd. VI/VII, 1966, S. 401 ff.
40 So laut einer Notiz in den Akten der deutschen Reichskanzler. Hier zit. nach Ebenda, S. 401.
41 Karl Radek, November, (Anm. 24) S. 125.
42 Die Rede wurde unter dem Titel «Die russische und die deutsche Revolution und die Weltlage» 1919 als Broschüre veröffentlicht. Wiederabgedruckt in Hermann Weber (Hrsg.), Der Gründungsparteitag der KPD. Protokoll und Materialien, Frankfurt/M.-Wien 1969.
43 Text des Antwortbeitrages in Trotnow, Liebknecht und die russische Revolution, S. 397.
44 Radek, November (Anm. 24), S. 136.

6. Vom Geist der russischen Revolution

1 Paquet, Moskauer Tagebuch (Anm. I.6, 1), Eintrag vom 27. 11. 1918, S. 598– Mit diesem Datum endet das gedruckte und beginnt das ungedruckte Tagebuch.
2 Ebenda, Eintrag vom 26. Dezember 1918, S. 592. Im NL Paquet (vgl. Anm. I.6, 3)
3 Ebenda, Eintrag vom 30. Dezember 1918, S. 593.
4 Ebenda, Eintrag vom 23. Januar 1919, S. 597.
5 Ebenda, Eintrag vom 29. Januar 1919, S. 599.

6 Ebenda, S. 601.
7 Ebenda, S. 602.
8 Ebenda, s. 601.
9 Ebenda, S. 603.
10 Ebenda, S. 604.
11 Ebenda, Eintrag vom 17. Februar 1918, S. 611.
12 Ebenda, Eintrag vom 22. Februar 1919, S. 624 ff.
13 Ebenda, «Psychologisches über Radek». Eintrag zwischen dem 26. November und 26. Dezember 1918, S. 590 f.
14 Ebenda, Eintrag unter (oder nach) dem 1. Januar 1919, S. 596 f.
15 Ebenda, Eintrag unter (oder nach) dem 29. Januar 1919, S. 599 f.
16 Ebenda, Eintrag vom 19. Februar 1919, S. 617 f.
17 Fritz Max Cahén, Der Weg nach Versailles (Anm. II.5, 24), S. 288 f.
18 Hier zit. nach E. O. Schüddekopf, Karl Radek in Berlin (Anm. II.5, 24), S. 107.
19 Alfons Paquet, Der Geist der russischen Revolution, 2. Aufl., München 1920.
20 Vorwort vom April 1919, Ebenda, S. VI/VII.
21 Ebenda, S. V.
22 Ebenda, S. VIII ff.
23 Ebenda, S. XII/XIII.
24 Ebenda, S. 1.
25 Ebenda, S. 7 ff.
26 Ebenda, S. 15 ff.
27 Ebenda, S. 19 ff.
28 Ebenda, S. 23.
29 Ebenda, S. 24/25.
30 Ebenda, S. 25/26.
31 Ebenda, S. 28/29.
32 Ebenda, S. 60 f.
33 Ebenda, S. 63 ff.
34 Ebenda, S. 108.
35 Vorwort zur zweiten Auflage (1920), Ebenda, S. XX.
36 Ebenda, S. XVI.
37 Ebenda, S. XVI.
38 Hans Vorst, Das bolschewistische Russland, Leipzig 1919.
39 Ebenda, S. 36.
40 Ebenda, S. 45.
41 Ebenda, S. 63/64.
42 Ebenda, S. 200.
43 Ebenda, S. 252 f.
44 Ebenda, S. 260 f.
45 Ebenda, S. 262 f.

7. Augenzeugen und Interpreten

1 Vgl. Karl Schlögel (Hrsg.), Russische Emigration in Deutschland 1918 bis 1941. Leben im europäischen Bürgerkrieg, Berlin 1995. Dieser Sammelband ist nur der gewichtigste Beitrag aus einer mittlerweile recht reichhaltigen Literatur zu diesem Thema.

Anmerkungen

2 Deutsche Rückwanderer über Russland und den Bolschewismus. Neue Stimmen deutscher Heimgekehrter aus russischer Gefangenschaft über das augenblickliche Russland und seine Zukunft – eine Warnung auch für uns!, Berlin 1918.
3 Ebenda, S. 3.
4 Oskar Grosberg, Russische Schattenbilder aus Krieg und Revolution, Leipzig 1918.
5 Ebenda, S. 93.
6 Erich Koehrer, Unter der Herrschaft des Bolschewismus. Berichte, Erlebnisse, Bilder aus den Tagen der Räteregierung im Baltikum, Berlin 1919.
7 Ders., Das wahre Gesicht des Bolschewismus! Tatsachen, Berichte, Bilder aus den baltischen Provinzen November 1918 – Februar 1919, Berlin 1919.
8 Ders., Unter der Herrschaft des Bolschewismus (Anm. 6), S. 4.
9 Ebenda.
10 Ders., Das wahre Gesicht des Bolschewismus (Anm. 7), S. 6.
11 Ebenda, S. 8.
12 Ebenda, S. 1.
13 Franz Cleinow, Bürger, Arbeiter, Rettet Europa! Erlebnisse im sterbenden Russland, Verlag «Die Einheitsfront», Berlin 1920. Auf dem Titelblatt der eingesehenen Ausgabe von 1920 wurde eine angebliche Gesamtauflage von 80–100 Tsd. annonciert.
14 Ebenda, S. 5.
15 Ebenda, S. 13.
16 Ebenda, S. 14.
17 Ebenda, S. 32/33.
18 Ebenda, S. 36.
19 Ebenda, S. 37.
20 Ebenda, S. 38.
21 F. v. B., Nikolaus II. und das Ende der Romanows. Die Geschichte der großen russischen Revolution, Leipzig 1917.
22 Adrian Polly, Der Umsturz des Russischen Kaiserreiches (1917). Nach eigenem Erleben, Berlin 1919 – Adolf Sommerfeld, Nikolaus II., Berlin 1919.
23 Sommerfeld, Ebenda, S. 230/31.
24 Axel Frhrn. von Freytagh-Loringhoven, Geschichte der russischen Revolution, Erster Teil, München 1919.
25 Ders., Was lehrt uns die russische Revolution (Vortrag vom 7. Dezember 1918); Geschichte und Wesen des Bolschewismus (Vortrag vom 10. Dezember 1918), hrsg. von der Deutschnationalen Volkspartei, Provinzialverband Schlesien, Breslau 1918.
26 Ebenda, S. 206 f.
27 Harald von Hoerschelmann, Person und Gemeinschaft. Die Grundprobleme des Bolschewismus, Jena 1919.
28 Ebenda, S. 1 ff.
29 Ebenda, S. 24 ff.
30 Werner Sombart, Sozialismus und soziale Bewegung. Siebente, durchgesehene und vermehrte Auflage, Jena 1919.
31 Ebenda, S. 146 ff.
32 Ebenda, S. 189.

33 Ebenda, S. 191.
34 Ebenda, S. 192.
35 Der Bolschewismus und die deutschen Intellektuellen. Äußerungen auf eine Umfrage des Bundes deutscher Gelehrter und Künstler. Auf Veranlassung von Heinrich von Gleichen zusammengestellt von Annelise Schmidt, Leipzig 1920.
36 Von Gleichen, Ebenda, S. 3 f.
37 Ebenda, 2.
38 Ebenda, 20.
39 Ebenda, 19.
40 Ebenda, 22.
41 Ebenda, 59.
42 Ebenda, 48, 58.
43 Ebenda, 70.
44 Ebenda, 65 f.
45 Ebenda, 53.
46 Alfons Goldschmidt, Moskau 1920. Tagebuchblätter, Berlin 1920.
47 Von Gleichen, Umfrage (Anm. 35), S. 53.
48 Ebenda, 27 f.
49 Ebenda, S. 77.
50 Ebenda, S. 33.
51 Ebenda, S. 70.
52 Ebenda, S. 75.

III. REVOLUTION UND NACHKRIEG

1. Mussolini manqué

1 In der alten Bundesrepublik ist keine einzige wissenschaftliche Monographie über Stadtler und den organisierten politischen Antibolschewismus der frühen Weimarer Zeit erschienen. Soweit die Figur Stadtlers auftaucht, bleibt seine Rolle als Führer der Antibolschewisten ephemer gegenüber seinem späteren Wirken als Exponent der jungkonservativen und nationalrevolutionären Szene. Lediglich Kai-Uwe Merz («Das Schreckbild», Berlin 1995) hat Stadtlers Wirken als Antibolschewist bearbeitet, allerdings auf beschränkter Quellenbasis und in sehr eindimensionaler Weise. In Darstellungen aus der ehemaligen DDR tritt der Antikommunist Stadtler dagegen programmgemäß in der Rolle eines «Vorkämpfers des Faschismus» auf – bis zur Absurdität: «Der Hass der herrschenden Klasse auf den Kommunismus ließ schließlich den bis dahin völlig unbekannten Dr. Eduard Stadtler einen ungeahnten Aufstieg nehmen und zumindest für einige Wochen zu einer Schlüsselfigur in der großen Klassenschlacht nach dem ersten Weltkrieg und vor Gründung der Weimarer Republik werden.» (Jürgen Petzoldt, Wegbereiter des deutschen Faschismus, Berlin (DDR) 1978/1982, S. 53) Im Rahmen der DDR-Faschismusforschung ist auch die einzige Monographie zur Person Stadtlers entstanden: Rüdiger Stutz, Die politische Entwicklung Eduard Stadtlers von 1918 bis 1933. Ein Beitrag zur Geschichte des Rechtsextremismus in der Weimarer Republik (Diss.), Jena 1985. In welch fiktiver Frontstellung solche Arbeiten verfasst wurden, zeigt Stutz' Behauptung im Vorwort: «Gegenwärtig findet in der BRD eine besorgniserregende Art der ‹Stadtler-Re-

zeption› statt.» Immerhin enthüllt die auf Primärquellen und eine weite Lektüre der Originaltexte gestützte Arbeit entgegen ihrem vorgegebenen Argumentationsziel einiges von der Widersprüchlichkeit der Biographie Stadtlers. – Zu den Schwierigkeiten einer näheren Auseinandersetzung mit der Figur Stadtlers gehört es, dass weder sein persönlicher Nachlass noch das Archiv des «Generalsekretariats» bisher auffindbar waren. Da Stadtler 1945 in Berlin vom sowjetischen Geheimdienst verhaftet und in das KL Sachsenhausen verbracht wurde, wo er wenig später umkam, lag die Vermutung nahe, dass sein Nachlass im Komplex der Moskauer «Beuteakten» zu finden sein könnte. Meine Recherchen im Herbst 1996 im Bestand des Moskauer «Sonderarchiv» (damals ZChIDK) haben jedoch zu keinem Ergebnis geführt.

2 Vgl. Edmund Stadtler, Als politischer Soldat (Anm. 4), S. 9 f.
3 Ebenda, S. 20 f.
4 Insgesamt erschienen drei Memoiren-Bände Stadtlers. Der erste Band hieß «Jugendschicksale 1886–1914», der zweite «Als politischer Soldat 1914–1918», der dritte «Als Antibolschewist 1918/19». Alle drei sind in Stadtlers Hausverlag (Neuer Zeitverlag, Düsseldorf 1935) erschienen.
5 Als politischer Soldat, S. 58.
6 Ebenda, S. 66/67.
7 Ebenda, S. 69/70.
8 Ebenda.
9 Ebenda, S. 89/90 – Leider ist auch Stadtlers russisches Tagebuch nur aus seinen Eigenzitaten in den Memoiren bekannt.
10 Ebenda, S. 90.
11 Ebenda, S. 108 f.
12 Ebenda, S. 118.
13 Ebenda, S. 123/24.
14 Ebenda, S. 127.
15 Ebenda, S. 126.
16 Ebenda, S. 142.
17 Ebenda, S. 154.
18 Ebenda, S. 155.
19 Ebenda, S. 156.
20 Alfons Paquet, Moskauer Tagebuch, Eintrag vom 23. Oktober (Anm. I.6, 1), S. 193.
21 Vgl. Paquet, Tagebuch V, Masch. Abschrift, S. 442 f. – Fehlt in der gedruckten Fassung.
22 Stadtlers Memoiren zufolge soll auf den Plakaten der Titel «Der Bolschewismus als Gefahr» gestanden haben. Unter dem hier zitierten Titel wurde die Rede Anfang 1919 als erste einer langen Reihe von Stadtler-Broschüren herausgegeben.
23 Stadtler, Als Antibolschewist (Anm. 4), S. 8.
24 Ebenda, S. 8/9.
25 Ebenda, S. 10/11.
26 Ebenda, S. 11/13.
27 Ebenda, S. 15.
28 Ebenda, S. 15.
29 Ebenda, S. 18.

30 Ebenda, S. 7.
31 Stadtler, Als politischer Soldat, S. 177.
32 Stadtler, Als Antibolschewist, S. 12.
33 Ebenda, S. 13.
34 Paul Schiemann, Massenelend. Russische Erfahrungen und deutsche Besorgnisse (= Revolutionäre Streitfragen, Heft 2), Berlin 1918/19.
35 Ebenda, S. 27.
36 Stadtler, Als Antibolschewist (Anm. 4), S. 30/31.
37 Ebenda, S. 31 f.
38 Ebenda, S. 37.
39 Eduard Stadtler, Der kommende Krieg. Bolschewistische Weltrevolutionspläne (= Revolutionäre Streitfragen, Heft 6), Berlin 1919, S. 11.
40 Ebenda, S. 12.
41 Ebenda, S. 12/13.
42 Ebenda, S. 14.
43 Ebenda, S. 15.
44 Stadtler, Als Antibolschewist (Anm. 4), S. 44.
45 Ebenda, S. 45.
46 Ebenda.
47 Ebenda, S. 47 f.
48 Ebenda, S. 56.
49 Ebenda, S. 50.
50 Ebenda, S. 51 f.
51 Eduard Stadtler, Ist Spartacus besiegt? Der Bolschewismus als weltpolitisches Problem (= Revolutionäre Streitfragen, Heft 9), Berlin 1919, S. 1 ff.
52 Ebenda, S. 7 f.
53 Ebenda, S. 15.
54 Ebenda, S. 16.
55 Die bisher von keinem Forscher genutzten Bände der «Antibolschewistischen Correspondenz» bekam ich in der Preußischen Staatsbibliothek Berlin unter der Signatur 4' Fc 8740-5/209.
56 «Verständigung». Ungezeichnetes Editorial der ABC vom 11. Februar 1991.
57 «Ganze Arbeit». Ungezeichnetes Editorial der ABC vom 15. Februar 1919.
58 «Hie Spartakist – hie Antibolschewist!». Editorial von L. Rößling, ABC vom 20. Februar 1919.
59 «Er starb für Freiheit und Vaterland». Editorial von L. Rößling, ABC vom 24. Februar 1919.
60 Stadtler, Als Antibolschewist (Anm. 4), S. 76 f.
61 Brief von Stadtler an Dr. Pfeiffer, Generalsekretariat der Deutschen Zentrumspartei, 11. März 1919. In: ZChIDK, Fonds 1521, op. 2, d. 839, Bl. 55. Der Akt mit der Aufschrift «Bolschewismus» enthält nur eine recht zufällige Sammlung von Briefen, Dokumenten, Broschüren, Zeitungsausschnitten usw. Offensichtlich handelt es sich um eine spätere Zusammenstellung sowjetischer Sicherheitsbehörden aus den «Beuteakten». Das Inhaltsblatt trägt als Bearbeitungsvermerk: 22. 11. 52/5. 2. 53, Operationsabteilung A, MGB SSSR, Ščegolev.
62 Ebenda, S. 116.
63 So in einem Artikel in der DAZ vom 24. 1. 1919. Hier zit. nach Stutz, Die politische Entwicklung Eduard Stadtlers (Anm. 1), S. 26.

64 Zit. nach Ebenda.
65 Stadtler, Die Revolution und das alte Parteiwesen (= Revolutions-Streitfragen – Neue Folge, H. 6), Berlin 1919, S. 6/7.
66 Stadtler, Als Antibolschewist (Anm. 4), S. 70 f.
67 Ebenda, S. 123.
68 Vgl. ABC (Anm. 55), 16. Mai 1919.
69 Eduard Stadtler, Die Diktatur der sozialen Revolution. Ein parteifreies Aktionsprogramm zur Überwindung der Anarchie in Deutschland (Als Manuskript gedruckt), Mai 1919, S. 27/28.
70 Vgl. ebenda, S. 29 ff.
71 Vgl. ebenda, S. 33 ff.
72 Vgl. Stutz, Die politische Entwicklung Eduard Stadtlers (Anm. 1), S. 36 f.
73 Stadtler, Als Antibolschewist (Anm. 4), S. 169.

2. Geheimnisse der Weisen von Zion

1 Zit. nach Uwe Lohalm, Völkischer Radikalismus. Die Geschichte des Deutschvölkischen Schutz- und Trutzbundes 1919–1923, Hamburg 1970, S. 53.
2 Thomas Mann, Tagebücher 1918–1921. Hrsg. von Peter de Mendelsohn, Frankfurt/M. 1979, S. 80 f.
3 Eintrag vom 2. V.1919, Ebenda, S. 223.
4 Eintrag vom 23. III.1919, Ebenda, S. 178.
5 Vgl. meinen Beitrag über Thomas Mann, Betrachtungen eines Unpolitischen. In: Koenen/Kopelew, Deutschland und die russische Revolution (Anm. II.2, 19), S. 313–379.
6 Walter Gross, Das politische Schicksal der deutschen Juden in der Weimarer Republik. In: In zwei Welten. Siegfried Moses zum fünfundsiebzigsten Geburtstag. Hrsg. von Hans Tramer, Tel-Aviv 1962, S. 542 f. Hier zit. nach Lohalm, Völkischer Radikalismus (Anm. 1), S. 182.
7 Ernst Troeltsch, Die Fehlgeburt einer Republik. Spektator in Berlin 1918 bis 1922, Frankfurt/M. 1994, S. 93–98, passim.
8 Lohalm, Völkischer Radikalismus (Anm. 1), S. 89 ff., 95.
9 Ebenda, S. 101.
10 Vgl. Ute Döser, Das bolschewistische Russland in der deutschen Rechtspresse 1918–1925 (Diss.), Berlin 1961, S. 31 f.
11 Zechlin, Deutsche Judenpolitik (Anm. I.3, 22), S. 560.
12 Lohalm, Völkischer Radikalismus (Anm. 1), S. 126.
13 Wilhelm Meister (i. e. Paul Bang), Judas Schuldbuch. Eine deutsche Abrechnung, München 1919.
14 Hier zitiert nach Lohalm, Völkischer Radikalismus (Anm. 1), S. 177 ff., 183, 189.
15 Auf Vorposten. Monatsschrift des Verbandes gegen Überhebung des Judentums E. V., 6 (1918), H. 1–3, Notausgabe für die Monate Oktober–Dezember 1918, S. 82 f.; 126 f.
16 Friedrich Wichtl, Weltfreimaurerei – Weltrevolution – Weltrepublik. Eine Untersuchung über Ursprung und Endziele des Weltkrieges, München 1919 (11.–15. Tsd.)., S. 9.
17 Lohalm, Völkischer Radikalismus (Anm. 1), S. 80.

18 Ebenda, S. 188.
19 So in Eckarts Beitrag «Deutscher oder jüdischer Bolschewismus?» In: Auf gut deutsch, 16. 8. 1919. Hier zit. nach Louis Dupeux, ‹Nationalbolschewismus› in Deutschland 1919–1933, München 1985, S. 81.
20 Friedrich Wichtl, Freimaurerei – Zionismus – Kommunismus – Spartakismus – Bolschewismus, Hamburg 1921, S. 30.
21 Vgl. den Notizbucheintrag Paquets (Anm. II.3, 28)
22 Gottfried zur Beek, Die Geheimnisse der Weisen von Zion, Charlottenburg 1920 (4. Auflage).
23 Ebenda, S. 144.
24 Ebenda, S. 145.
25 Ebenda, S. 65.
26 Ebenda, S. 59.
27 Der heimliche Diktator. In: Auf Vorposten (Anm. 15), März–Juni 1920, S. 99–103, passim.
28 Ebenda, S. 100.
29 Zur Beek, Die Geheimnisse (Anm. 23), S. 113.
30 Ebenda, 178.
31 Ebenda, 219.
32 Ebenda, 205.
33 Vgl. Binjamin Segel, Die Protokolle – Eine Erledigung, Berlin 1924, S. 51.
34 Vgl. Martin Sabrow, Der Rathenaumord. Rekonstruktion einer Verschwörung gegen die Weimarer Republik, München 1994, S. 48, 54 f.
35 Einladungen, Eintritts- und Mitgliedskarten u. ä. fand ich im Nachlass von Müller von Hausen im ehemaligen Moskauer «Sonderarchiv» (ZChIDK), Fond 577, op. 2, d. 131, Bl. 14–39.
36 Johann Kolshorn, Russland und Deutschland – durch Not zur Einigung, Leipzig 1922, 13–18, passim.
37 Theodor von Winberg, Der Kreuzesweg Russlands, Teil I, München 1922, S. 4–8; Zitat S. 8.
38 Ebenda, S. 18.
39 Ebenda, S. 40.
40 Adolf Hitler, Mein Kampf, Bd. I: Eine Abrechung, 1925, Bd. II: Die nationalsozialistische Bewegung, 1927. Hier zit. nach der ungekürzten Gesamt-Ausgabe von 1934 (85.-94. Aufl.), S. 396 f., 398 f.
41 Johannes Baur, Die Revolution und die ‹Weisen von Zion›. Zur Entwicklung des Russlandbildes in der frühen NSDAP. In: Koenen/Kopelew, Deutschland und die russische Revolution (Anm. II.2, 19), S. 172.
42 Hier zit. nach Alfred Rosenberg, Schriften und Reden, Erster Band: Schriften aus den Jahren 1917–1921, München 1943, S. 265.
43 Ebenda, S. 322.
44 Wesen, Grundsätze und Ziele der Nationalsozialistischen Deutschen Arbeiterpartei. Das Programm der Bewegung. Hier zit. nach Rosenberg, Zweiter Band, Schriften und Reden, S. 125.
45 Totengräber Russlands. Zeichnungen von Otto von Kursell. Verse von Dietrich Eckart, München 1921. Das mir vorliegende Exemplar ist annonciert mit dem Aufdruck «71-100. Tausend der Gesamtauflage».
46 Pest in Russland. Der Bolschewismus, seine Häupter, Handlanger und Opfer,

München 1922, S. 69 (Diese Passage findet sich nicht in der gekürzten und bereinigten Version von Rosenbergs Schriften und Reden 1943.).
47 Der jüdische Bolschewismus. In: Totengräber Russlands (Anm. 46), S. 3.
48 Ebenda, S. 5.
49 Ebenda, S. 3.
50 Pest in Russland (Anm. 47), S. 18 ff., 48–57, 82, passim.
51 Die Spur des Juden im Wandel der Zeiten [1920]. In: Schriften und Reden, Erster Band (Anm. 43), S. 273. Ähnlich in: Der jüdische Bolschewismus (Anm. 48), S. 5.
52 Pest in Russland (Anm. 47), S. 87.
53 Günther Schubert, Anfänge Nationalsozialistischer Außenpolitik, Köln 1963.
54 Paul Kluke, Nationalsozialistische Europaideologie. In: VjhZG 3 (1955), S. 242.
55 Rosenberg im Völkischen Beobachter vom 31. 7. 1921. Hier zit. nach Wolfgang Horn, Ein unbekannter Aufsatz Hitlers aus dem Frühjahr 1924. In: VjhZG 16 (1968), S. 280–294; hier S. 284.
56 Das sterbende Sowjetrussland, 4. August 1921. In: Hitler, Sämtliche Aufzeichnungen 1905–1924. Hrsg. von Eberhard Jäckel u. Axel Kuhn, Stuttgart 1980, S. 450 f.
57 Genua als Völker- und Börsenkonferenz. Nach dem Bericht im Völkischen Beobachter vom 21. April 1922. In: Hitler, Sämtliche Aufzeichnungen, S. 629 ff.
58 Über Robert Wilton vgl. etwa Tania Rose, Aspects of Political Censorship, Hull 1914–1918, Hull 1995, S. 111 ff.; sowie Léon Poliakov, Geschichte des Antisemitismus, Bd. VIII: Am Vorabend des Holocaust, Frankfurt/M. 1988, S. 68.
59 Der vollständige Text des Times-Artikels findet sich (in englischer Sprache) auch in Auf Vorposten 8 (1920), 3.–6. Heft, S. 81–84.
60 Vgl. Poliakov, Geschichte des Antisemitismus, Bd. VIII (Anm. 59), S. 152–165.
61 Das regierungsamtliche «Committee on Public Information» gab im Oktober 1918 unter dem Titel «The German-Bolshevik Conspiracy» eine Sammlung offensichtlich gefälschter, allerdings gut informierter Dokumente heraus, die dem amerikanischen Residenten in Petersburg, Edgar Sisson, zugespielt worden waren. Das illustre Fälscher-Trio aus einem Geheimdienstoffizier und dem Redakteur einer Petersburger Boulevardzeitung wurde offenbar angeführt von dem «polnischen Karl May» Ferdinand Ossendowski, dessen Bücher über seine früheren sibirisch-asiatischen Reisen und Abenteuer («In den Dschungeln der Wälder und Menschen», «Schatten des dunklen Ostens») zu den internationalen Bestsellern des westlichen Antibolschewismus der zwanziger Jahre gehörten. Vgl. Schiesser / Trauptmann, Russisch Roulette (Anm. I.5, 47), S. 10–20; 235–263.
62 Vgl. Poliakov, Geschichte des Antisemitismus, Bd. VIII (Anm. 59), S. 102–118.
63 Henry Ford, Der internationale Jude, Leipzig 1921.

3. Zweifacher Revisionismus

1 Zit. nach Fritz Fischer, Griff nach der Weltmacht (Anm. I.5, 1), S. 355 f.
2 Vgl. Wilhelm Groener, Lebenserinnerungen, Göttingen 1957, S. 485 ff.
3 Hier zit. nach Louis Dupeux, «Nationalbolschewismus» in Deutschland 1919–1933, S. 45 ff.

Anmerkungen   497

4 Vgl. die Dokumente in den «Akten betreffend: den russischen Bolschewisten Karl Radek», PA-AA, Deutschland Nr. 131, adh. 3, No. 2, Bd. 1 (R 2042); Blätter nicht numeriert.
5 Zit. nach Dupeux, Nationalbolschewismus (Anm. 3), S. 48.
6 Zit. nach Ebenda, S. 50 f.
7 Ebenda, S. 48.
8 Vortrag des Ersten Generalquartiermeisters, Generalleutnant Groener, vor den Offizieren der Obersten Heeresleitung über die Lage, 19./20. 5. 1919. In: Zwischen Revolution und Kapp-Putsch. Militär und Innenpolitik 1918–1920, bearbeitet von Heinz Hürten, Düsseldorf 1977, Dok. 35.
9 Groener, Lebenserinnerungen (Anm. 2), S. 510.
10 Oberst Bauer, Der große Krieg in Feld und Heimat. Erinnerungen und Betrachtungen, Tübingen 1921 (2. Aufl.) – Bauer bekräftigt darin noch einmal «die Richtigkeit meines Ausspruchs, dass die Heimat und nur die Heimat das Heer von rückwärts erdolcht hat». (S. 261).
11 Radek, November. (Anm. II.5, 24), S. 159 f.
12 Vgl. dazu neuerlich Erwin Könnemann/Gerhard Schulze: Der Kapp-Lüttwitz-Ludendorff-Putsch. Dokumente, München 2002.
13 Vgl. Boris Nicoalevsky, Le récit du camarade ‹Thomas›. In: Contributions à l'Histoire du Comintern, ed. par Jacques Freymond, Genf 1965, S. 7, 17.
14 Radek, November (Anm. II.5, 24), S. 160.
15 Vgl. Markus Wehner/Alexander Vatlin, «Genosse Thomas» und die Geheimtätigkeit der Komintern in Deutschland 1919–1925. In: IWK 29 (1993), H. 1, S. 1–19.
16 Piecha, Der Weltdeutsche (Anm. I.1, 12), S. 68.
17 Lenin, Referat über die internationale Lage und die Aufgaben der Kommunistischen Internationale vom 19. Juli 1920. In: LW Bd. 31, S. 203–222. In vollständiger Fassung erstmals veröffentlicht in: Istoričeskij Archiv, H. 1/1992, «Ja proschu zapisivat' men'sche: eto ne dol'žno popadat' v pečat'», S. 12–30.
18 Lenin, Rede auf der IX. Gesamtrussischen Konferenz der KPR(B), 22. September 1920 Zeitungsbericht. In: LW Bd. 31, S. 264-268.
19 Lenin, Rede (zur Frage der Konzessionen) in der Aktivversammlung der Moskauer Organisation der KPR(B), 6. Dezember 1920. In: Ebenda, S. 445 f.
20 Hier zit. nach Peter Krüger, Versailles. Deutsche Außenpolitik zwischen Revisionismus und Friedenssicherung, München 1986, S. 58.
21 Ebenda, S. 61.
22 So in einer Rede vom November 1925; hier zit. nach Wolfgang Schivelbusch, Die Kultur der Niederlage. Der amerikanische Süden 1865 – Frankreich 1871 – Deutschland 1918, Berlin 2001, S. 307.
23 Hjalmar Schacht, Bolschewistische Auflösung oder internationale Zusammenarbeit. In: Berliner Tageblatt, 2. 4. 1919. Hier zit. nach Rolf-Dieter Müller, Das Tor zur Weltmacht. Die Bedeutung der Sowjetunion für die deutsche Wirtschafts- und Rüstungspolitik zwischen den Weltkriegen, Boppard 1984, S. 19.
24 Nach Horst-Günther Linke, Deutsch-sowjetische Beziehungen bis Rapallo, Köln 1970, S. 55 f.
25 Brief vom 4. Juli (1919) an den Reichsminister der Auswärtigen Angelegenheiten, H. Müller. In: PA-AA, Deutschland Nr. 131, adh. 3: Akten betreffend den russischen Bolschewiken Karl Radek (Sobelsohn), Bd. 2, A 19109.

26 Radek, November (Anm. II.5, 24), S. 153 f., 161 f.
27 Karl Radek, Deutschland und Russland. Ein in der Moabiter Schutzhaft geschriebener Artikel für ‹richtiggehende› Bourgeois. In: Die Zukunft, Nr. 19 vom 7. Februar 1920, S. 178–189, passim.
28 Abgedruckt in: Deutsch-sowjetische Beziehungen von den Verhandlungen in Brest-Litowsk bis zum Abschluss des Rapallo-Vertrages, Bd. 2, Berlin (DDR) 1971, Dok. 81.
29 Ludwig Quessel, «Alte und neue Orientierung». In: Sozialistische Monatshefte, Nr. 4, 8. 3. 1920. Hier zit. nach Gerhard Wagner, Deutschland und der Polnisch-Sowjetische Krieg 1920, Wiesbaden 1979.
30 Vgl. Ebenda, S. 46.
31 Hier zit. nach Manfred Zeidler, Reichswehr und Rote Armee 1920–1933, München 1994, S. 32; sowie Hans von Seeckt, Aus seinem Leben 1918–1936. Hrsg. von Friedrich Rabenau, Leipzig 1940, S. 252.
32 Hier zit. nach Zeidler, Ebenda; sowie nach dem ausführlicheren Referat bei Wagner, Deutschland und der polnisch-sowjetische Krieg (Anm. 29), S. 48 ff.
33 Hier zit. nach Wagner, Ebenda, S. 50.
34 Zur «Erfüllungspolitik» vgl. Peter Krüger, Die Außenpolitik der Republik von Weimar, Darmstadt 1985, insbes. Kapitel III.5: Erfüllungspolitik und Rapallo.
35 Zeidler, Reichswehr und Rote Armee (Anm. 31), S. 49.
36 Hier zit. nach Wagner, Deutschland und der polnisch-sowjetische Krieg (Anm. 29), S. 113.
37 Vgl. Ebenda, S. 128 ff.
38 Vgl. Ebenda, S. 127.
39 Vgl. Zeidler, Reichswehr und Rote Armee (Anm. 31), S. 51.
40 Aufzeichnung Maltzans vom 16. 4. 1920; hier zit. nach Ebenda, S. 48; sowie nach Linke, Deutsch-sowjetische Beziehungen (Anm. 24), S. 98.
41 Aufzeichnung Maltzans vom 19. 7. 1920; hier zit. nach Linke, Ebenda, S. 108.
42 Seeckt, Aus seinem Leben (Anm. 31), S. 307.
43 Sergej Gorlov, Geheimsache Moskau-Berlin. Die militärpolitische Zusammenarbeit zwischen der Sowjetunion und dem Deutschen Reich 1920–1933. In: VjhZG 44 (1996), S. 133–169.
44 Text des Berichts in: The Trotsky Papers 1917–1922, Bd. 2, Nr. 687; hier zit. nach Zeidler, Reichswehr und Rote Armee (Anm. 31), S. 51.
45 Gustav Hilger, Wir und der Kreml. Deutsch-Sowjetische Beziehungen 1918-1941. Erinnerungen eines deutschen Diplomaten, Frankfurt/M.-Bonn 1984. S. 189 f.
46 Aufzeichnung Oberst Hasses. Hier zit. nach Zeidler, Reichswehr und Rote Armee (Anm. 31), S. 59.
47 Michail Frunse, Über sozialistische Landesverteidigung, Berlin (DDR) 1977 passim. Hier zit. nach Ebenda, S. 41 f.
48 Ebenda, S. 42.
49 Aufzeichnungen Lieber, hier zit. nach Müller, Tor zur Weltmacht (Anm. 23), S. 98.
50 Memorandum Seeckts «Deutschlands Stellung zum russischen Problem» vom 11. 9. 1922, abgedruckt in Seeckt, Aus seinem Leben (Anm. 31), S. 316 ff.
51 Strategisches Kriegsspiel der Marineleitung Winter 1922/23; hier zit. nach Müller, Tor zur Weltmacht (Anm. 23), S. 101 f.

52 Vgl. Karl Radek, Die Offensive des Kapitals; hier zit. nach Zeidler, Reichswehr und Rote Armee (Anm. 31), S. 69.
53 Brief Brockdorff-Rantzaus an Rosenberg vom 23.12.1922; hier zit. nach Ebenda.
54 Aufzeichnung Lieber; hier zit. nach Ebenda, S. 65.
55 Artikel vom 21. und 24. Januar 1923; hier zit. nach Wolfgang Eichwede, Revolution und internationale Politik, Köln-Wien 1971, S. 173.
56 Aufzeichnung Lieber; hier zit. nach Müller, Tor zur Weltmacht (Anm. 23), S. 106 f.
57 Ebenda, S. 130.
58 Vgl. Ebenda, S. 113 f.; sowie Zeidler, Reichswehr und Rote Armee (Anm. 31), S. 71 f.
59 Aufzeichnungen Brockdorff-Rantzaus vom 27.9.1923 und 20.2.1924; hier zit. nach Müller, Tor zur Weltmacht (Anm. 23), S. 134.

4. Ein Indien im Nebel

1 Mrs. Phillip (Ethel) Snowden, Durchs bolschewistische Russland, Berlin-Leipzig (1921).
2 Herbert George Wells, Nacht über Russland. Skizzen aus dem bolschewistischen Russland, Berlin 1922.
3 Bertrand Russell, The Practice and Theory of Bolshevism, London 1920. Hier zit. nach der dt. Ausgabe: Die Praxis und Theorie des Bolschewismus, Darmstadt 1987, S. 25.
4 Vgl. dazu die von mir erstellte Gesamtbibliographie der deutschen Russlandliteratur 1917–1924. In: Koenen/Kopelew, Deutschland und die russische Revolution (Anm. II.2, 19), hier S. 895 ff.
5 Alfons Goldschmidt, Moskau 1920, Berlin 1920, S. 33.
6 Ebd., S. 71.
7 Ders., Die Wirtschaftsorganisation Sowjet-Rußlands, Berlin 1920, S. 181.
8 Ebenda, S. 218 f.
9 Ebenda, S. 123.
10 Ebenda, S. 221.
11 Franz Jung, Asien als Träger der Weltrevolution, in: Der Gegner 1 (1919), H. 8/9. Hier zit. nach Franz Jung, Nach Russland! Schriften zur russischen Revolution, Werke Bd. 5, hrsg. von Lutz Schulenburg, Hamburg 1991.
12 Ebenda, S. 9.
13 Ebenda, S. 9 f.
14 Ders., Der Torpedokäfer. Unveränderte Neuausgabe von «Der Weg nach unten», Neuwied-Berlin 1972. Aktuell maßgebliche Ausgabe: Der Weg nach unten. Aufzeichnungen aus einer großen Zeit. Autobiographie, in: Franz Junge, Werke, Supplementband 1, Hamburg 1985.
15 Ebenda, S. 155 f.
16 Vgl. Arthur Holitscher, Das Fest Russland. In: Reisen. Ausgewählte Reportagen und autobiographische Berichte, Berlin 1973, S. 372 f.
17 Jung, Der Torpedokäfer (Weg nach unten) (Anm. 14), S. 159.
18 Ders., Reise in Russland, Berlin 1920. Hier zit. nach: Werke Bd. 5 (Anm. 11), S. 19.

19 Ebenda, S. 25.
20 Ebenda, S. 44.
21 Ebenda, S. 54.
22 Ebenda, S. 21.
23 Ebenda, S. 21/22.
24 Ebenda, S. 58.
25 Ebenda.
26 Ebenda, S. 53.
27 Ebenda, S. 61.
28 Ebenda, S. 57.
29 Arthur Holitscher, Drei Monate in Sowjet-Russland, Berlin 1921, S. 7.
30 Ebenda, S. 9.
31 Ebenda, S. 14 f.
32 Ebenda, S. 16.
33 Ebenda, S. 226.
34 Ebenda, S. 225 f.
35 Ebenda, S. 254.
36 Ebenda, S. 204/05.
37 Ebenda, S. 202.
38 Ebenda, S. 255.
39 Stromab die Hungerwolga, Berlin 1922.
40 Ebenda, S. 33.
41 Ebenda, S. 73.
42 Jung, Der Torpedokäfer (Weg nach unten) (Anm. 14), S. 219.
43 Ebenda, S. 220 f.
44 Ebenda, S. 240.
45 Ders., Hunger an der Wolga, Berlin 1922. Hier zit. nach Werke Bd. 5 (Anm. 11), S. 132 ff.
46 Vgl. Ders., Der Torpedokäfer (Weg nach unten) (Anm. 14), S. 272 ff.
47 August Heinrich Kober, Unter der Gewalt des Hungers. Vom neuen Werden in Russland, Jena 1922.
48 Ebenda,, S. 3.
49 Ebenda, S. 4.
50 Ebenda, S. 4 f.
51 Ebenda, S. 13.
52 Ebenda, S. 64 ff.
53 Ebenda, S. 68.
54 Ebenda, S. 70.
55 Ebenda, S. 75.
56 Ebenda, S. 108 f.
57 Vgl. Hans Hecker, Die Tat und ihr Osteuropa-Bild 1909–1939, Köln (1973), S. 216.
58 Leo Matthias, Genie und Wahnsinn in Russland. Geistige Elemente des Aufbaus und Gefahrenelemente des Zusammenbruchs, Berlin 1921, S. 133.
59 Ebenda, S. 150.
60 Ebenda, S. 139.
61 Ebenda, S. 140.
62 Ebenda.

63 Ebenda, S. 141.
64 Ebenda, S. 142.
65 Ebenda, S. 150.
66 Ebenda, S. 143.
67 Müller, Tor zur Weltmacht (Anm. III.3, 23), S. 141; unter Verweis auf Adolf Vogt, Oberst Max Bauer. Generalstabsoffizier im Zwielicht, 1869–1929, Osnabrück 1974, S. 385 ff.
68 Vgl. Aufzeichnung Brockdorffs vom 10. 6. 1924; hier zit. nach Zeidler, Reichswehr und Rote Armee (Anm. III.3, 31), S. 109, Fn. 7.
69 Oberst Bauer, Das Land der roten Zaren. Eindrücke und Erlebnisse, Hamburg 1925, S. 12 f.
70 Ebenda, S. 40.
71 Ebenda, S. 57.
72 Ebenda, S. 61 f.
73 Ebenda, S. 79 f.
74 Ebenda, S. 101.
75 Ebenda, S. 118.
76 Ebenda, S. 82 f.
77 Ebenda, S. 72.
78 Ebenda, S. 111.
79 Ebenda, S. 131 f.
80 Ebenda, S. 87 f.

5. Konservative Revolutionäre

1 Armin Mohler, Die Konservative Revolution in Deutschland 1918–1932. Ein Handbuch, Darmstadt 1972 (Erstfassung Basel 1949) – Klemens von Klemperer, Konservative Bewegungen zwischen Kaiserreich und Nationalsozialismus, München-Wien 1957 – Fritz Stern, Kulturpessimismus als politische Gefahr. Eine Analyse nationaler Ideologie in Deutschland, Bern-Stuttgart 1963 – Ernst Otto Schüddekopf, Linke Leute von rechts. Die nationalrevolutionären Minderheiten und der Kommunismus in der Weimarer Republik, Stuttgart 1960 – Tb-Ausgabe u. d. T. Nationalbolschewismus in Deutschland 1918–1933, Frankfurt-Berlin-Wien 1972 – Louis Dupeux, «Nationalbolschewismus» in Deutschland 1919–1933. Kommunistische Strategie und konservative Dynamik, München 1985; Ders., Im Zeichen von Versailles. Ostideologie und Nationalbolschewismus in der Weimarer Republik. In: Koenen/Kopelew, Deutschland und die russische Revolution (Anm. II.2, 19); sowie Ders., Lecture du totalitarisme russe via le ‹national-bolchevisme› allemand (1919–1933). In: revue de l'Allemagne, Juli-September 1998, S. 261–271 – Stefan Breuer, Anatomie der Konservativen Revolution, Darmstadt 1993; Ders., Moderner Fundamentalismus, Berlin 2002.
2 Ebenda, S. 126 f.
3 Albert Dietrich, Die alte und die neue Mitte. In: Das Gewissen, 3. 12. 1919.
4 Thomas Mann, Betrachtungen eines Unpolitischen (Anm. I.3, 12), S. 352.
5 Hermann Oncken, Nation und Geschichte. Reden und Aufsätze 1919 bis 1935, Berlin 1935, S. 19; hier zit. nach Peter Krüger, Versailles. Deutsche Außenpolitik zwischen Revisionismus und Friedenssicherung, München 1986, nach der Tb-Ausgabe 1993, S. 75.

6 Vgl. außer den oben zit. Werken zur Konservativen Revolution: Hans-Joachim Schwierskott, Arthur Moeller van den Bruck und der revolutionäre Nationalismus in der Weimarer Republik, Göttingen 1962; sowie neuerdings: Stan Lauryssens, «The man who invented the Third Reich»: The life and times of Arthur Moeller van den Bruck, Sutton 1999.
7 Oswald Spengler, Preußentum und Sozialismus, München 1919, S. 15.
8 Ebenda, S. 9.
9 Ebenda, S. 11.
10 Ebenda, S. 99.
11 Moeller van den Bruck, Das Recht der jungen Völker, München 1919. Hier zit. Schüddekopf, Linke Leute von rechts (Anm. 1), S. 35.
12 Hier referiert nach Schüddekopf, Ebenda, S. 81 f.
13 Moeller van den Bruck, Rechenschaft über Russland, hrsg. von Hans Schwarz, Berlin 1933. Dort zit. im Vorwort des Moeller-Vertrauten Hans Schwarz, S. 4.
14 Ders., Die slawische Rasse, in: Ebenda, S. 12 f.
15 Vgl. Schüddekopf, Linke Leute von rechts (Anm. 1), S. 83.
16 Christoph Garstka, Arthur Moeller van den Bruck und die erste deutsche Gesamtausgabe der Werke Dostojewskijs im Piper-Verlag 1906–1919: Eine Bestandsaufnahme sämtlicher Vorbemerkungen und Einführungen von Arthur Moeller van den Bruck und Dmitrij S. Mereschkowskij unter Nutzung unveröffentlichter Briefe der Übersetzerin E. K. Rahsin; mit ausführlicher Bibliographie, Frankfurt/M. u. a. 1998.
17 Stadtler, Als Antibolschewist (Anm. III.1, 4), S. 181.
18 Schwierskott, Moeller van den Bruck (Anm. 6), S. 59 – Nach Stutz (Anm. III.1, 4) hielt Stadtler zwischen 1922 und 1929 noch etwa 2000 Reden vor wechselnden Auditorien.
19 Moeller van den Bruck, Die außenpolitische Entscheidung. In: Das Gewissen, 10. Dezember 1919, S. 1.
20 Stadtler, Editorial vom 9. August 1920. Hier zit. nach Stutz, Die politische Entwicklung Eduard Stadtlers (Anm. III.1, 4) S. 50.
21 Stadtler, Der sabotierte Frieden. In: Das Gewissen, 15. September 1920.
22 Stadtler, 1921. In: Das Gewissen, 5. Januar 1921.
23 Stadtler, Der Sieg Lenins. In: Das Gewissen, 30. März 1921.
24 Eine Reihe von «Akten betreff. Eduard Stadtler» aus dem Bestand des «Reichskommissars für öffentliche Ordnung» werden im ehemaligen Moskauer «Sonderarchiv» aufbewahrt (Fonds 567, op. 1, d. 428; und Fonds 577, op. 1, d. 533). Dort ist u. a. von einem «Strafverfahren gegen Dr. Stadtler wegen Landesverrats» die Rede, das sich von Oktober 1921 bis Januar 1922 erstreckte. Anlass war ein Beitrag Stadtlers in der «Täglichen Rundschau» vom 12. Oktober 1921 unter dem Titel «Ehrliche Politik», der sich gegen die «Erfüllungspolitik» des Reichskanzlers Wirth richtete und interne Dokumente der Regierung veröffentlichte. Wirth erstattete daraufhin Anzeige. Die DVP, als deren Parteigänger sich Stadtler damals offenbar ausgab, dementierte dessen Mitgliedschaft. Der Ausgang des Verfahrens geht aus den Akten nicht hervor.
25 Zit. nach Stutz Die politische Entwicklung Eduard Stadtlers, S. 63.
26 Stadtler, Abkehr vom Parlamentarismus. In: Augsburger Abendzeitung, 8. 11. 1922.

27 Ungezeichnetes Editorial: «Kleine Anfrage wegen ‹Aktiver Politik›». In: Das Gewissen, 8. Mai 1922.
28 Das Gewissen, 25. Dezember 1922. Hier zit. nach Stutz, Die politische Entwicklung Eduard Stadtlers, S. 62.
29 Vgl. Ebenda, S. 60 f.
30 Die Notiz findet sich im ehemaligen «Sonderarchiv» ZChIDK, Fonds 772, op. 3, d. 879, Bl. 47 – Das sonst wenig ergiebige Konvolut enthält interne Berichte des Reichskommissars für öffentliche Ordnung, hier «Akten betreff. Ed. Stadtler».
31 So zit. Ernst Troeltsch in einem «Spektatorbrief» Karl Radek, der ihm das bei einem Empfang für die russische Delegation auf ihrer Durchreise nach Genua auf die Nase gebunden hatte. Vgl. Troeltsch, Fehlgeburt einer Republik (Anm. II.2, 7), S. 269.
32 Das Zitat findet sich in Radeks «Rote Fahne»-Artikel «Dem ‹Gewissen› zur Antwort». Auch abgedruckt in: Schlageter – Kommunismus und nationale Bewegung. Eine Auseinandersetzung zwischen Karl Radek, Paul Frölich, Graf Ernst Reventlow, Moeller van den Bruck, Berlin 1923, S. 12.
33 Hier zit. nach Dupeux, ‹Nationalbolschewismus› (Anm. III.5, 1), S. 192 f.
34 Hier zit. nach Ebenda, S. 195.
35 Akten des Politischen Kolleg, Bl. 107. Hier zit. nach Stutz, Eduard Stadtlers politische Entwicklung (Anm. III.1, 4), S. 64 f.
36 Ebenda, S. 65 ff.
37 (August Thalheimer): Einige taktische Fragen des Ruhrkriegs, 13. 2. 1923. In: Die Internationale VI, H. 4, S. 99.
38 Besonders drastische Beispiele in der im Malik-Verlag hrsg. Zeitschrift «Der Gegner» und seiner satirischen Beilage «Die Pleite».
39 Clara Zetkin, Der Kampf gegen den Faschismus. Bericht auf dem Erweiterten Plenum des Exekutivkomitees der Kommunistischen Internationale, 20. Juni 1923. In: Dies., Ausgewählte Reden und Schriften, Bd. II, Berlin (DDR) 1960, S. 689 f.
40 Karl Radek: Der Faschismus, wir und die deutschen Sozialdemokraten. In: Internationale Presse-Korrespondenz (Inprekorr), Bd. III, Nr. 114, 6. 7. 1923, S. 1174.
41 Ebenda, S. 18, 46.
42 Karl Radek, Der internationale Faschismus und die Kommunistische Internationale. In: Inprekorr III, Nr. 115, 9. 7. 1923, S. 1014.
43 Vgl. etwa Paul W. Massing, Vorgeschichte des politischen Antisemitismus, Frankfurt/M. 1959 (1986), insbes. Kap. X – XII, S. 159–220; sowie Edmund Silberner, Kommunisten zur Judenfrage. Zur Geschichte von Theorie und Praxis des Kommunismus, Opladen 1983.
44 Karl Radek, Leo Schlageter – ein Wanderer ins Nichts. Rede auf der Sitzung der Erweiterten Exekutive der Kommunistischen Internationale am 20. 6. 1922. In: Schlageter, eine Auseinandersetzung (Anm. 32). Vgl. dazu neuerdings auch Bernhard H. Bayerlein, Leonid G. Babičenko, Friedrich I. Firsov (Hrsg.), Deutscher Oktober 1923. Ein Revolutionsplan und sein Scheitern, Berlin 2003
45 Vgl. insbesondere Martin Sabrow, Der Rathenau-Mord. Rekonstruktion einer Verschwörung gegen die Republik von Weimar, München 1994.
46 Ernst von Salomon, Die Geächteten, Berlin 1930, S. 107 f.

47 Hier zit. nach Sabrow, Rathenau-Mord (Anm. 45), S. 117.
48 Ernst von Salomon, Der Fragebogen, Hamburg 1951, S. 131.
49 Ders., Wikinger. Gestalten und Wege zum völkischen Aufstieg. MS 1923/24 (im NL von Salomon). Hier zit. nach Ebenda, S. 117.
50 Anonymus, Genua III, 1.6.1922. Hier zit. nach Ebenda, S. 116.
51 Salomon, Die Geächteten (Anm. 46), S. 298 ff.
52 Vgl. Hecker, Die Tat und ihr Osteuropa-Bild (Anm. I.4, 29).
53 Vgl. Ebenda, S. 14 ff.
54 Ebenda, S. 189.
55 Dazu gehörte etwa die als wissenschaftliche Erledigung der Lehren Moeller van den Brucks angelegte Dissertation eines Woldemar Fink, Ostideologie und Ostpolitik. Die Ostideologie als Gefahrenmoment in der deutschen Außenpolitik (Diss.), Berlin 1936; sowie eine im Rahmen des neugegründeten «Instituts zur wissenschaftlichen Erforschung der Sowjetunion» verfassten Polemik von Herrmann Greife, Sowjetforschung. Versuch einer nationalsozialistischen Grundlegung der Erforschung des Marxismus und der Sowjetunion, Berlin-Leipzig 1936. Die letztere Arbeit richtete sich in recht bedrohlichem Ton vor allem gegen Otto Hoetzsch, seinen Mitarbeiter Klaus Mehnert und die konservativen «deutschen Sowjetfreunde».
56 Den Bericht über die «Arbplan», den Lukács der Kaderabteilung der Komintern einreichte, findet sich im Anhang von Reinhard Müllers Rezension zu: François Furet, Das Ende einer Illusion. In: Mittelweg 36 (1996) H.5, S. 66–72; hier S. 71/72.
57 Ebenda.
58 Carl Schmitt-Dorotic, Die Diktatur. Von den Anfängen des modernen Souveränitätsgedankens bis zum proletarischen Klassenkampf, München-Leipzig 1921, S. V ff., 146 f.
59 E. Stadtler, Soldat und Politiker (= Politische Schriftenreihe des Bundes der Großdeutschen, Heft 4), Berlin 1926, Vorwort, S. 3.
60 Beitrag «Attacke» in der Zeitschrift: Unsere Partei Nr. 18/19 vom 1. Oktober 1931; hier zit. a. Friedrich Frhr. Hiller von Gaetringen, Die Deutschnationale Volkspartei. In: Erich Matthias/Rudolf Morsey (Hrsg.), Das Ende der Parteien 1933. Darstellungen und Dokumente (Neuausgabe), Königstein/Ts.-Düsseldorf 1979, S. 625.
61 Volker R. Berghahn, Der Stahlhelm. Bund der Frontsoldaten 1918–1935, Düsseldorf 1966, S. 41.
62 Vgl. Klaus-Peter Hoepcke, Die deutsche Rechte und der italienische Faschismus. Ein Beitrag zum Selbstverständnis und zur Politik von Gruppen und Verbänden der deutschen Rechten, Düsseldorf 1968, S. 300.
63 Vgl. Matthias/Morsey, Das Ende der Parteien (Anm. 60), S. 607.
64 Vgl. Peter de Mendelsohn, Zeitungsstadt Berlin. Menschen und Mächte in der Geschichte der Deutschen Presse, Berlin 1959, S. 351.
65 M.d.R. Die Reichstagsabgeordneten der Weimarer Republik in der Zeit des Nationalsozialismus. Eine biographische Dokumentation, hrsg. von Martin Schumacher, 3. Aufl. Düsseldorf 1994, S. 555 f.

6. Eine deutsche Dostojewtschina

1. Alfons Paquet, Rhein und Donau. In: Ders., Rom oder Moskau. Sieben Aufsätze, München 1923, S. 24.
2. Ders., Das Messerstichzeitalter. In: Ebenda, S. 135.
3. Ders., Deutsche und Slawen. In: Ebenda, S. 54.
4. Ebenda, S. 71, 80, 87 ff., 92.
5. Ebenda, S. 77.
6. Oswald Spengler, Der Untergang des Abendlandes. Umrisse einer Morphologie der Weltgeschichte, München 1981 (Ungekürzte Sonderausgabe, 188.–202. Tsd.), S. 793 f.
7. Ders., Preußentum und Sozialismus, München 1919, S. 95 ff.
8. Ders., Politische Schriften, München 1933, S. 98. Hier zit. nach Hans-Christof Kraus, «Untergang des Abendlandes». Russland im Geschichtsdenken Oswald Spenglers. In: Koenen/Kopelew, Deutschland und die russische Revolution (Anm. II.2, 19), S. 310.
9. Ebenda, S. 300 ff.
10. Hermann Hesse, Die Brüder Karamasoff oder Der Untergang Europas. Einfälle bei der Lektüre Dostojewskis. In: Ders., Blick ins Chaos. Drei Aufsätze, Bern 1920, S. 2 – Vgl. Konstantin Asadowski, Blick ins Chaos. Hermann Hesse über Dostojewski und Russland. In: Koenen/Kopelew, Deutschland und die russische Revolution (Anm. II.2, 19), S. 503–526.
11. Thomas Mann, «Knaben und Mörder». (Rezension eines Erzählbandes von Hermann Ungar). In: Ders., Aufsätze, Reden, Essays, Berlin-Weimar 1986, S. 109.
12. Jakob Wassermann, Lebensdienst. Gesammelte Studien, Erfahrungen und Reden, Leipzig-Zürich 1928, S. 261.
13. Erdmann Hanisch, Zur Bibliographie der vornehmlich in Deutschland erschienenen slavischen Bellektristik und Literaturgeschichte, in: Jahresberichte für Kultur und Geschichte der Slaven, H. 1, 1924, S. 151.
14. Sonia Lane, Deutsche Dostojevskij-Inflation, in: Slavische Rundschau 3 (1931), S. 196.
15. Theoderich Kampmann, Dostojewski in Deutschland, Münster 1931, S. 217.
16. Stefan Zweig, Drei Meister. Balzac, Dickens, Dostojewski, Leipzig 1921.
17. Werner Mahrholz, Dostojewski, Berlin 1922, S. 7.
18. Eduard Thurneysen, Dostojewski, München 1922, S. 77.
19. Sir Galahad, Idiotenführer durch die russische Literatur, München 1925, S. 41.
20. Josef Hofmiller, Der Dostojewski-Taumel als Schrittmacher des Bolschewismus. In: Süddeutsche Monatshefte, 24 (1926/27), H. 2, S. 165.
21. Hannah Arendt, Elemente und Ursprünge totaler Herrschaft, München-Zürich 1986, S. 375 f., 394 ff.
22. Moeller van den Bruck, Die politischen Voraussetzungen der Dostojewskischen Ideen. Vorwort zu F. M. Dostojewski, Politische Schriften, München 1917, S. XVIII.
23. Herrman Rauschning, Konservative Revolution, N. Y. 1941; hier zit. nach Schüddekopf, Linke Leute von rechts (Anm. 16, Einltg.), S. 193.
24. Thomas Mann, Zum Geleit, in: Die Dichtung der Völker. Meisterwerke der russischen Erzählkunst, Süddeutsche Monatshefte, 18 (1920/21), H. 5, S. 289 ff.
25. Ebd., S. 293.

26 Ebd., S. 296.
27 Arthur Luther, Russische Literatur in Deutschland, in: Das deutsche Buch. Sonderheft Russland, Leipzig 1923, S. 12.
28 Fritz Mierau, Die Rezeption der sowjetischen Literatur in Deutschland in den Jahren 1920–24, in: Zeitschrift für Slawistik 3 (1958), H. 2-4, S. 631.
29 Vgl. Wehner/Vatlin, «Genosse Thomas» (Anm. III.3, 15), S. 1 ff., 8 f.
30 Vgl. Roswitha Loew/Bella Tschistowa (Hrsg.), Majakowski in Deutschland. Texte zur Rezeption 1919–1930, Berlin 1986.
31 Vgl. Rolf Surmann, Die Münzenberg-Legende. Zur Publizistik der revolutionären deutschen Arbeiterbewegung 1921–1933, Köln 1982.
32 Der Gegner, Blätter zur Kritik der Zeit, H. 10–12, 1919/20, S. 56 (Reprint Berlin 1976).
33 Vgl. etwa die Broschüre von Heinz Fenner, Maxim Gorkis politische Gesinnung und seine Stellungnahme zu der Sowjetregierung, hrsg. vom Generalsekretariat zum Studium und zur Bekämpfung des Bolschewismus, Berlin 1919.
34 Edzard Nidden, Russisches, in: Kunstwart und Kulturwart 35 (1922), H. 5, S. 270.
35 Dass dabei über viele Widersprüchlichkeiten der Dichterbiographie Gorkis und über manche Zeugnisse seiner inneren Zerrissenheit der Mantel seiner Kanonisierung gebreitet wurde, war eine andere Frage.
36 Vossische Zeitung, 16. 1. 1927.
37 Die Büchergilde, H. 8, 1929, S. 116.
38 Curt Wormann, Der moderne russische Roman und seine Leserschaft, in: Bücherei und Bildungspflege 11 (1931), H. 11, S. 378.
39 Vgl. dazu etwa die Beiträge von Wladimir Koljasin, Theater und Revolution. Glanz und Elend der deutschen Künstlerbeziehungen; sowie Oksana Bulgakowa, Zar Iwan, Raskolnikoff, Rote Matrosen. Russische ‹Wellen› im deutschen Film. In: Koenen/Kopelew, Deutschland und die russische Revolution (Anm. II.2, 19), S. 676–732.
40 Vgl. Gerd Koenen, Blick nach Osten. Versuch einer Gesamt-Bibliographie der deutschsprachigen Literatur über Russland und den Bolschewismus 1917–1924. In: Ebenda, S. 827–934.
41 Philip Grierson, Books on Soviet Russia 1917–1942. A Bibliography and a Guide to Reading, London 1943.
42 Klabund, Literaturgeschichte, Wien 1929, S. 197.
43 So etwa Paul Fechter, Wandlungen der Form. In: Die Neue Front, Berlin 1922, S. 176.
44 Johannes R. Becher, An Dostojewski. Hier zit. nach Michael Rohrwasser: Das rettende Russland. Erweckungserlebnisse des jungen Johannes R. Becher. In: Koenen/Kopelew, Deutschland und die russische Revolution (Anm. II.2, 19), S. 462–481; hier S. 468.
45 Johannes R. Becher, Der Dichter dieser Zeit. In: Kameraden der Menschheit. Dichtungen zur Weltrevolution. Hrsg. von Ludwig Rubiner, Potsdam 1919 (Reprint Stuttgart 1979), S. 39.
46 Ebenda, S. 14.
47 Ernst Bloch (Pseud. Dr. Fritz May, Nürnberg), Was schadet und was nützt Deutschland ein feindlicher Sieg? In: Ders., Kampf und Krieg (Anm. II.5, 1), S. 86 f.

48 Ders., Vademecum für heutige Demokraten, Ebenda, S. 475 Zitat S. 517, 530.
49 Zitate aus «Thomas Müntzer als Theologe der Revolution», «Geist der Utopie» und anderen Schriften der frühen zwanziger Jahre; hier zit. nach Manfred Riedel, Zukunft in der Vergangenheit? Über Ursprung und Sinn von Blochs Geschichtsdialektik. In: Deutsche Zeitschrift für Philosophie 40 (1992), H. 12, S. 12 f.; Joachim Fest, Der zerstörte Traum. Vom Ende des utopischen Zeitalters, Berlin 1991, S. 59–80; hier S. 69; sowie Karol Sauerland, Von Dostojewski zu Lenin. In: Koenen/Kopelew, Deutschland und die russische Revolution (Anm. II.2, 19), S. 500 f.
50 Georg Lukács, Die Theorie des Romans (1916), Neuausgabe Neuwied-Berlin 1971, S. 137. Hier zit. nach Sauerland, Ebenda, S. 488 f.
51 József Lengyel, Visegráder Straße, Berlin (DDR) und Budapest 1955, S. 244. Hier zit. nach Ebenda, S. 491.
52 Hier zit. nach László Sziklai, Georg Lukács und seine Zeit 1930–1945, Wien u. a. 1986, S. 108 ff.
53 Vgl. etwa die schmerzhafte Diskrepanz zwischen Malewitschs verzweifelten Bemühungen, 1927 über das Dessauer Bauhaus Arbeitsmöglichkeiten in Deutschland zu finden, da seine Lage in der Sowjetunion bereits unhaltbar geworden war, und der höflichen Ignoranz der Bauhaus-Linken (Gropius, Moholy-Nagy usw.), die ihn im Grunde schon als einen «überholten» Künstler ansahen, für den man keinen Platz hatte. Vgl. Marina Dmitrieva-Einhorn, Zwischen Futurismus und Bauhaus. Kunst der Revolution und Revolution in der Kunst. In: Koenen/Kopelew, Deutschland und die russische Revolution (Anm. II.2, 19), S. 754 ff.
54 Alfons Paquet, Rhein und Donau. In: Ders., Rom oder Moskau (Anm. 1, Einltg.), S. 26.
55 Mahnrufe deutscher Intellektueller. 30 Antworten zur Frage des Kommunismus, Berlin 1924, S. 30.
56 Erwin Piscator, Das politische Theater. In: Ders., Schriften. Bd. 1, Berlin 1929 (Reprint Berlin, DDR 1968), S. 63.
57 Piecha, Der Weltdeutsche (Anm. I.1, 12), S. 318 f.
58 Ein Vorwort. In: Sturmflut. Schauspiel in 4 Akten, Berlin 1926, S. 7/8.
59 Ebenda, S. 9.
60 Vgl. Piecha, Der Weltdeutsche (Anm. I.1, 12), Kap. 3.6: Das Drama eines Romans, S. 458–476.
61 Lusikas Stimme. Wieder abgedruckt in: Alfons Paquet, Gesammelte Werke, Zweiter Band: Romane und Erzählungen, Stuttgart 1970, S. 381–413.
62 Alfons Paquet, Von November bis November (Anm. I.1, 10), S. 440 ff.
63 Kurzes prosaisches Nachwort zu: William Penn. Gründer von Pennsylvanien. Ein Schauspiel, Berlin 1927 – Hier zit. nach Bibliographie Alfons Paquet (Anm. I.1, 1), S. 87 f.
64 Piecha, Der Weltdeutsche (Anm. I.1, 12), S. 297 f.

7. Der russische Nexus

1 Karl Schlögel, Berlin Ostbahnhof Europas. Russen und Deutsche in ihrem Jahrhundert, Berlin 1998, S. 59.
2 Ebenda, S. 9 f.

3 Ebenda, S. 53; mit Bezug auf das Buch von Bernhard Furler, Augen-Schein. Deutschsprachige Reisereportagen über Sowjet-Russland 1917–1939, Frankfurt/M. 1987, S. 91.
4 Vgl. Schlögel (Hrsg.), Russische Emigration in Deutschland 1918 bis 1941, insbes. Abschnitt V. Im Niemandsland: «Russkij Berlin» – ein Topos der europäischen Kultur des 20. Jahrhunderts, S. 305–398; Fritz Mierau, Russen in Berlin 1918–1933. Eine kulturelle Begegnung, Leipzig 1987/Weinheim-Berlin 1988; sowie Berliner Begegnungen. Ausländische Künstler in Berlin 1918 bis 1933. Aufsätze – Bilder – Dokumente, hrsg. von Klaus Kändler (u. a.), Berlin 1987.
5 Vgl. Gunther Mai, Europa 1918–1933. Mentalitäten, Lebensweisen, Politik zwischen den Weltkriegen, Stuttgart u. a. 2001, S. 22.
6 Vgl. Sebastian Haffner, Geschichte eines Deutschen, Stuttgart-München 2000, S. 53 f.
7 Wolfgang Schivelbusch, Die Kultur der Niederlage. Der amerikanische Süden 1865 – Frankreich 1871 – Deutschland 1918, Berlin 2001, S. 322.
8 Ebenda, S. 38.
9 Ebenda, S. 229.
10 Ferguson, Der falsche Krieg, (Anm. I.2, 29) S. 371.
11 Zit. nach Schivelbusch, Kultur der Niederlage (Anm. 7), S. 227 ff.
12 Winston S. Churchill, The World Crisis, London 1931, S. 800, 817. – Hier zit. nach Ebenda.
13 Arthur Rosenberg, Die Entstehung der Weimarer Republik, Hamburg 1991, S. 208 f. – Hier zitiert nach Ebenda, S. 228.
14 Anneliese Thimme, Flucht in den Mythos, S. 151; hier zit. nach Ebenda, S. 242.
15 Vgl. Gerd Koenen, Utopie der Säuberung (Anm. II.1, 8), insbesondere das Kapitel «Weltkrieg und totalitäre Bewegungen».
16 Cora Stephan, Das Handwerk des Krieges, Berlin 1998, S. 241 ff.
17 Schivelbusch, Kultur der Niederlage (Anm. 7), S. 279.
18 Ebenda, Einleitungskapitel «Verlieren», passim.
19 Detlev Peukert, Die Weimarer Republik, Frankfurt/M. 1987, S. 15 f.
20 Leo Trotzki hier zit. nach Lew Kopelew, Staatsmacht und Nation, Frankfurt/M. 1984, S. 345 – Zu den nationalen Aufwallungen während des russisch-polnischen Krieges, vgl. etwa Michael Heller/Alexander Nekritsch, Geschichte der Sowjetunion, Bd. I: 1914–1939, Königstein 1981, S. 86 ff.; oder Norman Davies, White Eagle, Red Star. The Polish-Soviet War 1919–20, London 1983, S. 135 ff.
21 Schivelbuch, Kultur der Niederlage (Anm. 7), S. 23 f.
22 Fritz Giese, Girlkultur. Vergleiche zwischen amerikanischem und europäischem Rhythmus und Lebensgefühl, München 1925 – Auf diese Arbeit bezieht sich Schivelbusch zentral in seinem Exkurs «Der Tanzboden der Inflation und die Girlmaschine», Ebenda, S. 319–327.
23 So zum Beispiel eine Broschüre von L. Hoppe, Sexueller Bolschewismus und seine Abwehr. Hrsg. von der Volksgemeinschaft zur Wahrung von Anstand und guter Sitte und dem Deutschen Nationalkomitee zur Bekämpfung des internationalen Mädchenhandels, Vaterländische Verlags- und Kunstanstalt, Berlin 1921, die überhaupt keinen Bezug auf den Bolschewismus im politischen Sinne nimmt. – Auch in der Arbeit von Eckhard John, Musikbolschewismus. Die Politisierung der Musik in Deutschland 1918–1938, Stuttgart-Weimar 1993, lassen sich Beispiele finden, die den hier angesprochenen Gesichtspunkt belegen.

24 Joachim C. Fest, Hitler, Berlin und Frankfurt a. M. 1995, S. 131.
25 Ebenda, S. 141.
26 Cahén Der Weg nach Versailles (Anm. II.5, 34), S. 15.
27 Matthias, Genie und Wahnsinn in Russland (Anm. III.4, 58).
28 Kober, Unter der Gewalt des Hungers (Anm. III.4, 47)
29 Vgl. dazu insgesamt meinen Aufsatz: Betrachtungen eines Unpolitischen. In: Koenen/Kopelew, Deutschland und die russische Revolution (Anm. II.2, 19), S. 313–379.
30 Thomas Mann, Goethe und Tolstoi. In: Ders., Aufsätze – Reden – Essays, Bd. 3, S. 117–158.
31 Ders., Der Zauberberg, Berlin 1924 (Reprint der Originalausgabe Frankfurt/M. 2003), S. 551 f.
32 Über Lenin, in: Ders., Aufsätze – Reden – Essays (Anm. 30), S. 436 f. – Thomas Mann schrieb diese Sätze auf eine Umfrage des Auslandsvertreters der Moskauer Iswestija, Wladimir Solski. Veröffentlicht wurden sie in einer Broschüre mit dem Titel «Die Gegenwart über Lenin. Stimmen führender Persönlichkeiten» im KP-nahen Neuen Deutschen Verlag, Berlin 1924, zusammen mit entsprechenden Würdigungen u. a. von Maximilian Harden, Alfred Kerr, Heinrich Mann, Henri Barbusse, Romain Rolland, Bernard Shaw, Friedtjof Nansen, Martin Andersen Nexö und Georg Lukács. Vgl. dazu auch Gerd Koenen, Die großen Gesänge. Lenin, Stalin, Mao Tse-tung, Führerkulte und Heldenmythen des 20. Jahrhunderts (zweite, völlig neubearbeitete Ausgabe), Frankfurt/M. 1991, S. 56–58.
33 Bernard Guillemin, Gespräch mit Thomas Mann über den «Zauberberg», Berliner Börsen-Courier, 30. 10. 1925 – Zit. nach: Dichter über ihre Dichtungen. Bd. 14: Thomas Mann. Hrsg. von Hans Wysling, Frankfurt/M. 1975, S. 508 f.
34 Pariser Rechenschaft. In: Th. Mann, Gesammelte Werke in 13 Bänden, Bd. XI, Frankfurt/M. 1974, S. 16.
35 Ebd., S. 42.
36 Ebd., S. 81.
37 Friedrich Sieburg, Die rote Arktis. ‹Malygins› empfindsame Reise, Frankfurt/M. 1932, S. 183.

IV. KATASTROPHE UND NEUBEGINN

1. Vom Bündnis zum Lebensraum

1 Fest, Hitler (Anm. III.7, 14), S. 82.
2 Ian Kershaw, Hitler 1889–1936, Stuttgart 1998, S. 8 ff.
3 Ernst Nolte, Der kausale Nexus. Über Revisionen und Revisionismen in der Geschichtswissenschaft. Studien, Artikel und Vorträge 1990–2000, München 2002, S. 9 f.
4 Ebenda, S. 10 ff.
5 Dietrich Eckart, Deutscher oder jüdischer Bolschewismus? In: Auf gut deutsch, 16. 8. 1919. Hier zit. nach Dupeux, ‹Nationalbolschewismus› (Anm. III.1, 1), S. 81.
6 Hitler, Mein Kampf (Anm. III.2, 41), S. 185/186.
7 Schivelbusch, Kultur der Niederlage (Anm. III.7, 7), S. 254.

510 Anmerkungen

8 Brief an Adolf Gemlich. Hier zit. nach Ernst Deuerlein, Der Aufstieg der NSDAP 1919–1933, S. 201 ff.
9 Rede «Brest-Litowsk und Versailles», DAP-Versammlung, 13. November 1919. In: Hitler, Sämtliche Aufzeichnungen (Anm. III.2, 57), S. 93.
10 Rede auf NSDAP-Versammlung, 19. Juni 1920. In: Ebenda, S. 149.
11 Hitlers «grundlegende» Rede über den Antisemitismus (vom 13. August 1920). Kommentiert und hrsg. von Reginald H. Phelps. In: VjhZG 16 (1968), H. 4, S. 390–420; hier S. 411 f.
12 Armin Pfahl-Traughber, Der antisemitisch-antifreimaurerische Verschwörungsmythos in der Weimarer Republik und im NS-Staat, Wien 1993, S. 57 ff.
13 Polizeibericht über die Hitler-Rede «Teuerung, Republik und ‹Fascisten›-Gefahr», NSDAP-Versammlung, München 1. April 1923. In: Hitler, Sämtliche Aufzeichnungen (Anm. III.2, 57), S. 955 f.
14 Vgl. Rede auf einer SA-Versammlung, 18. November 1922. In: Ebenda, S. 731 f.
15 Vgl. etwa das Referat von Clara Zetkin auf dem Erweiterten Plenum des Exekutivkomitees der KI vom 20. Juni 1923. In: Clara Zetkin, Ausgewählte Reden und Schriften Bd. 2, Berlin (DDR) 1960, S. 689–729, passim.
16 So in der Originalfassung des Programms von 1922, S. 16. In der Zusammenstellung der Schriften und Reden Rosenbergs von 1943 (Anm. III.2, 43), S. 134 ff. liest sich der (durch mehrfache Überarbeitungen gekennzeichnete) Passus schon sehr viel großräumiger.
17 Hitler, Warum musste ein 8. November kommen? In: Deutschlands Erneuerung, H. 4/1924. Hier zit. nach Horn, Ein unbekannter Aufsatz Hitlers (Anm. III.2, 56), S. 282.
18 Vgl. Karl Lange, Der Terminus «Lebensraum» in Hitlers «Mein Kampf». In: VjhZG 51 (1965), H. 4, S. 426–437.
19 Mein Kampf, Zweiter Band (Anm. II.2, 41), S. 728.
20 Ebenda, S. 152 ff.
21 Ebenda, S. 158.
22 Mein Kampf, Erster Band, S. 158.
23 Ebenda, S. 169 f.; 186.
24 Ebenda, S. 215 f.
25 Ebenda, S. 350.
26 Ebenda, S. 352.
27 Ebenda, S. 358.
28 Mein Kampf, Zweiter Band, S. 726 f.
29 Ebenda, S. 739.
30 Ebenda, S. 741 f.
31 Ebenda, S. 742 f.
32 Ebenda, S. 747 f.
33 Ebenda, S. 755 ff.
34 Ebenda, S. 773 ff.
35 Die Tagebücher von Joseph Goebbels. Sämtliche Fragmente. Hrsg. von Elke Fröhlich, Bd. 1 (1924–1930), München u. a. 1987, Eintrag vom 15. VII.24, S. 161 f.
36 Ebenda, S. 42 f.
37 Ebenda, Eintrag vom 30. VII. 24, S. 53 f.
38 Ebenda, S. 63, 73.

39 Ebenda, S. 131.
40 Ebenda, S. 136.
41 Ebenda, S. 117.
42 Ebenda, S. 126 f.
43 Joseph Goebbels, Nationalsozialismus und Bolschewismus. In: Nationalsozialistische Briefe vom 15. 10. 1925. Hier zit. nach Ralf Georg Reuth, Goebbels. Eine Biographie, München 1995, S. 93, 96.
44 Goebbels, Tagebücher (Anm. 35), S. 158.
45 Ders., Das russische Problem. In: Nationalsozialistische Briefe vom 15. 11. 1925. Wieder veröffentlicht in: Ders., Die zweite Revolution. Briefe an Zeitgenossen, Zwickau 1926.
46 Goebbels, Tagebücher (Anm. 35), Eintrag vom 26. Juni 1926, Ebenda, S. 188.
47 So in einem Almanach des ‹Hofgeismarkreises der Jungsozialisten› von 1924. Hier zit. nach Schüddekopf, Linke Leute von rechts (Anm. 16, Einltg.), S. 170.
48 So in Beiträgen der Hofgeismarer Arthur Zickler und Hermann Heller; hier zit. nach: Michael Pittwald, Ernst Niekisch. Völkischer Sozialismus, nationale Revolution, deutsches Endimperium, Köln 2002, S. 53 f.
49 Ernst Niekisch, Revolutionäre Politik. In: Widerstand H. 1, 1926, S. 1; hier zit. nach Ebenda, S. 61.
50 Ders., Leutnant Scheringer. In: Widerstand, H. 4, 1931. Hier zit. nach Dupeux, ‹Nationalbolschewismus› (Anm. III.5, 1), S. 340.
51 Vgl. Pittwald, Niekisch (Anm. 48), insbes. Kap. II.5 über Organisation und Struktur der Widerstandsbewegung, S. 60–73; sowie Dupeux, Nationalbolschewismus (Anm. III.5, 1), Kap. XVI: Ernst Niekischs Weg vom Neonationalismus zum «Deutschen Bolschewismus», insbes. S. 341 ff.
52 Vgl. Dupeux, Ebenda, S. 372 ff.
53 Ernst Niekisch, Entscheidung, Berlin 1930, passim.
54 Zitate aus diversen Niekisch-Texten, hier zit. nach Pittwald, Niekisch (Anm. 48), S. 163 f.
55 Ders., Der mitteleuropäische Traum. In: Widerstand, H. 7, 1932; sowie aus Entscheidung, 1930. Hier zit. nach Ebenda, S. 176.
56 Ders., Entscheidung, zit. in: Ebenda, S. 168.
57 Ebenda, S. 181 ff.
58 Ders., Die dritte imperiale Figur, Berlin 1935, S. 159.
59 Außer dem zit. Buch von Louis Dupeux, ‹Nationalbolschewismus› in Deutschland vgl. auch: Ders., Ernst Niekisch, de la Gauche au Stalinisme par l'extrême droite. In: Ni gauche, ni droite. Les chassés-croisés des intellectuelles français et allemands dans l'Entre-deux-guerres, Bordeaux, 1995, S. 93–101.
60 Vgl. Pittwald, Niekisch (Anm. 48).
61 Zitate aus Niekisch, Hitler – ein deutsches Verhängnis, Berlin 1932; sowie der Nachkriegschrift: Das Reich der niederen Dämonen, Hamburg 1953. Hier zit. nach Ebenda, S. 75–81.
62 Armin Mohler, Handbuch der Konservativen Revolution (Anm. III.1, 1), S. 4 f.
63 Hans-Jürgen Perrey, Russlandausschuss der Deutschen Wirtschaft, Ein Beitrag zur Geschichte des Ost-West-Handels, München 1988, S. 56 ff.
64 Vgl. Friedrich A. Krummacher/Helmut Lange, Krieg und Frieden. Geschichte der deutsch-sowjetischen Beziehungen. Von Brest-Litowsk zum Unternehmen Barbarossa, Esslingen 1970, S. 236 f.

65 Vgl. etwa das Kapitel «UKK» (über das «Ural-Kusnetzker-Kombinat») in Arthur W. Just, Mit Ilsebill freiwillig nach Sibirien, Berlin 1932, S. 121–134.
66 Paul Scheffer, Augenzeuge im Staate Lenins. Ein Korrespondent berichtet aus Moskau 1921–1930, München 1972, S. 428.
67 Vorwort von Eugen Varga in: W. I. Lenin, Über den Versailler Vertrag, Berlin 1933, S. 6–10.
68 Abgedruckt u. a. in: Lothar Berthold/Ernst Diehl (Hrsg.), Revolutionäre deutsche Parteiprogramme. Vom Kommunistischen Manifest zum Programm des Sozialismus, Berlin (DDR) 1967, S. 119–128.

2. Hitlers Russland

1 Alfred Rosenberg, Der Mythus des 20. Jahrhunderts, München 1930, S. 1.
2 Ebenda, S. 215 f., 535.
3 Ebenda, S. 113.
4 Ebenda, S. 208 f.
5 Ebenda, S. 214.
6 Ebenda, S. 639 f.
7 Ebenda, S. 642 ff.
8 Ebenda, S. 648 f., 653.
9 Vollständiger Text der Rede in: Max Domarus (Hrsg.), Hitler. Reden und Proklamationen 1932–1945 (2 Bde), Würzburg 1962/63, Bd. 1, S. 68 ff. – Vgl. auch die Schilderung der Situation und der Reaktionen bei Fest, Hitler (Anm. II.7, 24), S. 430 ff.
10 Vgl. Gerd Koenen, «Ein ‹kausaler Nexus›? Zur Realgeschichte von Antibolschewismus und Antifaschismus. In: Ders., Utopie der Säuberung (Anm. II.1, 8), S. 191–214.
11 Aus den Akten des Bundesarchivs zit. bei Manfred Weißbecker, «Wenn Deutsche hier wohnten ...» Beharrung und Veränderung im Russlandbild Hitlers und der NSDAP. In: Volkmann, Das Russlandbild im Dritten Reich (Anm. 7, Einltg.), S. 9–54; hier S. 26.
12 Georg Leibbrandt: Rassisch-völkische Bedingtheit der bolschewistischen Revolution. In: Nationalsozialistische Monatshefte, 1937, S. 1021–1024. Zit. nach Ebenda, S. 27.
13 Woldemar Fink, Ostideologie und Ostpolitik; Hermann Greife, Sowjetforschung (vgl. Anm. III.5, 55).
14 Eduard Stadtler, Weltrevolutions-Krieg, Düsseldorf 1937.
15 Ebenda, S. 26.
16 Ebenda, 33.
17 Ebenda, 63.
18 Ebenda, 61.
19 Ebenda, 139.
20 Ebenda, 189.
21 Ebenda, 136.
22 Der nicht namentlich gezeichnete SD-Bericht vom 23. März 1938, gefertigt unter dem Abteilungskürzel II 123 111, Brs./Cl., gerichtet «An III 1 und III 2», fand sich bei einer Personenrecherche zu Stadtler im früheren Moskauer «Sonderarchiv» (ZChIDK), Fonds 500, op. 3, d. 520, Bl. 11–22.

23 Auszüge aus den zitierten Gestapo-Berichten (HStA Düsseldorf, RW 58/6556) in: M.d.R. (Anm. III.5, 65), S. 555 f. – Zu dem weiteren Schicksal Stadtlers vgl. Theodor Duesterberg, Der Stahlhelm und Hitler, Wolfenbüttel-Hannover 1949, S. 110; sowie Rüdiger Stutz, Die politische Entwicklung Eduard Stadtlers (Anm. III.1, 1)
24 Vgl. Walter Laqueur, Deutschland und Russland, Berlin 1965; insbesondere das Kapitel «Antikomintern», S. 209–236; hier S. 228 ff.
25 Text der Rede bei Domarus, Hitler – Reden und Proklamationen, Bd. 2 (Anm. 9), S. 1058.
26 Stalin, Rechenschaftsbericht an den XVIII. Parteitag über die Arbeit des ZK der KPdSU (B), 10. März 1939. In: J. W. Stalin, Fragen des Leninismus, Berlin (DDR) 1948, S. 686–689.
27 Vgl. Weißbecker, Russlandbild Hitlers und der NSDAP (Anm. 11), S. 28 ff.
28 Theodor Seibert, Der Brückenschlag. In: Völkischer Beobachter vom 23. 8. 1939. Hier zit. nach Ebenda, S. 30.
29 Das gilt etwa für Paul Sethe, Russische Geschichte, Frankfurt/M. 1940; oder Erdmann Hanisch, Geschichte Russlands, Bde. 1–2, Freiburg 1941.
30 So z. B. Arthur W. Just, Die Sowjetunion – Staat, Wirtschaft, Heer, Berlin 1940 – Just war bereits in den zwanziger Jahren Korrespondent deutscher Zeitungen in Moskau gewesen. Er hatte vor 1933 eine Reihe von Standardwerken über die Sowjetunion sowie das muntere Reisebuch: Mit Ilsebill freiwillig nach Sibirien (Anm. IV.1, 65) verfasst.
31 Aus der publizistischen Literatur ragt etwa das mehrfach aufgelegte Büchlein von Manfred Schwertfeger, Deutschland und Russland im Wandel der europäischen Bündnisse, Hannover 1939 hervor. Das Nietzsche-Zitat findet sich im Aufsatz von Friedrich Schulze-Maiziers, Von Dostojewski zu Nietzsche. In: Wir und die Welt, 1940, S. 30–34. Hier zit. nach Stefan Klessmann, Deutsche und amerikanische Erfahrungsmuster von Welt (Anm. I.2, 22), S. 196 f.
32 Alexander Nekrich, Pariahs, Partners, Predators, New York 1997, S. 157.
33 Georgi Dimitroff, Tagebücher 1933–1943, hrsg. von Bernhard H. Bayerlein, Berlin 2000, S. 273 f.
34 Vgl. aus der reichhaltigen Literatur zum Thema Gerd R. Überschär/Lev A. Bezymenskij (Hrsg.), Der deutsche Angriff auf die Sowjetunion 1941. Die Kontroverse um die Präventivkriegsthese, Darmstadt 1998; Gabriel Gorodetsky, Die große Täuschung. Hitler, Stalin und das Unternehmen «Barbarossa», Berlin 2001; Lew Besymenski, Stalin und Hitler. Das Pokerspiel der Diktatoren, Berlin 2002.
35 Eine starke Betonung der kriegsstrategischen Logik des Überfalls findet sich neuerdings wieder bei John Keegan, Der Zweite Weltkrieg, Berlin 2004, S. 179–202.
36 Goebbels, Tagebücher, Teil II, Bd. 4 (Anm. IV.1, 35), S. 713.
37 Theodor Seibert, Der Sowjetmensch. In: Völkischer Beobachter, 19. 7. 1941. Hier zit. nach Weißbecker, Russlandbild Hitlers und der NSDAP (Anm. 11), S. 39.
38 Edwin Erich Dwinger, Wiedersehen mit Sowjetrussland. Tagebuch vom Ostfeldzug, Jena 1942, S. 57 ff.
39 Ebenda, S. 242.
40 Ebenda, S. 94 f.

41 Ebenda, S. 50.
42 Zit. nach Reuth, Goebbels (Anm. IV.1, 43), S. 504.
43 Henry Picker: Hitlers Tischgespräche, Stuttgart 1951; hier nach der unveränderten Neuausgabe Frankfurt/M.-Berlin 1989, S. 214.
44 Vgl. Weißbecker, Russlandbild Hitlers und der NSDAP (Anm. 11), S. 35.
45 Aus den Akten des Amtes Rosenberg zit. in: Ebenda, S. 37.
46 Hannah Arendt, Elemente und Ursprünge totaler Herrschaft (Anm. III.6, 21), S. 606.
47 Picker, Hitlers Tischgespräche (Anm. 43), S. 114.
48 So nach einer Aufzeichnung Koeppens vom 23.9.1941. Hier zit. nach Rainer Zitelmann, Hitler. Selbstverständnis eines Revolutionärs, Stuttgart 1991, S. 442.
49 Picker, Hitlers Tischgespräche (Anm. 43), S. 133.
50 Ebenda, S. 299.
51 Ebenda, S. 447.
52 Ebenda, S. 313.
53 Ebenda, S. 52.
54 Ebenda, S. 448.
55 Hitler, Mein Kampf (Anm. II.2, 41), S. 742 f.
56 Ministerkonferenz vom 20. Februar 1943. Hier zit. nach Wolfram Wette, Das Russlandbild der NS-Propaganda. Ein Problemaufriss. In: Volkmann, Russlandbild im Dritten Reich (Anm. 7, Einltg.), S. 55–78; hier S. 58.
57 Zit. nach Ebenda, S. 68.
58 Goebbels, Tagebücher (Anm. IV.1, 35), Eintrag vom 16. März 1945.
59 Vgl. Hitlers politisches Testament. Die Bormann Diktate vom Februar und April 1945, Hamburg 1981. S. 116 – Zur Problematik der Überlieferung dieser Aufzeichnungen vgl. Kershaw, Hitler 1936–1945, S. 1276 ff. Die Forschung neigt dazu, den Text als authentisch anzuerkennen.
60 So noch in seiner letzten Weisung an die Soldaten der Ostfront vom 15. April 1945, hier zit. nach Kershaw, Ebenda, S. 1022.
61 Werner Maser (Hrsg.), Hitlers Briefe und Notizen. Sein Weltbild in handschriftlichen Dokumenten, Düsseldorf 1973, S. 360 f.
62 Weißbecker, Russlandbild Hitlers und der NSDAP (Anm. 11), S. 53.
63 Wette, Russlandbild der NS-Propaganda (Anm. 56), S. 57.
64 Kershaw, Hitler 1936–1945, S. 514.
65 Aus der umfangreichen Literatur seien nur erwähnt: Philippe Burin, Hitler und die Juden. Die Entscheidung für den Völkermord, Frankfurt/M. 1993; Götz Aly, «Endlösung». Völkerverschiebung und der Mord an den europäischen Juden, Frankfurt/M. 1995; Christian Gerlach, Krieg, Ernährung, Völkermord. Forschungen zur deutschen Vernichtungspolitik im Zweiten Weltkrieg, Hamburg 1998; Christopher Browning, Die Entfesselung der «Endlösung». Nationalsozialistische Judenpolitik 1939–1942, München 2003.
66 Dan Diner, Das Jahrhundert verstehen. Eine universalhistorische Deutung, München 1999, S. 222. – Diner bezieht sich an dieser Stelle auf Christian Gerlach, Die Wannsee-Konferenz. Das Schicksal der deutschen Juden und Hitlers politische Grundsatzentscheidung, alle Juden zu ermorden. In: Werkstatt Geschichte, 1997, S. 11 f.
67 Vgl. Joseph Goebbels, Tagebücher (Anm. IV.1, 35), Teil II, Bd. 2, München 1992, S. 498 f.

Anmerkungen   515

68 Vgl. Bogdan Musial, «Konterrevolutionäre Elemente sind zu erschießen». Die Brutalisierung des deutsch-sowjetischen Kriegs im Sommer 1941, Berlin-München 2000 – Musial unterstellt einen weit direkteren Zusammenhang zwischen stalinistischem Terror und deutscher Vernichtungspolitik, als seine (eindrucksvollen) Dokumente zu belegen vermögen.
69 Vgl. Foto-Feldpost. Geknipste Kriegserlebnisse 1939–1945, hrsg. von Peter Jahn und Ulrike Schmiegelt, Berlin-Karlshorst 2000; sowie Kathrin Hoffmann-Curtius, Trophäen in Brieftaschen – Fotografien von Wehrmachts-, SS- und Polizei-Verbrechen. In: Dinge der Aneignung – Grenzen der Verfügung, hrsg. von Gisela Ecker u. a., Königstein/Ts. 2002.
70 Arthur Koestler, Sowjet-Mythos und Wirklichkeit. In: Der Yogi und der Kommissar. Auseinandersetzungen, Frankfurt/M. 1974, S. 150 ff.
71 So heißt es bereits in Hitlers frühester politischer Äußerung, seinem Brief an Adolf Gemlich vom September 1919. Hier zit. nach: Ernst Deuerlein, Der Aufstieg der NSDAP 1919–1933, Düsseldorf 1968, S. 201 ff.
72 Albert Speer, Erinnerungen, Frankfurt/M.-Berlin 1969, S. 446 – Die Aufzeichnung, die Speer zehn Tage nach seinem Gespräch mit Hitler am 18. März niederschrieb, ist in ihrem genauen Wortlaut umstritten (insbesondere was Hitlers Äußerung: «Dem stärkeren Ostvolk gehört ausschließlich die Zukunft» betrifft), nicht aber ihrem allgemeinen Tenor nach. Vgl. Kershaw, Hitler 1936–1945, S. 1013; sowie Anm. 159, S. 1280.

3. Der deutsche Russland-Komplex

1 Karl Schlögel, An der «porta orientis». Dankrede anlässlich der Verleihung des Sigmund-Freud-Preises für wissenschaftliche Prosa durch die Deutsche Akademie für Sprache und Dichtung, Darmstadt, 23. Oktober 2004 (nach dem Manuskript).
2 Hugo von Hoffmansthal, Aufzeichnungen (1923), S. 273. Hier zit. nach Ebenda, S. 1.
3 Schlögel, Ebenda. Vgl. auch Ders., Berlin, Ostbahnhof Europas (Anm. III.7, 1).
4 Karl Schlögel, Im Raume lesen wir die Zeit. Über Zivilisationsgeschichte und Geopolitik, München-Wien 2003, S. 394 f.
5 Edward W. Said, Orientalism, London 2003.
6 Vgl. John McKenzie, Orientalism. History, Theory and the Arts, Manchester-N. Y. 1995; sowie Jürgen Osterhammel, Die Entzauberung Asiens. Europa und die asiatischen Reiche im 18. Jahrhundert, München 1998.
7 Zu Fritz T. Epstein, Der Komplex ‹russische Gefahr› (Anm. 5, Einltg.) siehe das einleitende Kapitel dieses Bandes, «Rom oder Moskau», S. 8 ff.
8 Dietrich Beyrau, Der deutsche Komplex. Russland zur Zeit der Reichsgründung. In: Historische Zeitschrift, Beiheft 6, 1986.
9 Heinrich August Winkler, Der lange Weg nach Westen. Erster Band: Deutsche Geschichte vom Ende des Alten Reiches bis zum Untergang der Weimarer Republik, München 2001.
10 Ebenda, S. 5.
11 Vgl. etwa James Billington, The Icon and the Axe. An Interpretative History of Russion Culture, N. Y.-Toronto 1970.
12 Ebenda, S. 16.

13 Vgl. Ekkehard Klug, Das «asiatische» Russland. Über die Entstehung eines europäischen Vorurteils. In: Historische Zeitschrift 285 (1987), H. 2, S. 265–289.
14 Vgl. Dieter Groh, Russland im Blick Europas, Frankfurt/M. 1988, S. 60 ff.; sowie Bruno Naarden, Socialist Europe and Revolutionary Russia 1848–1923, Cambridge 1992, S. 24 ff.
15 Vgl. Mechthild Keller, Wegbereiter der Aufklärung: Gottfried Wilhelm Leibniz' Wirken für Peter den Großen und sein Reich. In: WÖS A/1, S. 391–413; sowie Groh, Russland im Blick Europas, Ebenda, S. 41–53.
16 Vgl. Georg von Rauch, Politische Voraussetzungen für westöstliche Kulturbeziehungen im 18. Jahrhundert. In: WÖS A/2, S. 35 ff.; sowie Ingeborg Fleischhauer, Die Deutschen im Zarenreich, Stuttgart 1986, S. 51.
17 Vgl. Fleischhauer, Ebenda, S. 22–29 und passim.
18 Vgl. Lew Kopelew, «Unser natürlichster Verbündeter». Friedrich der Große über Russland. In: WÖS A/2, S. 275–297.
19 Vgl. Hans Hecker, Russland und die deutsche Historiographie im 18. Jahrhundert. In: WÖS A/2, S. 184–215; insbes. S. 197 ff.
20 Vgl. Maximilien Rubel (Hrsg.), Marx/Engels: Die russische Kommune. Kritik eines Mythos, München 1972; sowie Helmut Fleischer, Marx, Engels, der Zar und die Revolution. In: WÖS A/3, S. 684–738.
21 So Friedrich Engels in der «Neuen Rheinischen Zeitung» vom 12. August 1848. Hier zit. nach Fleischer, Ebenda, S. 697.
22 Friedrich Engels, Der magyarische Kampf. In: Marx/Engels Werke, Bd. 6, S. 176.
23 Zu den Auseinandersetzungen innerhalb der Emigrationsgemeinden vgl. H. M. Enzensberger (Hrsg.), Die gescheiterte Revolution. Denkwürdigkeiten aus dem 19. Jahrhundert, Frankfurt/M. 1977, S. 279 ff. – Vgl. auch Dagmar Herrmann, Aleksandr Herzens Probleme mit den Deutschen. In: WÖS B/3, S. 873–937.
24 So Marx selbst in seinen grimmigen Exzerpten und Glossen, die er sich zu Bakunins Hauptschrift «Staatlichkeit und Anarchie» (1872) machte, in: Rubel, Die russische Kommune (Anm. 20), S. 30 ff.
25 Vgl. Christoph Schmidt, Ein deutscher Slawophile? August von Haxthausen und die Wiederentdeckung der russischen Dorfgemeinde 1843/44. In: WÖS A/3, S. 196–216.
26 Vgl. Rubel, Die russische Kommune (Anm. 20), S. 303.
27 Vera Sassulitsch, Vorwort zur russischen Ausgabe von F. Engels' «Die Entwicklung des Sozialismus von der Utopie zur Wissenschaft». In: Der Sozialdemokrat, H. 5, 1884. Hier zit. nach Wolfgang Geierhos, «Der Sozialdemokrat» und die russischen Revolutionäre. In: Liszkowski, Russland und Deutschland (Anm. I.5, 10), S. 237.
28 W. I. Lenin, Was tun? Brennende Fragen der Bewegung. In: Lenin, Ausgewählte Werke, Bd. 1, Berlin 1970, S. 164.
29 Vgl. Dietrich Geyer, Lenin und der deutsche Sozialismus. In: Markert, Deutsch-russische Beziehungen (Anm. I.2, 14), S. 80–96.
30 Lew Kopelew, Aufbewahren für alle Zeit, München 1979; sowie Ders., Waffe Wort, Göttingen 1991.
31 Lew Kopelew und Gerd Koenen, Verlorene Kriege, gewonnene Einsichten. Rückblick vom Ende eines Zeitalters. Ein Gespräch, In: Koenen/Kopelew, WÖS A/5 (Anm. I.2, 19), S. 15–46.

32 Von dessen zahlreichen Arbeiten und Interventionen seien hier nur zitiert: Helmut Fleischer, Marxismus. Sieg der Ideologie über die Ideologiekritik. In: Ders., Der Marxismus in seinem Zeitalter, Leipzig 1994, S. 201–222; sowie Ders., Epochenphänomen Marxismus, Hannover – Frankfurt/M. 1993, insbes. S. 239–264.
33 István Bibó, Die deutsche Hysterie, Frankfurt/M.-Leipzig 1991.
34 Stefan Breuer, Anatomie der Konservativen Revolution (Anm. III.5, 1), S. 51.
35 Arthur Moeller van den Bruck, Das dritte Reich, Hamburg 1931, S. 102, 84.
36 Breuer, Anatomie der Konservativen Revolution (Anm. III.5, 1), S. 54.
37 Vgl. Mai, Europa 1918–1939 (Anm. III.7, 5)
38 Zum Begriff der «atlantischen Revolution» vgl. Dan Diner, Das Jahrhundert verstehen (Anm. IV.2, 66), S. 56 ff.; offenbar im Anschluss an Robert S. Palmer, The Age of Democratic Revolution, Bd. 1, Princeton 1959. Weitere Literatur zur globalen Rolle der «Amerikanisierung»: Theodore H. von Laue, The World Revolution of Westernization. The Twentieth Century in Global Perspective, N. Y. 1987. Ein Forschungsüberblick findet sich bei Philipp Gassert, Amerikanismus, Antiamerikanismus, Amerikanisierung. Neue Literatur zur Sozial-, Wirtschafts- und Kulturgeschichte des amerikanischen Einflusses in Deutschland und Europa. In: Archiv für Sozialgeschichte 39, 1999. Zu den Auswirkungen auf Deutschland in der Weltkriegsperiode vgl. Alf Lüdtke u. a. (Hrsg.), Amerikanisierung. Traum und Alptraum im 20. Jahrhundert, Stuttgart 1996.
39 Ian Buruma/Avishai Margalit, Okzidentalismus. Der Westen in den Augen seiner Feinde, München 2005.
40 Zur Frage, was Soldaten in der modernen Schlacht der verbundenen Waffen ertragen können, vgl. John Keegan, Die Schlacht, München 1981; sowie Ders., Der Zweite Weltkrieg, Berlin 2004, S. 760 f.
41 Vgl. Richard Overy, Russlands Krieg 1941–1945, Berlin 2003, S. 398 f. Zu den Verlustziffern vgl. Ebenda, S. 435 f.
42 J. W. Stalin, Ökonomische Probleme des Sozialismus in der UdSSR, S. 39ff.
43 Am scharfsinnigsten finden sich die «Neo-Bismarckischen Jonglierakte» der bundesdeutschen Entspannungspolitiker beschrieben bei Timothy Garton Ash, Im Namen Europas. Deutschland und der geteilte Kontinent, Berlin 1993, S. 127, passim. – Am weitesten in der Anerkennung eines sowjetischen Interventionsrechts, etwa gegenüber Polen 1981, ging sicherlich der von Ash als «Schreibtisch-Metternich» apostrophierte Egon Bahr, Was wird aus den Deutschen? Fragen und Antworten, Reinbek 1982, S. 23 f.
44 Vgl. Koenen, Die großen Gesänge (Anm. III.7, 32) S. 508–526.
45 «Es tut sich wirklich entscheidend Neues.» Deutsche Bank Sprecher Friedrich Wilhelm Christians über den Moskauer Frühling und die deutsche Wirtschaft. In: Der Spiegel, Nr. 9/1987.
46 Franz Alt, Jesus – der erste neue Mann, München 1989, S. 175 f., S. 182 f.
47 Rudolf Bahro: Il Principe. In: die tageszeitung vom 14. Februar 1987.
48 Hans Magnus Enzensberger, Helden des Rückzugs. In: Frankfurter Allgemeine Zeitung, 9. 12. 1989. Wieder abgedruckt in: Ders., Zickzack. Aufsätze, Frankfurt 1997.

Abbildungsnachweis

Archiv der Arbeiterbewegung, Stockholm: S. *100*; Bayerische Staatsbibliothek, München: S. *399*; Bayerisches Hauptstaatsarchiv, München: S. *341*; Bildarchiv Preußischer Kulturbesitz, Berlin: S. *127, 245, 351, 409, 423*; Bundesarchiv, Koblenz: S. *433*; Deutsche Presse Agentur – Bilderdienste, Frankfurt/Main: S. *455*; Deutsches Filmmuseum, Berlin: S. *364*; Deutsches Historisches Museum, Berlin: S. *289, 328, 425*; Paquet, Alfons: Bildergalerie, www.alfonspaquet.de: S. *367*; Politisches Archiv des Auswärtigen Amtes, Berlin: S. *120* (D 131, Geh. Akten); Sammlung Günther Schilling, Bad Homburg: S. *339*; Sammlung C. Weber, München: S. *89*; Süddeutscher Verlag – Bilderdienst, München: S. *391, 453*; Ullstein Bild, Berlin: S. *346, 381, 407*; Viktoria & Albert Museum, London: S. *374*

Die übrigen Abbildungen wurden folgenden Büchern/Zeitungen entnommen:

Albrecht, Karl I.: Der verratene Sozialismus, Berlin/Leipzig 1938: S. *417* (Original-Buchtitel), *419*; Baschet, E.: Rußland 1904–1924, Kehl 1978: S. *293*; Block, Alexander: Die Zwölf, Berlin 1921 (Original-Buchtitel): S. *354*; Bohrmann, Hans (Hg.): Politische Plakate, Dortmund 1984: S. *257, 279*; Das politische Plakat, Nr. 269: S. *429*; Der wahre Jakob: Beilage, 11. Mai 1917: S. *112*; Die Woche, 29. April 1922: S. *298*; Eliasberg, Alexander: Bildergalerie zur Russischen Literatur, München 1921: S. *357*; Gronemann, Sammy: Hawdaloh und Zapfenstreich, (Berlin 1924), Königstein 1984: S. *83*; Holitscher, Arthur: Drei Monate in Sowjet-Russland, Berlin 1921 (Original-Buchtitel): S. *310*; Kopelew, Lew: Waffe Wort, Göttingen 1991: S. *447*; Kruse-von Jakimow, Annemarie: Der Gutshof von Jakimow. Erlebnisse einer deutschen Frau in Rußland, Berlin 1919: S. *220f.*; Kober, August Heinrich: Unter der Gewalt des Hungers. Vom neuen Werden in Russland, Jena 1922 (Original-Buchtitel): S. *308*; Meidner, Ludwig: Apokalyptische Landschaften, München 1990: S. *49*; Ostwald, Hans: Maxim Gorki, Leipzig 1904: S. *45*; Paquet, Alfons: Bibliographie, Frankfurt 1958: S. *25*; Paquet, Alfons: Im kommunistischen Rußland. Briefe aus Moskau, Jena 1919 (Original-Buchtitel): S. *152*; Rosenberg, Alfred: Pest in Rußland. Der Bolschewismus, seine Häupter, Handlanger und Opfer, München 1922 (Original-Buchtitel): S. *271*; Spuren – Sledy. Deutsche und Russen in der Geschichte. Begleitbuch zur Ausstellung im Haus der Geschichte der Bundesrepublik Deutschland, Bonn 2003–2004: S. *459*; Sviridova, I. A.: Viktor Nikolaevic Deni, Moskwa 1978: S. *283*; Sobranie fotografii i kinokadrov, Tom I: Fotografii 1874–1923, Moskwa 1990: S. *176, 177*; Soergel, Albert: Dichtung und Dichter der Zeit, Leipzig 1911: S. *139*; Totengräber Rußlands. Zeichnungen von Otto von Kursell. Verse von Dietrich Eckart, München 1921 (Original-Buchtitel): S. *270;* Vogeler, Heinrich: Erinnerungen mit Lebenszeugnissen aus den Jahren 1923–1942, Fischerhude 1989: S. *316*;

Das Plakat «Panzerkreuzer Sebastopol» stammt aus dem Besitz des Autors: S. *365*

Abbildungsnachweis

Verlag und Autor danken den Institutionen und Archiven für die Erlaubnis zum Abdruck der Abbildungen in diesem Band. Leider war es nicht in allen Fällen möglich, die Inhaber der Rechte zu ermitteln. Es wird deshalb gegebenenfalls um Mitteilung gebeten.

Personenregister

Abbé, Ernst 33
Adenauer, Konrad 9
Albrecht, Karl 417, *417*, *419*
Alexander der Große 362
Alt, Franz 456
Altfater, Wassilij 163
Andreas-Salomé, Lou 44, 437
Andrejew, Leonid 354
Annenkow, Jurij *354*
Anton, Karl *365*
Arendt, Hannah 352 f., 427
Armand, Inessa 125
Arndt, Ernst Moritz 443
Aschberg, Olof 124
Atatürk (eigentlich Mustafa Kemal Pascha) 330
Auden, Wystan Hugh 375
Augustus (C. Octavianus) 362
Auhagen, Otto 43
Avenarius, Ferdinand *351*

Baake, Curt 207
Babel, Isaak 15
Bahro, Rudolf 456
Bakunin, Michail 142 f., 444
Balabanow, Angelica 301
Balmont, Konstantin 354
Bang, Paul 259
Barlach, Ernst 45
Barrès, Maurice 19
Baruch, Bernard 269
Bauer, Max 281 f., 319–322
Baumgart, Winfried 133, 166, 176
Bebel, August 51, 335
Becher, Johannes R. 49, 360 f., 452, 456
Beckmann, Max 45
Bedny, Demjan 355
Bell, Johannes 251
Benn, Gottfried 375
Berg, Friedrich Wilhelm von 133

Bergson, Henri 19, 57
Berkman, Alexander 301
Bermondt, Pawel (Bermondt-Awalow) 281
Bernhard, Georg 324
Bernstein, Eduard 100
Bernstorff, Johann Heinrich Graf von 286
Bethmann Hollweg, Theobald von 9, 69, 76, 78 f., 87, 102, 113 f., 263, 389
Bibó, István 449
Bismarck, Otto von 9, 37, 61, 81, 444
Bjely, Andrej 354
Bloch, Ernst 188 ff., 192, 303, 361
Blok (Block), Alexander 354, *354*, 439
Blücher, Wassilij 165
Bockelmann, Heinrich 87
Bodenheimer, Max 82, 84 f.
Bogrowski, Jakob 95
Bonald, Louis Gabriel Ambroise 344
Bontsch-Brujewitsch, Wladimir 212
Borkenau, Franz 441
Bormann, Martin 421, 430
Borsig, Ernst 244
Bötticher, Friedrich von 290 f.
Brandeis, Louis 269
Brandt, Willy (eigentlich Herbert Frahm) 453 f., *455*
Brauchitsch, Manfred von 453
Brecht, Bertolt 32
Brentano, Lujo 61 f., 68, 79, 129
Breschnew, Leonid 455, *455*
Breuer, Stefan 449
Briand, Aristide 113
Brjussow, Walerij 354
Brockdorff-Rantzau, Ulrich Graf von 80 f., 106 f., 206–209, 251, 263, 285 ff., 295, 297, 299, 300, 320
Brüning, Heinrich 323 f.
Buber, Martin 67

Buchanan, George 133
Bucharin, Nikolaj Iwanowitsch 90, 202, 298
Bucherer, Hans 229
Buddha 309, 414
Budjonny, Semjon 311
Bühren, Ernst Johann von 86
Bulgakow, Michail 141
Bülow, Bernhard von 9
Bunin, Iwan 354
Burckhard, Jakob 214
Buruma, Ian 450

Cahén, Fritz Max 86, 158, 206 ff., 263, 383
Canetti, Elias 434
Chagall, Marc 383
Chamberlain, Houston Stewart 266, 331
Chamberlain, Joseph 39
Christians, Friedrich Wilhelm 456
Churchill, Winston 274, 376
Class, Heinrich 253, 257 f.
Cleinow, Franz 223 f.
Clemenceau, Georges 274, 390
Cohen-Reuß, Max 252, 255
Cohn, Oskar 195, 254
Cortes, Donoso 344 f.
Cuno, Wilhelm 334
Cunow, Heinrich 89
Curtius, Ernst Robert 7

Dante Alighieri 35, 164
David, Eduard 89, 206 f.
Dawes, Charles 400
Dehmel, Richard 73
Delacroix, Eugène 50
Delbrück, Hans 39 f., 68
Deni, Wiktor (V. N.) *283*
Denikin, 223
Dernburg, Bernhard 254, 280
Deutelmoser, Erhard 64
Deutsch, Felix 170, 244, 249, 282, 288
Diederich, Eugen 69, 316, 342
Diener-Eckstein, Bertha («Sir Galahad») 352
Dimitroff, Georgi 422
Diner, Dan 431

Dinter, Artur 258
Döblin, Alfred 45, 368
Dörschlag, Siegfried 240
Dostojewski, Fjodor 44 f., 54, 79, 138, 140 f., 168, 216 f., 227, 312, 314, 324, 327, 343, 348–353, *351*, 359, 361 f., 369, 384, 399 ff., 412 f., 437, 444
Dreyfus, Alfred 19, 34, 261, 275
Dubnow, Simon 84
Duesterberg, Theodor 420
Dupeux, Louis 280
Dutschke, Rudi 454
Dwinger, Edwin Erich 219, 425 f.
Dżierzyński (Dsershinski), Feliks («Józef») 175, 191, 198, 309, 320

Ebert, Friedrich 114, 197, 202 f., 207, 263, 288, 295, 389
Eckart, Dietrich 269, 388
Eglhofer, Karl 254
Ehrenburg, Ilja 354, 451
Ehrenpreis, Marcus 101
Ehrhardt, Hermann 336 ff., 340
Ehrlich, Paul
Eichhorn, Emil 203
Eisenstein, Sergej 356, 359, *364*
Eisner, Kurt 248, 254 f., 260
Eliasberg, Alexander *357*
Engels, Friedrich 9, 19, 51, 61, 443–446
Enver Pascha 282, 294 f.
Enzensberger, Hans Magnus 456
Epstein, Fritz T. 8 f.
Erzberger, Matthias 257, 265, 337, 340
Esser, Hermann 401
Eucken, Rudolf 55, 58
Eulenburg, Herbert 73

Fabre-Luce, Alfred 385
Faworski, W. *152*
Feder, Gottfried 389, 401
Fenner, Heinz 240
Ferguson, Niall 132, 376
Ferrer, Francisco 33 f.
Fest, Joachim 387, *391*
Feuchtwanger, Lion 315

Fichte, Johann Gottlieb 61, 344, 443 f.
Fischer, Fritz 113
Fleischer, Helmut 379, 448
Foch, Ferdinand 133, 278, 376
Ford, Henry 258, 276, 414
Francis, David R. 134
Freud, Sigmund 47, 437
Freytagh-Loringhoven, Axel Freiherr von 225 f., 323
Friedlieb, (N. N.) 158
Friedrich I. Barbarossa 362
Friedrich II. 442
Fritsch, Theodor 265
Frunse, Michail 296
Fürstenberg (Hanecki), Jakub (Jacob) 87, 96 f., *100*, 104 f., 107 f., 121–124, 170, 179
Fürstenberg (Hanecki), Gisa 124
Futrell, Michael 92 f.

Gambetta, Léon 379
Gareis, Karl 337
Gay, Peter 363
Gayl, Wilhelm Freiherr von 333
Geiss, Immanuel 113
Gellrich(-Petrow), Irmentraut (Irma) 176, 180
Genscher, Hans Dietrich 455
Georg V., 390
George, Heinrich 366
George, Stefan 318
Geßler, Otto 295
Geyer, Dietrich 8
Giese, Fritz 381
Gladkow, Fjodor 359
Gleichen, Heinrich Freiherr von 229, 236 f., 252, 323, 327, 332 f., 403
Goebbels, Joseph 258, 363 f., *365*, 398–402, *399*, 413, 415 f., 418, 420, 424, *425*, 426, 429 f., 432
Goerdeler, Carl-Friedrich 420
Goethe, Johann Wolfgang von 350, 384
Gogol, Nikolaj 138
Goldmann, Emma 301
Goldschmidt, Alfons 187, 230, 303 ff., 307
Goltz, Rüdiger von der 281

Gorbatschow, Michail 456, *457*
Gorki, Maxim 15, 44, *45*, 142, 187, 342, 348, 356–359, *357*, 432
Goto, Baron Shimpei 134
Grabowsky, Adolf 230, 252, 343
Gradnauer, Georg 254
Graefe, Albrecht von 331
Groener, Wilhelm 278, 280 f.
Gronemann, Sammy 73 f.
Grosberg, Oskar 220 f.
Großmann, Eugen 229
Grosz, George 356
Groys, Boris 15 f.
Guilbeaux, Henri 301
Gutmann, (N. N.) 103

Haas, Ludwig, 254
Haase, Hugo 100, 180, 195, 254
Haffner, Sebastian 375
Haller, Johannes 135 f.
Hamsun, Knut (eigentlich Knut Pedersen) 359
Hanecki (auch Hanecki-Fürstenberg) vgl. Fürstenberg, Jakub
Hanisch, Erdmann 350
Harden, Maximilian 40, 263, 282, 288
Harnack, Arvid 343 f.
Hasse, Otto 297, 300
Hauschild, Herbert 173, 178 f.
Haushofer, Karl 394
Haxthausen, August Freiherr von 445
Heartfield, John 356
Heckel, Erich 45
Hecker, Hans 343
Hedin, Sven 56
Hegel, Georg Wilhelm Friedrich 444
Heilmann, Ernst 89, 206
Heim, Claus 403
Heine, Heinrich 225
Heise, Karl 260
Helfferich, Karl 155, 237, 240, 244
Helphand (Parvus), Alexander 65, 80, 87–92, 89, 96 f., 105–109, 121 f., 124, 130, 143, 148, 155 ff., 205 f., 222, 262 f., 265, 269, 368 f.

Personenregister

Hentig, Werner Otto von 77
Herder, Johann Gottfried von 444, 456
Hermlin, Stephan (eigentlich Rudolf Leder) 456
Hervé, Gustave 33 f.
Herwarth, Hans Heinrich von 167
Herwegh, Georg 168
Herzen, Alexander 89, 444
Herzfelde, Wieland 356
Hess, Rudolf 394
Hesse, Hermann 350
Heuss, Theodor 68
Heym, Georg 48 f.
Hielscher, Friedrich 343
Hilger, Gustav 295
Himmler, Heinrich 75
Hindenburg, Paul von 73, 132, 407
Hintze, Paul von 282
Hippius, Sinaida 354
Hirsch, Paul 254
Hirschfeld, Magnus 54
Hitler, Adolf 7 f., 11, 15, 19, 75, 82, 258, 267, 269, 272 f., 276, 320, 325, 331 f., 343, 345 ff., 361 f., *365*, 377, 387–399, *391*, *399*, 401 f., 404 f., 411–415, 420–424, 427 ff., *429*, 430 f., 434 f., 443, 449, 451 f.
Hoerschelmann, Harald von 226 f.
Hoetzsch, Otto 42 f., 79, 81, 136 f., 142, 252, 323, 343, 417
Hoffmann, Max 73, 108, 376
Hofmannsthal, Hugo von 437
Hofmeister, (General N. N.) 447
Hofmiller, Josef 352
Höglund, Zeth *100*
Holitscher, Arthur 100, 187, 307–310, 312, 355
Horthy von Nagybánya, Nikolaus 319, 334
Hugenberg, Walter 345, *346*
Hurwicz, Elias 141 f.

Ignatius, Oberst (N. N.) 145
Ignatow, (N. N.) 202
Iwan IV., der Schreckliche 266, 318, 375
Iwanow, Wjatscheslaw 354

Jäckh, Ernst 68, 234
Jacob, Mathilde 191, 194
Jaffé, Edgar 60
Jagow, Gottlieb von 88
Jakimow, Igor von *220 f.*
Jansson, Wilhelm 105
Jelzin, Boris 456
Jessenin, Sergej 354
Jesus von Nazareth 309, 352, 361 f., 414, 455
Joffe, Adolf 157, 161, 168, 170, 178, 180, 195, 202, 260, 263, *298*, 369
Jogiches, Leo 191, 197 f., 200, 204, 254 f.
Jung, Franz 305 ff., 312 ff., 356
Junge, Traudl 430
Jünger, Ernst 343 f., 403 f.
Jünger, Friedrich Georg 403
Junkers, Hugo 299
Just, Arthur W. 408

Kaliski, Julius 229
Kamenew, Lew 142
Kampmann, Theoderich 351
Kaplan, Fanny 369
Kapp, Wolfgang 214, 267, 282, 319, 327, 336 ff., 345
Karachan, Lew 295
Karl I., der Große 428
Katharina II., die Große 17, 456
Kauffmann-Mellin, Clara *339*
Kautsky, Karl 93, 100, 149, 198, 344
Kennan, George F. 20
Kerenski, Alexander 118 f., 122, 127, 130, 143, 148, 191, 197, 225, 234 f., 241, *365*
Kern, Erwin 338, 340 f.
Kerr, Alfred 230
Kershaw, Ian 387, 431
Kesküla, Alexander (Deckname Alexander Stein) 92–96
Kessler, Harry Graf 114
Kipling, Rudyard 68
Kirejewski, Iwan 227
Kirkow, Georgi *100*
Kisch, Egon Erwin 371
Kjellén, Rudolf 58

Klabund (eigentlich Alfred Henschke) 360
Kleist, Heinrich von 253, 361
Klemperer, Victor 73
Klöckner, Peter 407
Kober, August Heinrich 314 ff., 383
Koehrer, Erich 221 f.
Koestler, Arthur 434
Kohl, Helmut 455 f.
Kolarow, Wasil Petrow *100*
Kolshorn, Johann 265
Koltschak, Alexander 197
Kolyschko, Josef von 87 f.
Kopelew, Lew 15, 17, 446 ff., *447*
Kopp, Wiktor 263, 294 ff.
Kornilow, Lawr 121
Korolenko, Wladimir 199
Kranold, Herman 138
Krasnow, Petr 219
Krassin, Leonid 87, 104, 124, 170 f., 296, *298*, 376
Krestinski, Nikolaj 296, *381*
Kruse-von Jakimow, Annemarie *221*
Krzyżanowski (Krishanowski), Gleb 306
Ku Hung-Ming 30
Kuckhoff, Adam 344
Kühlmann, Richard von 130 f.
Kun, Béla 177, 180
Kursell, Otto von 267, 269
Kusmin, Michail 354

Lagarde, Paul de 343
Landauer, Gustav 254 f.
Landsberg, Oskar 254
Lane, Sonia 351
Laotse 30
Laqueur, Walter 20
Lassalle, Ferdinand 168
Lawrence (von Arabien), Thomas Edward 77
Lebedew, Iwan 300
Lederer, Emil 62
Leibbrandt, Georg 416
Leibniz, Gottfried Wilhelm von 441 f.
Lengyel, József 362
Lenin, Wladimir Iljitsch 16 f., 19, 34, 62, 87 ff., 92–96, 99, 104 f., 107 ff., 113, 116 ff., 121 f., 124 f., 127 f., 137, 143, 154, 160 ff., 167, 170–173, 175, *176*, *177*, 178, 183, 188 f., 192 f., 195–198, 202, 206, 212, 217, 225 f., 238 f., 241 f., 247, 250, 260, 269, 275, 281 f., 284 f., 292, 298, 301 f., 306, 309, 311, 317–320, 329 f., 332 f., 335, 344, 350, 352, 355, 357, 361 f., 367–370, 380, 384, 388, 393, 401, 409, 413 f., 418 f., 445 f.
Lensch, Paul 89
Lenz, Friedrich 343 f.
Lenz, Max 39
Leontjew, Konstantin 36
Lersner, Kurt Freiherr von *120*
Lettow-Vorbeck, Paul von 77
Levi, Paul 192, 197, 204
Leviné, Eugen 254 f.
Lieber, Hans 297
Liebig, Hans von (Pseudonym Walter Liek) 258
Liebknecht, Karl 176, 181, 191, 197–204, 206, 208, 241 f., 246, 254
Liebknecht, Sophie 200
Liebknecht, Wilhelm 199
Lindhagen, Carl *100*
List, Friedrich 61, 159
Liulievicius, Vejas Gabriel 74
Lloyd George, David 102, 330
Lockhart, Bruce 134
Lohalm, Uwe 259
Lübbe, Hermann 55
Lucius von Stoedten 80, 87
Ludendorff, Erich 71, 73 ff., 102, 109, 130 f., 147, 154, 170, 237, 281 f., 320, 327, 332, 376
Lukács, Georg 343, 361 f., 403
Lunatscharski, Anatoli 309
Luther, Arthur 14, 142 f., 353 ff.
Lüttwitz, Walter von 282
Luxemburg, Rosa 174, 190–194, 197 ff., 204, 206, 208, 241, 245 f., 254 f.

Mahrholz, Werner 352
Mai, Gunther 450
Majakowski, Wladimir 156, 355, *384*

Malinowski, Rodion 116
Maltzan, Ago von 294 f., 408
Mankiewicz, Paul 244
Mann, Heinrich 140, 368
Mann, Thomas 7, 10, 35, 45, 53 f., 59, 138 ff., 187, 253 f., 324 f., 349 f., 353, 357, 359, 384 ff., 388, 448
Marchlewski, Julian 174, 190, 192, 204
Margalit, Avishai 450
Marinetti, Emilio Filippo Tommaso 383
Martow, Juli (Julius) 194
Marx, Karl 9, 19, 51, 61, 149, 168, 292, 335, 362, 401, 443 ff.
Marx, Simon 240
Masaryk, Thomas G. 43, 69, 142, 342
Massing, Paul 343
Matthias, Leo («L. L. Matthias») 317 f., 383
Maurras, Charles 19
Max, Prinz von Baden 168
Mayer, Gustav 122 ff., 229
Mayr, Georg von 60
Mehnert, Klaus 343
Mehring, Franz 335
Meidner, Ludwig 49 f., 49
Mereschkowski, Dmitri 143, 168, 227, 327, 350, 353, 384
Merton, Wilhelm 32
Meyer, Ernst 191
Meyerhold, Wsewolod 359
Miljukow, Pawel 88, 118
Mirbach, Graf 153 f., 235
Moeller van den Bruck, Arthur 252, 323, 325 ff., 329, 331, 333, 343, 350, 353, 397, 403, 417, 449 f.
Mohammed 309
Mohler, Armin 405
Molotow, Wjatscheslaw 423, 451
Moor, Karl (Deckname «Baier») 124 ff., 282, 301
Morgenstern, Christian 45
Moses 362
Mosse, George 379
Mühsam, Erich 255
Müller, August 324
Müller, Hermann 251, 287

Müller, Ludwig (alias Müller von Hausen, Pseudonym «Gottfried zur Beek) 262–265, 267
Münnich, Burchart 149
Münzenberg, Willi 312 f., 355 f.
Musil, Robert 46
Mussolini, Benito 19, 34, 330, 332 ff., 345, 347, 393, 398, 419, 422

Nadolny, Rudolf 64, 76 f., 93, 236
Nansen, Fridtjof 43
Napoleon I. (Napoleon Buonaparte) 33
Naschiwin, Iwan 402
Nasse, Walter 123 f.
Natorp, Paul 55, 58 f.
Naumann, Friedrich 60 f., 68, 70, 135, 240, 248, 252
Nicolaevsky, Boris 282
Nicolai, Walter 420
Nidden, Edzard 358
Niedermayer, Oskar Ritter von 77, 295
Niekisch, Ernst 343, 402–405
Nietzsche, Friedrich Wilhelm 32, 44, 68, 226, 255, 317, 324 f., 331, 343, 350, 383, 422, 437
Nikolaus II. 145, 216, 225, 262 f., 266
Nilus, Sergej 160, 186, 258, 261
Nolte, Ernst 11, 387–390, 414
Northcliff, Lord Alfred Charles William 155
Noske, Gustav 197, 206, 243 ff., 327, 420
Nötzel, Karl 140 f.

Olberg, Paul 103
Oncken, Hermann 324
Oppenheim, Max von 77
Oppenheimer, Franz 238, 324
Ostermann, Heinrich 149

Pabst, Waldemar 245 f., 252
Paquet, Alfons 7, 22–38, 25, 40 f., 55 f., 63–69, 76, 79, 85 f., 88, 95, 98–110, 123, 143–168, 170, 172–175, 178, 180 ff., 185 ff., 196, 202, 205–215, 218, 229 ff., 235 ff., 261,

283, 292, 305, 308, 348, 364–372, 367, 376, 418, 448
Parvus (auch Parvus-Helphand) vgl. Helphand, Alexander
Paulus, Friedrich 453
Payer, Friedrich von 277
Peter I., der Große 17, 149, 171, 266, 441 f.
Petrow, Peter 177
Petrowna, Lydia 166, 176, 206
Peukert, Detlev 379
Pfeifer, Maximilian 248
Pfemfert, Franz 307
Pjatnitzki, Ossip 90
Picasso, Pablo 383
Picker, Henry 428
Pieck, Wilhelm 453
Pilsudski, Józef 283
Piscator, Erwin 22, 366, 367
Plaas, Hartmut 340
Platten, Fritz 301
Plechanow, Georgij 16
Plenge, Johann 59
Pöhner, Ernst 319
Poincaré, Raymond 334
Pokrowski, Michail 212
Ponten, Josef 370
Popoff, Georg 319
Preuß, Hugo 254
Price, Morgan Philips 164 f., 207, 301, 368
Prittwitz, (N. N.) 82
Puschkin, Alexander 138
Putin, Wladimir 456

Rachmanowa, Alexandra 219
Radek, Karl 98 f., *100*, 103 ff., 107 f., 121, 123 f., 144, 154, 158–167, 170, 172–176, 178–181, 185 f., 192, 195–198, 200–204, 207–210, 223 f., 241 f., 245–248, 255, 260, 263, 274, 278 f., 281–284, 287 f., 289, 292, 296, 299 f., 303, 307 f., 317 f., 331 f., 334 ff., 368 f., 376, 380, 394, 399, 418
Radek, Witold 181
Radó, Alexander 394
Rakowski, Christian 90, 202
Ransome, Arthur 164, 301

Rasputin, Grigorij 143
Rathenau, Emil 264
Rathenau, Walther 40, 46, 61 f., 71 ff., 81, 135, 168, 264, 272, 282, 287 f., 330, 337, 339 ff., *339*, 384, 400
Ratzel, Friedrich 394
Rauscher, Ulrich 207
Rauschning, Hermann 353
Reagan, Ronald 455
Reed, John 301
Reibnitz, Kurt Freiherr von 281 f.
Reich, Jakub (alias James) (Parteiname «Genosse Thomas») 282 f., 355
Reilly, Sidney 134
Reinhardt, Walther 281
Reinhardt, Max 45
Reisner, Prof. (N. N.) 212
Remarque, Erich Maria 219
Remisow, Alexej 354
Retzlaw, Karl 284
Reuter, Ernst (Parteiname Ernst Friesland) 177, 180
Reuter, Fritz 448
Reventlow, Graf Ernst zu 262, 264, 331, 345
Ribbentrop, Joachim von 423
Richter (Scheubner-Richter), Max-Erwin 265, 267 f.
Riezler, Kurt 78–82, 98, 103 ff., 107–110, 113 f., 126, 144, 147, 154 f., 159, 161, 164, 207, 235, 368
Rilke, Rainer Maria 8, 44, 190, 437
Robertson, William R. 133
Röhm, Ernst 346
Rohrbach, Paul 65, 68, 82, 135 ff., 229, 233
Rolland, Romain 187
Romberg, Gisbert Freiherr von 81, 92, 123, 126, 251
Rosenberg, Alfred 265, 267 ff., 271 f., 376, 393, 401, 411 ff., 416, 418, 421, 427 f.
Rössner, Georg 279
Rubinstein, Dmitri 87
Russell, Bertrand 302
Rykow, Alexej 212

Sachs-Gladnew, Isidor 204
Sack, Gustav 48 f.
Sadoul, Jacques 301
Said, Edward 438
Salomon, Ernst von 337 f., 340 f.
Sänger, Samuel 100
Sartre, Jean-Paul 362
Sassulitsch, Vera 445
Sawinkow, Boris 35, 366
Schacht, Hjalmar 286
Schäfer, Wilhelm 370
Scheel, Walter 456
Scheffer, Paul 319, 408
Scheidemann, Philipp 52, 105 f., 168, 202 f., 205 ff., 254, 263, 280, 337, 340
Scheler, Max 57
Scheubner-Richter, Erwin vgl. Richter, Max-Erwin
Schickele, René 370
Schiemann, Paul 241
Schiemann, Theodor 41 f., 79, 135
Schiff, Jakob 269, 276
Schiffer, Eugen 254
Schilling, Cäsar von 240
Schivelbusch, Wolfgang 375, 378, 381
Schlageter, Albert Leo 319, 331, 335 f., 399
Schleicher, Kurt von 296, 299, 403
Schlesinger, Moritz 207, 408
Schlögel, Karl 372, 394, 437
Schlözer, August-Ludwig von 443
Schmeljow, Iwan 354
Schmidt, Helmut 454 f.
Schmitt, Carl 343 f.
Schmitt-Rottluff, Karl 73
Schröder, Gerhard 456
Schubert, Kurt 292 f.
Schüddekopf, Otto-Ernst 19, 318
Schultze-Gävernitz, Gerhart von 60
Seeckt, Hans von 290–292, 294–297, 299, 320, 403, 406
Seibert, Theodor 425
Semaschko, Nikolai 125
Serge, Victor 301
Sering, Max 43, 149
Service, Robert 117

Seydlitz-Kurzbach, Walther von 453
Sieburg, Friedrich 386
Siefeldt (Zifeld), Arthur 95 f.
Siemens, Carl Friedrich 170, 244
Simons, Walter 207
Sinclair, Upton 356
Sinowjew, Grigorij 129, 269, 284, 332, 418
Sklarz, Georg 87, 96, 121, 156, 206, 262
Sklarz, Heinrich 262
Skljanski, Ephraim. 294 f.
Skoropadski, Hetman Pawel 137
Smilga, Iwar 165
Snowdon, Lady Ethel 302
Sobelsohn-Radek vgl. Radek, Karl
Soergel, Albert 22
Sofsky, Wolfgang 434
Sologub, Fjodor (eigentlich F. Kusmitsch Teternikow) 354
Solowjow, Wladimir 143, 342, 348
Solschenizyn, Alexander 448
Sombart, Werner 57 f., 60, 227 f.
Sorel, Georges 19, 34
Spahn, Martin 323
Spengler, Oswald 8, 17, 316, 325 f., 331, 349 f., 400
Stadtler, Eduard 230 f., 233–252, 323 f., 327–333, *328*, 345 ff., *346*, 368, 378, 380, 388, 418 ff.
Staehlin, Karl 417
Stalin, Josef (Jossif) Wissarionowitsch 17, 82, 190, 357 f., 361 f., *365*, 388, 408 f., 413 f., 416, 419–424, 427–430, 433, 443, 452, 456
Stampfer, Friedrich 279, 282
Stegerwald, Adam 237, 240, 252
Steinhausen, Henriette 69, 208
Steklow, Juri 299
Stern, Ernst 374
Stinnes, Clärenore *381*
Stinnes, Hugo 81, 87 f., 244, *245*, 249, 252, 327, 334 f., *381*
Stoecker, Adolf 61
Stolypin, Pjotr 42 f.
Strasser, Gregor 272, 398, *399*, 401, 403

Strasser, Otto 272, 403
Stresemann, Gustav 170, 286, 327, 332, 400
Struck, Hermann 73
Stürmer, Boris 88
Südekum, Albert 420
Surabow, Arshak 90
Swerdlow, Jakow *176*
Sytin, Iwan 88, 156

Taalat Pascha, Mehmed 282
Taubert, Walter 420
Thalheimer, August 333
Thimme, Anneliese 377
Thurneysen, Eduard 352
Tichon, Patriarch 216
Tirpitz, Alfred von 39, 81, 87
Toller, Ernst 255
Tolstoi, Leo (Lew) 44, 69, 138, *139*, 140–143, 168, 234, 310, 314, 342, 348, 354, 358 f., 361, 384
Troeltsch, Ernst 19, 248, 255 f., 384
Trotzki, Leo (Lew) 90, 107 ff., 134, 142, 152, 154, 160, 165, 179, 193, 225 f., 263, 266, 269, 284, 295, 299, 311, 315, 317, 319 f., 329 f., 333, 344, 352, 369, 380, 383, 401, 413, 418
Tschechonin, Sergej S. *357*
Tschernyschewski, Nikolaj 142
Tschiang Kai-schek 322
Tschitscherin, Georgij 154, 166, 170, 172 f., 195, 290, 297, *298*
Tuchatschewski, Michail 292, 311, 407, 424
Turgenjew, Iwan 138, 314

Ullrich, Richard 319
Ullstein, Hermann 347
Uritzki, Moisei 90, 162

Vacetis, Joakim 165
Varga, Eugen 409
Vesper, Will 370 f.
Vögeler, Albert 244
Vogeler, Heinrich *316*

Volkmann, Hans-Erich 10
Vorst, Hans (eigentlich Karl Johann von Voss) 151, 215–218

Wagner, Richard 58
Wangenheim, Hans Freiherr von 81
Warburg, Fritz 124, 276
Wassermann, Jakob 350, 384
Weber, Friedrich Christian 442
Weber, Max 60, 279, 384
Weber, Ulrich *139*
Weißbecker, Manfred 430
Wells, Herbert G. 302
Wels, Otto 263
Westarp, Kuno Graf von 168, 323
Wette, Wolfgang 431
Wichtl, Friedrich 258, 260 f.
Wiedfeldt, Otto 295
Wilhelm II. 36 f., 39, 41, 74, 131 ff., 143, 154, 264, 389, 395
Williams, Albert Rhys 301
Wilson, Thomas Woodrow 102, 134, 190, 239, 260, 269, 277, 379
Wilton, Robert 275
Winberg, Theodor von 266
Windthorst, Ludwig 233
Winkler, Heinrich August 440 ff.
Winnig, August 221
Wirth, Joseph 295, 297, *298*, 330, 453
Witte, Sergej 87
Wittfogel, Karl-August 343
Wolff, Friedrich 370
Wormann, Curt 359
Worowski, Waclaw 98, 103 ff., 108 f., 126, 154, 159, 172, 208
Wosnessenski, Arsenij 174
Wurm, Emanuel 254
Würtz, (Major N. N.) 237

Zeidler, Manfred 296
Zetkin, Clara 333 ff.
Zilcken, Detta 33
Zimmermann, Arthur 77
Zuckmeyer, Carl 370
Zweig, Arnold 73 f.
Zweig, Stefan 48, 352